RECUEIL

DES

INSTRUCTIONS

DONNÉES

AUX AMBASSADEURS ET MINISTRES DE FRANCE

DEPUIS LES TRAITÉS DE WESTPHALIE
JUSQU'A LA RÉVOLUTION FRANÇAISE

VIII

COMMISSION DES ARCHIVES DIPLOMATIQUES

« ... *Les conclusions du rapport de* M. Camille Rousset *tendant à charger* M. A. Rambaud *de la publication des Instructions pour la Russie sont mises aux voix et adoptées*... M. Himly *est nommé commissaire*... »

(Extrait des procès-verbaux des séances du 2 juin 1886 et du 5 décembre 1888.)

Vu par le Commissaire délégué,

Paris, le 1er juillet 1889.

SIGNÉ :

HIMLY

RECUEIL

DES

INSTRUCTIONS

DONNÉES

AUX AMBASSADEURS ET MINISTRES DE FRANCE

DEPUIS LES TRAITÉS DE WESTPHALIE
JUSQU'A LA RÉVOLUTION FRANÇAISE

PUBLIÉ
SOUS LES AUSPICES DE LA COMMISSION DES ARCHIVES DIPLOMATIQUES
AU MINISTÈRE DES AFFAIRES ÉTRANGÈRES

RUSSIE

AVEC UNE INTRODUCTION ET DES NOTES

PAR

ALFRED RAMBAUD

TOME PREMIER
DES ORIGINES JUSQU'A 1748

PARIS
ANCIENNE LIBRAIRIE GERMER BAILLIÈRE ET Cie
FÉLIX ALCAN, ÉDITEUR
108, BOULEVARD SAINT-GERMAIN, 108

1890
Tous droits réservés.

INTRODUCTION

Dans l'histoire des relations entre la France de l'ancien régime et la Russie, on pourrait distinguer cinq périodes :

1° La Russie est à peine connue chez nous ; elle n'a pour nous aucune importance politique ; si, par extraordinaire, un envoyé français se montre là-bas, sa mission a uniquement pour objet l'établissement de relations commerciales. Cette période s'étendrait jusqu'à l'année 1654, qui fut marquée par la déclaration de guerre d'Alexis Mikhaïlovitch à la Pologne.

2° La Russie prend une importance politique de plus en plus grande : non pas que son alliance nous semble alors précieuse, ou que son inimitié nous semble à craindre, ou qu'elle manifeste des sentiments d'hostilité décidée envers la France; mais parce que, sans le chercher, sans le vouloir, sans presque en avoir conscience, elle nous nuit indirectement, en attaquant la Suède, la Pologne, la Turquie, qui, dans le système politique du xvii⁰ siècle, sont des appoints indispensables pour la lutte que soutient la France contre la maison d'Autriche. Cette période irait jusqu'au traité d'alliance austro-russe de 1726.

3° La Russie ne se borne pas à nous nuire indirectement en attaquant les trois États de l'Est ; elle entre en hostilité directe avec nous, en s'unissant avec notre adversaire traditionnel. Cette période finirait au *renversement des alliances* en 1756.

4° La lutte de 230 ans entre les Bourbons et les Hapsbourg ayant fait place à une alliance assez étroite entre les deux maisons, nos anciens alliés de l'Est ont cessé de jouer le rôle qui leur était dévolu dans le système du xvii° siècle ; ils ont à la fois cessé d'être des alliés indispensables contre l'Autriche et sont devenus impuissants à remplir le rôle d'alliés contre n'importe quelle puissance ; leur existence nous est précieuse encore, mais uniquement en tant qu'ils constituent des éléments de l'équilibre oriental; car, loin de pouvoir nous être de quelque secours, ils ont besoin pour subsister de toute la sollicitude de notre diplomatie et de tout ce qui reste encore de prestige au Roi de France. Cette période se prolongerait à peu près jusqu'à l'avènement de Louis XVI (1774), ou, plus exactement, à l'année 1775, époque ou M. Durand fut remplacé à Pétersbourg par le marquis de Juigné.

5° Les trois États de l'Est ayant, malgré tous nos efforts, parfois même grâce aux conseils imprudents et aux erreurs de notre diplomatie, subi une série de défaites et même de démembrements, ils n'ont presque plus d'importance pour notre politique ; notre gouvernement, tout en faisant des efforts louables pour conserver ce qui subsiste d'eux, songe à s'appuyer sur une alliance plus solide, celle de la puissance même qui les a vaincus et démembrés. Il abjure des préventions, des préjugés et des antipathies plus que séculaires contre la Russie, se rapproche sincèrement de Catherine II et ébauche de concert avec elle un système de politique conservatrice, destiné à maintenir l'équilibre européen, soit contre les ambitions de l'Autriche, soit contre les intrigues de la Prusse, soit contre la tyrannie maritime de l'Angleterre. Cette période se termine à la destruction de la royauté absolue en France. La Révolution, en affaiblissant à Paris le pouvoir du Roi, rendit l'alliance française moins intéressante pour Catherine II, la força bientôt à chercher des alliés même parmi nos ennemis, puis finit par mettre aux prises la France démocratique avec l'Impératrice autocrate.

En résumé, jusqu'à 1654, la Russie est pour nous insignifiante ; de 1654 à 1726, elle devient gênante, mais surtout indirectement, et parce qu'elle attaque nos confédérés de l'Est ; de

1726 à 1756, elle n'est plus seulement l'ennemie de nos alliés, mais l'alliée de notre principal ennemi; de 1756 à 1775, bien qu'un moment, pendant la guerre de Sept ans, elle ait fait cause commune avec nous contre la Prusse, elle apparaît comme une puissance dangereuse en soi, perturbatrice de l'équilibre européen, destructrice des États qui semblaient nécessaires à cet équilibre; enfin, de 1775 à 1789, la France semble comprendre que la Russie elle-même, ayant achevé de détruire le système ancien, pourrait devenir l'élément essentiel d'un nouveau système, et jouer dans l'équilibre européen le rôle qui avait été dévolu à ses trois victimes.

I

Jusqu'à 1654, la Russie n'était toujours que la « Moscovie ». Longtemps isolée de l'Europe parce que tout son effort avait été consacré, comme celui de l'Espagne du XIIIe au XVe siècle, à l'expulsion des musulmans, à la création de son unité territoriale, à la recherche d'une forme de société et de gouvernement, elle semblait n'avoir rien d'européen. Tournée vers les plaines du Volga, d'où lui étaient venues les invasions mongoles et où elle en cherchait la revanche, elle avait une histoire tout asiatique et semblait une nation orientale. Un Moscovite avait tout l'extérieur d'un Turc; il en avait le costume, les vêtements flottants, la longue barbe et la coiffure inamovible sur la tête. La Moscovie n'avait de commun avec l'Europe que le christianisme, et encore était-ce cette forme de christianisme que l'on qualifiait chez nous de schismatique, et qui en était alors une forme inférieure et presque barbare. L'absolutisme — qui en soi n'aurait rien eu d'anormal dans l'Europe du XVIIe siècle — prenait en Russie un aspect singulier, mélange de despotisme patriarcal et de férocité mongole. La noblesse russe n'avait aucun trait de ressemblance avec les noblesses de l'Occident : ni le sentiment du droit et du devoir féodal, ni l'éducation chevaleresque, ni le point d'honneur. Le paysan russe était soumis au double joug d'un servage plus rigoureux et plus abject que celui du XIe siècle européen, et d'un communisme agraire qui remontait aux âges primitifs. La Moscovie avait à peine des villes ; elle ignorait ou avait oublié les libertés municipales. Le bâton gouvernait tous les rapports du Tsar et de ses sujets, du fonctionnaire et de ses administrés, du noble et de ses paysans, du père et de ses enfants, du mari et de sa femme. Les armées du Tsar, composées de nobles à cheval et de manants à pied, ne connaissaient ni l'équipement, ni la tactique, ni les armes d'Europe : l'armée turque elle-même, avec son infanterie régulière des janissaires et son artillerie perfectionnée, offrait un caractère plus moderne ; la cavalerie indisciplinée qui faisait la seule force de la Pologne suffisait à tenir en échec toutes les hordes moscovites ; quelques régiments de Suédois en triomphaient aisément.

C'était surtout son isolement qui faisait la faiblesse de la Russie, en la maintenant dans la barbarie primitive, aggravée de la barbarie des envahisseurs tatars, en l'excluant du mouvement général de l'Europe, en l'empêchant de participer au progrès matériel comme au progrès intellectuel, au progrès de l'armement comme à celui des sciences et des arts. Ses voisins le comprenaient si bien qu'ils travaillaient à perpétuer cet isolement, qui n'était d'abord qu'une des fatalités de son histoire. Tous, sans s'être donné le mot, Suédois ou Porte-Glaive, Allemands ou Polonais, entretenaient une sorte de blocus sur ses frontières continentales, et, comme elle n'avait pas de littoral, rien ne pouvait entrer chez elle, ni armes, ni ouvriers, ni artistes d'Occident. Deux fois avant Pierre le Grand, sous Ivan le Terrible et sous Alexis Mikhaïlovitch, les Moscovites avaient essayé de se frayer un chemin vers la Baltique, comprenant que par la mer leur viendrait quelque chose de cette civilisation qui faisait la force des États européens ; deux fois, ils avaient dû renoncer à leurs conquêtes, refoulés dans leurs plaines sans bornes mais sans issues, laissant la Baltique aux Suédois et aux Polonais comme la mer Noire aux Tatars et aux Turcs, réduits à une mer qui n'en était pas une huit mois de l'année, une mer perdue sous le pôle, et qui n'avait d'autres ports que des havres de pêcheurs.

La Moscovie fut longtemps ignorée des Français, encore plus que des autres Européens. Au temps de Henri IV encore, seuls des aventuriers militaires, comme Margeret ou Pierre de la Ville, ou des marchands, comme Jehan Sauvage ou Nicolas de Renel, en avaient trouvé le chemin.

De loin en loin, quelque Roi de France faisait parvenir làbas quelque lettre, et plus rarement encore quelque envoyé, comme François de Carle sous Henri III, Deshayes Courmenin ou le capitaine Bonnefoy sous Louis XIII; mais lettres ou envoyés ne parlaient que d'affaires privées ou d'affaires commerciales. Ce qu'on souhaitait obtenir de la Russie, c'était du blé, du chanvre, du suif, des peaux.

De loin en loin aussi arrivaient en France, de cette région lointaine, quelques hommes barbus et chevelus, vêtus avec une magnificence barbare et sordide, portant des fourrures au cœur de l'été, traînant une horde de laquais qui ressemblaient à des janissaires; parlant une langue inouïe et qu'on ne finissait par comprendre qu'à l'aide d'une chaîne d'interprètes et d'une série de traductions; apportant des parchemins indéchiffrables, en caractères bizarres et ressemblant vaguement à du grec, d'une écriture menue, enchevêtrée, serrée à outrance, pour faire tenir dans une seule page une missive prolixe et redondante, tracée alternativement avec de l'encre et avec de l'or[1]; affichant des prétentions, des exigences, des susceptibilités étonnantes; s'irritant ou pleurant quand le Roi ne recevait pas les lettres du Tsar ou ne délivrait pas sa réponse suivant certains rits compliqués, quand un nom manquait dans la kyrielle interminable des pays inconnus sur lesquels leur maître était censé régner, assurant que pour cette omission le Tsar leur ferait couper la tête; mettant sur les dents les scribes et traducteurs de la chancellerie française, insupportables aux ministres, désagréables au Roi, mais ameutant sur leur passage le peuple des badauds parisiens. Alors la *Gazette de France* ou le *Mercure* annonçait, en estropiant à qui mieux mieux leurs noms, qu'il était venu tels ou tels ambassadeurs du grand-duc de Moscovie, et consacrait quelques lignes au récit de leur audience. Tels apparurent Ivan Kondyref en 1615 et Constantin Matchékhine en 1654.

---

1. Voyez les lettres originales des Tsars dans *A. E. Russie*, t. Ier, et *A. E. Russie, Supplément*, t. Ier.

Du reste, on ne savait pourquoi ils étaient venus, sinon pour apporter les compliments de leurs maîtres; car tout ce qu'ils racontaient, à grand renfort de documents russes, polonais ou latins à l'appui, histoires embrouillées de « titres mescripts » par les Polonais, violations de frontière par des Kosaks ou des Tatars, n'était compris que de quelques diplomates d'aventure, de quelque missionnaire de passage, mais n'intéressait personne à la cour de France. Le Roi se montrait curieux et courtois à leur égard, se prêtait de bonne grâce à leurs exigences et à leurs manies, les renvoyait avec un sac de pistoles pour eux et une belle lettre de compliments pour leur maître.

Comment celui-ci s'appelait-il de son nom? à peine, dans l'intervalle entre les ambassades, si on le savait. Louis XIV continuait à écrire à Michel Feodorovitch, par exemple, quand celui-ci était mort depuis douze ans. Que le grand-duc de Moscovie fît la guerre à l'extrême frontière de Pologne, à cette frontière éternellement disputée entre les batteurs d'estrade des deux nations, qu'il attaquât un district finlandais de la Suède ou s'engageât dans les steppes tatares, le roi de France ne s'en inquiétait point : à peine ses alliés polonais, suédois ou turcs s'en inquiétaient-ils. Les bandes moscovites, armées d'arcs, d'arbalètes ou de mauvais mousquets, étaient un élément absolument négligeable de la politique européenne. Non seulement la Suède ou la Turquie, mais le Danemark, mais le prince Ragotsi de Transylvanie, étaient des puissances autrement considérables. Dans les préoccupations de Richelieu ou de Mazarin, la Moscovie occupait juste la même place que le soufi de Perse. La reine de Suède dut exciter l'étonnement de la diplomatie française lorsque, dans l'instrument de la paix de Westphalie, elle fit comprendre le grand-duc de Moscovie comme étant un de ses alliés.

II

Cela ne tarda pas à changer. La Russie grandissait et se fortifiait; elle commençait à se civiliser; le règne d'Alexis annonçait de loin celui de Pierre le Grand. Déjà la Russie, cherchant un débouché vers la mer Baltique, vers la mer Noire, vers le centre de l'Europe, commençait à exercer une pesée sur cette ligue d'États, Suède, Danemark, Pologne, Transylvanie, Turquie, qui prenaient à revers les vastes domaines de la maison d'Autriche et dont nous attendions, dans notre lutte déjà séculaire contre les Hapsbourg, des diversions utiles.

Laissons de côté le Danemark, qui cependant donna son nom à la seconde période de la guerre de Trente ans, et la Transylvanie, où il y avait toujours un Bethlen Gabor ou un Ragotsi prêt à répondre à l'appel du Roi. Trois États surtout forment cette ligne, cette *barrière de l'Est,* grâce à laquelle nous prenions l'Autriche entre deux feux, tandis que nous étions serrés nous-mêmes entre l'Autriche et l'Espagne. Ces trois États, c'étaient la Suède au nord, la Turquie au sud, la Pologne au centre.

L'histoire de la Suède ne fait qu'un avec la nôtre à l'époque classique de la longue lutte entre les maisons de France et d'Autriche. C'est Richelieu qui introduisit dans la grande politique européenne cet État qui jusqu'alors avait été absorbé dans les luttes obscures du Nord. Gustave-Adolphe, par la paix de Sicerœd (1613), avait repris les provinces conquises sur son père par les Danois; par la paix de Stolbovo (1617), il avait acquis du Tsar Michel Romanof l'Ingrie et la Carélie ; mais il restait engagé dans une guerre avec les Polonais. Richelieu chargea son ambassadeur Charnacé de lui négocier avec ceux-ci la trêve de 1629. Richelieu put dès lors tourner contre l'Autriche l'humeur batailleuse de ce prince et de ce peuple. Il remplaça le Danois, battu à Lutter (1626), par le Suédois, un allié autrement vigoureux. Il fut l'inventeur de ce « roi de neige » dont se moquaient les courtisans de l'Empereur. Il jeta dans la balance ces troupes aguerries par vingt-cinq années de campagnes, pourvues d'une artillerie perfectionnée, disciplinées à merveille et commandées par d'admirables généraux et par le premier capitaine du siècle. Les victoires de Leipzig, du Lech, de Lützen, ébranlèrent l'Empire jusque dans ses fondations. Quand Gustave-Adolphe tomba sur ce dernier champ de bataille, ses généraux et ses diplomates continuèrent son œuvre. La Suède trouva sa récompense au traité de Westphalie : Mazarin contribua à lui faire obtenir la Poméranie, les évêchés de Brême et de Verden, trois voix à la diète, et l'établit ainsi puissance allemande.

La Suède se trouva jouer le rôle qui devait être dévolu plus tard au Brandebourg, trop épuisé alors pour oser se l'arroger. Elle fut, dans la Diète et dans l'Empire, l'antagoniste naturel de l'Autriche, le chef du parti protestant d'Allemagne contre le César catholique. Pour remplir cette mission, elle disposait d'une puissance matérielle et d'une influence morale considérables ; un moment, même après la paix de 1648, elle se trouvait occuper en Allemagne cent trente-deux places. Les subsides du Roi de France lui permettaient seuls d'entretenir et d'équiper un tel état militaire : dans toute guerre contre les Hapsbourg, il semblait donc que la France dût pouvoir compter absolument sur elle. De tous nos alliés, c'était la Suède qui était le plus précieux, parce que son action était la plus directe, se faisant sentir au cœur même de l'Empire, et aussi la plus prompte, car l'armée suédoise était toujours prête à entrer en campagne. En cela, la Suède était bien supérieure à la Turquie, qui avait d'immenses espaces à parcourir avant de menacer Vienne, et à qui il fallait un temps énorme pour mettre en mouvement la cohue prodigieuse et désordonnée de ses hordes.

Et, en effet, la Suède fut longtemps pour la France l'alliée fidèle, puissante, efficace, qu'avait créée le génie de Richelieu. Neuf ans après la paix de Westphalie, nous la voyons, en 1657, offrir son concours pour assurer à Louis XIV la couronne impériale ; en 1661, elle entre dans la Ligue du Rhin, dont elle est le noyau et la pièce de résistance.

Mais déjà des dispositions nouvelles s'étaient manifestées à partir de 1654, année qui vit l'abdication de Christine et l'avènement de la maison de Deux-Ponts avec Charles X. Celui-ci affectait de se dégager de la tutelle du Roi et de suivre une politique dite *nationale*. Il rengagea la Suède dans les guerres du Nord, essayant d'enlever des provinces au Danemark et à la Pologne, afin de compléter et fermer le cercle des provinces suédoises sur la Baltique. Ces guerres continuèrent sous Charles XI, et peut-être ne se seraient-elles pas terminées à l'avantage de la Suède, si la France n'avait pas été là pour offrir et même imposer sa médiation, obliger les Danois à signer la paix de Copenhague (juin 1660), forcer la Pologne à signer celle d'Oliva (mai 1660), qui assurait à la Suède la possession de l'Esthonie et de la Livonie.

La Suède de Charles XI se montra aussi ingrate qu'aurait pu le faire à sa place le Brandebourg des Hohenzollern. Évidemment cette indépendance du cœur lui était suggérée par la situation elle-même, cette situation, qu'elle devait à la France, de chef de parti en Allemagne. En 1668, elle prend part à cette triple alliance qui arrête les succès de Louis XIV aux Pays-Bas et le contraint à signer la paix d'Aix-la-Chapelle. Pomponne sut la ramener à de meilleurs sentiments : elle est notre alliée dans la guerre de Hollande ; elle envahit le Brandebourg, éprouve la défaite de Fehrbellin (juin 1675) et voit ses provinces poméraniennes envahies par les Danois et les Brandebourgeois ; mais Louis XIV intervient et, à la paix de Saint-Germain (1679), force les vainqueurs à restituer leurs conquêtes. Bientôt l'annexion de la principauté de Deux-Ponts, prononcée par les chambres de réunion, irrite personnellement Charles XI ; les autres empiétements de la France en Allemagne et en Europe l'inquiètent dans ses intérêts ; la révocation de l'Édit de Nantes le blesse dans sa foi religieuse. Il signe des traités avec Guillaume III, puis avec l'Empereur et entre dans la Grande alliance, puis dans la Ligue d'Augsbourg. Par là, il force Louis XIV à rechercher l'amitié de l'antagoniste naturel de la Suède, le Danemark ; mais, au fond, Charles XI s'abstient de prendre part à la lutte, se réserve et se ménage, et il aura la chance de faire accepter la médiation suédoise pour la paix de Ryswick (1697).

Voilà ce qu'était la Suède pour la France : alliée peu docile, d'une fidélité intermittente, surtout sous la dynastie de Deux-Ponts, mais toujours redoutée de l'Autriche, comme une influence toujours agissante au sein même de l'Empire et dans la Diète, comme un formidable appoint dans toute lutte ouverte. La

France fut plus fidèle à l'alliance que la Suède : nous avons vu en combien d'occasions elle intervint en sa faveur par sa diplomatie et par ses armes; sauf, dans les années qui précédèrent et suivirent la Ligue d'Augsbourg, elle n'interrompit point le paiement de ses subsides; et nous verrons avec quelle opiniâtreté parfois absurde, mais assurément noble et touchante, même dans les plus mauvais jours, Louis XIV refusa de sacrifier l'ancien allié à l'allié plus puissant qui s'offrait à lui, avec une obstination égale, dans la personne de Pierre le Grand.

La Turquie nous intéressait pour des raisons autrement multiples et variées que la Suède[1].

Depuis qu'elle avait conquis, avec Mohammed II, la Grèce, la Valachie, le Karamanie, la Crimée; avec Sélim Ier, la vallée de l'Euphrate, la Syrie, l'Égypte; avec Soliman II, les îles de l'Archipel, l'Arabie, les côtes barbaresques, tout le commerce de l'Orient grec et musulman, d'Alger à Alexandrie, d'Athènes à Kaffa, de Beyrouth à Bagdad, était sous ses lois. Elle avait mis la main sur la totalité de ce marché du Levant, qui était alors le plus considérable du monde. C'était d'elle que dépendaient, pour la majeure partie, l'industrie et le trafic de France, la prospérité de Marseille, de Lyon et de Paris. Or ce marché, c'était à la France, à peu près exclusivement, qu'elle l'avait livré. Une série de *capitulations*, dont les premières en date et les plus importantes étaient celles d'avril-mai 1517 et du 20 septembre 1528, avaient constitué en notre faveur le monopole du commerce oriental, créé les privilèges de la *nation française*, ou plutôt des *nations françaises* formées en colonies sur les points les plus importants de l'empire, établi la juridiction de nos consuls, garanti l'inviolabilité de nos églises et le libre exercice du culte catholique. Pendant longtemps, ce fut uniquement sous la protection de notre pavillon et sous la juridiction de nos consuls

---

[1]. E. CHARRIÈRE, *Négociations de la France dans le Levant* (collection des Documents inédits); — SAINT-PRIEST, *Mémoires sur l'ambassade de France en Turquie* (publication de l'École des langues orientales); — A. SOREL, *La Question d'Orient au XVIIIe s.*; — A. VANDAL, *Une Ambassade française en Orient sous Louis XV, le marquis de Villeneuve*; — les Histoires de Turquie, de HAMMER, LAVALLÉE, DE LA JONQUIÈRE.

que les Italiens, les Anglais, les Hollandais, les Allemands, purent trafiquer dans le Levant.

La Porte avait fait plus encore. Elle avait permis au Roi de France d'étendre sa protection, non seulement sur les marchands d'Europe, mais même sur les chrétiens de l'empire, sans distinguer entre le rit catholique et le rit orthodoxe; même sur les Juifs, qui obtinrent d'accompagner les Français dans les cérémonies publiques, à la condition de marcher les derniers. Des provinces, des nations entières furent moralement démembrées de l'empire turc, annexées au protectorat français. En 1691, trente et un mille Arméniens, qui avaient reconnu la suprématie du pontife romain, « faisoient les mêmes réjouissances pour les victoires du Roi qu'auroient pu faire les plus zélés sujets de Sa Majesté ». Louis XIV s'arrogeait même le droit de faire enlever et interner en France Avedik, un patriarche hérétique des Arméniens. Par lettres patentes du 6 novembre 1675, le Roi s'était déclaré officiellement le protecteur des populations latines de l'Archipel, et, à défaut de consuls établis dans les îles, il avait chargé les couvents latins de protéger les indigènes contre la rapacité des gouverneurs turcs et les déprédations des corsaires. A Smyrne, à Salonique, en Épire, à Raguse, les agents de France faisaient contrepoids à l'autorité des pachas. En Syrie, deux des dynasties de la montagne se disputaient le titre de consul de France à Beyrouth. En 1649, en 1737, le Roi déclare prendre « en sa protection et sauvegarde spéciale la nation entière des Maronites ». L'émir des Druses, ces ennemis héréditaires des Maronites, écrivait, s'adressant à Louis XIV : « A mon maître, à mon seigneur, à mon père. » Nos consuls de Saïda et Tripoli de Syrie voyaient les cheikhs, les évêques, les abbés de la Syrie entière descendre à leur porte et venir prendre leurs ordres. Dans tout le Liban, c'était par des réjouissances publiques, et en faisant parler la poudre, qu'on célébrait les naissances ou les mariages des princes français, les victoires du Roi. A Jérusalem, l'influence française, malgré l'ardeur des haines confessionnelles, maintenait aux Latins la possession des Saints Lieux ; c'était la conquête pacifique du Sépulcre. Dans les monastères du Sinaï figuraient à la place d'honneur les portraits de Louis XIV et de Colbert. En Égypte, nous étions si bien les maîtres qu'il n'y eut longtemps au Caire qu'une *nation*, celle de France, et qu'ensuite, pour deux négociants d'Angleterre et deux de Hollande, nous en avions cinquante.

Toute cette influence qu'exerçaient sur tous les points de l'empire les consuls et vice-consuls de France, les innombrables monastères et missions des Basiliens, des Franciscains, des Jésuites, c'était à l'ambassade de France, à Constantinople, qu'elle venait se concentrer. Plus obéi et mieux informé que le sultan, l'ambassadeur avait danscha que ville de l'empire ses agents : consuls, missionnaires, maîtres d'école, chefs de tribu ou chefs d'église.

L'ambassadeur de France était vraiment un vice-empereur de l'Orient, le grand-vizir des chrétiens. Il exerçait le droit de vie et de mort : en 1611, Sancy-Harlay faisait dresser une potence à la porte de son palais et y faisait pendre un de ses serviteurs; plus tard, M. de la Haye faisait précipiter du haut d'une terrasse un Français accusé de trahison.

Si le moindre de ses privilèges était méconnu, fût-ce par un des ministres du sultan, l'ambassadeur se rendait justice lui-même au besoin par les armes, comme le comte de Ferriol en 1699. Il célébrait par des illuminations et des salves d'artillerie, qui retentissaient jusque dans le sérail, les fêtes de son maître.

C'était en grande pompe, en grand cortège, qu'il se rendait à l'office catholique, et tout le clergé, tous les chefs d'ordres religieux, le nonce du pape lui-même, figuraient dans sa suite. Dans les autres cours, l'envoyé du Roi cède le pas à celui de l'Empereur; à celle de Constantinople, il ne le cède à personne, car en Orient le Roi de France a pris les titres d'Empereur et de Majesté impériale [1]. Un jour l'ambassadeur d'Angleterre essaie de prétendre au moins à l'égalité, en revendiquant pour son maître les titres de « Seigneur de la mer et de Protecteur de la religion sans images » : le vizir Kupruli le prend par les épaules et le repousse brutalement, lui demandant « qui l'avait rendu si hardi de prendre la place de l'ambassadeur de France ».

---

[1]. Le traité de février 1535, conclu par La Forest, donnait au Roi le titre de *Padischah*.

CE QU'ÉTAIT POUR NOUS LA TURQUIE.

L'amitié du sultan n'était pas moins importante à la France pour la guerre que pour le maintien pacifique de nos privilèges commerciaux et de notre protectorat religieux. Il fut pendant longtemps le seul allié assez puissant pour rétablir l'équilibre, rompu à notre détriment par Charles-Quint, entre la maison de France et la maison d'Autriche. Le 24 février 1525, François Ier était battu et fait prisonnier à Pavie ; mais, en décembre de la même année, Frangipani apportait à Soliman le Magnifique une lettre où le captif de Madrid priait « le grand empereur du monde, maître du siècle », de l'aider à repousser « un orgueilleux ». Le 15 février 1526, Soliman répondait par une lettre touchante où il consolait le Roi en lui rappelant « qu'il n'y a rien d'extraordinaire à ce que des empereurs soient vaincus et faits prisonniers ». Il ajoutait : « Nuit et jour, notre cheval est sellé et notre sabre ceint !... A quelque objet que s'attache votre volonté, qu'elle soit exécutée ! »

Sa meilleure réponse fut l'invasion de la Hongrie avec cent mille hommes et trois cents bouches à feu, l'écrasement de la chevalerie magyare à Mohacz (août) et l'entrée triomphale dans Bude (10 septembre 1526). Au sac de Rome, à la perte de Naples, répond l'apparition de Soliman avec cent vingt mille hommes et quatre cents canons sous les murs de Vienne (septembre 1529). Au sacre de Charles-Quint comme empereur à Bologne, à la chute de la république florentine, répond la dévastation de la Styrie et de l'Archiduché (1532). En 1538, le sultan concentrait cent mille hommes en Albanie pour envahir l'Italie, n'attendant que la descente des Français en Piémont, et Barberousse abordait près d'Otrante avec soixante-dix galères. En 1541, pendant que Charles-Quint perdait toute une flotte et toute une armée devant Alger, Soliman installait un gouverneur ottoman à Bude. En 1543, les escadres française et ottomane faisaient leur jonction devant Nice et emportaient la ville.

Henri II osa ce que son père n'avait point osé : conclure un traité formel avec le sultan (février 1553). Soliman, moyennant un subside de 300 000 pièces d'or, mettait soixante galères à sa disposition, et Torghoud aidait le baron de la Garde à la conquête de la Corse (1554).

La France sut, dès lors, de quelle formidable catapulte elle disposait contre l'édifice imposant mais hétérogène de la puissance autrichienne.

Seulement il n'y eut plus jamais d'alliance, pendant toute la durée de l'ancien régime français, entre le Roi de France et le sultan des Turcs[1]. Il y eut même, au XVIIe siècle, une réaction contre la politique hardie et sans préjugés de François Ier et Henri II. Louis XIV fut toujours tiraillé entre deux courants d'idées : l'idée politique, qui lui faisait désirer l'alliance ottomane ; les idées de chevalerie, de croisade, de solidarité chrétienne, de guerre à l'infidèle, qui l'entraînèrent, en plusieurs circonstances, à prêter le secours de ses armes à ses ennemis héréditaires contre le plus fidèle de ses alliés. De là, la bataille de Saint-Gothard, le 1er août 1664, et les expéditions de Candie, de 1668 à 1669, avec le duc de la Feuillade, le duc de Navailles, le duc de Beaufort. Rappelons que c'est à Louis XIV qu'est adressé le mémoire de Leibniz sur la conquête de l'Égypte. « Louis XIV, dit M. de la Jonquière, ne cessa, tout le temps de son règne, de nourrir des projets de conquête sur la Turquie », et l'auteur cite un manuscrit de la Bibliothèque nationale, sur les voies et moyens de la conquête, avec un chapitre intitulé : « Des forces nécessaires pour brûler Constantinople. »

Quand Louis XIV refuse, en 1673, en 1687, de s'allier soit à Alexis Mikhaïlovitch, soit à Sophie Alexiévna, contre les Turcs, il allègue soit la guerre de Hollande qu'il a sur les bras, soit les dangers dont le menacent ses voisins ; il oppose des considérations d'intérêt commercial, de sécurité de ses sujets en Orient, de part insuffisante de gloire à recueillir après les autres croisés ; jamais il n'avoue qu'il a besoin du sultan contre l'Empereur. Bien plus, entraîné par des habitudes de style, sûr d'ail-

---

[1]. Le marquis de Villeneuve avait été chargé, en 1733, par le grand-vizir, de proposer une alliance à Louis XV ; les Turcs en faisaient une condition absolue de leur concours pour la guerre de la succession de Pologne. Villeneuve écrivait : « Je sais combien ce parti est opposé aux sentiments d'un prince aussi pieux que Sa Majesté ; je sais aussi qu'il n'y a que la justice et la nécessité absolue qui puissent autoriser et rendre licite une alliance avec les infidèles. » Dans le conseil du Roi, le cardinal Fleury fut le premier à invoquer les raisons de religion contre l'alliance proposée, et la fit rejeter. Le roi de Suède fut moins scrupuleux dans le traité défensif du 19 juillet 1740, que négocia pour lui le marquis de Villeneuve : c'est le premier que les Turcs aient signé avec une puissance chrétienne.

leurs que les Turcs ignoreront ses paroles ou n'en prendront point d'ombrage, il va jusqu'à exprimer des vœux pour leur défaite. Il rappelle à Alexis ce que lui-même a fait pour « arrêter les efforts du commun ennemi du nom chrétien »; il l'exhorte à « continuer dans son généreux dessein ». Aux envoyés de Sophie il fait dire qu'il « seroit toujours fort aise qu'ils continuassent d'employer leurs armes à soumettre les infidèles ».

Il en a eu besoin cependant, de ces infidèles, et ils lui ont été d'un grand secours. En 1683, pendant qu'il assiégeait Luxembourg et s'inquiétait déjà de la grande coalition en train de se former contre lui, le vizir de Mohammed IV, Kara-Mustapha, envahissait la Hongrie avec cent cinquante mille hommes et mettait le siège devant Vienne, défendue seulement par les dix mille hommes de Stahremberg. C'est ce qui obligea l'Empereur à conclure avec Louis XIV la trêve de Ratisbonne, qui laissait le Roi en possession de ses *réunions*. Celui-ci aurait gagné bien plus encore à l'intervention du puissant ami qu'il se gardait tant d'avouer, si, le 12 septembre 1683, le roi de Pologne Jean Sobieski n'avait, sur les hauteurs du Kahlenberg, battu l'armée turque, pris trois cents canons, et, en délivrant la capitale de l'Autriche, rendu à l'Empereur toute son arrogance et à la Ligue d'Augsbourg toutes facilités pour s'organiser et se préparer.

Pendant ce temps, Duquesne bombardait le château et la ville de Chio, et, comme l'ambassadeur de France à Constantinople était en péril parmi les Turcs exaspérés de leurs revers, il arrivait aux Dardanelles, menaçant de brûler Stamboul (1681). Les années suivantes, il bombardait Gênes (1684), Alger (1685), Tripoli (1685), terrifiait Tunis et le Maroc. Sans doute, sur les côtes barbaresques, on ne faisait que châtier des corsaires; mais ailleurs on laissait attaquer les Turcs : en Hongrie, par Charles de Lorraine; en Moldavie, par Jean Sobieski; en Grèce, dans les îles, par les Vénitiens. On les laissait écraser à la bataille de Mohacz (1ᵉʳ août 1687). Aussi, quand s'ouvrit la guerre de la Ligue d'Augsbourg, les Ottomans se trouvèrent hors d'état de constituer une diversion sérieuse; le vaillant Kupruli-Mustapha, le troisième de cette dynastie de grands-vizirs, fut tué à la désastreuse bataille de Salankemen (18 août 1691); après les succès du sultan Mustapha II à Lugos et à Olasch, la victoire du prince Eugène à Zenta sur la Theiss, près de Peterwardein (1697), réduisit la Porte à traiter. Quinze mois après que Louis XIV avait été obligé de signer la paix de Ryswick (30 octobre 1697), elle subit la paix de Carlowitz (26 janvier 1699).

Au cours de cette double guerre, où les Turcs avaient eu à lutter contre les mêmes ennemis que la France, contre le duc de Lorraine, le margrave de Bade, le prince Eugène de Savoie, Louis XIV avait mieux compris quelle solidarité unissait, qu'il le voulût ou non, le grand royaume chrétien et le grand empire musulman. Lors des négociations de Ryswick, il avait proposé aux Turcs de les faire comprendre dans le traité de paix. Pris d'une juste défiance à l'égard d'un allié si capricieux, ils avaient refusé et préféré recourir à la médiation de l'ambassadeur anglais. La paix qu'ils voulurent faire séparément ne leur en coûta que plus cher : ils durent céder à l'Autriche la Hongrie et la Transylvanie; à la Pologne, Kaminiets, la Podolie et l'Ukraine; à la Russie, Azof; à la république vénitienne, la Morée et presque toute la Dalmatie.

Le même désaccord, dans une action qui aurait dû être commune, se retrouva dans la période suivante. La Turquie oublia, malgré les griefs qu'ils ne cessèrent de lui donner, qu'elle avait les mêmes ennemis que le Roi de France. Attaquée par Pierre le Grand et tenant son ennemi à sa discrétion, elle n'en signa pas moins avec lui les traités du Pruth (1711) et d'Andrinople (1713); celui-ci fut même négocié grâce à l'intervention active de l'Angleterre et de la Hollande, qui ruinèrent ainsi les dernières espérances de Charles XII. Puis, poussée à bout par les provocations de Venise et de l'Autriche, elle choisit, pour prendre les armes, précisément l'instant où Louis XIV venait d'être forcé de les poser, après la signature des traités d'Utrecht, de Rastadt et de Bade. C'est en 1714 qu'elle déclara la guerre à Venise, qui trouva aussitôt un allié dans l'Empereur, en sa qualité de signataire du traité de Carlowitz. Les régiments allemands et autrichiens, qui venaient de combattre les soldats de Vendôme et de Villars et que commandait encore Eugène de Savoie, purent donc être acheminés immédiatement sur la frontière ottomane. La Porte essuya une série de revers, dont les plus éclatants furent la bataille de Peterwardein (5 août 1716), la bataille de Belgrade (16 août 1717) et la prise de cette place deux jours après. Le traité de Passarowitz (21 juillet 1718) lui enleva le Banat, une partie de la Serbie et de la Valachie.

Malgré l'incohérence et le décousu qu'on peut remarquer dans cette action, non concordante, mais simplement parallèle, de la France et de la Turquie, et qui sont imputables, d'abord aux fantaisies de croisade des Rois de France, puis à la défiance obstinée des grands-vizirs, la Porte n'en constituait pas moins un ennemi redoutable pour la maison d'Autriche, un allié précieux pour la maison de Bourbon. Au XVIe siècle, l'intervention seule de Soliman avait permis à François Ier et Henri II de soutenir une lutte, qui autrement eût été par trop inégale, contre la monarchie de Charles-Quint et de Philippe II. Pendant la guerre de la Ligue d'Augsbourg, Louis XIV avait été redevable à Mustapha II d'une diversion très sérieuse, qui lui avait permis de traiter à Ryswick en gardant Strasbourg et la plupart de ses *réunions*. Au contraire, l'abstention de la Porte pendant la guerre de la succession d'Espagne avait permis à la coalition d'accabler la France, et ensuite la Turquie. Cependant, si l'on tient compte du puissant concours qu'une politique mieux inspirée nous eût permis d'obtenir des Ottomans, si l'on y ajoute les privilèges commerciaux et le prestige moral que leur amitié ou leur indifférence nous assuraient dans l'Orient tout entier, on comprend l'intérêt qu'avait le Roi de France au maintien de l'empire turc.

Entre la Suède au nord et la Turquie au sud, la Pologne formait la section centrale de la *barrière de l'Est*. Le centre, malheureusement, était de beaucoup la partie la plus faible du système.

Cette faiblesse tenait, en première ligne, à la faiblesse même de la Pologne. L'empire polonais se composait de parties hétérogènes. La Lithuanie différait de la Pologne proprement dite par sa constitution sociale : celle-ci étant un pays où dominait la petite noblesse, très nombreuse, pauvre, turbulente ; celle-là étant presque entièrement au pouvoir de quelques puissantes familles, et, en outre, présentant ce phénomène d'une aristocratie catholique superposée à des populations rurales de religion orthodoxe. Dans la Prusse occidentale et dans la Livonie et l'Esthonie, quand celles-ci appartenaient à la Pologne, c'étaient des municipalités et des *Freiherrn* de langue et de race allemandes, de religion luthérienne, qui exploitaient à outrance des populations de race finnoise ou lettonne, converties de force à la religion de leurs maîtres. Enfin, l'Ukraine ou pays du Dniéper comprenait des populations rurales, de race russe et de religion orthodoxe, opprimées tour à tour par les *pans* polonais ou par l'*armée* des Kosaks, guerriers de race petite-russienne : ceux-ci tendant sans cesse à expulser ceux-là, et ceux-là à réduire le chiffre de l'armée kosake ou même à la détruire. Mais qu'il s'agît d'une grande aristocratie comme en Lithuanie, d'une démocratie de petits nobles comme en Pologne, de bourgeois et de hobereaux allemands comme dans les provinces baltiques, d'une stratocratie comme en Ukraine; que les populations rurales, subordonnées à ces classes dirigeantes, fussent de race polonaise, russe, lettonne, finnoise; qu'elles fussent de religion catholique, orthodoxe ou luthérienne, le servage qu'elles subissaient était partout très dur, peut-être plus dur qu'en Moscovie, et aggravé çà et là, comme en Lithuanie et en Ukraine, par l'opposition de croyance entre des maîtres de rit catholique et des paysans de rit grec. Il en résultait que dans l'empire polonais, à travers toutes les différences ethniques ou dogmatiques, le peuple ne comptait pas, puisqu'il était partout esclave ; la classe moyenne existait à peine, puisqu'elle n'était guère représentée que par des bourgeois allemands et des trafiquants israélites; la classe aristocratique, partagée en haute et petite noblesse, ou plutôt hiérarchisée en patronats et clientèles, formait seule le pays légal.

Au-dessus de cette anarchie ou au sommet de cette hiérarchie s'élevait une royauté, mais une royauté démesurément faible, grâce au principe de l'élection, et encore affaiblie à chaque élection par les *pacta conventa*. L'État polonais, quoiqu'il eût un roi à sa tête, était officiellement désigné par le nom de République.

Cette impuissance de la royauté avait empêché toute introduction de réformes, car les souverains seuls, à cette époque, étaient capables d'en prendre l'initiative et d'en suivre l'exécution. C'était surtout l'organisation militaire de la République qui était arriérée. L'armée polonaise, dépourvue presque entièrement d'infanterie et d'artillerie, était toute en cavalerie : une cavalerie entièrement composée de nobles et de Kosaks, une cavalerie d'équipement tout féodal et gothique, avec une pointe de fantaisie romantique, avec de grandes ailes sur les casques ou bien aux épaules des cuirasses; mais une cavalerie de bravoure impétueuse, de fougue irrésistible, et qui, en 1683, menée à la charge par Sobieski, emporta les hauteurs du Kahlenberg comme, sous les yeux de Napoléon, les lanciers polonais de 1808 enlèveront le col de Somo-Sierra.

Telle qu'elle était, la Pologne, incapable de lutter seule contre l'Autriche, aurait été, entre les mains de la France, utile pour aider nos deux autres alliés, tantôt la Suède, tantôt la Turquie; mais, par malheur, elle fut presque toujours l'ennemi de l'une ou de l'autre. D'une part, l'esprit chevaleresque, l'esprit de croisade qui l'animaient, la haine de l'infidèle ou la nécessité de défendre les *ukraines* (pays frontières) contre les agressions des Tatars, vassaux plus ou moins dociles des Turcs, enfin des ambitions irréfléchies sur les pays roumains, la jetèrent constamment dans toutes les saintes ligues qui se formèrent contre le sultan. De même, pour la Suède, les provinces baltiques, Livonie, Esthonie, Courlande, furent constamment des sujets de discorde entre les deux États. Puis, au temps où les Wasa occupèrent à la fois les trônes de Suède et de Pologne, les haines de famille et les rivalités entre proches parents vinrent encore s'ajouter à l'antagonisme national. Il en résulta que, loin de pouvoir jamais réunir la Suède, la Turquie et la Pologne dans un effort commun, la diplomatie française dut s'épuiser en efforts inutiles pour prévenir les guerres polono-suédoises et polono-turques. Le centre de la ligne de bataille était sans cesse aux prises avec l'aile droite ou avec l'aile gauche; la cavalerie polonaise combattit presque toujours dans le camp opposé à celui que nous avions intérêt à favoriser; et, sans être jamais en opposition directe avec la France, la République fut presque toujours en opposition indirecte.

Ce qui rendait plus difficile encore de diriger cette capricieuse et déconcertante politique, c'est qu'en Pologne nos diplomates ne savaient à qui s'adresser, ni sur qui compter. A Stockholm il y avait un roi, à Constantinople il y avait un sultan, tous deux presque également absolus[1]. En Suède, notre diplomatie pouvait encore s'en tirer en assurant le paiement de subsides réguliers : à la Porte, c'était surtout avec de bonnes paroles, des promesses, des appels à la magnanimité du successeur de Soliman le Magnifique, quelques gros présents à ses ministres ou à ses favoris. A Varsovie, au contraire, on avait tout le monde à persuader, à gagner, à corrompre : le roi, la reine, le primat, les grands officiers, le président de la diète, et, par le menu, presque chacun des sénateurs ou des nonces (députés). A la cour comme dans la diète, il y avait toujours un parti français et un parti antifrançais : les envoyés du Roi dépensaient des sommes fabuleuses à récompenser ceux-là, à tâcher de ramener ceux-ci, et plus ils donnaient, plus on leur demandait : sans compter que le résultat final, c'était presque toujours la neutralisation des efforts d'un parti par ceux de l'autre, l'inertie quand nous désirions l'action, et l'action quand nous recommandions l'abstention. D'ailleurs, à mesure que la décadence polonaise s'accentuait, c'étaient de plus en plus les forces d'inertie qui tendaient à prévaloir.

La Pologne, de nos trois alliés de l'Est, fut donc de beaucoup l'allié de plus mauvaise qualité. Elle était aussi indocile, aussi personnelle dans ses vues du moment que la Suède; mais elle ne nous offrait pas, comme la Suède, les garanties d'un pouvoir royal fort, d'une volonté unique et promptement obéie, surtout d'armées recrutées, équipées et commandées suivant les principes de l'art militaire contemporain. Elle présentait, comme l'empire turc, une confusion de races, de religions et de langues; des nationalités ou des classes opprimées et toujours prêtes à créer à l'intérieur de dangereuses diversions; des ambitions sans borne et incohérentes, des conflits sur toutes les frontières, des limites toujours flottantes; des armées tumultuaires, un pouvoir

---

1. Au moins jusqu'à la mort de Charles XII (1718).

constamment soumis aux chances de l'élection, comme à Stamboul aux hasards des révolutions. Mais le roi de Pologne ne nous offrait pas, comme le sultan, la garantie d'une parole donnée, jamais reprise et despotiquement obéie, pas plus que les masses profondes de l'infanterie des janissaires, pas plus que l'efficacité d'une artillerie toujours tenue au courant des progrès contemporains. Suédois et Turcs ont, pour le compte du Roi ou sans son aveu formel, soutenu de longues et laborieuses campagnes, livré des batailles, défaites ou victoires, mais toujours sanglantes. La Suède pouvait parler au Roi de France des journées de Leipzig, du Lech, de Lützen, de Nordlingen, de Fehrbellin, de Narva, de Frauenstadt, de Poltava. La Turquie pouvait invoquer les batailles de Mohacz, de Zenta, de Peterwardein, Nice et la Corse conquises, la Hongrie subjuguée, la Transylvanie insurgée, la Styrie et l'Archiduché dévastés, Vienne deux fois assiégé. Pendant toute cette période, la Pologne n'avait à citer qu'une seule entrée en campagne sérieuse, une seule action d'éclat : la charge de Sobieski sur le Kahlenberg. Et c'était justement au profit de nos ennemis que Sobieski avait chargé !

Maintenant que nous avons établi ce qu'était le système de la France dans le Nord, vers le milieu du xviie siècle, il est facile d'apprécier quelles perturbations y apportait la Russie, par le seul fait de son avènement comme puissance européenne.

En 1654, le Tsar Alexis commence avec la Pologne une guerre de treize ans qui a pour prétexte des omissions malveillantes dans l'énumération de ses titres, et pour but véritable la conquête de l'Ukraine. Il expédie Matchékhine à Paris pour s'assurer que le Roi n'aidera pas les Polonais et tâcher de l'intéresser à ses griefs. Louis XIV reçoit courtoisement l'envoyé, ne comprend à peu près rien à ce qu'il lui raconte. D'ailleurs, il est loin de pressentir toutes les conséquences de la lutte qui s'engage entre les deux monarchies slaves, car il n'a aucune donnée sur la puissance agressive de la « Moscovie ». Il se borne à écrire au Tsar, en novembre 1654, une lettre où il lui explique combien l'entreprise contre la Pologne lui a « déplu », l'exhorte à faire le sacrifice de ses griefs à la paix de la chrétienté, et lui offre sa médiation.

Alexis ne s'en tient pas là. En 1657, il s'est réconcilié avec la Pologne, et c'est à la Suède qu'il s'attaque : le Roi est beaucoup plus inquiet, car c'est là une atteinte bien plus directe à son système du Nord. Aussi, en novembre 1657, après s'être mis d'accord avec le Protecteur d'Angleterre, il envoie un de ses gentilshommes, M. Desminières, pour prendre part au congrès sur la Plioussa, entre les plénipotentaires russes et suédois. Desminières est assez mal reçu par les autorités moscovites, et le voiévode de Dorpat lui fait savoir que son maître « n'a pas besoin des offices du Roi ni de ceux de Cromwell ». Le diplomate se morfond près de Dorpat, à attendre « la permission de ce barbare empereur pour aller voir ses clairs yeux ». Il paraît probable que la médiation offerte par le Roi n'a que peu contribué au rétablissement de la paix. Ce qui y contribua le plus, ce furent les efforts de notre diplomatie sur d'autres points ; car, lorsqu'elle eut successivement procuré à la Suède la paix avec la Pologne et le Brandebourg, par le traité d'Oliva (3 mai 1660), et la paix avec le Danemark, par le traité de Copenhague (6 juin 1660), Alexis comprit qu'il se retrouverait seul contre un redoutable adversaire. Il consentit, par le traité de Kardis (juillet 1661), à restituer toutes ses conquêtes en Livonie.

Il était plus heureux avec la Pologne, car, en signant avec elle la trêve d'Androussovo (1667), il garda une partie de l'Ukraine ou Petite-Russie, c'est-à-dire la rive gauche du Dniéper, avec Kief, sur la rive droite, et Smolensk.

Ainsi la Russie d'Alexis s'était essayée contre la *barrière de l'Est;* contre la Suède, elle avait échoué ; à la Pologne, elle avait enlevé des territoires sur le Dniéper ; c'était maintenant vers la Turquie qu'elle allait se tourner.

En octobre 1672, Alexis adressait à Louis XIV André Vinius pour lui exposer sa nouvelle situation : non seulement, il s'est réconcilié avec la Pologne ; mais il cherche à préserver ce royaume des incursions des Tatars et des Turcs ; il a dépêché des envoyés à plusieurs des princes de l'Europe, notamment au roi d'Angleterre et au roi d'Espagne ; il supplie donc Louis XIV de cesser sa guerre de Hollande, et de tourner contre « l'ennemi commun de tous les chrétiens » ses « belliqueuses légions ». Pour l'attendrir, il lui rappelle que lui-même, lors de ses démêlés avec le roi de Pologne, il a prêté l'oreille aux exhortations pacifiques et aux chrétiennes objurgations du roi de France. Louis XIV ne se souciait ni de renoncer à cette guerre contre les Hollandais, que tant de causes politiques, économiques et même religieuses, Colbert aussi bien que Louvois et de Lionne, lui faisaient envisager comme nécessaire ; ni d'entrer dans une alliance où figurerait son ennemi le roi d'Espagne ; ni de faire la guerre aux Turcs qu'il ne pouvait s'empêcher de regarder comme des alliés éventuels, encore qu'il les eût combattus récemment à Saint-Gothard et à Candie. Et qui venait lui proposer ce renversement total de son système politique ? Une sorte de souverain asiatique, beaucoup moins important à ses yeux que l'évêque de Munster ou le duc de Neubourg. Il reçut André Vinius poliment, sans empressement, et lui fit remettre cinq cents pistoles pour lui et une lettre pleine de bonnes paroles pour son maître.

Mais la Russie tenait à son idée. Repoussée de la Baltique par la puissance supérieure de la Suède, elle tentait de se frayer un chemin vers la mer Noire, à la faveur d'une confédération des puissances chrétiennes contre l'infidèle. Elle visait moins les Turcs que les Tatars de Crimée ; elle espérait, en une guerre obscure de steppes, surprendre quelque havre perdu aux extrêmes frontières de l'empire turc et dont le sultan, occupé plus sérieusement par les autres confédérés, ignorerait peut-être et l'existence et la perte. L'idée, qui avait germé dans l'esprit d'Alexis, persista chez les conseillers de son fils Feodor, prit plus de consistance encore chez sa fille Sophie, jusqu'à ce que son troisième fils, Pierre le Grand, réussit à la mettre à exécution. Feodor se contenta d'envoyer à Louis XIV l'ambassade de 1682, qui renouvela probablement ses instances à Louis XIV et qu'il éconduisit avec sa politesse ordinaire. Sophie accéda, en 1686, à la Sainte-Ligue formée entre l'Empereur, Venise et la Pologne; elle envoya au Roi une nouvelle ambassade, celle d'août 1687, qui fut d'autant plus mal reçue qu'elle y mit plus d'insistance, et, passant à l'exécution, dirigea dans les steppes du Sud deux expéditions qui furent malheureuses. Enfin Pierre le Grand arriva jusque devant Azof, échoua dans une première attaque en 1695 et, dans une seconde, en 1696, emporta la place. Le siège d'une mauvaise forteresse turque à l'embouchure du Don n'avait pas apporté un concours très utile à la Sainte-Ligue, ni constitué une bien efficace diversion. Les batailles du Kahlenberg, de Mohacz, de Salankemen, de Lugos, d'Olasch, de Zenta, avaient été d'autres faits d'armes. Les Vénitiens, à eux seuls, avaient obtenu en Morée et dans l'Archipel de plus grands succès que Pierre le Grand. En somme, de tous les confédérés, le moins important avait été la Russie. Au traité de Carlowitz, elle fut traitée selon ses mérites, et cependant elle fut très orgueilleuse de sa maigre part de butin. Tandis que ses alliés enlevaient à la Turquie vaincue des provinces et des royaumes, on laissait aux Russes Azof; et le sultan, qu'on dépouillait de pays comme la Hongrie et la Transylvanie, ne pensa guère à disputer un fortin sur le Don.

Et pourtant la conquête d'Azof était un fait capital. Au siège de cette bicoque, Pierre le Grand venait de se révéler, sinon au monde, du moins à lui-même, à son peuple, à ses voisins immédiats. A Varsovie, on avait crié : « Vive le Tsar! » C'est qu'à Varsovie on pouvait comprendre ce que personne à Paris ni même à Vienne ne pouvait comprendre : on y savait ce que c'est que la steppe, et quelle somme colossale de patience, d'efforts, de bonheur, presque de génie, il avait fallu à Pierre pour amener de Moscou à l'embouchure du Don, à travers des déserts, à travers des pays de faim et de soif, la petite armée qui prit Azof.

A Paris, on ne paraît guère avoir compris qu'une chose : un roitelet barbare avait osé braver le roi de France en s'attaquant à son allié; si le dommage causé au sultan paraissait insignifiant, l'insolence envers le Roi paraissait grande. L'offense avait été redoublée quand, en 1697, le Tsar s'était permis d'appuyer la candidature d'Auguste de Saxe contre tous les efforts des envoyés du Roi, l'abbé de Polignac et M. de Forval : si bien que le prince de Conti, élu en juin par la majorité des électeurs polonais et que Jean Bart amenait à Dantzick, apprit que son concurrent avait été proclamé par la minorité des électeurs, avait marché hardiment sur Varsovie et s'y était installé. Ainsi le médiocre succès d'Azof avait donné en Pologne assez de popularité à Pierre pour qu'il pût y contrecarrer toute l'influence de Louis XIV et décider le choix du successeur donné à Sobieski. C'était là encore une des conséquences de la Sainte-Ligue.

Quand Pierre Ier, en cette même année, accomplit son voyage d'Europe et sans doute se demanda s'il irait à Paris, Louis XIV, nous dit Saint-Simon, « l'en fit honnêtement détourner ».

Si Saint-Simon est bien informé (le fait n'est rapporté que par lui), Louis XIV aurait commis une faute. Pierre venait chercher en Occident les éléments de la régénération de son pays ; il eût été heureux de les puiser chez nous ; on l'obligeait à les aller demander à nos ennemis, à la Hollande de Heinsius, à l'Angleterre de Guillaume III, à l'Autriche de Léopold. Ces premières impressions, si vives dans la première jeunesse (Pierre avait alors vingt-cinq ans), sur une nature aussi primitive et une imagination aussi ardente, furent celles qui durèrent. Peut-être le dédain inhospitalier de Louis XIV fut-il cause que Pierre le Grand, qui sut le hollandais et l'allemand et ne parla jamais bien le français, continua à chercher ses modèles dans la civilisation hollandaise et germanique.

Mesurons les progrès accomplis par la Russie dans l'œuvre de dislocation de la *barrière de l'Est* : elle avait échoué avec Alexis dans son entreprise contre les provinces baltiques de la Suède ; elle avait réussi contre la Turquie, au démembrement de laquelle elle avait contribué et à qui elle avait enlevé son port de la mer d'Azof ; elle avait réussi en Pologne, où elle avait fait élire un candidat de son choix.

Maintenant elle allait renouveler ses tentatives contre la Suède. Si elle avait eu son succès contre la Turquie, c'était en entrant dans une confédération, à la suite de l'Empereur, de la Pologne, de la république vénitienne, avec l'appui moral du souverain pontife. C'était le même procédé qu'elle allait employer contre la Suède : cette fois, ses alliés seraient le nouveau roi de Pologne, fort des ressources financières et militaires de son électorat de Saxe, et le roi de Danemark. Malgré la puissance nouvelle que lui avaient donnée les réformes de Pierre, la Russie croyait toujours ne pouvoir être qu'un appoint dans une coalition.

Les batailles de Narva (1700), d'Ehresfer (1701), de Hümmelsdorff (1702) — la première une défaite, les deux autres des victoires russes — achevèrent de dessiller les yeux de Louis XIV. Il cessa de mépriser le Tsar, et comprit qu'une puissance se révélait dans le Nord. D'ailleurs, après les premiers désastres de la Succession d'Espagne, il n'avait plus le droit d'être aussi dédaigneux. Il conçut alors l'idée d'utiliser à son profit cette force nouvelle. Il se proposa deux résultats : débarrasser la Suède d'un ennemi qui s'annonçait déjà comme redoutable, par conséquent, la rendre disponible contre l'Empereur, et, en outre, entraîner la Russie elle-même dans son alliance, l'employer à fortifier cette digue qu'elle minait et rongeait obstinément depuis près d'un demi-siècle. Tel fut l'objet de la mission de Baluze en 1702. Il devait s'assurer de ce qu'il y avait de vrai dans les dispositions bienveillantes qu'on prêtait au Tsar à l'égard de la France, le réconcilier avec Charles XII, le décider à jeter les forces moscovites sur les provinces impériales, soit par la Pologne, soit par la Transylvanie, soit même par l'Italie ; et enfin — espérance bizarre, et qui prouve les illusions et les mirages de richesse fabuleuse dont se payaient les Occidentaux dès que le mot d'Orient était prononcé — obtenir de Pierre un prêt d'argent. La misérable Russie de 1702 prêtant de l'argent au Grand Roi ! D'ailleurs Louis XIV continuait à traiter le Tsar de « grand-duc de Moscovie » et prescrivait à son envoyé de le renseigner sur « la véritable étendue de ses États et de leurs frontières vers l'Orient » : tant le terrain sur lequel on prétendait opérer était encore inconnu ! Il comptait séduire la Russie par le prestige de la France et la réputation qu'avait le Roi d'être fidèle à ses engagements : « on sait dans toute l'Europe quelle est l'attention de Sa Majesté pour l'intérêt de ses alliés, et si le Czar est quelque jour du nombre, il en connoîtra l'utilité ».

On ne se rendait pas encore compte, à Versailles, des raisons qui avaient engagé Pierre dans la guerre du Nord. Ce qu'il y cherchait, ce n'était pas la gloire, ce n'était pas les conquêtes pour elles-mêmes, c'était la condition essentielle d'existence pour la Russie : un port sur la mer Baltique. Il fallait à tout prix « ouvrir une fenêtre » sur l'Europe, et, par cette fenêtre, faire entrer dans le vieil empire la civilisation d'Occident. Ce sont les fautes mêmes de Charles XII, les succès inespérés qu'elles valurent à son ennemi, la tournure inattendue que prirent les événements, qui amenèrent insensiblement Pierre à concevoir de plus vastes ambitions. C'est seulement après Poltava qu'il se crut sûr du terrain sur lequel se bâtissait déjà Pétersbourg et c'est seulement après la mort de Charles XII que ses préténtions se haussèrent à revendiquer la totalité des provinces baltiques. Et vraiment, de toutes les conquêtes de la Russie, c'est celle qui a coûté le plus cher : vingt et un ans de guerres pour acquérir la Carélie, l'Ingrie, la Livonie et l'Esthonie !

On devine le succès que pouvait avoir une mission comme celle de Baluze. Quand Pierre s'acharnait à la conquête de cette Néva, qui avait été témoin des exploits d'Alexandre Nevski (1240), de cette Livonie qu'Ivan le Terrible et Alexis Mikhaïlovitch avaient conquise et perdue, on venait lui proposer de renoncer à cet accès de la mer qui avait été le rêve de ses ancêtres, d'entrer dans une combinaison politique dont il ne pouvait comprendre ni la complexité ni l'étendue, d'aller courir les aventures en Transylvanie ou en Italie, comme un petit prince allemand à la solde du Roi de France !

La guerre continua donc dans le Nord comme en Occident ; elle fut aussi désastreuse pour la Suède que pour la France ; les défaites en Livonie, en Pologne, en Ukraine répondent aux défaites de Bavière, des Pays-Bas, d'Italie, d'Espagne ; et Poltava est de la même année que Malplaquet.

Pierre, sans le vouloir et sans bien s'en rendre compte, faisait un mal énorme à la France. Du reste, la responsabilité en retombe presque autant sur l'obstination de Charles XII à s'enfoncer dans les intrigues de Pologne et les aventures d'Ukraine, que sur la tenace ambition de Pierre. Cette guerre du Nord empêcha la diversion que la France était en droit d'espérer de la Suède. De quelle importance eût été cette diversion, on le voit à la terreur qui s'empare de la coalition toutes les fois que les hasards de ses opérations rapprochent Charles XII des pays d'Occident. Quand il poursuit en Saxe les débris de l'armée d'Auguste, quand il établit son camp sous les murs de Leipzig, après avoir violé le territoire autrichien en Silésie, l'empereur Léopold, la Hollande et l'Angleterre sont dans les transes. Marlborough, le vainqueur de Hochstedt et de Ramillies, ne croit pas inutile d'abandonner son armée victorieuse, de traverser l'Allemagne et d'aller faire visite au roi de Suède dans son camp (1707). Charles XII garde le silence sur ses intentions, mais l'Anglais a pu apercevoir sur sa table une carte de la Moscovie. Il s'en retourne rassuré. Évidemment Charles XII allait abandonner la France à son sort, et, avec les subsides du Roi, courir quelque aventure bien loin des champs de bataille de l'Ouest. C'est à Poltava (1709), c'est dans la captivité de Bender (1709-1714) que se dénoua cette aventure. La France, vaincue, sauvée seulement par un hasard, la mort de Joseph Ier, et par une victoire hasardeuse, celle de Denain, dut capituler à Utrecht (1713).

Sur ces entrefaites, Pierre avait tourné ses armes contre un autre bastion du système français dans l'Est, la Turquie. Ce fut une aventure presque aussi folle que celle de Charles XII : elle faillit se terminer d'une façon aussi désastreuse, par la défaite et la captivité. Pierre fut sauvé par le traité de Falksen (1711) et se consolida par le traité d'Andrinople (1713).

Si les résultats des traités de Westphalie avaient été en partie détruits par les défaites de la Suède, ils n'étaient pas moins menacés par les interventions continuelles de la Russie en Allemagne, par les mariages ou projets de mariages russes en Courlande, en Mecklembourg, en Brunswick. La poussée des ambitions russes bouleversait partout notre système politique.

Il vint cependant un moment où ce prince, qui, indirectement et par contre-coup, avait tant nui à la France, rechercha directement son alliance.

Seulement la situation politique avait changé du tout au tout. Par le traité d'Utrecht, nous étions devenus les alliés intimes de nos ennemis les plus acharnés, l'Angleterre et la Hollande. Par la rivalité des Orléans de France et des Bourbons d'Espagne, nous étions devenus les ennemis de ce Philippe V, dont l'établissement sur le trône de Madrid avait coûté tant de sang français. Au contraire, Pierre le Grand, naguère allié de l'électeur de Hanovre contre la Suède, était devenu l'ennemi de ce même

LE TRAITÉ D'AMSTERDAM, 1717.

électeur, qui était en même temps le roi d'Angleterre George Ier. Il y avait donc, sur toute la ligne, un véritable renversement des alliances.

C'est ce qui fit que tous les efforts de Pierre le Grand n'obtinrent qu'un demi-succès. Vainement, dans son second voyage d'Europe, il négocia avec Châteauneuf et l'abbé Dubois, envoyés de France à La Haye; vainement, espérant obtenir mieux du Régent que de ses agents diplomatiques, il vint à Paris; vainement, à son retour à Amsterdam, il fit reprendre les négociations avec Châteauneuf. L'obstacle insurmontable, c'était d'abord l'ancien attachement de la France à la Suède, même indocile et malheureuse; ensuite, et surtout, notre amitié nouvelle avec l'Angleterre et la Hollande, que venait de resserrer encore le traité de La Haye.

Le traité d'Amsterdam, 15 août 1717, contenait surtout des clauses sans application pratique, telles que la garantie *éventuelle* de la paix du Nord; dans les articles secrets, la médiation de la France et de la Prusse était acceptée pour le rétablissement de cette paix; enfin la France s'engageait, à l'expiration de son traité de subsides avec la Suède, à ne pas le renouveler.

Le Tsar aurait désiré plus. Il s'était offert, moyennant les mêmes subsides, à remplir envers la France le même office que la Suède; il était en droit de trouver étrange que non seulement on les lui refusât, mais que l'on continuât à les verser à son ennemie. Saint-Simon, le premier en date des russophiles français, avait donc quelque raison pour condamner le « fol mépris que nous avons fait de la Russie », et Tessé, pour accuser le Régent de n'avoir voulu qu'amuser le Tsar et le faire « voltiger ».

Du moins, il est une des obligations du traité d'Amsterdam que la France remplit, quoique tardivement, du moins efficacement. Campredon, ministre de France à Stockholm, à partir de 1720, s'occupait activement à réaliser la promesse de médiation dans la paix du Nord. Il eut, plus d'une fois, à lutter contre les défiances qu'inspirait à la Suède ce rôle si nouveau chez un agent du Roi, en même temps que contre celles qu'inspiraient à Pierre les vieilles relations de la France avec le royaume scandinave; plus d'une fois aussi, il fut gêné par les instructions, empreintes de cette tenace partialité, qu'il recevait de Versailles.

Il réussit cependant : la paix de Nystad (30 août 1721), au prix de cruels sacrifices, sauvait l'existence même de la Suède ; et à la Russie elle assurait la possession de ces provinces baltiques, si obstinément convoitées.

Sur un autre point, où les défiances russes étaient encore plus éveillées, la diplomatie française rendait à Pierre un service éminent. Malgré les efforts de l'Angleterre, cette fois retournée contre la Russie et appuyée par l'Autriche, notre ambassadeur à Constantinople avait réussi à empêcher une nouvelle guerre russo-turque et à obtenir au Tsar, par la paix du 7 décembre 1720, la garantie des traités de Falksen et d'Andrinople. Les mêmes bons offices se renouvelèrent, en 1724, quand de nouveaux démêlés s'élevèrent entre la Russie et la Turquie à propos du partage de certaines provinces persanes.

Pierre ne marchanda pas à la France les témoignages de sa gratitude. C'est à la suite de la médiation française pour la paix du Nord que les rapports entre la Russie, jusqu'alors intermittents, devinrent réguliers et permanents. Campredon s'établit, en 1721, en qualité de ministre plénipotentiaire auprès de la cour à Pétersbourg, et le prince Vassili Loukitch Dolgorouki, auprès de la cour de Versailles.

Tout cela, pour Pierre, dans la « passion extrême de s'unir à la France »[1] qui le possédait toujours, n'était qu'un commencement. Il eût voulu renforcer la bonne entente politique par une alliance matrimoniale entre les deux dynasties ; il eût voulu marier à Louis XV sa fille cadette, la future impératrice Élisabeth ; à défaut du Roi, la marier à l'un des princes du sang. Dans ce cas, on eût fait du mari un roi de Pologne. Pierre allait donc jusqu'à proposer à la France de partager avec elle cette influence en Pologne qu'il avait conquise à ses dépens.

Sa bonne volonté obstinée se heurta à l'indifférence du duc d'Orléans, aux calculs subtils de Dubois ; puis, après qu'ils eurent disparu, la malveillance hautaine, impertinente, étourdie, du

---

1. Expression de Saint-Simon.

duc de Bourbon. On ne sut répondre à ses avances que par des chicanes sur la date, antérieure ou postérieure, du mariage ou de la réalisation des promesses relatives à la Pologne, par des scrupules tirés de la différence de religion, ou simplement par un silence prolongé.

Catherine Ire, héritière des idées comme du trône de Pierre le Grand, montra le même empressement, et recueillit les mêmes témoignages de froideur. Le duc de Bourbon refusa la main d'Élisabeth, pour le Roi, pour lui-même, pour son fils. La signification de ces refus s'aggrava encore par le choix étrange qu'il fit de la fiancée royale : c'était la fille de ce même Leszczinski que Pierre le Grand avait chassé de Pologne. Non seulement on refusait, en y mettant le moins de formes possible, l'alliance matrimoniale de la Tsarine, mais, en ce qui concernait notre politique en Pologne, on indiquait nettement que l'on entendait agir sans la Russie et même contre elle. Dans les affaires du Nord, on prenait parti pour le roi de Danemark contre le duc de Holstein, gendre de Catherine. A Constantinople, d'Andrezel, successeur de Bonac, recevait l'ordre de changer d'attitude, dans un sens hostile à la Russie.

Pendant que Catherine n'éprouvait que rebuffades de la cour de Versailles, elle était au contraire recherchée, avec une patience humble et cauteleuse, par la cour de Vienne. L'Autriche se rendait bien compte du danger qui la menaçait pour l'avenir si, à la Suède, à la Pologne, à la Turquie, ces alliées épuisées et fourbues de la France, s'ajoutait ou se substituait une alliée pleine de sève, de jeunesse, d'ambition, et si la *barrière de l'Est*, ébranlée par les conquêtes russes, venait à se fortifier du conquérant. Entre la France, puissante sur terre et sur mer, et la Russie, appuyée sur les masses profondes de la barbarie asiatique, la maison de Hapsbourg eût été réduite à néant. Aussi, contre le parti français dans le conseil de Catherine, avait-elle réussi à former un parti autrichien. Faible à l'origine, car il avait contre lui l'Impératrice, il se fortifiait à chaque nouvel affront venu de la France, à chaque nouvelle marque de son dédain ou de sa malveillance.

Il finit par l'emporter. Le 6 août 1726 se signait le traité de

Vienne, pacte d'alliance offensive et défensive entre la Russie et l'Autriche.

Tandis que tout le passé diplomatique de la France et de la Russie luttait sourdement contre une alliance entre les deux nations, tandis qu'il y avait entre elles la Suède, la Turquie, la Pologne, le Danemark, la Prusse, et en outre, l'alliance contre nature entre la cour de Versailles et les deux puissances maritimes, aucune tradition ne venait contrarier le rapprochement définitif de la Russie et de l'Autriche. Dans le passé, depuis le début des affaires suédoises, turques, polonaises, elles avaient eu les mêmes ennemis, et la Sainte-Ligue, rêvée par Feodor Alexiévitch, réalisée par Sophie et Pierre, pouvait être considérée comme une des origines de l'alliance de 1726. Dans le présent, leurs intérêts n'étaient point opposés : si l'Autriche souhaitait de voir la Suède perdre la situation que les traités de Westphalie lui avaient assurée, essentiellement contre elle, en Allemagne, tout l'effort de la Russie tendait à maintenir la Suède dans l'impuissance; les deux cours impériales avaient le même désir d'annihiler en Pologne l'influence française ; elles avaient le même souci d'arrêter l'expansion des Turcs et même de s'agrandir à leurs dépens. L'alliance austro-russe était, dans ce temps-là, si bien fondée en raison qu'elle survécut au rapprochement de 1756 entre la France et l'Autriche, à l'agrandissement de la Prusse et à toutes les autres révolutions de la politique européenne ; le partage même de la Pologne, qui avait menacé de la dissoudre, ne fit que la confirmer. Chose singulière ! il n'y a que deux États européens qui, depuis près de trois siècles, n'aient jamais eu guerre l'un avec l'autre : ce sont la Russie et l'Autriche[1].

Nous sommes arrivés à la fin de la période où la Russie n'a été qu'indirectement l'adversaire de la politique française. Le traité du 6 août 1726 ouvre une nouvelle période : celle de l'hostilité directe.

---

1. Cette loi historique ne nous paraît nullement infirmée par le fait qu'en 1809 la Russie dut fournir à Napoléon une armée contre l'Autriche, et que l'Autriche en 1812 envoya son contingent aux armées qui envahirent la Russie. L'une et l'autre eurent alors la main forcée, et la manière dont elles conduisirent la guerre ne fit que prouver la solidité des liens que le César français avait essayé de rompre.

III

Campredon, qui avait occupé auprès de Pierre le Grand et de Catherine Iʳᵉ une situation si enviable, le médiateur écouté, l'ambassadeur fêté et choyé, le confident des plus chères ambitions, n'assista pas à l'écroulement de son œuvre. Parti de Pétersbourg le 31 mai 1726, il avait eu pour successeur un simple chargé d'affaires, M. Magnan, qui n'eut aucune influence à Pétersbourg.

Quand s'ouvrit la guerre de la succession de Pologne, la Tsarine Anna Ivanovna se rangea du côté de nos ennemis, autant pour sauvegarder ses intérêts en Pologne que pour obéir aux obligations du traité du 6 août 1726. Les armées russes chassèrent de Varsovie les partisans de Stanislas, assiégèrent celui-ci dans Dantzick, battirent et firent prisonnier le petit corps français envoyé au secours de la place. Puis vingt mille Russes, avec Lascy, traversèrent l'Allemagne et vinrent prendre position sur le Rhin (septembre 1735).

Les secours, un peu tardifs, de la Tsarine n'empêchèrent pas l'Autriche d'être partout battue : elle perdit le royaume des Deux-Siciles et ne put empêcher la France de s'annexer, sous le nom de Stanislas, la Lorraine.

Pendant cette guerre, si notre alliée la Suède s'était complètement abstenue, la lutte diplomatique à Constantinople avait repris, avec une énergie nouvelle, entre la France et la Russie. L'influence du marquis de Villeneuve et du renégat Bonneval finit par l'emporter ; seulement la Porte, comme toujours, se décida trop tard ; elle attendit que les hostilités eussent cessé ; et alors, la guerre qu'elle avait hésité à déclarer, les deux cours impériales la lui déclarèrent. Ce fut la dernière guerre heureuse qu'aient faite les Turcs en Europe. A la vérité, les Russes conquirent Azof et la Crimée, battirent les musulmans à Stavoutchani, envahirent la Moldavie ; mais les Autrichiens perdirent la Serbie, furent battus à Krotchka et enfermés dans Belgrade. C'est alors que la diplomatie française assura aux Turcs le succès définitif, et, en forçant l'Autriche à faire un traité séparé, la Russie à subir ensuite la paix, rendit inutiles les victoires russes et tira un parti inespéré des défaites autrichiennes. L'Empereur restituait ses conquêtes de la paix de Passarowitz, y compris Belgrade qu'occupait cependant une garnison impériale; la Russie, de toutes ses conquêtes, ne conserva qu'Azof, et encore à la condition d'en raser les fortifications. Telles furent les conditions de la paix de Belgrade (septembre 1739).

Ainsi, dans la guerre de la succession de Pologne et dans la guerre d'Orient, qui fut comme la queue de l'orage, l'Autriche avait été battue et dépouillée aussi bien en Orient qu'en Occident; la Russie avait payé son intervention de près de cent mille soldats dévorés par la steppe. C'était un premier fruit, très amer, de l'alliance de 1726. La Tsarine se crut même obligée de remercier le Roi, de récompenser Villeneuve pour sa médiation à Belgrade, de reprendre les relations diplomatiques avec la France. La Chétardie fut nommé ambassadeur à Pétersbourg, où s'étaient succédé des simples chargés d'affaires, comme Villardeau, ou de simples émissaires, comme l'abbé Langlois, Fonton de Lestang et Lally-Tollendal. Le prince Antiochus Kantémir était nommé ambassadeur à Paris.

Après cette double guerre, la *barrière de l'Est* se trouvait presque reconstituée; si elle avait fléchi au centre, déjà le candidat des cours impériales, Auguste III, cherchait à se faire pardonner par la cour de Versailles son élévation; la Suède avait été renforcée par le traité d'alliance offensive et défensive que Villeneuve lui avait fait conclure, le 19 juillet 1740, avec la Porte; la Turquie s'était arrêtée dans sa décadence par un brusque retour de la victoire; elle avait repris une confiance absolue dans le prestige et les conseils de la France; elle l'avait récompensée en renouvelant et en étendant, par le traité de 1740, tous nos privilèges dans l'empire.

Pendant l'ambassade de La Chétardie à Pétersbourg survint une révolution (décembre 1741) qui, en substituant au gouvernement tout « allemand » d'Anna Ivanovna et d'Anna Léopoldovna le gouvernement tout « national » d'Élisabeth, faillit remettre en question l'existence même de l'alliance austro-russe.

Avec la fille de Pierre le Grand, l'ancienne fiancée de Louis XV, qui devait en partie à l'or et aux conseils de La Chétardie le succès de la conspiration qui l'avait élevée au trône, il semblait que l'influence de la France, et, avec elle, l'influence prussienne, dût redevenir prépondérante, et celle des cours rivales être annihilée complètement. La France était alors « en bénédiction » à Pétersbourg, écrivait La Chétardie. Ce brusque changement dans la politique russe arrivait d'autant plus à propos que la guerre de la succession d'Autriche venait, une fois de plus, de remettre aux prises les deux éternels antagonistes, la maison de Bourbon et la maison de Hapsbourg.

La question suédoise vint tout gâter. Pendant les préparatifs de la révolution de 1741, l'ambassadeur de France, pour aider au succès du complot, le cabinet de Versailles, pour créer des embarras à un gouvernement russe quel qu'il fût, avaient travaillé de concert à provoquer une déclaration de guerre de la Suède. Élisabeth une fois sur le trône, l'ambassadeur et le cabinet français se trouvèrent en désaccord sur la conduite à tenir. La Chétardie estimait, avec Élisabeth elle-même, que, le but qu'on s'était proposé étant atteint, les Suédois n'avaient plus qu'à rentrer chez eux ; le ministère français entendait au contraire qu'ils fussent indemnisés de leur prise d'armes, et se montrait aussi ardent à appuyer leur revendication contre le gouvernement « national » d'Élisabeth que contre le gouvernement « allemand » des deux Anna. La Chétardie se trouva dans une position très fausse, à la fois, vis-à-vis des Suédois qu'il avait appelés et qu'il croyait pouvoir renvoyer, de son ministère qui le désavouait, et de la Tsarine, qui perdait de sa confiance en lui. Les Suédois s'obstinèrent : ils furent battus et durent évacuer toute la Finlande. Au lieu d'obtenir la Carélie qu'ils réclamaient, ils furent contraints, par le traité d'Abo (1743), de céder la Finlande méridionale ; de plus, pour obtenir la restitution de celle du nord, ils durent s'obliger à élire, comme prince héritier de Suède, un client de la Russie, un rejeton de la maison de Holstein, Adolphe-Frédéric. L'influence de la cour de Pétersbourg devint prépondérante : elle tendit à maintenir la Suède dans l'impuissance, par le maintien de sa constitution anarchique[1]. L'influence française sur son alliée scandinave était totalement perdue.

Perdue aussi l'espérance d'entraîner la Russie dans une action contre Marie-Thérèse. Sous le coup des déceptions d'Élisabeth, le parti autrichien s'était reconstitué. Il avait à sa tête un homme sans scrupules, mais habile, énergique, le chancelier avisé, Alexis Bestoujef. Celui-ci entra aussitôt en lutte contre ce qui restait d'influence à l'ambassadeur français. La Chétardie soutint cette lutte par les moyens les plus aventureux, les plus compromettants pour son caractère diplomatique. Lui, qui avait conspiré pour mettre Élisabeth sur le trône, conspira pour renverser son ministère, noua des intrigues jusque dans l'entourage de l'Impératrice et dans la famille de la grande-duchesse Catherine. Avec une fatuité de marquis du xviii° siècle, il voulut essayer sur Élisabeth des effets que produirait l'absence; il quitta Pétersbourg avec éclat, voyagea à petites journées, s'attendant à être rappelé; puis, après avoir pris de nouvelles instructions à Paris, après s'être muni d'un moyen de séduction qu'il croyait infaillible, la reconnaissance du *titre impérial* de la Tsarine, il reparut à Pétersbourg. Par un raffinement de tactique, il s'abstint de déployer son caractère d'ambassadeur, afin de pouvoir différer jusqu'au moment opportun la remise de cette reconnaissance tant convoitée par Élisabeth. C'était là que l'attendait Bestoujef: contre un ennemi désarmé des immunités diplomatiques, il démasqua brusquement ses batteries; il livra à l'Impératrice la preuve des intrigues du marquis, et obtint qu'il fût expulsé de Moscou dans les vingt-quatre heures (17 juin 1744).

Après ce coup d'éclat, il semblait que la Russie dût être entraînée aussitôt dans la coalition contre nous.

Il n'en fut rien. A la vérité, le Roi n'eut plus à Pétersbourg que des agents de second rang, et par conséquent sans influence, comme M. d'Alion, ministre plénipotentiaire, comme M. de Saint-Sauveur, chargé d'affaires; mais de 1744, année de la disgrâce du marquis, jusqu'à juin 1748, date de la retraite de Saint-

---

1. En 1749, le roi de Suède ayant voulu remédier à l'anarchie croissante, une armée russe envahit de nouveau la Finlande et ne l'évacua que sur l'engagement qu'il ne serait plus question de réformes.

Sauveur, il n'y eut pas d'actes hostiles. Évidemment la Russie, partagée d'ailleurs entre deux courants d'idées, entre l'influence du chancelier Bestoujef et celle du vice-chancelier Voronzof, se ménageait, jouissait de se faire craindre et courtiser des deux parties, hésitait à risquer dans quelque aventure, où d'ailleurs elle n'aurait aucun intérêt direct, une puissance faite surtout de prestige. Le 22 mai 1746 fut signé un renouvellement de l'alliance austro-russe, et bientôt l'Angleterre assurait des subsides à la Tsarine; mais c'est seulement en 1748 que les trente mille Russes de Repnine traversèrent l'Allemagne et occupèrent une position sur le Rhin. Puis ils reprirent le chemin de leur pays sans avoir brûlé une amorce. Cette fois encore, le secours, tant espéré par l'Autriche, était arrivé trop tard; il n'eut presque aucune influence sur la conclusion de la paix d'Aix-la-Chapelle (18 octobre 1748). Et avec la modération excessive dont s'inspirait Louis XV, comment la paix eût-elle pu ne pas se faire?

Ici s'arrête la période où la France s'est trouvée en hostilité directe avec la Russie; et il faut reconnaître que dans cette période l'action de la cour de Pétersbourg a été moins nuisible à nous et à nos alliés que dans la période précédente.

IV

La France n'avait décidément plus rien à espérer de la Suède, depuis sa malencontreuse campagne de 1742 et la paix désastreuse d'Abo; ni de la Pologne, quoique Auguste III, en sa qualité d'électeur de Saxe, eût signé en 1745 un traité d'alliance et de subsides avec la France et que sa fille eût, le 9 février 1747, épousé le Dauphin. Ces deux États étaient réduits à une égale inertie, et pour les mêmes causes: l'annulation presque complète de l'autorité royale, au profit d'une aristocratie, et l'impuissance de cette aristocratie qui, vénale, corrompue, turbulente, était partagée en factions qui s'appelaient, là-bas, le parti des *chapeaux* et le parti des *bonnets*, ici, le parti français, les partis russe, autrichien, prussien. Quant à la Turquie, la France seule pour l'avoir mise en péril et pour l'avoir sauvée, savait à quel point il importait de la ménager.

D'ailleurs, ce n'était plus contre la maison de Hapsbourg qu'on avait besoin d'alliés. Pendant la guerre de la succession d'Autriche, la Prusse était montée au premier rang : les victoires de Frédéric l'avaient montrée redoutable; ses défections, ses trahisons envers la France l'avaient révélée sans scrupules. Accrue de la Silésie, elle était, en Allemagne, la première puissance militaire et la première puissance protestante. Elle enlevait à la fois aux Hapsbourg leurs territoires héréditaires et aux Bourbons leur clientèle traditionnelle de princes allemands. A tort ou à raison, elle apparaissait au cabinet de Versailles comme plus dangereuse et plus agressive que la maison d'Autriche.

De là un changement de direction, très brusque, mais très explicable, dans la politique française; de là, ce qu'on appelle le *renversement des alliances* de 1756.

La Russie, de son côté, avait fait à peu près les mêmes réflexions que la France, avec cette circonstance que dans la guerre précédente elle s'était déjà trouvé dans le camp opposé à Frédéric II, et elle était arrivée à cette même conclusion que l'ennemi, c'était la Prusse.

Bestoujef détestait presque également la France et la Prusse, les deux alliées de la guerre précédente; mais, dès 1744, il avait proclamé que la Prusse était même plus à craindre que la France, « à cause du voisinage et de l'accroissement des forces ». Dans un mémoire qu'il lut à l'Impératrice, le 7 mai 1753, il disait :

Il est inutile de rappeler combien l'accroissement des forces du roi de Prusse est nuisible à Votre Majesté Impériale. Ceci est démontré par des faits connus du monde entier. Son aïeul et son bisaïeul, qui n'avaient pas des forces excessives, à cause du voisinage de la Russie n'avaient garde de faire les orgueilleux et les difficiles : ils étaient contraints de rechercher son alliance. Cette alliance a aidé l'empire russe à se fortifier : tout au moins il n'avait rien à craindre de ce côté. *Aujourd'hui quelle différence avec la situation d'alors!* Cette même puissance, alliée ou si l'on veut indifférente à la Russie, ou pour mieux dire dépendante de nous, est devenue le plus dangereux de nos voisins.

Bestoujef montrait alors la Prusse, qui avait porté son armée de 80 000 hommes à 200 000 et dont le roi était le moins scrupuleux et le plus actif des princes d'Europe, convoitant le Hanovre, intriguant dans la Courlande, dans la Pologne, dans la Prusse polonaise :

> Toute l'Europe a vu que, loin d'enfouir en un dépôt les grands revenus de la Silésie, les millions levés sur la Saxe, le roi de Prusse s'en est servi pour augmenter son armée de quatre-vingt mille hommes.

Le chancelier concluait à la nécessité absolue de secourir les États menacés par la Prusse[1].

Ce fut donc en toute sécurité de conscience que Bestoujef signa, le 30 septembre 1755, un traité par lequel, en échange des subsides britanniques, il mettait à la disposition de l'Angleterre 70 000 soldats russes. Il avait compté que ces soldats seraient employés contre Frédéric II. Mais, le 16 janvier 1756, l'Angleterre signait à Westminster un traité d'alliance offensive et défensive avec la Prusse. Bestoujef était pris au piège de sa propre habileté. Il avait cru que, comme dans la guerre précédente, la Russie serait l'alliée de l'Angleterre et de l'Autriche, contre la France et contre la Prusse : et il venait de promettre à l'Angleterre 70 000 Russes, qui se trouveraient guerroyer pour ce Frédéric II, qu'il haïssait, contre l'Autriche, cette alliée fidèle de la Russie ! L'erreur était lourde : le traité du 30 septembre fut annulé par la Tsarine. Bestoujef tomba et Voronzof le remplaça.

Ce n'était pas tout : le 26 août 1756, à Versailles, avait été signé le premier traité d'alliance offensive et défensive entre la France et l'Autriche. La Russie, alliée de l'Autriche depuis 1726, se trouvait donc indirectement l'alliée de la France, qu'elle avait combattue dans les deux guerres précédentes.

Or, depuis le départ de M. de Saint-Sauveur en juin 1748, la cour de Versailles n'était plus représentée à Pétersbourg, ni la Russie à Paris. La surveillance inquiète de Bestoujef empêchait toute communication avec la France, car il se défiait des anciennes sympathies de la Tsarine. Ce fut donc par des émissaires secrets, par les voies de la diplomatie secrète, par les aventu-

---

1. Solovief, *Istoria Rossii*, t. XXIII, p. 239; Moscou, 1873.

reuses missions du chevalier de Valcroissant, du chevalier Douglas, du chevalier d'Éon, du négociant Michel, que se renouèrent les relations entre Élisabeth et Louis XV. La disgrâce de Bestoujef permit à l'Impératrice de les rendre publiques. En septembre 1756, elle donna audience à Douglas, qui venait pour la seconde fois en Russie ; le 31 décembre, elle accédait au traité de Versailles ; le 2 juillet 1757, le marquis de l'Hôpital faisait son entrée à Pétersbourg comme ambassadeur extraordinaire et ministre plénipotentiaire du Roi. Dès lors, jusqu'à la Révolution, la France ne cessera pas d'y être représentée.

La Russie, pendant la guerre de Sept ans, combat le même ennemi que nous ; elle frappe sur lui des coups terribles : Gross-Jægerndorf, Kunersdorf, la prise de Berlin. Mais, si elle est en amitié avec nous, elle n'est point notre alliée : elle est l'alliée de l'Autriche. Elle accède à tous les actes complémentaires du traité de Versailles, mais elle attend toujours la signature de l'Autriche pour donner la sienne. Elle semble n'agir qu'en vertu du traité de 1726, signé trente ans auparavant par Catherine Ire. Qui donc la maintient dans ce rôle secondaire, subalterne, d'alliée par ricochet ? D'abord la politique de la cour de Vienne, qui veille jalousement à ce qu'elle ne sorte pas de ce rôle. Ensuite la défiance, on pourrait dire la répugnance de la cour de Versailles. Vainement Élisabeth, tantôt par les voies de la diplomatie officielle, tantôt par celles de la diplomatie secrète de Louis XV, essaie d'amener le Roi à convertir cette alliance indirecte en une alliance directe. Elle voudrait s'appuyer sur la France, puissance éloignée et désintéressée en beaucoup des questions qui l'intéressent, au lieu d'avoir à subir la tutelle ombrageuse de l'Autriche ; elle voudrait pouvoir émanciper la France elle-même de cette alliance que Louis XV subit trop servilement. Elle sent que l'Autriche exploite à la fois la France et la Russie dans des vues égoïstes, et que leurs intérêts sont toujours sacrifiés aux siens. Elle souhaiterait supprimer cet intermédiaire gênant et coûteux. « Cette alliance, disait Voronzof à l'ambassadeur comte de Breteuil, en janvier 1761, l'Impératrice la souhaite très sincèrement, et il paraît qu'il seroit avantageux de la cimenter avant que d'entamer les moyens de conclure la paix. » Même langage à

Tercier, un agent de la diplomatie secrète, en décembre 1760 : l'Impératrice propose un nouveau traité d'alliance, plus étendu, plus explicite que les précédents, conclu directement entre la France et la Russie, sans l'intermédiaire de l'Autriche. Le Roi fait obstinément la sourde oreille.

Le Roi, en effet, ne craint qu'une chose : c'est que la Russie ne devienne trop puissante. Il la redoute pour la Suède, pour la Turquie, surtout pour la Pologne. L'intérêt de la Pologne le préoccupe plus que celui de la France : en plus d'une occasion, durant la guerre de Sept ans, il a sacrifié celui-ci à celui-là. Il n'admet pas qu'on distraye la moindre parcelle de cet immense territoire, dont la République sait à peine les limites et qu'elle gouverne si mal ; il ne consentirait même pas à un échange de districts, à une rectification de frontière russo-polonaise du côté de l'Ukraine, lui dont la funeste politique devait amener le premier démembrement ! L'intérêt qu'il porte à la Pologne est souvent mal entendu : il tient autant à la conservation de ce qu'il appelle « la liberté polonaise », qu'à l'intégrité du territoire : or on sait que c'est précisément de cette liberté polonaise, c'est-à-dire de l'anarchie avec tous ses abus, que devait mourir la Pologne. Aussi les victoires de la Russie sur l'ennemi commun l'inquiètent ; il est tout consolé des défaites : c'est qu'il tient surtout à ce que la Russie ne recueille aucun fruit de ses succès. Il ne lui permet ni rectification de frontières en Ukraine, ni occupation, même temporaire, de Dantzick, ni acquisition de la Prusse orientale. Palmerston, au temps de Louis-Philippe, n'a pas été plus jaloux d'empêcher la France d'acquérir « même un champ de betteraves » sur la frontière de Belgique.

Si la Russie doit recevoir des subsides, en échange de ceux que lui aurait assurés le traité anglo-russe du 30 septembre 1755, Louis XV tient à ce qu'il soit bien entendu que ce ne sera pas de lui : il préfère en donner à l'Autriche, qui s'arrangera comme elle l'entendra avec la Russie.

Dans les instructions aux agents français, dans la correspondance de ceux-ci, on ne croirait pas que c'est d'une puissance amie et presque alliée qu'il s'agit, quand on parle de la Russie. Il n'est question que d'intelligences à nouer à la cour, dans la famille de la Tsarine ; on dresse le tarif des consciences à acheter autour d'elle ; on spécule sur ses infirmités, ses vices, sa dévotion ; on raisonne sur les éventualités que peut entraîner sa fin plus ou moins prochaine. On ne croit pas qu'une union intime soit jamais possible : « La distance qui sépare les deux empires est trop grande pour qu'il se forme jamais une alliance étroite entre eux[1]. » Au contraire, le Roi s'étudie à bien mettre en lumière ce qui les sépare :

Il faut observer que telle est la position de la Russie par rapport à l'Europe qu'elle ne peut s'agrandir qu'aux dépens de la Suède ou de la Pologne, deux puissances anciennement alliées de la France, dont par conséquent nous soutiendrons toujours les intérêts[2].

Tout ce qu'on demande à L'Hôpital, comme à ses prédécesseurs, c'est un bon traité de commerce : « Il doit être persuadé qu'un pareil traité lui feroit autant d'honneur que les services militaires même les plus brillants. » Comme à la fin du xvie siècle, on n'en veut qu'aux blés et aux pelleteries de Russie.

Si les Russes ont perdu par leur lenteur les fruits de leur victoire de Jægerndorf, c'est presque tant mieux : « Je ne sais, écrit L'Hôpital, si on doit envisager ces opérations de campagne manquées comme fâcheuses pour la paix, puisque le ministère russe ne pourra plus former de telles prétentions qui auraient pu embarrasser[3]. »

Et, malgré tout, on verra, par les extraits que nous donnons de la correspondance de L'Hôpital, qu'il ne peut s'empêcher d'admirer la bravoure stoïque des troupes « russiennes » et de battre des mains à leurs victoires.

Les instructions à Breteuil sont encore plus caractéristiques :

On ajoutera ici, pour l'instruction du baron de Breteuil, quelques réflexions sur l'intérêt essentiel qu'ont toutes les puissances de l'Europe, et surtout celles du Nord et de l'Allemagne, à empêcher, s'il est possible, que les Russes ne demeurent en possession du royaume de Prusse[4]... La saine politique ne doit pas permettre qu'on laisse

---

1. Mémoire pour joindre à l'Instruction du marquis de l'Hôpital. — 28 décembre 1756.
2. *Ibid.*
3. Dépêche du 24 septembre 1757.
4. C'est-à-dire de la province de Prusse orientale.

la cour de Pétersbourg augmenter sa puissance et étendre les bornes de son empire. Un pays presque aussi étendu que les États réunis des plus grands princes de l'Europe et qui, n'ayant besoin que d'un petit nombre d'hommes pour sa sûreté particulière, peut envoyer au dehors de ses frontières des armées formidables,... un pays dont les troupes sont aujourd'hui aguerries, et dont le gouvernement est absolu et presque despotique, doit, avec raison, paroître redoutable à ses voisins actuels, et successivement, aux peuples qui le deviendroient au moyen de ses nouvelles conquêtes... La vigilance est d'autant plus nécessaire qu'il y a longtemps que la cour de Pétersbourg a un plan de politique tout formé, dont elle ne s'écarte pas, et qui paroît bien lié dans toutes les parties, mais qu'elle ne développe que successivement et à mesure que les événements et les circonstances lui en fournissent l'occasion; et que ses ministres, défiants et soupçonneux, joignent à la dissimulation naturelle à leur nation la suite la plus méthodique dans leurs propos, dans leurs écrits et dans leurs démarches...[1]

Le baron de Breteuil ne doit ni exciter les Russes, ni les retenir. Il suffira que, pendant cette campagne, ils ne s'exposent à aucun échec. Si les armes du Roi ont, comme on l'espère, la supériorité qu'elles doivent avoir, son influence dans les conditions de la paix en sera plus considérable; les Russes ne pourront dire qu'on leur devra la fin de la guerre; on tirera de leur immobilité des arguments contre leur jactance; la hauteur avec laquelle ils soutiendront leurs prétentions en diminuera d'autant....[2]

En résumé, tant que le Roi porterait un intérêt aussi exclusif à la Suède, à la Pologne, à la Turquie, il n'y avait pas d'alliance possible entre la France et la Russie. C'était la force même des choses, plus puissante que la volonté des souverains ou des ministres, qui, malgré les mains tendues de part et d'autre, poussait les deux États dans des voies constamment opposées. La diplomatie française, qui faisait œuvre de tradition, de raison et de science, avait la vue très claire de cette fatalité; la diplomatie russe l'eut également très vive. Ce mur de glace, formé de jalousies, de rancunes et de défiances, qui s'élevait entre les gouvernements des deux pays, trois souverains russes, par chaleur de cœur et de sentiments, non moins que par l'intuition des intérêts communs et permanents, essayèrent de le briser : Pierre le Grand,

---

[1]. Instruction au baron de Breteuil. 16 mars 1760.
[2]. Instruction *secrète et particulière* au baron de Breteuil. 1er avril 1760.

parce qu'il avait la conception confuse de la grandeur intellectuelle de la France, la conception très nette de sa grandeur matérielle et morale, parce qu'il subissait le prestige de notre pays et plus encore celui du grand roi Louis XIV; Catherine Ire, par un culte pieux pour les idées de son mari, par amour pour sa fille qu'elle aurait voulu placer sur le premier trône du monde, peut-être aussi par sympathie tendre pour ce jeune Roi de France, orphelin et en tutelle, dont Pierre lui avait si souvent parlé; Élisabeth, par une admiration profonde de la France, par la séduction d'une cour qui était le centre de toutes les élégances, par un penchant tenace pour ce Roi dont l'amour avait été le rêve de sa jeunesse. Pierre le Grand, Catherine Ire, Élisabeth, étaient des natures presque frustes. C'étaient des primitifs : le premier étant resté à demi barbare, la seconde absolument illettrée, la troisième à peu près sans instruction et sans éducation. La civilisation française, quoiqu'ils n'en pussent saisir toutes les grandeurs et tous les raffinements, n'en avait que plus de prise sur leurs imaginations et leurs cœurs : *major e longinquo*. Saint-Simon emploie avec raison pour Pierre le Grand le mot de « passion extrême ». M. Vandal a une appréciation très vraie et très fine sur Élisabeth : « Sa politique ne fut point le fruit du calcul ni de la réflexion : sa sympathie pour la France, son penchant pour Louis XV et sa haine pour Frédéric lui tinrent lieu de principes et réglèrent sa conduite. Il se trouva que chez elle la passion vit juste, et qu'en suivant les mouvements de son cœur, Élisabeth servit utilement la cause de son peuple et celle de l'Europe. »

Quand cette sympathie, ce penchant, cette « passion » manquèrent aux souverains russes, les diplomaties des deux pays suivirent leurs voies respectives, et — la diplomatie russe étant presque toujours dirigée par des Allemands — ces voies étaient nécessairement divergentes.

Nous ne parlons pas de Pierre III, de sa brusque défection à l'alliance de Versailles, de sa précipitation aveugle à passer dans le camp ennemi. Son règne ne dura pas six mois, de janvier à juin 1762, et ne fut qu'un accident de l'histoire russe. Mais prenons Catherine II, dont le règne dura trente-quatre ans, laissa une empreinte ineffaçable sur la nation et remania profondément la carte de l'Europe. Celle-là n'était pas une primitive : d'abord elle n'était pas une Slave, mais une Allemande, une princesse d'Anhalt-Zerbst. Elle était née dans ce milieu allemand du Nord, si foncièrement imprégné de culture française. La civilisation française, elle lui avait été inoculée dès l'âge le plus tendre, et par conséquent elle était en garde contre son prestige. Elle avait été élevée par des institutrices françaises, nourrie de lectures françaises, et elle a toujours mieux parlé, mieux écrit en notre langue qu'en allemand ou, plus tard, en russe. Elle était Française à la manière de Frédéric II, de cette culture française où se retrouvait le levain huguenot des proscrits de la Révocation, une culture de rationalisme et d'examen, faite de critique plus encore que d'admiration, qui tendait à rabaisser les Français de la métropole au niveau de simples « Welches », et qui, en un mot, fut celle de quelques-uns des ennemis les plus dangereux de la France, car ils s'armaient contre elle de son génie.

Les douze premières années du règne de Catherine ne furent qu'une guerre acharnée contre notre influence, contre nos alliés. Cet instinct d'agression semblait d'autant plus haïssable à Louis XV qu'il se manifestait à un moment où la maison de Bourbon avait renoncé à toute ambition conquérante, où elle n'employait sa force qu'au maintien de l'équilibre européen, où elle était par excellence la puissance conservatrice et pacifique. Si elle s'intéressait à l'intégrité de la Suède, de la Pologne, de la Turquie, ce n'était pas, comme au temps de Louis XIV, qu'elle vît encore en elles des machines de guerre contre l'Autriche ; car l'alliance autrichienne subsistait. Elle s'intéressait à elles uniquement pour elles-mêmes, par esprit de justice, d'humanité, de respect pour les droits des princes et des peuples. Ce qui ajoutait encore à l'odieux de l'agression, c'est que toutes ces attaques étaient dirigées sous le couvert d'une apparente amitié, indirecte sans doute, mais formelle, avec la cour de Versailles. L'Autriche était notre alliée, et la Russie était l'alliée de l'Autriche ; mais, pour nous, la plus grande duperie de l'alliance autrichienne, si féconde en déboires, ce fut peut-être la sous-alliance russe. L'Autriche ne semblait s'interposer entre la France et la Russie que pour favoriser les entreprises de celle-ci et la couvrir contre les représailles du Roi. C'était à regretter le temps où Russie et Autriche étaient franchement hostiles, solidaires dans leur hostilité, et où l'on pouvait répondre à une entrée des Russes dans Varsovie et Dantzick par la conquête de la Lorraine, de la Lombardie et du royaume de Naples. Jamais la Russie n'eut les mains plus libres qu'à cette époque, et jamais elle n'usa de cette liberté d'une manière aussi désastreuse pour nos amis. C'est le temps où elle s'entend avec la Prusse et l'Autriche pour opérer le premier partage de la Pologne, où elle se concerte avec la Prusse et le Danemark pour préparer le démembrement de la Suède, où elle profite de l'aveugle connivence de l'Angleterre pour attaquer la Turquie par mer aussi bien que par terre. Ni en Pologne ni en Turquie, nous ne pouvons rien empêcher, tant notre allié de Vienne montre de pusillanimité, de duplicité, de condescendance pour l'adversaire, même d'âpreté à la curée. Un ennemi aurait cent fois mieux valu, car, à travers les États héréditaires des Hapsbourg, nous aurions retrouvé les chemins si bien connus de nos armées. Cet allié, repris tout à coup d'ambitions démesurées et maladives, habile seulement à tromper la France mais grossièrement dupé par les autres, mordant à tous les appâts, ayant perdu jusqu'à l'instinct de conservation, fait partout le jeu de la Russie, le jeu de la Prusse : de la Prusse plus ambitieuse encore que la Russie, et qui eut une responsabilité encore plus directe dans toutes les catastrophes. Le jeune empereur Joseph II trahit la France et vend la Pologne dans les entrevues de Neisse et de Neustadt avec Frédéric. Sa vertueuse mère, l'impératrice Marie-Thérèse, ne sait que « pleurer » et « prendre », cherchant à étouffer ses remords sous l'énormité de la part qu'elle s'attribue dans la dépouille. La France en est réduite à n'agir que par des voies indirectes et incertaines ; au lieu d'armées, Choiseul ne peut envoyer en Pologne que quelques douzaines d'aventuriers avec Taulès, Viomesnil, Choisy, Dumouriez ; pour dégager la Pologne il essaye d'une diversion ottomane, et ne réussit qu'à rendre inévitable le partage polonais et à ouvrir la question du partage turc. Sur un seul point, nous remportons un succès, mais purement diplomatique, obtenu non avec des soldats et des marins, mais avec des lettres de change et des sacs de louis : c'est à Stockholm, où Gustave III, par le coup d'État du 9 août 1772, mit fin à l'anarchie suédoise et préserva son pays du sort de la Pologne.

Dans toutes ces entreprises contre nos amis, ce qui ajoute évidemment à la joie et à l'orgueil de Catherine II, c'est qu'en les frappant elle atteint du même coup la France, sa puissance, ses intérêts, son prestige. Le piment de ce festin de peuples et de provinces, c'est le plaisir d'avoir bravé, joué, bafoué le Roi des « Welches », sa politique, ses diplomates, son grand ministre Choiseul, le maladroit « cocher de l'Europe ». Elle en triomphe dans ses lettres à Voltaire, à Grimm, à Zimmermann, à tous ses correspondants attitrés de France et d'Allemagne.

Cependant, durant ces douze années d'une guerre acharnée, quoique indirecte, contre la France aux dépens de ses alliés, les relations ne furent jamais interrompues entre les deux couronnes. L'amitié subsistait au moins dans les formes du rituel diplomatique. Tchernichef, Galitsyne, Serge Soltykof, Khotinski, se succédaient à Paris, comme ministres plénipotentiaires ou comme chargés d'affaires ; à Pétersbourg, se succédaient M. Bérenger, chargé d'affaires (1762-1765), le marquis de Bausset, ministre plénipotentiaire (1765-1767), l'abbé Guyot d'Ussières (1767), M. Rossignol (1767-1769), M. Sabatier de Cabre (1769-1772), chargés d'affaires, M. Durand, ministre plénipotentiaire (1772-1775).

Mais on peut imaginer de quelle animosité étaient empreintes les instructions de la cour de France et les correspondances de ses agents. Qu'on lise les lettres de M. Bérenger appréciant cette révolution de 1762 qui mit une étrangère sur le trône de Russie, et qui eut pour conséquences la fin tragique de Pierre III et celle d'Ivan VI, le petit-fils et l'arrière-petit-neveu de Pierre Ier. Qu'on lise les instructions à M. de Bausset : « Il ne convient pas aux nations éclairées par une saine politique de voir sans inquiétude la Russie, à peine dépouillée d'une écorce vraiment barbare, profiter rapidement de son nouvel état pour étendre ses bornes et s'approcher de nous. » Et les sévères appréciations du cabinet de Versailles sur la « fausseté », « l'inconséquence » de Catherine II dans sa politique extérieure, sa « passion effrénée pour le comte

Orlof »; et l'espérance exprimée que les nobles russes s'entendront sur « la nécessité de resserrer les droits abusifs de l'autorité czarienne »; et la tendance « à croire que cette princesse ne finisse pas ses jours sur le trône [1] »; et les vœux formés pour que « la guerre actuelle entre la Russie et les Turcs dure assez de temps pour que la cour de Pétersbourg, humiliée ou du moins épuisée, ne puisse de longtemps penser à abuser de sa puissance »; et la conviction que la rivalité des factions à la cour peut « mettre la vie et la couronne de Catherine II en danger »; que « le grand-duc n'ignore point les forfaits de sa mère ni les circonstances de son usurpation »; qu'elle sera « précipitée d'un trône où elle n'aurait jamais dû monter [2] » — tout cela ne montre-t-il pas à quel degré d'hostilité on en était arrivé, de part et d'autre, en pleine paix?

V

Cependant il vint un moment où la France put croire que la Russie, agrandie des dépouilles de la Pologne et de la Turquie, plus occupée de consolider ses conquêtes que de les accroître, devait souhaiter que l'ère de la politique de grand chemin se fermât; qu'après avoir été une des puissances les plus *révolutionnaires* de l'Europe, elle tendait à en devenir une des puissances *conservatrices;* que l'équilibre européen, tel que ses conquêtes l'avait modifié, lui convenait, et qu'elle ne demandait pas mieux que de le maintenir. Ce n'est plus elle qui pense maintenant à attaquer la Suède, la Pologne, à compromettre la paix de l'Allemagne. Non; les éléments de perturbation sont ailleurs : c'est d'abord les ambitions de l'Autriche, tout à fait réveillées avec le fantasque Joseph II, et menaçant tantôt la liberté de Gênes, tantôt l'autonomie de la Bavière, tantôt les intérêts et la sécurité de la Hollande, tantôt l'intégrité du territoire ottoman; c'est l'avidité insatiable de la Prusse, toujours en mouvement, tantôt pour grouper les princes de l'Allemagne sous son hégémonie, tantôt

---

1. Instruction au marquis de Bausset. 18 décembre 1763.
2. Instruction à M. Sabatier de Cabre. 30 mai 1769.

pour menacer Dantzick et Thorn, tantôt pour encourager le renversement de la Constitution polonaise ; c'est l'Angleterre convoitant les colonies de tous les peuples et exerçant sur les neutres la plus insupportable tyrannie maritime. Non, ce n'est plus la Russie qui est l'agresseur : c'est elle, au contraire, s'il faut l'en croire et s'il est permis d'ignorer les projets austro-russes de partage de l'empire ottoman, c'est elle qu'on menace et qu'on attaque ; la Turquie, échappée à la tutelle française, travaillée par les intrigues anglaises et prussiennes, fait craindre à tout moment une déclaration de guerre, et, en juin 1788, éclatera, comme un coup de tonnerre dans un ciel serein, la prise d'armes de la Suède.

Puisque la Russie semble devenue puissance conservatrice et que la France n'a jamais cessé de l'être, pourquoi n'essaierait-on pas de se rapprocher et de travailler en commun au maintien de ce nouvel équilibre européen compromis par tant d'appétits inassouvis ?

La Russie est désormais un État puissant : l'empire de Catherine II est autre chose que celui de Pierre le Grand, et il faut bien se résigner à compter avec lui. D'autre part les « forfaits » de Catherine II ont été amnistiés, consacrés par le succès. Aucun des malheurs que lui avait prédits ou souhaités le cabinet de Versailles ne s'est réalisé : elle a déjoué tous les complots, désarmé toutes les factions, dompté toutes les révoltes. Catherine II n'a pas été « précipitée » du trône ; les « droits abusifs » de son autorité tsarienne n'ont point été diminués ; et son fils, qu'il ignore ou non « les circonstances de son usurpation », est toujours le plus soumis de ses sujets. Son amitié ne vaut-elle pas la peine d'être recherchée ?

Déjà, dans les instructions à M. Durand, on voit poindre ces nouvelles dispositions de la cour de France. Presque au lendemain du partage de la Pologne, on lui recommandait de « s'appliquer à détruire les préjugés personnels qui paraissent avoir occasionné l'éloignement des deux cours » :

Il tâchera de faire comprendre que jamais le Roi n'a mis dans sa conduite aucun ressentiment ni aucune animosité personnelle ; que Sa Majesté rend justice aux talents et à la façon de penser de l'Impératrice ; qu'elle n'a cessé de conserver le désir de vivre en bonne intelligence avec elle ; qu'elle a souvent regretté, pour le bien général, qu'elle ne fût pas aussi intime que l'intérêt des deux empires et de l'Europe l'eût peut-être exigé ; et que sa conduite convaincra bientôt cette puissance de la sincérité de ses dispositions, si elle marque de son côté les mêmes sentiments [1].

Mais les « préjugés personnels », les « ressentiments » et « animosités personnelles », les blessures faites à l'amour-propre du Roi par les échecs de sa diplomatie, tant officielle que secrète, les rancunes mêmes de l'Impératrice, étaient encore trop vivaces. Pour que « l'éloignement des deux cours » pût cesser, il était nécessaire que l'un des deux antagonistes disparût de la scène. La mort de Louis XV, l'avènement de Louis XVI, firent tomber un obstacle.

Alors une nouvelle situation se dessine : c'est celle que M. Alexandre Polovtsof, sénateur, secrétaire d'État, président de la *Société Impériale d'histoire de Russie,* a si bien résumée dans son rapport du 5 mars 1876 [2], en séance solennelle de cette Société et en présence de son président d'honneur, le grand-duc héritier (aujourd'hui l'Empereur Alexandre III) :

Avec la mort de Louis XV, la nature des relations entre les deux pays se modifie complètement. Les dispositions peu bienveillantes de naguère envers le gouvernement russe, le peu de confiance dans les forces et la puissance de la Russie, font place en France à d'autres sentiments. Les douze années du règne de Catherine II, ses succès en Pologne et en Turquie, ses efforts heureux pour la réforme des lois et la civilisation de son peuple, ont amené les Français à voir d'un autre œil ce qui se fait à Saint-Pétersbourg. De plus, la France a une guerre difficile sur les bras (celle d'Amérique) : elle cherche des alliés. Le jeune Roi est animé des dispositions les plus bienveillantes, soit à l'égard de son peuple, soit à l'égard de l'humanité tout entière. Les remarquables instructions de son ministre des affaires étrangères, M. de Vergennes, reflètent cette hauteur de vues et les influences philosophiques qui dominaient autour du Roi. L'envoyé français à Saint-Pétersbourg, le marquis de Juigné, reçoit l'ordre de s'expliquer ouvertement avec le gouvernement russe sur les dispositions de sa cour. A Saint-Pétersbourg, on n'ose croire d'abord à un changement aussi inattendu ; mais bientôt les actes viennent confirmer les discours.

1. Instruction à M. Durand. 24 juillet 1772.
2. En tête du tome XVII de la collection de la *Soc. impériale d'histoire de Russie.*

La Turquie se refuse à exécuter les conditions de la paix de Kaïnardji ; une nouvelle guerre est sur le point d'embraser l'Orient ; mais l'ambassadeur français à Constantinople, le comte de Saint-Priest, unit ses représentations à celles de l'envoyé russe, et la Turquie consent à remplir ses engagements. Ravie des procédés de Saint-Priest, Catherine II adresse ses remerciements à Louis XVI et, avec son autorisation, accorde à Saint-Priest l'étoile en diamants de Saint-André. Bientôt après éclate la guerre entre l'Autriche et la Prusse pour la succession de Bavière ; la Russie ne veut l'agrandissement ni de la Prusse ni de l'Autriche ; elle se porte médiatrice et c'est avec le concours de la France qu'elle assemble le congrès de Teschen, où le prince Repnine ajoute une page brillante aux fastes de la diplomatie russe. Après avoir pacifié l'Europe, Catherine II veut faire régner le calme et la sécurité sur l'Océan : elle proclame la Neutralité armée, et la France est à la tête des États européens qui s'empressent d'adopter cette idée de la grande Impératrice. Le sceau de la réconciliation entre les deux gouvernements, c'est le mémorable voyage en France de l'héritier présomptif du trône de Russie (Paul, plus tard Paul Ier). Tous ces faits se trouvent exposés, avec le plus grand détail, dans les papiers des agents diplomatiques de la France. Les jugements de plusieurs d'entre eux sur la situation intérieure de la Russie et le caractère des personnages qu'ils y rencontrent sont parfois superficiels et d'une sévérité souvent injuste ; mais l'ensemble de leurs rapports offre les plus riches matériaux pour l'étude de l'histoire russe.

Tandis que le prince Bariatinski (1773-1783), le comte Markof (1783-1784), M. de Simoline (1789-1791), occupent successivement, en qualité de ministres plénipotentiaires, la légation russe à Paris, la France est représentée à Pétersbourg par le marquis de Juigné, ministre plénipotentiaire (1775-1777), M. Bourée de Corberon, chargé d'affaires (1777-1780), le marquis de Vérac, ministre plénipotentiaire (1780-1783), M. Caillard, chargé d'affaires (1783-1784), le comte de Ségur, ministre plénipotentiaire (1785-1789). C'est l'âge d'or de la diplomatie franco-russe.

A Versailles, on commençait à se rendre compte des inconvénients qu'entraînait l'alliance avec les Hapsbourg ; car, chose à noter, le gouvernement de Louis XVI, au moins dans ses premières années, quoique la Reine fût fille de Marie-Thérèse et sœur de Joseph II, se montra moins servilement autrichien que celui de Louis XV. Il reconnaissait que « par une fatalité, que vingt-huit ans d'expérience ont démontré être dans la nature des choses, l'alliance de la France avec la maison d'Autriche n'a jamais pu détourner les ministres autrichiens de l'ancienne habitude de nous contre-carrer partout. Le comte de Cobentzel a suivi cet exemple jusqu'à l'indécence [1] ».

Le rapprochement entre la France et la Russie, dont le cabinet de Versailles fit largement les frais, atteignit son point culminant dans la conclusion du traité de commerce du 11 janvier 1787 et dans les négociations pour la Quadruple alliance. C'était la Russie qui avait pris l'initiative de celles-ci : le comte de Ségur les accueillit avec enthousiasme et le cabinet de Versailles ne les repoussa pas. Il s'agissait, contre la tyrannie maritime de l'Angleterre et les ambitions turbulentes de la Prusse, de former une ligue offensive et défensive entre les deux maisons de Bourbon (France et Espagne), la Russie et l'Autriche.

Malheureusement ces projets n'étaient plus de saison. La France avait achevé d'épuiser ses finances dans la glorieuse guerre de l'Indépendance américaine. Le déficit et la dette n'avaient cessé de grandir : tandis qu'à l'intérieur ils rendaient une révolution inévitable, à l'extérieur ils nous privaient de tous nos moyens d'action. Le comte de Montmorin succédait au comte de Vergennes (14 février 1787). Il s'empressa de modérer le zèle de M. de Ségur, en déguisant d'abord l'impossibilité d'agir sous des objections de détail à l'alliance projetée. On s'étudia à décliner toute espèce d'intervention dans le conflit entre la Russie et la Turquie : or c'était cette intervention que la Russie avait surtout à cœur. On prétendit imposer à la Russie l'obligation de rompre ouvertement et tout de suite avec les Anglais : or c'était cette mesure qui coûtait le plus à Catherine II. On fit de l'accession de l'Espagne à l'alliance une condition indispensable : or on pouvait déjà prévoir là une réponse négative de Charles IV. Le plus grave, c'est que la royauté française faisait enfin l'aveu public et éclatant de son impuissance en laissant l'Angleterre et la Prusse intervenir dans les affaires de la Hollande, violer le traité du 10 novembre 1785 qui nous unissait à cette république : vingt mille Prussiens, en octobre 1787, envahissaient les Pays-Bas, et

---

1. Instruction à M. de Ségur, 16 décembre 1784.

le traité du 15 janvier 1788 substituait à l'alliance française le protectorat anglo-prussien.

Sans doute Catherine II, en ce qui la concernait, n'avait qu'à se louer de la France : nos ambassadeurs à Pétersbourg et à Constantinople travaillaient de concert à empêcher les Turcs, excités encore une fois par les intrigues anglaises et prussiennes, de déclarer la guerre à la Russie. Quand cette guerre fut déclarée, on vit les volontaires français accourant en foule, non pas, comme ils l'eussent fait autrefois, au camp ottoman, mais, par une nouveauté singulière, au camp russe. De même, en juin 1788, quand Gustave III déclara brusquement la guerre à Catherine, ce ne fut pas, comme c'eût été le cas autrefois, la France qui le poussait à prendre les armes; c'étaient encore l'Angleterre et la Prusse. Ce fut la France qui fit ses efforts pour l'arrêter; ce fut dans le camp et sur la flotte russes qu'on retrouva les volontaires français.

Tout cela venait trop tard. Catherine voyait clairement que la royauté française ne pouvait rien pour elle. La France entrait dans cette terrible période de transformation intérieure, qui d'abord l'affaiblit jusqu'à l'impuissance, et ensuite la rendit dangereuse à tout le monde, aux nouveaux alliés comme aux anciens. Catherine venait à peine de renoncer à tout concours de la France monarchique qu'elle fut obligée de s'armer contre la France révolutionnaire. Dans la lutte entre la France de l'ancien régime et celle du nouveau, Catherine prit nécessairement parti pour la première : sa propre sécurité, l'amitié qu'elle avait vouée au Roi, la dette de reconnaissance qu'elle avait contractée envers nos gentilshommes volontaires, l'orgueil de protéger une dynastie déchue et des princes proscrits, firent d'elle une ennemie déclarée de la Révolution. La légation de France, réduite à un simple chargé d'affaires, M. Genet, fut en butte d'abord à la froideur, puis au mépris, enfin à l'insulte. Le traité de commerce de 1787 fut violé dans toutes ses dispositions. Le pavillon de France, de blanc devenu tricolore, fut amené.

Parallèlement à cette guerre de paroles et de rescrits contre la Révolution, d'autant plus assurée de l'impunité que l'offense venait de plus loin, Catherine reprit, cette fois sans le contrepoids modérateur de Versailles, ses projets destructeurs contre ses voisins. Elle compléta le second démembrement de la Turquie au traité d'Iassy (1792) et prépara les second et troisième partages de la Pologne (1793-1795). Rapprochée de l'Autriche et de la Prusse, elle s'étudia à les engager, sans s'y engager elle-même, dans la guerre contre les jacobins de France, se réservant pour le châtiment, beaucoup moins dangereux et plus lucratif, des « jacobins » de Turquie et de Pologne. La Pologne disparut de la carte d'Europe, et, de l'ancienne *barrière de l'Est*, il ne resta plus que deux États mutilés, l'un refoulé vers le pôle, l'autre rejeté sur le Danube. Ainsi la Révolution, à ses débuts, précipita l'accomplissement du plan machiavélique dont les ennemis de la Russie avaient déjà attribué la paternité à Pierre le Grand, cette ruine des petits États, que le Roi de France avait réussi à retarder, tantôt en combattant la Russie, tantôt en recherchant son alliance, s'accomplit définitivement. De tant de bouleversements allait sortir une Europe nouvelle, où il ne serait plus autant question de la Pologne, ni de la Suède, ni presque de la Turquie. Alors cette alliance franco-russe, rêvée par Pierre le Grand, et Catherine Ire, réalisée un instant par Élisabeth, reprise dans les entretiens de Ségur et des ministres de Catherine II, cesserait d'être une impossibilité et, par suite d'autres bouleversements accomplis dans l'Europe centrale, pourrait devenir une nécessité.

Nous avons étudié avec soin ces deux courants d'idées et d'intérêts, qui tendaient constamment, l'un à éloigner, l'autre à rapprocher la France de la Russie. Les faits, d'une importance capitale, qui ont presque annihilé le premier de ces courants et donné à l'autre une force irrésistible, sont dans toutes les mémoires. C'est un autre échiquier européen, disposé tout autrement, que nous avons sous les yeux. Et plus nous avons dû accumuler de documents pour démontrer les difficultés qui s'opposaient à une communauté d'intérêts et d'action entre les deux pays, plus sûrement nous sommes amenés — dans la nouvelle position des problèmes européens — à affirmer la communauté d'intérêts et à prévoir la communauté d'action.

ABRÉVIATIONS

Dans notre Dépôt des Affaires étrangères, les documents relatifs à chaque pays sont répartis en trois séries : la première, de beaucoup la plus considérable, c'est la *Correspondance;* les deux autres sont les *Suppléments* et les *Mémoires et documents*.

Nous désignerons ainsi les pièces empruntées à la Correspondance : *A. E. Russie* (c'est-à-dire *Affaires étrangères*, correspondance *Russie*), ou *A. E. Hollande, A. E. Suède, A. E. Turquie*.

Les deux autres séries seront désignées ainsi :
A. E. Russie, Supplément ou *A. E. Russie, Mémoires et documents*.

I

LES RELATIONS DE LA FRANCE
AVEC LA RUSSIE
JUSQU'AUX TRAITÉS DE WESTPHALIE

I

ORIGINES DE LA DIPLOMATIE RUSSE

Dès que la Russie *moscovite*, la Russie d'Ivan le Grand (1462-1505), de Vassili Ivanovitch (1505-1533) et d'Ivan le Terrible (1533-1584), se fut constituée en État, elle eut des relations extérieures et, par conséquent, une diplomatie.

Le mariage d'Ivan le Grand avec Sophie Paléologue (1472), qui donna pour armoiries au tsarat de Moscou l'aigle à deux têtes de Byzance, accrut encore l'influence de la civilisation hellénique sur la Russie, déjà grecque par la religion. Avec la fille des Paléologues, les émigrés grecs affluèrent à Moscou, et les mêmes causes qui avaient produit la Renaissance italienne produisirent une sorte de renaissance russe. De l'empire de Constantinople, détruit par l'invasion ottomane, arrivaient en Moscovie des lettrés, comme Démétrios Ralo, Démétrios Trakhaniote, Théodore Lascaris ; ils apportaient avec eux des manuscrits grecs qui formèrent le premier fonds de la bibliothèque actuelle des Patriarches de Moscou. Il venait aussi des artistes, des ingénieurs, des diplomates ; et la Russie, en même temps qu'elle devenait l'héritière des droits de Byzance sur l'Orient, apprenait d'elle l'art de négocier avec les étrangers et les barbares.

L'empire byzantin, en effet, avait possédé une véritable diplomatie. Le ministre des affaires étrangères, c'était le *logothète de la course;* il avait sous ses ordres un « bureau des barbares », σκρίνιον τῶν βαρβάρων, des interprètes pour toutes les langues, ἑρμηνεῦται[1]; c'était lui qui veillait sur l'observation du cérémonial diplomatique à l'égard des ambassadeurs étrangers, sur la fixité du formulaire à employer dans la correspondance avec les princes et les peuples d'Orient et d'Occident. L'empereur Constantin VII Porphyrogénète avait même compilé un livre intitulé *les Cérémonies,* où les réceptions d'ambassadeurs tiennent une large place. Un vivant commentaire de ce livre, ce sont les récits de Luitprand[2], évêque de Vérone, ambassadeur de Bérenger II et d'Otton le Grand à la cour de Byzance, sur les traitements bons et mauvais dont il y fut l'objet dans ses deux missions à Constantinople, en 949 et en 968. Ces documents nous montrent quelles précautions s'observaient à l'égard des ambassadeurs étrangers, quelle escorte on devait leur fournir, quelles formules s'échangeaient dans le cérémonial de leur réception, quelle place ils occupaient à l'église, au théâtre, à l'hippodrome, à la table impériale dans les festins d'apparat, comment ils étaient nourris, logés, défrayés par l'empereur grec, et, en même temps, étroitement surveillés par ses agents.

A leur tour, les Byzantins envoyaient des ambassadeurs chez les nations étrangères. Constantin VII, qui fut un des grands entrepreneurs de compilations chez ce peuple de compilateurs, avait fait composer deux recueils de morceaux historiques, exposant, l'un les *Ambassades des étrangers chez les Romains,* l'autre les *Ambassades des Romains chez les étrangers*[3]. Aux ambassadeurs byzantins on recommande de se montrer généreux à l'étranger, autant que le leur permettaient les ressources mises à leur disposition. Elles devaient être assez restreintes : l'empereur grec était pauvre et, faute de numéraire, pour couvrir les frais de l'ambassade, il remettait à ses envoyés des tissus et d'autres produits des manufactures impériales, des fourrures ou des denrées précieuses conservées dans ses magasins. Il en résultait qu'ils étaient forcés de mener de front le trafic et les négociations : usage que nous retrouvons chez les Russes, les Tatars, les Persans et d'autres peuples orientaux. On leur recom-

---

1. Ce sont ceux que la *Notitia dignitatum* désigne déjà sous cette qualification : *interpretes omnium nationum, sub dispositione Magistri officiorum.* Les écrivains du x⁰ siècle nous signalent notamment des interprètes pour les Arabes et les Arméniens. Voyez Alfred RAMBAUD, *l'Empire grec au dixième siècle,* pp. 297-307.
2. LUITPRAND, *Antapodosis* et *Legatio,* dans PERTZ, *Monumenta,* t. III, et dans le volume de LÉON LE DIACRE (Collection byzantine de Bonn).
3. *Excerpta legationum,* dans la Collection byzantine de Bonn.

mande aussi de se montrer courtois, de louer ce que possédaient les étrangers sans jamais déprécier les choses de leur pays. Un ambassadeur devait être « honnête, pieux, incorruptible et disposé, comme Régulus, à se sacrifier pour la patrie ». Avant de l'expédier, on lui faisait subir une sorte d'examen ; on l'interrogeait sur les principaux points de sa mission ; on lui demandait comme il entendait se conduire dans telle ou telle circonstance donnée ; enfin on lui remettait des *instructions*. A son retour, il était interrogé par l'empereur et devait lui remettre un *rapport* sur sa mission. Ces rapports, dont on retrouve la substance dans les *Ambassades des Romains à l'étranger*, ont dû servir de modèle à ces fameuses *Relations des ambassadeurs vénitiens*, qu'un décret du sénat de la sérénissime République rendit obligatoires à partir de 1268[1].

De la diplomatie byzantine procèdent, par une filiation directe, la diplomatie vénitienne, sur laquelle nous n'avons pas à nous arrêter, et la diplomatie russe.

C'est sous Ivan le Grand, quand fut brisé le *joug tatar* qui avait fait de la Russie une dépendance de l'Asie mongolique, que le tsarat de Moscou commença à entrer en relations régulières avec l'Europe. Les premiers envoyés de la Russie en Occident, sous ce prince, paraissent avoir été le boïar russe Tolbouzine, envoyé à Venise pour lier avec la République des relations d'amitié et tâcher de recruter en Italie quelques artistes, le Grec Demétrios Ralo et le Russe Golokhvastof, qui y reparurent en 1499[2].

Ivan le Grand reçut à Moscou l'ambassadeur vénitien Contarini et un ecclésiastique français nommé Louis, qui se disait ambassadeur du duc de Bourgogne et patriarche d'Antioche. Il échangea des ambassades avec Frédéric III et Maximilien d'Autriche, Mathias de Hongrie, le Pape. Attaqué par la Suède, il négocia une alliance avec le Danemark. Le premier ambassadeur russe en Turquie fut Michel Plechtchéef au temps d'Ivan le Grand et du sultan Bajazet II.

Sous Ivan le Terrible, on reçut à Moscou des envoyés du Pape, comme le jésuite Possevino[3], qui venait entretenir le Tsar[4] d'un

1. Armand BASCHET, *la Diplomatie vénitienne*. — TOMMASEO, *Relations des ambassadeurs vénitiens*, dans la *Collection des documents inédits de l'Histoire de France*.
2. L'Italien Marco Ruffo fut aussi chargé par Ivan le Grand d'une ambassade en Perse.
3. *Antonii Possevini missio moscovitica*, éditée par le R. P. Pierling dans la *Bibliothèque slave elzévirienne* (Leroux, éditeur).
4. Quoique la plupart des documents diplomatiques donnent au souverain russe le titre de *czar*, qui n'est pas un mot russe et n'appartient même à aucune langue, tout en respectant l'orthographe de ces documents, nous garderons, dans notre texte et nos notes, l'orthographe rationnelle *tsar*, avec ses dérivés *tsarine, tsarévitch, tsarat, tsarien*, etc.
Quant au titre de *grand-duc* que donnent aussi les documents, c'est une traduc-

projet de réunion des deux Églises. On y reçut des envoyés britanniques, car, en 1553, Chancellor, se frayant un chemin jusqu'alors inconnu et pénétrant dans la mer Blanche, avait pour la première fois montré un pavillon européen sur le seul rivage que possédât alors le Tsar de Moscou. Il avait, à la lettre, découvert la Russie pour l'ouvrir aux envoyés et aux marchands d'Angleterre. Chancellor, après avoir remis à Ivan IV une lettre d'Édouard VI, roi d'Angleterre, *de France et d'Écosse*, était reparti pour les îles Britanniques avec Népéï, envoyé du Tsar. Puis Antoine Jenkinson, George Middleton, Randolph, Daniel Silvestre, Jérôme Bowes [1], s'étaient succédé à la cour du Terrible, qui, de son côté, dépêchait à Londres Sovine, puis Pissemski. Dès lors les relations avec les deux peuples qui devaient un jour se partager l'empire de l'Asie ne devaient plus être interrompues.

C'est alors que nous voyons s'organiser la diplomatie russe. A Moscou il y a, depuis 1556 (règne d'Ivan le Terrible), un bureau à la tête duquel fut d'abord le *diak*, ou secrétaire, Ivan Mikhaïlovitch Viskovatof, et qui était chargé des relations extérieures et aussi de la surveillance sur les marchands étrangers établis en Russie. En 1563, un second *diak* fut adjoint au premier. En 1584, année de la mort d'Ivan IV, ce bureau prit le nom de *Possolskii prikaz* (bureau des ambassadeurs). En 1667, Alexis plaçait à sa tête Athanase Lavrentiévitch Ordine-Nachtchokine, avec le titre de « garde du grand sceau tsarien et des affaires d'ambassades de l'Empire ». Cette chancellerie comptait alors jusqu'à cinquante *traducteurs* et soixante-dix *interprètes* [2].

Les usages pour la réception des ambassadeurs rappellent tout à fait ceux de Byzance. L'étranger est défrayé de toutes les dépenses par le Tsar, logé par lui, nourri de provisions sorties de ses celliers ou de plats envoyés directement de sa table. Le logis qu'on lui donne est parfois une sorte de prison : ainsi Jérôme Bowes y fut renfermé si rigoureusement pendant cinq semaines qu'on ne laissait pas même entrer son médecin, et que ses gens, dès qu'ils se montraient aux fenêtres, étaient assaillis à coups de pierre par leurs gardiens. A la personne de chaque envoyé était attaché un *pristaf*, ou commissaire du Tsar, chargé de veiller à son bien-être, de le guider dans la ville ou dans le palais, mais aussi de le surveiller. Le jour de l'audience solennelle, l'envoyé baisait la main du Tsar et lui faisait un compliment,

---

tion de *velikii kniaz*, plus exactement *grand-prince*, titre que portaient les chefs des divers États russes, puis les souverains de Moscou eux-mêmes, avant de prendre, avec Ivan le Terrible, celui de *Tsar*.

1. Iourii Tolstoï, *Russie et Angleterre*, 1553-1593, recueil de 70 documents russes, anglais ou latins. Pétersbourg, 1875. — A. Rambaud, *Ivan le Terrible*, dans la *Revue des Deux Mondes*, 15 février 1876. — *Soc. imp. d'hist. de Russie*, t. XXXVIII.
2. Solovief, *Istoria Rossii* (*Histoire de Russie*), t. V, pp. 293-301. — Moritz Posselt, *Der General und Admiral Franz Lefort, sein Leben und seine Zeit*, t. Ier, pp. 184 et suivantes.

et le prince, suivant l'étiquette et le formulaire de sa cour, qui étaient exactement l'étiquette et le formulaire byzantins, lui demandait « comment se portait » le souverain ou la souveraine qu'il représentait, qualifiant ceux-ci de *frère* et de *sœur*. Il demandait ensuite à l'envoyé comment il se portait et s'il avait fait bon voyage. Il prenait la lettre d'audience, faisait apporter du vin ou des liqueurs qu'il lui offrait de sa propre main et, après de nouveaux compliments, le congédiait. Cela c'était l'audience d'apparat, car, quelques jours après, le Tsar recevait plus familièrement l'étranger et s'entretenait librement avec lui : Contarini, Possevino, Chancellor, Jenkinson, nous ont laissé de curieux récits de leurs entretiens avec le Terrible, qui les étonna de son bon sens, de la tournure humoristique de son esprit et de son intelligente curiosité sur les choses de l'Europe.

Les audiences d'apparat se donnaient en grande pompe. Une curieuse estampe du xviie siècle [1] nous fait assister, par exemple, à une réception d'ambassadeurs polonais. Le décor représente la salle du *Palais à facettes* (*Granavitaïa Palata*), d'une si curieuse architecture, car la voûte repose sur un pilier central ; les murs sont tendus de tapisseries d'Occident représentant des batailles de chevaliers ; sur des estrades en velours rouge sont disposés des vases et de la vaisselle d'or enrichis de pierreries ; tout en haut, presque perdue sous la voûte, une loge d'où les femmes de la famille tsarienne assistent invisibles à la cérémonie. Sur le trône, orné de l'aigle à deux têtes de Byzance et des lions de Salomon, siège le Tsar en costume éblouissant, couronne en tête, ayant en main le sceptre et le globe ; près de lui se tiennent debout les *ryndis*, en longues robes blanches, en hauts bonnets de fourrure blanche, la grande hache d'argent sur l'épaule ; à droite sont assis les boïars en hauts bonnets et en kaftans d'étoffe brochée d'or ; à gauche, des évêques et des moines en sévère costume ; l'ambassadeur polonais, à la tête rasée, sauf une touffe au sommet du crâne, remet ses lettres de créance.

Les dîners d'apparat étaient aussi longs et d'un cérémonial aussi compliqué qu'à la cour de Byzance ; car le Tsar servait lui-même les convives de distinction et leur envoyait par ses *stolniki* des mets et des coupes de vin ou d'hydromel. Le repas était souvent troublé par des querelles de préséance soit entre ambassadeurs, soit entre nobles russes, et tel de ceux-ci préférait être battu par le Tsar et ses gens que de s'asseoir à telle place et, si on l'y asseyait de force, se laissait glisser sous la table. Retournés à leur logis, les étrangers recevaient, de la part du Tsar, des vivres et des boissons : c'est ce qu'on appelait « abreuver l'ambassadeur ».

---

1. Publiée en couleur, dans les *Drevnosti* (Antiquités), travaux de la *Société impériale d'archéologie de Moscou*, année 1874, fascicule III.

A son tour, le Tsar de Moscou dépêchait des envoyés aux autres cours. Comme à ses yeux l'importance de chaque nation décroissait avec l'éloignement, il députait de véritables ambassadeurs (*possol*), c'est-à-dire des *boïars*, ou grands seigneurs, assistés de *diaks*, aux cours de Turquie, de Pologne[1], de Suède, de Danemark, et se contentait d'un simple *posslannik* ou envoyé, ou même d'un *gonets* ou courrier, pour celles d'Allemagne, d'Angleterre et d'Espagne[2].

De quelque rang qu'il fût, l'envoyé recevait un sauf-conduit (*opásnaïa gramota*), des lettres pour le prince auprès duquel il était accrédité, des instructions détaillées et très impératives. On lui remettait deux années de traitement, et en outre quantité de fourrures dont il devait trafiquer à l'étranger pour couvrir ses dépenses extraordinaires; ainsi Démétrios Trakhaniote emportait 80 peaux de martre zibeline et 3000 peaux d'écureuil. Suivant l'usage oriental[3], on lui adjoignait un cortège aussi nombreux que possible, dans lequel figuraient des tambours et des trompettes. On lui recommandait d'être prudent dans ses discours, de ne point s'enivrer à la table du prince auprès duquel il se rendait[4]; de surveiller ses attachés, de leur interdire toute insolence; s'ils se montraient indociles, de les réprimander et de les battre. Il devait prendre garde à ce qu'on lui rendît tous les honneurs qui lui étaient légitimement dus, car, disait Ivan le Grand, « tout ambassadeur porte la parole et représente la personne de son maître »; à ce que le souverain étranger demandât bien exactement comment se portait le Tsar, sa tsarine et ses enfants et à ce que sa chancellerie n'omît aucun des titres du souverain moscovite, aucun des noms des pays soumis à sa domination : c'était fort compliqué et donnait lieu fréquemment à de graves difficultés.

Toutes les correspondances, tous les papiers diplomatiques sont

---

1. Le tome LIX de la collection de la *Société impériale d'histoire de Russie* est tout entier consacré aux ambassades russo-polonaises, de 1533 à 1560. (Saint-Pétersbourg, 1887. — En russe.)

2. Berlise-Faure, dans sa *Relation de l'ambassade russe* de 1654 (voy. plus loin), a très bien saisi la distinction entre les trois espèces d'envoyés :

« Ils (les Moscovites) envoient trois sortes de personnes vers les princes étrangers, qui sont ambassadeurs, envoyés ou petits ambassadeurs, et courriers. Leurs ambassadeurs viennent avec 3 000 personnes tout au moins, les envoyés avec 30 ou 40, et les courriers 10 ou 12.

« Toutes lesdites ambassades se font à leurs dépens, et quand ils sont de retour, on leur donne des gouvernements à proportion des dépenses qu'ils ont faites, et comme leur duc a absolu pouvoir sur eux, ils ont de même absolu pouvoir sur ceux de leur gouvernement. »

3. Tel ambassadeur de Perse en Russie avait une suite de 5 000 personnes et de 20 éléphants.

4. Voici la recommandation qu'Ivan le Grand adressait à ses ambassadeurs en Pologne :

« Vous, Constantin, Mikhaïlo et Gouba, honorez en tout Pierre, votre chef; et toi, Pierre, protège-les et honore-les en tout; qu'il n'y ait aucune querelle entre vous, afin qu'il ne résulte pas de déshonneur pour mon nom et de dommage à mes pleins de ces querelles de cérémonial. En voici un exemple des plus curieux ; il s'agit d'un envoyé russe à la cour du Grand Électeur :

En 1687, l'ambassadeur moscovite à la cour de Frédéric-Guillaume prétendoit des civilités extraordinaires, comme de mettre sa main dans celle de l'Électeur. Comme l'Électeur étoit malade à Potsdam et qu'on ne vouloit pas retenir plus longtemps l'ambassadeur, on lui proposa de recevoir audience de l'Électeur couché dans son lit : ce que l'ambassadeur accepta, à condition qu'on lui mettroit un autre lit auprès du sien, où il exposeroit sa mission, couvert, couché et botté. La maladie de l'Électeur cessa et dénoua le nœud [1].

Au reste les Russes n'étaient pas moins difficultueux avec les ambassadeurs qu'on envoyait chez eux que ne l'étaient leurs ambassadeurs à l'étranger :

J'ai eu nouvelle de Moscovie que les ambassadeurs de Suède ont déclaré que si le Czar ne se découvroit pas en les recevant à leur première audience, ils ne se découvriroient point non plus et qu'ils s'acquitteroient de leur commission leur chapeau sur la tête. Sur quoi les Moscovites ayant disputé avec eux leur ont fortement défendu d'en user ainsi et les ont priés de ne point paroître devant le Czar autrement que la tête nue. Les Suédois ayant refusé de le faire et dépêché un exprès en Suède pour y faire savoir l'affront qu'on leur faisoit, ils se sont mis en état de s'en retourner. Mais comme ils avoient chargé leurs chariots et qu'ils vouloient partir, les Moscovites les ont enfermés dans le palais avec toute leur suite, et les ont retenus prisonniers. Le temps nous apprendra ce qui arrivera de ceci dans la suite. Ils vivent en Moscovie comme des gros particuliers et à leurs dépens. Nous apprendrons de quelle manière la Suède ressentira cela, et avec quels ordres l'exprès retournera [2].

Un autre genre de conflit portait sur la prétention des envoyés russes à être défrayés par le souverain auprès duquel ils étaient accrédités. Ils y tenaient d'autant plus que l'envoyé faisait les frais de son ambassade, sauf à être récompensé ensuite par son maître, si celui-ci était content de la mission. En réalité, ils entreprenaient ces ambassades à forfait. Aussi étaient-ils très chatouilleux non seulement sur la question de l'indemnité, mais sur celle des présents. En outre ils essayaient de s'indemniser en trafiquant des fourrures, des étoffes, même des chevaux qu'ils amenaient : ce qui les induisait souvent en tentation de frauder la douane.

affaires. Quand vous serez à la table du roi, ou qu'après le repas le roi vous fera chercher pour boire avec lui... buvez avec modération, et non pas jusqu'à l'ivresse ; que partout où il vous arrivera de boire, vous vous surveilliez, que vous buviez modérément, afin que par votre intempérance il ne survienne pas de déshonneur à mon nom ; car si vous commettez quelque inconvenance, la honte sera pour moi, et la honte aussi pour vous. » — Au reste les envoyés moscovites n'étaient pas les seuls qui eussent besoin de telles recommandations : à la table du Tsar, tel ambassadeur de Pologne ou de Hongrie s'enivrait outrageusement.

1. *A. E. Russie, Mémoires et documents*, t. III, pièce 2, fol. 13, *sur le titre de Czar*.
2. Traduction d'une lettre (auteur inconnu) de Vilna du 11 février 1674. — *A. E. Russie*, t. Ier, pièce 25, fol. 76.

Tous ces usages ont une origine orientale, et Rousset en a très bien expliqué les précédents tout asiatiques, ainsi que la réforme, dans le sens européen et moderne, que Pierre le Grand fut le premier à établir dans la diplomatie russe :

Comme autrefois la cour de Russie avait peu de liaison avec d'autres États de l'Europe que la Suède et la Pologne, elle en traitait les ministres sur le pied de ceux des cours orientales, qu'elle recevait sans s'astreindre jamais aux règles précises d'un certain cérémonial, suivant le rang du souverain qui les envoyait. Les choses sont restées sur ce pied-là, et lorsqu'il arrive à la cour un ministre étranger qui veut y être reçu publiquement, on consulte les *retroacta*, et sur ce qui s'y trouve, on règle avec lui le cérémonial de la réception. C'est pourquoi nous en rapportons divers exemples.

Autrefois les Czars avaient une convention particulière avec presque tous les rois et princes de l'Europe et de l'Asie, au sujet du traitement ou défrayement que leurs ambassadeurs et leurs résidents devraient recevoir par semaine à la cour de Russie; en conformité de laquelle on fournissait cent ducats en espèce par semaine aux ministres de l'Empereur et du Roi de France, lesquels on leur portait régulièrement dans leurs maisons jusqu'au dernier sol. Il arrivait pourtant quelquefois de grandes difficultés sur les espèces de monnaie qu'on leur payait, parce que ces ministres aimaient mieux recevoir toutes les semaines ces cent ducats en or ou roubles, au lieu qu'on les leur payait quelquefois en copecks ou en d'autres petites monnaies courantes, sur la valeur desquelles il y a toujours des disputes. Les Russiens disaient pour leur excuse que ce traitement n'avait pas été affecté aux ministres étrangers dans l'intention qu'ils en dussent faire un trafic, le faire changer en argent de banque, et encore moins amasser des trésors; mais que cela leur était donné pour leur entretien journalier, pour leurs autres dépenses et pour le consumer : à quoi la monnaie courante pouvait leur être le plus d'usage.

L'empereur Pierre le Grand, pour éviter des disputes à ce sujet, prit la résolution de casser ce règlement, et pour cet effet, il fit déclarer aux différentes cours chrétiennes que pour l'avenir il payerait à ses ambassadeurs les appointements nécessaires pour leur entretien et que, par conséquent, on observerait *vice versa* avec leurs ambassadeurs qui arriveraient à sa cour la même chose, et suivant la coutume établie entre les autres potentats. Le Czar a pourtant réservé aux ministres étrangers les présents ordinaires qu'on leur fait, suivant la coutume établie, à leur arrivée et à leur départ, comme aussi les *pottwoden* nécessaires, ou les chariots et les attelages pour leur bagage, et le défrayement de leur voyage depuis les frontières de l'empire jusqu'à la résidence impériale : ce qui y est à présent si bien réglé que les ministres étrangers ne sont pas arrêtés contre leur gré un seul moment en chemin et qu'ils n'ont pas à craindre de souffrir, pendant le trajet, de manquer de vivres et du nécessaire, ni pour eux ni pour leur suite. Quant aux ministres des cours de l'Asie, ils sont toujours sur l'ancien pied [1].

A son retour en Russie, l'envoyé était appelé devant le Tsar pour lui remettre les réponses du prince étranger, les documents officiels et le journal qu'il était tenu de rédiger. Un assez grand nombre de

[1]. Rousset, *le Cérémonial diplomatique*, pour faire suite au *Corps universel diplomatique* de Dumont, 2 volumes in-fol., 1739, t. II, p. 635.

ces journaux, comme ceux de Pierre Potemkine et de Chérémétief nous ont été conservés [1] : ils rappellent assez bien les fameuses *Relations d'ambassadeurs vénitiens*. Si le Tsar était content de ses envoyés, il les récompensait avec des fourrures, des terres, des gouvernements; mais s'ils avaient manqué à quelqu'un de leurs devoirs, surtout s'ils avaient laissé *diminuer les titres* de leur maître, ils étaient punis, parfois bâtonnés de la main tsarienne, parfois même exécutés [2] : de là leurs terreurs lorsque, dans les cours étrangères, ou essayait de les faire passer outre à leurs instructions ou lorsqu'on prétendait les obliger à accepter des lettres dont la *titulature* était incomplète.

II

PREMIÈRES RELATIONS AVEC LA FRANCE

La France a été un des derniers pays avec lesquels la Russie soit entrée en rapports [3] : nous avions déjà des relations suivies avec les Turcs et même avec la Perse que nous ne connaissions pas encore la Moscovie, alors dépourvue de tout littoral (sauf sur la mer Blanche) et que ses voisins continentaux, les Suédois, les Porte-Glaive de Livonie, les Polonais, les Prussiens, tenaient comme bloqués, veillant jalousement à ce qu'elle ne pût communiquer avec l'Europe occidentale [4]. Même la présence momentanée (1573) du duc d'Anjou, le

---

1. Novikof, dans son *Ancienne bibliothèque russe*, en a publié dix-sept. — Le prince Emmanuel Galitzin, dans *la Russie au xviie siècle*, a donné le *Récit du voyage de Pierre Potemkin*, 1855, Gide et Baudry, éditeurs. — On trouvera le *Journal du voyage du boïar Chérémétief*, dans la *Bibliothèque russe et polonaise* (Franck, éditeur).
2. C'est bien là encore un usage oriental : nous avons vu des ambassadeurs chinois punis de mort pour s'être laissé imposer des conditions que le Tsoung-li-Yamen jugeait onéreuses ou déshonorantes.
3. C'est à dessein que nous ne revenons pas sur le mariage du roi de France Henri Ier (en 1044 ou 1048) avec Anne, fille du grand-prince de Kief, Iaroslaf (1016-1054); elle fut la mère de Philippe Ier; veuve en 1060, elle épousa en secondes noces Raoul II, comte de Crespy et de Valois (1062). Deux autres filles de Iaroslaf épousèrent l'une Harald le Brave, roi de Norvège, l'autre André Ier, roi de Hongrie. Mais entre cette Russie de Iaroslaf, la Russie de Kief, la Russie Varègue, princière et chevaleresque, fort semblable au reste de l'Europe féodale, et la Russie des Ivans, la Russie de Moscou, la Russie asiatique et despotique, à peine émancipée du joug mongol, il y a un abîme. Pendant trois cents ans, la Russie, vassale des khans mongols, avait dû interrompre presque toutes relations avec l'Europe. Voir Louis Paris, *la Chronique de Nestor*, t. Ier, pp. 304-310.
4. Le roi de Pologne Sigismond essayait même de détourner la reine d'Angleterre Élisabeth d'entrer en relations maritimes et commerciales avec ces « barbares » :
« Nous voyons par cette navigation nouvelle le Moscovite, qui n'est pas seu-

futur Henri III de France, sur le trône de Pologne[1] ne semble avoir contribué en rien à faire connaître l'une à l'autre la France et la Russie. Celle-ci avait déjà envoyé des ambassadeurs à l'Angleterre et même à l'Espagne[2] que notre pays lui restait encore totalement étranger. Les guerres civiles, qui, chez nous, suivirent de si près les règnes entreprenants de François Ier et Henri II, contribuèrent beaucoup à ce résultat.

La Russie, encore sous Ivan le Terrible, ne connaissait la France que par ce que lui en disaient les Allemands. Danzay, ambassadeur de Henri III en Danemark, dans une dépêche du 23 mars 1575, constate que l'Empereur cherchait à exciter contre nous la Russie : « Votre Majesté sait bien, écrit-il au Roi, que ledit Empereur a souvent envoyé devers le Moscovite et semblablement ledit Moscovite à l'Empereur[3]. »

L'Autrichien dénonçait à Ivan IV une prétendue ligue de Charles IX et du sultan, en vue de faire obtenir à Henri d'Anjou la couronne de Pologne, et il cherchait à faire retomber sur celui-ci la responsabilité des massacres de la Saint-Barthélemy ; si bien qu'Ivan le Terrible, qui n'était pas tendre et qui avait sur la conscience les massacres de Novgorod et les boucheries de la Place Rouge à Moscou, s'indignait de tant de cruauté : « Vous déplorez, mon frère, répondait-il à l'Empereur, l'horrible massacre de tant d'innocents dans la journée de la Saint-Barthélemy ; tous les monarques chrétiens doivent s'affliger de cet acte cruel, inhumain, d'un Roi de France qui, sans aucune nécessité, a fait verser tant de sang[4] ! »

Cependant, au milieu même des guerres civiles, dans l'abstention du gouvernement royal, des Français avaient commencé à se montrer en Russie : c'étaient presque uniquement des marchands et des aventuriers militaires.

lement notre adversaire d'aujourd'hui, mais l'ennemi héréditaire de toutes les nations libres, se munir et s'outiller puissamment, non seulement de canons, de boulets et de munitions, mais surtout d'artisans qui continuent à lui fabriquer les armes jusqu'alors inconnues dans cette barbarie... Il semble que nous ne l'ayons vaincu jusqu'ici que parce qu'il ignorait les arts de la guerre et les finesses de la diplomatie. Or, si cette navigation continue, que lui restera-t-il à apprendre ?... Notre flotte saisira donc tous ceux qui continueront à naviguer par ce chemin (la Baltique) : ils seront en danger de perdre leur vie, leur liberté, leurs femmes et leurs enfants. »

1. Voyez les pièces relatives à l'élection de Henri de Valois dans le manuscrit n° 15967, fonds français de la Bibliothèque nationale. — Le marquis DE NOAILLES, *Henry de Valois et la Pologne en 1572*.

2. Ainsi Vassili Ivanovitch avait envoyé en 1525 l'ambassadeur Ivan Feodorovitch Iaroslavski et le *diak* Siméon Borissovitch Trofimof : ce sont eux qui, à leur retour, s'étant arrêtés à Munich, fournirent au moine dominicain Jean Faber les éléments de son *Epistola de Moscovitarum religione* (Tubingen, 1525). Elle a été rééditée en français dans la *Bibliothèque russe et polonaise* sous ce titre : *la Religion des Moscovites*.

3. Voir le *Discours du sieur Danzay à Monseigneur Pinart, secrétaire d'État*, du 12 avril 1575, dans Louis PARIS, *la Chronique de Nestor*, t. Ier, p. 335.

4. Louis PARIS, *la Chronique de Nestor*, t. Ier, pp. 331 et 376.

Dès 1575, Danzay constate que « le commerce de la Russie est aujourd'hui de très grand profit et importance et mesme aux François... et, parce que les Suédois ne sont grands négociateurs (négociants), le principal profit en viendra aux dits François : qui sera cause que une infinité de marchands françois y trafiqueront, pour l'évident profit qu'ils y feront [1] ».

Ce témoignage est confirmé par d'autres documents. Dans la requête qu'adressèrent en 1628 les marchands français à Richelieu, nous relevons ce passage : « Il y a environ soixante ans que tout le trafic de la Moscovie étoit entre les mains des François; mais les fréquentes guerres et révolutions, depuis ce temps-là, leur ont fait entièrement abandonner ce commerce [2]. »

Onze ans après le *Discours* de Danzay, en 1586, paraît la *Relation du voyage en Russie* de Jehan Sauvage, marchand de Dieppe, qui raconte sa visite à Vardehouss et aux ports de la mer Blanche, Kholmogory, Saint-Nicolas, Arkhangel. S'il y trouve les Anglais établis depuis longtemps, nul de nos compatriotes n'avait dû l'y précéder; car le commandant norvégien du fort de Vardehouss lui dit « qu'il n'avoit jamais veu François passer par là pour aller à Saint-Nicolas et qu'il n'avoit nulle commission de nous donner congé pour aller là. Et voïant cela, fallut faire présents à quelques sieurs qui parlèrent pour nous : ce qui nous coûta environ 250 dalles (rixdales), sans les présens et dépenses que nous y fismes, car nous y demeurâmes trois jours ». Le commandant s'adoucit ensuite et fêta Jehan Sauvage, ainsi que ses deux compagnons, « les sieurs Colas et du Nenel », et l'on put arriver à Arkhangel. L'accueil du commandant russe fut des plus cordiaux :

Quand il sceut que nous estions François, il fut bien réjoui et dit à l'interprète qui les présentoyt qu'ils estoient les très bien venus, et prit une grande coupe d'argent et la feit emplir, et falut la vuider, et puys une autre, et encore la revuyder, puis encore la troisième qu'il fallut parachever. Et aïant fait ces trois beaux coups, on pense en être quitte, mais le pire est le dernier, car il faut boire une tasse d'eau-de-vie qui est si forte qu'on a le ventre et le gosier en feu... Encore n'est-ce pas tout... fauldra encore boire à la santé de vostre Roy; car vous ne l'oseriez refuser.

En 1607 paraît l'*Estat de l'empire de Russie et grand-duché de Mos-*

1. Il dit aussi de la Livonie, alors possession suédoise, que si ce pays « estoit en paix quatre ans avec le Moscovite... il s'y retireroit 6 000 François et y feroient plus de profit en deux ans qu'en France en douze ».
2. Voyez ci-dessous, dans les pièces relatives à la mission de Deshayes Courmenin. — Cette affirmation, évidemment exagérée quant à la supériorité du commerce français en Russie, trouve un écho dans un mémoire inédit de 1721 : « Dans le XVI° siècle, les François faisoient le commerce en Moscovie, etc. » — *A. E. Russie, Mémoires et documents*, vol. III, pièce 4.
3. *Relation du voyage en Russie fait par Jehan Sauvage de Dieppe*, arrêtée à la date du 20 avril 1586. — Dans Louis Paris, *la Chronique de Nestor*, t. Ier, pp. 385-395. — Vardehouss est un fort norvégien dans une île de l'océan Glacial.

covie[1], par le capitaine français Jacques Margeret qui, après avoir servi le prince de Transylvanie, l'Empereur, le roi de Pologne, était passé au service de Russie. Le Tsar Boris Godounof (1598-1605) lui donna une compagnie de cavalerie; puis le faux Dmitri lui confia une compagnie de sa garde, composée de cent archers et deux cents hallebardiers. C'est à l'instigation du Roi de France Henri IV qu'il a rédigé ses souvenirs et c'est au Béarnais qu'il les a dédiés[2], dans une belle préface où il loue ceux qui écrivent leurs relations « au vray de ce qu'ils y avoient veu et marqué de plus notable, non-seulement pour faire veoir, rechercher et imiter ce qui est de bon et industrieux chez autruy, estant très vray que Dieu a disposé toutes choses en sorte que, pour mieux entretenir la société entre les hommes, les uns trouvent ailleurs ce qu'ils n'ont pas chez eux, — mais aussy pour donner cœur à nombre de jeunes gens oisifs et casaniers d'aller chercher et apprendre la vertu dans le pénible mais utile et honorable exercice des voyages et des armes estrangères, et lever l'erreur à plusieurs qui croyent que la chrestienté n'a de bornes que la Hongrie, — tandis que la Russie est un des meilleurs boulevards de la chrestienté et que cet empire et ce païs-là est plus grand, puissant, populeux et abondant que l'on ne cuide ».

Dans ce livre de Margeret, il y a deux choses à noter : c'est qu'il croit à la légitimité de celui que nous appelons le faux Dmitri et qui fut son bienfaiteur, et qu'il n'est pas encore sûr de sa mort :

Il (Dmitri) estoit ambitieux; ses desseins estoient de se faire connoître à la postérité et estoit délibéré, ayant donné commandement à son secrétaire, de se préparer au mois d'août dernier 1606 pour partir avec les navires anglois, pour venir en France congratuler le Roi Très Chrestien et avoir correspondance avec lui, duquel il m'a parlé plusieurs fois avec une grande révérence.

Enfin la chrestienté a perdu beaucoup en sa mort, si ainsi qu'il le soit, comme il est fort vraisemblable; mais je parle en cette façon d'autant que je ne l'ai veu mort de mes yeux à cause que j'estois pour lors malade.

L'autre fait digne de remarque, c'est que Margeret nous montre un grand nombre de Français établis comme lui en Russie, les uns à

1. Réimprimé sans changements dans l'édition de 1669, l'imprimeur nous avertissant que « n'ayant obtenu la permission de le réimprimer qu'à condition de n'y rien changer, je suis obligé de prier ceux qui ne s'attachent qu'à la politesse du langage de considérer que l'auteur faisoit profession de porter les armes et qu'on ne parloit pas mieux de son temps ».

2. Les souverains européens se montraient curieux de ces relations sur la Moscovie : c'est ainsi que le livre du dominicain Faber (*De Moscovitarum religione*, 1525) est dédié à l'archiduc Ferdinand; celui d'Herberstein (*Rerum moscovitarum commentarii*, 1549), à l'empereur Ferdinand Ier; celui de Guagnino (*Rerum polonicarum libri tres*, 1574), au roi de Pologne Étienne Bathory; celui de Fletcher (*la Russie au XVIe siècle*, réédité dans la *Bibliothèque russe et polonaise*), à la reine d'Angleterre Élisabeth; celui du jésuite Possevino (*Missio moscovitica*, 1586) au pape Grégoire XIII.

titre de mercenaires, les autres comme marchands ; par exemple, un certain Bertrand de Cassans, qui a vu le cadavre de l'usurpateur exposé publiquement.

Quatre ans après, en 1611, c'est un autre capitaine français, Pierre de la Ville, qui raconte ses aventures au milieu des guerres civiles ou étrangères qui désolèrent la Russie après le faux Dmitri [1]. De la Ville avait d'abord servi la Suède avec un autre Français, Pontus, baron de la Gardie ; puis il avait combattu pour les Russes contre les Polonais, sous les ordres de Jacques de la Gardie. Son frère de la Ville et bien d'autres Français — car ceux-ci ne formaient pas moins de cinq compagnies — furent mêlés à ces événements. L'auteur du *Discours sommaire*, ayant passé avec La Gardie aux Suédois, se distingua notamment en défendant, cette fois contre les Russes, Novgorod-la-Grande, qui fut cependant obligée de capituler. A la différence de Margeret, il ne croit pas à la légitimité de Dmitri.

A ces deux catégories de Français, marchands et militaires, ajoutons un certain nombre de jeunes gens qui vinrent à Moscou pour y apprendre la langue, tandis que le Tsar Boris Godounof envoyait de jeunes Russes s'instruire à Paris [2].

III

LE PREMIER AMBASSADEUR FRANÇAIS EN RUSSIE
FRANÇOIS DE CARLE (1586)

Avec des relations aussi multipliées, il était difficile que les deux États n'entrassent pas en relations officielles. Le document le plus ancien qui constate ces relations, c'est une lettre du Tsar Feodor (1584-1598), fils aîné et successeur d'Ivan le Terrible, datée d'octobre 1586 et adressée à Henri III [3]. Elle constate que ce prince avait envoyé au roi de France un interprète, nommé Pierre Ragon, pour lui annoncer son avènement au trône et que le roi de France lui avait

---

[1]. *Discours sommaire de ce qui est arrivé en Moscovie*, etc., par Pierre DE LA VILLE, sieur DE DOMBASLE. Publié par Louis PARIS, ouvrage cité, t. Ier, pp. 404-422 et réimprimé également dans le *Messager russe* de 1841 et dans la *Bibliothèque russe et polonaise*, 1859. — Le manuscrit original paraît être le n° 15966, fol. 251, fonds français de la Bibliothèque nationale.

[2]. KARAMSINE, *Histoire de l'empire de Russie*, règne de Boris Godounof.

[3]. Publiée d'abord par NOVIKOF, *Ancienne Bibliothèque russe*, et reproduite par Louis PARIS, ouvrage cité, t. Ier, pp. 310 et 381.

réexpédié Pierre Ragon, qu'accompagnait un de ses gentilshommes nommé François de Carle[1].

François de Carle peut donc être considéré comme le premier ambassadeur ou envoyé français en Russie.

Les archives des Affaires étrangères de France n'ayant conservé aucune trace de la mission de François de Carle, nous ignorons s'il avait reçu des Instructions, pas plus que nous ne connaissons le texte de la lettre royale d'introduction. La réponse de Féodor Ivanovitch donne du moins le sens de cette lettre et nous fait assez bien connaître le but de la mission. Nous la reproduisons telle qu'elle a été publiée en 1834 par Louis Paris :

LE TSAR FEODOR IVANOVITCH AU ROI DE FRANCE HENRI III[2]

Nous louons ung seul Dieu qui a créé toutes choses, nous le bénissons avecq quantiques et grand honneur et le révérons en trois manières : au nom du Père, du Fils et du Saint-Esprit, nostre seul Dieu, qui nous a commis pour maintenir le sceptre de la Crestienté et deffendre son peuple par luy esleu, auquel nous attribuons honneur et gloire perpétuelle.

Nous, seigneur, empereur et grand-prince Fedor à très illustre et très louable frère bien aimé, Henry, roy de France, etc., salut et tout autre fraternelle amitié.

Nous vous avons envoié nos lettres par notre truchement Pierre Ragon pour vous advertir de l'estat de nos affaires, affin d'entendre vostre bonne disposition, sur lesquelles vous nous avez rendu responce par nostre dit truchement, et nous avez envoié avecq lui ung gentilhomme, votre serviteur, nommé François de Carle, pour savoir l'estat de notre santé : lequel nous a délivré vos lettres que vous nous avez dépêchées, pour la mort de feu nostre sieur et père de très heureuse mémoire, le grand empereur Junanos (Ivan), empereur de tous les Russiens, duquel en portez grand deuil (de quoi avons esté très aise de veoir); et pour nous congratuler de ce qu'il avait pleu à Dieu nous eslever au siège de feu nostre dit sieur et père, et après la mort d'iceluy, nous rendre dominateur de tous ces païs : en quoy faisant, vous avez fait démonstration de toute affection et amitié fraternelle.

Et, au surplus, par vos dites lettres, nous avez mandé que désiriez par ci-après confirmer avecq toute amitié et fraternelle correspondance affin d'accroistre icelle, et, à cet effet, étiés délibéré nous envoier en temps opportun votre ambassadeur, avec charge et plein pouvoir pour establir et arrester toute amitié et fraternelle correspondance, pour rendre le commerce des marchands libre, pour aller et venir seurement d'une part et d'autre, sans aucun empeschement, de sorte que les nostres puissent achéter toutes sortes de marchandises par vos terres et païs, et réciproquement, vos marchands aux nostres. Nous sommes de même volonté de confirmer semblable amitié et fraternelle correspondance, aux fins d'accroistre entre nous plus d'amitié et fraternité.

A ceste cause, envoiés-nous vostre ambassadeur sans aucun dangier,

---

1. Louis Paris suppose qu'il était neveu de Lancelot de Carle, qui fut chargé d'une mission à Rome par Henri II, et mourut vers 1570, évêque de Riez.

2. Rappelons, une fois pour toutes, que ces suscriptions ne font pas corps avec le texte.

par mer ou par terre, et luy donnés pouvoir de traicter de toutes affaires, affin d'arrester entre nous amitié et intelligence, en la meilleure forme que faire se pourra.

Et estant arrivé vostre ambassadeur auprès nous, nous ordonnerons à nostre conseil[1] de conférer de tout ce que dessus avec luy pour ce faict, et selon ce qu'il sera avisé, commander qu'il soit accomply, aux fins que les députés concluent avec vostre dict ambassadeur tous affaires.

Au demeurant, permettons à vos ambassadeurs et courriers venir en nos païs, par mer et par terre, et retourner librement avec toutes leurs gens et biens, et sans aucun empeschement ou retardement. Nous avons aussy permis que les marchands puissent venir et fréquenter de vos païs, avec toute espèce de marchandise, en nos terres ; c'est assavoir, par mer, au havre de Colmagret[2], et, par terre, par toute notre obéissance, et retourner et passer franchement et librement, et sans aulcune perte ny empeschement, le tout en vertu des présentes.

Nous avons bénignement receu ledict François de Carle, votre serviteur, lequel nous avons fait venir par devers nous, et le vous renvoions avec ces présentes.

Donné en nostre cour de Moscou, l'an de la création du monde 7094[3], au mois d'octobre.

A cette époque on peut dire qu'il n'y avait plus en France de pouvoir royal : c'est le temps de la guerre des trois Henri, le Valois, le Guise, le Béarnais. Il n'est pas étonnant que des marchands français, *les premiers qui soient allés en Russie*, aient cherché à profiter des promesses que le Tsar avait faites à François de Carle et Henri III. De là le curieux document que nous reproduisons ici :

TRAITÉ DE COMMERCE ENTRE LE TSAR ET DES MARCHANDS PARISIENS. — 1587[4].

Au nom du Père et du Fils et du Saint-Esprit, et de la sainte Trinité glorifiée un seul Dieu, et de tous les saincts et sainctes, et de toute[s] les choses qu'il a faites par sa bonté et puissance et par son amour envers l'homme, auquel il a donné toutes choses, et lequel nous recognoissons pour Dieu nostre, et qui nous a créés en ce monde par sa sapience, et faictz héritiers de son corps et de sa parolle par nostre seigneur Hesus Christ, vivant avecq le Père et le Saint-Esprit en toute éternité, et qui tient tout en sa puissance en ce monde. Nous, grand empereur et grand duc, Théodore de Hehan[5], de toute[s] les Russye[s], de Velodinière et Moscovie, de Nonegrot, empereur de Cazan et Astracan, seigneur de Plescovie, duc de Smo-

---

1. La *Douma*, conseil des boïars ou conseil d'Empire.
2. Kholmogory, sur la mer Blanche. C'était la seule mer que possédât alors la Russie. Kholmogory était situé sur la Dvina, en amont de l'Arkhangel actuel, fondé seulement en 1584.
3. An de grâce 1586. — On a suivi en Russie jusqu'à la fin du xviie siècle l'ère du monde, suivant le calcul de Constantinople, dans lequel la première année de l'ère chrétienne correspond à l'an 5508 du monde.
4. Publié dans le *Bulletin de la Société de l'histoire de Paris et de l'Ile-de-France*, 1884, XI, p. 132, d'après une copie du xviie siècle, conservée à la Bibliothèque nationale dans le manuscrit français 4600, pièce 26, fol. 186 et verso.
5. Feodor Ivanovitch (Théodore, fils de Jean ou d'Ivan), fils d'Ivan IV. Couronné Tsar le 31 juin 1584, il régna jusqu'en 1598.

lensquo et de Averseguie, de Jongoisquie, Permesquie, Vasquie, Bolgarie, du païs bas de Nonegoroda, de Chernigue, de Razan, Polisquie, Rostruye, Jhieruslane, Veloserguie, Livonie, de Ordorie, Obdorie, de Condye, et de tout les païs Sbière et du Nort[1], à vous noz gouverneurs, lieutenans, et autres officiers de nostre héritière ville de Nonegrot et Plesco, Colmogrot et chasteau neuf de Arcange, de Volgueda et de Jhieruslane, mandons que, suivant la requeste à nous présentée par Nicollas de Renel[2] et Guillaume de La Bistrate, pour et au nom du seigneur Jacques Parent et ses asosiés de Paris et autres leurs commis, faisant pour ladicte compaignie cy appres, leur donner expéditions promptes et passaiges de venir à nostre héritier païs, pour faire marchandises avecq navires et trafficquer à Colmogrote, et au neuf chasteau de Arcange, à Volgueda, Jheruslane, et à nostre héritière ville de Nonegrote et Plesco, et à nostre ville de Mosco, ausquelz nous avons permis comme dessus faire, traficquer ez susditz lieux quand ilz viendront avecq leurs dictes marchandises soict à nostre ville de Nonegrot, Plesco, Colmogrot, Volgueda, Jheruslane[3] et Mosco, et à vous noz ditz subjectz et gouverneurs et lieutenans, et autres nos officiers, commandons leur donner franche commerce en payant seullement la moitiée des droicz moingz de ce que payent les autres estrangers en toute[s] noz villes susdictes suivant nostre commandement, et ce pour cause et considération de ce qu'ilz ont esté les premiers François qui ce sont jamais hasardés de venir à Arcange pour faire traficque à nostre paix. Que s'il leur vient marchandizes commodes pour nostre dict royaume, et s'il leur plaist venir en nostre ville de Mosco, vous les laisserés passer sans leur faire déplaisir, ny aucun empeschement, ains toute faveur et ayde, en prenant pour les droictz suivant nostre susdict commandement, lequel aiant veu en prenderez coppie sur vos registres, et leur rendez promptement leurs dictes lettres sans les faire séjourner, car tel est nostre volonté. Faict à Mosco nostre héritière ville, l'an sept mille et nonante cinq, le vingt-troixième jour de mars 1587.

Et est sellée la dicte lettre de cire rouge, sur double queue de soye rouge, des armes de l'empereur, et au dos est escript : Par la grâce de Dieu, empereur et grand duc, Théodore de Jehan, de toutes les Reussyes.

Obtenue à Mosco au mois de mars 1587.

IV

RELATIONS A L'ÉPOQUE DE HENRI IV

« Les notes sur les satires du prince Cantémir font mention de M. de la Neuville envoyé de France auprès du czar. Il ne dit point l'année. »

1. Pour les noms des provinces russes, voyez, ci-dessous, la note de la page 28.
2. Il y aurait lieu de rapprocher ce nom de ceux de *Colas* et *du Nenel* (ci-dessus, page 11). L'identité semble probable.
2. Villes de Novgorod, Pskof, Kholmogory, Arkhangel, Vologda, Iaroslavl.

Cette mention, conservée dans une pièce de notre Dépôt[1], montre seulement, par la place qu'elle occupe dans la liste des envoyés français, que cette mission aurait été antérieure à celle de Deshayes Courmenin. Mais on ne sait ni quel est ce M. de la Neuville[2], ni la date, ni l'objet de cette mission, ni même si elle a eu lieu réellement. Aucune pièce qui puisse nous renseigner à ce sujet ne nous est parvenue.

On sait seulement qu'Henri IV, dont nous avons vu la curiosité à l'égard des choses russes, échangea des lettres avec Feodor Ivanovitch et Vassili Chouïski. Trois d'entre elles nous ont été conservées[3].

L'une, datée du 5 avril 1595, prie le Tsar d'autoriser un nommé Paul, « citadin de la ville de Milan », qui servait Feodor en qualité de médecin, à revenir en Occident, vu qu'étant très âgé il désirait revoir « ses parents et amys qui sont en notre cour ». Le Roi ajoute : « Et, si en son lieu vous en désirez un autre de cette profession, nous tiendrons la main de vous en envoyer un, de la doctrine et de la fidélité duquel vous aurez satisfaction : comme en toute occasion, nous serons très aises d'avoir moyen d'user de revanche et faire chose qui vous soit agréable et tourner à votre contentement. »

L'autre a pour objet d'obtenir du Tsar, pour un négociant français, nommé Moucheron et délégué par de nombreux marchands français, l'autorisation de commercer librement en Russie.

Enfin une troisième lettre de Henri IV au Tsar Vassili Chouïski (1606-1610), datée de 1607, lui recommande Bertrand de Casans, marchand de La Rochelle, envers lequel le faux Dmitri avait contracté une dette de trois mille roubles pour achat de bijoux.

Bien que des négociants, des militaires français, même des médecins, continuassent à fréquenter la Moscovie, ce pays était toujours bien peu connu en France. Surtout il n'entrait en rien dans nos combinaisons politiques. Sully, dans le *Grand projet* attribué à Henri IV, parmi les quinze États — six monarchies héréditaires, six monarchies électives, trois républiques — qui doivent former l'Europe nouvelle, ne mentionne même pas la Russie.

Poirson[4] résume assez bien nos idées d'alors sur ce pays : « Quant

---

1. « Liste des ambassadeurs et ministres de France en Russie », avec mention de pièces importantes se rapportant à eux. *A. E. Russie, Supplément,* t. Ier, entre les pièces 5 et 6. — Guérard, *Liste des ambassadeurs,* Paris, 1833, place également M. de la Neuville en tête, mais sans date.
2. Est-ce La Neufville, du régiment de Normandie, chargé d'une commission militaire à Ham, en août 1636? Avenel, *Papiers de Richelieu,* t. V, p. 546. — Ou un Lequien de la Neuville? — Au reste, je n'ai trouvé aucune édition des satires du prince Kantémir où cette note se rencontrât. — Voyez ci-dessous, page 89, note 1 : car peut-être a-t-on fait confusion avec ce La Neuville qui se rendit à Moscou, par ordre de M. de Béthune, en 1689.
3. Louis Paris, pp. 310 et 328 et *Lettres missives de Henri IV,* t. IV, pp. 113-114 et 332, t. VII, p. 444; dans les *Documents inédits.*
4. *Histoire du règne de Henri IV,* t. IV, p. 108.

à la Moscovie ou Russie, en partie païenne, en partie grecque, on remettait à Dieu seul le soin d'éclairer ses nombreuses nations, comme on attendait que des rapports plus nombreux, des relations plus intimes s'établissent entre elles et les autres peuples de l'Occident pour la faire entrer dans le concert de l'Europe. » Il n'était pas question, comme pour les Turcs, de refouler les Russes. On sentait qu'ils n'étaient des Orientaux que par le costume, par l'éducation, et parce qu'ils étaient longtemps restés en dehors des autres nations chrétiennes.

V

LA MISSION RUSSE DE 1615

De la mort de Boris Godounof (1605) à l'avènement des Romanof (1613) avec Michel Feodorovitch, fils du boïar Feodor Nikitich Romanof (plus tard le patriarche Philarète), la Russie fut en proie aux usurpations, aux guerres civiles et aux invasions étrangères. C'est l'époque du faux Dmitri et de ses émules : c'est ce que les historiens russes appellent le « temps des troubles » (*smoutnoé vrémia*). Si les aventuriers militaires de France abondèrent plus que jamais en Russie, les marchands et les gens paisibles durent s'en retirer à peu près complètement.

Avec l'avènement des Romanof, non seulement un calme relatif s'établit, mais la Russie commença à se tourner vers l'Occident, comprenant que sa régénération ne pouvait s'accomplir qu'à l'aide des éléments européens. Déjà sous le Tsar Michel Feodorovitch, on accueille, on appelle les Européens : le Hollandais Vinius, qui établit à Toula des fonderies de canons, de boulets et d'objets de fer; l'Allemand Marselein, qui en crée de semblables sur la Vaga, la Kostroma et la Cheksna; le Holsteinois Olearius, astronome, géographe et géomètre. C'est alors que John Merik, envoyé de Jacques Ier, réclame de nouveaux privilèges pour le commerce britannique.

Le nouveau Tsar, conseillé sans doute par son père le Patriarche, prit l'initiative de nouvelles relations avec la France.

« Michel Feodorovitz, raconte Le Dran, étant nouvellement parvenu à la couronne de Moscou et voulant se faire des amis, envoya en 1615 un ambassadeur vers Louis XIII pour lui faire des compliments et lui donner des assurances de son amitié. Comme la cour de France avait bien d'autres affaires que de songer à des princes si éloignés et que d'ailleurs la couronne de Moscovie était disputée à Michel par

Vladislas, fils de Sigismond, roi de Pologne, on ne correspondit point de la part de la France à ces témoignages d'amitié[1]. »

Nous savons que l'envoyé du Tsar s'appelait Ivan Gavrilovitch Kondyref[2], son *diak* Michel Niévérof, et que Louis XIII les reçut à Bordeaux, où il se trouvait alors pour la conclusion de son mariage avec l'infante Anne d'Autriche. Nous avons la lettre de Michel au Roi (1615[3]), dans laquelle il lui demande secours contre les rois de Pologne et de Suède et le prie d'empêcher ses sujets de servir ces princes « contre un empereur qui ne désire que de vivre en paix avec ses voisins chrestiens ».

Nous avons également la réponse que lui fit Louis XIII :

COPIE D'UNE LETTRE DU FEU ROI LOUIS XIII AU CZAR, DU 16 DÉCEMBRE 1615[4]

Très haut et très puissant prince Migala Feuderowitz, notre très cher frère et bon ami, empereur des Russes, etc...

Nous avons reçu votre lettre que nous ont rendue vos ambassadeurs, en nous saluant de votre part, et exposant la charge que vous leur avez donnée de voir notre santé, la nous souhaiter heureuse et nous informer aussi de la vôtre comme de la bonne affection que vous nous portez et voudriez témoigner en bénéfice de nos couronnes. Ils nous ont aussi particulièrement représenté ce que vous attendez de notre amitié et bonne correspondance sur le fait des guerres qui passent entre vous et les rois de Pologne et de Suède nos très chers frères, et l'alliance que vous avez intention de traiter, renouveler et perpétuer avec nous, pour le bien commun de nos Empires, la liberté du commerce et l'affermissement d'icelui en nos pays, terres et seigneuries, comme en celles que vous possédez, la bonne souvenance que vous avez de celle qui a duré et a été observée à même fin du règne très florissant du feu roi Henri le Grand, notre très honoré seigneur et père qui soit en gloire, et ce que vous désirez que nous contribuions à tout ce que dessus des effets de notre puissance et autorité. Nous les avons donc vus, reçus et ouïs bénignement, et voudrions leur avoir pu témoigner, au peu de séjour que nous avons fait en cette ville depuis leur arrivée, l'estime que nous faisons de votre dite affection, à laquelle nous correspondrons par les mêmes offices que vous attendez de nous. Car nous défendrons que nos sujets servent à l'encontre de vous, et aurons à plaisir de faire traiter et convenir du renouvellement de notre dite alliance quand nous enverrons nos ambassadeurs vers vous, qui auront charge d'en convenir avec toutes conditions honorables et avantageuses au bien et utilité de nos peuples comme vous nous le proposez. Et cependant nous vous

---

1. A. E. Russie, *Mémoires et documents*, t. III, pièce 3. Publié dans la Collection de la *Société impériale d'histoire de Russie*, t. XXXIV, pp. I-II. — Voir aussi, dans le même volume de notre Dépôt, la pièce 5.
2. SOLOVIEF, *Istoria Rossii*, t. IX, p. 193. — Sur le séjour de Kondyref et de Niévérof à Bordeaux, voyez la Revue russe intitulée *Otétchestvennia Zapiski* (Mémoires patriotiques), octobre 1826.
3. Ce document a été publié par Louis PARIS, ouvrage cité, t. Ier, pp. 429-434, sans doute d'après le manuscrit 15967, fonds français de la Bibliothèque nationale, fol. 576 et suiv.
4. A. E. Russie, *Supplément*, t. Ier, pièce 39, copie. — La lettre originale est à la Bibliothèque nationale.

offrons les assurances de notre dite amitié et bonne volonté en toutes occasions suivant les déclarations plus particulières que nous en avons faites à vos dits ambassadeurs, auxquels nous nous en remettons, en priant Dieu, très haut et très puissant prince Migala Feuderowitz, notre très cher frère et bon ami, empereur des Russes, etc., qu'il vous ait en sa sainte et digne garde.

Écrit en notre ville de Bordeaux, le 16º jour de décembre 1615.

Votre bon frère et bon ami,

Louis.

Et plus bas :

Brulart.

Suscription :

A très haut et très puissant prince Migala Feuderowitz, notre très cher frère et bon ami, empereur des Russes, etc...

Dans le texte primitif de cette lettre, le préambule, que nous abrégeons ici, avait, paraît-il, omis quelques-uns des titres du Tsar, car Iyan Kondyref, pendant trois jours, fit courir après la cour de France, qui venait de partir pour Sedan, afin d'obtenir les modifications nécessaires.

L'ambassade de Kondyref ne pouvait produire des résultats bien sérieux : la Russie était alors si peu connue en France que la cour avouait n'avoir jamais entendu parler d'elle.

VI

ÉTAT DES RELATIONS COMMERCIALES ENTRE LES DEUX PAYS

Les deux pièces suivantes montrent que, cependant, on était suffisamment informé à Paris des difficultés que rencontrait le commerce français en Russie.

La première est un extrait des *Navigations* de Purchas[1], inséré, sous la date de 1628, dans un volume de notre Dépôt :

DES EMPÊCHEMENTS ET DIFFICULTÉS QUI SE RENCONTRENT AU COMMERCE DE FRANCE EN MOSCOVIE. — 1628

Le trafic de France en Moscovie ne se peut faire que par la mer Baltique à Narve en Livonie, et autres ports, et havres voisins dudit port de Narve, ou bien alentour de Norvegue, et de la Laponie, à Saint-Michel Archangel.

---

1. *A. E. Russie, Supplément*, t. Iᵉʳ. — Samuel Purchas, ecclésiastique anglais (1577-1628), avait publié, de 1623 à 1625, un recueil de voyages célèbres, sous ce titre : *Purchas, his pilgrimages, or relations*, etc.

Pour ce qui est de la mer Baltique, il faut passer par le détroit de Danemark, où le roi de Danemark exige de grands péages des navires[1] et marchandises, qu'il augmente de temps en temps, comme il lui plaît, et bien souvent même il arrête et confisque tant les navires que les marchandises, sous divers prétextes. Passé ce détroit de Danemark, l'on ne sauroit aborder en Moscovie qu'à la merci du roi de Suède, qui tient toutes les côtes et rivages de la mer Baltique des deux côtés, depuis Calmar en Suède jusques à Riga en Livonie. Il voudra vraisemblablement, aussi bien que celui de Danemark, exiger des péages dans ses ports et havres, et arrêtera et confisquera les navires et marchandises, quand bon lui semblera. Et à cela il sera d'autant plus invité par la jalousie qu'il peut avoir que les François ne retranchent quelque chose du gain et profit que ses sujets font au trafic de Moscovie, lesquels et qu'advenant naufrage et perte des navires par tempête, ou autrement, des sujets des deux princes, ès côtes et rivages des mers et lacs de Moscovie, ou de Suède, leurs biens et marchandises qui se pourront sauver leur seront conservés, et ne seront empêchés ni détenus en leurs personnes.

L'autre pièce est une copie des Privilèges accordés aux Anglais en mai 1620, et la personne qui l'a communiquée au Ministère l'a fait suivre des réflexions suivantes :

. . . .
Et s'il est question de dette provenant de trafic ou autrement, y ont déjà beaucoup plus d'avantages que les François ne sauroient avoir, parce qu'ils sont exempts de payer aucun péage au détroit de Danemark, suivant le traité de paix fait en l'an 1624 entre Christian IV, roi de Danemark, et Gustave-Adolphe, roi de Suède ; et à cause aussi que, par un autre traité de paix de l'an 1616, entre ledit roi de Suède et l'empereur de Moscovie, dont ci-devant est fait mention, les Suédois ont liberté d'exercer le commerce en Moscovie, avec plusieurs franchises et libertés.

Et pour ce qui est de naviguer alentour de Norvège et de la Laponie, devers Saint-Michel Archangel, les François auront en tête et pour contraires les Anglois et les Hollandois, qui y trafiquent avec profit, et seront plus que fins que nous au gain, pour l'entrée et connoissance qu'ils ont dès longtemps dans le pays. Et nommément les Anglois qui y trafiquent en compagnie depuis l'an 1555. Lesquels, comme ils ont les premiers découvert la route et le chemin que dessus de Norvège, aussi les empereurs de Moscovie leur ont octroyé de très grands privilèges, et jusqu'à cette heure ils n'y paient aucun droit d'entrée et d'issue, ni quelques autres impôts que ce soit, pour les marchandises qu'ils apportent et transportent du pays, ainsi qu'il appert par les privilèges que dessus de l'empereur Michel Federowitz, octroyés en l'an 1620, et n'y a pas d'apparence que nous obtenions sitôt de tels et si amples privilèges.

1. On trouvera dans le manuscrit, fonds français, n° 15966, de la Bibliothèque nationale, fol. 249 et suivants, à la date du 14 juillet 1621, des « Lettres patentes du roy de Danemark en faveur des marchands françois passant par le destroict du Sond pour trafiquer en Moscovie. » Signées : « Christian. »

Voyez aussi *A. E. Russie, Mémoires et documents*, t. III, pièce 4, fol. 29 :
« Mémoire historique sur le commerce entre la Grande Russie et les États étrangers et particulièrement la France. » On y lit cette phrase :
« Dans le xvi° siècle, les François faisoient le commerce dans la Moscovie ; mais les fréquentes guerres et révolutions qui arrivèrent dans l'un et l'autre État ruinèrent et firent tomber entièrement ce commerce. »

Tout ce que l'on peut faire, c'est que le Roi traite à ce commencement avec les rois de Danemark et de Suède, pour le trafic des François en leurs royaumes et pays; soit de vins, merceries et autres marchandises de France. Et s'il est question de les revendre en Moscovie, en laisser le négoce aux Danois et Suédois, et ainsi les intéresser avec nous. Et encore le plus sûr pour le commerce en ces deux royaumes de Danemark et de Suède, et aux pays et États voisins deçà et delà le détroit de Danemark, c'est qu'on établisse en France une puissante compagnie du Nord ou Septentrion, à l'imitation du roi d'Espagne qui a projeté depuis quelques années une compagnie de Septentrion, qu'il veut établir à Séville, et que nous y allions forts, et avec convoi de navires de guerre, de même que font ceux des Provinces-Unies des Pays-Bas, lorsqu'ils font leurs voyages d'Ostlande.

Cette idée de former une puissante compagnie pour le commerce de Russie prit corps en effet dans l'esprit d'un groupe de marchands français, dont les noms auraient mérité de passer à l'histoire, et voici le mémoire qu'ils soumirent au cardinal de Richelieu :

SUR LE COMMERCE DE FRANCE EN RUSSIE. — 1628 [1]

(Plusieurs marchands[2] désirant de faire une compagnie pour trafiquer dans les États du grand-duc de Moscovie, tant du côté de la mer Blanche et de la rivière de la Duyna[3] que par le golfe de Finlande et la mer Baltique.)

Le commerce qu'ils entreprendront ira au grand avantage de ce royaume, car il ne sortira ni or ni argent, le trafic se faisant par échange ; ils porteront en Moscovie des draps de soie et de laine, du sel, de l'eau-de-vie et du papier ; ils en rapporteront toutes sortes de pelleteries, des cuirs, de la cire et une grande quantité de lin, de chanvre, de voiles et de cordages pour équiper les navires, qu'ainsi on ne sera plus dans la nécessité d'en acheter des Hollandois.

Il y a environ soixante ans que tout le trafic de Moscovie étoit entre les mains des François ; mais les fréquentes guerres et révolutions que cet état a souffertes depuis ce temps-là leur ont fait entièrement abandonner ce commerce. En l'année 1613 tous les troubles et mouvements étant cessés en cette contrée, et la souveraine puissance étant devenue entre les mains de Federowitz, le grand-duc de Moscovie qui règne a pu envoyer un ambassadeur en France pour donner part au Roi de son établissement[4]. Sa Majesté reçut cet ambassadeur à Bordeaux lors de son mariage et lui fit répondre que, sitôt que les affaires de son royaume seroient pacifiées, il enverroit vers le grand-duc son maistre, pour l'assurer de son amitié et du désir qu'il avoit que la même bonne intelligence qui étoit ci-devant entre les François et les Moscovites se renouvelât.

Jusqu'à présent cet office n'a point été fait ; c'est pourquoi Monseigneur le cardinal est très humblement supplié de le vouloir accomplir et de faire

---

1. A. E. Russie, Supplément, t. Ier, pièce 7. — De cette pièce on trouvera une analyse ou une paraphrase, à la date de 1721, époque où l'on essayait de reprendre des négociations commerciales avec la Russie, dans A. E. Russie, Mémoires et documents, pièce 4, fol. 37.
2. Note marginale dans le texte.
3. La Dvina du nord, qui se jette dans la mer Blanche.
4. Il s'agit ici de la mission de Kondyref en 1615.

écrire au grand-duc de Moscovie afin de moyenner aux dits marchands des conditions les plus avantageuses, tant en faveur du libre exercice de la religion catholique, qu'ils demandent pour ceux qu'ils enverront résider en Moscovie, que pour ce qui regarde la sûreté de leurs marchandises et les dettes et impositions que l'on mettra sur icelles.

L'on a bien averti que les offres de Sa Majesté seront fort bien reçues par le grand-duc de Moscovie et par ses....., car les Hollandois ayant il y a trois ans envoyé de leur part en Moscovie Isaac Massa de Harlem, le grand-duc ne le voulut aucunement admettre à l'audience et lui fit dire qu'il étoit de trop pernicieuse conséquence à tous les princes de reconnoître des peuples pour souverains, mais qu'ils avoient en leurs quartiers un très puissant Roi qui étoit celui de France et que, venant sous son avis et avec ses lettres, ils seroient toujours favorablement traités en tous ses États[1].

Outre les avantages que la France peut retirer de cette correspondance avec la Moscovie par le moyen du commerce, le Roi se rendra encore beaucoup plus considérable parmi les princes septentrionaux et même auprès du roi de Poulougne qui, n'ayant point de plus puissants ennemis que les Moscovites, s'abstiendra de favoriser comme il fait les intérêts de la maison d'Autriche, à cause des bons et mauvais offices que Sa Majesté lui pourra faire rendre auprès du grand-duc de Moscovie.

L'entrée des marchands françois en Moscovie facilitera avec le temps l'établissement de la religion catholique en toute la Russie. Ils sont de même croyance que les Grecs, hormis qu'ils ne reconnoissent pas le patriarche de Constantinople et n'ont pas par conséquent tant d'aversion contre le Saint-Siège; aussi n'y a-t-il point d'édit ni d'ordonnance qui défende l'exercice de la religion catholique dans la Moscovie. Il y a plusieurs monastères de l'ordre de Saint-Basile qui ont un grand nombre d'originaux et de manuscrits des auteurs Pères grecs, qui ont été portés en ce pays lorsque les Turcs conquirent la Grèce. Si ce commerce s'établit, il sera aisé d'avoir plusieurs de ces manuscrits et plusieurs autres livres que nous n'avons pas.

Ainsi nos marchands ne se seraient pas seulement préoccupés des intérêts de leur commerce : ils essayaient de séduire en Richelieu à la fois l'homme d'État, ennemi déclaré de la maison d'Autriche, l'homme d'Église, soucieux apparemment de répandre la vraie foi, et l'homme de lettres, curieux de bons livres et de manuscrits rares.

VII

MISSION DE DESHAYES COURMENIN

En conséquence le gouvernement royal fit choix de Louis Deshayes, dit de Courmenin, pour une mission en Moscovie.

---

1. Cet exposé semble inexact : les Hollandais étaient en relations suivies avec la Moscovie. Voyez les relations de leurs envoyés de 1615 dans *Soc. imp. d'hist. de Russie*, t. XXIV, et la préface de M. Polovtsof.

Son Instruction[1] ne nous a pas été conservée : on peut s'en faire une idée par les renseignements et les documents qui suivent.

Les Polonais avaient été inquiets de cette mission. Ils avaient dit à Charnacé, qui négociait chez eux « qu'il ne venoit que pour leur procurer la paix en apparence, et non en vérité : pour preuve de quoi un ambassadeur du Roi étoit parti de France aussitôt que lui pour aller exciter les Moscovites à leur recommencer la guerre ». Charnacé leur répondait :

> Quant à l'ambassade de Moscovie, ils n'en pouvoient raisonnablement entrer en jalousie, le Roi n'ayant nulle intelligence avec ce prince-là pour le pouvoir convier, quand il l'eût désiré, à rompre une trêve solennellement faite avec eux; et que le sujet de l'envoi dudit ambassadeur, qui étoit le sieur Deshayes étoit que les marchands avoient, depuis cinq ou six ans, proposé plusieurs fois une compagnie en Moscovie... Les réponses de Charnacé leur semblèrent raisonnables, comme elles étoient[1].

Une lettre du prince Dmitri Pétrovitch Posarkovi (lisez : Pojarski), voiévode (gouverneur) de Pskof, adressée à l'envoyé français, le 14/24 septembre 1629[2], nous fournit quelques données :

> A toi, qui es ambassadeur du très puissant monarque, Louis treizième de Bourbon, par la grâce de Dieu Roy très chrestien de France et de Navarre, je t'envoie le salut. Tu m'as envoyé Estienne, ton serviteur, avec tes lettres, par lesquelles j'ai vu que tu es envoyé de la part du très puissant Roy très chrestien vers l'Empereur, pour traiter de plusieurs affaires très importantes à la Russie et à la France, et que tu es arrivé à la ville de Dorpt (Dorpat) en Livonie. Je te renvoye en grande diligence, ton serviteur Estienne, affin qu'arrivant auprès de toi, tu sçaches que tu peux entrer quand

---

1. Il ne faut pas confondre Louis Deshayes avec son père, comme l'ont fait quelques écrits et notamment la *Biographie universelle*. Courmenin le père avait fait, par ordre du Roi, un voyage en Terre Sainte, qui fut publié en 1624. Il était gouverneur de Montargis; son fils le fut également, ayant obtenu la survivance de la charge paternelle. — Voir sur cette question AVENEL, *Correspondance et papiers d'État du cardinal de Richelieu* (collection des *Documents inédits*), t. VI, p. 241, et t. VIII, p. 81. — Louis Deshayes est mentionné par F.-M. GUÉRARD, *Liste des ambassadeurs*, etc., Paris, 1833, comme ambassadeur en Danemark et Suède de 1624 à 1625. — Il est à noter que le nom de l'envoyé en Russie s'écrit, dans les manuscrits ou les imprimés, Courmenin, Courmesmin, et que l'auteur du *Voyage en Danemark* (voyez plus loin) l'appelle M. Des Hayes, baron de Courmesvin.

Le voyage de Deshayes en Moscovie, par le Danemark, a été publié en partie par son secrétaire Brisacier, sous ce titre : *Voyage de M. Des Hayes, baron de Courmesvin en Danemark*, Paris, Jean Promé, 1664, petit in-12.

On lit dans cet ouvrage : « M. Des Hayes, baron de Courmesvin, ayant reçu ordre du roi d'aller en Moscovie faire des propositions pour l'établissement du commerce à Nerve, par la mer Baltique, eut ordre de passer en Danemark et de traiter avec le roi pour le droit de passage par son détroit du Sond de toutes les marchandises qui passeront et repasseront par ce détroit. Il eut ordre de passer aussi en Suède pour avoir liberté du passage par ses mers. Je me résolus de l'accompagner, poussé d'un désir de voir les pays étrangers, et convié par la conjoncture présente de l'estat des affaires en France. »

1. RICHELIEU, *Mémoires*, édition Petitot, t. V, pp. 131 et 342.
2. Publiée par Louis PARIS, ouvrage cité, t. I, pp. 434-436.

il te plaira dans les Estats de Sa Majesté Impériale en sa province de Plescow (Pskof), et, de là, continuer ton chemin par tout son empire, non seulement pour ta personne, mais aussi pour tous les gentilshommes de ton Roy qui t'accompagnent, et pour tous les valets qui les servent ; les chemins partout te seront ouverts, et ne te sera donné aucun empêchement...

Le Dran [1] nous apprend que l'envoyé fut « fort bien reçu » par le Tsar, que celui-ci nomma des commissaires pour négocier avec lui et que « toutes choses furent conclues » à Moscou, le 12 novembre 1629.

Les archives russes, mises à contribution par Solovief [2], nous donnent quelques détails, d'abord sur le voyage, puis sur les conférences.

Nous avons vu que le voiévode de Pskof et de Novgorod [3] avait reçu l'ordre de bien accueillir l'étranger. Il envoya au-devant de lui le *pristaf* Okounef avec un cheval. Ce commissaire ayant prétendu prendre la droite de l'envoyé, celui-ci protesta et refusa de marcher. Vainement le *pristaf* l'assura que c'était ainsi que les choses se passaient avec les ambassadeurs turcs, persans, tartars, allemands et les autres. Le Français répondit que la Turquie, la Perse, la Crimée n'étaient pas des pays chrétiens, et que, pour lui, il ne prendrait pas la gauche et qu'il avait sur cet objet un ordre de son Roi. « Mais pourquoi, demandait Okounef, n'en avait-il pas parlé avant d'entrer sur les terres du Tsar ? » Deshayes répondit qu'il ne connaissait pas cet usage russe et que c'était pour cela qu'il n'avait pas écrit. Il annonça l'intention de retourner à Dorpat, en Livonie ; il descendit même du cheval que lui avait envoyé le voiévode ; il abandonna les voitures qui l'avaient amené, se mit sur des *télègues* (chariots de paysan) ; il dit qu'on lui avait fait un affront et que pour cet affront-là il mourrait. On lui signifia qu'on ne le laisserait pas sortir de la terre du Tsar sans un ordre du Tsar : « Eh bien ! répondit-il, si on ne me laisse pas repartir, je resterai ici ; j'achèterai des vivres et des boissons de mes deniers ; mais je ne prendrai pas la gauche. » Le débat dura jusqu'à la nuit. A la fin, le Français s'avisa d'un expédient : que deux pristafs marchent donc avec lui l'un à droite, l'autre à gauche, lui dans le milieu. Okounef, après s'être concerté avec l'archevêque de Pskof, y consentit ; lui-même prit la droite et un *enfant-boïar* (noble de second rang) prit la gauche en qualité de pristaf. Okounef dit, en outre, dans son rapport, que, sur le chemin, les Français usèrent de violence et d'injure envers les gens du pays, que l'envoyé ne fit rien pour les contenir et qu'ils refusèrent d'écouter le pristaf.

Arrivé à Moscou, l'envoyé, suivant l'expression russe, *battit du front* (adressa une requête) au Tsar pour qu'on lui donnât du vin de

---

1. *Société impériale d'histoire de Russie*, t. XXXIV, p. II.
2. Solovief, *Istoria Rossii*, t. IX, pp. 195-198.
3. C'était alors le célèbre prince Dmitri Mikhaïlovitch Pojarski, sauveur de la Russie en 1612.

France ou du Rhin, vu qu'il n'était pas habitué aux boissons qu'on lui envoyait de la table tsarienne, et aussi du vinaigre. On lui accorda vins et vinaigre. Puis il prétendit paraître à l'audience du Tsar l'épée au côté, vu que Kondyref avait conservé son sabre pour l'audience du Roi, et à garder le chapeau sur la tête, excepté quand il dirait le nom et les titres du Tsar en prononçant son discours; enfin il exigeait un équipage. Tous ces points lui furent refusés. A leur tour, les Boïars se plaignaient que, dans la lettre du Roi, l'énumération des titres du Tsar ne fût pas complète. L'envoyé répondit : « C'est un usage établi chez nous depuis longtemps que notre Roi, quand il correspond avec tous les grands souverains, n'écrit pas tous leurs noms et titres, et lui-même n'écrit pas tous ses noms et titres; on ne peut pas introduire de nouveautés. » — « Pourquoi donc alors, dirent les boïars, dans la lettre royale apportée par Kondyref, les titres du Tsar sont-ils écrits au complet? » — « Le Roi l'a fait ainsi à la prière de Kondyref; quant à ce que vous appelez les titres du Tsar, eh bien ! on a écrit beaucoup de noms de pays, mais nous ne pouvons pas nous souvenir de tous. » Les boïars déclarèrent que, jusqu'à ce jour, on n'avait jamais vu pareille contestation, de la part d'aucun ambassadeur. « Puisque vous y tenez, répliqua Deshayes, à l'avenir mon maître donnera ordre pour que tous les noms et titres du Tsar soient reproduits, je le jure par Dieu et sur la tête du Roi. »

Quand la discussion sur les titres fut close, l'envoyé proposa les articles suivants : 1° Le Roi désire être en bonne amitié et parfaite correspondance avec le Tsar. 2° Le commerce entre les deux pays sera libre de tout droit de douane et de toute perquisition. 3° Les négociants français dans l'empire russe ne pourront être arrêtés ni retenus en prison; ils pourront avoir des prêtres et des instituteurs de leur religion; ils auront un chef de leur nation qui jugera sur toutes leurs affaires. 4° Un prince de la maison d'Autriche (le roi d'Espagne) est ami de l'Empereur et de son sang impérial, et, quand ces princes sont unis avec le roi de Pologne, ils forment une coalition redoutable; or ces princes autrichiens sont ennemis du roi de France et le roi de Pologne est ennemi du Tsar; ces princes autrichiens tirent leur richesse de ce qu'ils envoient leurs sujets trafiquer en Orient, et ils s'en servent pour aider le roi de Pologne; donc si le Tsar était en amitié et alliance avec le roi de France, en accordant aux Français libre commerce dans l'empire de Moscou, il réduirait fort la maison d'Autriche, lui enlèverait le commerce oriental, et, ses forces diminuant, elle ne pourrait plus aider le roi de Pologne. 5° Que Sa Majesté Tsarienne permette donc aux Français de traverser son empire pour se rendre en Perse; le Tsar et ses sujets en retireraient de grands profits; car les Anglais, les Hollandais et les Brabançons achètent en France des marchandises qu'ils revendent à très haut prix dans l'empire de Moscou ; de plus ils n'y importent que des marchandises communes, tandis que les Français y importeraient ce qu'ils ont de mieux et le vendraient au plus bas prix.

Deshayes ajoutait ces paroles remarquables : « Sa Majesté Tsarienne est la tête et le chef dans les pays d'Orient et de religion grecque ; Louis, Roi de France, est la tête et le chef dans les pays du Midi ; quand le Tsar et le Roi de France seront en bonne amitié et parfaite correspondance, alors les souverains leurs ennemis perdront beaucoup de leur force. L'Empereur romain et le roi de Pologne sont unis : pourquoi le Tsar et le roi de France ne seraient-il pas amis et étroitement unis contre leurs adversaires ? Le Roi de France est l'ami du sultan des Turcs ; or, sachant que Sa Majesté Tsarienne a le sultan des Turcs pour ami et qu'elle est le chef de la religion orthodoxe grecque, le Roi a ordonné à ses ambassadeurs à Constantinople d'aider en toutes leurs affaires les Russes et les Grecs qui s'y trouvent. D'aussi grands souverains que le Roi de France et Sa Majesté Tsarienne sont partout renommés glorieusement ; il n'existe pas d'autres souverains aussi grands et aussi puissants, car tous leurs sujets leur obéissent en tout, à la différence des Anglais et des Brabançons qui n'en font qu'à leur caprice. Et ceux-ci achètent bon marché en Espagne des marchandises qu'ils vendent très cher aux Russes, tandis que les Français vendraient à ceux-ci tout à bon marché. »

Les boïars, sur les points de la franchise douanière et du commerce en Perse, répondirent par un refus, disant que les Français pouvaient acheter chez les marchands russes les marchandises de Perse, à l'exception de celles dont l'exportation était interdite, comme la soie blanche brute et le salpêtre. Ils refusèrent également d'accorder aux Français des prêtres et des instituteurs de leur religion, attendu que les autres étrangers n'ont pas ce droit en Russie. Vainement l'envoyé français leur assura-t-il qu'il y avait à Paris douze églises grecques[1] et que les Français avaient pour usage de se confesser quatre fois l'an : ce qui leur serait impossible si on leur refusait des prêtres.

Quant aux concessions que Deshayes Courmenin finit par obtenir dans cette mémorable conférence du 12 novembre 1629, on en trouvera l'indication assez nette dans la lettre suivante, datée du 12 décembre, qu'il rapporta au roi Louis XIII :

LE TSAR AU ROI. — 1629[2]

Par la force et par la vertu de la très puissante et très sainte Trinité, qui remplit tout le monde et qui pourvoit à toutes choses, qui console et

---

1. Nous n'avons pu vérifier cette assertion.
2. *A. E. Russie, Supplément*, t. Ier, pièce 8. — Cette pièce a été publiée, en 1834,

qui a soin de tout le genre humain, qui donne la vie et qui fait subsister toutes les créatures; par la grâce, par la puissance, par la volonté et par la bénédiction de ce grand Dieu, qui affermit les sceptres de ceux qu'il a élevés pour régir le monde, je commande et suis seul obéi aux applaudissements de tous, dans les terres immenses de la Grande Russie, et dans plusieurs autres provinces nouvellement conquises [1].

Nous, le Grand Seigneur, Empereur et Grand-Duc Michel Federowitz, souverain seigneur et conservateur de toute la Russie, Vladimirie, de Kief, de Moskow et de Novgorod, empereur de Cassan, empereur d'Astracan et empereur de Sibérie, grand seigneur de Pleskow, grand-duc de Smolensko, Twersko et Jugorie, de Permie, de Vastchie et Bulgarie, et seigneur et grand-duc de l'inférieure Novgorod et de tous les duchés inférieurs de Tchernigisco, de Résame, de Rostow, de Iéroslavie, de Béloséro, de Livonie et Oudérie, de Obdérie, de Condora, seul obéy en toute la région septentrionale, seigneur des provinces de Jeversei, de Casalins et des Ingremiens, empereur des Cabardins, de Circassie, d'Igorie [2], et de plusieurs autres provinces seigneur et conservateur [3].

Au très illustre, très haut et très puissant Louis Treize de Bourbon, par la grâce de Dieu, Roi très chrétien de France et de Navarre, et souverain seigneur de plusieurs autres terres.

Votre royale puissance a envoyé vers notre grande puissance votre ambassadeur Louis [4] avec des lettres, et notre grande puissance a trouvé bon qu'il fût ambassadeur vers nous, avons commandé que sa légation fût en-

par Louis Paris, ouvrage cité, t. Ier, pp. 436-442 : probablement d'après le manuscrit de la Bibliothèque nationale, fonds français, n° 15966, fol. 306, pièce 43.

1. On remarquera le caractère oriental de ce préambule, qui semble émaner d'un souverain asiatique, plutôt que d'un souverain européen.

2. Nous avons tenu à donner, au moins une fois, l'énoncé complet des titres du Tsar, de ces titres dont il a été si souvent question dans la conférence entre les boïars et Deshayes Courmenin, et sur lesquels revient encore la lettre tsarienne que nous reproduisons. Nous supprimerons ce préambule dans tous les documents ultérieurs. Rectifions l'orthographe de ces noms, estropiés dans la plupart de nos documents : *Vladimir, Kief, Moscou, Novgorod, Smolensk, Tver, Tchernigof, Riazan, Rostof, Iaroslavl, Biélosersk*, sont les capitales des anciennes grandes-principautés russes dont la réunion a formé le tsarat de Moscou; *Viatka* est une colonie de la principauté-république de Novgorod; *Nijni-Novgorod*, ou la basse ou inférieure Novgorod, a été fondée, sur le Volga, en 1220, au milieu de la population finnoise des Mordves, par Iouri ou Georges, grand-prince de Vladimir; la *Permie*, sur la haute Kama, et la *Iougrie*, de l'autre côté de l'Oural, étaient au xiiie siècle des possessions de Novgorod en pays finnois; *Kazan*, avec l'ancienne *Bulgarie* du Volga, *Astrakhan*, la *Sibérie*, sont les trois grandes conquêtes d'Ivan le Terrible; la *Livonie* était aussi, en partie, une ancienne possession de Novgorod, et ce Tsar avait inutilement cherché à l'enlever à l'ordre des Porte-Glaive; *Oudorie* ou plutôt *Oudorinie*, pays de la Mezen; *Obdorie* ou *Obdorinie*, pays de l'Obi; *Condinie*, pays du Conda, affluent de gauche de l'Irtych; *Ibérie, Kartalie, Grousie* ou *Géorgie, Cabardie, Circassie*, sont des pays du Caucase, sur lesquels, en 1629, la souveraineté du Tsar de Moscou devait être purement nominale. L'*Igorie*, dans d'autres documents, est remplacé par les expressions *Gorie, Goriéns*, *Gorissiens*, — du mot russe *gora*, montagne, — qui désignent simplement et vaguement la région montagneuse du Caucase, et n'ont rien à voir ni avec l'*Iougrie*, ni avec la *Géorgie*, que substituent quelquefois à *Igorie* ou *Gorie* les documents français.

3. Le titre de *mainteneur* ou *conservateur* que les documents en français ajoutent au titre du Tsar est une traduction, par à peu près, du mot russe *Samoderjets*, qui, lui-même, traduit exactement l'expression byzantine : *Autocratôr*, autocrate.

4. Louis Deshayes Courmenin.

tendue et avons voulu recevoir ses lettres, signées de votre main et contresignées Bouthellier, dans lesquelles vous souhaitez que Dieu veuille faire prospérer notre grande puissance et témoigner qu'encore que vos États soient éloignés des nôtres et qu'ils soient séparés par plusieurs provinces, néanmoins la renommée de notre grande puissance n'a pas laissé de parvenir jusqu'à vous, que vos prédécesseurs et les nôtres ont ci-devant vécu en bonne amitié et parfaite correspondance, et que de la même sorte vous souhaitez qu'il plaise à Dieu qu'à l'avenir la même amitié et parfaite correspondance s'établissent et se rencontrent entre nos royales personnes : ce que notre grande puissance désire extrêmement. Mais nous ne savons à quoi attribuer que notre nom, nos titres et nos qualités aient été oubliés à la lettre que vous nous avez écrite. Tous les potentats de la terre, le sultan des Turcs, le roi des Persans, l'empereur des Tartares, l'empereur des Romains, les rois d'Angleterre et de Danemark, et plusieurs autres grands seigneurs, écrivant à notre grande puissance, mettent notre nom sur les lettres et n'oublient aucun des titres et des qualités que nous possédons. Nous ne pouvons approuver votre coutume de vouloir être notre ami, et de nous dénier et ôter les titres que le Dieu tout-puissant nous a donnés et que nous possédons si justement. Que si, à l'avenir, vous désirez vivre en bonne amitié et parfaite correspondance avec notre grande puissance, en sorte que nos royales personnes et nos empires joints ensemble donnent de la terreur à tout l'univers, il faudra que vous commandiez qu'aux lettres que vous nous récrirez à l'avenir toute la dignité de nostre grande puissance, notre nom, nos titres et nos qualités soient écrits comme elles sont en cette lettre que nous vous envoyons de notre part. Nous vous ferons le semblable en écrivant tous vos titres et toutes vos qualités dans les lettres que nous vous manderons, étant le propre des amis d'augmenter plutôt réciproquement leurs titres et qualités que de les diminuer ou retrancher.

Votre royale puissance écrit encore dans ses lettres que les grandes occupations que vous avez eues, tant à pacifier les troubles de votre État qu'à protéger et assister les princes vos amis et alliés, ont empêché que vous n'ayez plus tôt correspondu aux témoignages d'amitié que notre grande puissance vous fit rendre, en l'année de la nativité de Jésus-Christ 1615, par notre ambassadeur Ivan Kondirovin[1], et qu'à présent que vous avez remis sous votre obéissance plusieurs provinces et vaincu tous vos ennemis, vous nous avez voulu témoigner le désir que vous avez de vivre à l'avenir en bonne amitié et parfaite correspondance avec notre grande puissance, et nous avez voulu envoyer votre ambassadeur Louis des Hayes, seigneur de Courmenin, votre conseiller et maître d'hôtel ordinaire et gouverneur de Montargis, et lui avez commandé de nous faire entendre plusieurs choses qui regardent le bien commun de nos royaumes, à l'avantage de nos sujets, et prié notre grande puissance d'ajouter toute créance à votre dit ambassadeur.

Toutes ces choses étant parvenues à la connaissance de notre grande puissance, nous avons commandé que votre dit ambassadeur entrât en conférence avec les illustres seigneurs boyards de notre conseil d'État, Knis Ivan Borisowitz Cercascoi[2], notre cousin germain, héritier de l'empire de Casan et général de nos milices, Michel Borisovits Schein, gouverneur

---

1. Ivan Kondyref.
2. Le *kniaz* (prince) Ivan Borissovitch Tcherkaskoï, préposé en 1627 au *Prikaz des Streltsi*, en 1641 au *Prikaz des étrangers*. Mort en 1642.

général de Smolensko[1], Simon Vasiliwits Golovin [2], Feodrowitz Cicatzof[3] et Jafim Telepnev[4], notre chancelier, auxquels nous avons donné amples pouvoirs par écrit d'écouter sa légation.

L'ambassadeur de votre royale puissance s'est trouvé avec les dits boyards de notre conseil et leur a fait entendre le désir que votre royale puissance avoit de vivre à l'avenir en bonne amitié et parfaite correspondance avec notre grande puissance, pour laquelle mieux affermir vous souhaitez que la même correspondance se rencontrât encore entre les sujets de nos deux Empires, les Russiens et les François, que vous permettiez à tous nos sujets de trafiquer dans les terres de votre obéissance et disiez pareillement que notre grande puissance trouvât bon que les François vos sujets puissent trafiquer en toute liberté dans les terres de notre Empire, s'habituer dans les villes qu'ils jugeroient propres pour faire le commerce, sortir sans empêchement de nos États quand ils voudront ; que notre grande puissance déchargeât les marchands françois de l'impôt que les marchands doivent à notre trésor, que les dits marchands françois puissent vivre en liberté de conscience et tenir près d'eux tels prêtres ou religieux de la foi chrétienne que bon leur semblera, que nos juges et officiers ne puissent prendre connoissance des différends qui surviendront entre les dits marchands françois, que nous leur permettions d'être jugés par l'un d'entre eux et de trafiquer avec les Tartares, Persiens et autres marchands étrangers.

Toutes lesquelles choses ayant été rapportées à notre grande puissance par l'avis de notre saint père, le grand seigneur Filaret Niquitis [5], patriarche de toute la Russie, et des principaux de notre Empire, nous avons commandé aux boyards de notre conseil susnommés de faire entendre à votre ambassadeur que nous acceptons volontiers l'offre que votre royale puissance nous fait de vivre à l'avenir en bonne amitié et parfaite correspondance avec notre grande puissance, et que de notre part nous contribuerons toujours ce qui nous sera possible pour la continuer et perpétuer entre nos successeurs.

Nous permettons aussi à tous François, les sujets de votre royale puissance, de venir trafiquer dans notre empire sans aucun empêchement, tant par mer à Arcanchel que par terre à Novogrod, à Plesco et à Moscou, leur donnons liberté de traiter et de faire leur commerce avec tous nos sujets, en payant à notre trésor deux pour cent d'impôt.

Nous accordons aussi à tous les marchands françois, vos sujets, de vivre en liberté de conscience dans notre empire et faire profession de foi romaine et de tenir près d'eux des prêtres ou religieux pour les administrer ; mais nous ne saurions permettre que publiquement dans notre Empire l'exercice de la religion romaine se fasse, de peur de scandale.

Quant à ce qui regarde la justice, nous interdirons à nos juges de

1. Michel Borissovitch Schein, créé boïar en 1607, voiévode de Smolensk, de 1609 à 1611 ; exécuté à Moscou en avril 1634.
2. Semen Vassiliévitch Golovine, boïar, mort en janvier 1634.
3. Est-ce du voiévode Daniel Tchikhatchef (mentionné en 1580) qu'il s'agit ici ?
4. Iéfim Grigoriévitch Télépnef, *diak* (secrétaire) de la Douma ou Conseil d'Empire, chargé en 1613 de la Cour des finances, puis de la Cour de l'Imprimerie (*Denejnii dvor* et *Petchatnii dvor*), puis membre du *Possolskii Prikaz* (bureau des ambassadeurs), avait pris part, en 1606-1609, aux négociations du Tsar Vassili Chouïski avec les Suédois et le général polonais Zolkiewski.
5. Feodor Nikitich Romanof, en religion Philarète, patriarche de Moscou père du Tsar.

prendre aucune connoissance des différends qui surviendront entre les marchands françois, vos sujets; mais si un François a quelque différend avec nos sujets, nous entendrons que nos juges en aient connoissance.

Nous offrons à votre royale puissance de contribuer ce que nous pourrons pour le bien de vos affaires et donnerons libre passage aux chevaux et vivres, aux ambassadeurs et courriers que vous désirerez faire passer à l'avenir par notre Empire pour aller en Tartarie ou en Perse, ainsi que nous avons fait présentement à votre ambassadeur Louis.

Quant aux marchandises de Perse et de l'Orient, nous les ferons distribuer à vos sujets à si bon marché qu'ils n'auront pas occasion de les aller chercher ailleurs, et en toutes choses nous favoriserons vos sujets, afin que d'autant plus volontiers ils viennent trafiquer en nos États et Empire.

Nous renvoyons votre ambassadeur Louis, sans le retenir davantage, afin qu'il rende compte à votre royale puissance de nos bonnes intentions tant envers votre royale personne que pour le bien de vos États et royaumes.

Nous prions pareillement votre royale puissance de nous conserver toujours en son amitié et fraternelle bonne volonté.

Écrit en notre maison impériale de la ville de Moscou, le 12 du mois de novembre 7138[2].

A propos de l'ambassade de Deshayes Courmenin, Flassan[1] fait cette remarque :

Ce traité, qui est le premier conclu entre la France et la Russie, ne contenait point de dispositions politiques; et, comme la Russie n'avait point encore de port en Livonie, que la navigation des Français dans la mer Glaciale était nulle, et que, de plus, le transport des marchandises par terre était fort difficile, ce traité de commerce avec la Russie fut, à proprement parler, sans effets pour les deux États.

D'ailleurs les Anglais, les Hollandais, les Allemands, les Belges, continuaient à occuper toute la place.

Louis Deshayes Courmenin eut une fin malheureuse. Richelieu, dans ses *Mémoires*, dit de lui : « C'était un jeune homme d'assez bon esprit, mais qu'une ambition déréglée porta à sa ruine ». A son retour par la Suède, il rendit de mauvais services à l'envoyé du Roi auprès de cette cour. « Charnacé avait de la peine à traiter avec le roi de Suède, d'autant que le dit roi avait conçu mauvaise opinion de lui, sur les faux rapports que Deshayes lui en avait faits, par une ambition d'un jeune homme inexpérimenté qui a jalousie de tout emploi qui est donné à un autre qu'à lui. »

La jalousie de Deshayes contre Charnacé, à propos d'une mission confiée à celui-ci, le jeta dans le parti de la Reine-mère et de Gaston d'Orléans ; il voyagea pour celui-ci en Allemagne, travailla à lui recruter des alliés à la cour impériale et lui envoya des dépêches annonçant que Wallenstein mettait à sa disposition huit ou dix mille hommes pour le faire rentrer en France.

1. 22 novembre 1629.
2. FLASSAN, *Histoire générale de la diplomatie française*, t. Ier, p. 425.

A un second voyage en Allemagne, il fut arrêté le 6 août 1632, « par l'adresse et le courage du sieur de Charnacé ». Conduit à Béziers, il fut impliqué dans le procès suivi contre Montmorency et eut la tête tranchée le 12 octobre 1632 [1].

1. RICHELIEU, *Mémoires*, t. VI, p. 412; t. VII, pp. 46, 63, 88, 200, 219. Voici comment M. D'AVENEL, ouvrage cité, t. IV, pp. 299, 350, raconte cette aventure :

« Nous avons eu occasion de parler de la mission que Monsieur avait donnée à Deshayes (voyez ci-dessus, p. 241). M. de Charnacé, homme d'action et dévoué, était alors ambassadeur de France auprès du roi de Suède, en Allemagne. Informé des menées de Deshayes, il apprit, par un singulier hasard, que, retournant à Vienne, il était arrivé à Mayence. Charnacé comprit tout l'intérêt que le cardinal pouvait mettre à se saisir du plénipotentiaire de Monsieur, et résolut de faire lui-même, en ce pressant besoin, l'office de prévôt. Il fit épier Deshayes à Mayence et, le jour qu'il en partit, le 16 août, il alla l'attendre sur la route de Mayence à Francfort, accompagné de personnes attachées à son ambassade : de Miré, son neveu, de Saint-Estienne, parent du père Joseph, et d'une quinzaine d'hommes à cheval. Un coup de pistolet suffit à cette bataille : Deshayes, qui n'avait que deux hommes avec lui, ne tenta pas une lutte inégale, et fut arrêté au nom du Roi. Charnacé s'empara de son carrosse et de tous ses papiers. Il en donna avis au cardinal dans une lettre du 18, et le 31 le Roi et Bouthillier lui annonçaient, pour lui et pour ceux qui l'avaient aidé, toutes les récompenses qu'il demandait. Nous remarquons ce passage dans la lettre de Bouthillier : « Je vous envoie un ordre antidaté, ainsi que vous l'avez voulu, et comme il est très à propos. En cela votre courage a paru d'avoir fait une chose de telle importance, dans les terres d'un prince étranger, sans ordre du Roi ». (*A. E. Allemagne*, t. VIII, fol. 288.) Aussitôt que le cardinal fut informé d'une capture si importante, en un moment où la révolte de Monsieur était encore menaçante, il ordonna au sieur de Moricq, maître des requêtes, qui avait déjà servi au procès du maréchal de Marillac, de partir en toute hâte, et il rédigea lui-même l'interrogatoire que Moricq devait faire subir au prisonnier. La pièce est dressée avec toute l'expérience d'un juge criminel consommé. La date y manque, mais nous supposons qu'elle a été écrite vers le 25 août, car, grâce à la lenteur des communications, ce fut peu avant que Richelieu, déjà parti pour le Languedoc, pût être informé de la prise de l'agent de Monsieur; au reste, il ne paraît pas que Moricq ait rempli la mission dont on le charge ici. L'affaire prit une autre direction, le procès de Deshayes lui fut fait, non à Trèves ni à Coblentz, pas même à Metz : ce fut à Béziers qu'on l'amena, et nous ne voyons pas que, dans ce procès, il soit question de Moricq, ni d'aucun acte de procédure antérieure; nous n'y trouvons qu'une instruction faite à Béziers par d'autres maîtres des requêtes, sur lesquels le cardinal pouvait également compter, les sieurs de Lanson et Mangot. Les pièces du procès Deshayes se trouvent dans notre manuscrit des *A. E. France*, t. LXIV. La dernière pièce sur parchemin est l'arrêt de mort, qui fut prononcé au condamné le 12 octobre, « lequel à l'instant fut exécuté ».

L'interrogatoire dont parle M. d'Avenel, rédigé par Richelieu pour Moricq, est ainsi conçu :

MÉMOIRE A M. DE MORICQ, MAÎTRE DES REQUÊTES, POUR INTERROGER DESHAYES

[25 août 1632.]

Pourquoi il était sorti du royaume, quittant le service du Roi?
Qui l'avait porté à aller servir Monsieur et la Reine contre son devoir?
D'où il venait maintenant, et où il allait?
Quelle charge il avait; quelles négociations à faire; qui l'envoyait?
S'il n'a pas traité avec l'empereur et Frideland (Wallenstein) afin qu'ils envoyassent des gens de guerre à Monsieur pour entrer en France?
S'il n'a pas ménagé que les troupes de Monsieur étant dans le comté de

VIII

LA PRÉTENDUE AMBASSADE
DE CHARLES DE TALLEYRAND (1630)

La prétendue ambassade de Jacques Roussel et de Charles de Talleyrand n'était connue jusqu'à ce jour que par un récit du Holsteinois Adam Oléarius [1] (Œlschlæger), qui aurait vu Talleyrand en février 1634, c'est-à-dire au moment de son voyage en Russie. Voici le récit de cet auteur :

Le treizième jour de février, les ambassadeurs partirent de Riga, et, en leur compagnie, partit aussi un certain ambassadeur de France appelé

Bourgogne fussent reçues dans l'Alsace, dépendant de la maison d'Autriche ?

S'il n'a pas essayé de divertir le roi de Suède de la bonne intelligence qu'il a avec le Roi ?

S'il n'a pas tâché de le porter à favoriser les desseins de Monsieur ?

S'il ne lui a remontré, pour l'y porter, qu'il relèverait, par ce moyen, le parti des huguenots en France ?

Enfin quelles négociations il a faites avec l'Empereur, avec Valstin (Wallenstein) et avec le roi de Suède aux divers voyages qu'il a faits vers eux de la part de la Reine et de Monsieur ?

Quelles conférences il a eues avec l'abbé Scaglia et avec Chanteloube devant que de partir pour ce dernier voyage et quelles instructions ils lui ont données ?

S'il n'a pas su les bruits qu'on a fait courir expressément de la mauvaise santé du Roi, contre toute vérité, et si lui-même ne les a pas espandus aux pays étrangers.

Quelle connaissance il a des divers desseins qu'on a faits contre la France, des places qu'on a voulu corrompre, et des entreprises qu'on a faites contre la personne de M. le cardinal de Richelieu ?

Il faudra l'interroger ensuite sur le particulier dont les papiers qu'on lui a surpris donneront connaissance, et pénétrer le plus avant qu'on pourra dans les projets faits par Monsieur et la Reine contre la France, et dans les appuis et espérances qu'ils peuvent avoir.

S'il nie absolument les négociations qu'il a faites, M. de Moricq le convaincra par ses propres papiers qu'il lui a pris et par ceux qu'on lui envoie d'une dépêche qu'on surprit de lui, il y a trois ou quatre mois.

Devant que de lui faire souffrir ce qu'il mérite, il lui fera donner la question, pour savoir la vérité de toutes choses, dont il fera un procès-verbal bien exact, étant bien important d'avoir la preuve des mauvais desseins que la maison d'Autriche et l'Espagne projettent contre la France.

Ledit sieur de Moricq jugera et fera exécuter le jugement dudit prisonnier, ou à Trèves ou à Coblentz, s'il y est encore ; ou, s'il en était déjà parti, à Metz, où il se transportera expressément, et ce le plus promptement qu'il pourra, le service du Roi requérant que cette affaire soit terminée devant que le bruit soit venu qu'on y pense.

---

[1] OLÉARIUS, *Relation du voyage de Moscovie, Tartarie et Perse, depuis l'an 1633 jusques en l'an 1639*. Traduit de l'allemand par L. R. D. B. Paris, 1656, p. 58. Voyez à ce sujet la discussion de Louis PARIS, ouvrage cité, t. Ier, pp. 311-313 et 328-329.

Charles Talleyrand, et se qualifiait prince de Chalais, marquis d'Exideuil, baron de Mareuil et Belleville, seigneur de Grignols[1]. Louis XIII, Roi de France et de Navarre, l'avoit envoyé avec Jacques Roussel en ambassade en Turquie et Moscovie. Mais Roussel, son collègue, lui avoit rendu de si mauvais offices auprès du patriarche[2] que le grand-duc l'envoya en Sibérie, où il demeura trois ans prisonnier, jusqu'à ce que, les artifices et malices de Roussel, qui ne travailloit qu'à mettre les princes en mauvaise intelligence, ayant été reconnus, on le remit en liberté après la mort du patriarche. Il s'étoit diverti pendant sa détention à apprendre par cœur les quatre premiers livres de l'*Énéide* de Virgile, qu'il savoit parfaitement. C'étoit un seigneur d'environ trente-six ans et de très belle humeur.

Oléarius, dans un autre passage de son livre, donne à l'ambassadeur le titre de prince de Chalais et fait de son compagnon Roussel un marchand : de plus, ils auraient été envoyés par Henri IV.

Voltaire contestait déjà la réalité de cette ambassade : « Oléarius, dit-il[3], prétend que le czar Michel Fédérowitz relégua en Sibérie un marquis d'Exideuil, ambassadeur du roi de France Henri IV; mais jamais assurément ce monarque n'envoya d'ambassadeur à Moscou[4]. »

Et ailleurs[5], il ajoute, en historien sûr de son fait et auquel les Archives n'étaient pas absolument fermées :

Il est probable que Henri IV, mort en 1610, n'envoya point d'ambassadeur en Moscovie en 1634. Si Louis XIII avait fait partir pour ambassadeur un homme d'une maison aussi illustre que celle de Tallerand, il ne lui eût point donné un marchand pour collègue, l'Europe aurait été informée de cette ambassade ; et l'outrage fait au Roi de France eût fait encore plus de bruit.

Ayant contesté ce fait incroyable, et voyant que la fable d'Oléarius avait pris quelque crédit, je me suis cru obligé de demander des éclaircissements au dépôt des Affaires étrangères de France. Voici ce qui a donné lieu à la méprise d'Oléarius.

Il y eut, en effet, un homme de la maison de Tallerand qui, ayant la passion des voyages, alla jusqu'en Turquie, sans en parler à sa famille et sans demander des lettres de recommandation. Il rencontra un marchand hollandais, nommé Roussel, député d'une compagnie de négoce, et qui n'était pas en liaison avec le ministère de France. Le marquis de Tallerand

---

1. Charles de Talleyrand, qui fut, en effet, prince de Chalais, marquis d'Exideuil, comte de Grignols, baron de Belleville et de Mareuil (ainsi que le constate Louis Paris, d'après le *Grand Dictionnaire généalogique*), était né vers 1596, et épousa en 1637, après son retour de Sibérie, Charlotte de Pompadour, dont il eut trois fils : Adrien-Blaise, qui épousa la princesse des Ursins, et mourut sans enfants ; Pierre, mort jeune également, et Jean de Talleyrand, qui continua la maison.
2. Le patriarche Philarète, père du Tsar Michel Feodorovitch.
3. *Histoire de l'Empire de Russie sous Pierre le Grand*, 1re partie, chapitre II.
4. Dans certaines éditions de cet ouvrage de Voltaire, la phrase est ainsi conçue : « Mais jamais ce monarque n'envoya d'ambassadeur à Moscou, et jamais il n'y eut en France de marquis d'Exideuil. » Or il est certain qu'il y eut une terre d'Exideuil, apportée par un mariage avec Françoise de Montluc dans la maison de Talleyrand, et Charles de Talleyrand, dont il s'agit ici, porta, entre ses autres titres, celui de marquis d'Exideuil.
5. *Ibidem*, préface.

se joignit avec lui pour aller voir la Perse; et, s'étant brouillé en chemin avec son compagnon, Roussel le calomnia auprès du patriarche de Moscou : on l'envoya en effet en Sibérie ; il trouva le moyen d'avertir sa famille ; et, au bout de trois ans, le secrétaire d'État, M. des Noyers, obtint sa liberté de la cour de Moscou.

Voilà le fait mis au jour : il n'est digne d'entrer dans l'histoire qu'autant qu'il met en garde contre la prodigieuse quantité d'anecdotes de cette espèce, rapportées par les voyageurs.

Entre les contradictions du récit d'Oléarius et les affirmations si précises de Voltaire, il était difficile d'hésiter; si le fait de l'arrestation de Charles de Talleyrand paraissait constant, il n'en était pas de même de son ambassade. D'ailleurs, au lendemain de la mission de Deshayes Courmenin, on ne voyait pas ce qu'un ambassadeur du Roi serait allé faire à Moscou.

La pièce inédite que nous reproduisons ici nous paraît clore ce débat. Si Talleyrand a été chargé d'une mission diplomatique en Moscovie, ce n'était pas pour le compte du Roi de France, mais pour celui de Bethlen-Gabor, prince de Transylvanie.

LE ROI LOUIS XIII AU TSAR MICHEL. — 3 MARS 1635[1]

Très haut, très excellent, très puissant et très magnanime prince, notre très cher et bon ami, le grand seigneur, empereur et grand-duc Michel Federowitz, souverain seigneur et conservateur de toute la Russie, de Woldimir, de Moscou et de Novogrod, etc.

Nous avons appris par les parents du sieur de Tallerans, marquis d'Exideuil, notre sujet, qu'icelui marquis étant arrivé à Moscou au mois de mai 1630 de la part du défunt prince Bethlemgabor[2] pour traiter quelque union entre Votre Magnipotence et ledit prince, ledit marquis auroit été accusé par un nommé Roussel, qu'il se servoit du prétexte d'ambassadeur pour entrer dans les pays de Votre Magnipotence, à dessein seulement de reconnoître vos ports, passages et forces, pour après en avertir le roi de Pologne, et qu'en conséquence de cette accusation à laquelle ledit Roussel se porte pour se venger de la haine qu'il s'engendra entre eux deux, ledit marquis auroit été envoyé en une de vos villes, où il est encore gardé, nonobstant que dans les papiers qui furent visités il ne se soit rien trouvé pour le convaincre du fait susdit. Et d'autant que le dit marquis d'Exideuil appartient à personnes qui tiennent grand rang en notre royaume et que ses prédécesseurs nous ont rendu de signalés services, et qu'outre ces considérations nous nous sentons obligés de protéger nos sujets, principalement ceux qui sont élevés par-dessus le commun, nous avons bien voulu écrire cette lettre à Votre Magnipotence pour la prier

---

1. *A. E. Russie, Supplément*, t. Ier, pièce n° 3.

2. Betlen-Gabor ou Gabriel Bethlen, né vers 1580, devint prince de Transylvanie en 1613, après avoir chassé, avec l'aide des Turcs, Gabriel Bathory, prince élu de ce pays.

Il fit alliance avec les Tchèques, prit Presbourg, se proclama roi de Hongrie, puis traita avec l'Empereur, qui lui laissa sept comitats et deux principautés. Il fit d'autres guerres contre les Autrichiens, protégea les lettres, fonda l'Académie de Weissenburg ou Karlsburg, et mourut en 1629.

comme nous faisons, de commander que ledit marquis soit promptement mis en liberté, et qu'il lui soit permis d'aller où bon lui semblera.

Ses parents envoient exprès par delà ce gentilhomme[1], lequel étant bien instruit des particularités de cette affaire, en pourra plus amplement informer Votre Magnipotence, si besoin est, et l'assurera qu'encore que notre demande soit bien juste, nous ne laisserons de recevoir à grand plaisir l'effet que nous en désirons, et que nous espérons de la justice de Votre Magnipotence et de son amitié envers nous.

Sur ce, nous prions Dieu qu'il vous ait, très haut, très excellent, très puissant et très magnanime prince, notre très cher et bon ami, en sa sainte garde.

Écrit à Fontainebleau le 3e jour de mars 1635.

Votre bon ami

Signé : Louis.

Et plus bas :

Bouthillier.

IX

MISSION DU CAPITAINE BONNEFOY (1630-1631)

Le capitaine Bertrand Bonnefoy, muni d'une lettre de Louis XIII du 6 décembre 1630, se rendit en Moscovie dans le dessein d'acheter des grains pour la subsistance des troupes du Roi en Italie et de quelques provinces de France qui souffraient de la disette.

LE ROI LOUIS XIII AU TSAR. — 6 DÉCEMBRE 1630[2]

Très haut, très excellent, très puissant et très magnanime prince, le grand seigneur, empereur et grand-duc Michel Fœdorowitz, souverain seigneur et conservateur de toute la Russie, de Woldimir, de Moscow et Novogrod, etc.

Le désir que nous avons de voir le commerce s'augmenter et s'établir entre nos sujets et les vôtres, pour donner par ce moyen des bons et solides fondements à l'amitié que nous voulons avoir perpétuelle avec Votre Magnipotence, nous donne occasion d'envoyer le capitaine Bonnefoy en pays de votre obéissance pour en tirer une bonne quantité de seigle et même jusqu'à cinq ou six mille lasts[3]; il peut les apporter en notre royaume pour servir à la nourriture tant de nos sujets qui ont disette des grains en quel-

---

1. Nous ignorons quel était le gentilhomme envoyé par la famille de Talleyrand et muni de cette lettre de recommandation du Roi.
2. A. E. Russie, Supplément, t. Ier, pièce n° 9.
3. Mesure russe, représentant 12 tchetverts, ou un peu plus de 25 hectolitres.

ques-unes de nos provinces que des grandes puissantes armées que nous avons sur pied pour la défense et le soutien de la liberté publique et particulièrement des princes d'Italie que les ennemis communs du repos de la chrétienté se sont efforcés jusqu'ici d'opprimer, en sorte qu'ils eussent succombé sans notre protection. Et afin que Votre Magnipotence soit informée de notre intention et du bon usage auquel les seigles qui viendront de vos États sont destinés, nous lui avons bien voulu faire cette lettre pour ledit Bonnefoy, la priant de lui faire accorder toutes les permissions nécessaires pour prendre en payant, en tel endroit de vos pays qu'il lui sera loisible, la dite quantité de cinq ou six mille lasts de seigle et les transporter en notre royaume sans aucun empêchement et difficulté : en quoi nous assurons Votre Magnificence qu'elle fera non seulement chose utile au public, mais aussi que nous aurons un singulier plaisir et dont nous serons toujours prêts de nous revanger en pareille occasion. Priant sur ce Dieu, très haut, très excellent, etc., etc., de vous avoir en sa sainte et digne garde...

Écrit à Saint-Germain-en-Laye le 6e jour de décembre 1630.

Votre très cher ami

Louis.

Le Tsar Michel Feodorovitch, ayant pris des engagements de fourniture avec l'Angleterre, le Danemark, la Suède et la Hollande, ne put rien accorder, mais fit des promesses pour l'année suivante.

En 1631, Bonnefoy, avec une lettre royale du 30 décembre, retourna en Russie pour le même objet :

LE ROI LOUIS XIII AU TSAR. — 26 DÉCEMBRE 1631[1]

Très haut, très excellent, etc.

Le capitaine Bertrand Bonnefoy, que nous avons ci-devant envoyé par delà pour acheter jusqu'à six mille lasts de blé et icelui faire transporter en notre royaume, pour servir à la nourriture des sujets de quelques-unes de nos provinces et des puissantes armées que nous avions sur pied, nous a rapporté la lettre que Votre Magnipotence nous a écrite, par laquelle nous avons appris qu'à cause de la quantité de blés que les rois d'Angleterre, de Danemark et de Suède, ensemble les sieurs des États-Généraux des Provinces-Unies des Pays-Bas et le prince d'Orange, ont fait sortir de vos États la présente année, et à cause aussi que les grains de cette même année n'étoient assez mûrs lorsque ledit capitaine Bonnefoy y arriva, Votre Magnipotence n'a pu consentir qu'il y ait acheté lesdits blés ladite présente année, mais qu'elle permettra la prochaine à ceux que nous pourrons envoyer en vos seigneuries en Archangel d'y acheter, des marchés de Votre Magnipotence, cinquante mille cheptiers[2] de seigle aux prix qu'elle a commandé de donner aux gens des autres rois et potentats. En quoi et en la favorable expédition que Votre Magnipotence a donné audit capitaine Bonnefoy, elle nous témoigne bien particulièrement sa bonne et sincère affection, dont nous avons beaucoup de ressentiment, l'assurant que nous ne saurions recevoir plus de plaisir que d'avoir occasion d'y correspondre, par l'effet de notre royale amitié, en

1. A. E. Russie, Supplément, t. Ier, pièce n° 11.
2. Cheptiers ou septiers.

chose qui soit de votre contentement. Et d'autant que les mêmes raisons qui nous avoient donné sujet d'envoyer ledit capitaine Bonnefoy en vos États subsistent encore, après avoir remercié, comme nous faisons de très bon cœur, Votre Magnipotence de la franchise qu'elle nous a témoignée en accordant ladite permission de l'achat et sortie desdits cinquante mille cheptiers de seigle pour l'année prochaine, nous la prions de vouloir étendre ladite permission pour six années consécutives, afin qu'il puisse être acheté, tiré de vos empires, en chacune desdites six années, pareille quantité de cinquante mille septiers, tant en seigle qu'en froment, orge et autres grains, par la personne à qui nous en donnerons la charge, comme aussi de consentir que l'achat d'iceux se fasse des particuliers habitants, vos sujets, et en tels lieux de vos empires où il sera jugé plus convenable. Et si Votre Magnipotence désire faire ladite fourniture par ses marchands et officiers, que ce soit au même prix et conditions qu'elle le donne aux rois d'Angleterre, de Danemark et de Suède. Nous nous promettons tant de l'amitié de Votre Magnipotence que nous voulons croire qu'elle accordera la prière que nous lui faisons : ce que nous recevrons pour une nouvelle preuve de son amitié envers nous, de laquelle Votre Magnipotence sera assurée que nous revangerons en toutes les occasions qui se présenteront.

Sur ce, etc.

Écrit à Metz le 26° jour de décembre 1631.

Votre très cher ami

Signé : Louis.

Et plus bas :

Bouthillier.

C'est ainsi que les armées mises sur pied par Richelieu furent peut-être nourries des grains de la Moscovie. La Russie apparaît dès lors comme un des greniers du monde.

II

M. DESMINIÈRES

PREMIER ENVOYÉ DE FRANCE EN RUSSIE APRÈS 1648

1657-1658

Louis XIV a succédé à Louis XIII (mai 1643) et Alexis Mikhaïlovitch à Michel (1645). L'année 1648 vit à la fois, en Occident, la fin de la guerre de Trente ans, et, dans l'Europe orientale, la révolte des Kosaks de l'Ukraine contre la Pologne, révolte qui allait appeler l'intervention de la Russie et engager celle-ci dans la première guerre du Nord (1654-1667),

L'année 1648 vit aussi la Russie mentionnée, pour la première fois, dans un congrès européen.

Au traité d'Osnabrück, du 24 octobre 1648, qui rétablit la paix entre la Suède et l'Empire, les représentants de la reine Christine firent comprendre dans la pacification générale, parmi ses alliés et adhérents, le « grand-duc de Moscovie »[1].

Mais, ainsi que le remarque Flassan, « quels étaient, en droit public, la valeur et l'effet de la mention de ces puissances, c'est ce qu'on n'a pas exactement déterminé[2] ».

Le Roi de France, libre du côté de l'Allemagne, n'avait plus à lutter que contre les rebelles de la Fronde et contre le roi d'Espagne; d'autre part, en 1654, le Tsar Alexis[3] commençait avec la Pologne une guerre de treize ans pour la domination de l'Ukraine.

---

1. Art. XVII, § 9. — Dumont, *Corps diplomatique*, t. VI, p. 489, col. 1.
2. Flassan, *Histoire générale et raisonnée de la diplomatie française*, t. III, p. 177.
3. Sur la Russie d'Alexis, consulter Meyerberg, ambassadeur impérial à Moscou, *Iter in Moscoviam* (1661), publié, sous le titre de *Relation d'un voyage en Moscovie*, dans la *Bibliothèque russe et polonaise* (1858).

Il était intéressant pour lui de savoir quelles étaient, au juste, les relations de ce Roi de France, dont le renom était déjà si grand en Europe, avec les ennemis de la Russie. Il paraît qu'on avait dit au Tsar que le Roi avait marié sa sœur au roi de Pologne Jean-Casimir : or Louis XIV n'eut jamais de sœur, et la femme de Jean-Casimir était simplement Marie-Louise de Gonzague, fille du duc de Mantoue. Cependant ce fut le motif principal d'une nouvelle ambassade russe en France, celle du prince Constantin Gérassimovitch Matchékhine, accompagné du *diak* André Karpovitch Bogdanof, d'un interprète et de plusieurs serfs faisant office de laquais. L'ambassadeur, ou plus exactement l'envoyé, ou même le courrier (*gonets*[1]), était chargé de remettre au Roi des livres rédigés en polonais, plus une lettre du Tsar, qui prétendait expliquer l'origine de la lutte entre les deux grandes nations slaves. Nous reproduisons cette lettre, datée du 29 novembre 1653 (ancien style), parce que ce document est inédit[2]; mais nous ne le reproduisons qu'en partie, parce qu'il est plein de redites : la question des noms et titres du Tsar, diminués et « mescripts » par les Polonais, y tient une place énorme ; celle des violations de frontières y est mentionnée en quelques lignes ; la vraie cause de la guerre, la question des affaires d'Ukraine, n'y est même pas indiquée.

Après avoir parlé des conventions faites à la « Paix perpétuelle » de 1618, la lettre du Tsar continue en ces termes :

Ce même accord-là, du costé de Nostre Majesté, tout par tout a esté gardé saintement et inviolablement, mais du costé de Sa Majesté Vladislau IVme, a il esté violé...

On a mal mis et mescript nos noms et tiltres : à sçavoir, à nostre père d'heureuse mémoire, le grand seigneur Tsar et grand-duc Michael Fedrowitsch, de toute la Russie seul maintenadeur, ont ils changé son nom, et au lieu de Michael Fedrowitsch, mis Michael Filaretowitch ; et ailleur, Fédor Michailowistch ; et, au lieu de seul maintenadeur, mis lieutenant ; et dans plusieurs autres lettres, ont ils du tout oublié le tiltre « de toute la Russie seul maintenadeur » ; et, oultre cela, en beaucoup d'endroits,

---

1. C'est ce même titre de *gonets* que porte Feodor Feodorovitch Porochine, envoyé la même année, avec une mission analogue, au Grand Électeur. Voy. *Rousskaïa Starina*, t. XXXII, pp. 910-915.

2. Manuscrit n° 20161, fonds français, de la Bibliothèque nationale, fol. 324 et suiv.— Il en existe aussi une copie dans *A. E. Russie, Supplément*, t. Ier, pièce n° 13.

Ce manuscrit est intitulé « *translat*, du russe en françois, de la lettre de très illustre et très puissant grand seigneur Tzar et grand-duc Alexis Michailowitsch, de toute la Russie seul mainteneur ».

La suscription porte : « Au très illustre et très puissant prince Louis XIV de Bourbon, Roy de France et de Navarre, etc. ».

Le manuscrit porte les deux mentions suivantes, dont la première indique une date évidemment fausse : « Lettre apportée par un Moscovite au Roy, l'an 1655, au commencement de l'année. »

Plus loin, en regard du nom de *Matziechnin* cette mention : « envoyé du grand-duc de Moscovie au Roy, 1654. »

amoindry ses tiltres; et après, dans nos titres, ont ils changé nostre nom; et, au lieu de Alexei Michailowitsch, mis Alexander Michailowitsch. A l'encontre ont ils aggrandy et augmenté les tiltres ordinaires du roy de Poulogne de nos tiltres et l'ont ils nommé Tzar de plusieurs autres seigneuries seigneur et souverain : ce qui du tout est contraire à l'accord de la Paix perpétuelle...

Le Tsar explique ensuite que son père et lui ont envoyé à plusieurs reprises des ambassadeurs :

... Lesquels estants là en conférence avec les sénateurs[1], entre autres, aussy ont parlé de cela et demandé que ceux qui avoient déshonnoré, amoindry et mescript nostre nom et nos tiltres soient punis et exécutez; mais tout cela en vain, sans en avoir reçu aucune satisfaction du monde...

Depuis l'avènement de Jean-Casimir,

... Non seulement les précédents différents [ne sont pas vuidés ny liquidés, ains tout a commencé d'aller de pire en pire. Car, par commendement de Sa Majesté et permission des sénateurs du royaume, en plusieurs villes, tant en latin qu'en polonois, a on imprimé des livres dans lesquels, tant de nostre père (d') heureuse mémoire, le grand seigneur Tzar et grand-duc Michael Federowitsch, de toute la Russie seul maintenadeur, que de nostre grand-père (d') heureuse mémoire, le grand seigneur et saint patriarche Filareth Nikitewitsch de Moscovie et de toute la Russie, et même de nous grand seigneur... sont contenues toutes sortes de mauvaiseté, vilannie, déshonneur, blasmes et injures : ce que non seulement à nous grand seigneur, comme à un potentat oingt de Dieu, ains à chacun homme de la plus basse condition du monde, ne seroit pas possible d'endurer ny souffrir, honte grandissime d'y songer seulement. Car nul part dans d'autres pays et contrées, encores qu'avec elles on n'aye aucune paix ou alliance, il ne s'est trouvé chose semblable, et encor que, dans ledit accord entre nous, est fait un chapitre à part touchant les tiltres, pour éviter et prévenir tout répandement de sang, et pour conserver toute bonne intelligence et amitié fraternelle... si est ce qu'on a aggrandi et augmenté le nom et les tiltres de Sa Majesté de Pologne Vladislau, de glorieuse mémoire, frère du roy à présent, de beaucoup plus qu'il convient à luy selon ledit accord, en l'appelant l'esleu[2] grand-duc de Moscovie...

De même le roi a pu, dans ses lettres royalles, lesquelles, dans l'an 1649, il nous envoya par son courrier Jean Mlotskoy, touchant l'admetissement de son élection à la couronne de Pologne et du grand-duché de Lithuanie, a il donné à Sa Majesté son frère, (de) glorieuse mémoire, les très illustre grand seigneur Vladislau, roy de Pologne, de loüanges trop hautes et à Dieu mesme desplaisantes, et effroyables à l'homme mortel d'y penser seulement : comme quoy que Sa Majesté ayt esté une grande lumière, et après avoir de son esclat esclairé le monde, soit monté au-dessus des demeures des tabernacles célestes à la gloire éternelle : lesquelles loüanges n'appartiennent pas à aucun homme mortel, d'autant que la lumière des lumières, le soleil de la justice, Jésus-Christ, notre Seigneur Dieu, seul éclaire tout le monde...

1. Les sénateurs polonais.
2. Vladislas IV, depuis roi de Pologne, avait été, en effet, élu Tsar de Russie par un parti de mécontents, avant l'élection de Michel Romanof.

A la suite de nouvelles ambassades et réclamations, en 1650, le roi de Pologne

... A donné ordre aux sénateurs de passer un escript soubs leurs mains et cachets à nos grands ambassadeurs, du contenu que tous les accusez malignants dont nos grands ambassadeurs avoient livrez les noms par escript devoient être appellez et citez à la première assemblée, et jugez selon la constitution du royaume de l'an 1637, et exécutez un chacun selon la faute, et cela à la veüe de nos ambassadeurs ou envoyez, lesquels de nostre costé à ladite assemblée seroient despechés avec les lettres mescriptes. Dedans ladite constitution est imprimé que ceux-là qui diminueront ou changeront notre nom ou nos titres devoient estre condamnez, *pœna perduellionis*, laquelle loy, *pœna perduellionis*, veut que les condamnez soient punis jusques à la mort et leurs biens consfiquez...

Ces méfaits n'en ont pas moins continué; cependant le Tsar a été invité à dépêcher ses ambassadeurs à la diète de 1652...

... Si est ce que Sa Majesté et les sénateurs, ensemble avec les autres Estats du royaume, à ladicte assemblée, encore que nos ambassadeurs y furent présens, sur les accusez malignants n'ont fait aucune justice ni exécution, et, qui plus est, pas un d'eux tous est comparu devant la justice en personne propre, mais ont suborné et loué en leurs places des meschants procureurs avec des excuses, Dieu sait quelles : de sorte que nos ambassadeurs sans aucune satisfaction ont estez renvoyez.

Peu après le roi de Pologne a envoyé deux ambassadeurs,

... Avec un décret ou sentence de ladicte assemblée prononcée sur les accusez, dans lequel décret, de 400 personnes accusez, on n'avoit pas condamné plus que douze personnes, gens de non grande qualité et de basse condition. Mais les autres qui avoient commis de plus grandes fautes, sénateurs et enfants des sénateurs, encore qu'ils estoient présens, parce qu'ils estoient de meilleure maison et de plus grande qualité, a on du tout absous de leurs crimes : honte d'en faire compte seulement, car de ces douze personnes qui estoient condamnez ledict décret parloit si obscurément qu'on ne pouvoit pas apercevoir seulement s'ils estoient vivans ou morts...

Outre cela, Sa Majesté royale, peu faisant l'accord de la Paix perpétuelle et les serments là-dessus faicts, s'est amusé à pratiquer de mauvaises entreprises avec le chan de Crim en Tartarie[1] par leurs ambassadeurs réciproques, par affin que de leurs forces jointes assaillir et ruiner nos pays et principautés. Et du costé de Sa Majesté, aux frontières, quelquefois sont passées des choses d'assez grande hostilité, en tant que les habitants de Pologne et de la Lituanie, passant les frontières, font des excursions, ruinans les terres et les biens de nos gentilshommes, pillent et volent leurs gens et paysans, les affligeant de toute sorte de tourmens et de tortures et les amenants par force avec eux au delà des frontières, leur font tous les maux du monde. Encore que là-dessus nos woywodes[2] m'escrivent et me demandent justice et raison, toutefois les ministres et officiers de Sa Majesté de Pologne n'en donnent aucune satisfaction ny contentement.

C'est pourquoy, voyans telles fascheries et injures du costé de Sa Ma-

1. Le khan de Crimée.
2. *Voiévodes*, gouverneurs de provinces.

jesté et considérants les déshonneurs, despects, blasmes et affronts faits, tant à Sa Majesté notre père (d') heureuse mémoire, etc... et à notre grand-père (d') heureuse mémoire, etc... qu'aussy à nous grand seigneur Tzar, etc.., et examinants la mainte transgression et foulement de l'accord de la Paix perpétuelle, il nous est impossible d'endurer et de souffrir tels outrages davantage, et pour certification et tesmoignage de ce que dessus dit est, nous envoyons les livres mesmes dans lesquels toutes ces vilanies sont escriptes, à Votre Majesté Royale, la priant qu'à elle plaise de lire cette nostre lettre et à sa bonne commodité examiner ces livres imprimez en polonois par ordre et privilège du roy, et d'en juger après s'il est raisonnable que les princes chrestiens, estant entre eux establie une Paix perpétuelle, facent comme cela l'un à l'autre.

Nous mandons à Votre Majesté Royale cette lettre par nostre coureur exprez Constantin Matziechnin, priant qu'il plaise à Votre Majesté de le renvoyer à nous le plus tôt qu'il sera possible.

Fait à la cour de nostre grande ville de Moscovie le 29ᵉ jour de novembre, l'an du monde 7762, et de la naissance de nostre Sauveur J.-C. l'an 1653.

Constantin Matchékhine arriva d'abord en Hollande, d'où notre envoyé, M. Chanut, donna avis de sa destination, déclarant qu'il n'y avait aucun doute sur l'authenticité de l'ambassade. En même temps, M. de Brienne [1] recevait la visite d'un inconnu, Jean Witlef Wilner, né de parents flamands en Moscovie, qui se donna pour l'interprète de la mission [2]. Personne alors, semble-t-il, ne savait le russe à Paris. Un certain Frisse, ancien banquier, savait le flamand; on l'aboucha avec Wilner. C'était donc par une double traduction, d'abord en flamand, puis en français, que les paroles russes de l'ambassadeur devait arriver aux oreilles du Roi et de ses ministres.

L'envoyé moscovite, avec sa suite, débarqua au Havre et demanda à être défrayé de son voyage aux frais du Trésor. On lui répondit qu'on ne pouvait le défrayer qu'à partir de Saint-Denis. Il descendit dans cette ville, à l'auberge de l'*Épée Royale*. De grandes conférences eurent lieu entre le Roi, la Reine-mère et Mazarin pour savoir ce qu'on pourrait dépenser pour l'ambassadeur : Servien refusa obstinément de donner plus de 2 400 livres. L'introducteur des ambassadeurs, Berlise-Faure, se rendit alors à Saint-Denis avec les carrosses du Roi, y prit Matchékhine, et le cortège fit son entrée à Paris. L'ébahissement des Parisiens fut grand à l'aspect du riche costume de l'ambassadeur et des laquais en robe verte, juchés derrière les carrosses ou marchant aux portières. On trouva que tous ces gens ressemblaient à des Turcs. L'introducteur déposa les Russes dans un hôtel garni de la rue Dauphine, où ils devaient être logés et nourris aux frais du Roi.

La première audience présenta les difficultés ordinaires : on avait

1. Henri-Auguste de Loménie, comte de Brienne, ministre des affaires étrangères de 1643 à 1663, mort en 1666.
2. C'est le 25 octobre que Brienne l'adressa à Berlise.

voulu mener l'ambassadeur d'abord chez la Reine-mère et chez Brienne. Il refusa obstinément, voulant d'abord parler au Roi, et l'on dut céder. Le jeune Roi le reçut, le 9 novembre 1654, avec les cérémonies ordinaires.

A l'audience qu'Anne d'Autriche accorda ensuite à Matchékhine, comme le lecteur français s'embrouillait dans la kyrielle des titres tsariens, l'ambassadeur se fâcha.

Les Russes témoignèrent fort peu de curiosité pour voir Paris [1]. Ils restaient enfermés dans leur hôtel, passant la journée à boire, à s'enivrer, à donner les étrivières à leurs gens [2], parfois à se battre entre eux. Un jour même que l'ambassadeur et le *diak* se gourmaient plus fort qu'à l'ordinaire, ils firent un tel tapage que les Suisses du piquet d'honneur se virent forcés de monter : ils parvinrent à réconcilier les deux dignitaires, qui alors se remirent à boire et gardèrent les Suisses jusqu'à minuit à en faire autant. Comme l'ambassade ne se pressait pas de partir, on lui fit savoir, sans plus de façon, qu'on ne la retenait plus. Le prince moscovite se fâcha encore quand on voulut lui faire remettre par un secrétaire la réponse du Roi à la lettre du Tsar, disant que « son maître lui ferait couper la teste » s'il recevait la lettre du Roi d'autres mains que des mains royales. Il fallut encore céder et lui accorder une audience de congé. Quand il fut question des présents à lui remettre, Servien se montra de nouveau fort serré. Il n'accorda qu'une chaîne d'or à l'ambassadeur, cent écus au *diak* et à Wilner, deux cents à Frisse. Même il se commit une nouvelle lésinerie, car de la chaîne d'or, qui devait valoir 3600 livres, Servien retira plusieurs des chaînons pour une valeur de 600 livres, afin de payer là-dessus les frais de départ de l'ambassade [3].

---

1. Ils semblent avoir été dénués de toute curiosité, et presque illettrés : « Ils sont si peu instruits des affaires étrangères, qu'ils ne connoissent la parenté d'aucun prince, ni même leurs plus proches voisins, et le prince ne veut qu'ils apprennent à lire ni à écrire...
« L'ambassadeur ne me put jamais dire de quelle maison étoit la femme ni la mère du grand-duc; ils ne savent quasi pas écrire pour la plupart. » Berlise-Faure.

2. « Et il ne se passoit guère de jour qu'il (l'ambassadeur) ne battît quelqu'un des siens, jusqu'à leur faire porter des marques très dangereuses, ne se souciant pas de tuer ou d'estropier. » Berlise-Faure.

3. Bernard Depping a raconté cette ambassade dans la *Revue de Paris*, 1er juillet 1853. — Il aurait emprunté ces détails à la Relation de l'introducteur des ambassadeurs, un manuscrit de la Bibliothèque nationale, qui se trouverait « au nombre des papiers provenant du cabinet de Colbert »; mais il n'a pas donné le numéro de ce manuscrit. En réalité, c'est le volume 476 (fol. 268 et suiv.) de la collection Godefroy, à la Bibliothèque de l'Institut. L'introducteur, dont Depping n'a pas donné le nom, est Berlise-Faure. Dans ce document, l'envoyé est désigné sous le nom de Constantin Garasimoff Matscharhnen, tandis que Depping avait jugé bon de le désigner ainsi : « Constantin Garesnott Metchorski, de la famille des anciens princes du peuple Metcheriak. »

Solovief, *Istoria Rossii*, t. X, p. 308, donne à l'envoyé russe le nom de Mat-

Cette nouvelle mission s'était bornée à un échange de lettres, à la remise de documents polonais et à des compliments.

Dans sa réponse au Tsar, Louis XIV exprimait le déplaisir que lui causait cette guerre contre son allié le roi de Pologne et se déclarait prêt à offrir sa médiation si elle était acceptée par les deux belligérants.

LE ROI AU GRAND-DUC DE MOSCOVIE

Paris, 29 novembre 1654 [1].

Très haut, très excellent, et très puissant seigneur, etc., la lettre que Votre Majesté nous a écrite en date du 29 novembre de l'année passée, qui nous a été rendue par un de vos courriers, nous a fait savoir les raisons qui vous avoient convié à prendre les armes contre le très haut, très excellent et très puissant prince, très cher et très ami bon frère et cousin, le roi de Pologne et de Suède, grand-duc de Lithuanie et de Finlande [2], et la résolution à laquelle vous êtes de tirer réparation par la force de vos armes des torts qui vous avoient été faits par ce roi. Il passera aisément en l'esprit de Votre Majesté combien ce que vous avez entrepris nous a déplu, puisque elle sait quel est notre rang entre les empereurs, rois et monarques chrétiens, et quelles ont été les guerres que nos prédécesseurs de glorieuse mémoire ont heureusement achevées pour étendre le royaume de Jésus-Christ Notre-Seigneur, la seconde personne de la très sainte Trinité que nous adorons, lequel, pour l'expiation de nos fautes et de tous les hommes, ayant répandu son précieux sang sur l'arbre de la croix, ne peut voir que ceux qui en ont été rachetés se procurent du mal, sans en être blessé, et qui nous ayant donné la paix et exhorté à l'embrasser, montant au ciel au jour de sa glorieuse ascension, a obligé ceux qui sont sa vive image en terre de faire toutes sortes de diligences pour prévenir les maux qui naissent d'une guerre. Ces choses étant bien connues à Votre Majesté, elle ne sera point surprise si nous l'exhortons de donner ses sentiments au bien public et d'être toujours enclin à entendre à vos justes accommodements, s'il peut être désiré ou consenti par le roi de Pologne, que de notre part nous connaissons aussi d'y être disposé. Si vous êtes pour déférer à nos prières et si Votre Majesté et ce grand roi avoient notre médiation agréable et que nous fussions recherché, et de vous et de lui, de nous entremettre de votre accommodement, nous y applquerions nos soins, avec tant de zèle pour votre commun bien que nous aurions lieu d'espérer qu'ils réussiroient, à la gloire de Dieu tout-puissant,

---

chékhine, et ne lui accorde, avec raison, que le titre de courrier (*gonets*). C'est aussi le titre que lui donne Louis XIV dans sa réponse au Tsar. La lettre du Tsar, citée plus haut (traduction en français de l'époque), le traite également de *courrier* et l'appelle Matzicchnin. — La *Gazette de France*, n° 143, année 1654, 1er novembre, l'appelle « Constantin Garassimoch Mazugnen ». Voyez aussi les n°s 148 et 158 de ce journal.

1. *A. E. Russie, Supplément*, t. I er, pièce n° 15. — Cette lettre se trouve aussi dans le manuscrit n° 20 161, fonds français, de la Bibliothèque nationale, fol. 329-330.

2. Jean-Casimir, roi de Pologne, disputa un moment la couronne de Suède à Charles-Gustave (Charles X), la revendiquant pour la maison de Wasa, dont il était. — C'est le 6 juin 1654 que Charles-Gustave devint roi de Suède par l'abdication de Christine et la désignation qu'elle fit de lui pour son successeur. Remarquons que Louis XIV continue à donner au roi de Pologne le titre de roi de Suède et grand-duc de Finlande. — Voyez SALVANDY, *Histoire de Sobieski*, liv. III.

créateur du ciel et de la terre, duquel nous tenons cette puissante monarchie et de sa libérale bonté toutes les victoires que nous avons remportées sur nos ennemis, dont le nombre sera sans doute parvenu jusqu'à vous.

Prosterné devant la divine Majesté, nous lui demandons qu'elle vous ait, très haut, très excellent et très puissant seigneur, en sa sainte et digne garde.

Bientôt la guerre avec la Pologne se compliqua pour la Russie d'une guerre avec la Suède; le roi Charles X, après avoir attaqué d'abord la Pologne, s'était trouvé aux prises avec le Tsar pour le partage des dépouilles. Celui-ci avait conclu aussitôt un accommodement avec la Pologne, et commencé la guerre contre les Suédois, envahi la Livonie et assiégé Riga (1656). Une attaque des Russes contre la Suède « déplaisait » encore plus à Louis XIV que leurs attaques contre la Pologne. Elle dérangeait encore plus son système politique dans le Nord[1]. Il écrivit donc au Tsar une nouvelle lettre et lui proposa encore, pour cette nouvelle guerre, sa médiation :

LE ROI AU GRAND-DUC DE MOSCOVIE

6 juillet 1657[2].

Il nous sera sans doute aisé de persuader Votre Majesté, puisqu'elle professe notre sainte créance, qu'il est du devoir de tout roi, empereur et monarque chrétien de s'entremettre pour empêcher que le sang humain ne soit répandu, et qu'à cette première obligation se joignant encore celle à laquelle engagent les alliances que nous avons avec les parties, rendroient un prince sans excuse devant la majesté de Dieu et en la pensée des hommes, s'il avoit négligé de faire passer les offres qui lui paroissent justes pour détourner un grand mal. Ces fondements posés, dont Votre Majesté ne peut disconvenir, puisqu'ils sont conformes à la raison que Dieu donne aux rois pour conduire leurs sujets, et pour aider le bien et empêcher le mal que pourroit causer la ruine des peuples qui adorent son nom, elle recevra agréablement la prière que l'un de nos gentilshommes lui fera de notre part de vouloir donner son intérêt et ses ressentiments pour le bien général, [avec pouvoir] à quelques-uns de ses ministres pour ajuster et terminer les différends que Votre Majesté peut avoir avec très haut, très excellent et très puissant prince, notre très cher et très ami bon frère, cousin et allié Charles-Gustave, roi de Suède, auquel ayant fait pareille prière il sera pour y condescendre. En effet, si Votre Majesté considère combien la paix est utile entre les nations que vous commandez, l'avantage qu'en recevront vos sujets, et le bien qu'elle avancera en divers lieux, et que plusieurs nations chrétiennes souffrent de la cruelle guerre que vous vous faites, laissant vaincre vos courages à vous-mêmes qui ne le pourroient être par d'autres, vous donnerez des preuves de vos magnanimités et ferez avouer à tout le monde que les peuples sont heureux qui sont sous la puissance de si grands monarques qui donnent leurs ressentiments particuliers pour la félicité de leurs sujets. Que si pour avancer une œuvre si sainte, et qui seroit très agréable au Tout-Puissant, notre médiation étoit nécessaire, et que Votre Majesté et le roi de Suède l'eussent agréable et

---

1. A. GEFFROY, *Instructions*, etc., *Suède*, pp. XLVII et 8 et suiv.
2. *A. E. Russie, Supplément*, t. Ier, pièce n° 16.

nous le fissent connoître, nous nous y emploierons avec toute l'industrie, l'application et le soin qu'une affaire si importante requerroit. Il ne nous reste donc plus, après nous être en quelque sorte offert à ce dont nous devions attendre d'être recherchés et de vous et du roi de Suède, que de prier Votre Majesté de donner entière créance au gentilhomme qui lui rendra cette lettre, et de demeurer persuadée que, pour la durée de ses jours, pour la prospérité de ses armes, et pour l'agrandissement de son empire, nous ne cesserons de faire des vœux au Créateur du ciel et de la terre, au Roi des monarques, au Dieu de paix, à ce qu'il vous comble, très haut, très excellent et très puissant, et très magnanime prince, le grand seigneur, empereur et grand-duc, de ses saintes grâces et bénédictions.

Louis XIV annonçait dans cette lettre l'envoi d'un de ses « gentilshommes ». Son choix tomba sur M. Desminières, qui portait, en effet, le titre de gentilhomme ordinaire de la chambre. Il l'accrédita auprès du Tsar par la lettre suivante :

LE ROI AU GRAND-DUC DE MOSCOVIE

20 novembre 1657 [1].

Très haut, très excellent, très puissant, le grand seigneur Czar et grand-duc...

Nous ne pouvons désavouer que nous n'ayons vivement ressenti la mort de très haut, très excellent, très puissant le grand seigneur Czar et grand-duc auquel vous avez succédé [2], car outre que les belles et grandes qualités qu'il possédoit nous y convient, nous y sommes encore obligé par une considération plus pressante, puisqu'ayant reconnu en lui une inclination très sincère pour avancer le bien, il ne se peut que nous n'ayons eu beaucoup de regret de sa perte. Nous pouvons dire néanmoins qu'elle se trouve adoucie par la nouvelle, que nous avons eue en même temps, que Votre Majesté a été élevée sur le trône, dont la vertu a si fort éclaté dans la chrétienté que nous avons sujet de demeurer persuadés qu'en héritant de sa couronne, elle aura été aussi l'héritière de son courage et de sa magnanimité. Ce sont nos plus véritables sentiments que nous avons, qui vous seront plus particulièrement expliqués par le sieur Desminières, l'un de nos gentilshommes ordinaires ; lequel, vous présentant cette lettre, vous témoignera aussi la passion avec laquelle nous souhaitons que Dieu, qui vous a appelé à cette haute dignité, vous y conserve longues années, et que la paix si nécessaire à la chrétienté se conclue entre Votre Majesté et notre très aimé bon frère, cousin et allié Charles-Gustave, roi de Suède.

Sur quoi il nous sera aisé de vous faire entendre qu'il est du devoir de tous rois, empereurs et monarques chrétiens de s'entremettre pour empêcher que le sang humain ne soit répandu, et qu'à cette première obligation

1. *A. E. Russie, Supplément*, t. Ier, pièce n° 18.
2. Ce compliment arrive bien tard : Michel Feodorovitch, le prédécesseur et le père d'Alexis, était mort en 1645 ! Depuis douze ans ! Et notez qu'on n'a pas songé, dans les deux lettres précédentes, celles de 1654 et de 1657, à déplorer cette mort de Michel. Cela montre combien on était peu au courant chez nous de ce qui se passait en Russie. — On peut s'étonner aussi de la mauvaise rédaction de ces trois lettres. Au reste, les scribes du roi se mettaient peu en frais de style, la troisième lettre n'étant guère que la répétition de la seconde. Il est possible aussi que la seconde n'ait pas été envoyée.

se joignant encore celle à laquelle engagent les alliances qu'on professe avec les parties, rendroient un prince sans excuse devant la majesté de Dieu et en la pensée des hommes, s'il avoit négligé de faire passer les offices qui lui paroissoient justes pour détourner un si grand mal. Ces fondements posés, dont Votre Majesté ne sauroit disconvenir puisqu'ils sont conformes à la raison que Dieu donne aux rois pour conduire leurs sujets et pour aider le bien et empêcher le mal qui pourroit causer la ruine des peuples qui adorent son nom, elle recevra agréablement la prière que le sieur Desminières lui fera de notre part de vouloir donner ses intérêts et ses ressentiments pour le bien général, avec pouvoir à quelques-uns de ses ministres pour ajuster et terminer ses différends que Votre Majesté peut avoir avec ledit roi de Suède, auquel ayant fait faire la même prière, il sera pour y condescendre. En effet, si Vos Majestés considèrent combien la paix est utile entre les nations que vous commandez, l'avantage qu'en recevront vos sujets, et que plusieurs nations chrétiennes souffrent de la mésintelligence qui se passe entre vous, laissant vaincre vos courages et vousmêmes qui ne le pourroient être par d'autres, vous donnerez des preuves de vos magnanimités et ferez avouer à tout le monde que ces peuples sont heureux qui sont sous la puissance de si grands monarques qui donnent leurs ressentiments particuliers pour la félicité de leurs sujets. Que si pour avancer une si sainte œuvre, et qui seroit très agréable au Tout-Puissant, notre médiation étoit nécessaire et que Votre Majesté et le roi de Suède l'eussent agréable et nous le fissent connoître, nous nous y emploierons avec tout l'industrie, l'application et le soin qu'une affaire si importante requerroit.

Il ne nous reste donc, après nous être en quelque sorte offert à ce dont nous devions attendre d'être recherchés de vous et du roi de Suède, que de prier Votre Majesté de donner entière créance audit sieur Desminières, qui lui rendra cette lettre, et de demeurer persuadée que pour la durée de ses jours, pour la prospérité de ses armes et pour l'agrandissement de son empire, nous ne cesserons de faire des vœux au Créateur du ciel et de la terre, au Roi des monarques et au Dieu de paix, à ce qu'il vous comble de saintes bénédictions.

Écrit à Paris le 20 novembre 1657.

Votre très cher ami

Louis.

A la date du 29 juillet 1658, M. Desminières rendait compte en ces termes du début de sa mission :

M. DESMINIÈRES, ENVOYÉ DU ROI PRÈS LE CZAR, A M. DE THOU [1]

Narva, 29 juillet 1658 [2].

Depuis le 8 de ce mois que je me donnai l'honneur d'écrire à Votre Excellence d'ici, j'en ai été absent jusqu'au 24, et sans commodité ni guère de matière de vous donner des nouvelles de ce pays. MM. les ambassadeurs de Suède, qui sont arrivés en cette ville le jour que j'ai marqué à Votre Excellence par ma dernière, et messieurs leurs collègues ayant jugé à propos que je m'avançasse au Derpt [3] et Novogorod, villes qui sont aux Mos-

---

1. Jacques-Augusto de Thou, baron de Meslay, président de la chambre des Enquêtes au Parlement, nommé en 1657 ambassadeur en Hollande.
2. *A. E. Russie, Supplément*, t. Ier, pièce n° 19.
3. Dorpat.

covites, à 36 heures d'ici chacune et la dernière à 80 de Moscou, je l'ai fait : tant pour leur faire voir que j'aimais autant être chez eux que chez les Suédois, que pour avoir réponse plus tôt de leur empereur sur la permission que je lui ai demandée par un exprès de l'aller trouver. Mais les gouverneurs de ces places n'ont pas voulu me recevoir ni souffrir dans leur gouvernement, sans ordre de leur prince. Celui de Derpt, auprès duquel je fus le premier, me fit dire insolemment que j'eusse à sortir promptement de son gouvernement, sinon qu'il me feroit mettre en arrêt; que j'étois bien hardi d'y être entré sans l'en avoir averti; que l'empereur n'avoit pas besoin des offices du Roi mon maistre ni de ceux de Cromwel; que l'un et l'autre avoient assez d'affaires chez eux sans se vouloir mêler de celles d'autrui; que son dit empereur se soucioit fort peu des puissances, de l'amitié ou de la haine de mon Roi, ni de l'alliance qu'il avoit avec le roi de Suède, avec lequel il s'accorderoit bien sans médiateur, étant convenu avec ses ambassadeurs qu'il n'y en auroit point; que je n'avois qu'à m'en retourner en mon pays servir mon Roi en sa chambre. Ce sont ses mêmes mots.

Je lui écrivis et lui fis dire par un trompette que je lui envoyai, avec un autre qu'il m'avoit envoyé et qui me fit cette jolie harangue, que je ferois savoir son insolence à son empereur; que je ne craignois pas, que je ne sortirois point de son gouvernement pour ses menaces et que je ne le croyois pas assez hardi pour les mettre en exécution. Néanmoins un capitaine de cavalerie suédoise qui m'escortoit avec 50 cavaliers et mon truchement, tous deux honnêtes gens, me persuadèrent de m'en aller à Novogorod où je serois mieux reçu. Je suivis leur conseil, après avoir pourtant demeuré deux jours à une heure de Derpt, malgré les instances que ce coquin de gouverneur me fit réitérer par trois fois l'ordre de sortir de son gouvernement, que je lui envoyai demander par écrit, et la réponse qu'il m'avoit fait faire, ce qu'il me refusa. Et au contraire, s'adoucissant, il m'envoya de la bière et un mouton que je ne voulus pas recevoir, et lui mandai par mon trompette que je n'avois que faire de ses présents; qu'au surplus je partois, non pas par la crainte que j'avois de lui, mais pour aller à Novogorod où j'étois assuré d'être mieux reçu, le gouverneur étant plus honnête homme que lui. En effet il m'a écrit et toujours fait parler, durant cinq jours que j'ai été à quatre heures de sa place, fort obligeamment, me priant de retourner à Narves, où il ne manqueroit pas de me faire savoir la réponse de son empereur à qui il avoit dépêché un courrier exprès pour mon sujet. Il m'envoya de l'eau-de-vie, du mède [1], de la bière et des vivres pour moi et toute mon escorte. Ainsi, Monsieur, j'ai été contraint de revenir en cette ville attendre la permission de ce barbare empereur pour aller voir ses clairs yeux [2], car c'est ainsi qu'il la faut demander, ou son refus pour m'en retourner.

C'est présentement à lui qu'il tient que le traité de paix ne soit commencé, ses plénipotentiaires n'étant pas encore arrivés au lieu qu'il se doit faire, qui n'est qu'à une heure d'ici, sur le bord d'une rivière marquée sur la carte de Livonie *Plusa* [3], et en langage de ce pays *Pleheurs*, dans une plaine où les ministres de part et d'autre auront des tentes; mais ceux des Moscovites y feront leur résidence jusqu'à la rupture ou conclusion du traité, et ceux de Suède reviendront tous les soirs en cette ville. Ils ne savent que juger du retardement que ces premiers apportent au traité. Ils ne s'en soucient plus guère et sont présentement en état de ne les plus tant craindre,

---

1. *Med* ou *miod*, hydromel.
2. Expression russe.
3. Le *Plioussa* ou *Pljussa*, affluent de droite de la Narova.

l'armée de Suède qui étoit en Livonie ayant battu depuis peu les Polonois en Lithuanie, où elle est présentement, faisant bonne chère et composée de huit ou neuf mille bons hommes commandés par M. Douglass; et il y en a une autre de quatre mille hommes dans ce voisinage en Finlande, commandée par M. Horn Kankas, et toutes deux, étant jointes comme elles le pourront, seront suffisantes pour attaquer et battre en rase campagne ces formidables armées de Moscovites, dont l'une est aux environs de Novogorod, que j'ai vu marcher et camper deux jours entiers, mais la plupart maladroits, paysans mal disciplinés et commandés; ils en ont une autre vers Moscou, que l'on estime à être de plus de soixante-dix mille hommes.

Il y a aussi trois mois qu'ils traitent aussi de la paix avec les Polonois, selon l'apparence. Je ne crois pas qu'ils acceptent la médiation de la France. Néanmoins Messieurs de Suède l'espèrent encore, et il est faux qu'ils soient convenus dans le traité préliminaire qu'il n'y auroit point de médiateurs. Il m'auroit sans doute été avantageux d'avoir quelque part dans cette négociation si elle eût réussi à l'avantage du roi de Suède. Je commence à douter avec raison qu'elle se commence.

Je n'ai pas jugé ces nouvelles dignes d'être écrites à Son Éminence[1]; si Votre Excellence le trouve à propos, elle le lui fera savoir, et j'attendrai la réponse du Czar pour me donner l'honneur de lui écrire.

Cette lettre est la seule que nous ayons de Desminières. Sa mission a-t-elle échoué, ou bien ses efforts personnels, joints à ceux du baron d'Avaugour, puis du chevalier de Terlon, qui furent successivement accrédités auprès des deux cours de Suède et de Danemark[2], ont-ils eu quelque influence sur les résolutions des belligérants? Il est probable que les succès des Suédois, les paix avantageuses que la diplomatie française les aida successivement à obtenir de tous leurs adversaires, la crainte enfin de les voir retomber sur lui avec toutes leurs forces, et enfin les troubles grandissants de la Petite-Russie, contribuèrent surtout à décider Alexis à un accommodement avec Charles-Gustave. Quoi qu'il en soit, le Tsar, après avoir conclu avec la Suède, à Valiossar, près de Narva, en décembre 1659, une trêve de trois ans, qui lui laissait Dorpat, finit par signer la paix de Kardis (juillet 1661), par laquelle il renonçait à toutes ses conquêtes en Livonie.

Combien le Roi attachait d'importance à cette pacification, on le voit par la lettre suivante, que dans l'intervalle, en 1660, il adressait au Tsar pour lui renouveler ses offres de médiation :

LE ROI AU GRAND-DUC DE MOSCOVIE. — 1660[3]

Après avoir donné la paix à tous nos royaumes et estats[4] et l'avoir procurée par nos offices et notre entremise dans les trois royaumes du

---

1. Le cardinal de Mazarin.
2. A. GEFFROY, *Instructions*, etc., *Suède*, pp. 7 et suivantes. — A. CHÉRUEL, *Histoire de France sous le ministère de Mazarin* (1651-1661), t. III, pp. 348 et suiv.
3. *A. E. Russie*, t. Ier, pièce n° 1, fol. 1.
4. Il s'agit de la paix des Pyrénées (1659).

LA PAIX RÉTABLIE DANS LE NORD, 1660-1661.

Nord[1], le désir que nous avons de voir cesser en tous lieux, s'il est possible, l'effusion du sang chrétien nous porte encore à contribuer incessamment tout ce qui peut dépendre de nous pour un si pieux dessein. Et, en cette conformité, nous avons pris la résolution de vous écrire cette lettre comme un gage de la continuation de notre affection, non seulement pour vous exhorter à un bon accommodement de vos différends avec le roi et le royaume de Pologne, mais pour vous témoigner que si vous jugez à propos de consentir que l'on entame quelque négociation de paix qui puisse faire cesser tant d'hostilités qui se commettent tous les jours par les armes, et que vous estimiez que notre entremise de médiation puisse y être utile, nous vous l'offrons de très bon cœur, avec un très ardent désir de l'employer utilement pour la prompte conclusion d'un bon accommodement. Et n'étant la présente à une autre fin, nous prions Dieu qu'il vous ait, etc...

Louis.

1. Le traité d'Oliva, conclu le 3 mai 1660, entre la Suède, d'une part, et, de l'autre, la Pologne, l'Empereur et le Brandebourg, et le traité de Copenhague, conclu le 6 juin 1660, entre la Suède et le Danemark, constituent en effet la paix du Nord : elle sera complétée par le traité de Kardis, entre la Russie et la Suède ; puis par la trêve d'Androussovo, entre la Russie et la Pologne.

III

LE MARQUIS DE BÉTHUNE

1680

Depuis la paix de Kardis (1661), par laquelle Alexis Mikhaïlovitch restituait à la Suède toute la Livonie, la Russie n'avait plus de port sur la Baltique. Réduite à ses havres de la mer Blanche, elle voyait se fermer l'unique voie praticable qu'elle eût alors vers l'Europe. En 1667, le Tsar signe avec la Pologne une trêve de treize ans, à Androussovo, par laquelle il renonçait à la Lithuanie, mais gardait la rive gauche du Dniéper, ainsi que Kief, sur la rive droite, et Smolensk. Les guerres du Nord étaient donc terminées.

Le règne d'Alexis (1645-1676) marque, à l'intérieur, une période importante dans le développement de la civilisation russe. La Moscovie compte déjà quelques écrivains distingués : le patriarche Nicon, Siméon Polotski, Grégori Kotochikine, sous-secrétaire du *Prikaz* (bureau) des ambassadeurs et auteur du très curieux livre intitulé : *la Russie sous le règne d'Alexis Mikhaïlovitch* (1666). Ordine-Nachtchokine, un des ministres du Tsar, préparait la voie aux réformes de Pierre le Grand : il réorganisait l'armée, le commerce, la diplomatie russes. Le boïar Matvéef et sa pupille, Natalie Narychkine, que le Tsar avait épousée en secondes noces, se montraient favorables aux importations européennes. On représentait des comédies et des drames à la cour de Moscou, une *Esther* et un *Holopherne*. On appelait des artistes étrangers, « maîtres en écrits perspectives ». Le Tsar adressait un ambassadeur, Likatchef, à la cour de Florence, et les lettres de celui-ci parlent avec enthousiasme de la civilisation italienne. Il envoyait Gérasime Doktourof à Charles Ier; mais, indigné de la révolution d'Angleterre et de l'exécution de ce prince, il rompit les relations avec les îles Britanniques, chassait leurs marchands des villes russes et ne leur permettait plus de négocier que dans le havre d'Arkhangel. L'avant-dernière année (1675) du règne d'Alexis fut vraiment l'année des ambassades, car de l'Empereur lui vinrent les envoyés Bottoni et Gunzmann; de l'électeur de Brandebourg, Joachim Scultetus; des États-Généraux de Hollande, Conrad de Kleck, que l'amiral Ruyter amena lui-même à Arkhangel.

Les relations avec la France, qui s'élevait à un haut degré de puissance et qui commençait à prendre la tête de la civilisation européenne, prenaient une certaine régularité.

Du côté de la France, les Archives des Affaires étrangères ne mentionnent aucune mission. En 1665, un certain Gargot est envoyé en Courlande, auprès du duc Jacob, avec une Instruction du 16 septembre; mais la Courlande formait alors un État indépendant, et il s'agissait seulement d'étudier les ressources qu'offrait ce pays pour nos constructions navales [1]. En 1667 on trouve mention d'un sauf-conduit, mais sans date et sans nom, pour des ambassadeurs du Roi qui doivent aller en Russie, mais qui évidemment n'y sont pas allés [2].

Du côté de la Russie, après la mission de Matchékhine [3], voici la grande ambassade [4] du *stolnik* [5] Pierre Ivanovitch Potemkine [6], *namiestnik* ou gouverneur de Borovsk, le conquérant de Lublin sur les Polonais (1665), accompagné de son fils Stéphane et du *diak* Siméon Roumiantsof. Ils devaient visiter d'abord le roi d'Espagne Philippe IV, puis le roi de France Louis XIV. Ils accomplirent une longue et pénible navigation d'Arkhangel à Cadix, et arrivèrent en Occident l'année où se conclut la paix d'Aix-la-Chapelle (1668).

Il existe au Musée royal de Madrid (n° 690) un beau portrait en pied de Pierre Potemkine, peint, en 1682, par Carreño de Miranda; un portrait semblable à l'*Oroujennaïa Palata* de Moscou; à la Bi-

---

1. *A. E. Russie, Supplément*, t. Ier. — Le volume renferme, en outre, toute une correspondance avec le duc Jacob.
2. *Ibid.*, entre les pièces 5 et 6.
3. Voyez ci-dessus p. 40-44.
4. La lettre de créance du Tsar se trouve dans *A. E. Russie*, t. Ier, pièce n° 19.
5. *Officier de table*, titre équivalent à celui de maître d'hôtel. Un *stolnik* pouvait être un boïar, et remplir de très hautes fonctions.
6. Prononcez : *Patiômkine*. C'est un ancêtre du célèbre favori de Catherine II. Cet ambassadeur a laissé une relation très étendue de son voyage, où l'on trouve de curieux renseignements sur l'Espagne et la France. Elle a été traduite en français, et publiée en 1855 par le prince Emmanuel Galitzin, sous ce titre : *La Russie au XVIIe siècle, dans ses rapports avec l'Europe occidentale, récit du voyage de Pierre Potemkine*, 1 vol. in-8. — Parmi les pièces à l'Appendice se trouve un récit de M. de Saintot, introducteur des ambassadeurs (manuscrit de l'Arsenal), sur l'ambassade de Potemkine en France. En outre, le *Journal* du sieur de Catheux, chargé d'accompagner les ambassadeurs moscovites (*A. E. Russie, Supplément*, t. Ier, pièce n° 22 et manuscrit 11 des *Mélanges Colbert*, à la Bibliothèque nationale), a été publié dans la *Bibliothèque russe et polonaise* (1860). — Enfin consulter Solovief, *Istoria Rossii*, t. XII, pp. 242 et suiv. et l'article de M. Ikonnikof, sur *A. L. Ordine-Nachtchokine*, dans la *Rousskaïa Starina*, oct.-nov. 1883.

bliothèque Tchertkof à Moscou, un portrait en buste du même, peint, probablement à Londres, par l'Anglais Kneller, un élève de Rembrandt [1]. Potemkine nous y apparaît avec des traits réguliers et énergiques, une barbe vénérable, l'air grave et imposant; son costume est tout oriental, avec son bonnet à aigrette et à bourrelet de fourrures qu'on prendrait pour un turban, sa longue robe, son long kafetan brodé de perles, ses bottes de cuir roux. On comprend cette exclamation des Parisiens à la vue des premiers ambassadeurs moscovites : « Des Turcs ! »

Après un séjour de près de sept mois en Espagne, où elle attendait que la paix fût faite entre les deux pays, l'ambassade franchit la frontière le 22 juillet 1668. Elle passa par Bayonne, Bordeaux, Blaye, Poitiers, Amboise, où elle rencontra et s'adjoignit comme interprète le dominicain polonais Urbanowski, puis par Blois et Orléans, recevant partout les honneurs militaires, le vin d'honneur, les harangues. Elle arriva le 28 août à Bourg-la-Reine, où le maréchal de Bellefonds vint prendre les ambassadeurs pour les conduire à Paris. Le 1er septembre, ils entraient dans la capitale et descendaient à l'*Hôtel des Ambassadeurs extraordinaires*, rue de Tournon. Le 4, le maréchal les conduisit à Saint-Germain, où le Roi, assis sur son trône, le Dauphin à sa droite et le duc d'Orléans à sa gauche — la Reine assistant dans une loge à la cérémonie — leur donna audience.

On échangea les compliments, suivant l'étiquette si compliquée à laquelle tenaient tant les Moscovites. Potemkine raconte que le Roi se leva pour répondre à leur salut, puis se leva de nouveau et se tint debout pour écouter la harangue. Après quoi il dit : « Comment se porte notre affectionné frère, Sa Majesté le Tsar et grand-prince Alexis Mikhaïlovitch ? » Les ambassadeurs répondirent : « A l'époque de notre départ, le Tsar notre maître continuait à régner en parfaite

---

[1]. Ces portraits le représentent plus vieux qu'il n'était en 1668 : ils datent de son second voyage en Europe, 1681-1682. — Voyez *Portraits russes tirés de la Collection de M. Ghennadi* (en russe et en français), Moscou, 1866.

Pour compléter l'iconographie de cette ambassade, citons un calendrier de 1669 (Bibliothèque de l'Institut, *Estampes-Almanachs*, t. Ier), dont l'estampe, d'environ 80 centimètres de haut, représente « l'audience donnée par Sa Très Auguste Majesté aux ambassadeurs du grand-duc de Moscovie ». Le Roi, couronné de lauriers, est sur son trône : à sa gauche, la Reine, le Dauphin, les courtisans, les gardes. L'ambassadeur à longue barbe, vêtu d'un manteau broché et garni de fourrures dont un énorme cimeterre relève le bord, tient à la main le bonnet de fourrure à aigrette. Il salue. Quatre personnages à type russe, un jeune homme (sans doute le fils de Potemkine) et un moine catholique (le dominicain Urbanowski) l'accompagnent; en bas, deux autres Russes offrent les présents : cimeterre et plateau rempli de pierreries. — Potemkine figure également, mais perdu parmi des Turcs, Indiens, et autres ambassadeurs exotiques, reconnaissable seulement à son bonnet de fourrure, dans un autre calendrier de 1669 (même collection) qui porte cette inscription : « L'audience royale donnée aux nations étrangères introduite par cette grande renommée de la France, etc. »

santé sur les vastes et riches royaumes soumis à son sceptre. » Le Roi se leva une troisième fois pour prendre la lettre du Tsar dans son enveloppe de brocart. Il exprima ensuite sa satisfaction d'apprendre la conclusion de paix avec la Pologne. Les trois ambassadeurs remirent, en leur propre nom, de riches présents à Louis XIV : entre autres, Potemkine lui donna son sabre en acier de Damas, incrusté de pierreries. Les jours suivants, on leur fit visiter, dans les carrosses du Roi, le château de Vincennes, la Place Royale, les Tuileries, les Gobelins, dont le grand peintre Le Brun leur fit les honneurs, le Louvre, le Garde-Meuble de la couronne, le château de Versailles, les théâtres, où ils virent représenter les *Coups de l'Amour et de la Fortune*, de Boisrobert, et *Amphytrion*, de Molière.

Après une nouvelle audience de Louis XIV, ils eurent des conférences avec le maréchal de Villeroi, de Lyonne et Colbert, nommés commissaires royaux pour examiner leurs propositions. Ils étaient chargés de demander : 1° un traité d'amitié avec le Roi (Le Dran ajoute même qu'ils venaient prier Louis XIV « d'être favorable au fils du Tsar dans le dessein qu'il avait de tâcher d'être roi de Pologne »); 2° l'envoi d'ambassadeurs français en Moscovie; 3° un traité de commerce.

Le 29 août, l'introducteur des ambassadeurs Berlise, leur remit un projet de traité portant amitié entre les deux couronnes : droit pour les Russes de commercer en France en payant les mêmes taxes que les autres trafiquants étrangers; juridiction des consuls moscovites en France sur leurs compatriotes; libre exercice du culte orthodoxe. Les négociateurs français demandaient que pareils avantages fussent assurés dans les États moscovites aux sujets du Roi. Ils revinrent sur la question du libre passage par la Moscovie pour aller trafiquer dans les pays d'Orient et surtout en Perse.

PROJET DE TRAITÉ ENTRE LE ROI ET LE GRAND-DUC DE MOSCOVIE. — 1668[1]

ARTICLE PREMIER.

Il y a aura à l'avenir bonne, ferme et durable paix, confédération et perpétuelle alliance et amitié entre N. (*Titulus*) etc. et N. (*Titulus*) etc., leurs enfants nés et à naître, leurs hoirs, successeurs et héritiers, leurs royaumes, États, pays et sujets. Ils s'entr'aimeront comme bons frères, procurant de tout leur pouvoir le bien, l'honneur et la réputation l'un de l'autre, et évitant de bonne foi, autant qu'il leur sera possible, le dommage l'un de l'autre.

1. *A. E. Russie*, t. Ier, pièce n° 12. — E. GALITSIN, ouvrage cité, p. 352, en donne un autre texte, peut-être d'après la traduction faite par Urbanowski, mais avec des variantes très notables

Art. 2.

Les sujets du Czar pourront trafiquer dans tous les ports des royaumes de France et de Navarre, tant dans le grand Océan que dans la mer Méditerranée, en toute liberté, sans payer autres droits ordinaires d'entrée et de sortie que ceux qui sont payés par les étrangers les plus favorablement traités.

Art. 3.

Les Moscovites et Russiens pourront entrer et faire leur commerce dans toute l'étendue des royaumes de Sa Majesté, sans en demander sa permission ni celle de ses gouverneurs, même louer des maisons et établir des magasins dans toutes les villes que bon leur semblera, sans pouvoir y être troublés pour quelque cause et sous quelque prétexte que ce puisse être.

Art. 4.

Pourront transporter leurs denrées et marchandises tant par mer que par terre et par rivières, sans aucun trouble ni empêchement, les vendre et débiter soit en gros, soit en détail, établir pour cet effet des magasins, louer des maisons dans toutes les villes et y faire leur trafic en gros et en détail avec la même liberté que les naturels.

Art. 5.

Les dits Russiens et Moscovites qui aborderont dans tous les ports desdits États de Sa Majesté pourront décharger et recharger telle quantité de leurs denrées et marchandises que bon leur semblera, sans être tenus de payer les droits d'entrée ainsi qu'ils sont ci-dessus réglés pour les marchandises qu'ils voudront recharger sur leurs vaisseaux, mais seulement pour celles qu'ils vendront et débiteront ès dits lieux ou seront transportées au dedans dudit pays.

Art. 6.

Pourront acheter toutes les marchandises et denrées qui se trouveront dans les dits royaumes, et les pourront transporter d'un lieu à l'autre, les mettre en magasin partout où bon leur semblera, sans payer aucuns autres droits que ceux que les naturels habitants paient.

Art. 7.

Les commis et directeurs du dit commerce seront, en quelque lieu qu'ils se trouveront, sous la protection du Roi, et ne pourront être sujets à aucunes charges ou impositions publiques ou particulières.

Art. 8.

Sera permis d'établir dans les principaux ports des consuls, lesquels auront le pouvoir, en vertu du présent traité, de juger de tous différends civils et criminels qui surviendront entre les Moscovites et Russiens actuellement employés audit commerce.

Art. 9.

Tous les Moscovites et Russiens employés au dit commerce auront liberté entière de leur religion et exercice d'icelle-là.

Art. 10.

Réciproquement, les François jouiront, dans tous les ports et États de Sa Majesté Czaréenne, des mêmes libertés de commerce, grâces et avantages mentionnés aux huit articles ci-dessus, lesquels auront même force à leur égard que s'ils étoient ici rapportés.

Art. 11.

Il sera loisible aux François de passer au travers des États du Czar pour aller en Perse et autres pays de l'Asie, même y voiturer et faire voiturer toutes sortes de marchandises, sans payer aucuns droits d'entrée ni de sortie. Et pour cet effet, le Czar enjoindra à tous ses vaivodes et gouverneurs du pays de leur faire fournir, en payant à prix raisonnable, les vivres, marchandises et voitures nécessaires pour les dits voyages, comme aussi de leur donner toute aide et assistance dont ils pourront avoir besoin.

Art. 12.

Les François ne paieront que la moitié des droits d'entrée et de sortie pour toutes les marchandises qu'ils porteront à Archangel et dans les autres ports de l'Empire dudit Czar, ainsi qu'il a été ci-devant accordé aux Anglois, et à l'égard des nouveaux droits d'entrée et sortie, même ceux établis sur les marchandises entrant au dedans des États du Czar, ils en seront entièrement déchargés.

Art. 13.

Les denrées et marchandises du cru et manufactures des royaumes de Sa Majesté auront un libre débit et consommation dans tous lesdits États du Czar, et en cas qu'aucunes défenses eussent été faites d'en laisser entrer et d'en consommer par ses sujets, elles seront révoquées.

La réponse des ambassadeurs fut que leurs instructions ne les autorisaient pas à entrer dans le détail, et que celui-ci serait réglé à Moscou entre les ambassadeurs que le Tsar priait le Roi de lui envoyer et les gens de son conseil qu'il déléguerait à cet effet.

Le 31 août, ils reçurent la visite de six négociants représentant les fameux *Six-Corps* de Paris (drapiers, épiciers, merciers, pelletiers, bonnetiers, orfèvres). Ces six chefs des *communautés de marchands* venaient leur demander quels produits pouvait leur fournir la Russie et dans quel port il conviendrait que leurs navires allassent les prendre. Ils désiraient aussi un acte authentique, signé des ambassadeurs, constatant la faculté accordée par le Tsar aux négociants français. Ils ajoutaient qu'ils étaient tout prêts, n'était la mauvaise saison, à équiper jusqu'à six navires pour la Russie. Les ambassadeurs dirent que l'acte authentique était une question à débattre avec les commissaires royaux, mais que les commerçants français pouvaient dès maintenant, en toute sûreté, aller trafiquer au port d'Arkhangel. Ils donnèrent beaucoup de renseignements sur les produits russes, mais tinrent à avertir nos compatriotes que l'importation du tabac et de l'alcool était prohibée. Les délégués parisiens remercièrent, et firent observer que, parmi les produits signalés, beaucoup, comme les pelleteries, les cuirs, le suif, le chanvre, trouveraient en France un placement certain.

La rédaction de la lettre de Louis XIV au Tsar présenta, naturellement, quelques difficultés. Les ambassadeurs, d'après Saintot[1], furent même plus méticuleux qu'il n'apparaît dans le récit de Potemkine. Comme la traduction latine de cette lettre (dont l'original était en français) ne lui avait pas été remise, Potemkine aurait déclaré « qu'on pouvoit ici le faire mourir de faim, lui trancher la tête et le couper par morceaux, qu'aussi bien on le feroit mourir en son pays s'il manquoit à porter cette copie ». Puis la traduction latine révéla aux ambassadeurs de graves omissions dans l'original français. Aussitôt Potemkine de déclarer que « sa douleur est si poignante qu'il a peine à supporter la lumière du jour et que, si quelque chose a lieu de le surprendre, c'est de vivre encore après avoir assisté à l'affront qui vient d'être fait à notre souverain [2] ». Le Roi donna satisfaction sur tout [3]. Le 23 septembre eut lieu l'audience de congé, à peu près dans le même cérémonial. Les trois ambassadeurs reçurent, pour euxmêmes et pour leur maître, de riches présents, entre autres les portraits en pied du Roi, de la Reine et du Dauphin [4]. Ils quittèrent Paris le 26 septembre et, le 3 octobre, s'embarquèrent à Boulogne pour se rendre en Hollande, où ils avaient également à remettre une lettre du Tsar à « Messieurs les États-Généraux ».

Potemkine paraît avoir emporté de France une impression excellente : il admire cette population si douce, saine et vigoureuse, ces maisons en pierre (la pierre si rare en Moscovie!), toutes choses qu'il consigne dans sa relation. Interrogé sur ses impressions, « il ne

1. Son récit a été reproduit par E. GALITSIN, ouvrage cité, p. 419.
2. Récit de Potemkine.
3. Troisième incident. Au lieu de refaire complètement le document incriminé, les scribes des Affaires étrangères avaient gratté et surchargé, et le mot *Samoderjetz* (autocrate) occupait précisément un endroit gratté. « Nous ne pouvons, s'écria l'ambassadeur, nous charger de porter une pièce en cet état. Bien plus, nous ne pouvons même l'envisager de sang-froid, car elle atteste le peu de cas que l'on fait ici des titres de notre monarque, etc. » (Récit de Potemkine.)
4. Notons aussi les tapis de la Savonnerie et des tapisseries des Gobelins, représentant en cinq pièces « l'Histoire de Constantin ». — Voyez GUIFFREY, *Inventaire général des meubles de la Couronne*, t. Ier, pp. 301 et 384.

s'est jamais voulu, raconte Saintot, expliquer particulièrement sur rien, et a toujours dit qu'il ne vouloit parler de la France que quand il ne pourroit plus être soupçonné de flatterie, c'est-à-dire quand il n'y seroit plus ». Ce qui a le plus étonné les Moscovites, c'est de voir la Reine sortir en voiture découverte, sans chercher « à se dérober à tant de regards fixés sur elle, pas plus à ceux des étrangers qu'à ceux des nationaux » : réflexion qu'expliquent les usages russes d'alors, le voile épais pour les femmes, la litière hermétiquement close ou la réclusion du *terem*, ce gynécée moscovite.

La lettre que le Roi avait remise à Pierre Potemkine était ainsi conçue :

LE ROI AU TSAR DE MOSCOVIE. — 19 SEPTEMBRE 1668 [1]

Très haut, très excellent, très puissant et très magnanime prince, notre très cher frère et parfait ami...

Nous avons reçu avec un singulier plaisir, des mains du sieur Pierre Jean Potemkin, votre maître d'hôtel [2] et lieutenant de Boronitz, et du sieur Simon Rumenzof, votre chancelier, ambassadeurs de Votre Majesté, la lettre qu'elle nous a écrite le quatrième jour de juin de l'année dernière 1667, par laquelle, après les assurances que Votre Majesté nous donne de sa parfaite amitié, elle nous remercie et nous témoigne de conserver beaucoup de ressentiment des offres que nous fîmes il y a quelques années à Votre Majesté, par une de nos lettres qui lui fut adressée par notre très cher et bien ami, le sieur Antoine de Lumbres, notre ambassadeur [3], de notre entremise et médiation pour procurer la paix entre Votre Majesté et notre très cher frère le roi de Pologne. Après quoi, Votre Majesté nous donne part de la conclusion de la trêve qui a été arrêtée pour treize ans et six mois entre tous les empires et États soumis à sa domination, et le royaume de Pologne [4]. Et ensuite Votre Majesté, après nous avoir assuré de la parfaite santé dont elle jouit par la grâce de la bonté divine et demandé des nouvelles de la nôtre, elle nous requiert de donner créance à ce que ses dits ambassadeurs nous proposeront sur les affaires, témoignant un grand désir que nous vivions en parfaite union, fraternité, et bonne intelligence, à la confusion des ennemis du nom chrétien. Sur quoi nous dirons à Votre Majesté que les assurances qu'elle nous donne de son amitié nous ont été extrêmement agréables, et que nous ne souhaitons pas moins, de notre part, d'entretenir avec elle une parfaite bonne correspondance, et d'avoir de fréquentes occasions de lui donner des preuves de notre affection par tous les effets qui seront entre notre pouvoir. Au reste, quoique nous ayons eu le déplaisir que, par d'autres incidents connus à Votre Majesté,

---

1. *A. E. Russie*, t. Ier, pièce n° 17. — En latin dans la pièce n° 14.
2. Traduction du titre russe *stolnik*.
3. Antoine de Lumbres ou de Lombres avait rempli diverses missions diplomatiques : auprès de l'électeur de Trèves (1635), du prince-évêque de Liège (1646-1650), de l'électeur de Brandebourg (1651), du roi de Pologne. Il avait siégé comme ambassadeur plénipotentiaire et médiateur au congrès d'Oliva. C'est sans doute par son intermédiaire que Louis XIV avait fait transmettre à Alexis les lettres reproduites plus haut.
4. Il s'agit de la trêve d'Androussovo (1667).

l'offre que nous lui avons faite de notre médiation pour la paix avec la Pologne n'ait pas eu son effet, nous n'avons pas laissé de ressentir beaucoup de joie de l'événement qu'a eu cette affaire par la conclusion de la suspension d'armes qui doit durer treize ans et six mois ; et si notre entremise peut être utile et agréable à Votre Majesté pour faire prolonger encore plusieurs autres années la dite suspension, ou ce qui seroit encore mieux, pour établir entre ces deux grands États chrétiens une paix perpétuelle, nous offrons de bon cœur notre médiation et l'assurons d'y employer nos offices, avec une cordialité véritablement fraternelle, pour ménager à Votre Majesté, dans cette nouvelle négociation, toutes les satisfactions et avantages qu'elle peut désirer, et qui se trouveront justes. Et comme vos ambassadeurs nous ont assuré de la part de Votre Majesté que son intention étoit que nos sujets pussent aller trafiquer à Archangel, et en tous les autres ports de sa vaste domination, avec leurs vaisseaux, et y porter toutes les denrées qu'ils voudront pour les y vendre et débiter, et qu'ils y trouveront non seulement toute liberté et sûreté pour leur commerce, mais qu'ils y seront traités autant et plus favorablement qu'aucuns autres étrangers, nous avons accepté avec grand plaisir ces offres dont nous remercions même Votre Majesté très affectueusement, et l'assurons réciproquement que les sujets de Votre Majesté qui voudront venir dans les ports de nos Empires et États avec leurs vaisseaux, pour y faire le trafic de leurs denrées, y seront reçus avec toute liberté et sûreté, et traités si favorablement, et pour l'exercice de leur religion et pour toute autre chose, qu'ils auront tout sujet de s'en louer, nous promettant bien le même de votre part. Cependant, comme vos ambassadeurs nous ont encore mis en main un ample sauf-conduit de Votre Majesté pour la sûreté du voyage des ambassadeurs que nous pourrions avoir dessein d'envoyer dans sa cour, nous en remercions encore bien affectueusement Votre Majesté, l'assurant que nous nous prévaudrons avec plaisir dudit sauf-conduit, pour envoyer nos dits ambassadeurs, aussitôt que nous connaîtrons, plus évidemment que nous ne faisons encore, de quelle utilité il pourra être à nos sujets communs d'établir encore mieux, par un traité formel, tout ce qui pourra regarder leur commerce réciproque.

Sur ce, après avoir de nouveau assuré Votre Majesté de notre particulière estime, parfaite, cordiale et fraternelle amitié, nous prions Dieu, Très haut, très excellent, très puissant et très magnanime prince, notre très cher frère et parfait ami, qu'il la veuille tenir en sa sainte et digne garde.

Aussitôt après le départ de Potemkine, nous voyons Colbert se préoccuper activement d'assurer au commerce français cette voie nouvelle qui s'ouvrait à lui. Il envoie à Moscou une sorte d'agent commercial, Goosens, qui avait joué le rôle d'interprète attaché à la mission de Potemkine en Espagne et en France[1] ; il charge Pom-

---

1. Pierre Clément, *Lettres, instructions et mémoires de Colbert*, t. II, p. 605. — Lettre du 17 mai 1669, au sieur Goosens à Moscou : « J'ai reçu la lettre que vous m'avez écrite le 7 mars dernier, par laquelle j'ai esté bien aise d'apprendre votre retour à Moscou, et que vous soyez toujours bien disposé de rendre tout le service qui dépendra de vous aux sujets du Roi qui trafiqueront en ce pays-là. » Le sieur Frémont, « l'un des intéressés en la compagnie qui s'est formée pour le commerce du Nord », est chargé de renseigner Goosens. — Ivan Goosens ou Gosens était un Courlandais ; l'allemand était sa langue maternelle ; il savait aussi le latin et le russe, mais savait mal le français. Cf. E. Galitsin, ouvrage cité, pp. 340 et 352.

ponne, ambassadeur du Roi en Hollande, d'étudier avec soin les conditions du commerce qui se fait entre les Provinces-Unies et la Russie[1] ; enfin, par l'édit de juin 1669, il constitue la Compagnie du Nord, qui a d'abord son siège à la Rochelle[2], donne de sages conseils à ses directeurs, et annonce l'envoi prochain d'un ambassadeur du Roi en Russie[3], envoi qui fut d'ailleurs retardé indéfiniment.

La dernière ambassade d'Alexis au Roi de France est celle d'André Vinius[4].

La lettre que Vinius apportait à Louis XIV rendait compte des difficultés que causaient au Tsar les révoltes des Kosaks dans ses États et les incursions des Tatars et des Turcs dans le royaume de Pologne[5].

... Nous prions donc Votre Majesté royale, après avoir considéré le dessein formé par cet ennemi déclaré et perfide, ennemi commun de tous les chrétiens, qui ne vise à rien moins qu'à conquérir tous les États chrétiens, et avant tout le royaume de Pologne, qu'il a déjà presque entièrement dévasté et souillé abondamment du sang innocent des chrétiens répandu en abondance, nous prions Votre Majesté royale de renoncer aux desseins belliqueux (*bellicosas machinationes*) qu'elle nourrit, à ce que nous avons appris, contre les États de Hollande ; de daigner incliner son esprit royal, comme il convient à un prince très chrétien, vers des transactions pacifiques avec eux; de permettre à ses guerriers d'épargner le sang des soldats chrétiens ; de suivre notre exemple, car Notre Majesté czarienne n'a pas voulu que les lettres de Votre Majesté royale, notre frère très puissant, remises à nous par notre envoyé Constantin Matchékhine (*Machecninum*), souffrissent de nous un refus ; et, averti par vous de nous abstenir de cette guerre dont nous avons fait autrefois ample mention à Votre Majesté

---

1. Pierre CLÉMENT, *Lettres, instructions et mémoires de Colbert*, t. II, p. 605. — Colbert à Pomponne, ambassadeur à La Haye, 6 février 1671 : — « Je vous prie de vous appliquer, par le moyen de la personne que vous savez, à tirer, s'il est possible, la copie des traités que les Estats de Hollande ont avec le grand-duc de Moscovie... » — Voir aussi les lettres du 27 février, 6 mars, 27 mars 1671, à Pomponne, et les lettres de Chapelain à Colbert, à propos du voyage d'Heinsius en Moscovie. — *Ibid*., vol. 640, année 1669.

2. *Ibid*., p. 800. — Édit portant établissement d'une compagnie de commerce pour le Nord. — Saint-Germain, juin 1669. — Voy. Pierre CLÉMENT, *Histoire de Colbert*, chap. XIII.

3. *Ibid*., p. 606. — Paris, 6 février 1671, aux directeurs de la Compagnie du Nord, à la Rochelle : « J'approuve fort la proposition que vous me faites, de n'envoyer qu'un vaisseau à Archangel jusqu'à ce que le Roi puisse envoyer un ambassadeur au grand-duc de Moscovie, pour lui demander les mêmes ou plus grandes grâces que celles qu'il a accordées aux autres nations. Sa Majesté dispose, pour cet effet, une ambassade. » — *Ibid*., p. 620 : aux sieurs Lagny et Pagès, directeurs de la Compagnie du Nord, Tournay, 8 juin 1671 : « J'ai rendu compte au Roy de ce que vous avez fait avec l'envoyé de Moscovie qui est en Hollande. Sa Majesté a remis encore pour quelque temps sa résolution pour y envoyer un ambassadeur. »

4. Il était né en 1641. Il paraît être fils de Vinius, ce Hollandais qui avait établi à Toula une fonderie de canons. Il fut *diak* de la *Douma*, interprète des langues étrangères dans le *Possolskii Prikaz*, préposé, sous Pierre le Grand, au *Prikaz* de l'artillerie. Il mourut en 1717.

5. *A. E. Russie*, t. Ier. — La lettre est datée du Kremlin (*in arce nostra imperiali et metropoli Moscua*), le 12 octobre de l'an du monde 7171 (22 octobre 1672).— L'original est en latin, en ce latin surchargé de formules qui se répètent sans cesse.

royale, et qui s'était élevée entre nous et notre frère Jean-Casimir, alors roi de Pologne, loin de nous irriter de votre requête, nous avons libéralement accédé au vœu de Votre Majesté royale, et, avec l'aide de Dieu, pour le bien commun de la chrétienté, nous avons mis fin par un pacte d'amitié à cette guerre. Par cette paix, il fut stipulé que nous résisterions avec nos forces réunies aux ennemis de la foi, que nous appellerions à notre aide nos frères les princes chrétiens, si ces infidèles osaient soit nous attaquer tous deux, soit attaquer n'importe lequel de nous deux. C'est pourquoi nous prions et avertissons amicalement Votre Majesté royale, notre frère, de mettre fin à votre guerre avec les États de Hollande, et qu'ensuite vous n'hésitiez pas, pour la gloire de Dieu tout-puissant, pour la terreur des infidèles, de tourner vos légions royales contre ces païens et ces gentils. Notre Majesté czarienne a écrit dans le même sens à notre frère le grand seigneur Charles, roi d'Angleterre, pour que pareillement il veuille bien s'abstenir de cette guerre avec les États-Généraux de Hollande et que, à la terreur des gentils, à la consolation et à la joie des chrétiens, il oppose aux infidèles ses colonnes guerrières. Et, si Votre Majesté, en sa qualité de roi très chrétien, a pour agréable de mettre fin à cette guerre, nous espérons qu'elle voudra bien nous le faire connaître par lettres, et ensuite nous aider de troupes de secours contre les susdits païens. Nous désirons savoir aussi par quels moyens, à quelle date, en quel lieu ces forces auxiliaires seront mises sur pied, avec une destination qui sera réglée par des envoyés qu'on se députera de part et d'autre. Et pour que nous soyons plus rassurés encore par la certitude d'obtenir ces secours, nous souhaitons apprendre de Votre Majesté où et quand nos envoyés pourront se réunir avec les envoyés de Votre Majesté pour traiter de cette affaire. Il serait très agréable à Notre Majesté czarienne que Votre Majesté royale lui permît d'écrire, en votre nom, aux princes chrétiens nos frères pour leur apprendre l'invasion du sultan des Turcs, cet ennemi des chrétiens, dans le royaume de notre frère le roi de Pologne, afin qu'eux aussi ne dédaignent pas de secourir ce prince. Et, comme plusieurs des grands princes, parmi nos frères qui professent la foi du Christ, ont témoigné être disposés à envoyer des secours à Sa Majesté polonaise, il sera nécessaire qu'ils veuillent signifier par écrit leurs intentions à Votre Majesté royale et désigner des envoyés pour conférer avec ceux de Notre Majesté czarienne et de Votre Majesté royale, afin qu'avec unanimité et concorde, selon la convention qui sera édictée, étant liés par la foi jurée, tous ensemble nous soyons en mesure de prêter le secours nécessaire, ainsi que cela a coutume de se faire dans toutes les circonstances analogues par tous les grands princes nos frères : de façon qu'aucun d'eux n'hésite à fournir à l'autre des secours, mais que les efforts de chacun soient soutenus par une ferme confiance. De notre côté, Notre Majesté czarienne a écrit, sur cette affaire, par des lettres remises et des envoyés aux grands princes chrétiens nos frères. Nous vous avons adressé cette lettre en toute hâte par notre envoyé André Vinius, ne doutant pas que Votre Majesté royale ne l'accueille bien et, l'affaire terminée, ne le renvoie, sans délai ni retard, à Notre Majesté czarienne, avec des lettres qui nous expliqueront plus clairement les intentions de Votre Majesté royale. Au surplus, nous avons commis à notre dit envoyé de se rendre avec des lettres semblables de Notre Majesté auprès du grand seigneur notre frère Charles, roi d'Espagne, et nous espérons que dans ce voyage il sera aidé par la faveur de Votre Majesté royale. Sur ce, nous recommandons à la garde de Dieu, etc., etc.

Sur cette ambassade de Vinius, nous trouvons seulement la note suivante, qui témoignerait du peu d'empressement que Louis XIV, peu soucieux de renoncer à sa vengeance et à ses succès sur les Hollandais, encore moins soucieux de s'unir à l'Espagne pour faire la guerre aux Turcs, aurait mis à recevoir l'envoyé russe :

MÉMOIRE [DE VINIUS]

Menin, ce 22 mai 1673 [1].

L'envoyé de Sa Majesté Czar soussigne et déclare que, le vingtième du mois, il lui a été dit qu'il plaisoit à Sa Majesté de lui donner sa première audience le vingt et deuxième du courant, mais que, pour son audience d'expédition, il ne la pouvoit avoir (parce que le Roi partoit de Courtray le vingt et troisième du même mois), mais qu'on lui envoyeroit la réponse de la lettre de Sa Majesté Czar à Paris. Mais, comme c'est son devoir de prendre soin de l'affaire de son seigneur et maître, il ne sauroit faire moins que de désirer et souhaiter de tout son cœur que Sa Majesté voulût avoir pour agréable de lui donner une telle expédition que l'amitié et correspondance fraternelle de Leurs Majestés le requièrent, et, comme les autres ministres de Sa Majesté Czar ont toujours reçu de Sa Majesté, pour afin que Sa Majesté Czar son maître puisse avoir bonne expérience de l'amitié et amour fraternelle comme il a toujours eu, il désire aussi que, quand il plaira à Sa Majesté de lui donner la lettre pour Sa Majesté Czar son maître, il veuille avoir pour agréable de lui faire avoir une copie en françois et en latin, et il croit ses désirs si raisonnables qu'il ne doute point que Sa Majesté n'ait pour agréable de les y accorder.

A Menein, ce 22 mai 1673.

ANDREA VINES.

Rousset[2], qui a noté cette ambassade, se borne à cette brève mention : « Il (Vinius) n'eut du Roi qu'une seule audience. Le sieur de Bonneuil lui porta de la part du Roi cinq cents pistoles. »

Voici la lettre dont Louis XIV le chargea pour le Tsar :

LE ROI AU TSAR ALEXIS

22 mai 1673 [3].

Nous avons reçu avec plaisir, par la lettre que Votre Majesté nous a écrite et par ce qui y a été ajouté de sa part par son envoyé le sieur André Vinius, les nouvelles assurances que vous nous avez données de votre estime et de votre amitié pour nous. Nous n'avons pas appris avec une moindre satisfaction, par la communication que Votre Majesté nous en a fait donner, l'heureux succès de ses armes contre quelques-uns de ses sujets rebelles[4], et la généreuse résolution qu'elle a prise de joindre ses forces au secours

---

1. *A. E. Russie*, t. Ier, pièce n° 23, fol. 65.
2. *Le Cérémonial diplomatique*, t. Ier, p. 98.
3. *A. E. Russie*, t. Ier, pièce n° 20.
4. Il s'agit sans doute de la révolte de Stenko Razine (1670), ce chef des Kosaks du Don, qui fut vaincu, pris, et exécuté à Moscou en 1671.

de la Pologne contre les efforts des Turcs dont cette couronne paroît encore menacée. Nous vîmes avec beaucoup de douleur, l'année dernière, les pertes que ce royaume avoit souffertes ; et le zèle que nous avons fait paroître, en plus d'une rencontre durant le glorieux cours de notre règne pour arrêter les efforts du commun ennemi du nom chrétien[1], nous avoit porté encore à y joindre le secours de nos armes, si elles ne s'étoient trouvé occupées dans la guerre que l'intérêt de notre État, le bien de nos sujets et notre propre gloire nous avoient obligé d'entreprendre contre les Hollandois. Toute la durée de la même guerre forme encore le même obstacle au désir que nous aurions de donner de nouvelles preuves de notre affection pour la défense d'un royaume qui a servi jusqu'à cette heure comme de rempart et de barrière contre la puissance ottomane. Nous ne pouvons, autant que nous le souhaiterions, entrer dans le concert et dans les mesures que vous nous proposez pour en arrêter les progrès et pour réparer les pertes de l'année dernière. Ce que nous pouvons, c'est de continuer à ne rien oublier de ce qui peut dépendre de nous pour rétablir une paix dans la chrétienté qui puisse la mettre en état de se réunir pour s'opposer à son implacable ennemi, et c'est dont nous venons de donner d'assez fortes preuves, lorsqu'au milieu de tant de victoires et de tant d'avantages dont il a plu à Dieu de bénir nos armes contre nos ennemis et leurs alliés, nous nous sommes toujours montrés disposés à écouter les propositions d'accommodement qui nous seroient faites, et que, en même temps que nous pouvons attendre de si grands succès des puissantes armées que nous avons préparées par mer et par terre, particulièrement de celle que nous commandons en personne, nous avons bien voulu envoyer nos ambassadeurs plénipotentiaires à Cologne pour y convenir d'un traité de paix et de conditions équitables. C'est la part que nous avons jugé à propos de donner à Votre Majesté sur l'état présent de nos affaires. Cependant nous ne pouvons trop l'exhorter à continuer dans le généreux dessein qu'elle a pris pour le secours de la Pologne, ni trop lui témoigner à quel point nous souhaitons qu'il soit accompagné de toute sorte de gloire et de bonheur ; et après l'avoir assuré de notre estime et de notre amitié pour elle, nous prierons Dieu...

Le Tsar Alexis mourut en 1676. Son fils Feodor Alexiévitch lui succéda. Il eut à lutter contre l'indocilité de Dorochenko, devenu l'hetman des Kosaks de Petite-Russie à la fois sur les deux rives du Dniéper : c'est-à-dire la rive gauche, soumise à la suprématie de la Moscovie, et la rive droite, laissée indépendante de Moscou, mais disputée entre Jean Sobieski et les Turcs, ceux-ci aidés des Tatars de Crimée. Le Tsar se trouvait fort embarrassé entre le roi de Pologne et le Sultan : il avait une tendance à se rapprocher du premier contre les ennemis du nom chrétien, et avait renouvelé avec lui, en 1678, la trêve d'Androussovo ; mais en même temps, il redoutait son ambition. D'autre part, la rivalité entre la Russie et la Suède subsistait à propos de la Baltique.

Louis XIV, comme il l'avait déjà fait plusieurs fois pour les affaires de l'Europe orientale, pensa à offrir sa médiation entre la Moscovie et la Pologne. Il eut l'idée d'envoyer au congrès, qui allait se réunir

---

1. Allusion à la bataille de Saint-Gothard et aux expéditions de Candie.

entre les plénipotentiaires des deux pays, son ambassadeur à Varsovie, le marquis de Béthune.

François-Gaston, marquis de Béthune, était né vers 1640. Il avait commandé un régiment de cavalerie pendant la campagne de Flandre de 1667, avait été nommé, en 1671, ambassadeur extraordinaire pour le mariage du duc d'Orléans avec la princesse palatine, avait pris part à la guerre de Hollande où il fut fait prisonnier. Au retour de captivité, il avait été envoyé en Pologne, comme ambassadeur extraordinaire, avec une instruction du 16 avril 1676. En 1691, il devait être dépêché, comme envoyé extraordinaire, en Suède, avec une instruction du 18 octobre. Il devait y mourir le 4 octobre 1692[1]. Voici la lettre de créance qu'on lui donna pour sa mission projetée en Russie :

LETTRE DE CRÉANCE AU MARQUIS DE BÉTHUNE, AMBASSADEUR DU ROI EN POLOGNE AUX FINS D'ASSISTER A L'ASSEMBLÉE DES PLÉNIPOTENTIAIRES MOSCOVITES ET POLONAIS, TRAITANT DE LA PAIX A FAIRE ENTRE LEURS MAÎTRES, LE CZAR AYANT DEMANDÉ LA MÉDIATION DE SA MAJESTÉ TRÈS CHRÉTIENNE. — JUIN 1680[2].

Très haut, très excellent, très puissant et très magnanime prince, notre très cher frère et parfait ami, czar et grand-duc Alexis Michel[3], autocrateur de toute la Grande, Petite et Blanche Russie, Moscovie, Kiowie, Volodimerie, Novgorod, etc.

Le désir que nous avons de procurer à toute l'Europe le bonheur de la paix dont il a plu à Dieu de faire jouir nos royaumes et pays nous a fait d'autant plus volontiers consentir à l'interposition de nos offices, comme médiateur, dans l'assemblée qui se doit tenir entre les plénipotentiaires de Votre Majesté et ceux du roi de Pologne, que nous avons appris que notre entreprise seroit très agréable à Votre Majesté et que nous en considérons le bon succès comme un des plus grands avantages que la chrétienté puisse recevoir. C'est pour cet effet que nous avons choisi et nommé le sieur marquis de Béthune, notre ambassadeur extraordinaire auprès du roi de Pologne, pour aller représenter notre personne en ladite assemblée et y faire tout ce qu'il jugera le plus convenable à l'avancement d'une paix perpétuelle. Nous ne doutons pas que Votre Majesté n'ait en lui toute la confiance que peut mériter la part que nous témoignons prendre en cette occasion à ce qui la touche. Sur ce, après avoir de nouveau assuré Votre Majesté de notre particulière estime, parfaite, cordiale et fraternelle amitié, nous prions Dieu qu'il la veuille maintenir.

Écrit à Fontainebleau, le   jour de juin 1680.

Votre très cher frère et parfait ami

LOUIS.

---

1. Louis FARGES, *Instructions*, etc., *Pologne*, t. Ier, pp. 139 et suiv. — A. GEFFROY, *Instructions*, etc., *Suède*, pp. 151 et suiv.

2. *A. E. Russie*, t. Ier, fol. 91.

3. Ce n'est plus Alexis Mikhaïlovitch qui régnait alors; il était mort en 1676, et avait eu pour successeur l'aîné de ses fils, Feodor Alexiévitch (1676-1682); mais, ou bien on connaissait mal en France ce qui se passait en Russie, ou bien on crut pouvoir ignorer le changement de règne, puisque le Roi n'en fut officiellement avisé que par une lettre de Feodor, à la date du 14 septembre 1680.

RÉCEPTION DU MARQUIS DE BÉTHUNE A MOSCOU, 1680.

Comme la lettre ci-dessus porte en blanc la date du jour, il est possible qu'elle n'ait pas été expédiée. Cependant la pièce suivante [1] paraît se rapporter à la mission de Béthune et semblerait prouver qu'elle a été réellement effectuée :

Sire,

Ayant reçu ordre de Votre Majesté, le 26 février de cette année, de lui rendre compte des cérémonies qui ont été faites à Moscou pendant que j'y ai été, je vais m'en acquitter.

Quoique ce soit la coutume que, lorsqu'un ambassadeur vient sur les frontières de Moscovie, il doive y demeurer jusqu'à ce que le vayvode ait su par un courrier si le Czar voudra le laisser entrer dans ses États, néanmoins il fut ordonné, devant que j'y arrivasse, qu'aussitôt qu'il viendroit un ambassadeur, on le conduisît tout droit à Moskow. Aussitôt que je fus arrivé sur les frontières et que je l'eus fait savoir au plus prochain *pristaf* qui est un celui qu'on appelle, en Norvège, un *siselman*, que je voulois aller à Moskow, et de combien de chariots j'avois besoin, il le fit savoir aussitôt au vayvode de Smolensko [2], lequel m'envoya le lendemain un *sodnik* [3] (c'est-à-dire un capitaine pour me conduire comme un *pristaf*, et pour me faire avoir toutes les voitures nécessaires). Cependant ce capitaine fut relevé par un autre, et ce dernier m'accompagna avec trois strevlits [4] (ou soldats de la garde) qu'il avait avec lui, jusqu'à ce que je fus reçu, avant que d'entrer à Moskow, par un autre pristaf, que le Czar envoya au-devant de moi pour me faire entrer dans la ville et pour m'y servir. Quant à mon entrée, elle se fit ainsi :

Quand je fus arrivé à Artemonowka, qui est environ à deux milles d'Allemagne de Moskow, mon pristaf me dit qu'il falloit que j'y attendisse jusqu'à ce que tout fût prêt pour mon entrée et pour mon logement : ce qui dura six jours entiers. Le 6 au soir, on me dit que tout étoit prêt pour ma réception. Sur quoi, je partis et je rencontrai le pristaf environ à trois verges [5] de la résidence du Czar, et je donnai ordre à mon cocher de s'arrêter d'abord que je lui en ferois signe, et quand il verroit que le pristaf, qui étoit dans un traîneau du Czar s'arrêteroit, et qu'il reprît sa marche d'abord que le traîneau du Czar marcheroit.

Sur quoi, nous arrestâmes à environ quinze pas l'un de l'autre, et après une seule contestation, nous marchâmes tous deux jusqu'à ce que le traîneau du Czar approcha à côté de ma calèche, environ à huit pas. Sur quoi, le pristaf demanda que je me levasse le premier, et après quelque contestation, nous nous levâmes ensemble et nous descendîmes en même temps, lui du traîneau, et moi de la calèche, et nous marchâmes tous deux observant toujours la même chose, le plus que nous pûmes, jusqu'à ce qu'environ la

---

1. Document sans date. — *A. E. Russie*, t. Ier, pièce n° 29, fol. 87. — Ce document est placé dans le volume entre une pièce du 15 novembre 1679 et une pièce du 12 septembre 1680.
2. C'est sur cette indication que nous avons admis que le document se rapporte à la mission de Béthune. Un voyageur venant de Varsovie devait en effet passer par Smolensk; venant de la Baltique, comme la plupart des autres envoyés français, il aurait fait route par la Livonie, Dorpat et Novgorod.
3. *Sotnik*, qui commande à cent hommes.
4. *Streltsi* ou strélitz.
5. Verstes.

moitié du chemin, le pristaf demanda que j'ôtasse mon chapeau, mais je lui répondis qu'il me fît lire le titre[1] du Czar, lequel nous feroit connoître à tous deux quand il faudroit ôter nos chapeaux et marquer le respect que l'on doit à un grand seigneur. Alors il me fit lire le titre du Czar et au commencement nous ôtâmes tous deux notre chapeau en même temps. Il y avoit dans le titre du Czar un compliment et qu'il étoit envoyé en qualité de pristaf pour m'accompagner. Tout cela fut expliqué par l'interprète du Czar. Après que j'eus répondu par un autre compliment, le pristaf me donna la main et me mena aussitôt au traîneau du Czar, où il se mit à ma gauche sans avoir plus de contestation. Alors quelques cavaliers du Czar marchèrent devant, et il y avoit un gentilhomme moscovite qui marchoit à la gauche de chacun de nos gens, à qui l'on avoit donné des chevaux de l'écurie du Czar. Mais mon interprète et celui du Czar étoient dans notre traîneau devant nous. Nous allâmes ainsi jusqu'à la nouvelle maison des ambassadeurs, où je fus aussi bien logé qu'on le peut être à Moskow. On me donna d'abord les vivres dont j'avois besoin ; mais jusqu'à ce que j'eusse acheté ce qui m'étoit nécessaire, et quoique je prétendisse pour cela quelque rétribution, je n'en obtins que de bonnes paroles et ce que je dirai en parlant de mon départ.

Depuis mon arrivée jusqu'à ce que j'eusse eu audience, il ne fut permis à personne, selon la coutume de Moscovie, de me venir voir, qu'à ceux qui furent envoyés par le Czar ; mais aussitôt que j'eus eu audience, il fut permis à tout le monde d'y venir.

Je fus mené à l'audience trois jours après mon arrivée, et j'étois dans le traîneau du Czar à gauche, et les interprètes étoient debout au-devant du traîneau. Mon secrétaire alloit à cheval au-devant du traîneau, et il élevoit la main dans laquelle il portoit la lettre de Votre Majesté, qu'il tenoit de façon qu'il n'y touchoit point avec ses doigts, et le damas rouge dans lequel elle étoit enveloppée étoit entre sa lettre et ses doigts, et lui descendoit par-dessus la main. La lettre étoit tournée de manière qu'il avoit le cachet de Votre Majesté devant lui, et la suscription étoit derrière. Sur quoi les Moscovites ne contestèrent pas beaucoup. On dit seulement que mon secrétaire ne portoit pas bien la lettre, et qu'il falloit que le titre[2] du Czar fût en devant. Mais je répondis que, tant qu'elle seroit dans nos mains ou dans celles de mes gens, on ne la porteroit pas autrement, et que quand ils l'auroient, je ne pourrois pas les empêcher de mettre le titre de leur Czar en devant s'ils vouloient, et que chacun étoit obligé de rendre le plus de respect qu'il pourroit à son maître, et on en demeura là sans réplique. Mes autres domestiques marchoient à cheval devant mon secrétaire, et devant eux marchoient des *dvoŕaninen* ou gentilshommes du Czar, deux à deux. Dans la place du palais du Czar, les strevlitz étoient sous les armes, et je fus mené à quelques pas de l'escalier, par où je mis pied à terre *et j'ôtai là mon épée, et tous mes gens aussi*[3], et j'allai dans le même ordre jusqu'où étoit le Czar, avec tous mes gens, hors les laquais. Quand je fus au haut de l'escalier et en venant dans la salle de l'audience, je fus reçu à la première porte, auprès de la porte de l'escalier, par deux personnes nommées pour cela, lesquelles me firent seulement la révérence et se retournèrent aussitôt, et

---

1. Sans doute l'ordre écrit du Tsar.
2. Ici *titre* reprend le sens de suscription, énumération des titres du Tsar.
3. Souligné dans le texte, comme les autres passages en italique ci-dessous, sans doute par un employé de la chancellerie française après la réception de cette lettre, les questions du cérémonial ayant alors une importance énorme.

marchèrent devant moi jusque dans la chambre où le Czar était assis : ce qui étoit disposé à peu près de la manière qui est marqué ci-dessous[1] ; mais mon pristaf marchoit toujours à ma gauche et me mena par l'endroit marqué L, qui étoit la porte, dedans l'appartement à K, qui est l'endroit où étoient en carré les courtisans et les officiers du Czar, en grand nombre jusqu'à F, en me tenant par les bras.

Et après avoir fait la révérence au Czar, je lui fis la proposition que Votre Majesté m'avoit ordonné. Il étoit assis à environ seize pas de moi, à A, sur un trône de bois et élevé, et il y avoit au-dessus un dais de bois, attaché à la muraille, qui n'étoit pas plus grand que le trône, afin qu'il n'y eût personne dessous, hors le Czar. Il faut monter trois degrés pour se mettre dans ce trône, et ces degrés ne sont pas plus larges que le trône afin que personne ne se mette dessus, et qu'il n'y ait que lui seul qui puisse être élevé.

Après que l'interprète du Czar, qui étoit à côté de moi, un peu au-dessous, E, eut traduit mon discours, le chancelier Lorinan Ivanovitz[2], qui étoit debout à D, monta, après avoir fait une grande révérence, à l'endroit où étoit le Czar et lui demanda sa réponse. Il vint après se remettre à D, qui étoit le milieu entre le Czar et moi, et il répondit. L'interprète du Czar qui étoit debout à E, m'expliqua sa réponse. Elle contenoit, entre autres choses, que le Czar vouloit bien me faire la *grâce de recevoir de ma main la lettre* de Votre Majesté. Sur quoi mon secrétaire me donna la lettre de Votre Majesté et, parce que le cachet de Votre Majesté étoit de mon côté, et le titre du Czar étoit de l'autre, et que je ne tenois pas la lettre de Votre Majesté, droite, mais un peu penchée, en sorte que le cachet de Votre Majesté étoit au-dessus et le titre du Czar étoit dessous. Et je m'approchois du Czar. En marchant, je lui fis *trois révérences :* une au commencement, une au milieu, et une quand je lui voulus donner la lettre. Comme j'étois si près du trône, deux boïars qui étoient debout devant le trône du Czar se donnèrent la main la plus éloignée du trône, afin de ne pas tourner le dos au Czar, et ayant toujours les bras de cette manière, *ils m'empêchèrent de monter sur un des degrés du trône*, et leurs bras servoient à appuyer la main du Czar lorsqu'il prit la lettre. Quand j'eus donné la lettre au Czar, il la tourna de manière qu'il avoit le pouce sous la lettre et les quatre doigts dessus, et il la poussa du côté du chancelier avec une mine agréable : lequel vint avec moi de son siège D, jusqu'à l'endroit B, où étoient les boïars à la droite du Czar. A peine le Czar avoit pris la lettre et l'avoit poussée entre les mains du chancelier, que ledit chancelier se dépêcha de la prendre. Mais je la tins toujours ferme et je dis que le *Czar la prit lui-même,* et que je souffrirois plutôt que le Czar fît toutes choses, pour ce qui me regardoit en particulier, que de donner la lettre de cette manière. Sur quoi, le Czar retourna la main et mit le pouce dessus, et les quatre doigts de dessous la lettre. Mais je répondis que Votre Majesté fermoit la main et prenoit la lettre lui seul, et ensuite je poussois tout doucement la main du chancelier avec le bras gauche. Et nous continuâmes quelque temps, parce que l'interprète étoit debout derrière, jusqu'à ce que le Czar eût commandé au chancelier de retirer sa main ; et ensuite il ferma la sienne et il prit la lettre, que je laissai aller, et je me retirai à ma place, après trois révérences.

1. Le dessin annoncé manque.
2. Ce doit être Bogdan Ivanovitch Ordine-Nachtchokine, qui en 1680 était voïévode de la Dvina et membre de la *Douma*, et qui avait été envoyé russe en Suède, Hollande et Danemark. — Le grand Ordine-Nachtchokine s'était fait moine en 1672.

Aussitôt que j'eus lâché la lettre, le chancelier la prit des mains du Czar, afin qu'il n'eût pas la peine de la tenir. Pendant la contestation, le Czar ne retira point sa main, mais il la laissa sur les bras des boïars, comme il est rapporté ci-dessus.

Quand je fus à ma place F, on me mit un banc sans dos, long de trois aunes et demie...

Le manuscrit s'arrête ici. Nous n'en savons pas plus sur la mission de Béthune.

Cependant le nouveau Tsar, croyant sans doute avoir besoin du Roi de France, se décida, non seulement à signer la lettre du 14 septembre 1680, par laquelle il lui notifiait son avènement [1], mais à lui envoyer une ambassade. Elle se composait de Pierre Ivanovitch Potemkine [2] et d'Étienne Volkof.

Faute de documents précis, on ne sait pas exactement l'objet de cette ambassade. Elle devait sans doute réclamer la médiation de Louis XIV dans la guerre contre les Turcs et les Tatars, et demander ses bons offices dans les difficultés avec le roi de Suède ; ou peut-être, comme l'affirme Le Dran, « prier Sa Majesté de donner des secours au roi de Pologne contre les Turcs ». Pour se faire mieux venir en France, elle avait à remettre sur le tapis la question du traité de commerce, laissée, ce semble, en suspens depuis 1668.

Nous n'avons guère de détails que sur le côté pittoresque de l'ambassade [3]. Le 28 mars 1681, elle débarque à Calais, où elle est reçue

---

1. Le grand-duc de Moscovie au Roi, 14 septembre 1680. — *A. E. Russie*, t. Ier, fol. 92 et 95.

2. C'est le même que celui qui était venu en 1668. Après son ambassade à Paris en 1681, il fut en 1682 envoyé aux cours d'Espagne et d'Angleterre, et mourut vers 1690. — C'est pendant ses derniers voyages d'Espagne et d'Angleterre que furent peints les portraits dont il est question plus haut.

3. FLASSAN, *Histoire de la diplomatie française*, t. IV, pp. 38-40. — *Relation de la Réception des ambassadeurs moscovites venus en France en 1681*, publiée dans la *Société impériale d'histoire de Russie*, t. XXXIV, pp. 1-10. — *A. E. Russie*, t. Ier, pièce n° 48, fol. 127. — *Ibid.*, *Mémoires et documents*, t. III, pièce n° 4, fol. 47. — Voyez aussi le *Mercure de France* de 1681, p. 228, et le roman intitulé l'*Histoire du Père La Chaise, jésuite et confesseur du roi Louis XIV* (Cologne, 1693, Pierre Marteau), t. II, p. 345.

Voici les détails curieux, sinon absolument authentiques, que donne ce roman ou plutôt ce pamphlet : « Tant il est vrai que le plus assuré moyen de n'obtenir aucune grâce est de les faire demander par des gens qui ne sont pas de la faveur, quelque grands seigneurs qu'ils puissent être, c'est ce que j'ai remarqué dans toutes les cours où je me suis trouvé. J'en pourrois citer mille exemples, s'il étoit nécessaire ; mais, comme ce seroit m'écarter de mon sujet, je me contenterai d'une seule qui est assez extraordinaire. Il y a quatorze ou quinze ans que le Czar de Moscovie envoyoit au Roi des ambassadeurs qui ne parloient que leur langue, et qui n'avoient point amené d'interprètes, soit qu'ils espéroient d'en trouver sur les lieux, ou, plus vraisemblablement, qu'ils étoient bien aises d'épargner l'argent qu'il leur en auroit coûté pour les entretenir, s'imaginant que le Roi leur en donneroit. Cependant ils furent assez embarrassés à leur arrivée : personne ne les entendoit, et ils n'entendoient personne. Leur audience fut même retardée de plus de six semaines, faute d'interprète, parce que, des deux que le Roi entretient pour cette par Storf, gentilhomme ordinaire du Roi, et le sieur de La Garde. Storf envoya sur sa première entrevue avec eux le rapport suivant :

LETTRE DE STORF

Calais, 12 avril 1681[1].

Je n'ai pas pu vous rendre un compte avant que d'avoir réglé ici toute chose pour notre départ, lequel sera lundi prochain. Nos voitures ne peuvent être prêtes que dans ce temps-là. J'ai vu les ambassadeurs fort souvent, lesquels paroissent avoir des prétentions fort chimériques. Ils m'ont dit qu'ils croyoient que j'arriverois avec dix carrosses et cinquante chevaux de selle, qu'ils avoient espéré cela de la grandeur du Roi, vu qu'il est un grand prince et qu'il y a tant de conformité entre leur maître et lui, tant par leur puissance que par leurs inclinations. Je leur ai répondu que l'on avoit appris qu'ils étoient pressés et que cela les auroit fort retardés. Ils m'ont paru être contents de ma réponse. A l'égard de leur rang, ils ne sont nullement d'accord. Le principal ambassadeur dit que l'autre n'est pas son égal et que ce n'est qu'un simple chancelier de province, et que lui a été général d'armée et gouverneur d'une province, et des plus considérables hommes de l'État. Je crois, Monseigneur, qu'il n'est pas tout à fait nécessaire de vous fatiguer de leur démêlé particulier ni de mille choses inutiles touchant leurs prétentions, vu qu'ils passeront partout où il vous plaira. Ils parlent fort du grand présent qu'ils doivent faire au Roi. Ils sont suivis de soixante personnes. Je vous envoie, Monseigneur, une copie de leur lettre et partirai sans faute lundi 14e du mois, pour être le 19° à Beaumont, où j'espère recevoir vos ordres pour savoir vos intentions.

Le 20 avril, ils arrivent à Saint-Denis, où ils sont complimentés par le sieur de Bonneuil, introducteur des ambassadeurs[2]; le 30, le maréchal d'Estrées vient les prendre pour les conduire à l'hôtel de la rue de Tournon ; le 6 mai, il les conduit à Versailles et les présente

langue, l'un étoit mort, et l'autre avoit perdu l'esprit. Il fallut donc attendre que l'on en eût trouvé; mais cela n'étoit point facile, la langue moscovite étant peut-être la moins connue de l'Europe. Il n'y avoit alors à Paris qu'un professeur ès langues nommé Ziérowski qui l'entendit bien. Il étoit Polonois de nation et avoit demeuré quinze ans à Moscou; depuis il étoit venu s'établir à Paris, où il avoit étudié la langue françoise avec toute l'application imaginable, de sorte qu'il en avoit acquis une parfaite intelligence. Cet homme, ayant donc su le besoin que l'on avoit d'un interprète, fut trouver M. le prince de Conti, dont il étoit connu, et le pria de le présenter au Roi. Le prince le fit avec plaisir, mais, comme tout ce qui venoit de sa part étoit suspect, ou du moins désagréable, on ne voulut point le recevoir, et l'on aima mieux se servir d'une femme d'un maître d'école qui, n'ayant appris la langue moscovite qu'en Turquie où elle étoit esclave (en Turquie, le langage des femmes esclaves est un mauvais moscovite), ne s'exprimoit qu'à moitié.
« Il est vrai qu'après cela on en fit venir trois, deux de Hollande et un de Rouen; mais il s'en falloit encore de beaucoup que tous trois ensemble en sussent autant que le seul Ziérowski. Revenons au Père La Chaise... »

1. A. E. Russie, t. Ier, pièce n° 42, fol. 110.
2. Il est à noter que dans le t. Ier de A. E. Russie (pièce n° 48, fol. 127), la pièce intitulée : « L'entrée et réception des ambassadeurs du grand-duc de Moscovie en 1681 » est suivie immédiatement de celle-ci : « L'entrée et réception de l'ambassadeur du roi de Maroc en 1682. »

à l'audience de Louis XIV. Après les formalités d'usage, ils demandent que le Roi veuille bien, comme en 1668, désigner trois commissaires pour conférer avec eux. Il leur répond « qu'il ne leur donneroit qu'un commissaire, afin qu'ils pussent plus tôt finir leurs affaires ». C'est Colbert de Croissy qui est chargé de traiter avec eux « des affaires concernant le commerce ». Il paraît, par le rapport du résident français à Moscou, que nous reproduisons plus loin, qu'il fut encore question du commerce de Perse.

A l'audience de congé, le Roi leur remit la lettre suivante pour le Tsar :

LE ROI AU TSAR FEODOR

Versailles, le 11 mai 1681 [1].

Très haut, très excellent, très puissant et très magnanime prince, notre très cher frère et parfait ami, Théodore, fils d'Alexis...

Comme nous avons toujours fait une estime très particulière de la bonne correspondance et amitié qu'a entretenue avec nous et notre couronne feu Alexis, grand-duc de Moscovie, père de Votre Majesté, nous avons aussi reçu avec un singulier plaisir les assurances qu'elle nous a fait donner de sa bonne disposition à la continuer par la lettre qu'elle nous a écrite, le 14 septembre de l'année dernière, et qui a été remise en nos mains par le sieur Pierre-Jean Poteskim [2], votre maître d'hôtel et gouverneur d'Uglezkie [3], et par le sieur Estienne Polkow [4] votre chancelier, tous deux ambassadeurs de Votre Majesté. Et leur arrivée en notre cour nous a été d'autant plus agréable qu'après nous avoir informé de la parfaite santé dont Votre Majesté jouit, ils nous ont témoigné combien elle s'intéresse au bon état de la nôtre, que la divine Providence a bien voulu rendre telle que nous la pouvons désirer, et que nos sujets lui demandent instamment pour la continuation du bonheur dont ils jouissent sous notre empire. Vos ambassadeurs se sont aussi très dignement acquittés de l'ordre que Votre Majesté leur avoit donné de nous assurer que votre intention est que nos sujets puissent aller trafiquer à Arkangel et dans tous les autres ports de votre domination, y porter, sur toutes sortes de vaisseaux et bâtiments dont ils se pourront servir, les marchandises et denrées qu'ils voudront pour les y vendre et débiter ; que non seulement ils y trouveront toute liberté et sûreté pour leur commerce, mais aussi qu'ils y seront traités autant et plus favorablement qu'aucuns autres étrangers. Et pour leur marquer aussi de notre part combien nous considérons ces offres que nous avons acceptées, nous les avons assurés réciproquement que les sujets de Votre Majesté qui voudront venir dans les ports de nos empire et États avec leurs vaisseaux, pour y faire trafic de leurs denrées, y seront reçus avec toute liberté et sûreté et traités si favorablement, et pour l'exercice de leur religion et pour toute autre chose, qu'ils auront tout sujet de s'en louer, nous promettant bien le même de votre part. Et pour ce

---

1. *A. E. Russie*, t. Ier, pièce n° 43, fol. 112.
2. Pierre Ivanovitch Potemkine.
3. Ouglitch, ville située sur le Volga, dans le gouvernement d'Iaroslavl.
4. Étienne ou Stéphane Volkof.

qui regarde les points et articles que les ambassadeurs de Votre Majesté nous ont proposés et qu'ils croient pouvoir servir de fondement à un traité formel de commerce réciproque, après que nous les aurons fait communiquer à ceux de nos sujets qui sont accoutumés de naviguer dans les mers qui avoisinent vos États, et que nous aurons reconnu par leurs avis de quelle utilité il pourra être tant aux uns qu'aux autres d'établir plus solidement cette bonne correspondance par des conventions perpétuelles, nous pourrons pour lors envoyer nos ambassadeurs vers Votre Majesté, à laquelle nous renouvelons encore les assurances de notre singulière estime, parfaite, cordiale et fraternelle amitié, priant Dieu, très haut, très excellent, etc., qu'il veuille tenir Votre Majesté en sa sainte et digne garde.

On fit jouer devant les envoyés russes les eaux de Versailles, et Potemkine déclara « qu'il n'y avait jamais eu sur la terre que Salomon et le roi de France qui eussent paru avec tant de grandeur, et que David n'en avait jamais approché ». Il demanda « si toutes les eaux de la mer étaient à Versailles ». Une autre fois, à la vue d'un tableau de Le Brun représentant Louis XIV la foudre en main, il dit « qu'on ne pouvait mieux représenter le Roi que sous la figure de Jupiter, puisqu'il en avait toute la majesté et la puissance ». En un mot, comme le remarque Flassan, « tout ce que dit l'ambassadeur annonçait du sens et de l'éducation, et fit connaître avantageusement sa nation, qu'on regardait comme barbare par le motif déplacé qu'elle ne liait pas encore ses intérêts politiques à ceux de l'Europe occidentale ». Les envoyés moscovites reçurent de magnifiques présents, meubles, vêtements, montres, tapisseries de la Savonnerie et des Gobelins.

Quant aux résultats effectifs de l'ambassade, ils furent nuls. Le Tsar n'avait alors plus rien à craindre du roi de Suède, que la confiscation du duché de Deux-Ponts avait engagé dans la coalition en voie de se former contre Louis XIV; le roi de Pologne s'émancipait de plus en plus de la tutelle française, et d'ailleurs il avait signé avec la Russie, en 1678, un renouvellement de la trêve d'Androussovo [1]; enfin le sultan avait conclu avec Feodor, à Bakhtchi-Seraï (1681), une trêve de vingt années, qui laissait aux Moscovites l'Ukraine et la Zaporogie. La Russie n'avait plus besoin de la France. Peut-être le Tsar avait-il trouvé Louis XIV par trop obstinément attaché à l'alliance ottomane, dont la France avait besoin plus que jamais contre la maison d'Autriche. Dès lors le projet de traité de commerce, dont les envoyés moscovites avaient dû se servir comme d'un appât pour obtenir des services politiques, pouvait dormir [2]. C'est ce qui eut lieu, ainsi que

---

1. SALVANDY, *Histoire du roi Jean Sobieski*, livre VIII. — MORITZ POSSELT, *General und Admiral Franz Lefort*, t. Ier, pp. 271-316.
2. Ainsi le Roi avait demandé au Tsar : « 1° le passage de soies achetées en Arménie; 2° le libre exercice de leur religion pour les marchands catholiques. Mais, » dit Keller, « on craignait trop les jésuites, les papistes et les moines. » — MORITZ POSSELT, *ibid.*, p. 295.

semble en témoigner le rapport suivant d'un résident français à Moscou, — résident dont nous ignorons le nom. Ce document est daté de 1681 :

RÉSIDENT QUI EST A MOSCOU, ÉCRIT LE 4 JUILLET 1681 ; REÇU LE 20 AOUT [1].

Depuis quelques jours, j'ai donné itérativement les visites à M. Kneés [2], un des principaux ministres de ce pays-ci, et l'ayant congratulé sur le traité de la paix avec les Turcs et Tartares [3], j'ai proposé qu'il étoit temps à présent de mettre sur le tapis le point du commerce, de consulter sérieusement ensemble sur ce sujet pour casser les impositions si ruineuses au commerce ; à laquelle occasion j'ai demandé au dit sieur quel traité de commerce Sa Majesté avoit fait avec Sa Majesté très chrétienne. Sur quoi il m'a répondu que ce traité concernoit la navigation de soie de Perse, laquelle Sa Majesté très chrétienne avoit demandé de passer par ses pays, que ledit traité portoit aussi la navigation de toutes les marchandises qu'on cherche de l'un et de l'autre côté. Mais les plus clairvoyants ici sont persuadés que le dit traité n'est pas bien fondé, vu que les principaux motifs du dit traité ont cessé, lesquels ont été principalement que le roi de France accommoderoit favorablement les différends entre le Czar et les rois de Pologne et de Suède. Mais Sa Czaréenne Majesté ayant fait la paix avec les Turcs et les Tartares, on n'auroit plus égard sur ledit traité de commerce, à cause qu'on étoit à présent assez suffisant de faire même condescendre les Polonois et les Suédois à tout ce qu'on jugera être raisonnable : d'autant plus que le roi de Suède est fort dégoûté au regard des différends de la duché des Deux-Ponts et que la dite couronne n'attend pas quelque assistance considérable ; et en outre les humeurs et maximes des François sont tant différents de cette nation, qu'il n'y a point d'apparence que ces deux nations si contraires s'accordent longtemps, et que par conséquent le dit traité de commerce s'anéantira de soi-même.

1. *A. E. Russie*, t. Ier, fol. 139.
2. *Knees* n'est pas un nom propre. *Knès* ou *Kniaz* signifie simplement *prince*. Le prince qui avait alors le plus d'influence sur le Tsar Feodor Alexiévitch, et aussi le plus d'intelligence et d'autorité dans les affaires, c'est le prince Vassili Vassiliévitch Galitsyne, qui était alors précisément le chef du *Possolskii Prikaz* (bureau des ambassadeurs). — Né en 1643, mort en 1714. — C'est lui qui fut ensuite le principal ministre et le favori de Sophie. — Soloviev, *Istoria Rossii*, t. XIII, p. 239. — Peut-être la copie est-elle défectueuse et faut-il lire : « au Knees ».
3. La paix avait été signée à Bakhtchi-Séraï (Crimée), en mars 1681.

IV

M. DE LA PICQUETIÈRE

ENVOYÉ

1683

Feodor Alexiévitch étant mort en 1682, sa succession fut disputée entre les autres enfants de son père. Celui-ci avait eu deux femmes. La première, Maria Miloslavski, lui avait donné deux fils : Feodor, dont le règne dura six ans, et Ivan, qui était imbécile ; plus six filles, parmi lesquelles l'intelligente et énergique Sophie. La seconde, Natalie Narychkine, lui avait donné un fils, celui qui devait être Pierre le Grand, et deux filles. Ce n'était pas entre Ivan et Pierre, alors âgé de huit ans, que la lutte allait s'engager, mais entre les deux familles, les Miloslavski et les Narychkine, qui avaient successivement, par les deux mariages d'Alexis, *approché du trône* et fourni les *hommes du moment,* c'est-à-dire les conseillers et ministres du Tsar. Sophie, qui s'institua audacieusement le chef des Miloslavski, l'emporta, grâce à l'intervention séditieuse des *streltsi* (1682). Par eux, elle fit massacrer les Narychkine, mais s'arrêta à une transaction : elle fit couronner à la fois le prétendant des Miloslavski, Ivan, et celui des Narychkine, Pierre. Grâce à l'imbécillité de l'un et à l'extrême jeunesse de l'autre, elle régna sous le nom de ses deux frères. Sous elle, le progrès des idées occidentales continua : on jouait le *Malade imaginaire* dans le *Terem.* Elle eut son système de politique extérieure : l'alliance de la Russie, de l'Autriche, de la Pologne, de Venise, avec le concours du du pape Innocent XI, contre les Turcs. Le metteur en œuvre de sa politique fut le prince Vassili Galitsyne, à la fois son favori, son principal ministre et son généralissime.

On était fort mal renseigné à la cour de France sur cette révolution de 1682 et sur la situation politique de la Russie. Comme on le verra par la pièce suivante, on croyait toujours trouver là-bas « un grand-duc de Moscovie ». On se trompait surtout en espérant pouvoir intéresser la cour de Moscou à d'autres objets que la guerre contre l'infidèle. On prétendait, en 1683, la décider à s'unir avec le roi de Danemark et l'électeur de Brandebourg contre la Suède, à laquelle le Roi reprochait ses liaisons avec les futurs coalisés d'Augsbourg.

Tel est le sens de l'Instruction donnée, cette année-là, à M. de la Picquetière, chargé d'une mission en Moscovie. Sans doute on s'aperçut à temps qu'on faisait fausse route, car la mission n'eut pas lieu. Nous n'en publions pas moins cette Instruction, curieuse précisément parce qu'elle montre l'état des idées en France sur le grand empire de l'Est.

MÉMOIRE POUR SERVIR D'INSTRUCTION AU SIEUR DE LA PICQUETIERRE S'EN ALLANT EN MOSCOVIE EN QUALITÉ D'ENVOYÉ EXTRAORDINAIRE DU ROI. — 1683 [1].

Comme Sa Majesté n'a rien de plus à cœur que d'empêcher que les princes qui entrent dans son alliance ne puissent être troublés par les entreprises de leurs voisins dans la paisible jouissance des pays, terres et droits qu'ils possèdent et que, lorsque leur engagement dans ses intérêts vient à leur attirer quelque guerre, tous les dommages qu'ils pourroient souffrir soient entièrement réparés, elle a jugé à propos, après avoir donné tant de preuves de cette vérité à la couronne de Suède par les conditions avantageuses que Sa Majesté lui a procurées dans les derniers traités de paix, de ne rien omettre pour donner au roi de Danemark et à l'électeur de Brandebourg d'autant plus de sujet d'être satisfaits des liaisons qu'ils ont prises avec elle, que la con-

---

1. *A. E. Russie*, t. Ier, fol. 140.

duite des Suédois ayant complètement dégagé Sa Majesté de tous les égards que les anciens traités pouvoient l'obliger d'avoir pour cette couronne, elle seroit dans une pleine liberté de prendre toutes les mesures nécessaires pour empêcher qu'elle ne puisse attaquer la couronne de Danemark et le dit électeur de Brandebourg, ou de faciliter à ces princes les moyens de se dédommager aux dépens mêmes de la Suède, si elle contribue à un renouvellement de guerre.

C'est dans cette vue que Sa Majesté, de concert avec le roi de Danemark et l'électeur de Brandebourg, a résolu d'envoyer le sieur de la Picquetierre en Moscovie, pour, conjointement avec les ambassadeurs ou envoyés de ces princes, ou séparément, travailler au dessein qu'ils se sont proposés pour le bien et l'avantage de la cause commune. Mais comme Sa Majesté regarde bien plus l'intérêt du roi de Danemark et de l'électeur de Brandebourg dans cet envoi que celui de sa couronne, qui ne l'oblige pas de prendre des liaisons avec un État aussi éloigné du sien qu'est celui de Moscovie, Sa Majesté a jugé à propos de conformer l'Instruction qu'elle donne au sieur de la Picquetierre au projet de celle de Danemark, dont le ministre de cette couronne a donné communication.

Le premier point de ladite Instruction est de passer par la Lithuanie pour complimenter le nouveau palatin [1] et tâcher de ménager avec lui les intérêts du roi de Danemark. Mais comme ce palatin s'est éloigné depuis longtemps des intérêts de Sa Majesté, il seroit bon que les envoyés de Danemark et de Brandebourg fissent auprès de lui les premières démarches et que le sieur de la Picquetierre ne se rendît en Lithuanie qu'après que lesdits ministres auroient disposé le palatin à ce qu'ils peuvent désirer de lui.

Sa Majesté laisse aussi à la discrétion dudit sieur de la Picquetierre de prendre telle route qu'il jugera à propos pour se rendre sur la frontière de Moscovie, où, étant arrivé, les commissaires du Czar le doivent venir prendre, suivant la coutume de tout temps observée, pour le conduire et défrayer entièrement

---

1. Le palatin (gouverneur) de Vilna était alors Georges-Charles Chlebovicz, de la maison de Leliwa.

jusqu'à Moscou. Quant aux formalités qu'il doit observer tant avant que d'arriver en Moscovie que pendant le séjour de son audience, il en sera amplement informé par le mémoire que Sa Majesté fait joindre à cette Instruction et que le sieur de M...[1] a dressé sur les éclaircissements qu'il a pris en Danemark. Si le ministre de Danemark a le caractère d'ambassadeur, le sieur de la Picquetierre pourra se joindre avec lui, dans sa marche, et avec celui de Brandebourg.

Que si les uns et les autres n'ont que la qualité d'envoyés et que celui de Danemark cède le pas, comme il est juste, au sieur de la Picquetierre, ils pourront aussi faire leur voyage conjointement. Mais si le sieur de la Picquetierre y prenoit quelques difficultés, il pourra laisser frayer le passage aux autres et suivre quelques jours après : en quoi, il observera que, comme on ne peut entrer en Moscovie que par la Pologne ou par la Livonie, il vaut encore mieux qu'il prenne cette première route que la dernière, dans laquelle il pourroit trouver d'autant plus d'obstacles qu'il passeroit par les États de la couronne de Suède, pour qui son voyage ne peut être que très désagréable.

Le second point de l'Instruction de Danemark porte que le prétexte du voyage de ce ministre, et dont il doit faire aussi la matière de son audience publique, est de terminer quelques différends au sujet des frontières, de régler tout ce qui regarde la pêche près de Cola[2] et quelques autres points de commerce et de cérémonie.

Suivant ce sujet, le prétexte du voyage dudit sieur de la Picquetierre doit être l'établissement d'un commerce réciproque entre les sujets de Sa Majesté et ceux du Grand-Duc de Moscovie, et Sa Majesté fait remettre pour cet effet au sieur de la Picquetierre les mémoires des marchands qui trafiquent avec le Nord.

Le troisième point de ladite Instruction danoise porte que, un des ministres de Moscovie ayant témoigné depuis peu, dans un voyage qu'il a fait à la cour de Danemark, que le Czar son

---

1. Foulé de Martangis, ambassadeur extraordinaire de France à Copenhague, de 1681 à 1683.
2. Kola, port de pêche, dans la presqu'île de Kola, Laponie russe.

maître étoit dans la résolution de se venger de la Suède, et que si l'ingratitude de cette couronne envers la France pouvoit porter Sa Majesté à lui en témoigner son ressentiment, le Grand-Duc de Moscovie entreroit volontiers dans toutes les liaisons qu'on voudroit prendre. Pour cet effet, le roi de Danemark et l'électeur de Brandebourg sont d'avis d'en faire le véritable sujet de la négociation et de tâcher de prendre sur cela avec Sa Majesté quelques mesures.

Il est vrai que toutes ces bonnes dispositions qu'il y avoit pour lors sont entièrement changées par la mort du Grand-Duc de Moscovie, l'élection faite par les grands du royaume de son fils du second lit, âgé de dix ans, au lieu de celui du premier lit, jugé incapable à cause de ses infirmités[1], les séditions des troupes appelées gardes[2] et des soldats de la garnison de Moscou, le massacre par eux commis des principaux de cette cour[3], les pillages de leurs biens et tous les autres troubles et désordres arrivés dans ces États dont ledit sieur de Picquetierre aura été sans doute bien informé au lieu où il est. Mais comme il y aura bien de l'apparence que, avant qu'il arrive à Moscou, toutes choses seront établies en sorte qu'il y trouvera un gouvernement certain auquel il pourra s'adresser, Sa Majesté juge à propos qu'il ne diffère pas plus longtemps son voyage que le roi de Danemark et l'électeur de Brandebourg le jugeront nécessaire : en sorte qu'il arrive quinze jours au plus tard après les ministres de ces princes, et, comme la suite de la susdite Instruction porte que, pour engager ceux qui gouvernent à Moscou à prendre des mesures contre la Suède, on doit leur représenter que cette couronne a fait de grandes alliances et ensuite de puissants armements, tant par terre que par mer, que le tout ne peut tendre qu'à quelques entreprises contre ses voisins, que le Grand-Duc de Moscovie en étant un, il a tout intérêt de s'unir avec la France, le Danemark et l'électeur de Brandebourg, pour s'assister réciproquement en cas de

---

1. En effet, les boïars et le patriarche Ioakhim avaient d'abord proclamé Pierre, âgé de neuf ans, à l'exclusion de son frère Ivan.
2. Probablement les *streltsi*.
3. Sédition des *streltsi*; meurtres de Michel Dolgorouki, Artamon Matvéef, Athanase Narychkine, Cyrille Narychkine. — C'est alors qu'Ivan fut installé comme Tsar en premier, et Pierre comme Tsar en second (juin 1682).

besoin; et finalement il ne doit point s'amuser aux assurances d'amitié de la Suède, qui ne tendent qu'à gagner temps et à se mettre plus facilement en état de se faire craindre. Le sieur de la Picquetierre pourra aussi parler dans le même sens, et, comme le roi de Danemark ne donne pas pouvoir à son ministre de rien conclure, mais seulement de reconnoître si le Grand-Duc de Moscovie est dans la disposition d'entrer dans quelques engagements contre la Suède et de le faire savoir, afin qu'on lui envoie les instructions conformes à ce que les Moscovites témoigneront désirer, le sieur de la Picquetierre en usera de même aussi; et après qu'il aura rendu un compte exact à Sa Majesté de l'état où il aura trouvé cette cour et de la disposition de ceux qui gouvernent, elle lui enverra de nouveaux ordres et instructions sur la conduite qu'il aura à tenir.

Sa Majesté a déjà donné ordre qu'on lui envoie incessamment à Hambourg les présents qu'il doit faire en son privé nom au Grand-Duc de Moscovie; et il ne partira point qu'ils ne soient arrivés, et il les fera porter avec lui, comme une chose absolument nécessaire pour le succès de la négociation.

Il recevra aussi, avec cette Instruction, les lettres de Sa Majesté pour le Grand-Duc de Moscovie et pour le Patriarche[1], mais comme Sa Majesté ne peut pas encore savoir leur nom propre, elle les a fait laisser en blanc, pour être remplies par le sieur de Picquetierre lorsqu'il en sera informé.

Sa Majesté lui fait remettre avec cette instruction tous les passeports qui lui sont nécessaires pour la sûreté de son voyage et de ce qu'il doit porter avec lui.

Il recevra aussi, en même temps, les chiffres dont il se doit servir pour rendre compte à Sa Majesté de sa négociation et de ce qu'il apprendra de plus remarquable dans cette cour, et il adressera ses lettres au sieur de M....[2] à Copenhague, ou à l'abbé Bidal, à Hambourg, ou au marquis de Vitry, en Pologne, selon que l'occasion s'en présentera.

Outre ce qui est contenu dans la présente Instruction des avis ordinaires que le Roi veut que le sieur de la Picquetierre lui

---

1. Le patriarche Ioakhim.
2. Foulé de Martangis.

donne de tout ce qui se passera dans la cour de Moscou, l'intention de Sa Majesté est que tous ses ambassadeurs et ministres au dehors lui apportent, au retour de leurs emplois, une relation exacte de ce qui se sera passé de plus important dans les négociations qu'ils auront conduites, de l'état des cours et des pays où ils auront servi, des cérémonies qui s'y observent, soit dans les entrées, soit dans les audiences ou dans toute autre rencontre, du génie et des inclinations des princes ou de leurs ministres, et enfin de tout ce qui peut donner une connoissance particulière des lieux où ils auront été employés et des personnes avec lesquelles ils auront négocié : aussi le dit sieur de la Picquetierre aura soin de préparer un mémoire de cette sorte, en forme de relation, de l'emploi que Sa Majesté lui confie, pour le mettre à son retour entre les mains de Sa Majesté.

Sa Majesté ne prescrit point au dit sieur de la Picquetierre de quelle manière il doit parler dans son audience publique[1].

La mission de la Picquetière n'eut pas lieu. Mais, en 1685, une nouvelle ambassade russe, composée de Semen Iéroféévitch Almazof[2] et du *diak* Semen Ippolitof[3], apporta au Roi une lettre latine des deux souverains russes. Almazof devait lui notifier leur avènement[4] et l'entretenir de certaines affaires :

LES TSARS IVAN ET PIERRE AU ROI. — 7 JANVIER 1685 (Traduction latine de l'original russe [5].)

... Quamvis autem, ad nos magnos dominos ad nostram Czaream Majestatem, ante memorata vestra Magni Domini Vestrae Regiae Majestatis destinata legatio [6], post multum cursum temporis non apparuit, nihilomi-

---

1. Écrit en marge : « Ce voyage n'a pas été fait. »
2. Membre de la Douma. — On ne sait rien, en outre, sur lui, que ce qu'en apprennent les documents suivants : le titre de *dapifer*, que lui donne la pièce latine, doit équivaloir à celui de *stolnik*. — Elatma ou Elatom, dont il était voïévode, est situé dans la province de Tambof, à moins qu'il ne s'agisse d'Életz, dans la province d'Orel.
3. On ne sait rien de plus sur lui. — Il est en outre mentionné dans un acte russe de 1676.
4. Ivan et Pierre étaient montés sur le double trône en 1682; ils restèrent sous la tutelle de leur sœur Sophie jusqu'en 1689.
5. *A. E. Russie*, t. Ier, pièce n° 60, fol. 151. — Nous insérons ce fragment, sans le traduire, afin de donner une idée du style latin de la chancellerie de Moscou.
6. Il s'agit sans doute de la mission projetée de La Picquetière.

nus, nos Magni Domini Nostra Czarea Majestas, secundum antiquam nostrae Czareae Majestatis consuetudinem, decrevimus ad vos, fratrem nostrum, ad Vestram Regiam Majestatem, expedire nostrae Czareae Majestatis ablegatos, dapiferum ac praefectum Elatmae Simeonem Jevotheevitz Almazovum et procancellarium Semenum Ippolytovum, ipsisque mandavimus ut, pro nostra Magnis Dominis Nostrae Czareae Majestatis sanitate auspicatoque imperio, vobis fratri nostro, Magno Domino Vestrae Regiae Majestati, nunciarent, vestram fratris nostri Magni Domini Vestrae Regiae Majestatis incolumitatem ac fortunatam in vestro Regno perseverantiam viderent et nostram Czareae Majestatis Vestrae Regiae Majestati propensionem ad arctissimam amicitiam demonstrarent; nec non pro pertinentibus aliquibus negotiis proponerent, ut in posterum, inter nos Magnos Dominos Nostram Czaream Majestatem atque vos fratrem nostrum Magnum Dominum Vestram Regiam Majestatem, fraterna amicitia ac charitas augeatur; vos autem, frater noster Magnus Dominus Vestra Regia Majestas, jubeatis hisce nostris ablegatis Nostrae Czareae Majestatis praesentare se vobis coram legatione sua; atque, post praesentatam legationem, instructionem negotiorum apud ante nominatos ablegatos mandare exaudiri suis Regiae Majestatis intimis consiliariis; quae vero praedicti Nostrae Czareae Majestatis ablegati, secundum Nostri Magni Domini Nostrae Czareae Majestatis mandatum, in conferentiis proponent, fidem illis exhibeatis ; post finem autem negotiorum illorum, ad nos Magnos Dominos Nostram Czaream Majestatem ipsos dimittere. His significatis, etc.

On ignore absolument quelles étaient ces affaires dont les envoyés russes devaient entretenir le Roi de France. Aucun historien, à notre connaissance, n'a parlé de cette ambassade, et Le Dran n'en fait pas mention.

Louis XIV se borna, en congédiant les envoyés, à répondre aux deux Tsars dans le même style vague qui caractérisait leur missive :

AUX TSARS DE MOSCOVIE. — RÉPONSE A LA LETTRE QUE LEURS AMBASSADEURS ONT APPORTÉE [1]

Du   juillet 1685, à Versailles.

Très hauts, très excellents, très puissants et très magnanimes princes, nos très chers et parfaits amis, czars et grands-ducs, Jean et Pierre, fils d'Alexis, autocrateurs de toute la Grande, Petite et Blanche Russie, Moscovie, Kiowie, etc.,

La part que Vos Majestés nous ont donnée, tant par la lettre qu'elles nous ont écrite, le 7 janvier dernier, que par la bouche de leurs ambassadeurs, Siméon Almazow, fils de Jérothée [2], votre maître d'hôtel, gouverneur d'Élatz [3], et Semenw Hippolytw, votre vice-chancelier, de votre heureux

---

1. *A. E. Russie*, t. Ier, pièce n° 58, fol. 147. — Variante : pièce n° 51, fol. 156. — Traduction latine, pièce n° 62, fol. 158.
2. Variantes : « Semeonu Ievotée Almazow... gouverneur d'Ielatmaw; — *Semeonem Jevothevitz Almazow dapiferum ac præfectum Elatmæ.* »
3. Peut-être faut-il lire : *Életz.*

avènement à l'empire de la Grande et Petite Russie, et de la parfaite union avec laquelle elles gouvernent ces grands États, nous a été d'autant plus agréable qu'ayant toujours fait une estime très particulière de la bonne correspondance et amitié qu'ont entretretenues avec nous les défunts grands-ducs de Moscovie et de Russie, Alexis et Théodore[1], père et frère de Vos Majestés, nous sommes bien aise d'apprendre qu'elles sont dans la même disposition et que nous pourrons continuer avec elles, comme nous le désirons, cette bonne intelligence qui peut être utile, de part et d'autre, au commerce de nos sujets.

Nous avons aussi écouté, avec d'autant plus de joie ce qui nous a été dit par vos dits ambassadeurs, qu'après nous avoir informé de la parfaite santé dont Vos Majestés jouissent, ils nous ont témoigné combien elles s'intéressent à la nôtre et aux prospérités dont il plaît à Dieu combler notre règne.

Et comme nous ne pouvons pas mieux témoigner envers la divine Providence la reconnoissance que nous avons de tous les glorieux succès qu'elle a toujours donnés à nos armes, qu'en employant nos principaux soins à maintenir la tranquillité que nous avons procurée à la plus grande partie de l'Europe par des traités de trêve[2], nous ne souhaitons rien aussi, présentement, avec plus d'ardeur que de faire jouir longtemps la chrétienté d'un si grand bonheur.

C'est ce que nous avons fait entendre à vos ambassadeurs, et nous les avons si particulièrement instruits de nos intentions sur toutes les propositions qu'ils nous ont faites, que nous ne doutons pas qu'ils n'en rendent un compte fort exact à Vos Majestés, nous ayant aussi donné tout sujet d'être satisfait de la bonne et sage conduite qu'ils ont tenue à notre cour, et de tout ce qu'ils nous ont dit de la part de Vos Majestés.

Nous prions Dieu, Très hauts, très excellents, etc., qu'il veuille tenir Vos Majestés à sainte et digne garde.

Écrit à Versailles[3]...

Si, en 1683, lorsqu'on rédigea l'Instruction pour La Picquetière, le Roi de France s'était trompé en espérant engager la Russie dans sa nouvelle politique, Sophie et son conseiller Galitsyne commirent une méprise tout aussi grave en croyant pouvoir entraîner Louis XIV dans une coalition contre les Turcs[4] : coalition où figuraient au premier

---

1. Alexis Mikhaïlovitch et Feodor Alexiévitch.
2. La trêve de Ratisbonne, août 1684.
3. Une des pièces qui suivent est une ordonnance de 6 000 livres pour la subsistance des ambassadeurs moscovites, au nom du sieur de la Ville. — Une mention au verso du folio 154 est ainsi conçue :
« Les ambassadeurs de Moscovie demandent une plus grande conférence et prompte expédition. »
4. La pièce suivante (*A. E. Russie*, t. II, fol. 72), qui est en latin, et où les effectifs de l'armée russe sont démesurément exagérés, doit émaner de la cour de Moscou. Elle était sans doute destinée à donner confiance à Louis XIV dans la puissance des alliés qui s'offraient à lui.
Les troupes désignées dans cette pièce sont successivement : la cavalerie noble de Moscovie ou les *enfants-boïars*; l'infanterie moscovite, les mercenaires d'Europe, les *streltsi* (alors armés du mousquet); les contingents, cavalerie et infanterie, de Novgorod et Pskof; les contingents russes de Kazan et Riazan; les Tatars de

rang la maison d'Autriche et le pape Innocent XI, notre ennemi déclaré. C'était le moment où, par ses conquêtes en pleine paix, par ses chambres de réunion, par le siège de Luxembourg, par la surprise de Strasbourg et de Casal, par ses confiscations sur la maison d'Orange et la maison de Deux-Ponts, par son intervention dans la succession palatine et dans la succession archiépiscopale de Cologne, Louis XIV avait tourné toute l'Europe contre lui. L'ennemi pour lui, c'était avant tout la maison d'Autriche; l'allié nécessaire, c'était le sultan.

En même temps qu'il assiégeait Luxembourg en 1683, Mohammed IV, à son instigation, avait mis le siège devant Vienne. Jean Sobieski avait contrecarré notre politique en battant les Turcs sous les murs de la capitale autrichienne, et Louis XIV ne l'avait pas encore pardonné au roi de Pologne. Les victoires du duc Charles de Lorraine sur les Ottomans nous étaient presque aussi nuisibles que s'il les eût remportées sur les troupes du Roi. La prise de Bude en 1686, la bataille de Mohacz en 1687, l'intervention des Vénitiens en Grèce, étaient autant de coups frappés indirectement sur nous, car, en dégageant la maison d'Autriche d'un danger formidable, elles préparaient le terrain pour la formation de la grande coalition contre la France : la ligue d'Augsbourg. C'était l'époque où les pamphlétaires flétrissaient l'alliance étroite du Grand Turc et du Petit Turc (Louis XIV) et dénonçaient à l'Europe *la France turbanisée*.

Aussi on peut penser si les envoyés de Sophie, le prince Jacob

---

Kazan et Astrakan; les Russes de Sibérie et les auxiliaires des Nogaïs et autres tribus tatares; les Kalmouks; les Kosaks du Don, du Jaïk; les Zaporogues et autres Kosaks du Dniéper.

Voici ce document :

Numerus exercituum Moscoviæ.

Primus exercitus nobilitatem universam equestrem moscoviticam complectitur, numerabitque	120 000
Peditatus selectissimus Moscoviæ, et militum externorum, cum sclopetariis moscoviticis	60 000
Secundus exercitus, ex inferioribus regionibus Novogardiæ, et Plescoviæ, conflabit equitatum numerantem	30 000
Peditatum vero	20 000
Tertius exercitus Cazaniæ et Rozaniæ conflabit equitatum numerantem	25 000
Tartari Cazaniæ et Astracaniæ equitatum constituent numerantem	15 000
Peditatum	23 000
Ex Sibjria cum stipendiariis Nagaiensibus, Iedisanensibus, Oczizensibus, equitatus erit	45 000
Kalmukenses Tartari equites	24 000
Dunenses et Jazchenses Cosacchi pedites	25 000
Cum supremo duce Cosaccorum Zaporogiensium, citra et ultra Borysthenem, equites	86 000
Peditus	54 000
Summa equitatus	370 000
Summa peditatus	157 000
Integra summa	527 000

Dolgorouki et le prince Jacob Mychetski[1], devaient être les bienvenus, quand, en août 1687, ils vinrent proposer à Louis XIV d'entrer dans la Sainte-Ligue contre le sultan. A travers les égards qu'on tient à observer envers eux, on devine l'irritation et la méfiance causées par une visite aussi opportune.

Quand ils débarquèrent à Dunkerque avec une suite de cent cinquante personnes, dont douze hallebardiers « vêtus à la persane », le gentilhomme Storf[2] fut envoyé au-devant d'eux avec l'Instruction suivante[3] :

Le Roi ayant été informé qu'il est arrivé à Dunkerque un (sic)[4] ambassadeur de Moscovie, Sa Majesté ordonne au sieur Storf de s'y rendre incessamment en poste, accompagné du sieur du Kros et de faire premièrement connoître aux (sic) ambassadeurs que Sa Majesté a été surprise d'apprendre qu'il soit arrivé dans ses États avec une suite si nombreuse sans lui en avoir fait donner avis auparavant. Et s'il dit qu'il avoit envoyé un gentilhomme pour cet effet, le dit sieur Storf lui répondra qu'il est vrai qu'il étoit arrivé un courrier qui est qualifié tel dans son passeport, mais que cet homme ayant eu l'insolence de ne vouloir parler qu'à la personne même de Sa Majesté, il avoit été renvoyé : d'autant plus que l'usage observé dans la cour d'un si grand monarque est que les ambassadeurs mêmes des plus grands rois et princes de l'Europe s'adressent premièrement au ministre des affaires étrangères, qu'ils lui font voir leurs lettres de créance et l'informent du sujet pour lequel ils sont envoyés vers le Roi son maître ; après quoi, Sa Majesté pourvoit à ce qu'ils soient reçus à son audience avec tous les honneurs dus aux ambassadeurs de ceux qui les envoient. Quelque résolution que prennent lesdits ambassadeurs (sic) sur cette déclaration, ledit sieur Storf en donnera avis par un courrier à Sa Majesté, l'intention de Sa Majesté étant, au cas qu'ils n'aient point de prétentions chimériques et déraisonnables, de leur envoyer un maître d'hôtel avec les voitures nécessaires pour les amener et de leur faire rendre partout les honneurs qui leur sont légitimement dus. Mais s'ils forment des prétentions insoutenables, ledit sieur Storf leur déclarera qu'il est inutile qu'ils se donnent la peine de continuer leur voyage, et les fera nourrir dans les cabarets jusqu'à ce qu'il ait reçu de nouveaux ordres de Sa Majesté.

Les sources russes nous apprennent que Storf s'acquitta ponctuellement de sa mission. Les envoyés racontèrent ensuite qu'il commença par leur expliquer, « par ordre de Sa Majesté, quel était l'usage observé en France par les ambassadeurs des têtes couronnées ; il

---

1. Solovief, *Istoria Rossii*, t. XIV, pp. 61-65 et suiv., d'après les Archives de Moscou. *Société impériale d'histoire de Russie*, t. XXXIV, pp. 11-19. — Moritz Posselt, ouvrage cité, pp. 365 et suiv.
Il s'agit évidemment du prince Jacob Feodorovitch Dolgoroukof (ou Dolgorouki), sénateur, né en 1639, mort en 1720, président de la chancellerie de guerre, confident intime de Pierre le Grand, et chargé de plusieurs missions. — Mychetski ne peut être sûrement identifié, pas plus que le *diak* qui les accompagnait.
2. Et non pas Torff, comme on l'a quelquefois imprimé.
3. *A. E. Russie*, t. Ier, pièce n° 64, fol. 160.
4. Au courant de cette pièce, on voit que la cour de France ne sait pas encore s'il s'agit d'*un* ou de *plusieurs* ambassadeurs.

leur fit entendre que, s'ils n'étaient point sûrs de s'y conformer, elle ne désirait point qu'ils fussent reçus dans son royaume et qu'il valait mieux, pour le maintien de la bonne correspondance qui existait entre elle et les Czars, qu'ils prissent le chemin ailleurs que de forcer Sa Majesté, par des prétentions contraires à ce qui se pratiquait et par le mépris de ses ordres et règlements, à les renvoyer ». Sur quoi ils exprimèrent leur étonnement de telles questions, qu'ils assuraient n'avoir jamais été posées auparavant, mais, paraît-il, promirent d'observer exactement ce qui leur était prescrit. Puis, comme la douane de Dunkerque avait plombé leurs bagages pour qu'ils ne fussent ouverts qu'à Paris, les ambassadeurs ou leurs serviteurs rompirent les sceaux, et, un exempt étant venu les empêcher de vendre les marchandises qu'ils avaient apportées avec eux, il fut insulté par les domestiques, et un des ambassadeurs le menaça de son poignard. De son côté, Louis XIV avait essayé de ne pas les recevoir : il avait ordonné au ministre des affaires étrangères de leur signifier qu'il était inutile d'ouvrir des négociations, et de leur remettre une lettre royale sans aucune cérémonie. Dolgorouki protesta énergiquement : il n'accepterait lettre ou présent que des mains du Roi, en audience royale. Comme on lui disait que le Roi se montrait fort irrité de son obstination, il répondait que la colère du Roi, la mort même, ne l'obligerait pas à prendre ces lettres. On lui offrit des présents : il les refusa. On menaça de les fourrer de force dans ses bagages : il dit qu'il abandonnerait ses voitures; qu'il ne craignait pas le courroux du Roi et qu'il obéissait au Tsar. On essaya de le prendre par la famine, en supprimant la subvention destinée à le défrayer, retirant les officiers mis à son service, démeublant même l'hôtel où il était descendu. Il s'obstina si bien à ne point partir sans avoir obtenu une audience du Roi que les Français furent obligés de céder.

Il fut convenu qu'il aurait une seconde audience du ministre, non pas à Paris, mais à Saint-Denis, et qu'ensuite il serait admis à l'audience royale.

La conférence que les envoyés russes eurent à Saint-Denis avec Colbert de Croissy le 1er septembre 1687, et dont un extrait nous a été conservé[1], est infiniment curieuse.

D'après ce procès-verbal, qui diffère notablement du rapport qu'ont dû faire les ambassadeurs en rentrant chez eux, à la proposition d'entrer dans la ligue contre les Turcs, Croissy aurait répondu : « ... Qu'en l'état où étoient les choses, il faudroit que Sa Majesté fût aussi imprudente qu'elle est sage pour vouloir déclarer la guerre aux Turcs et joindre ses armes à celles des autres princes chrétiens; qu'elle n'est pas accoutumée de déclarer la guerre, si on ne lui a donné de

---

1. Soc. imp. d'hist. de Russie, volume cité. — SOLOVIEF, t. XIV, pp. 62-64.

justes sujets, *et si elle n'a la plus grande part à la gloire;* que l'on apprenoit les succès prodigieux des armées chrétiennes en Hongrie et en Morée;... que d'ailleurs elle avoit fait renouveler par son ambassadeur à la Porte les anciennes capitulations que ses prédécesseurs avoient faites avec les empereurs ottomans; que Sa Majesté ruineroit par cette infraction le commerce que ses sujets faisoient au Levant; qu'elle ne pouvoit envoyer que de petits corps; qu'outre que cela lui causeroit de grandes dépenses, les pays du Turc étoient si éloignés qu'avant qu'ils y fussent arrivés, les armes chrétiennes auroient entièrement tout conquis; qu'elle avoit besoin de ses troupes pour se garantir de l'invasion de ses voisins, qui publioient qu'aussitôt qu'ils auroient fait la paix avec le Turc, ils ne manqueroient pas de venir attaquer ses États. »

Le rapport des envoyés russes, d'après les extraits qu'en donne Solovief, prête même au ministre du Roi des propos d'une netteté qu'on ne trouve pas dans l'extrait français du procès-verbal. D'abord, Colbert de Croissy se plaignait amèrement de la façon dont étaient traitées les troupes royales, envoyées en 1664 au secours de l'Empereur : « Les troupes impériales leur ont fait les plus grandes misères; elles les ont fait camper aux plus mauvais endroits, où il n'y avoit pas de vivres, et où l'on ne pouvoit se procurer même du pain; elles les ont exposées les premières aux sabres de l'ennemi; aussi les troupes françoises ont-elles éprouvé des pertes effroyables, sans recueillir de gloire, toute la gloire étant pour l'Empereur, et sans aucun dédommagement pour nous. » Colbert de Croissy ajoutait ces paroles significatives : « Le Roi ne peut entrer dans l'alliance, parce qu'entre l'Empereur et lui il y a une inimitié immémoriale, perpétuelle; au contraire, entre le sultan et lui, il y a une paix perpétuelle et une amitié solide... De quelle raison feroit-il preuve, à la face du monde, et quelle gloire lui reviendroit-il s'il s'avisoit d'aider un ennemi contre un ami? C'est ce que le Roi ne fera jamais. »

Les ambassadeurs finirent par se rabattre à demander que le Roi ne troublât point par une déclaration de guerre contre quelqu'un des confédérés la prospérité des armes chrétiennes : à quoi il fut répondu que, si les confédérés ne lui donnaient pas des sujets légitimes de guerre, le Roi « seroit toujours fort aise qu'ils continuassent d'employer leurs armes à soumettre les infidèles ».

Les Russes parlèrent ensuite du désir qu'avaient leurs maîtres de voir fleurir le commerce des deux nations, des avantages que présentait le port d'Arkhangel, de la nécessité d'envoyer des ambassadeurs français en Russie pour traiter de ces matières. Croissy dit ensuite que « les Czars, leurs maîtres, feroient plaisir à Sa Majesté de faciliter ce passage (par la Sibérie) aux jésuites et autres missionnaires qui vont à la Chine. » Dolgorouki répondit « qu'il n'avait pas d'ordres là-dessus de ses maîtres, mais qu'il ne doutait pas qu'ils n'y contribuassent volontiers ».

Après l'audience royale qui eut lieu à Versailles, de nouvelles difficultés s'élevèrent pour le titre de *grand seigneur* (*vélikii goçoudar*) que, les envoyés réclamaient pour leur maître, et qui ne figurait pas dans la lettre royale et qu'on leur affirmait n'avoir jamais été accordé à personne. Leur obstination les fit de nouveau mettre en quarantaine, privés de la subvention et abandonnés de tout le monde. Quand ils demandèrent leurs passeports pour l'Espagne, on leur interdit de traverser la France : ils devaient s'embarquer au Havre. Au Havre, nouvelle sommation de prendre les présents que leur avait accordés le Roi, sinon il leur serait interdit de partir. Ils furent bien obligés de céder. En Espagne, ils devaient être beaucoup mieux reçus; et cela se comprend. Toutefois, quand ils y demandèrent un emprunt de deux ou trois millions de thalers, on allégua les grandes dépenses de l'État et la détresse du trésor [1]. En France, ils laissèrent un souvenir fâcheux dont Le Dran s'est fait l'écho [2].

Cependant il est bon de noter que l'Académie des Inscriptions frappa une médaille en l'honneur de cette ambassade. Un auteur anonyme profita de la curiosité que celle-ci avait éveillée dans le public français pour publier la *Relation curieuse de la Moscovie*, rééditée plusieurs fois depuis, notamment dans la *Bibliothèque russe et polonaise* (1861) [3].

En Russie même, la politique belliqueuse de Sophie ne lui réus-

---

1. Une demande analogue fut présentée en Angleterre et en Hollande, à la même époque, par un autre envoyé russe, Postnikof, qui devait ensuite se rendre dans le même dessein à la cour de Florence.

2. « Ils parurent être plutôt des marchands, qui voulaient être défrayés et vendre leurs marchandises sans payer de droits, que des ambassadeurs qui eussent quelque affaire d'État à traiter; c'est pourquoi on ne fut pas content d'eux, et le Roi leur fit déclarer qu'il ne prétendait pas défrayer les ambassadeurs que le Czar lui enverrait, et qu'il donnerait aussi de sa part à ceux qu'il enverrait au Czar de quoi subsister sans lui être à charge. » LE DRAN, *Société impériale d'histoire de Russie*, t. XXXIV, pp. 3-4.

On lit aussi dans un Mémoire de 1721 : « Le sieur Ogorouki [Dolgorouki], que les Czars Jean et Pierre envoyèrent à Paris en 1687 avec la qualité d'ambassadeur, se conduisit si mal pendant le séjour qu'il fit en France, et se rendit si peu agréable au Roi et à toute la nation françoise, qu'il ne seroit pas parvenu à conclure le traité de commerce proposé en 1684, quand même il auroit trouvé dans les ministres de Sa Majesté plus de désir d'entrer dans cette discussion; l'on confirma seulement, de part et d'autre, par des assurances verbales, les promesses renouvelées réciproquement en 1681 sur ce sujet. » — *A. E. Russie, Mémoires et documents*, t. III, pièce n° 4, fol. 4.

Voyez encore, dans ROUSSET, *le Cérémonial diplomatique*, t. Ier, p. 112, la « réception de Knez Jacob Fœdorowitz Dolgorouki, gouverneur de Sibérie, Knès Jacob Iwsim Boscoyé (sic) et Kirilow Worfolamiewitz, chancelier du Czar, ambassadeurs extraordinaires de Russie ».

3. Il ne faut pas confondre cet ouvrage avec celui de LA NEUVILLE, indiqué à la note suivante. — C'est une compilation d'ouvrages antérieurs, très courte.

sissait pas : les deux expéditions que son favori Galitsyne dirigea, en 1687 et 1689, dans les steppes des Tatars de Crimée, à la tête de cent cinquante mille hommes, aboutirent à un double échec : ce qui n'empêcha point la Tsarévna de décerner à son favori les honneurs d'une entrée triomphale dans Moscou.

Son gouvernement avait conservé une vive rancune du traitement fait en France à ses ambassadeurs. Peu de temps après le départ de ceux-ci, Louis XIV avait remis à deux jésuites, qui voulaient se rendre à la Chine par la Moscovie, les PP. d'Avril et Beauvollier[1], la lettre suivante aux deux Tsars régnants :

Très hauts, très excellents, très puissants et très magnanimes princes, nos très chers frères et parfaits amis, czars et grands-ducs Jean et Pierre, fils d'Alexis, autocrateurs de toute la Grande, Petite et Blanche Russie, etc.

Étant bien aise de favoriser, en tout ce qui dépend de nous, les pieux desseins des Pères jésuites, nos bons et fidèles sujets, qui vont en mission à la Chine et autres pays orientaux, pour annoncer l'Évangile et donner la connoissance du vrai Dieu aux peuples qui habitent ces climats, et pour y faire en même temps les observations nécessaires pour la perfection des arts et sciences, ce qui regarde également l'avantage de toutes les nations, et étant informés de la facilité qu'il y a à aller à la Chine par vos États, nous vous prions de faire donner à ces Pères toutes les permissions dont ils auront besoin, non seulement pour aller et venir par les terres de votre domination, mais même pour y recevoir toute sorte de protection et de secours, sur l'assurance que nous vous donnons de faire le semblable en pareil cas, lorsque nous en serons priés et requis par vous. Sur ce, nous prions Dieu, très hauts, etc., etc., qu'il veuille tenir Vos Majestés en sa sainte et digne garde.

Écrit à Fontainebleau, le 8ᵉ jour d'octobre 1687.

Votre bon frère et parfait ami

Louis.

Contresigné : Colbert.

A leur arrivée en Pologne, d'Avril et Beauvollier trouvèrent des indices qui leur firent douter du succès de leur mission. Le P. d'Avril écrit :

« Comme les députés que la cour de Moscou avoit envoyés à la diète de Pologne, selon la coutume, avoient parlé en diverses occasions du mécontentement des ambassadeurs qui étoient venus en France, et que d'ailleurs ils débitoient sous main la fausse nouvelle d'un combat donné entre l'armée des Czars et celle de l'empereur de la Chine, où l'on assuroit même que deux jésuites avoient été pris par

1. Ce sont les auteurs du *Voyage en divers États d'Europe et d'Asie, entrepris pour découvrir un nouveau chemin à la Chine*, un volume in-18, Paris, Boudot, 1693. — Sur le gouvernement de Sophie et Galitsyne, consulter aussi La Neuville, que M. de Béthune avait envoyé de Pologne à Moscou, où il resta les six derniers mois de 1689 en qualité d'agent secret : *Relation nouvelle et curieuse de la Moscovie*. Paris, 1698 (in-12, 231 pages), et la Haye, 1699.

les Moscovites, je prévis bien dès lors que ces bruits étoient autant d'avant-coureurs du refus qu'ils vouloient nous faire du passage de la Sibérie, quoiqu'ils nous l'eussent promis si solennellement. »

D'Avril pria M. de Béthune[1] d'écrire au prince Galitsyne pour recommander encore les missionnaires. Cette lettre[2] resta sans réponse. Cependant un envoyé du roi de Pologne, Lazinski, les conduisit à Moscou ; mais, à peine arrivés, ils reçurent la visite d'un *pristaf*, qui leur enjoignit de repasser la frontière. Puis, comme l'ambassadeur polonais les couvrait de sa protection et qu'on apprit qu'ils étaient porteurs d'une lettre de Louis XIV, le prince Galitsyne envoya s'excuser, leur accorda une audience, « prit avec respect la lettre du Roi », et leur promit une prompte réponse du conseil impérial. Mais l'envoyé de Brandebourg, paraît-il, fit « souvenir les Moscovites du mécontentement de leurs ambassadeurs en France, en leur représentant le tort que faisait à la ligue qu'ils avaient conclue depuis peu avec l'Empire la conquête du Palatinat, et en leur rendant suspecte la qualité de mathématiciens dont Sa Majesté nous avait honorés ». On trouva peut-être aussi, comme écrivait Keller, le résident hollandais, que « cette secte rusée et turbulente faisait, en ce moment, beaucoup trop de bruit ». Quoique le prince Galitsyne s'employât en leur faveur, le passage pour la Chine fut refusé et injonction fut faite de nouveau d'avoir à repasser la frontière. Des menaces et des avanies qu'éprouva leur protecteur le déterminèrent à céder : les jésuites repartirent. Tel fut l'épilogue de l'ambassade russe de 1687, et tel fut le contre-coup, dans la lointaine Moscovie, des affaires du Palatinat. Au reste, Keller constatait que « l'animosité des Russes contre les Français croissait de jour en jour ».

La défiance du gouvernement moscovite envers la célèbre Compagnie s'accentua encore quand Pierre Ier eut renversé sa sœur Sophie (1689) et pris en main le pouvoir absolu : même les jésuites allemands qui étaient déjà installés à Moscou reçurent l'ordre de partir[3].

---

1. Revenu en Pologne, après le départ du marquis de Vitry. — Louis Farges, *Instructions*, etc., *Pologne*, t. Ier, p. 179.
2. Cette lettre, comme celle du Roi, reproduite ci-dessus, se trouve, mais sans date, dans le *Voyage en divers États*, etc., pp. 204 et 216.
3. Voyez sur tout ceci Moritz Posselt, ouvrage cité, t. Ier, pp. 428 et suiv.

V

M. BALUZE

ENVOYÉ EXTRAORDINAIRE — PREMIÈRE MISSION

1702-1704

Pierre Ier commençait à devenir Pierre le Grand. Reprenant, mais avec plus d'énergie et de bonheur, les plans de Sophie et de Galitsyne contre les musulmans, il conquérait Azof en 1696, faisait une entrée triomphale, à la romaine, dans Moscou, et, à Varsovie, le nom du Tsar fut acclamé par le peuple. Il travaillait énergiquement à civiliser son empire. En 1697 [1], il accomplissait son premier voyage en Occident, visitait la Hollande et y travaillait comme constructeur de navires, passait en Angleterre et s'y entretenait avec Guillaume III, se rendait à Vienne et détournait Léopold de faire la paix avec les Turcs. Dans ce premier voyage, il ne vint pas en France. Ses attaques contre les Ottomans avaient trop contrarié notre politique, et Pierre n'était pas encore assez illustre et puissant pour que Louis XIV pût passer sur ce grief. En outre, on pouvait attribuer, en partie, à l'influence russe l'échec de la candidature de Conti au trône de Pologne. Ce prince avait été élu en juin 1697 sur le champ de Wola ; mais son rival, Auguste de Saxe, avait profité de son absence pour s'installer à Varsovie. D'autre part, « l'animosité » contre les Français, signalée par Keller, subsistait parmi les Russes. Ils nous trouvaient, ils allaient nous trouver partout sur le chemin de leurs

---

[1]. A cette date se rapporte aussi le voyage du boïar Boris Pétrovitch Chérémétief (1697-1699) à Cracovie, Venise, Rome et Malte, dont le *Journal de voyage* a été publié en 1859 dans la *Bibliothèque russe et polonaise* (pour la première fois en 1773, dans l'*Ancienne Bibliothèque russe* de Novikof).

ambitions : en Pologne, à Constantinople, dans la question des Lieux saints. Adrien, le patriarche de Moscou, écrivait au Tsar : « Les Français à Jérusalem sont pires que les Turcs; ils ont pris le Saint-Sépulcre, la moitié du Golgotha, détruit les icones orthodoxes et la table de communion. »

Les rapports allaient se gâter encore plus. Au moment même où commençait chez nous la guerre de la Succession d'Espagne et où l'alliance traditionnelle de la Suède nous était plus nécessaire que jamais, Pierre le Grand commençait contre Charles XII la guerre du Nord. La bataille de Narva est de 1700 ; notre première défaite, celle de Chiari, est de 1701. Sans nous viser directement, Pierre le Grand se trouvait l'ami de tous nos ennemis, le Brandebourg, l'Empereur, le roi de Pologne, et l'ennemi de tous nos alliés, les Ottomans et les Suédois.

Cependant, comme il ne nourrissait pas de sentiments hostiles à notre égard, qu'il était un admirateur convaincu de Louis XIV, dont il proposait le glorieux exemple à son fils, qu'il n'avait qu'un but, démembrer la Suède, qu'à cet effet tout secours lui était bon, et qu'enfin il ne désespérait pas de nous ramener à lui, il cherchait à impressionner favorablement l'opinion du Roi et de la nation française.

En 1703, il entretenait à Paris, mais sans caractère diplomatique, un agent nommé Postnikof. Il lui envoyait, pour qu'il tâchât de les faire parvenir au Roi ou à ses ministres, des relations de ses victoires. Postnikof demandait, en outre, des extraits des oukazes de réformes, car, disait-il, « il est bon que les glorieux faits de Sa Majesté soient connus dans cette glorieuse cour, et dans une langue qui est parlée, ou peu s'en faut, par l'Europe entière ». Postnikof était chargé d'acquérir à Paris des instruments, des vêtements brodés d'or, d'y embaucher des maîtres des métiers et autres gens de mérite. Il sollicita même de Torcy l'autorisation royale d'enrôler des chirurgiens. On lui répondit qu'on ne savait s'ils voudraient aller si loin ; ils étaient très rares et demandaient très cher, à cause de la guerre : pas moins de mille écus par an. « Outre cela, ajoutait Postnikof, ils croiraient aller au bout du monde en allant à Moscou ; le diable sait ce qu'ils disent ; à peine entendent-ils parler de Moscou, ils croient que c'est à la frontière des Indes. » Postnikof envoyait aussi des renseignements politiques ; le renversement du roi Auguste par Charles XII avait réveillé les ambitions du prince de Conti au sujet du trône de Pologne; mais il n'y a rien à craindre, faisait savoir l'envoyé russe : « il n'y a plus d'argent ici. » Un autre jour, il signalait l'envoi d'un jésuite à Constantinople : « Ce soldat de la Compagnie de Jésus sait l'arabe à fond ; quand il aura changé de costume et coiffé le turban, on ne pourra reconnaître si c'est un disciple de Jésus ou du diable. Ce n'est pas seulement aux affaires de l'Église, mais à celles de l'État, que sont propres les jésuites, et ces fortes têtes de la Compagnie sont bonnes à tout[1]. »

Ces égards que Pierre témoignait à Louis XIV, cette recherche manifeste de son estime, firent croire à la cour de France qu'on pourrait le détourner de la guerre suédoise, le déterminer à faire la guerre à l'Empereur, en un mot l'entraîner dans notre système politique. On avait même conçu l'espérance, au moins singulière, d'obtenir de lui un prêt d'argent. De là, la première mission de Baluze à Moscou.

Jean-Casimir Baluze, fils d'Antoine Baluze, était né à Varsovie, le 5 août 1648, et avait eu pour parrain le roi Jean-Casimir, dont il fut d'abord page, puis gentilhomme de la chambre. Passé au service de France, il fut chargé de missions en Hongrie, par Bonsy, Forbin-Janson et le marquis de Béthune, ambassadeurs du Roi à Varsovie. Béthune le prit pour secrétaire et, en quittant Varsovie (1692), obtint qu'il fût chargé de la correspondance jusqu'à l'arrivée du vidame d'Esneval, successeur du marquis. Une Instruction de mars 1692, relative aux affaires de Pologne, prescrit à Baluze, en attendant l'arrivée de d'Esneval, de disposer la reine à faire une paix séparée avec les Turcs, moyennant que ceux-ci lui céderaient la forteresse de Kaminiets, et de se tenir en relations intimes avec M. de Châteauneuf, ambassadeur du Roi à Constantinople. Baluze conserva sa situation de secrétaire avec d'Esneval, puis avec Polignac, tous deux ambassadeurs, et du Héron, envoyé en Pologne[2].

C'est à Varsovie que vint le trouver l'ordre de partir pour Moscou, avec l'Instruction suivante, qui témoignait d'étranges illusions à la cour de Versailles.

Il est vrai que, comme le fera savoir plus tard Matvéef au Tsar, Postnikof avait donné à cette cour des assurances formelles que Baluze serait bien reçu[3].

D'autre part, du Héron transmettait à Versailles la lettre suivante du chancelier Golovine, qui semblait, en effet, pleine de promesses :

COPIE DE LA RÉPONSE DE M. GOLOWIN[4], CHANCELIER DU CZAR DE MOSCOVIE,
A M. DU HÉRON

Moscou, le 27 décembre 1701[5].

Monsieur,

Je viens de recevoir ces jours passés avec beaucoup de plaisir une lettre de vous, par laquelle vous avez pris la peine de me faire connoître votre

---

1. SOLOVIEF, *Istoria Rossii*, t. XV, pp. 67 et suiv.
2. Voir L. FARGES, *Instructions, Pologne*, pp. 191 et suiv.
3. SOLOVIEF, *Istoria Rossii*, t. XV, p. 71.
4. Le comte Féodor Alexiévitch Golovine, général-amiral et feld-maréchal, né en 1650, mort en 1706.
5. *A. E. Russie*, t. II, pièce 34.

resouvenir de moi et de réitérer les marques de votre bonne disposition que vous avez pour conserver cette agréable harmonie qui doit être entre nous deux. Je serai, Monsieur, toujours bien aise d'entretenir une correspondance avec vous, je chercherai tous les moyens d'en mettre en exécution pour la satisfaction de nos maîtres et de nous-mêmes. Je m'appellerai aussi heureux, quand je pourrai conserver d'avenir l'estime que j'ai à présent pour vous. Sa Majesté a eu une très grande satisfaction de ce que Sa Majesté Très Chrétienne a voulu bien recevoir ces sentiments et son estime qu'il a pour lui, par la relation que vous en avez donnée. Le grand Czar, mon maître, persiste toujours dans la même disposition et dans les mêmes sentiments pour Sa Majesté Très Chrétienne. Il tâchera toujours de cultiver son amitié, il croira nécessaire la continuation d'avoir une bonne intelligence avec lui. L'union étroite et l'alliance intime entre ces deux héros de ce siècle seroit assurément un très grand objet de l'admiration dans toute l'Europe, et seroit même, à ce que je crois, fort avantageuse pour son repos.

Je ne doute point, Monsieur, que Sa Majesté n'y auroit trouvé un allié très bon, très fidèle et très bien intentionné, puisque Sa Majesté Très Chrétienne en a donné plusieurs fois de grandes preuves.

Sa Majesté est fort sensible à la bonne volonté de Sa Majesté Très Chrétienne, par laquelle elle offre sa médiation entre lui et la Suède. Sa Majesté ne manquera pas d'en récompenser de son côté avec ses soins en de pareilles occasions.

Si on vouloit, Monsieur, faire quelque traité, on choisiroit bien la place plus propre pour cela, ou Copenhague ou une autre. Les intérêts de cette cour, après avoir été convertis en cendres et poussière par quelques puissances, il semble qu'ils commencent à renaître comme un phénix, avec l'avantage pour ceux qui en ont été la cause, mais chacun veut se conformer au temps dans lequel trouve son mieux.

Je peux vous assurer, Monsieur, que tous ceux qui seront recommandés par vous auront un accueil favorable de moi.

Je suis, Monsieur, votre très humble et très obéissant serviteur.

C'était donc sur toutes ces assurances, et d'autres encore, qu'on avait fait partir Baluze.

MÉMOIRE POUR SERVIR D'INSTRUCTION AU SIEUR DE [1] BALUZE ALLANT A MOSCOU EN QUALITÉ D'ENVOYÉ EXTRAORDINAIRE DU ROI AUPRÈS DU GRAND-DUC DE MOSCOVIE. — 28 SEPTEMBRE 1702, A FONTAINEBLEAU [2].

Il y a déjà quelque temps que Sa Majesté est avertie que le Grand-Duc de Moscovie souhaite d'entrer dans l'honneur de son

---

1. Dans nos documents, c'est tantôt de Baluze et tantôt Baluze.
2. *A. E. Russie*, t. II, fol. 170. — Consulter aussi, *ibid.*, *Mémoires et documents*, t. III, pièce 5, fol. 96.

alliance, et qu'il est désabusé des fausses impressions que les ennemis de la France lui avoient données pour l'engager entièrement dans leurs intérêts, et il a fait connoître, par les ministres qu'il a en Danemark et en Hollande, qu'il savoit quel étoit le prix de l'amitié du Roi, qu'il désiroit véritablement de la mériter et de conclure pour cet effet tel traité que Sa Majesté jugeroit à propos.

Ces assurances réitérées plusieurs fois firent prendre la résolution assurée, il y a quelques mois, d'envoyer le sieur Baluze à Moscou, afin de connoître véritablement si les sentiments du Czar étoient tels qu'on les lui rapportoit. Mais comme le roi de Suède entroit dans ce même temps en Pologne, que ses premiers progrès changèrent l'état des affaires, et que les Moscovites vinrent ensuite attaquer ses provinces, Sa Majesté crut que le bien de son service demandoit de suspendre dans ces conjonctures le départ du sieur Baluze. Elle ne voulut pas donner au roi de Suède un sujet de se plaindre du pas qu'elle faisoit pour entrer en alliance avec les ennemis déclarés de ce prince.

Quoique les mêmes raisons subsistent encore, Sa Majesté croit cependant que, si le roi de Suède se plaignoit de l'arrivée d'un de ses envoyés à Moscou, il seroit facile de lui faire connoître qu'il ne doit point s'alarmer des traités que Sa Majesté pouvoit faire avec le Czar; que, bien loin de lui donner les moyens d'attaquer plus fortement les provinces de la Suède, elle ne veut au contraire que chercher ceux de détacher les Moscovites de l'alliance des ennemis de cette couronne; et que, si le Roi traitoit avec le Czar, l'accommodement avec le roi de Suède seroit une des principales conditions que Sa Majesté stipuleroit.

Ainsi elle a pris la résolution de faire passer présentement le sieur Baluze à Moscou, sur le nouvel avis que le sieur du Héron lui a donné que le Czar demandoit instamment d'être reçu dans son amitié et de pouvoir compter sur elle; qu'il offroit pour cet effet les secours que Sa Majesté voudroit lui demander, soit d'argent qu'il lui prêteroit, soit de troupes; qu'il feroit les diversions qu'elle désireroit, ou bien en Pologne, ou bien en Transylvanie, qu'il feroit même passer ses troupes en Italie, si Sa

Majesté vouloit lui en faciliter les moyens, comme elle pourroit peut-être le faire.

Le sieur Baluze sera plus particulièrement informé par le sieur du Héron du détail de ces propositions et de celui dont elles viennent. Quoique par elles-mêmes l'offre en papaisse douteuse, et que l'auteur puisse être fort surpris, le Roi a cru cependant qu'il ne falloit pas les négliger entièrement, et qu'elles étoient assez importantes pour les approfondir, quand même le voyage du sieur Baluze seroit entièrement inutile.

Elle veut donc qu'il se rende incessamment à Moscou, et elle lui envoie les lettres de créance nécessaires pour y être reconnu en qualité de son envoyé et pour y traiter les affaires qui auront quelque rapport au bien de son service. Le prétexte de son voyage doit être que, Sa Majesté ayant appris par ses Ministres dans les cours étrangères les assurances que ceux du Czar leur ont données des sentiments de ce prince pour elle, son intention a été de leur faire connoître combien ces assurances lui étoient agréables en nommant pour cet effet un envoyé auprès de ce prince; qu'ainsi le principal ordre qu'il ait est d'établir une parfaite correspondance et une amitié solide entre Sa Majesté et le Grand-Duc de Moscovie; qu'elle sait que les ennemis que sa puissance lui attire n'ont rien oublié pour empêcher cette union; que Sa Majesté n'a fait aucun pas tant qu'elle a eu sujet de croire que leurs artifices prévenoient encore le Grand-Duc de Moscovie; mais qu'aussitôt qu'elle apprend que ce prince en est désabusé, elle vient lui faire voir qu'il ne tiendra pas à elle de répondre aux bonnes intentions qu'il témoigne; qu'il a pu apprendre, par son expérience, le peu de fondement qu'il devoit faire sur les protestations d'amitié de l'Empereur, de l'électeur de Brandebourg, de l'Angleterre et de la Hollande, et qu'il ne peut douter que ces puissances aient eu d'autres vues que celles de leurs propres intérêts en l'engageant avec elles; que l'électeur de Brandebourg ne lui a donné aucun secours dans la guerre où il s'est engagé, et qu'il n'en a pas reçu davantage de l'Empereur; que l'on sait dans toute l'Europe quelle est l'attention de Sa Majesté pour l'intérêt de ses alliés, et que si le Czar est quelque jour du nombre, il en connoîtra l'utilité.

Si les discours que le sieur Baluze tiendra sur ce sujet aux principaux ministres de ce prince les engagent à quelque conférence plus particulière, et qu'il soit question de traiter, il faudra que la négociation se fasse sur le pied d'une alliance solide et perpétuelle, et que l'objet du sieur Baluze soit d'obtenir les deux points principaux dont il a été parlé au sieur du Héron : l'un que le Czar fasse une diversion en Transylvanie par le moyen des Cosaques, l'autre qu'il prête l'argent dont il a été parlé au sieur du Héron.

A l'égard du premier point, si le Czar veut attaquer l'Empereur, il ne peut jamais le faire plus facilement et avec plus d'espérance de succès que lorsque les principales forces de ce prince sont occupées en Italie et sur le Rhin, et qu'il en a fort peu pour la défense de la Transylvanie. Sa Majesté s'engageroit en même temps d'employer ses offices et de faire tous ses efforts, en cas d'un traité de paix, pour maintenir le Czar dans la possession des lieux qu'il avoit occupés. Mais comme il seroit difficile qu'il pût agir pendant qu'il continueroit de faire la guerre d'un autre côté au roi de Suède, il seroit nécessaire de stipuler qu'il feroit la paix avec ce prince le plus tôt qu'il lui seroit possible, et que le Roi emploieroit ses soins et sa médiation pour la procurer. Il ne doit pas être difficile d'y porter le Czar s'il est aussi mécontent du roi de Pologne qu'on le prétend, et que le sieur du Héron en a été assuré. Il ne faut pas songer à faire passer des troupes moscovites en Italie et à les transporter par la mer Noire sans le consentement des Turcs : si le Czar a eu cette vue, elle marque ses bonnes intentions, mais l'exécution n'en seroit pas facile.

Le second article regarde l'argent qu'il voudroit prêter au Roi. Il rendroit en cette occasion un service considérable à Sa Majesté, et lui-même en tireroit dans la suite un très grand avantage; les intérêts en seroient exactement payés, et il s'assureroit pour toujours de l'alliance de Sa Majesté, sans s'exposer au moindre dérangement.

Si l'on fait assez d'ouvertures au sieur Baluze pour lui donner lieu d'entrer dans ces détails, après son arrivée il n'oubliera rien pour commencer la négociation et pour en presser la conclusion.

Si les ministres que le Czar nommera pour conférer avec lui hésitent à s'expliquer, et qu'il voie que d'eux-mêmes ils n'entreront pas dans de pareilles propositions, après avoir parlé de la manière que Sa Majesté lui ordonne au commencement de cette Instruction, il pourra proposer un traité de commerce, et dans la discussion des conditions, il verra bientôt si les avis qu'on a donnés au sieur du Héron sont véritables, ou s'il y a lieu de prendre des mesures particulières avec le Czar.

Sa Majesté ne peut rien prescrire et rien préciser à l'égard du cérémonial. Si quelque envoyé de l'Empereur est depuis peu à Moscou, le sieur Baluze doit se faire rendre les mêmes honneurs que cet envoyé aura reçus; sinon il se conformera à ce qu'il croira le plus convenable à la dignité de Sa Majesté et au caractère qu'elle lui donne, et sans s'assujettir à suivre en toute chose le cérémonial pratiqué à l'égard des envoyés du Roi, il se contentera cependant des honneurs qui lui auront été accordés, s'ils sont tels qu'un envoyé du Roi puisse en être satisfait.

Il doit informer exactement Sa Majesté du caractère de l'esprit du Grand-Duc de Moscovie, de la manière dont il gouverne, de l'autorité qu'il a sur ses sujets, de ses forces tant de terre que de mer, du soin qu'il prend de les augmenter, de ses revenus, de sa famille, du commerce et du génie de ses sujets, du crédit que les principaux du pays peuvent avoir conservé, de leurs dispositions à l'égard du Czar. Le sieur Baluze fera savoir à Sa Majesté si ce pays paroît présentement tranquille ou si l'on croit qu'il puisse être encore exposé à de nouvelles révolutions. Enfin il doit rendre un compte exact de tout ce qui pourra mériter la curiosité de Sa Majesté dans un pays éloigné d'elle et où jusqu'à présent elle a eu peu de relations.

Il est nécessaire aussi qu'il s'informe de la véritable étendue des États du Czar, de leurs frontières vers l'Orient, des guerres qu'il y peut avoir, et de son commerce aux Indes. Sa Majesté ne prescrit point au sieur Baluze le temps qu'il doit demeurer auprès du prince; elle lui donnera ses ordres sur ce sujet, suivant ce qu'elle apprendra par ses lettres.

Fait à.....

L'arrivée de Baluze à Moscou y jeta l'inquiétude parmi les résidents des puissances coalisées contre la France. A La Haye, les Hollandais en parlèrent même à Matvéef, résident du Tsar auprès des États-Généraux, lui représentant qu'une telle mission, si évidemment inutile, ne s'expliquait pas, à moins que Baluze n'allât jouer le rôle d'un espion pour le compte de la France, ou même pour le compte de la Suède[1].

Pleyer, envoyé de l'Empereur à Moscou, entretenait son maître des efforts faits auprès du Tsar par les envoyés de France et de Pologne, et par les officiers français, assez nombreux en Moscovie, pour obtenir l'admission de missionnaires français. Il ajoutait : « Je crois qu'il n'y a pas grande inquiétude à en concevoir : d'autant plus que le résident français ne recevra pas ici plus d'honneur et de respect qu'il n'en a reçu jusqu'à ce jour. Tout ce qui porte le nom français n'est pas très considéré ici, et c'est seulement l'envoyé de Pologne qui patronne ici les officiers français et qui s'occupe de leurs intérêts[2]. »

Nous donnons ici quelques extraits inédits de la correspondance de Baluze sur cette première mission[3].

M. BALUZE AU ROI

A Slobode près Moscou, 10 avril 1703[4].

Sire,

Ma dernière dépêche du 2ᵉ de ce mois aura informé Votre Majesté de toutes les particularités de ma réception à Smolensko, de celle qu'on m'a fait ici, de mon audience, de ma conférence avec M. de Golowin, premier ministre du Czar, et de l'éloignement qu'il a témoigné à ce que son maître accepte les conditions d'un traité d'alliance avec Votre Majesté. Il m'a semblé être bien persuadé, quoi que j'aie pu lui dire, qu'il ne pourroit le faire sans s'attirer aussitôt sur les bras, et avant d'être assuré de l'amitié de Votre Majesté, tous les princes ses alliés, et qu'il seroit plus convenable et plus dedans la bienséance que Votre Majesté fît les dites propositions.

J'ai cru devoir faire l'avance de demander que le Czar[5], après lui avoir marqué les bonnes dispositions de Votre Majesté, pour découvrir les intentions de ce prince afin d'en informer au plus tôt Votre Majesté et pour voir si au nombre des points dudit traité on ne mettroit pas ceux qui ont

---

1. SOLOVIEF, *Istoria Rossii*, t. XV, pp. 69 et suiv.
2. OUSTRIÉLOF, *Istoria tsarstovania Petra Velikago*, t. IV, partie II, p. 604.
3. D'autres lettres ont été publiées par la *Soc. imp. d'hist. de Russie*, t. XXXIV, p. 23.
4. *A. E. Russie*, t. II, pièce 47. — *Slobode* signifie simplement *village*, ou *bourg*, ou *faubourg*. Il s'agit sans doute ici du quartier ou faubourg allemand de Moscou.
5. Il faut suppléer ici quelques mots : « fît ses propositions ».

été marqués dans mon Instruction. Je n'y ai vu aucune apparence. M. de Golowin voyant donc que mon dessein étoit de rendre compte à Votre Majesté de notre conversation, et d'attendre les ordres qu'il lui plairoit me donner là-dessus, il m'a dit que je le fisse au plus tôt; qu'il adresseroit mon paquet à l'ambassade du Czar à Copenhague pour le remettre entre les mains du ministre que Votre Majesté y a; qu'il alloit partir pour suivre cette cour et qu'aussitôt que j'aurois reçu lesdits ordres et que je lui en aurois donné avis, il viendroit ici tout exprès pour les apprendre, si je n'aimois mieux me rendre auprès de son maître. J'ai tout lieu de croire que les ministres des puissances liguées contre Votre Majesté me traverseront en tout ce qu'ils pourront, qu'ils tâcheront de me rendre suspect au Czar. Il me revient déjà qu'ils ont fait entendre sous main qu'il ne faut pas d'envoyé de Suède où il y en a un de France, et qu'il ne tiendra pas à leur crédit et à leurs efforts que le Czar ne me fasse dire de me retirer. Ils tâchent de pénétrer le sujet de ma mission. Ils disent plusieurs choses là-dessus, et entre autres que je suis venu pour proposer une alliance pour porter le Czar à donner les mains au détrônement du roi de Pologne. Ils parleroient autrement s'ils étoient moins préoccupés de leur passion.

Je n'ai donné part de ma venue à pas un des ministres étrangers qui sont ici, parce que leurs maîtres sont tous en guerre avec Votre Majesté. J'ai envoyé chez celui du roi de Pologne aussitôt après m'être transporté dans la Slobode ou quartier allemand, mais il étoit parti le même jour de grand matin pour suivre le Czar. Il est venu nouvelle de Livonie que le gouverneur de Notebourg, présentement Slissembourg[1], a eu quelque avantage sur les Suédois, qu'il en a défait quatre cents, et fait un nombre de prisonniers assez considérable, entre lesquels se trouve M. Patgel, neveu de celui qui est ici, et outre cela environ trois mille paysans.

Je prends la liberté de supplier très humblement Votre Majesté de m'envoyer au plus tôt ses ordres, me trouvant ici dans un état d'oisiveté qui paroit être aussi désagréable à cette cour qu'à moi-même. Si Votre Majesté avait été bien informée des coutumes de ce pays, je crois qu'elle m'auroit fait envoyer quelques joyaux pour les présenter au Czar, qui reçoit agréablement les présents qui lui sont faits, non seulement de la part des princes, mais aussi de celle des particuliers. On m'a assuré que l'envoyé de Pologne étant revenu ici, il y a un an, avoit apporté avec lui deux habits à la française brodés, et qu'il en avoit donné un au Czar et l'autre à un prince Alexandre[2], son favori, et que ce présent avoit été reçu agréablement et porté. C'est un des moyens dont se servent les ministres étrangers qui veulent réussir dans leurs négociations. Il y a, outre cela, plusieurs personnes accréditées auxquelles il conviendroit de faire quelque présent; les voici: le favori M. Alexandre; M. Feder Alexejovitz Golavin[3], premier ministre et amiral; le général amiral Apraxin[4], qui a le même pouvoir en l'absence de

---

1. Schlüsselbourg (*forteresse de la clé*) est le nom que donna Pierre le Grand, après qu'il l'eut enlevée (1702) aux Suédois, à la forteresse suédoise de Notebourg, l'ancien Oriéchek (*la noix*) des Novgorodiens. Cette forteresse commande la Néva à sa sortie du lac Ladoga.

2. Alexandre Danilovitch Menchikof, l'ancien garçon pâtissier devenu prince et général sous Pierre le Grand, un des vainqueurs de Poltava (1709), tuteur de Pierre II qui finit par l'exiler. Né en 1673, mort dans l'exil à Bérézof (Sibérie) en 1729.

3. Lisez Golovine.

4. Le comte Feodor Matvéévitch Apraxine, général et amiral, sénateur : — plusieurs fois victorieux dans les guerres de Pierre le Grand. — Né en 1661, mort en 1728.

ce dernier; et quatre ou cinq autres dont les noms m'échappent. Il ne faut pas oublier aussi Mlle Lins [1], qui est honorée des bonnes grâces du Czar. Je crois qu'il y a encore quelques personnes dont une petite galanterie donnée à propos pourroit concilier l'amitié, et n'être pas inutile aux intérêts de Votre Majesté, supposé qu'elle veuille ménager celle de ce prince et entrer dans quelque engagement avec lui. Il semble être animé à la continuation de la guerre contre la Suède par le succès de sa dernière campagne.

La puissance du Czar par terre est fort grande, par le nombre de troupes réglées qu'il a sur pied; on le fait monter à cent mille hommes, sans compter les garnisons, les Tartares, Kalmouks et autres ses sujets, et les Cosaques, dont le nombre est infini. Tous ceux que j'ai entretenus ici m'ont assuré que non seulement le grand et vaste pays de Sibérie, mais aussi tout ce que les géographes comprennent sous le nom de Grande Tartarie, lui appartient, en sorte qu'il a pour limites de ces côtés-là la Perse, la Chine et la mer. On m'a assuré encore que le Czar avoit envoyé quelques personnes entendues pour découvrir ses terres les plus avancées, qu'elles ont été plusieurs années dans leur voyage, et qu'elles avoient pénétré jusque dans des pays inconnus, dont les habitants sont sauvages et timides et qu'ils croient être de l'Amérique. Quant à la puissance de ce prince sur mer, elle s'augmente tous les jours : il a déjà, à ce que l'on m'a dit, quatorze vaisseaux de guerre. Tout cela se construit sur les rivières de Woronisz [2], de Don, et est conduit dans la mer Noire, où on leur donne le canon et l'équipage nécessaire. Le bon ordre que ce prince a établi dans ses États est cause qu'il fait tout ce qu'il veut sans peine ; il a un nombre infini de sujets, qui ne sont obligés à rien, qu'à marcher avec un cheval, un traîneau ou un petit chariot, quand on le leur ordonne, ce qui rend tous les transports faciles. L'on s'en sert pour celui des ministres étrangers, pour celui des courriers, et même pour les voyages du Czar, de ses officiers et de toute sa cour, moyennant quelques sols qu'on leur donne de son épargne, pour acheter du foin pour leurs chevaux, et tout cela se relaie d'une certaine distance à l'autre.

Il aime ses soldats et il en est aimé. Leur grand nombre, qu'il peut doubler et tripler en peu de temps, aussi bien que la justice sévère qu'il a fait de ceux qui s'étoient révoltés contre lui pendant son absence, contiennent ses peuples dans la fidélité et le respect qu'ils lui doivent. On peut dire que leur obéissance pour leur prince a été de tout temps très grande aussi bien que leur soumission. Il a réformé les coutumes de son État, changé l'habillement de ses principaux sujets, qui sont obligés de se vêtir à la française, et il a pour cet effet défendu aux tailleurs et aux cordonniers moscovites de travailler à des habits moscovites. Il a fait couper toutes les grandes barbes [3], il veut que la jeunesse voyage, et il continue ainsi à civiliser sa nation, qui a encore un peu de peine à s'accoutumer à cela. Et il a enfin défendu tous duels et toutes querelles par des ordonnances et affiches fort sévères, qui portent que ceux qui mettront l'épée à la main auront le poing coupé, et ceux qui blesseront et tueront quelqu'un seront

---

1. C'est sans doute Anna Moëns, née à Moscou de parents allemands, et qui fut la maîtresse de Pierre Ier à l'époque où il était encore marié à Eudokia Feodorovna Lapoukhine, mère du tsarévitch Alexis.
2. La rivière de Voronèje, affluent du Don.
3. Pierre le Grand, après la destruction des streltsi, rasa lui-même ses principaux courtisans et rendit les oukazes qui proscrivirent les longs habits et les longues barbes à la moscovite.

condamnés à la mort : ce qui s'exécute sans aucune rémission. Le Czarowitz ou le fils et l'héritier présomptif de ce prince[1] est avec lui, pour faire sa première campagne. Je n'ai pas eu l'honneur de le voir, parce qu'il étoit parti avant mon arrivée. L'on continue de croire que le Czar attaquera Neuschants[2] pour ouvrir la communication de la mer à Slissembourg qui est sa conquête de l'année passée. Il auroit été à souhaiter que j'eusse pu, avant que de quitter, y faire mon petit train, ma livrée, et tout ce qui me falloit, parce que j'aurois paru d'abord de la manière que veut le caractère dont Votre Majesté a bien voulu m'honorer dans un pays où l'on aime le faste et épargné, beaucoup, les draps, les galons, les étoffes, les façons et autres choses étant ici hors de prix. Mais on le trouve impraticable à cause du danger que j'aurois couru de trouver des obstacles à mon passage et peut-être d'y être arrêté si l'on avoit pu se douter que je dusse venir ici, et du défaut d'argent. Il m'en est resté bien peu de celui que j'ai pris avec moi : ce qui m'oblige de supplier très humblement Votre Majesté de vouloir bien me donner ce qu'elle a coutume de donner à ses autres envoyés, afin que je puisse soutenir ici, comme je dois, l'honneur de mon caractère, n'étant pas bien assuré si le Czar, qui m'a fait porter pour deux semaines de subsistance, m'en donnera pendant tout le temps que je resterai ici. Il me semble que le ministre impérial n'y a pas resté longtemps.

Votre Majesté voit que je suis obligé de confier mes lettres aux ministres du Czar, ne voyant ici d'autre voie. Elles sont toutes fort exposées à la poste. Si j'étois en état, je tâcherois d'envoyer des exprès jusqu'à Konisberg[3].

Je suis avec un très profond respect, Sire, de Votre Majesté
    Le très humble, très obéissant et très fidèle serviteur et sujet

J.-C. DE BALUZE.

LE ROI A M. BALUZE

Versailles, 12 juillet 1703 [4].

La seule lettre que j'ai reçue de vous depuis votre arrivée en Moscovie est celle que vous m'avez écrite le 10 d'avril. Elle en rappelle une première du 2º du même mois que je n'ai point reçue.

Je vois, par le compte que vous me rendez, que les ministres du Czar veulent vous obliger à faire de ma part les premières propositions pour un traité d'alliance. Comme mon intention en vous envoyant étoit de répondre à l'empressement que ce prince avoit témoigné de prendre des liaisons

---

1. Le tsarévitch Alexis, né à Moscou en 1689. Il fit, en effet, ses premières armes à la prise de Nienschantz (1703) ; il servait alors en qualité de simple soldat dans les *bombardiers*. Après ce succès, il assista à l'entrée triomphale du Tsar dans Moscou. Son père lui avait donné pour gouverneur le baron Heinrich Huisson.

2. L'îlot fortifié de Nienschantz, enlevé aux Suédois en 1703, et sur lequel s'est élevée la forteresse de Pétersbourg, Saint-Pierre-et-Saint-Paul.

3. Kœnigsberg (Prusse orientale).

4. *A. E. Russie*, t. II, pièce 48.

avec moi, et que je ne vois pas qu'il continue dans les mêmes dispositions, il seroit très inutile que vous fissiez un plus long séjour à Moscou.

Rien ne vous doit obliger aussi à suivre ce prince à l'armée : aussi mon intention est que vous ne perdiez point de temps à revenir en Pologne où vous continuerez, comme vous faisiez auparavant, à me rendre compte de tout ce que vous apprendrez qui aura quelque rapport au bien de mon service.

J'ai vu, par le dernier article de votre lettre, quelques remarques que vous me faites sur l'état de la Moscovie et sur les forces du Czar; j'en attends une relation plus détaillée lorsque vous serez dans un lieu où vous pourrez me l'envoyer sans rien craindre pour la sûreté de vos lettres.

M. BALUZE AU ROI

Moscou, 5 décembre 1703 [1].

Sire,

J'ai eu l'honneur de faire mon compliment au Czar sur son retour. Il l'a reçu dans sa chaise à la comédie. Il n'y en avoit qu'une entre elle et celle qu'il m'a fait donner. Il m'a demandé si je ne me suis pas bien ennuyé pendant mon séjour en cette ville, et si j'y avois eu mes commodités. Il y a eu deux comédies, une allemande et l'autre russienne. La salle est de bois, mais grande, les loges assez bien disposées et le théâtre assez profond. M. de Golowin a été mon introducteur auprès du Czar. Il me dit après la comédie que ce prince vouloit me parler lui-même et qu'il m'avertiroit du jour et de l'heure.

On me fait beaucoup de caresses, M. Alexandre, favori du Czar, m'invita jeudi 27 novembre à un repas qu'il a donné dans une de ses maisons de campagne à deux lieues et demie d'ici. Il m'y a fait toutes les honnêtetés imaginables; tous les convives ont eu la liberté de boire tant et si peu qu'il leur a plu.

. . . .

M. BALUZE AU ROI [2]

[Lettre sans date.]

Sire,

. . . .

Post-Scriptum.

M. de Golowin vient de m'envoyer faire des excuses de ce qu'il n'avoit pu recevoir la visite que je voulois lui rendre.

1. *A. E. Russie*, t. II, pièce 62.
2. *A. E. Russie*, t. II, pièce 63.

Pour réponse à mes sollicitations, il m'a fait dire qu'il ne les oublioit pas, mais qu'il me prioit de ne pas me donner la peine d'aller chez lui et de lui accorder encore une dizaine de jours, parce qu'il étoit fort occupé. Ce retardement m'embarrasse et m'alarme, dans la crainte qu'il ne soit prolongé.

———

M. BALUZE AU ROI

Moscou, 2 janvier 1704 [1].

Sire,

Le Czar arriva ici la nuit du mercredi au jeudi 20 de ce mois à minuit. On m'a dit qu'il étoit descendu chez M. de Golowin et qu'il envoya aussitôt réveiller le sieur Darenstet, ministre du roi de Pologne, qui y avoit été environ deux heures.

M. Golowin me fit savoir samedi dernier, par un des gens de sa chancellerie, le retour de son maître en parfaite santé et qu'il me verroit au premier jour. Je voulus, une heure après, rendre visite à M. Alexandre, favori; mais je ne le vis point parce que le Czar, l'étant venu voir malade, y avoit assemblé un conseil de ses principaux boyards. J'ai vu son tailleur revenu nouvellement de France; il m'a dit qu'il étoit vrai que ce prince lui avoit ordonné de lui conter ce qu'il y avoit vu, et qu'il lui avoit répliqué, sur la réponse qu'il lui avoit faite qu'il n'avoit point assez d'esprit ni de mémoire pour faire une relation bien juste des belles choses et des magnificences qu'il avoit vues, qu'il iroit les voir lui-même, mais qu'il ne prétendoit pas être à charge à Votre Majesté [2].

. . . .

———

M. BALUZE AU MINISTRE [3]

Moscou, le 2 janvier 1704 [4].

Monseigneur,

J'ai reçu la lettre que vous m'avez fait l'honneur de m'écrire le 5 octobre dernier, qui contient la confirmation des ordres que le Roi m'a envoyés de quitter cette cour pour retourner à Varsovie. J'y aurois obéi il y a long-

---

1. *A. E. Russie*, t. II, pièce 64.
2. Détail curieux qui montre que Pierre, malgré qu'il eût été « honnêtement détourné » de venir à Paris lors de son premier voyage en Europe, avait conçu, dès 1704, l'idée de son voyage de 1717.
3. Le ministre des affaires étrangères est alors M. de Torcy.
4. *A. E. Russie*, t. II, pièce 65.

temps, s'il avoit entièrement dépendu de moi; vous en aurez pu en juger par ce que j'ai pris la liberté de mander à Sa Majesté par mes dernières dépêches. Il est impraticable de sortir de ce pays, sans le passeport et le convoi du Czar. Il me paroît qu'il auroit désiré entrer dans une amitié particulière avec Sa Majesté. On pourroit croire que mon départ a été retardé pour voir si elle n'auroit point trouvé bon de me charger de quelque chose capable de flatter les sentiments de ce prince là-dessus, ou s'il me viendroit quelque réponse sur l'état des vaisseaux de Sa Majesté avec leurs dimensions que l'on m'a paru souhaiter avec beaucoup de passion [1]; ce seroit un présent des plus agréables que l'on puisse faire au Czar. Je réponds, sur cela, que sur les affaires du commerce aussi bien que sur toutes les propositions que l'on m'a faites ou marqué avoir envie de me faire, j'informois Sa Majesté de tout, et que ne pouvant m'empêcher de partir, j'irois attendre ses ordres en Pologne d'où je pourrois revenir ici en cas qu'elle me le commandât, ou profiter des occasions sûres qui pourroient se présenter pour faire savoir ces intentions à Sa Majesté ou à son ministre.

Vous aurez remarqué, Monseigneur, les sentiments différents dont le public s'entretenoit en cette ville sur mon sujet. Il paroît qu'ils étoient plus fondés sur ce qu'ils auroient désiré qu'il m'arrivât que sur la vérité.

Je vous informerai de tout ce qui se passera ici à mon égard jusqu'à mon départ. Et comme vous êtes le seul protecteur et mon unique patron, vous me ferez, s'il vous plaît, la justice de croire que personne au monde ne fait plus de vœux que moi, pour votre conservation et prospérité et celle de votre illustre famille.

M. BALUZE AU ROI

Moscou, 16 janvier 1704[2].

Sire,

J'eus vendredi dernier un message de la part de M. de Golowin qui me fit inviter de me rendre le lendemain, premier jour de l'année suivant le vieux style, à huit heures du matin, en un lieu destiné aux divertissements et de cinq quarts de lieue du quartier où je suis, au cas que je désirasse souhaiter la bonne année au Czar. J'ai eu l'honneur de faire mon compliment à ce prince, qui a trouvé bon de me dispenser du festin[3] qu'il a donné à tout ce qu'il y a de plus considérable à sa cour, auquel M. de Golowin venoit de m'inviter de sa part, à condition que je retournerois sur le soir pour voir un feu d'artifice de son invention. Il étoit très beau et la disposition fort agréable. Je tâcherai d'en envoyer une relation à Votre Majesté. Son ministre m'a félicité, en secret, sur les nouveaux avantages que les armées

---

1. Pierre le Grand était très désireux d'obtenir des renseignements précis sur la marine du Roi et sur le mode de construction de ses vaisseaux.
2. *A. E. Russie*, t. II, pièce 66.
3. Cette dispense était, en effet, une faveur, car l'intempérance qui présidait à ces festins faisait le désespoir des ministres étrangers.

de Votre Majesté avoient eus sur les Allemands[1], ajoutant à cela qu'il avoit eu avis d'une action entre M. le maréchal de Villars et le prince Louis de Bade, désavantageuse au dernier ; mais qu'il en attendoit encore la confirmation. Je l'ai fait souvenir de mes fréquentes instances au sujet de mon audience de congé ; il m'a renouvelé sa prière de lui accorder encore du temps jusqu'à jeudi prochain qu'il parleroit à son maître qui désiroit avoir une conférence avec moi. Il m'a dit qu'il venoit ici un ambassadeur de la Porte pour donner part au Czar de l'avènement à la couronne du nouveau Grand Seigneur[2], qu'il s'étoit mis en chemin sous les ordres de celui qui a été déposé, et que l'on lui a envoyé une nouvelle commission et instruction.

M. Alexandre Danielovits Mendzecof[3] me fit connoître dimanche dernier chez lui, après un grand dîner où je fus obligé de boire plus que je n'aurois voulu, l'envie qu'il avoit de faire un voyage en France, et l'espérance qu'il se faisoit que je contribuerois à l'y faire recevoir agréablement.

Je prends la liberté de répéter à Votre Majesté que l'amitié que le Czar a pour ce favori va au delà de toute expression.

Il fait un régiment aussi fort et sur le même pied que sont ceux des gardes de son maître, qui lui a permis de choisir dans toutes ses troupes, à l'exception de ses gardes, les officiers qu'il voudra pour le former.

On doit, ces jours-ci, faire l'état des armées, nommer les généraux pour les commander, marquer les routes qu'elles prendront et les lieux où elles agiront.

LE MINISTRE A M. BALUZE

Versailles, 3 janvier 1704[4].

Monsieur,

J'ai reçu les deux dernières lettres que vous avez pris la peine de m'écrire du 3 et du 17 octobre, qui contiennent une récapitulation exacte de toutes vos précédentes. Sur le compte que j'en ai rendu au Roi, Sa Majesté a vu avec plaisir le détail que vous faites de tout ce qui s'est passé à Moscou depuis que vous y êtes, et elle a approuvé la conduite que vous y avez tenue. Mais comme elle a jugé en même temps, par tout ce que vous lui mandez, qu'un plus long séjour de votre part à la cour du Czar seroit présentement inutile au bien de son service, elle n'a d'autres ordres à vous envoyer que celui de vous conformer à ceux qu'elle vous a ci-devant donnés de partir le plus tôt que vous pourrez de Moscou pour vous en revenir à Varsovie.

---

1. En 1703, prise de Kehl par Villars (mars), de Brisach par le duc de Bourgogne (7 septembre) ; victoire de Villars et du duc de Bavière sur les Impériaux à Höchstedt (20 septembre) ; Tallard est vainqueur à Spire et prend Landau (novembre).
2. Le 20 septembre 1703, sédition militaire à Constantinople, déposition de Mustapha II et élévation de son frère Achmet III.
3. Menchikof. — La mauvaise orthographe des noms provient du déchiffrement.
4. *A. E. Russie*, t. II, pièce 68.

Baluze quitta Moscou en février 1704. En août, il adressait au Roi, de Varsovie, la lettre suivante ;

M. BALUZE AU ROI

Varsovie, 29 août 1704[1].

Sire,

....

On m'a fourni cependant du trésor du Czar cent roubles par semaine, qui font environ quatre cents livres de France, dont quelques autres ministres paroissoient être jaloux. Cela a été payé assez régulièrement pendant les deux premiers mois. On a passé une semaine : ensuite de quoi on ne payoit plus que par mois, lorsque les cinq semaines étoient échues, et après cela l'on a été cinq ou six mois sans rien donner. Comme j'étois informé que les ministres du Czar sont toujours défrayés en France, et que je ne voulois point faire tort à ceux qui me succéderoient dans mon emploi, j'ai demandé ce payement comme une chose due. L'on m'a toujours assuré que tous les arrérages me seroient payés au retour du ministre et peut-être même plus tôt; et quoique la même chose m'ait été confirmée plusieurs fois depuis par la bouche de ce ministre, cela n'a pas empêché que je n'y aie perdu douze ou quinze semaines.

Le Czar étant revenu à Moscou au mois de novembre, M. Golowin m'a rendu aussitôt une visite pour savoir si j'avois reçu quelques ordres de Votre Majesté. Il a été bien surpris lorsque je lui ai dit que le Czar n'ayant point voulu me faire l'honneur de me proposer les conditions d'un traité d'alliance, cela avoit donné lieu à Votre Majesté de croire qu'il avoit changé de sentiments, et qu'elle m'avoit en même temps ordonné de prendre mon audience de congé et de retourner en Pologne. Je l'ai prié là-dessus de me procurer une prompte expédition. Ce ministre a paru faire un effort pour se tirer de l'embarras où l'avoit mis ma réponse. Il m'a demandé si je ne pouvois point retarder mon départ jusques au retour d'un courrier que le Czar enverroit en France. J'ai répondu que cela n'étoit point en mon pouvoir, Votre Majesté voulant être obéie ponctuellement.

On m'a mené à la comédie, et c'est là où j'ai fait mon compliment au Czar sur son retour. J'ai sollicité, depuis, mon audience de congé avec assez d'empressement. On m'a prié d'attendre que le Czar fût revenu d'un voyage qu'il alloit faire à Voroniz[2], où se construisent ses vaisseaux de guerre pour la mer Noire. On m'a invité, avant son départ et depuis son retour, à plusieurs fêtes et noces. On cherchoit chaque jour quelque raison pour retarder mon départ, dont la saison se passoit et me faisoit craindre de tomber dans le dégel. L'on s'est avisé à la fin de m'envoyer un mémoire dont j'ai eu l'honneur d'envoyer la copie à Votre Majesté et dans lequel le Czar désiroit que je m'arrêtasse encore un peu de temps à sa cour pour des affaires très utiles aux deux Etats, et qu'il prenoit sur lui les suites de mon retardement. Mes instances, souvent réitérées, ont enfin eu leur effet.

Le jour du départ du Czar pour Pétersbourg, M. Golowin m'a envoyé un

---

1. *A. E. Russie*, t. II, pièce 86. — Quoique cette pièce ait été publiée par la *Soc. imp. d'hist. de Russie*, nous en reproduisons ce fragment à cause de son importance.

2. Voronèje.

petit carrosse sur un traîneau à deux chevaux. Le prince s'est rendu chez son ministre. Il m'a dit de sa propre bouche ce que son ministre m'avoit dit quelque temps auparavant, sur l'établissement d'un commerce avec la France par la mer Méditerranée, par le canal de Constantinople, par la mer de Zabaque[1] et par Azof, me le faisant plus considérable et plus avantageux que celui d'Arkangel : après quoi il m'a remis lui-même entre mes mains sa réponse à la lettre dont Votre Majesté m'avoit fait l'honneur de me charger pour lui. Au sortir du cabinet, M. Golowin m'a dit que l'on me porteroit le présent du Czar en *sols*, et ayant fait apporter et fait remplir trois verres avec du vin, sur une soucoupe, il en a présenté un au Czar, l'autre à moi, et il a pris le troisième pour lui. Le prince m'a porté la santé de Votre Majesté; son ministre et moi avons bu celle de Votre Majesté et du Czar pour marquer l'espérance d'une union d'amitié pour l'avenir entre nos maîtres.

J'ai rendu depuis ma visite de congé à M. Golowin; il me l'a rendue et donné un passeport, une lettre pour M. Mazepa[2] et les voitures, auxquelles il a joint les ordres de me faire bien recevoir et régaler partout : ce qui a été fait.

1. *Sabasch* ou *Zabache* est un des anciens noms de la mer d'Azof, dont un des golfes, celui de l'ouest, porte d'ailleurs le nom de *Sivasch* ou mer Putride.
2. Le célèbre hetman des Kosaks du Dniéper.

VI

M. BALUZE

ENVOYÉ EXTRAORDINAIRE — DEUXIÈME MISSION

1710-1711

Les événements suivaient leur cours. D'une part, les Russes, remis du grand désastre de Narva, remportaient sur les Suédois leurs premières victoires (Ehresfer, 1701 ; Hümmelsdorff, 1702 ; Kalish, 1706). Pierre opérait en personne la conquête de la Néva, de l'Esthonie, de la Livonie (1703-1704), fondait Cronstadt, Schlüsselbourg, Pétersbourg, tandis que Charles XII perdait son temps et son prestige dans les intrigues polonaises. D'autre part, après une brillante série de victoires (Luzzara, Friedlingen, Hochstedt, 1702-1703), la France éprouvait à Hochstedt (1704) sa première grande défaite, qui inaugurait une longue série de revers. Visiblement, la Russie montait, la France descendait. Notre fidélité obstinée à l'alliance suédoise avait forcé le Tsar à chercher ses alliés parmi nos ennemis, tandis que cette alliance suédoise, grâce à la direction toute personnelle que Charles XII avait imprimée à la politique de son pays, ne nous était d'aucun secours.

De loin en loin, il y avait entre le Roi et le Tsar des négociations. Du Héron à Varsovie, Briord à la Haye, Poussin à Copenhague, avaient assuré les représentants de Pierre Ier auprès de ces cours que les marchands russes pouvaient trafiquer en toute sécurité dans les eaux et les terres françaises. Baluze venait de renouveler les mêmes assurances à Moscou. Pourtant, dans le temps même où s'achevait sa mission en Moscovie, en l'année 1703, un vaisseau russe, l'*Apôtre-Saint-André,* avait été capturé par un corsaire de Dunkerque et le conseil d'amirauté l'avait déclaré de bonne prise. En 1704, un autre vaisseau russe, portant le même nom, avait éprouvé le même sort. Postnikof écrivait de Paris :

« La cour d'ici est animée d'une grande hostilité et malveillance contre les intérêts de Sa sacrée Majesté Tsarienne, et maintenant ce feu, qui couvait sous la cendre d'une politesse hypocrite, a éclaté; notre vaisseau, dans le conseil royal d'amirauté, en présence même du Roi, a été, avec toutes ses marchandises, confisqué au profit du Roi. Quels motifs ont poussé ce prince à cette mesure? je pense que vous devez le savoir mieux que moi, car j'ignore ce qu'était allé vous demander l'envoyé français [Baluze][1]. »

Faisant observer qu'en un cas tout semblable on avait restitué un navire suédois, Postnikof ajoutait : « Voyez comme, à visage découvert, la cour d'ici montre sympathie et bienveillance aux Suédois, et à nous tout le contraire, agissant sans vergogne contre ce que les juristes appellent le droit des gens. »

En outre des effets appartenant à Matvéef[2], ministre du Tsar en Hollande, avaient été pris sur un vaisseau batave et également confisqués.

Le Tsar se décida à charger ce même Matvéef d'une mission en France[3], en vue d'obtenir restitution.

Cet envoyé remit, en novembre 1705, à M. de Torcy, un mémoire[4] où il exposait les faits racontés ci-dessus, rappelant les assurances données par les agents du Roi et invoquant l'exemple du Tsar qui avait obligé un capitaine anglais à relâcher le vaisseau français *la Main-de-Dieu*, capturé par lui dans les eaux d'Arkhangel. Il concluait à la restitution des prises et à ce que Louis XIV fît « défense, dans les amirautés, aux officiers des vaisseaux du Roi et aux armateurs, de troubler la navigation des vaisseaux du Czar ou de ses sujets, portant son pavillon et munis de ses lettres, faisant le commerce de leurs marchandises qui ne seront pas de contrebande, de la même manière que le font les puissances neutres ».

Nous avons les observations adressées à Torcy sur ce mémoire par Pontchartrain[5]. On n'avait pas, dit-il, contrevenu aux assurances données par les agents du Roi. Les vaisseaux avaient été arrêtés, non parce qu'ils portaient le pavillon moscovite, mais parce que les papiers n'étaient pas en règle et parce qu'on était autorisé à penser

---

1. Solovief, *Istoria Rossii*, t. XV, p. 70.
2. Le comte et voiévode André Artamonovitch Matvéef (1666-1728), fils d'Artamon Matvéef égorgé par les streltsi dans l'émeute de 1682, fut ministre du Tsar en Hollande, puis président du Collège de justice, et sénateur.
3. Solovief, *Istoria Rossii*, t. XV, p. 71.
4. Soc. imp. d'hist. de Russie, t. XXXIV, p. 37.
5. Soc. imp. d'hist. de Russie, ibid., p. 41.

que leur chargement était pour le compte des Hollandais. D'ailleurs, ces vaisseaux ayant été vendus avec leur chargement, et le produit partagé entre les armateurs, « il serait bien difficile, pour ne pas dire plus, de le retirer de leurs mains ». Si l'envoyé moscovite voulait remettre la liste des effets qui lui avaient été pris, on s'efforcerait de lui donner satisfaction; Sa Majesté renouvellerait ses prescriptions à ses capitaines et aux armateurs; « mais il est nécessaire qu'ils (les Russes) s'assujettissent aux précautions demandées dans le temps de guerre, pour s'assurer que les sujets des princes neutres ne couvrent pas la marchandise des ennemis ». Enfin, en ce qui concerne le libre commerce entre les deux nations, « Sa Majesté croit qu'il suffiroit à présent que ce prince (le Czar) donnât ordre de recevoir les François dans ses ports et de les y traiter aussi favorablement que les Anglois et les Hollandois, en attendant qu'on puisse examiner, avec plus de loisir, sur les mémoires que l'ambassadeur donnera, les convenances réciproques des deux nations; Sa Majesté en usera de même avec les Moscovites qui viendront dans les ports de son royaume ».

Nous avons enfin un rapport [1] de M. d'Iberville, chargé de conférer avec Matvéef, en qui il déclare avoir trouvé « beaucoup plus d'esprit, plus de connoissance des affaires de l'Europe et plus de politesse que je n'en attendois ». Matvéef paraissait enchanté de la manière dont le Roi l'avait reçu à son audience, « bien différente des pronostics qu'on lui avoit faits là-dessus en Hollande ».

Dans le rapport d'Iberville sur son entretien avec Matvéef, nous relevons les propos suivants tenus par celui-ci:

« Le Czar, bien loin de haïr le Roi et la nation françoise, admire les vertus, la piété, la grandeur du génie de Sa Majesté et la regarde comme le plus parfait modèle d'un bon gouvernement et qui devroit être imité par tous les monarques [2].

« L'opinion où l'on est ici de la haine de son maître contre la France [3] n'a d'autre fondement que les faux rapports des ennemis de

1. Soc. imp. d'hist. de Russie, t. XXXIV, pp. 43 et suivantes.
2. Ceci est absolument vrai, car nous voyons Pierre, dans ses recommandations à son fils Alexis, lui citer en exemple, en même temps qu'Ivan le Terrible, Louis XIV.
3. D'Iberville, en effet, aurait dit à Matvéef que le Tsar ne voulait pas entendre parler des Français; qu'à Hanovre, il avait brisé un verre plein de champagne; que quiconque faisait en Russie l'éloge du Roi était persécuté; que le Tsar haïssait également la foi catholique; qu'il avait tué de sa main, en Pologne, des jésuites et des religieuses; qu'un officier français, nommé Baudoin, avait été décapité parce qu'il était Français. — Matvéef dut réfuter toutes ces calomnies; ce Baudoin, qui avait commis un assassinat, avait été jugé régulièrement.
Matvéef nous apprend encore que d'autres histoires de ce genre étaient propagées par nos petits journaux de l'époque; ils racontaient, par exemple, que le Tsar avait ordonné à Menchikof de faire périr son fils, mais que Menchikof, saisi de compassion, avait substitué au Tsarévitch un pauvre *stréletz*; que le lendemain le Tsar, désespéré, avait redemandé son fils et que Menchikof, en le lui restituant, avait changé sa douleur en une joie inexprimable. — Et les Français de demander à

son maître et du Roi, qui ont intérêt de mettre des obstacles à l'établissement d'une bonne intelligence et du commerce entre les deux nations...

« Il a observé que, s'il y eût eu des ministres publics, de part et d'autre, à la cour de France et à celle de Moscou, on ne seroit pas tombé dans l'erreur qui a mis obstacle aux avantages de l'une et de l'autre.

« Il a ajouté qu'il n'ignore pas que le mal est venu en partie de la mauvaise conduite et du sordide intérêt de quelques envoyés ou ambassadeurs moscovites, dont il savoit déjà plusieurs circonstances. Il en a appris de moi quelques autres[1] avec plaisir, et il a lâché que, s'il en est cru, ils seront sévèrement châtiés... »

L'ambassadeur russe rappelait ensuite plusieurs faits qui montraient avec quel scrupule son maître gardait la neutralité entre les belligérants; et, revenant sur les affaires du commerce, il faisait remarquer « que les vins de France sont fort estimés en Moscovie et qu'il s'y en est fait une grande consommation depuis que le Czar a levé (aboli) un impôt d'environ vingt-cinq écus qu'il y avoit par tonneau; que nous, de notre part, pourrions tirer de la Moscovie de la cire, du goudron, des planches pour la construction des navires et diverses autres marchandises ».

Il serait plus curieux d'avoir les impressions réelles de Matvéef, non d'après sa conversation avec un commissaire du Roi, mais d'après ses rapports tout confidentiels à son gouvernement :

« La ville de Paris m'a paru trois fois plus grande que celle d'Amsterdam ; la multitude des habitants est inouïe ; inouïs aussi la toilette, les amusements, et la gaieté de ce peuple. Quoiqu'on ait raconté que les Français étaient opprimés par le Roi, ce n'est pas la vérité : tous sont absolument libres dans leurs volontés, sans aucune oppression ; ils vivent dans une égalité parfaite ; aucun des grands n'est mécontenté en rien; on ne peut même pas s'apercevoir qu'on subisse une guerre si longue et si lourde. Tous s'imaginent que je suis venu ici demander le Roi comme médiateur pour une paix avec la Suède. Seulement ce sont les Suédois qui ont semé dans cette na-

---

Matvéef : « Est-ce vrai, tout cela? » Or cette histoire du Tsar, du Tsarévitch et du stréletz est une légende du XVIe siècle, où le rôle de père dénaturé, puis repentant, est attribué à Ivan le Terrible; elle avait fait alors le sujet d'une chanson populaire intitulée : *Le Tsar veut tuer son fils.* (Voyez ALFRED RAMBAUD, *la Russie épique*.) — Cependant n'est-il pas étrange que cette légende soit redevenue populaire à Paris, cette fois aux dépens de Pierre le Grand, et cela treize ans avant le procès du malheureux Alexis?

1. Beaucoup d'autres même, car Matvéef raconte que d'Iberville les a représentés comme faisant du commerce pour leur propre compte, comme insolents, indiscrets, exigeants envers le Roi; leurs gens comme tapageurs, ivrognes, incommodes; ce sont eux qui sont la cause principale de l'antipathie entre les deux nations, et qui ensuite dénigrent à Moscou la cour de France, etc.

tion la plus grande partie des méchantes calomnies sur notre compte, soit par la parole, soit par les pamphlets imprimés, sachant qu'il n'y a pas de ministre à nous auprès de la cour de France, et, comme il n'y a personne pour les en empêcher, ils font tout le mal qu'ils veulent. Les Français sont irrités aussi de ce que leur envoyé, qui a été à notre cour avec une mission expresse du Roi, n'a recueilli aucun fruit de son ambassade, et je crains fort que la cour d'ici, qui est si rusée, ne nous paye de la même monnaie. Le secrétaire d'État Torcy a dit à quelqu'un d'ici : « Si le Roi n'avait pas été assuré par Postnikof d'une alliance à conclure entre la cour de Moscou et la nôtre, jamais il ne lui serait venu à l'idée d'expédier à Moscou un envoyé extraordinaire... »

Plus tard Matvéef écrira :

« Il y a ici une disette extrême en argent, et encore plus grande en hommes; les subsides payés à Ragotsi, au Suédois, à l'électeur de Bavière, la prolongation de la guerre, ont complètement épuisé les ressources. Le Suédois et ses affaires sont ici en grand honneur; en outre, la nouvelle du couronnement de Stanislas Leszczinski a été bien accueillie...

« L'amitié qu'on nous témoigne ici, à travers la douceur des compliments, est sans effet... Cette cour orgueilleuse fait peu de cas de nous et de nos affaires. Aussi mon séjour ici n'est-il maintenant d'aucune utilité; on me considère plutôt comme un curieux que comme un ministre ; c'est pourquoi je demande instamment une réponse, afin de ne pas traîner une existence misérable et désœuvrée dans cette cour si dissimulée et si riche. Changer l'amitié des Anglais et des Hollandais contre celle des Français ne nous promet guère de profit [1]. »

Matvéef repartit, en septembre 1706, avec une belle lettre de Louis XIV pour le Tsar, où le roi tint à « rendre témoignage de la prudente et sage conduite qu'il a tenue ». Mais sa mission n'eut aucun résultat, ni pour l'affaire des vaisseaux, ni pour le traité de commerce, ni pour les questions de politique générale.

La série des revers continuait pour la France, à Ramillies, à Turin (1706), à Oudenarde (1708), à Malplaquet (1709).

La France, qui succombait en Occident sous les coups d'une coalition formidable, était cependant l'âme de la coalition qui cherchait à se former en Orient pour arrêter les progrès de la Russie. Ses agents en Suède, en Pologne, en Turquie travaillaient, comme d'instinct, à la même œuvre. Tolstoï, ambassadeur de Pierre le Grand à Constantinople, interceptait des lettres de son collègue français

---

1. Sur cette ambassade de Matvéef, voyez Soloviëf, *Istoria Rossii*, t. XV, pp. 71-75, et *Soc. imp. d'hist. de Russie*, t. XXXIV, pp. 37-40.

Ferriol, qui prouvaient à la fois ses efforts pour pousser le sultan à la guerre et ses intelligences avec les Tatars de Crimée[1].

Pierre, qui craignait fort d'avoir sur les bras en même temps la Suède et la Turquie, avait, dès 1707, essayé de gagner Louis XIV. Par l'intermédiaire de Des Alleurs, envoyé français auprès du prince de Transylvanie, il avait fait demander précisément ce que les Parisiens s'imaginaient que Matvéef était venu solliciter : la médiation du Roi entre Charles XII et lui. Le Tsar offrait de se contenter d'un seul port sur la Baltique et promettait, une fois sa paix faite avec la Suède, d'envoyer des troupes au secours de Louis XIV. L'obstination de Charles XII, qui ne voulait traiter avec le Tsar que « dans Moscou », fit échouer cette négociation. Pierre dut se tourner alors vers nos ennemis : Marlborough, à qui il offrait tout un royaume sur le Dniéper, le prince Eugène, à qui il proposait la couronne de Pologne. Surtout il reprit avec une vigueur nouvelle sa lutte contre Charles XII sur les champs de bataille de la Livonie, de la Pologne et de l'Ukraine, et contre la diplomatie française à Constantinople.

Or, en cette même année 1709 qui fut si désastreuse pour nous, l'année de Malplaquet et de la grande famine, Pierre le Grand remportait sur Charles XII la victoire décisive de Poltava ; le roi de Suède allait languir cinq années à Bender (1709-1714), tandis que Stanislas Leszczinski, son candidat et le nôtre, était détrôné en Pologne.

En même temps que la France travaillait à armer la Turquie pour le salut de la Suède et l'indépendance de la Pologne, elle avait cherché à venir en aide à son indocile allié Charles XII en offrant au Tsar sa médiation pour la paix suédoise et en lui demandant la sienne pour la paix d'Occident. La première idée de cette négociation se trouve dans les curieux mémoires que nous allons reproduire et qui sont de 1710. Il est assez probable qu'ils ont été rédigés par M. de Torcy.

MÉMOIRE SUR UNE NÉGOCIATION A FAIRE POUR LE SERVICE DU ROI. — 1710[2]

Rien ne paroît plus important que de négocier, s'il est possible, une diversion capable d'obliger les ennemis à faire la paix à des conditions raisonnables.

1. SOLOVIEF, *Istoria Rossii*, t. XV, p. 225.
2. *A. E. Russie*, t. III, fol. 35.

Le Czar vient de faire des conquêtes qui le rendent maître de la mer Baltique; leur situation rend leur défense si facile à la Moscovie que toutes les puissances voisines ne pourroient les faire restituer à la Suède.

Ce prince fait paroître son ambition par le soin qu'il prend d'aguerrir et de discipliner ses troupes, d'instruire, de policer sa nation, d'y attirer des officiers étrangers et toutes sortes de gens capables.

Cette conduite et l'augmentation de sa puissance qui est la plus grande de l'Europe le rendent formidable à ses voisins et donnent une jalousie bien fondée à l'Empereur et aux nations maritimes; ses pays fournissent abondamment tout ce qui est nécessaire à la navigation, ses ports peuvent contenir une infinité de vaisseaux. Il doit vouloir que ses sujets commercent dans toute l'Europe : ce qui ne sauroit convenir aux intérêts de l'Angleterre et de la Hollande, qui veulent être les voituriers de toutes les nations et faire seuls le commerce du monde.

Ces considérations font croire qu'il seroit à propos que le Roi fît passer auprès du Czar M. de Bezeval[1], qui se trouve présentement à Dantzig, afin d'essayer de faire connoître à ce prince qu'il n'est plus possible que les intérêts de l'Angleterre et de la Hollande s'accordent avec les siens.

Ces deux nations ne l'ont imaginé que parce qu'elles étoient engagées dans la guerre avec la France et l'Espagne. On appréhendoit le roi de Suède qui étoit à la tête d'une nombreuse armée et on ne pouvoit prévoir que le Czar pût faire en si peu de temps des conquêtes si importantes.

L'Empereur doit craindre qu'il ne devienne plus puissant en Pologne, qu'il ne soutienne les mécontents de Hongrie et ne protège les princes de l'Empire.

---

1. Jean-Victor de Besenval, baron de Brunstatt, né à Soleure en 1671, d'une famille originaire de Savoie et établie en Suisse, entré au service de France avec les contingents de Soleure, s'était distingué dans la guerre de la Succession d'Espagne, était devenu brigadier d'infanterie et chevalier de Saint-Louis. Accrédité en Suède depuis juin 1707, il avait accompagné Charles XII dans ses campagnes et combattu à Poltava comme maréchal de camp. Louis XIV l'accrédita en 1710 près du cercle de Basse-Saxe. Il reçut des missions auprès des rois de Prusse et de Pologne, contribua au succès des négociations pour la paix d'Utrecht. Nommé lieutenant général en 1717, il mourut à Paris le 11 mars 1736. — Voyez sa notice biographique et son Instruction du 28 septembre 1713 pour les affaires polonaises dans Louis Farges, *Instructions*, etc., *Pologne*, t. Ier, pp. 281 et suivantes.

[Commerce1.] — On pourroit offrir au Czar un traité de commerce avec la France et l'Espagne, lequel ne seroit pas moins avantageux aux deux couronnes qu'à la Moscovie, d'où l'on tire, outre les mâts et les bois propres à la construction des vaisseaux, les goudrons, brays[2], chanvres, potasses, cuirs, cire, miel, fourrures, soies et toutes sortes de marchandises de Perse.

[Médiation du Czar pour la paix.] — Si on intéressoit la gloire du Czar en lui faisant entendre que les deux couronnes accepteroient sa médiation pour la paix, il en seroit vraisemblablement touché : d'autant plus que si les ennemis la refusoient, on ménageroit peut-être une ligue entre ce prince, les rois de Danemark et de Pologne et l'électeur de Brandebourg qui en tireroient chacun des avantages très considérables, et si ces princes n'y vouloient point entrer, le Czar pourroit prendre occasion de porter la guerre dans l'Empire, et de commencer, pour s'en faciliter les moyens, par se rendre maître de Conninsberg[3] et de la Prusse, où ses troupes occupent déjà la ville d'Elbing.

Si le Czar se plaint que nous l'avons méprisé et que ses ambassadeurs ont été maltraités en France[4], on peut lui répondre que la Moscovie n'est bien connue que depuis que le prince qui y règne s'est attiré, par ses grandes actions et ses qualités personnelles, l'estime des autres nations, et que c'est sur cette réputation que Sa Majesté Très Chrétienne lui fait offrir sincèrement son amitié.

Le cardinal de Richelieu tira Gustave-Adolphe de la conquête de la Livonie pour abattre la puissance de la maison d'Autriche ; il seroit heureux, dans la conjoncture présente, de tirer le Czar de la conquête des mêmes provinces pour en faire le même usage.

---

1. Note marginale, ainsi que les autres mentions entre crochets.
2. Brai, poix retirée du sapin et du pin. Mot français qui vient du scandinave *brâk*, goudron.
3. Kœnigsberg (Prusse orientale).
4. C'est le souvenir persistant du mauvais accueil fait à la mission russe de 1687.

SECOND MÉMOIRE SUR LE MÊME SUJET

[Suède.] — La France n'a aucun intérêt de ménager présentement la Suède parce qu'elle a refusé son alliance au commencement de cette guerre et lui a préféré celle d'Angleterre et de Hollande, sur laquelle elle fonde uniquement la foible espérance du rétablissement de ses affaires.

Le roi de Suède négligea sa gloire et les intérêts de sa couronne lorsqu'étant à la tête d'une puissante armée, et pouvant faire accepter sa médiation pour la paix, il partit de Saxe pour suivre le projet chimérique qui l'a conduit à sa perte, laquelle paroissoit inévitable à tout le monde, hors à ce prince à qui un entêtement insurmontable ôte toute prévoyance.

[Médiation du Roi pour la paix entre le Czar et la Suède.] — Ce seroit perdre un temps trop cher dans la conjoncture présente que d'offrir au Czar la médiation du Roi pour terminer la guerre qu'il fait à la Suède, parce que ce prince ne voudroit pour rien au monde restituer la moindre partie de ses conquêtes, lesquelles vont lui donner une très grande considération dans toute l'Europe, établir et assurer le commerce de ses sujets, et porter l'abondance et de très grandes richesses dans ses États.

J'ai dit dans mon premier mémoire que la situation de ces provinces rend leur défense si facile à la Moscovie que toutes les puissances qui voudroient se liguer pour les reprendre sur elle n'y pourroient réussir. Pour en être entièrement convaincu, il n'y a qu'à observer qu'elles sont fermées du côté du Nord par le lac Ladoga; le Czar est maître du golfe de Finlande par Nerva[1] et Viborg qui est situé entre des lacs et des rochers inaccessibles; l'écoulement de ce grand lac, qui est le passage des vaisseaux, est défendu par une île fortifiée[2]. Les côtes d'Esthonie et de Livonie

1. Narva.
2. La Néva, qui est l'écoulement du lac Ladoga, est commandée à sa sortie du lac par la forteresse de Schlüsselbourg, à son embouchure par l'île fortifiée ou forteresse (Saint-Pierre-Saint-Paul) de Pétersbourg, enfin par l'îlot fortifié de Cronstadt.

sont assurées par Revel et Pernau, et le côté qui est frontière de la Pologne est fermé par la Duna[1] où les vaisseaux entrent jusqu'à Riga, qui est une grande ville très marchande, bien fortifiée par elle-même et par le fort de Dunemonde[2] qui est à l'embouchure de cette rivière. Les Suédois faisoient monter les seuls droits des douanes de Riga, Revel et Nerva à plus de trois millions.

On doit conclure de ce qui est exposé dans les articles précédents que le Czar n'a rien à craindre de la part de la Suède et de ses alliés, que le roi Auguste s'affermira en Pologne par le secours de ce prince et que ces deux puissances pourront soutenir les mécontents de Hongrie et donner beaucoup d'inquiétude à l'Empereur.

Mais ce n'est point assez pour faire la prompte diversion dont la France a besoin; il faut y intéresser l'électeur de Brandebourg et le roi de Danemark qui sont déjà ligués avec le Czar et le roi Auguste.

Le plus grand intérêt du Brandebourg est certainement de se rendre maître de la Poméranie suédoise. Le Danemark est actuellement en guerre avec la Suède, et au lieu de passer le Sund pour attaquer cette couronne dans le centre de ses États, ce qui lui a mal réussi, il semble qu'il feroit mieux de s'emparer de ce que la Suède tient dans le Meklembourg et de s'assujettir les États du duc de Holstein-Gottorp.

[Hanovre. — Brême.] — Le duc de Hanovre, allié de la Suède, ne manqueroit pas en ce cas-là d'occuper le duché de Brême sous prétexte de le conserver à cette couronne, mais il auroit un très grand intérêt de le joindre à ses États; il observeroit une neutralité apparente à cause des ménagements qu'il doit avoir pour l'Angleterre et favoriseroit néanmoins les ennemis déclarés de la Suède, afin de partager avec eux les États que cette couronne perdroit en Allemagne.

La seule considération qui peut retenir ces princes est qu'ils ne sauroient douter qu'aussitôt que les ennemis de la France

---

1. La Düna ou Dvina méridionale.
2. Dünamünde, « embouchure de la Düna ».

seront en paix, ils ne veuillent rétablir la Suède dans les provinces pour lesquelles ils viennent d'obtenir la neutralité; mais ils n'auroient rien à craindre s'ils prenoient le parti de retirer, avant l'ouverture de la campagne prochaine, les troupes qu'ils ont dans les Pays-Bas, parce que la France et ses alliés, se trouvant supérieurs partout, feroient pour lors la paix aux conditions convenables qu'ils auroient stipulées dans le traité qu'on propose de faire avec eux.

[MÉDIATION DU CZAR POUR LA PAIX. — COMMERCE DU CZAR DANS LA MER NOIRE.] — Le principal objet de la négociation de la France avec le Czar étant de l'engager à offrir sa médiation pour la paix, et, en cas de refus de la part des ennemis, à être le chef et le premier mobile de la ligue qu'on voudroit former dans le Nord, il seroit à propos de flatter ce prince, dont on connoît les vastes desseins, en lui offrant les offices du Roi pour lui faire obtenir du Grand Seigneur le passage de ses vaisseaux dans la Méditerranée par la mer Noire, où il a le port d'Azow. Il seroit sans doute très sensible à l'intérêt et à la gloire qu'il auroit de faire passer sa marine du Levant au Nord en faisant presque le tour de l'Europe.

Le 3 juillet 1710, le Roi, persuadé sans doute par ce mémoire, fit avertir M. Skroff[1], résident du Tsar à Paris, que son intention était de confier une mission en Russie à M. Baluze, qui se trouvait alors en Pologne.

---

1. Par lettre du 3 janvier 1711 au Roi, le Tsar accrédita auprès de lui « le sieur » Skroff; mais celui-ci ne présenta point cette lettre, parce qu'elle ne lui donnait que le titre de résident, et qu'il en attendait une autre qui lui donnerait la qualité d'envoyé. On ne sait rien de plus sur Skroff; il paraît qu'il mourut peu de temps après. — Une autre lettre du Tsar au Roi, du 9 juin de la même année, accrédita « le sieur » Grigori Volkof, en qualité de secrétaire d'ambassade (ou chargé d'affaires?). Il s'agit sans doute ici de Grigori Ivanovitch Volkof, élève de l'université de Padoue vers 1698, secrétaire du *Possolskii Prikaz* en 1714 et mort en 1717. — Consulter, sur Skroff et Volkof, *A. E. Russie, Supplément*, t. Ier, pièce qui précède la pièce 14.

M. DE TORCY A M. KROCK [1], RÉSIDENT DU CZAR PRÈS SA MAJESTÉ TRÈS CHRÉTIENNE

Versailles, 3 juillet 1710 [2].

J'ai reçu, Monsieur, les deux lettres que vous avez pris la peine de m'écrire, dont la dernière est du 24 de l'autre mois. Vous répondrez, s'il vous plaît, à celles qui vous ont été écrites de Moscovie qu'il y a déjà longtemps que le Roi estime personnellement le Czar, et que Sa Majesté eût été bien aise de prendre avec lui des liaisons particulières.

Quoique jusqu'à présent ce prince ait paru engagé avec les ennemis du Roi, cette considération n'empêchera pas Sa Majesté d'agréer sa médiation pour la paix générale, s'il peut la faire accepter aussi par les ennemis. En même temps elle lui offrira sa médiation pour la paix à faire entre ce prince et le roi de Suède.

Avant que je reçusse vos lettres, le Roi avoit résolu d'ordonner au sieur Baluze, qui est actuellement en Pologne et que Sa Majesté a déjà envoyé une fois en Moscovie, de passer encore une seconde fois auprès du Czar, et je crois qu'il seroit à désirer que ce prince fît aussi passer quelqu'un de sa part auprès de Sa Majesté, afin de travailler plus attentivement et plus utilement à fortifier ce commencement de bonne intelligence.

Je n'ai pas manqué de rendre compte au Roi du zèle que vous témoignez pour son service et je vous prie de croire que je serai très aise de vous marquer en toutes occasions que je suis, Monsieur, entièrement à vous.

DE TORCY.

Le 27 juillet, on fit tenir à M. Baluze l'Instruction suivante. On peut s'imaginer l'importance que le Roi attachait au succès de cette mission si l'on se rappelle qu'en mars de cette année il avait fait demander la paix aux coalisés, en offrant d'abandonner la cause de Philippe V et que, dans ce même mois de juillet, les conférences de Gertruydenberg avaient dû être rompues, parce que les alliés exigeaient que Louis XIV fît lui-même la guerre à son petit-fils et lui donnaient un délai de deux mois pour le chasser d'Espagne.

---

1. *Lisez* : Skroff.
2. *A. E. Russie*, t. III, fol. 54.

INSTRUCTION DU ROI POUR LE SIEUR BALUZE ALLANT EN QUALITÉ D'ENVOYÉ EXTRAORDINAIRE DE SA MAJESTÉ AUPRÈS DU CZAR DE MOSCOVIE. — MARLY, 24 JUILLET 1710[1].

Il y a quelques années qu'il revient au Roi que le Czar, fâché d'avoir suivi de mauvais conseils, souhaiteroit de s'attacher désormais aux intérêts de Sa Majesté beaucoup plus étroitement que ce prince n'est lié avec les ennemis de la France ; elle sait aussi que, nonobstant la victoire signalée qu'il a remportée contre le roi de Suède, il regarderoit comme un bien de faire la paix avec un prince dont le génie, incapable de se laisser abattre par les malheurs, donnera toujours de vives inquiétudes à ses ennemis.

Le roi de Suède a témoigné de son côté au sieur Desalleurs[2], lorsqu'il a passé à Bender allant à Constantinople en qualité d'ambassadeur du Roi à la Porte ottomane, que Sa Majesté lui feroit un sensible plaisir si elle vouloit bien travailler à la paix entre le Czar et lui, et que la médiation de Sa Majesté en cette occasion lui seroit très agréable.

Ainsi les dispositions de ces deux princes lui étant connues, elle a examiné ce qu'elle croyoit en cette occasion le plus convenable à son service.

La guerre excitée présentement entre les puissances du Nord peut causer dans la suite une diversion des forces des ennemis du Roi avantageuse pour Sa Majesté ; mais il seroit encore plus avantageux pour elle de réconcilier ces mêmes princes, si tous étant réunis vouloient agir efficacement pour procurer la paix générale, dont la conclusion est le principal objet que le Roi se propose.

---

1. *A. E. Russie*, t. IV, pièce 2.
2. Sur Pierre Puchot, seigneur de Clinchamp, comte des Alleurs, voyez Saint-Priest, *Mémoires sur l'ambassade de France en Turquie*, pp. 251 et suiv. Ce diplomate fut d'abord page de Mlle de Montpensier, puis soldat et capitaine au régiment des gardes, maréchal de camp, chargé de mission auprès de l'électeur de Brandebourg, de l'électeur de Cologne, du prince Ragotsi de Transylvanie. De 1711 à 1716, il fut ambassadeur à Constantinople. Il mourut en 1725. — Son fils, Roland Puchot, fut également ambassadeur à Constantinople, 1747-1754.

Ils auroient ensemble assez de forces pour se faire écouter, et quand même ils ne menaceroient pas d'agir hostilement contre ceux qui refuseroient leur médiation, il suffiroit de rappeler les troupes que quelques-uns d'eux ont données aux ennemis de Sa Majesté, et l'on verroit bientôt ceux qui s'opposent le plus à la paix obligés de prendre des sentiments plus pacifiques et plus raisonnables.

Enfin, si les princes du Nord refusoient l'honneur de travailler utilement à la pacification de l'Europe, la réconciliation entre le roi de Suède et le Czar de Moscovie produiroit encore de bons effets pour le service du Roi, l'un et l'autre paroissant aujourd'hui irrités contre les ennemis de Sa Majesté.

Le roi de Suède regarde comme une marque évidente de la partialité des Anglois et des Hollandois pour les ennemis de ce prince le soin qu'ils ont eu de comprendre le duché de Holstein, la Jutlande et la Saxe dans la prétendue neutralité qu'ils ont proposée aux princes du Nord, pendant qu'ils ont omis de comprendre aussi les provinces de Finlande et de Livonie dans ce même acte qu'ils ont donné comme une loi.

Le Czar souffre impatiemment que ces deux nations s'érigent en arbitres de l'Europe, et, persuadé qu'il s'est fait un assez grand nom pour se mêler de ce qui arrive de principal dans cette partie du monde, il commence à témoigner autant d'inquiétude que de jalousie de la grandeur où les ennemis de la France élèvent la maison d'Autriche.

Les choses en cet état, le Roi a jugé qu'il convenoit à son service de contribuer à la satisfaction réciproque et du roi de Suède et du Czar de Moscovie, en travaillant sincèrement à y ménager la paix entre ces deux princes; mais avant que de s'y employer comme médiateur, elle [Sa Majesté] a voulu savoir du Czar même s'il le désiroit, comme elle sait déjà que le roi de Suède le souhaite. Elle a jeté les yeux sur le sieur Baluze pour lui confier cette commission, étant persuadée qu'elle ne sera pas moins contente de la manière dont il s'en acquittera qu'elle a déjà été satisfaite du compte qu'il lui a rendu d'un voyage qu'il fit par ses ordres auprès du Czar de Moscovie il y a six ans.

L'intention de Sa Majesté est donc qu'il se rende auprès de ce prince, immédiatement après qu'il aura reçu cette Instruction, qu'elle lui envoie par une voie particulière. Et pour donner plus de poids à ce qu'il dira, elle a jugé à propos de le revêtir encore du même caractère de son envoyé extraordinaire dont elle l'a déjà honoré. C'est en cette qualité qu'il présentera au Czar la lettre de créance que Sa Majesté lui écrit.

Le motif du voyage qu'elle ordonne au sieur de Baluze de faire auprès du Czar est de savoir s'il convient à ce prince et s'il désire qu'elle agisse comme médiateur pour la paix à faire entre le roi de Suède et lui. En ce cas, Sa Majesté est prête à faire tous les offices qui conviendront pour en avancer la négociation. Si le Czar trouve donc qu'elle soit conforme à ses intérêts, il sera nécessaire qu'il s'explique, tant sur ses prétentions que sur la manière dont il veut traiter. Le Roi commencera dès lors à faire auprès du roi de Suède les démarches convenables à la qualité de médiateur; et, la négociation devenant réelle, Sa Majesté nommera un ambassadeur pour y assister de sa part et pour y remplir les fonctions de la médiation.

Mais, en même temps que Sa Majesté veut bien faire une pareille démarche qui ne regarde que l'intérêt et la satisfaction de ces deux princes, il est nécessaire de savoir quels engagements le Czar consentira de prendre avec elle, quelque succès que puisse avoir la négociation avec le roi de Suède.

Comme le principal objet qu'elle se propose, ainsi qu'il a déjà été dit, est celui d'avancer la paix générale, elle estime nécessaire d'instruire le sieur Baluze de l'état où se trouvent les négociations faites jusqu'à présent pour parvenir à cet important ouvrage.

Depuis près de cinq mois que les conférences [1] pour la paix sont ouvertes, les ennemis ont fait voir, par les demandes qu'ils ont successivement faites, que leur intention étoit moins de conclure que de chercher des prétextes de rejeter sur la France la haine [2] de la continuation de la guerre. Plus le Roi s'est rendu facile, plus ils se sont montrés ingénieux à former des prétentions qu'ils jugeoient que Sa Majesté ne pouvoit satisfaire. Voyant

1. Celles de Gertruydenberg.
2. L'odieux.

enfin que, malgré la hauteur de leurs propositions, elle approchoit de celles qui devoient pleinement contenter leurs peuples, ils ont résolu de rompre la négociation en insistant opiniâtrément sur une condition dont l'exécution étoit entièrement hors du pouvoir de Sa Majesté. Ainsi les députés de Hollande ont déclaré nettement, dans la dernière conférence tenue à Gertruydemberg, que leurs maîtres et leurs alliés ne consentiroient point à la paix si le Roi, ayant exécuté les articles préliminaires, ne s'engageoit encore à contraindre par ses seules forces le Roi Catholique à céder l'Espagne et les Indes. Ils ont fixé le terme de deux mois à Sa Majesté pour faire cette conquête, ajoutant que ses ennemis, enrichis des places qu'elle avoit cédées, recommenceroient la guerre contre elle, si, ce temps passé, l'archiduc[1] n'étoit pas encore en possession de l'Espagne et des Indes.

Une déclaration aussi précise, dont ils ont demandé la réponse dans l'espace de quinze jours, étant une rupture de leur part, le Roi a pris la résolution de rappeler le maréchal d'Huxelles et l'abbé de Polignac, ses plénipotentiaires, dont le séjour à Gertruydemberg étoit aussi peu conforme à la dignité de Sa Majesté qu'il devenoit inutile pour le bien de la paix.

Ils avoient proposé dans les premières conférences de prendre des médiateurs pour la paix générale, et de les choisir parmi les princes qui ne faisoient pas directement la guerre à la France. Le Roi, en faisant cette ouverture, avoit principalement en vue le Czar de Moscovie, le roi de Danemark et le roi Auguste de Pologne, tous deux alliés de ce prince; mais toute offre de médiation a été rejetée par les ennemis de Sa Majesté, avec la hauteur de gens qui, se confiant en leurs propres forces, se croient en état d'imposer des lois à toute la terre.

Il est du service du Roi que le sieur Baluze, faisant connoître au Czar jusqu'à quel point s'élève la fierté des Anglois et des Hollandois, excite en même temps l'ardeur que ce prince témoigne pour la véritable gloire, et qu'il l'exhorte soit à faire accepter sa médiation, soit à se venger du refus que les Anglois et les Hollandois en ont fait.

---

1. L'archiduc Charles, plus tard l'Empereur Charles VI.

L'un et l'autre lui seront également faciles. L'Angleterre et la Hollande, essentiellement intéressées au commerce de Moscovie, craindront les menaces du Czar, plus redoutable encore à ces deux nations depuis qu'il a des ports dans la mer Baltique. Si la prospérité les aveugle de manière que les menaces ne puissent les intimider, il sera facile à ce prince de faire succéder les effets aux avertissements, et sans armer, il peut causer en un jour plus de dommage aux Hollandois et principalement aux Anglois qu'ils n'en recevront par la perte d'une bataille.

Il sait aussi de quelle manière il peut, quand il le voudra, se venger de l'Empereur. Le prince Ragotsy est persuadé que la protection du Czar ne lui manquera pas ; il en a pour assurance plusieurs lettres de ce prince et la déclaration faite par lui à Varsovie en 1708. Le Roi veut que le sieur Baluze cultive soigneusement la disposition que le Czar a fait paroître à secourir puissamment les Hongrois contre l'Empereur. Il faut tâcher que ce soit une des conditions de la paix entre ce prince et le roi de Suède que, si elle se fait, tous deux s'engagent à soutenir la liberté de Hongrie ; que si cette paix ne peut se conclure, le Czar promette seul de défendre des peuples dont l'oppression augmenteroit encore la puissance de la maison d'Autriche, déjà formidable à ce prince.

Si cette raison lui paroît assez puissante pour assister les confédérés de Hongrie, il doit songer aussi à leur donner un chef ; car il est presque impossible qu'ils agissent avec l'intelligence et le concert nécessaire pour le bien de leur patrie tant qu'ils n'auront qu'un homme de leur nation pour les commander : les principaux ne peuvent se croire inférieurs à celui dont ils reçoivent les ordres, et ceux d'un moindre rang sont persuadés que le chef est bien plus occupé de son intérêt particulier que de celui du public.

Le prince Ragotsy, convaincu de cette vérité, vouloit faire élire l'électeur de Bavière pour roi de Hongrie ; mais ce prince crut avec raison que ce seroit se charger d'un vain titre s'il l'acceptoit sans avoir les forces nécessaires pour le soutenir.

La chose seroit entièrement différente si le Czar s'engageoit à donner à l'électeur de Bavière les troupes et l'argent nécessaires pour faire la guerre en Hongrie.

Le sieur Baluze tâchera de pénétrer quelles sont les dispositions de ce prince à cet égard, et s'il trouve que le Czar entre dans cette pensée, il n'oubliera rien pour la fortifier. Sinon, il doit tâcher de lui inspirer la pensée de faire asseoir le prince son fils sur le trône de Hongrie. Enfin le sieur Baluze ne doit négliger aucune des vues qu'il croira capables d'engager les Moscovites à secourir les Hongrois et à se déclarer contre l'Empereur et contre ses alliés si la médiation du Czar pour la paix générale n'est pas acceptée.

Mais la principale vue du sieur Baluze doit être d'engager ce prince à mettre en usage toutes sortes de moyens pour se faire reconnoître en qualité de médiateur et pour acquérir la gloire de contribuer à la pacification de l'Europe.

S'il désire, comme il y a lieu de le croire, d'entretenir désormais une bonne correspondance avec le Roi, il seroit à propos qu'il choisît un ministre pour envoyer auprès de Sa Majesté, et vraisemblablement il en prendra la résolution puisqu'elle fait la première démarche d'envoyer de sa part auprès de lui le sieur Baluze.

Comme il est instruit particulièrement de l'état de cette cour, il sait qu'il doit, autant qu'il sera possible, s'adresser directement au Czar et que le prince Mentsikow est entièrement porté pour les ennemis du Roi.

Au reste, il est du service de Sa Majesté que le sieur Baluze entretienne une exacte correspondance avec le baron de Bezenval en sorte que les deux agissent de concert autant qu'il sera possible.

Baluze arrivait à Moscou à la fin d'avril 1711. Dans une lettre du 5 mai [1], il rend compte de sa première conférence avec trois des ministres du Tsar : le chancelier Golovkine, le prince Dolgorouki et le baron Chafirof. A ce moment, les efforts combinés des agents suédois, de ceux de Stanislas et de l'ambassadeur de France auprès du sultan avaient réussi à faire déclarer la guerre par la Turquie. L'am-

1. Publiée par la *Soc. imp. d'hist. de Russie,* t. XXXIV, pp. 51 et suivantes, ainsi que plusieurs autres lettres de Baluze, auxquelles nous renvoyons pour l'exposé qui va suivre.

bassadeur russe avait été enfermé aux Sept-Tours ; le nouveau vizir Baltagi-Méhémet rassemblait une grande armée dans les plaines d'Andrinople ; Pierre se préparait à marcher contre lui et nourrissait l'espérance d'immenses conquêtes. C'était là une situation nouvelle, qui n'avait pas été prévue dans l'Instruction du 24 juillet et dont certaines circonstances étaient fort embarrassantes pour un envoyé du Roi à Moscou. Baluze s'efforçait de suppléer à cette lacune dans son allocution aux trois ministres moscovites. « J'ai commencé cette conférence en leur disant que Votre Majesté a bien voulu m'ordonner de me rendre auprès du Czar, leur maître, pour lui marquer la constance de son amitié et pour le détromper sur le bruit que les ennemis de Votre Majesté ont répandu dans toute l'Europe, comme si elle avoit part à la guerre que les Turcs venoient de déclarer aux Moscovites..... Les ministres moscovites m'ont assuré, par plusieurs reprises, que les sentiments très sincères de leur maître n'ont jamais pu lui permettre de croire que Votre Majesté eût voulu faire rien de contraire à ses intérêts... Il s'est dit, Sire, d'un côté et d'un autre, bien des choses très honnêtes. »

Cependant Baluze est forcé de convenir que « les avis qu'ils disent avoir eus de Constantinople et d'ailleurs m'ont assez fait juger qu'ils sont persuadés que Votre Majesté a pu trouver quelque intérêt à la déclaration de ladite guerre ». Et Baluze fait de son mieux pour les persuader du contraire. On arrive enfin aux choses sérieuses. L'envoyé français assure que son maître est disposé à contribuer à la paix entre le Tsar et la Turquie, en même temps qu'à la paix entre le Tsar et la Suède. C'était indiquer nettement le rapport que la diplomatie française établissait entre les deux guerres et la solidarité qu'elle entendait maintenir entre Suédois et Turcs. « La Porte, affirmait Baluze, ne voudroit pas apparemment traiter sans le roi de Suède, son allié. » Les ministres russes essayaient, au contraire, de dissocier les deux ordres de faits, assurant qu'il n'y avait pas d'alliance entre la Suède et la Turquie ; que la paix avec Charles XII serait très difficile, « la hauteur et la fierté de ce prince devenant chaque jour plus grandes » ; qu'il serait, en revanche, très aisé de traiter avec la Turquie ; que les bons offices du Roi « y trouveroient d'autant moins de difficulté à réussir qu'elle paraissoit déjà fâchée de s'être engagée dans la guerre au Czar et désirer qu'une médiation aussi puissante que celle de Votre Majesté puisse la tirer avec honneur de l'embarras où elle se trouve ».

Dans une seconde conférence, ils affirmèrent, non sans raison, que « Votre Majesté n'avoit qu'à vouloir pour réussir dans cette affaire » ; que l'Angleterre et la Hollande avaient déjà offert leur médiation, mais « que le Czar aimera toujours mieux avoir la médiation et l'obligation de cette paix à Votre Majesté qu'à tout autre : après laquelle leur maître se trouvera en état de lui en marquer pleinement sa reconnoissance, en entrant avec elle dans des liaisons étroites, en s'alliant avec elle et en se déclarant hautement contre ses ennemis ;...... que ce ne seroit qu'au refus de Votre Majesté et malgré lui que le Czar entreroit dans une alliance contraire à ses intérêts, voyant très bien que celle de Votre Majesté lui seroit la plus sûre et la plus avantageuse ».

Baluze eut ensuite une audience du Tsar, qui ne paraît pas lui avoir donné pleine satisfaction : il constate notamment qu'on n'avait pas envoyé de carrosse au-devant de lui. Il cherche vainement à avoir un entretien particulier avec ce prince, « dans son jardin, où il travaille lui-même à la construction d'une petite barque », faisant manier le rabot aux dames de sa cour. Il eut cet entretien le 16 mai 1711. Le Tsar expliqua « bien distinctement ses intentions, en me disant qu'il souhaitoit qu'il plût à Votre Majesté de lui procurer la paix avec la Porte seule, indépendamment de la Suède[1] ».

Les ministres russes revinrent ensuite à la charge et Chafirof répéta encore que « l'alliance de la Suède n'ayant jamais été trop utile à la France, celle qu'elle feroit avec le Czar lui rendroit l'autre tout à fait inutile ; qu'il ne falloit, par conséquent, pas songer à traiter la paix avec la Suède conjointement avec celle des Turcs, ne croyant pas qu'une alliance de Votre Majesté avec son maître et avec le roi de Suède en même temps puisse être compatible ; mais qu'elle pourroit se faire avec le Czar, sans que ce fût contre ledit prince[2] ».

Baluze, enfermé dans ses Instructions et connaissant à fond la politique de sa cour, ne pouvait s'engager dans cette voie. Pierre le Grand pensa qu'en dépêchant lui-même un envoyé en France, tout en retenant Baluze à Moscou, il obtiendrait peut-être davantage.

Le secrétaire Grigori Volkof[3] vint donc, dans l'été de 1711, négocier à Fontainebleau avec les ministres de Louis XIV. A l'alliance qu'il nous offrait, moyennant une médiation effective pour la paix avec la Turquie, les ministres français mirent les conditions suivantes : 1° la Russie aiderait les Hongrois révoltés contre l'Autriche ; 2° elle s'opposerait à ce qu'un prince de la maison d'Autriche fût élu empereur (Joseph Ier était mort le 17 avril et l'archiduc Charles allait lui succéder), mais tâcherait de faire obtenir la couronne impériale au roi de Pologne ; 3° les troupes danoises et saxonnes au service des puissances coalisées contre la France seraient rappelées. A ces conditions, le Roi enverrait à son ambassadeur auprès de la Porte des instructions conformes au désir du Tsar.

1. Baluze au Roi, 12 mai 1711.
2. Baluze au Roi, 19 mai 1711.
3. Voyez ci-dessus, page 119, note.

Au sujet de ses conférences avec les ministres français, Volkof écrivait à sa cour :

« Il est évident que la cour d'ici n'a pas cessé de rechercher l'intérêt de la Suède ; et, si dissimulé que soit le ministre des affaires étrangères Torcy, il était aisé, lorsqu'il s'agissait de la Suède, de saisir sur son visage et dans ses paroles une certaine sympathie intime pour elle. Un ami que j'ai ici, et qui connaît parfaitement les affaires, m'a dit que Torcy se conduisait injustement avec notre cour et ne voulait que l'amuser, tandis que le peuple est tout entier hostile à la Russie ; que, quelque bonnes que soient les nouvelles d'ici, on ne veut pas les écouter ; qu'on ne les laisse pas publier dans les gazettes ; qu'il serait peut-être avantageux de gagner les rédacteurs de journaux, afin qu'ils impriment les nouvelles qui nous sont favorables[1]. »

Ainsi la France et la Russie restaient chacune sur leur terrain, et ni les instructions de Baluze ni celles de Volkof ne permettaient à ces envoyés d'en sortir. La France aurait voulu que la paix avec la Turquie fût achetée par la Russie d'une paix avantageuse à la Suède, et que, de plus, sans attendre davantage, le Tsar prît parti contre nos ennemis. La Russie, au contraire, entendait que la paix avec la Turquie lui laissât toutes ses forces disponibles, pour imposer à la Suède une paix désastreuse, et subordonnait à la pacification générale dans le Nord et dans l'Orient une intervention, très incertaine d'ailleurs, dans nos affaires d'Occident. La France, quoique mécontente de Charles XII, lui restait obstinément fidèle, tandis que le Tsar exigeait qu'on choisît entre son alliance et l'alliance suédoise. Dans ces conditions, il était impossible de s'entendre.

Pendant que Baluze discutait à Moscou et Volkof à Fontainebleau, les événements marchaient. Pierre le Grand s'était mis en route pour la frontière du sud, comptant sur le concours des hospodars de Moldavie et de Valachie, sur le soulèvement général des populations chrétiennes de la Turquie, espérant la conquête de Constantinople et le triomphe dans Sainte-Sophie. Il rencontra le désastre du Pruth et s'estima trop heureux de signer le traité de Falksen (23 juillet 1711), qui le sauva peut-être de la ruine et de la captivité, mais qui l'obligeait à permettre le retour de Charles XII dans ses États, à évacuer la Pologne, à démolir les forteresses construites sur le territoire turc, à restituer Azof : Azof, sa première conquête, la gloire de ses années de jeunesse !

Comme on demandait au Tsar, quelque temps après, « si la France avait eu quelque part à la paix conclue avec les Turcs, ce prince a répondu qu'elle n'y en avoit eu aucune et qu'elle s'étoit faite sans la

---

1. Solovief, *Istoria Rossii*, t. XVII pp. 69-71.

participation d'aucune puissance [1] ». En réalité, il devait surtout à la France cette guerre malheureuse et le fâcheux traité qui y mit fin. Il ne devait rien à sa médiation. Il n'avait plus besoin d'elle, et n'avait plus de ménagements à garder envers son alliée la Suède. L'envoyé de France eût été mal venu à lui rappeler ses offres de médiation dans la guerre d'Occident ou lui demander son concours armé contre nos ennemis, et presque aussi mal venu à lui offrir notre médiation dans sa querelle avec la Suède, désormais à sa discrétion. Baluze n'avait plus rien à faire à Moscou : en septembre 1711, nous le retrouvons à Varsovie. Sa seconde mission russe n'avait pas amené plus de résultat que la première.

Chacune des deux puissances allait suivre, l'une dans sa guerre de la Succession d'Espagne, l'autre dans sa guerre du Nord, des destinées divergentes comme leurs intérêts à cette époque. Tandis que la France bénéficiait de l'avènement de Charles VI, qui inquiétait l'Europe entière, de la chute du parti whig en Angleterre (1711), de l'ordre envoyé aux troupes anglaises d'abandonner l'armée des Pays-Bas, de la grande victoire de Denain (1712) et parvenait à conclure une paix honorable à Utrecht (1713), Pierre le Grand, avec ses alliés danois et saxons, chassait les Suédois de la Poméranie (1712), les battait en Finlande (1713), occupait les îles d'Aland et menaçait Stockholm (1714), faisait capituler Stralsund et Wismar.

Ainsi, malgré tant d'ambassades échangées, par des causes plus fortes que l'habileté des diplomates ou les préférences des souverains, la France de Louis le Grand et la Russie de Pierre le Grand continuèrent à rester presque étrangères l'une à l'autre, cherchant toujours un terrain d'alliance, mais toujours restant indirectement, sinon directement, hostiles.

1. Baluze au Roi, 11 septembre 1711.

VII

M. LAVIE

CHARGÉ D'UNE MISSION, PUIS CONSUL

1715-1724

Si l'on ne réussissait pas à conclure une alliance avec la Russie, on continuait en France à se préoccuper du commerce avec ce pays, ainsi qu'en témoigne un curieux Mémoire de 1712[1], où il est question de fonder une compagnie de commerce privilégiée.

M. de Levisson ou Leviston fut désigné pour une mission en Russie par lettre du 25 décembre 1713. Il devait partir avec Lefort[2], conseiller de commerce du Tsar. Il était chargé de renseigner le Roi sur le commerce et les ressources de la Russie et sur la politique du Tsar.

M. de Levisson ne fit pas ce voyage; il ne reçut pas d'Instruction. Nous n'avons que cette lettre de Pontchartrain, du 25 décembre 1713 :

M. DE PONTCHARTRAIN A M. AMELOT

Versailles, 25 décembre 1713[3].

Le Roi ayant résolu, Monsieur, d'envoyer une personne de confiance en Moscovie pour y prendre une parfaite connoissance de l'état et du commerce du pays, c'est donc le sieur de Levisson qui vous remettra cette lettre. Il

---

1. Publié dans *Soc. imp. d'hist. de Russie*, t. XXXIV, pp. 94 et suiv.
2. Neveu du célèbre général et amiral Lefort, qui était mort en 1699. Voyez MORITZ POSSELT, ouvrage cité, t. II, pp. 544 et suiv. — Par lettre du 16 janvier 1716, du Tsar au Roi, Pierre accréditait auprès de Louis XIV Lefort en qualité d'*agent*. La réponse du Roi est du 20 mai. *A. E. Russie, Supplément*, t. Ier, pièce qui précède la pièce 14.
3. *A. E. Russie*, t. VI, fol. 47.

peut s'en acquitter dignement, ayant déjà donné des marques de son zèle et de sa capacité en différents voyages qu'il a faits pour le service de Sa Majesté, et, comme elle désire qu'il passe à Pétersbourg par les vaisseaux qui doivent y aller, je vous prie instamment de le mettre au fait de toutes les choses et je ferai expédier ensuite les ordres qu'il sera nécessaire de lui donner.

M. Lavie, commissaire de la marine royale à Hambourg, fut ensuite désigné, à la fin de 1714, pour une mission en Russie.

Il était chargé de renseigner le Roi sur le commerce et les ressources du pays et sur la politique du Tsar.

M. Lavie arriva à Pétersbourg le 13 janvier 1715. Nous voyons, par lettre du 25 août 1720, du maréchal d'Estrées à l'abbé Dubois, que M. Lavie reçut le titre de *Consul de la nation française*.

Un grand nombre de lettres de M. Lavie ont été publiées [1] : elles donnent de curieux détails sur le progrès de l'influence et du commerce français en Russie.

L'Instruction dont il devait s'inspirer est du 2 février 1714.

MÉMOIRE POUR SERVIR A L'INSTRUCTION DE..... [2] ALLANT A PÉTERSBOURG. — 2 FÉVRIER 1714 [3].

La première chose qui a été demandée, lorsque le sieur Lefort est arrivé ici pour proposer d'établir un commerce en droiture avec les États du Czar par Pétersbourg, a été de savoir s'il y avoit des conventions ou traités faits avec l'Angleterre et la Hollande pour le commerce ; quels étoient ces traités, et si les négociants de ces deux puissances ne jouissoient pas de quelques privilèges et exemptions en ce pays-là pour l'entrée et la sortie des marchandises ou autrement de quelque manière que ce soit.

---

1. Dans *Soc. imp. d'hist. de Russie*, t. XXXIV et XL. — Nous relevons dans cette correspondance les faits suivants : — Le Tsar préside au mariage, avec une dame de la cour de Catherine, d'un Français, nommé France, et né à Nantes, qui l'avait servi pendant quatorze ans. — Il comprend « qu'il n'est point de commerce si avantageux à ses sujets que celui d'Espagne et de France ». — Il y a un grand nombre de sujets français en Russie. — M. de Saint-Hilaire est directeur de l'Académie des gardes-marine. — M. Le Blond prépare un nouveau plan de Pétersbourg qui « fera de cette ville une des plus fortes et des plus régulières de l'Europe ». — Les lettres de Lavie deviennent particulièrement intéressantes sur la cour et l'empire de Russie à partir de 1719.

2. Le nom est resté en blanc.

3. *A. E. Russie*, t. VI, fol. 79.

L'un des premiers soins de la personne qui doit se rendre à Pétersbourg sera donc de s'instruire bien exactement de tout ce qui regarde cet article, et de tirer, s'il est possible, des copies de ces conventions ou traités, s'il y en a.

Il faut aussi commencer par avoir les tarifs des droits d'entrée et de sortie qui se paient ordinairement, et en particulier sur les vins, eaux-de-vie et vinaigres, et de toute autre sorte de droits qui se lèvent sur les naturels du pays et sur les étrangers.

Savoir s'il y a des foires établies à Pétersbourg et quel est le temps, la durée et privilèges de ces foires.

S'informer des commodités qui se trouvent dans les États du Czar pour transporter les marchandises jusqu'à Pétersbourg, soit par les rivières et les canaux, soit par les voitures de terre.

Dresser deux états des marchandises de sortie, dont le premier contiendra les marchandises du cru et fabrique du pays et le second celles des pays limitrophes, en marquant le prix commun et ordinaire de toutes ces sortes de marchandises.

Dresser pareillement des états des marchandises que les négociants de l'Europe, et en particulier ceux de France, pourroient fournir aux Moscovites, en marquant à peu près la quantité de chaque espèce que l'on pourroit y négocier année commune et le prix ordinaire qu'on pourroit les vendre.

S'informer sur quel pied s'y fait le commerce, si c'est en troc et par permutation de marchandises, ou si c'est partie en marchandises et partie en argent, comme on le soupçonne de l'avidité de cette nation pour l'argent.

Savoir si le commerce des lettres de change y est établi et sur quelles places de l'Europe il est en usage de les tirer.

S'informer des monnaies qui ont cours à Saint-Pétersbourg et dans les autres États du royaume, et de la proportion qu'elles ont avec nos espèces et celles de Hambourg, de Hollande et d'Angleterre.

S'informer des poids et des mesures dont on se sert à Pétersbourg et de leur proportion avec les nôtres.

S'instruire particulièrement du commerce que les Anglois, les Hollandois et les Hambourgeois y font, et du nombre de vaisseaux que chacune de ces trois nations y emploie ordinairement.

Savoir s'il n'y a point à Pétersbourg de poids public pour lequel on lève un droit sur toutes les marchandises qui sont achetées ou vendues et marquer à quoi monte ce droit.

S'informer si les étrangers sont obligés de se servir du ministère de courtiers dans leurs ventes et achats de marchandises, et quel est le droit ou salaire que l'on paie à ces courtiers.

S'informer à quoi monte le droit de commission que l'on paie aux négociants de Pétersbourg pour les ventes et achats de marchandises qu'on leur ordonne ou qu'on leur confie.

S'informer enfin des noms des négociants les plus considérables qui sont établis à Pétersbourg, soit Moscovites ou étrangers, et s'instruire autant qu'il est possible quelle sorte de commerce les plus riches d'entre ces négociants sont en usage de faire.

Comme la personne qui doit faire le voyage de Pétersbourg paroît capable de choses plus relevées que celles dont il est parlé dans ce mémoire, on pourroit la charger en même temps de s'appliquer à connoître le génie du Czar, du prince héréditaire de Moscovie, du prince Mentzicoff, des principaux ministres et des généraux, à examiner les intérêts de cette cour, ses relations dans les pays étrangers, et pénétrer les vues du Czar pour l'agrandissement de ses États et de sa puissance, et principalement sur ce qui regarde la marine, pour laquelle il est vraisemblable que ce prince a formé des projets.

Il seroit bon aussi d'avoir des notions distinctes de la forme du gouvernement, des conseils et des tribunaux où les affaires se décident, des revenus du Czar tant ordinaires qu'extraordinaires, de la religion et du clergé, du nombre de troupes que le Czar a sur pied ou qu'il peut avoir, et de tout ce qui a rapport aux moyens de faire et de soutenir la guerre.

Signalons un sieur Thug, négociant à Dunkerque, qui, en 1715, aurait demandé à aller en Russie pour se renseigner sur le commerce que la France pouvait faire avec le Nord.

D'une lettre du 9 février 1716 du maréchal d'Huxelles à M. Le Blant, il résulte qu'on avait l'intention d'accueillir la demande de

M. Thug. Mais aucune instruction n'existe, non plus que de correspondance, et la mission ne paraît pas avoir eu lieu.

Parmi les faits indiquant une tendance à plus de sympathie mutuelle entre les deux pays, nous voyons encore que le Roi accueille une demande du Tsar pour faire entrer vingt jeunes gentilshommes russes dans les gardes-marine de France. Cela résulte d'une lettre du conseiller de commerce Lefort à la date du 11 février 1717 [1].

Lavie paraît, dans la suite, s'être assez mal conduit et aussi avoir contracté beaucoup de dettes. En mai 1722, le duc d'Orléans avait décidé son rappel : il en est encore question dans les dépêches d'août et septembre 1723 [2] ; le seul obstacle à la réalisation de cette mesure, c'est l'embarras où l'on était de payer ces dettes. Campredon annonce, le 5 mai 1725 [2], qu'elles « augmentent par ce retardement, et que depuis que le sieur Lavie n'a plus d'emploi, il mène une vie tout à fait indigne, s'étant associé au duc de Senty, l'ennemi le plus envenimé que la France puisse avoir dans les pays étrangers, et peut-être le plus grand scélérat qu'il y ait sur la terre. Lavie loge avec cet homme, et sa maison, qui est vis-à-vis du palais de la Czarine, est un lieu public de débauches, où le fils du baron Schleinitz va concerter ses nouvelles ».

Depuis lors, on n'entend plus parler de Lavie.

---

1. *Soc. imp. d'hist. de Russie*, t. XXXIV, pp. 116-117. — Quelques-uns de ces noms, comme Jérébtsof, Miloslavski, Volkonski, Rimski-Korsakof, Polianski, Mordvinof, Ioussoupof, Kikine, Soltykof, Biélosselski, Bariatinski, comptent parmi les plus illustres de la noblesse et de l'histoire russe.
2. *Société impériale d'hist. de Russie*, t. LII, pp. 102-105.
3. *Ibid.*, t. LVIII, p. 293.

VIII

LE MARQUIS DE CHATEAUNEUF

AMBASSADEUR EN HOLLANDE
CHARGÉ DES NÉGOCIATIONS AVEC PIERRE Ier A LA HAYE

1717

La France, malgré les sollicitations du Tsar, avait renouvelé, le 3 avril 1715, son traité d'alliance et de subsides avec la Suède. Quand Charles XII apprit la mort (1er septembre) du grand Roi qui avait été fidèle à l'alliance suédoise jusqu'à lui sacrifier ses propres intérêts, il dit simplement : « Si Louis XIV est mort, Charles XII vit encore. » Lui-même n'en avait plus pour longtemps : sa présence n'avait pu sauver Stralsund (1715) ; le roi de Prusse s'était joint à ses ennemis et envahissait la Poméranie citérieure ; l'électeur de Hanovre, roi d'Angleterre, mettait la main sur Verden. D'autre part, la politique et les armées russes pesaient lourdement sur l'Allemagne du Nord : une des nièces de Pierre, Anna Ivanovna, avait épousé le duc de Courlande (1710) ; une autre, Catherine Ivanovna, le duc de Mecklembourg-Schwérin (1716) ; une de ses filles, Anna Pétrovna, devait épouser plus tard (1725) le duc de Holstein-Gottorp. La Russie semblait appelée à reprendre en Allemagne le rôle qu'y avait eu si longtemps la Suède. Mais déjà des résistances se manifestaient contre la prépondérance russe : l'électeur de Hanovre, roi d'Angleterre, et le roi de Danemark se retiraient de l'alliance du Tsar. Engagée, non plus seulement dans les affaires du Nord, mais dans la grande politique européenne, dans laquelle allaient chercher à le compromettre encore plus les intrigues de Goertz et d'Albéroni, Pierre le Grand sentait plus que jamais le besoin d'une grande alliance européenne. Or, depuis l'avènement de

138   LE MARQUIS DE CHATEAUNEUF, 1717.

Louis XV au trône et de Philippe d'Orléans à la régence, l'Europe occidentale était partagée en deux camps. Contre l'Espagne d'Albéroni qui prétendait remettre en question les traités d'Utrecht, la France, l'Angleterre, la Hollande, négociaient pour la formation de la Triple alliance de la Haye (1717), qui, l'année suivante, allait provoquer une guerre fratricide entre les deux branches de la maison de Bourbon.

Pour se reconnaître dans cette politique si compliquée de la vieille Europe, Pierre Ier entreprit son second voyage en Occident. Combien il avait grandi depuis le premier voyage! Ce n'était plus le souverain, à demi barbare, d'un État presque inconnu, et qui n'avait à son actif qu'un succès obscur, celui d'Azof, contre les Turcs ; c'était le vainqueur de la Suède, l'arbitre de la Pologne, le dominateur de l'Allemagne du Nord, le réformateur de la Russie, le fondateur de Pétersbourg, le créateur d'un grand peuple et d'un grand empire.

Dès son arrivée à La Haye, Pierre entra en relations avec les plénipotentiaires français chargés des négociations pour la Triple alliance : M. de Châteauneuf, ministre du Roi en Hollande, et l'abbé Dubois. M. de Châteauneuf fut autorisé à se mettre en relations avec les plénipotentiaires désignés par le Tsar, Golovkine, Chafirof et Boris Kourakine. A défaut d'*Instruction* proprement dite, il reçut les lettres suivantes. Elles lui prescrivent la plus grande réserve en présence des propositions qui auraient trait à la politique générale. Il paraît évident que le cabinet de Versailles ne désirait rien conclure avec la Russie, sinon un traité de commerce, et qu'elle avait surtout en vue de procurer à la Suède, par la médiation de la France, la paix la moins désastreuse qu'il serait possible.

LE ROI A M. DE CHATEAUNEUF. — PARIS, 5 JANVIER 1717[1]

Après avoir examiné l'état présent des affaires du Nord, la relation qu'elles peuvent avoir avec celles du reste de l'Europe et les objets que les puissances engagées dans cette guerre pourroient se proposer après qu'elles auroient concilié leurs intérêts, j'ai cru que la prudence demandoit que je prisse des mesures pour prévenir les engagements qu'elles pourroient prendre au

1. *A. E. Hollande*, t. CCCXXII, année 1717.

préjudice du repos public. Ma première attention a été de dissiper les défiances que les ennemis du roi de Suède avoient prises de mes liaisons avec ce prince, et, sans m'écarter de l'observation des engagements du feu Roi mon bisaïeul avec lui, je n'ai rien oublié pour faire connoître que je voulois désormais borner les effets de ma garantie à mes offices pour parvenir à la paix du Nord ; et je suis toujours persuadé que dans la conjoncture présente, c'est ce que je puis faire de plus avantageux pour le roi de Suède.

Vous voyez donc que l'opposition invincible que ce prince a toujours témoignée à l'ouverture d'une négociation, et qui n'a pu être surmontée ni par mes représentations, ni par la supériorité de ses ennemis, n'est pas le seul obstacle que j'aie trouvé, pour faire admettre mes offices de leur part, et, pendant que le roi de Suède, qui a toujours témoigné qu'il les acceptait, les a laissés sans effet en refusant ou en différant de s'expliquer, l'opinion généralement répandue de mes liaisons avec lui et des moyens qu'il tiroit de mon alliance pour continuer la guerre, rendoit suspect à ses ennemis mes offices pour parvenir à la paix ; et ce n'est aussi qu'avec beaucoup de soins, et après une longue persévérance, que l'on est parvenu à effacer ces préjugés auprès de plusieurs des puissances de la ligue du Nord. Le succès en a été tel qu'on a lieu de croire que le roi de Prusse[1], le roi de Pologne et même le Czar sont disposés à admettre ma médiation. Je ne puis encore juger avec certitude si ce seroit dans la vue de parvenir à une paix générale ou de convenir chacun séparément de leurs intérêts.

Comme la disposition que ces princes témoignent à la paix, est l'effet des défiances qui se sont élevées entre les alliés du Nord, il paroît que le roi de Suède, flatté de l'espérance d'en rendre par ces moyens les conditions moins désavantageuses pour lui, ne s'éloigne pas de traiter avec le Czar, et vous aurez vu par la lettre que je vous ai écrite le 26 novembre que mon intention est en effet de contribuer par mes offices. Mais, comme leur

---

1. Le roi de Prusse avait conclu avec la France, le 17 septembre 1716, un traité secret d'alliance défensive. Voyez DROYSEN, *Gesch. der Preussischen Politik, Friedrich Wilhelm I*, t. I, p. 179.

succès ne rempliroit qu'imparfaitement ce que la prudence et le désir de consentir à la paix de l'Europe demandent de moi en cette occasion, j'ai cru qu'il étoit temps de prendre aussi des mesures pour établir entre ma couronne et les principales puissances des liaisons qui puissent assurer la tranquillité publique, s'il est possible à donner des bornes à l'ambition de ceux qui voudront entreprendre de la troubler.

Je connois parfaitement le peu de fond que l'on peut faire sur l'alliance d'un prince dont les États sont aussi éloignés que ceux du Czar, et je sais que le prince, son fils[1], n'a pas les qualités nécessaires pour soutenir la réputation qu'il s'est acquise, ni les établissements qu'il a faits. Ainsi plusieurs circonstances pourroient me faire regarder les liaisons que je prendrois avec le Czar comme peu utiles à mes intérêts. Mais d'autres considérations supérieures, que je vous expliquerai dans leur temps, me font passer sur ces considérations, quelque fortes qu'elles soient, et mon intention est que vous profitiez du séjour de ce prince en Hollande pour lui faire connoître qu'étant instruit de ses qualités personnelles, et de la gloire qu'elles lui ont justement acquise, je vous ai prescrit de l'assurer de l'estime parfaite que j'ai pour lui et de lui marquer que je désire sincèrement de lui en donner des témoignages; que je regarde son voyage en Hollande comme une conjoncture favorable pour convenir des moyens d'établir entre mes sujets et les siens une correspondance directe et réciproquement utile pour leur commerce, mais que ce n'est pas le seul objet ni le plus important que je me proposerois en cette occasion, si ce prince étoit disposé à prendre des liaisons avec moi; que la situation des affaires générales de l'Europe est telle aujourd'hui que ces liaisons pourroient être rendues aussi avantageuses que solides, et que je serois aussi disposé de ma part à concourir aux vues que le Czar pourroit former pour soutenir la considération qu'il s'est déjà acquise, s'il vouloit me les confier.

Après cette ouverture, que vous accompagnerez de toutes les expressions que vous jugerez le plus conformes à ce que vous

---

[1]. Alexis Pétrovitch, célèbre par ses infortunes. C'est l'année suivante qu'il fut jugé par ordre de son père et mourut, paraît-il, des suites de la question. — Voyez Oustriélof, *Histoire de Pierre le Grand* (en russe), t. VI, et les articles de M. DE Vogüé dans la *Revue des Deux Mondes* des 1er et 15 mai 1880.

aurez appris du caractère de l'esprit de ce prince, vous attendrez qu'il vous fasse donner une réponse, sans vous ouvrir en aucune manière sur les conditions que je pourrois proposer pour servir de fondement à cette alliance, jusqu'à ce que je vous aie donné mes ordres sur le compte que vous m'aurez rendu de ce qui vous aura été confié des vues et des intentions du Czar. Mais si les ministres de ce prince refusoient de s'expliquer avec vous, avant que d'être auparavant instruits de mes sentiments par rapport à l'état présent des affaires de l'Europe, vous pourrez leur faire remarquer que ce qui se passe sous leurs yeux à la Haye[1] fait assez connoître que je ne veux rien oublier pour maintenir la tranquillité rétablie par les traités d'Utrecht et de Bade, et que mon dessein est d'apporter tous mes soins pour empêcher qu'il ne soit rien entrepris au préjudice des mêmes; que, connoissant combien il est important, pour éloigner tout sujet de division dans leur opinion, de pacifier les troubles du Nord, je n'ai pas cessé, depuis mon avénement au trône, de presser le roi de Suède d'entrer dans des vues de paix et de me confier les moyens qu'il voudroit employer pour y parvenir. Quoiqu'il ne s'en soit pas encore expliqué avec moi d'une manière assez précise pour donner à mes offices tout l'effet qu'ils pouvoient avoir, j'ai lieu de croire qu'il seroit disposé à entrer dans les moyens de rétablir la bonne intelligence entre le Czar et lui, particulièrement s'il pouvoit espérer que ce prince voulût de sa part y apporter des facilités, et que cette opinion a été encore confirmée par ce que le baron de Goerts vous a dit sur ce sujet; qu'ainsi, si le Czar vouloit me confier ses intentions, j'agirois selon ses vues. Et comme il pourroit arriver que les ministres du Czar vous demanderoient encore quels sont les engagements que j'ai avec la Suède, vous pouvez les assurer qu'ils ne contiennent rien qui puisse rendre mes offices suspects et que je me suis expliqué avec ce prince de manière à lui faire connoître que je ne pouvois désormais étendre les effets de ces mêmes engagements au delà des soins que j'apporterois pour concilier ses intérêts avec ceux de ses ennemis et

---

1. Il s'agit des négociations pour la Triple alliance entre la France et l'Angleterre et les Provinces-Unies; elle fut effectivement conclue à la Haye le 4 de ce même mois de janvier 1717.

que, par conséquent, ma médiation doit être regardée comme entièrement impartiale, ainsi qu'elle est en effet.

Vous pouvez encore laisser entendre aux ministres du Czar que je ne m'éloignerois pas d'admettre dans les liaisons que je prendrois avec lui ceux de ses alliés qu'il voudroit y faire entrer, et que j'emploierois de même à leur égard mes offices pour parvenir à régler leurs intérêts avec le roi de Suède. Mais il est important que vous ménagiez ces différentes explications de mes sentiments de manière que vous n'en fassiez d'usage qu'autant que vous jugerez absolument nécessaire d'engager une négociation avec le Czar : premièrement, parce qu'il convient à mes vues de ne rien précipiter dans cette négociation, et en second lieu, parce qu'il seroit plus avantageux à mes intérêts qu'il parût que j'accorderois aux instances du Czar ce qu'il témoigneroit désirer de ma part à tout différent égard, et que ce seroit aussi un moyen ou d'avancer la négociation ou de la tenir en suspens, autant qu'il me conviendroit de le faire.

Il vous sera aisé aussi de faire connoître que, quoique je désire sincèrement de convenir avec le Czar des conditions d'un commerce direct entre mes sujets et les siens et de les rendre réciproquement utiles aux uns et aux autres, il ne m'est pas possible d'en former le projet, n'étant pas assez exactement instruit des lois que ce prince a établies dans les ports qu'il possède dans la mer Baltique, des droits qu'il fait lever sur les différents genres de marchandises que l'on y porte ou qui en sont tirées, des privilèges qu'il a accordées aux autres nations, enfin de tout ce qui peut faire la matière principale de ce projet; et que, comme je ne puis avoir ces éclaircissements que de sa part, je vous ai ordonné de les lui faire demander lorsque vous seriez instruit de ses dispositions à cet égard ; et si l'on vous pressoit de vous expliquer sur ce que je voudrois faire pour faciliter cet établissement, vous pourrez faire entendre, mais comme de vous-même seulement, jusqu'à ce que les choses soient plus avancées, que, si je trouvois de la part du Czar les facilités que j'ai lieu d'en attendre, vous ne doutez pas que je ne fusse disposé à accorder en faveur du commerce de ses sujets dans les ports de mon royaume tous les avantages qu'ils pourroient justement désirer.

Quoique mon intention ne soit pas que vous entriez plus particulièrement dans la discussion de ce qui pourroit vous être proposé de la part de ce prince jusqu'à ce que je vous aie donné de nouveaux ordres, je veux bien vous confier que je sais qu'il doit me faire demander la garantie des cessions qu'il pourra obtenir du roi de Suède [1] et que je ne m'éloignerai pas d'accorder cette condition lorsque l'effet en sera réduit à la promesse de ne donner aucun secours, ni directement ni indirectement, au roi de Suède ou à quelque autre puissance que ce soit qui voudroit entreprendre de troubler le Czar dans cette possession. Mais il est très important de ne point s'expliquer encore sur cette facilité, puisque c'est l'un des principaux moyens, et presque le seul, dont je pourrois me servir dans la suite de cette négociation pour porter ce prince à modérer ses demandes sur d'autres points ou même… qu'il voudroit donner à ma garantie.

Mais quelques propositions qui puissent vous être faites de sa part, vous devez les recevoir pour m'en rendre compte. Il est cependant de votre habileté de porter les ministres du Czar à vous expliquer quels seroient les engagements que ce prince prendroit de sa part par rapport au maintien de la tranquillité publique de l'Europe sur le fondement des derniers traités de paix, en leur faisant remarquer que, comme c'est le seul objet que je puisse proposer, il est juste que je sois informé des moyens que le Czar pourroit employer pour contribuer de sa part dans tous les cas qui peuvent arriver. Et, comme il est vraisemblable qu'ils vous demanderont aussi à cette occasion quelles seroient les alliances que je préférerois dans l'Empire, vous pouvez leur faire connoître que, lorsqu'il sera question de former des liaisons de concert avec le Czar, celles qui conviendront le plus aux intérêts de ce prince seront sans doute le plus conformes à mes vues; qu'ainsi ils peuvent librement [faire connaître] les siens et que s'il est vrai, comme on l'assure, qu'il ait pris de nouveaux engagements avec le roi de Prusse, je ne m'éloignerai pas de traiter aussi conjointement avec ce prince, et s'il y entre, il est bon que vos démarches confirment ces assurances.

---

1. C'est ce qu'on appellera plus tard la *garantie éventuelle* de la paix du Nord.

Ainsi, il faut, dans cette conjoncture, que vous ayez attention à voir les ministres du roi de Prusse en Hollande et à vous mettre en relation avec eux, mais particulièrement avec le baron de Knyphausen[1], qui doit s'y rendre incessamment; en telle sorte que, s'ils recevoient des ordres de s'ouvrir à vous sur ce sujet, ils aient occasion de le faire.

Il me reste à vous prescrire présentement la voie dont vous devez vous servir pour entamer cette négociation avec le Czar.

Ceux des ministres de ce prince qui paroissent avoir le plus de crédit auprès de lui sont le sieur Chafirof[2], homme d'une naissance obscure, mais qui a sa principale confiance, et le sieur Golofkin[3], chancelier de Moscovie, à qui le Czar laisse rarement ignorer les affaires qui font quelque progrès, et que l'on regarde comme capable de les traverser lorsqu'il croit qu'on n'a pas assez de confiance en lui.

Comme ils n'ont aucun usage de la langue françoise, vous ne pourriez négocier avec l'un ni l'autre que par l'entremise d'un tiers. Ainsi vous vous servirez de la voie du prince Kurakin[4], dont il a paru, jusques à présent, que les intentions étoient bonnes. Il saura bien se ménager entre ces deux ministres, et il est vraisemblable que, flatté par cette marque de confiance, il apportera tous ses soins pour faciliter le succès de ce qui sera traité par son entremise. Vous lui renouvellerez donc les ouvertures générales que vous lui avez déjà faites de ma part; mais vous éviterez, comme je vous le prescris, d'entrer dans aucune explication particulière dans cette première occasion, jusqu'à ce que vous puissiez juger, avec quelque certitude, si le Czar a en ce ministre toute la confiance nécessaire pour remettre cette affaire importante à ses soins, l'expérience ayant fait connoître que ce prince préfère souvent les voies détournées : en sorte qu'il n'y auroit pas lieu d'être surpris si, ayant pris de nouveaux engagements avec

---

1. Envoyé de Frédéric-Guillaume Ier, roi de Prusse, en Hollande.
2. Le baron Pierre Ivanovitch Chafirof (1670-1739), vice-chancelier, sénateur en 1730, auteur de *Réflexions sur les motifs de la guerre avec Charles XII* (1717).
3. Le comte Gabriel Ivanovitch Golovkine, sénateur, chancelier en 1709; né en 1660, mort en 1734.
4. Le prince Boris Ivanonitch Kourakine, ambassadeur de Pierre Ier en Hollande, Angleterre et France, sénateur, président de l'Académie maritime; né le 20 juillet 1671, mort le 17 octobre 1727. — Voyez SAINT-SIMON, année 1717, chap. XVI.

le roi de Prusse[1] et désirant de faire entrer ce prince dans les liaisons qu'il prendroit avec moi, il chargeoit le baron de Knyphausen de cette négociation, et c'est ce qu'il vous sera aisé de pénétrer par les réponses que vous recevrez par la voie du sieur Kurakin et par les ouvertures qui pourroient vous être faites par le baron de Knyphausen.

L'une des raisons qui me fait désirer encore que cette négociation fût remise aux soins du prince Kurakin, c'est que, si elle n'étoit pas terminée avant le départ du Czar de Hollande, elle pourroit être suivie par ce ministre, au lieu que, si elle tomboit en d'autres mains, l'éloignement de ce prince pourroit la faire languir et peut-être la rompre entièrement dans le temps qu'il conviendroit à mes intérêts de la suivre et de la terminer. Je comptois que vous seriez en état, dans cette conjoncture, de voir le baron de Goerts[2] plus souvent que vous n'avez encore fait à présent ; et, en même temps que vous lui auriez renouvelé vos instances pour le porter à vous donner les éclaircissements nécessaires pour rendre plus utiles mes offices auprès du Czar pour parvenir à la paix du Nord, ce prétexte serviroit aussi à couvrir vos relations avec les ministres de ce prince. Mais comme j'apprends que le baron de Goerts est parti de la Haye pour se rendre à Paris, et qu'ainsi vous ne pourrez pas faire usage de cette voie jusqu'à son retour, il faut que vous agissiez avec tous les ménagements convenables pour ne pas exciter les soupçons ni la défiance des ministres du roi d'Angleterre. Cette précaution est d'autant plus nécessaire que j'ai lieu de croire qu'il y a peu d'intelligence entre ces deux princes[3], et comme il vous est aisé de juger que, pendant que je prends des liaisons étroites avec le roi de la Grande-Bretagne, il ne conviendroit pas de lui donner aucune

---

1. Traité de mai 1716. — Voyez Droysen, *ibid.*, p. 158.
2. Georges-Henri, baron de Goertz, né dans la seigneurie de Schlitz (Franconie), chargé par Charles XII en 1715 de réorganiser les finances de la Suède, mêlé aux intrigues d'Albéroni, devait tomber victime de la réaction aristocratique de Suède ; accusé de haute trahison, il fut exécuté à Stockholm, le 3 mars 1719. Voyez le récit de sa mort, par un agent français, dans A. Geffroy, *Instructions*, p. 495.
Il vint, en effet, à Paris, où il eut des conférences, à partir du 19 janvier 1717, avec le maréchal d'Huxelles. Les mémoires qu'il remit, en mars 1717, au gouvernement français, ont été publiés par A. Geffroy, *Instructions*, pp. 81 et suiv.
3. La brouille avait éclaté à propos de l'occupation du Mecklembourg par les Russes ; George Ier excitait contre eux le Danemark et la Prusse ; il mettait en mouvement son armée de Hanovre.

inquiétude sur l'objet de celles que je pourrois former. D'ailleurs il est de votre habileté de sauver, autant que vous le pourrez, les apparences d'une relation étroite avec les ministres du Czar, et même de leur parler de manière qu'ils ne puissent pas faire un mauvais usage des ouvertures que vous leur ferez. Vous pouvez les couvrir dans les premiers temps en laissant entrevoir qu'il n'est question, entre vous et eux, que d'examiner les moyens d'établir le commerce entre mes sujets et ceux du Czar et de l'exécution des ordres que je vous ai donnés de porter ce prince à accepter ma médiation pour le rétablissement de la paix générale dans le Nord. Mais, si vous jugiez, après avoir examiné avec l'abbé Dubois les ordres contenus dans cette dépêche, qu'il fût à propos de différer encore pendant quelque temps l'exécution, je vous permets de le faire, et, dans ce cas, vous réduirez vos premières démarches à de simples assurances de mes sentiments pour le Czar, aussi bien que du désir que j'ai d'établir le commerce entre mes sujets et les siens ; et cependant je prendrai des mesures pour être particulièrement instruit par le baron de Goerts des véritables dispositions du roi de Suède par rapport à l'état présent des affaires de ce prince et au besoin qu'il a de la paix.

Sur ce, je prie Dieu qu'il vous ait, monsieur de Châteauneuf, en sa sainte garde.

LOUIS.

EXTRAIT DE LA LETTRE DE M. LE MARÉCHAL D'HUXELLES A M. DE CHATEAUNEUF

Du 5 janvier 1717 [1].

Quoique le Roi vous prescrive, Monsieur, d'agir avec beaucoup de circonspection dans les démarches que vous devez faire auprès du Czar, je vous prie de trouver bon que je vous le recommande encore et que je vous marque que vous devez plutôt regarder la dépêche que Sa Majesté vous écrit sur ce sujet comme une instruction que l'on a été bien aise de vous envoyer par une occasion sûre, pour régler votre conduite dans la suite de cette affaire, que comme des ordres qu'elle vous prescrit pour exécuter dans le moment. Ainsi, quelques pas que vous fassiez à cet égard, il faut

---

1. *A. E. Hollande*, t. CCCXII, fol. 285. (Les tomes CCCXII et CCCXXII renferment également des pièces de la même époque.)

que vous ayez principalement en vue de ne rien engager sans de nouveaux ordres, et par conséquent de gagner du temps, mais d'entretenir les correspondances du Czar autant que vous le jugerez nécessaire pour empêcher que ce prince ne prenne d'ailleurs des engagements contraires aux vues et aux intérêts du Roi avant que Sa Majesté puisse prendre les résolutions qu'elle jugera convenables à l'un et à l'autre.

Je crois devoir vous répéter encore, comme le Roi vous le marque, qu'il y a beaucoup d'apparence qu'il règne une assez grande défiance entre le roi d'Angleterre et le Czar, et c'est encore une nouvelle raison d'agir avec beaucoup de circonspection avec le dernier de ces deux princes : non seulement pour ne rien engager qui puisse être préjudiciable aux intérêts du roi de la Grande-Bretagne, dans le temps que le Roi prend des liaisons avec lui; mais aussi pour n'en pas faire naître le soupçon.

LE MARÉCHAL D'HUXELLES[1] A M. DE CHATEAUNEUF. — INSTRUCTION SUR LA MANIÈRE DE NÉGOCIER UNE ALLIANCE AVEC LE CZAR. — PARIS, 13 JANVIER 1717[2].

Je vous confirmerai encore aujourd'hui, Monsieur, ce que je vous ai marqué par ma lettre du 25 du mois dernier sur la nécessité dont il est que vous agissiez très lentement dans la négociation avec le Czar, et qu'au lieu de donner et de demander des éclaircissements, vous laissiez subsister les obscurités qui se présenteront d'abord, afin que les délais nécessaires pour recevoir des ordres, sur les choses mêmes où vous n'en avez pas besoin, puissent donner le temps de prendre les résolutions qui pourront convenir aux intérêts de Sa Majesté, sans que vous soyez entré de votre part dans aucun engagement qui puisse y être contraire; mais il est de votre habileté de vous conduire de manière, à cet égard, que l'on ne puisse pas pénétrer que vous ayez dessein en effet de tirer la négociation en longueur et il faut que vous ayez cette attention principalement avec les ministres du roi de Prusse.

M. de Knyphausen, que ce prince envoie en Hollande, s'ou-

---

1. Nicolas du Blé, marquis d'Huxelles (1652-1730), maréchal de France depuis 1703, était alors membre du Conseil de régence et président du Conseil des affaires étrangères; il s'en retira lors de la formation, contre l'Espagne, de la Quadruple alliance (2 août 1718), qu'il désapprouvait.
2. *A. E. Hollande*, t. CCCXIII, fol. 99.

vrira peut-être à vous sur ce que le roi son maître peut lui avoir confié et, dans ce cas, vous l'écouterez et vous vous chargerez de rendre compte au Roi des ouvertures qu'il vous fera et qu'il pourroit porter jusqu'à vous offrir ses offices auprès du Czar. Vous devez y répondre d'une manière qui fasse connoître que le Roi est disposé à agir de concert en cette occasion avec le roi de Prusse, et que les sentiments de Sa Majesté pour la personne de ce prince et pour ses intérêts sont tels qu'il peut le désirer. Et s'il vous demande de garder des ménagements pour ne point exciter de soupçons, vous saurez bien profiter aussi de ce prétexte pour éloigner les occasions de conduire la négociation avec le Czar plus loin qu'il ne conviendroit dans la conjoncture présente, en vous faisant en même temps auprès de M. Knyphausen un mérite de votre réserve.

La raison principale qui fait suspendre l'exécution des ordres que le Roi vous a donnés, par rapport à une alliance avec le Czar, est l'avis que Sa Majesté a eu que ce prince avoit de fortes raisons de mécontentement du roi d'Angleterre. C'est encore un moyen dont vous pouvez vous servir utilement pour gagner du temps, et si vous étiez pressé par M. de Knyphausen d'entrer en matière sur ce sujet, vous pourriez alors lui faire connoître que comme le Roi vient de prendre des engagements avec le roi de la Grande-Bretagne et avec les Provinces-Unies, il seroit nécessaire, avant toutes choses, que le Czar, qui en est instruit, expliquât ses intentions sur la manière dont ceux que je prendrois avec lui pourroient se concilier avec le traité que je viens de conclure. Mais il ne faut cependant faire dépendre, en quelque manière que ce soit, les liaisons que le Czar se proposeroit de prendre avec moi, soit seul, soit conjointement avec ses alliés, du concours ni même du consentement du roi de la Grande-Bretagne ni de la république de Hollande, et il suffit de marquer que je ne pourrois prendre des engagements qui y fussent opposés.

LE MARÉCHAL D'HUXELLES A M. DE CHATEAUNEUF

Paris, 19 janvier 1717[1].

Je vous confirmerai encore ce que je vous ai marqué par mes lettres du 5 et du 13 de ce mois de la nécessité absolue dont il est que vous agissiez avec beaucoup de circonspection dans les démarches que vous ferez, et que vous ayez principalement en vue de gagner du temps sans prendre aucun autre engagement que celui de rendre compte au Roi de ce qui vous sera confié par les ministres du Czar.

Il paroît, par ce que le prince Kurakin vous a dit, et dont vous rendez compte au Roi par votre dépêche du 14 de ce mois, que vous serez pressé de vous expliquer, à l'arrivée de M. le baron de Knyphausen en Hollande, sur les intentions de Sa Majesté par rapport aux liaisons qu'elle pourroit former avec le Czar et avec le roi de Prusse. Il suffira cependant que vous répondiez en général que vous êtes assez instruit de ses sentiments pour pouvoir assurer qu'elle ne refusera pas d'entrer de concert avec ces deux princes dans les moyens qu'ils croiront convenables pour établir et pour maintenir la tranquillité de l'Europe, et que vous lui rendiez compte des dispositions dont on vous assurera de leur part, mais sans demander que l'on vous explique plus particulièrement sur quels fondements cette union pourroit être établie en cas que les ministres de ces deux princes ne vous en remettent pas le plan : en telle sorte que vous preniez le temps nécessaire pour avoir de nouveaux ordres du Roi avant que de faire des questions sur ce sujet.

Vous les ferez ensuite dans leur temps, et lorsque vous croirez qu'un plus long silence de votre part pourroit rendre les intentions de Sa Majesté suspectes.

Vous pourrez, après un autre délai, et en examinant avec ces ministres les engagements que le Roi vient de prendre dans le traité d'alliance avec le roi d'Angleterre et avec la république de Hollande, faire connoître que, voulant les observer exactement, il sera nécessaire que l'on cherche les moyens de les concilier avec ceux qui seront proposés à Sa Majesté : en telle sorte que ces derniers ne contiennent rien qui puisse être directement ni indirectement contraire aux intérêts de l'une ni de l'autre de ces deux puissances. Il conviendroit peut-être que vous laissiez entendre comme de vous-même, après avoir discuté cette matière dans son temps, qu'il seroit à désirer que le roi d'Angleterre et la république de Hollande entrassent dans les mêmes vues. Mais il faudroit laisser tomber cette proposition pour ne la relever ensuite que lorsqu'il seroit nécessaire de le faire, en cas que le Roi prît la résolution de communiquer cette négociation à ces deux puissances. Enfin, comme il a toujours été question d'un traité de commerce avec le Czar, et que c'est le principal fondement des insinuations que vous avez faites au prince Kurakin de la part du Roi, il est bon que vous continuiez de lier cette vue avec les ouvertures qui vous seront faites, mais sans demander, quant à présent, ou du moins sans presser, que l'on vous en remette le projet, jusqu'à ce que vous en connoissiez la nécessité pour soutenir votre négociation. Vous pourrez alors en témoigner de l'empressement et faire connoître qu'aussitôt qu'il vous aura été remis, le

---

1. *A. E. Hollande,* t. CCCXIII, fol. 197.

Roi le fera examiner sans retardement, et que Sa Majesté regarde ce traité comme ce qui doit faire la base de la négociation et celle de l'intelligence étroite qu'elle sera bien aise d'établir avec le Czar.

. . . .

M. D'HUXELLES A L'ABBÉ DUBOIS [1]

Paris, 19 janvier 1717 [2].

J'ai reçu, Monsieur, la lettre que vous m'avez fait l'honneur de m'écrire le 12 de ce mois, avec la dépêche de même date qui y étoit jointe pour Sa Majesté et l'original du traité d'alliance [3] qui m'a été remis en très bon état par le sieur de Sourdeval.

Je fais travailler à l'expédition des ratifications, afin que rien de notre part ne puisse en retarder l'échange lorsque l'on sera informé du succès des mesures qui ont été prises par rapport à l'éloignement du chevalier de Saint-Georges [4] : sur quoi, selon toutes les apparences, il n'y aura point de difficulté de sa part.

Les réflexions que vous faites, Monsieur, sur l'importance dont il est de se conduire avec beaucoup de ménagement et de circonspection dans tout ce qui a rapport aux affaires du Nord et aux liaisons que le Roi pourroit prendre en Allemagne, sont très judicieuses et très sages, et il est certain que rien dans la conjoncture présente ne seroit plus contraire aux intérêts du Roi que de donner aucun juste sujet de défiance au roi de la Grande-Bretagne, ni aux États-Généraux. Mais rien n'est plus éloigné aussi des dispositions de Sa Majesté, conduite par les sages conseils de Son Altesse Royale ; et, si vous rassemblez tout ce qui est contenu dans la dépêche du Roi du 5 de ce mois, vous verrez qu'il est moins question de prendre des engagements avec le Czar que de se mettre en état d'empêcher qu'il n'en prenne de contraires aux intérêts de Sa Majesté, et de le porter à s'en remettre à elle des moyens de régler ses différends avec le roi de Suède : en sorte qu'elle puisse avancer ou retarder la conclusion de leur accommodement, selon ses convenances, et pour l'avantage de ses alliés. Enfin, si ce que cette dépêche contient pouvoit alarmer votre juste délicatesse [5] pour la gloire de Son Altesse Royale, je crois que vos agitations seront calmées lorsque vous aurez lu les deux copies que je joins à cette lettre de celles que j'ai écrites à M. de Châteauneuf : la première en lui adressant la dépêche du Roi du 5 de ce mois, et l'autre datée du 13. Vous verrez, par ce qu'elles contiennent, qu'elles lui prescrivent de regarder cette dépêche

---

1. Dubois était un des plénipotentiaires envoyé à La Haye pour y négocier la Triple alliance.
2. *A. E. Hollande*, t. CCCXIII, fol. 170.
3. Il s'agit de la Triple alliance avec l'Angleterre et la Hollande.
4. Le prétendant Jacques-Édouard Stuart, né à Londres en 1688, mort à Rome en 1766.
5. Dubois était très opposé à des négociations politiques avec la Russie, craignant qu'elles ne portassent atteinte à la Triple alliance, dont il était le plus chaud partisan et le principal auteur.

comme une instruction pour le préparer à ce qu'il pourra être chargé de faire dans la suite, plutôt que comme des ordres qu'il doive exécuter présentement, et que l'on ne pouvoit lui recommander, plus fortement ni plus précisément qu'on la fait, de ne prendre aucun engagement de quelque manière que ce soit et de donner toute son attention à gagner du temps, en recevant toutes les ouvertures que l'on voudra lui faire pour en rendre compte au Roi, sans les discuter et sans chercher à éviter ou à lever les difficultés, même sur les choses où il est instruit des intentions de Sa Majesté.

Ces ordres ont été donnés à M. de Châteauneuf suivant les intentions de Son Altesse Royale, parce que c'est lui seul qui doit être chargé de la suite de cette affaire, votre retour étant prochain; mais il ne seroit pas juste de vous les laisser ignorer plus longtemps lorsque l'on voit l'inquiétude où cette obscurité vous laisseroit, et j'ai été bien aise de la faire cesser.

Au reste, il vous est aisé de juger que, quoique l'alliance conclue avec le roi d'Angleterre et avec la Hollande doive en effet être regardée comme le plus important ouvrage et le plus avantageux qui pût être fait dans la conjoncture présente, il y auroit de la témérité, lorsque l'on connoit l'instabilité de la nation angloise, de mettre toute sa confiance dans ce seul appui, et de ne pas ménager au moins les moyens d'entretenir une bonne intelligence avec les autres puissances de l'Empire et du Nord : en telle sorte que, sans altérer en rien la confiance et l'amitié qui viennent d'être établies entre Sa Majesté, le roi d'Angleterre et la Hollande, l'on ait encore d'autres ressources dans les occasions où elles pourroient être nécessaires. C'est ce que l'on ne peut faire sans intervenir dans l'accommodement des différends qui divisent ces puissances, et c'est aussi par cette raison que Son Altesse Royale a cru qu'il étoit temps de commencer à en préparer les voies.

. . . .

LE ROI A M. DE CHATEAUNEUF. — PARIS, 19 MARS 1717[1]

Il me reste à répondre aux articles de vos lettres qui regardent la négociation avec le Czar, et les insinuations qui vous ont été faites par le sieur de Knyphausen. Ce n'est pas seulement par ce que ce ministre vous a dit que je remarque l'inquiétude et la jalousie du roi son maître sur la préférence qu'il suppose que je donnerai toujours aux liaisons que j'ai prises avec le roi d'Angleterre sur celles qu'il pourroit prendre avec moi. J'avois déjà

1. *A. E. Hollande*, t. CCCXIV, fol. 183.

fait la même observation dans les lettres du comte de Rottembourg[1]. Il doit suffire, pour détruire ce préjugé, de faire connoître au baron de Knyphausen que rien ne prouve mieux mon affection pour le roi son maître que l'attention que j'apporte à lever les obstacles qui pourroient s'opposer à son admission dans l'alliance que j'ai faite avec l'Angleterre et avec la Hollande ; que ce prince remarquera, lorsqu'il sera question d'en régler les conditions, de même que dans les offices que je continue d'employer pour parvenir à la paix du Nord, que, loin de regarder avec indifférence ce qui a rapport à ses intérêts, je veux apporter tous mes soins pour lui procurer toute la satisfaction qu'il peut justement désirer, et qu'il n'aura pas lieu d'en douter toutes les fois que je pourrai lui faire connoître mes véritables sentiments pour lui.

Vous savez mieux que personne, par les ordres que je vous ai donnés en plusieurs occasions, que j'ai toujours désiré d'établir une parfaite intelligence entre ma couronne et le Czar, et de la fortifier par un traité de commerce pour l'avantage réciproque de mes sujets et des siens. Je n'ai point changé de sentiment à cet égard, et les engagements que j'ai pris d'ailleurs n'apportent aucun obstacle à l'accomplissement de ce dessein. Je désirerois même que l'éloignement que le roi d'Angleterre et le Czar ont réciproquement fait paroître l'un pour l'autre dans les derniers temps n'eût pas ôté presque toute espérance de pouvoir les réconcilier, et que l'on pût se flatter de faire admettre le Czar avec le roi de Prusse dans l'alliance. Mais il paroît qu'on l'espéroit vainement. Ainsi je vois avec beaucoup de peine qu'aussi longtemps que le roi de Prusse voudra faire dépendre son admission de celle du Czar dans ce traité, il sera très difficile, pour ne pas dire impossible, de procurer au roi de Prusse les avantages et la sûreté qu'il y trouveroit; et c'est ce que vous devez faire remarquer au baron de Knyphausen, en même temps que vous lui ferez observer que, plus je suis attentif aux intérêts du roi son maître, plus je crois toujours que rien ne peut y convenir davantage que de s'assurer, par les conditions réciproques de cette alliance, non seulement mes secours, ceux du roi d'Angleterre et ceux de la

---

1. Conrad-Alexandre, comte de Rottembourg, envoyé extraordinaire de France à Berlin.

Hollande, mais de puissants appuis pour ses intérêts dans la paix du Nord; et que d'ailleurs l'admission du roi de Prusse dans l'alliance pourroit donner des moyens d'y faire admettre aussi le Czar dans la suite.

La difficulté de concilier ces vues avec les propositions que le baron de Knyphausen vous a remises de la part du Czar est aussi l'une des raisons qui a suspendu jusqu'à présent mes résolutions à cet égard.

L'incertitude de celles du Czar, par rapport au séjour de ses troupes en Allemagne, ne permet pas d'ailleurs de compter sur la stabilité des garanties que ce prince promettroit; et il est des règles de la prudence de ne pas prendre légèrement des engagements sur une pareille matière, particulièrement lorsque le Czar demande des garanties qui excèdent ce que je pourrois promettre, puisque l'on ne peut douter que si le Czar vouloit retenir toutes ses conquêtes, ce seroit un empêchement insurmontable au rétablissement de la paix du Nord, et que ce prince a lui-même laissé entendre qu'il apporteroit des facilités sur ce point lorsqu'il en seroit question : en sorte qu'il sembleroit que son dessein auroit été, par les propositions qu'il a faites, de m'obliger à lui donner des secours contre le roi de Suède aussi longtemps qu'il refuseroit de céder tout ce que le Czar a occupé sur lui pendant le cours de cette guerre.

J'ai donc cru qu'il n'étoit pas possible d'établir, sur cette première ouverture, les fondements d'un traité d'alliance, dont les conditions ne seroient pas équitables, ni conformes à la fin que l'on doit se proposer de toutes parts; et c'est aussi par cette raison qu'avant que de répondre à ses propositions, j'ai cru qu'il étoit nécessaire de lever l'une des principales difficultés qui s'y opposent, en cherchant les moyens de régler les conditions de la paix du Nord : de manière que, les cessions qui devroient être faites au Czar étant déterminées, je pusse aussi limiter la garantie que je promettrois à ce prince, et reconnoître en attendant, par la disposition où il mettra ses forces, quel est le fonds que je pourrois faire sur ses assistances, si le cas arrivoit où je fusse en droit de les lui demander. C'est ce que vous pouvez faire connoître sans aucun déguisement au baron de Knyphausen, en même temps que vous l'assurerez que, loin d'avoir aucune opposition aux liaisons qui m'ont été proposées de la part du roi son maître et de celle du Czar, je désire sincèrement de voir lever les obstacles qui peuvent les suspendre, et que je ne doute pas que les ordres que je donne au comte de la Marck[1], que j'ai fait partir pour se rendre auprès du roi de Suède, ne me mettent en état d'en aplanir les principales difficultés.

Comme je remarque, dans le compte que vous rendez de ce que le baron de Knyphausen vous a dit en dernier lieu, qu'il étoit persuadé que le roi de Prusse et le Czar consentiroient à réduire présentement leur premier projet à un traité de bonne correspondance et d'amitié, en attendant que les conjonctures permettent d'en resserrer les nœuds par des liaisons plus étroites, vous l'assurerez que je serai toujours très disposé à entrer dans les ouvertures qui me seront faites pour y parvenir, et pour convenir en même temps d'un traité de commerce entre mes sujets et ceux du Czar. En ce cas, j'attendrai les éclaircissements qu'il voudra me faire donner sur les qualités de marchandises que l'on peut tirer de ses ports, de celles qu'il faudroit y porter, des droits établis sur les unes et sur les autres, des privilèges dont mes sujets jouiroient dans ses États. Enfin de tout ce qui peut servir à prendre sur ce sujet de promptes et de solides résolutions.

Il est probable que M. de Châteauneuf n'eut pas assez d' « habileté » pour ne pas laisser « pénétrer », qu'il eût l'intention « de tirer la négociation en longueur ». Ce qu'il y a de certain, c'est que le Tsar s'impatienta et que, dès les commencements d'avril, ainsi qu'il résulte de la lettre suivante, il manifesta l'intention d'aller à Paris afin de négocier directement avec le Régent :

---

1. Louis-Pierre, comte de la Marck, fut accrédité auprès de l'électeur de Bavière, puis ambassadeur en Suède, plus tard ambassadeur en Espagne. Son instruction pour cette mission en Suède, où il prit part à toutes les négociations en vue de la pacification du Nord, est du 7 mars 1717. — Voyez SAINT-SIMON (édition Hachette, in-12), t. XIII, p. 279, et A. GEFFROY, *Instructions*, etc., *Suède*, pp. LXXXVII et 277-299.

LE ROI A M. DE CHATEAUNEUF

Paris, 12 avril 1717 [1].

Sur l'avis que vous m'avez donné de l'arrivée prochaine du Czar dans mon royaume et de la route qu'il doit tenir pour s'y rendre, aussi bien que du parti qu'il a pris d'y venir incognito, j'ai choisi le sieur de Liboy, gentilhomme ordinaire de ma maison, pour l'accompagner; et il est parti pour se rendre à Dunkerque, où il attendra l'arrivée de ce prince. Il s'instruira de la manière dont il voudra être traité dans les lieux de son passage et il lui fera rendre, ou il fera retrancher les honneurs, de la manière qu'il le désirera. Il a été pourvu en même temps aux voitures et aux tables nécessaires pour ce prince et pour sa suite, aussi bien qu'aux escortes et à la garde qu'il a temoigné désirer.

Je ne doute pas qu'il ne se propose de finir ici la négociation qui a été commencée avec vous par l'entremise du baron de Knyphausen. Il est certain que les dernières propositions qui vous ont été faites de sa part [2] lèvent la plupart des difficultés qui se trouvoient à traiter sur les premières ouvertures; mais il s'en faut bien que l'on puisse tirer de l'alliance de ce prince des avantages aussi solides que l'on a voulu vous les faire envisager, ni que la cour de Vienne soit disposée à écouter les propositions qu'il lui a fait faire. Elle n'est occupée au contraire que des moyens d'éloigner les troupes moscovites, dont le séjour dans l'Empire excite toujours ses ombrages.

Je conçois aisément que, si l'on ne prend bientôt de justes mesures de la part du roi d'Angleterre pour calmer le ressentiment du roi de Suède, il est à craindre que ce prince ne sacrifie ses intérêts avec le Czar, pour satisfaire son ressentiment. Vous savez aussi que je prévois depuis longtemps cet événement, et que j'en connois toutes les conséquences, puisque c'est sur ce fondement que je vous ai prescrit de lier et d'entretenir une négociation avec le Czar pour conserver une ouverture et les moyens de prendre les partis que je jugerois le plus convenables. Il est vraisemblable que je serai en état de me déterminer sur ce sujet pendant le séjour de ce prince à Paris; mais, quelque événement qui arrive, mon intention n'est pas de m'écarter des engagements que j'ai pris par le traité d'alliance avec le roi d'Angleterre et avec la république de Hollande; et peut-être qu'il ne sera pas impossible de les concilier avec ceux que je pourrois prendre pour établir la bonne correspondance avec le Czar, et même avec les vues qui peuvent avoir rapport au roi de Prusse. Je doute qu'aucune considération pût porter ce prince à prendre la résolution d'agir contre le Czar, dont il craindroit le ressentiment, et je ne vois pas sur quel fondement le baron de Bernstorff [3] auroit pu se flatter de cette espérance, ni en faire un article

---

1. *A. E. Hollande*, t. CCCXV, fol. 27.
2. Sur ces propositions, voyez ci-dessous *Mémoire secret* pour le maréchal de Tessé, pp. 170 et suiv.
3. Andreas-Gottlieb von Bernstorff, né en 1640; sa famille était originaire de Bernstorff en Mecklembourg; mais nous le trouvons au service des ducs de Hanovre, George-Wilhelm, Jean-Frédéric, Ernest-Auguste. Il contribua à faire élever celui-ci à la dignité électorale (1692), à faire de son fils George un roi d'Angleterre (1714). Comme récompense de ses services, en 1715, il fut fait baron, puis premier ministre hanovrien en résidence à Londres, où il mourut en 1726. Voyez VEHSE, *der Hof zu Hannover*, 1853.

de l'instruction du sieur Ranck. Il est au moins certain que l'opposition qu'il apporte, plus qu'aucun autre ministre du roi d'Angleterre, à tout ce qui pourroit réunir ce prince avec le roi de Prusse n'est pas un bon moyen pour attirer la confiance du dernier, et pour le persuader à faire une démarche d'une aussi grande importance pour lui. Mais, quoi qu'il en soit, il ne seroit pas indifférent de savoir avec certitude, si, en effet, le sieur Ranck est chargé de donner cette espérance au roi de Suède.

Il paraît qu'un agent que le Tsar entretenait à Paris sans caractère diplomatique, Conon Zotof[1], aurait puissamment contribué à décider Pierre à faire le voyage de France. Il lui écrivait, le 17 décembre 1716 : « Bonmazari a parlé à d'Estrées du mariage[2] du tsarévitch Alexis avec une princesse européenne et lui a demandé adroitement s'il ne conviendrait pas à la cour de France de marier le Tsarévitch avec une princesse française, par exemple, avec une fille du duc d'Orléans : à quoi le maréchal a répondu qu'il était très heureux d'une si bonne pensée, et il ajouta qu'on ne saurait rien refuser à Sa Majesté Tsarienne. Le maréchal a tout raconté au duc qui a dit : « J'en serais si content que je voudrais que cela se fît aujourd'hui. » C'est ce récit de Zotof qui aurait donné au Tsar l'idée, si persistante comme nous le verrons, d'un mariage français non plus pour son fils, mais pour sa fille Élisabeth. Toutefois la vraie raison du voyage de Pierre, c'est que la guerre du Nord lui pesait fort et qu'il espérait trouver à Paris une solution[3].

---

1. Conon Nikititch Zotof (1689-1742), fut contre-amiral en 1733. En 1716, il s'occupait, à Paris, d'études pour la marine russe.
2. Un second mariage, car Alexis avait épousé en premières noces Charlotte de Brunswick-Wolfenbüttel.
3. SOLOVIEF, *Istoria Rossii*, t. XVII, p. 74.

IX

M. DE LIBOY

CHARGÉ DE LA RÉCEPTION DE PIERRE LE GRAND

1717

Pierre le Grand, comme on l'a vu par la lettre précédente du Roi, s'était décidé à venir en France.

Cette lettre est du 12 avril ; mais dès le 5 avril, le cabinet de Versailles avait rédigé pour M. de Liboy, gentilhomme de la maison du Roi, chargé d'aller recevoir le Tsar à Dunkerque, un mémoire détaillé sur la conduite à tenir à l'égard de ce prince.

C'est à Zuydecoote (à deux lieues et demie à l'est de Dunkerque) que, le 21 avril 1717, M. de Liboy reçut le Tsar. Le prince de Kourakine le « présenta à Sa Majesté dans sa barque ». Il l'amena d'abord à Dunkerque et Calais, puis à Paris.

MÉMOIRE POUR SERVIR D'INSTRUCTION AU SIEUR DE LIBOY, GENTIL-HOMME ORDINAIRE DE LA MAISON DU ROI, ALLANT PAR ORDRE DE SA MAJESTÉ AUPRÈS DU CZAR DE MOSCOVIE QUI VIENT INCOGNITO DANS LE ROYAUME. — LE 5 AVRIL 1717 [1].

Le Roi ayant été informé par les lettres du sieur de Châteauneuf, son ambassadeur en Hollande, de la résolution que le Czar a prise de venir incessamment à Paris par la route de Dunkerque et de Calais, Sa Majesté a jugé que, quoique ce prince se soit proposé de demeurer dans un entier incognito pendant son voyage, il convenoit qu'elle envoyât auprès de lui une personne dont la prudence lui fût connue, non seulement pour l'accompagner pendant son séjour dans le royaume et pour faire observer les égards qui pourront convenir avec l'incognito que ce prince veut garder, mais encore pour veiller à ce que les officiers destinés pour le service de sa table et ceux qui sont chargés des voitures remplissent leur devoir, et à ce qu'il trouve, soit dans le cours de sa route, soit pendant son séjour à Paris, toutes les facilités qui pourront dépendre des soins que celui que Sa Majesté charge de cette commission. Elle a choisi pour cet effet, de l'avis du duc d'Orléans son oncle, le sieur de Liboy, gentilhomme ordinaire de sa maison, étant persuadée que la connoissance qu'elle a également de sa sagesse et du zèle dont il a toujours donné des preuves qu'il s'acquittera à sa satisfaction de la commission qu'elle lui confie.

Elle veut qu'il parte incessamment pour se rendre en poste à Dunkerque et qu'il s'instruise, en passant dans les villes et dans les lieux, de la route que le Czar tiendra, et dont il sera joint une liste à ce mémoire, des dispositions qui auront été faites pour le logement de ce prince et de sa suite, en telle sorte qu'il puisse y

---

1. *A. E. Russie*, t. VII, fol. 23. — Publié dans *Soc. imp. d'hist. de Russie*, t. XXXIV, pp. 127 et suiv. Ce volume contient également un grand nombre de lettres (de M. de Liboy, du duc d'Antin, des ministres, de Mailly de Nesle, de M. Bernage, de l'évêque de Beauvais, du maréchal de Tessé, du prince Kourakine, de M. de Lescalopier) et quantité d'autres pièces relatives au séjour de Pierre le Grand en France, pp. 139-217.

ajouter ou y retrancher ce qu'il jugera convenable, suivant l'état que Sa Majesté lui fait remettre de la suite de ce prince[1], et suivant la connoissance qu'elle lui donne de la manière dont elle veut qu'il en soit usé à son égard. Il donnera les mêmes attentions à son arrivée à Dunkerque, et comme il y sera sans doute quelques jours avant le Czar, il profitera du temps qu'il lui restera, non seulement pour perfectionner par ses soins les ordres qui auront été donnés conformément aux intentions du Roi, mais il aura attention de s'instruire du jour où le Czar devra arriver à Ostende, et il s'y rendra : premièrement, pour voir par lui-même de quelle manière ce prince sera reçu et traité dans les places des Pays-Bas, quels hommes il aura bien voulu recevoir, dans l'obscurité où il veut demeurer, et quelle est sa manière de vivre, afin de pouvoir s'y conformer autant qu'il sera convenable de le faire ; et, en second lieu, pour voir le prince Kurakin, ambassadeur du Czar en Hollande, et pour prendre encore plus particulièrement par lui les connoissances nécessaires pour régler le cérémonial et les traitements qui conviennent en cette occasion.

Le prince Kurakin est celui des ministres du Czar qui a le plus de politesse et de talents ; ses intentions ont toujours paru droites. Comme c'est lui qui a été chargé de confier au sieur de Châteauneuf la résolution que son maître a prise de venir à Paris, il paroît aussi qu'indépendamment des autres raisons qui peuvent porter à s'adresser à lui par préférence aux autres ministres du Czar pour être instruit de ses intentions, ce prince a lui-même marqué cette voie. Mais, comme il pourroit être qu'il ne seroit pas auprès de lui lorsque le sieur de Liboy y arrivera, et qu'il est de quelque conséquence qu'il puisse s'expliquer sur les doutes qui pourroient lui rester par rapport à la manière dont le Czar désirera d'être traité, en même temps qu'il sera remis au sieur de Liboy une lettre pour le prince Kurakin, il lui en sera aussi remis une autre semblable, dont l'adresse sera laissée en blanc, et qu'il pourra remplir soit du nom du sieur Schaffirof, soit de celui de quelque autre des ministres du Czar, afin qu'il puisse prendre par

1. Cette suite ne comprenait pas moins de soixante personnes : la liste en a été publiée par *Soc. imp. d'hist. de Russie, ibid.*, pp. 168-170.

eux les éclaircissements que l'absence du prince Kurakin ne lui permettroit pas de tirer de lui.

Quoique ces lettres soient conçues de manière qu'elles pourroient assez faire connoître que le Roi n'a ordonné de retrancher les cérémonies qui pourroient embarrasser le Czar que pour satisfaire à ce qu'il a témoigné désirer lui-même, le sieur de Liboy doit donner les mêmes assurances au prince Kurakin lorsqu'il lui parlera à Ostende, mais il les renouvellera encore plus particulièrement au Czar lorsqu'à son arrivée à Dunkerque il lui fera son compliment de la part de Sa Majesté. Il doit l'assurer, en cette occasion, qu'elle a pour lui toute l'estime que ses grandes qualités lui ont si justement acquise; qu'elle lui en renouvellera elle-même les assurances avec beaucoup de plaisir, aussi bien que celles de son amitié; qu'elle auroit désiré de lui faire rendre dans son royaume tous les honneurs dus à son rang; mais qu'ayant appris par son ambassadeur en Hollande qu'il souhaitoit d'éviter les embarras et la contrainte inséparables du cérémonial, elle a préféré la satisfaction de ce prince à la sienne propre, et qu'elle lui a prescrit, en le destinant à l'honneur de se rendre auprès de lui, de se conformer exactement à ce qu'il désireroit à cet égard, et de ne rien oublier pour se conformer en tout à ses intentions; qu'il y donnera aussi toute son application pendant qu'il aura l'honneur d'être auprès de lui, puisque c'est de cette manière seulement qu'il peut espérer de mériter l'approbation de Sa Majesté dans la commission qu'elle lui a confiée.

En même temps que le sieur de Liboy assurera le Czar et ses ministres que le Roi n'a consenti à faire retrancher le cérémonial, dans les lieux de son passage dans le royaume, que parce qu'il l'a lui-même désiré, il leur fera connoître qu'elle lui a cependant ordonné de se régler sur ce que ce prince lui prescriroit et qu'elle lui a donné l'autorité nécessaire pour lui faire rendre, autant que les circonstances pourroient le permettre, les honneurs dus à son rang et à sa dignité, s'il vouloit les recevoir. Mais il est de son habileté de régler de telle manière ses expressions à cet égard qu'elles ne changent rien, s'il est possible, aux résolutions du Czar, en faisant entendre que, quoique ces honneurs soient retranchés selon ses intentions dans tout ce qui pourroit le contraindre, il ne sera cependant rien oublié pour lui marquer, par les égards que l'on aura pour sa personne et par une grande attention à tout ce qui pourra contribuer à sa satisfaction, que Sa Majesté a donné sur ce sujet des ordres dont il aura lieu d'être content. Et si, contre toute apparence, le Czar témoignoit désirer lui-même d'autres traitements, de manière que l'on pût croire qu'il eût quelque mécontentement de la difficulté qu'on y apporteroit, le sieur de Liboy doit, en ce cas, user des pouvoirs que Sa Majesté lui donne pour le satisfaire sur ce point, sans cependant engager les communautés ni les particuliers dans aucune dépense extraordinaire; et les honneurs qui lui seroient rendus se réduiroient aux compliments et aux présents des villes selon l'usage, au salut du canon dans les lieux où il y en a, à la garde montée avec drapeaux, à prendre l'ordre de lui, et aux autres cérémonies accoutumées à l'égard des princes souverains du premier ordre qui passent dans le royaume, mais avec cette observation que l'on ne doit jamais leur présenter les clefs des villes de leur passage.

L'on peut croire avec fondement que cette explication sera inutile, et que, si le Czar souffre que l'on tire le canon, ce sera la seule distinction qu'il voudra bien recevoir, étant sous le nom d'un seigneur particulier; mais il a paru nécessaire de prévoir, autant qu'il est possible, tous les cas qui peuvent arriver; et, de quelque manière que les choses se passent à cet égard, il faut que le sieur de Liboy ait toujours une attention très particulière à ne laisser aucun doute au Czar qu'il dépend absolument de lui de recevoir de plus grands honneurs, et que ce n'est que pour se conformer à ce qu'il désire qu'ils auront été retranchés.

Le sieur de Liboy est instruit, par lui-même et par les mémoires qui lui ont été communiqués, des ordres donnés pour faire fournir au Czar et aux personnes de sa suite les voitures nécessaires dans leur route, aussi bien que des mesures qui ont été prises pour faire servir des tables convenables pendant son voyage. Il suffit qu'il sache que l'intention du Roi est que ce prince soit content des marques de l'attention de Sa Majesté, pour ne pas douter qu'il lui apporte tous les soins; et, comme le plus sûr moyen pour y réussir est de s'accommoder à ses manières, il est de son habileté de s'en instruire, soit par ses ministres, soit par d'autres voies : en sorte qu'il puisse faire usage de cette connoissance pour régler sa conduite et pour donner aussi ses ordres à ceux qui lui seront subordonnés en cette occasion.

C'est dans ces mêmes vues que le Roi veut que, lorsqu'il verra le prince Kurakin à Ostende, il observe par les discours de ce ministre si le Czar son maître ne préféreroit pas une somme fixe par jour, qui lui seroit remise de la part de Sa Majesté, au traitement qu'elle a ordonné pour lui ; et, dans ce cas, elle y consentiroit d'autant plus volontiers que ce seroit le plus sûr et le meilleur moyen d'éviter les inconvénients qu'il est presque impossible de prévenir, quelque mesure que l'on prenne dans les traitements qui se font au nom du Roi.

Il doit observer de ne parler sur cette matière qu'avec tous les ménagements nécessaires pour ne pas découvrir sa vue, et il sera important qu'il s'instruise, avant toute chose, par des voies détournées et sans affectation, de quelle manière il en a été usé à l'égard du Czar dans le voyage qu'il fit il y a quelques années en Angleterre [1], où il fut incognito, puisqu'il pourroit se servir de cette connoissance, non seulement pour entrer en matière avec le prince Kurakin, mais encore pour pénétrer par lui les dispositions du Czar et pour engager ce ministre à s'expliquer sur la somme qu'il désireroit. Enfin, s'il s'ouvroit assez pour le mettre en état de régler ce point avec lui, Sa Majesté permet en ce cas au sieur de Liboy de promettre, comme de lui-même, jusqu'à douze ou quinze cents livres par jour pour le Czar et pour sa suite, compris le logement et toutes les autres choses qui peuvent lui être nécessaires, à l'exception seulement des voitures que Sa Majesté a fait ordonner pour son voyage jusqu'à Paris, qu'elle feroit payer par extraordinaire ; et, dans ce cas, le traitement n'auroit point de lieu.

Elle est persuadée que le sieur de Liboy saura faire un bon usage de ce qu'elle lui confie de ses intentions, sans qu'il paroisse qu'il soit chargé d'aucun ordre de sa part à cet égard. Mais, comme

---

[1]. Il s'agit du premier voyage du Tsar en Europe en 1697 : il visita l'Allemagne du Nord, la Hollande, l'Angleterre, où il s'entretint avec Guillaume III, puis la cour de Vienne.

il pourroit arriver qu'il ne trouveroit pas, dans les premiers jours, des ouvertures pour le faire, il saura bien profiter de celles que la différence du goût et du génie des nations peut faire naître dans la route : en telle sorte que ce qu'il n'auroit pu faire, avant que d'avoir commencé le traitement, pourroit se régler par rapport au temps que le Czar devra demeurer ensuite dans le royaume, et que par conséquent le traitement cesseroit à son arrivée à Paris. Mais, comme ce sont de simples vues, c'est au sieur de Liboy de juger de l'usage qu'il en pourra faire; et c'est ce qu'elle remet entièrement à sa prudence.

Les ordres ont été donnés pour placer des troupes, de manière que le Czar puisse toujours avoir dans sa route une escorte de douze ou quinze maistres[1] et une garde de vingt-cinq à trente hommes dans chacun des lieux où il couchera, de la manière que ce prince a témoigné le désirer. Et, comme il est nécessaire que ceux qui commandent dans chacune de ces villes ou qui exercent l'autorité du Roi soient avertis du jour de l'arrivée ou du passage du Czar, le sieur de Liboy aura attention à le leur faire savoir d'avance par un exprès, afin que toutes choses se trouvent disposées à son arrivée, et il les instruira de la manière dont il devra être reçu, en leur faisant connoître qu'ils ne doivent en rien excéder ce qui aura été réglé sur ce sujet. Et, afin qu'il soit en état de faire observer ce qui est des intentions de Sa Majesté, soit pour faire rendre au Czar tous les honneurs, soit pour les retrancher ou les limiter de la manière que ce prince les désirera, elle lui fait remettre un ordre aux commandants et autres officiers des lieux de son passage qui explique sa volonté.

Il lui sera aussi remis un passeport portant exemption de tous droits pour les hardes et bagages du Czar et de sa suite, avec défense de les visiter ni plomber. Mais, s'il apprenoit que des particuliers, soit domestiques ou autres, voulussent profiter de cette facilité pour faire entrer dans le royaume des marchandises de contrebande ou pour faire quelque commerce au préjudice des droits de ferme de Sa Majesté, et que ce fût un objet qui méritât quelque attention, il pourroit en ce cas s'adresser au prince Ku-

---

1. Un *maître*, c'est un cavalier.

rakin ou à quelque autre ministre du Czar et leur faire remarquer que, comme un pareil abus ne seroit pas vraisemblablement autorisé par ce prince, il croit devoir les en informer : en sorte, cependant, que ce qu'il leur dira ne puisse donner matière à aucun incident capable de faire naître des sujets de mécontentement de la part du Czar; et Sa Majesté se remet à la prudence du sieur de Liboy à cet égard, de même que sur tous les autres cas qu'il n'est pas possible de prévoir.

Enfin, pour réduire au seul point essentiel les différents ordres contenus dans ce mémoire, l'intention du Roi est que le Czar remarque également, et dans les honneurs qu'il voudra bien recevoir et dans ceux qui seront supprimés, aussi bien que dans les autres démonstrations des sentiments de Sa Majesté pour lui, que la principale attention qu'elle a donnée est de ne rien oublier pour lui marquer tous les égards qui lui sont dus, mais de lui laisser sur toute chose une entière liberté, voulant préférer la satisfaction de ce prince au désir qu'elle auroit véritablement de lui donner en cette occasion des marques éclatantes de la parfaite estime et de l'amitié sincère qu'elle a pour lui.

Le Roi veut que le sieur de Liboy ait une autorité absolue sur tous ceux qui ont été destinés de la part de Sa Majesté au traitement et à toutes les autres fonctions qui ont rapport au service du Czar et de sa suite, en sorte qu'ils soient tous sans exception soumis à ses ordres. Elle lui laisse aussi la liberté d'ordonner et de régler les dépenses imprévues et extraordinaires qu'il jugera absolument nécessaire de faire au delà de ce qui a été stipulé avec ceux qui sont chargés sous sa direction du service des tables et des voitures; et, comme il pourroit survenir quelque embarras par rapport à ce qui devra être payé pour les logements qui seront fournis au Czar et à sa suite, dans les lieux de son passage, et pour les dégradations qui pourront être faites à cette occasion, il laissera aux subdélégués des intendants[1] le soin de les régler et d'en envoyer des états pour être pourvu au payement sur leurs arrêtés.

Le sieur de Liboy rendra un compte exact, aussitôt après son arrivée à Dunkerque, de l'état où il aura trouvé les disposi-

---

1. Les *subdélégués* tenaient alors, à peu près, la place des sous-préfets d'aujourd'hui, comme les *intendants* celle des préfets.

tions qui auront été faites, en conformité des ordres du Roi, dans les lieux de sa route où le Czar doit passer et des mesures qu'il aura prises pour leur exécution. Mais il aura encore une attention plus particulière à ne rien laisser ignorer de tout ce qu'il aura fait ou observé dans son voyage à Ostende, du nombre et de la qualité des personnes qui doivent suivre le Czar dans son voyage, de la manière dont il désirera d'être traité, des changements qu'il aura jugé à propos d'apporter aux mesures qui ont été prises, soit à l'égard du cérémonial, soit pour les tables ou pour les voitures, du séjour que ce prince se proposera de faire sur la frontière ou dans sa route. Enfin il informera exactement, et aussi souvent qu'il lui sera possible de le faire, du progrès de son voyage, de tout ce qu'il remarquera du caractère du Czar, de sa manière de vivre et de penser, de ce qu'il pourra pénétrer des vues du voyage de ce prince, du séjour qu'il se proposera de faire dans le royaume, et de tout ce qu'il croira qui pourra mériter l'attention de Sa Majesté et la mettre en état de prendre d'avance les mesures qui seront nécessaires pour recevoir et pour loger à Paris ce prince et sa suite.

Fait à   le 5 avril 1717.

ANNEXE A L'INSTRUCTION DE M. DE LIBOY. — LE 5 AVRIL 1717 [1]

De par le Roi,

Sa Majesté voulant que les honneurs dus à la personne du Czar de Moscovie lui soient rendus dans tous les lieux où il passera, autant qu'il voudra bien les recevoir, elle mande et ordonne, de l'avis du duc d'Orléans son oncle, Régent du royaume, aux commandants, maires et échevins de ses villes et places, de satisfaire à ce qui est en cela de sa volonté et, à cet effet, d'ajouter créance à ce qui leur sera dit de sa part sur ce sujet par le sieur de Liboy, gentilhomme ordinaire de la maison de Sa Majesté, qu'elle envoie auprès de ce prince pour le recevoir sur la frontière des Pays-Bas et le conduire à Paris. Elle mande, en outre, à tous gouverneurs et lieutenants commandants, officiers et autres qu'il appartiendra, de tenir la main à l'exécution du présent ordre.

Fait à Paris, le 5 avril 1717.

---

1. *A. E. Russie*, t. VII, pièce 25.

ANNEXE A L'INSTRUCTION A M. DE LIBOY. — LE 5 AVRIL 1717[1]

De par le Roi,

A tous gouverneurs et nos lieutenants généraux fermiers de nos traites et douanes,

Salut :

Nous voulons et mandons très expressément, de l'avis du duc d'Orléans notre oncle, Régent de notre royaume, que vous ayez à laisser sûrement et librement passer, par tous les lieux et endroits de vos pouvoirs et juridictions, les coffres, ballots, hardes et équipages du Czar de Moscovie et de sa suite venant dans notre royaume, sans y donner aucun empêchement ; défendons aux fermiers de nos douanes, traites foraines et domaniales, d'ouvrir, de visiter ni plomber lesdits coffres, ballots, hardes et équipages, de prendre ni exiger aucuns droits pour leur entrée : le tout à peine de désobéissance.

Car est tel notre plaisir.

Donné à Paris, le 5 avril 1717.

MÉMOIRE SERVANT D'INSTRUCTION DONNÉE PAR MONSEIGNEUR LE DUC D'ORLÉANS AU SIEUR DE LIBOY, S'EN ALLANT DE LA PART DU ROI AUPRÈS DU CZAR. — 6 AVRIL 1717, A PARIS[2].

Le Roi ayant choisi le sieur de Liboy, gentilhomme ordinaire de sa maison, pour se rendre auprès du Czar et pour l'accompagner pendant le séjour qu'il fera incognito dans le royaume, Son Altesse Royale Monseigneur le duc d'Orléans a voulu lui prescrire en son particulier la manière dont elle veut qu'il s'explique dans ce qu'il dira de sa part à ce prince, après qu'il se sera acquitté des premiers ordres de Sa Majesté.

Il l'assurera que Son Altesse Royale, instruite de ses actions éclatantes, l'a toujours regardé comme un prince encore plus distingué par ses vertus et par ses qualités personnelles que par l'élévation qu'il tire de sa naissance ; qu'elle s'est toujours inté-

---

1. *A. E. Russie*, t. VII, pièce 27.
2. *Ibid., ibid.*, fol. 28.

ressée à sa gloire et qu'étant dépositaire de l'autorité du Roi pendant la minorité de Sa Majesté, elle n'oubliera rien pour contribuer de tout son pouvoir à établir une parfaite intelligence et une sincère amitié entre elle et ce prince; et que Son Altesse Royale profitera avec beaucoup de plaisir de l'occasion de son voyage à Paris pour lui faire connoître, encore plus particulièrement, quels sont ses véritables sentiments pour lui, et combien elle désire de lui en donner des marques qui répondent à la haute estime qu'elle a pour ce prince qui s'est acquis autant de gloire. Elle permet au sieur de Liboy d'ajouter à ces assurances les expressions qu'il croira les plus propres à y donner une nouvelle force, et elle n'a rien à ajouter aux ordres contenus dans l'Instruction du Roi, qu'elle lui fera remettre, sur la manière de remplir la commission que Sa Majesté lui a confiée.

Fait à Paris, le 6 avril 1717.

X

LE MARÉCHAL DE TESSÉ

1717

Nous n'avons pas à raconter le voyage de Pierre le Grand à Paris : les détails en sont assez connus par les mémoires du temps et par les historiens anciens ou récents de la Russie [1]. Nous avons seulement à faire connaître la pensée politique de la cour de France en présence de cette alliance qu'on lui apportait de si loin.

Pierre le Grand n'était pas venu à Paris uniquement pour visiter les Invalides, les Gobelins, l'Observatoire, le Jardin du Roi, l'Académie des Sciences, la Sorbonne, la Monnaie, les travaux du Pont Tournant, les échoppes ou boutiques des charrons et orfèvres, la machine de Marly ou Mme de Maintenon à Saint-Cyr. Sa démarche avait aussi et surtout un but politique, et toute l'Europe le savait. Aussi toutes les cours étaient-elles dans l'inquiétude de son voyage ; le roi de Prusse avait songé à l'accompagner pour mieux le surveiller, mais il s'abstint, craignant l'esprit railleur des Parisiens ; le roi de Pologne, qui avait déjà un envoyé chez nous, en expédia un second, qui suivait le Tsar partout ; le roi de Danemark attacha un espion à ses pas ; l'Autriche entretint des agents, qui surprirent le Tsar à Fontainebleau en

---

[1]. *Mémoires* de Saint-Simon, du maréchal de Tessé, du duc d'Antin ; Duclos, *Mémoires secrets* ; Buvat, *Journal de la Régence* ; *Journal* de Marais. — Voltaire, *Histoire de la Russie sous Pierre le Grand*. — Hubert le Blant, *Le czar Pierre Ier en France* (Amsterdam, 1741). — Lemontey, *Histoire de la Régence* (1832).
Golikof, *Diéïania Petra Velikago*, t. V. — Solovief, *Istoria Rossii*, t. XVI, pp. 75 et suiv. — Le R. P. Pierling, *la Sorbonne et la Russie* (1717-1747), Paris, Leroux. — *Société impériale d'histoire de Russie*, t. XXXIV. — Prince Augustin Galitzine, *la Russie au XVIIIe siècle*, pp. 48 et suiv. — Rambaud, *Histoire de la Russie*. — Vandal, *Louis XV et Élisabeth de Russie*.
On trouvera d'autres indications bibliographiques dans Mintzlof, *Pierre le Grand dans la littérature étrangère* (en français), pp. 233 et suiv. (Pétersbourg, 1872).

conférence avec Ragotsi. Le Régent, qui avait espéré, à force de politesses et de distractions, esquiver les questions politiques, fut obligé de s'exécuter. Il désigna donc le maréchal de Tessé pour s'entretenir avec les ministres du Tsar, sous la direction du marquis d'Huxelles, président du Conseil des affaires étrangères et membre du Conseil de Régence. Pierre le Grand désigna Chafirof, Tolstoï et Dolgorouki.

Mans-Jean-Baptiste-René de Froulay, comte de Tessé, né en 1651, avait fait ses premières armes en 1669, s'était distingué au passage du Rhin, dans l'expédition de Sicile, dans les campagnes du Rhin, était devenu mestre de camp général en 1684 et avait été honoré de la confiance et de l'amitié de Louvois. Il prit part, ensuite, à la dévastation du Palatinat, aux campagnes de Catinat, et, gouverneur de Pignerol, négocia la paix entre Louis XIV et le duc de Savoie (1696). Après sa belle défense de Mantoue et la victoire de Vendôme à Luzzara, il fut nommé maréchal (1703). Il assiégea ensuite vainement Gibraltar, défendit l'Estramadure contre les ennemis de Philippe V, échoua au siège de Barcelone, défendit la Provence contre le prince Eugène. Puis il fut ambassadeur à Rome (1708), général des galères (1712) et, à la mort de Louis XIV, se retira chez les Camaldules de Grosbois. A sa sortie du couvent, il se retrouva en la disgrâce du gouvernement; mais Saint-Simon l'avait recommandé pour cette mission, d'abord de cicerone, puis de négociateur auprès du Tsar, auquel, en sa qualité de militaire distingué, de grand voyageur, de gentilhomme poli et courtois, il ne pouvait manquer de plaire. Il avait été le recevoir à Beauvais, le 11 mai, et, quelques jours après, il reçut le mémoire secret que nous reproduisons ici.

MÉMOIRE SECRET POUR M. LE MARÉCHAL DE TESSÉ. — 18 MAI 1717 [1]

Son Altesse Royale ayant pris la résolution de charger M. le maréchal de Tessé de conférer secrètement avec les ministres du Czar sur les ouvertures que ce prince a faites en plusieurs occasions, et qui ont été renouvelées depuis son arrivée à Paris, et de convenir avec ces ministres des conditions d'un traité de bonne correspondance, d'amitié et de commerce entre Sa Majesté et ce

1. *A. E. Russie*, t. VII, fol. 126. — Déjà publié par GRIMOARD, dans les *Mémoires de Tessé*, t. II, p. 321, et par la *Soc. imp. d'hist. de Russie*, t. XXXIV, pp. 510 et suiv.

prince, il a paru nécessaire de l'instruire de plusieurs circonstances des engagements du Roi avec les autres puissances du Nord et du progrès des insinuations qui ont été faites par rapport aux liaisons que Sa Majesté veut bien former, soit avec le Czar seul, soit avec lui et le roi de Prusse conjointement.

[SUÈDE]

M. le maréchal de Tessé n'ignore pas sur quel fondement sont établies les liaisons qui subsistent toujours entre la couronne de Sa Majesté et celle de la Suède; il sait que ces liaisons, formées pendant les guerres d'Allemagne, furent confirmées par les traités de Westphalie, où la France et la Suède, garantes des conditions de ces traités, se sont aussi mutuellement garanti les acquisitions qu'elles avaient faites dans l'Empire.

Les événements qui ont quelquefois depuis suspendu l'intelligence étroite qui devoit subsister entre elles, n'ont pas altéré la force de ces traités, et ils ont toujours servi de base aux conventions faites, en différents temps, entre le feu Roi et les rois de Suède, pendant le cours des dernières guerres. Ce fut pour en remplir les engagements que Sa Majesté, après avoir consenti par le traité de Nimègue à la restitution de plusieurs places aux Pays-Bas pour faire rendre au roi de Suède les États de sa couronne en Allemagne, dont il avoit été dépouillé[1], fit encore entrer pour lo même effet ses armées dans l'Empire[2].

Quoique la conduite de cette couronne n'ait pas répondu depuis à ce que l'on avoit lieu d'en attendre, et que le roi de Suède aujourd'hui régnant ait fait connoître, dans le temps de ses prospérités, qu'il étoit bien moins touché de la gloire de tirer ses anciens alliés de l'oppression, par l'interposition de ses offices pour rendre la paix à l'Europe, que du désir de marquer sa complaisance pour

---

1. Après la défaite de Charles XI par les Brandebourgeois à Fehrbellin (1675) et l'invasion des Danois en Poméranie.
2. Après la paix de Nimègue avec la Hollande (10 août) et avec l'Espagne (10 septembre 1678), même après l'accession de l'Autriche à cette paix (5 février 1679), Louis XIV, pour obliger le Brandebourg et le Danemark à rendre leurs conquêtes suédoises, fit entrer en Allemagne le maréchal de Créqui, qui battit les Brandebourgeois et menaça d'assiéger Magdebourg. A la paix de Saint-Germain-en-Laye (2 septembre 1679), la Suède recouvra toutes ses provinces.

les ennemis de la France, le feu Roi ne fut cependant pas insensible à ses disgrâces. Il lui fit offrir à Bender les moyens de le ramener incessamment dans ses États, où sa présence paroissoit nécessaire pour en prévenir la perte, et Sa Majesté fit même alors remettre, sans aucune obligation, une somme considérable au général Steimboch[1], pour soutenir l'armée qu'il avoit rassemblée en Poméranie et qui défit, peu de temps après, celle du roi de Danemark à Gadebusch[2].

Sa Majesté employa ses offices pour le réconcilier au moins avec quelques-uns de ses ennemis et pour empêcher le roi de Prusse de se joindre à eux. Mais, quoique le roi de Suède, occupé du désir de se venger, eût pu déférer aux sages conseils qu'elle lui fit donner, elle crut qu'après son retour de Turquie à Stralsund[3], où il arriva à la fin de l'année 1714, la connoissance qu'il auroit par lui-même de l'état de ses affaires le porteroit à prendre des résolutions plus conformes à ses véritables intérêts, et elle jugea en même temps que, pour ne le point laisser accabler et pour lui donner le temps et les moyens de disposer aussi ses ennemis à la paix, elle devoit renouveler avec lui les anciens engagements qui avoient longtemps subsisté entre sa couronne et celle de Suède.

Le traité en fut signé à Versailles le 3 avril 1715[4] et l'on y convint :

1° D'une amitié fidèle et d'une correspondance étroite.

2° D'une alliance défensive pour tous les États de part et d'autre, et spécialement pour ceux que l'une ou l'autre couronne ont acquis par les traités de Westphalie, sous l'obligation que l'une d'entre elles étant attaquée contre la disposition de ces traités, l'autre la secourroit jusqu'à ce que le trouble fût cessé.

3° Que l'on se garantiroit réciproquement les traités de Westphalie, de Nimègue, de Ryswick, de Bade, et tous ceux du Nord dont Sa Majesté est garante.

---

1. Stenbock.
2. Gadebusch (Mecklembourg), bataille du 20 décembre 1712.
3. Louis XIV avait envoyé à Stralsund Colbert de Croissy. Celui-ci s'entremit entre Charles XII assiégé et le roi de Prusse Frédéric Ier qui l'y assiégeait. Ses efforts pour obtenir que la Prusse laissât Stralsund à Charles XII furent inutiles.
4. FLASSAN, t. IV, p. 387. — Il est évident que le texte que nous donnons ici, pour le traité avec la Suède comme pour les autres traités, n'est qu'une analyse des documents originaux.

4° Qu'elle emploieroit ses offices pour faire rendre au roi de Suède les places et pays de sa couronne en Allemagne dont il étoit déjà dépouillé, et que cependant elle lui donneroit des secours.

5° La distance des lieux ne permettant pas d'envoyer des troupes au secours du roi de Suède, le Roi promit de lui faire payer cent cinquante mille écus tous les trois mois pendant la durée de l'alliance.

6° Ce subside devoit être réduit à la moitié en cas de paix avant l'expiration du traité.

7° Que l'on payeroit d'avance une somme de trois cent mille écus pour les six premiers mois du subside.

8° Que les propositions de paix seroient réciproquement communiquées.

9° Que le Roi appuyeroit les intérêts du duc d'Holstein-Gottorp et de sa maison, conformément aux traités du Nord dont Sa Majesté est garante [1].

10° Que si la France étoit attaquée, le roi de Suède la secourroit par une diversion ou par des secours effectifs.

11° Que ces secours seroient de cinq mille hommes d'infanterie et de deux mille sept cents chevaux, ou de huit navires de guerre armés.

12° Que l'on feroit un nouveau traité pour l'avantage réciproque du commerce.

13° Cette alliance est limitée à trois ans, du jour de l'échange des ratifications; et après son expiration, les traités de Westphalie, de Nimègue, de Ryswick, de Bade, et tous ceux du Nord dont le Roi est garant, doivent toujours demeurer dans leur force et vigueur.

POLOGNE

Les engagements que le Roi a pris avec le roi de Pologne consistent dans un simple traité de bonne correspondance et d'amitié conclu [à Rizzina] le 20 août 1714, et le Roi promet seulement ses offices pour sa réconciliation avec le roi de Suède [2].

---

1. Il s'agit ici des traités de Copenhague, d'Oliva (1660) et de Saint-Germain (1679).
2. Le texte de ce *Mémoire secret*, tel qu'il est donné par Grimoard, contient, outre les mots *à Rizzina*, l'analyse complète de ce document : Tessé ou l'éditeur

PRUSSE

La situation où se trouvoient les affaires du royaume après la mort du feu Roi, l'armement que l'Empereur préparoit dès lors, ce que l'on savoit des desseins de ce prince, les défiances et la jalousie que la puissance du feu Roi avoit excitées de toutes parts, et l'orage qui s'étoit élevé en Angleterre contre les ministres qui avoient eu part à la paix conclue à Utrecht faisant connoître la nécessité dont il étoit de prendre de solides mesures pour ne pas demeurer sans alliés exposé à des entreprises étrangères, et l'opiniâtreté du roi de Suède lui ayant attiré de nouveaux ennemis et de nouvelles disgrâces qui lui ôtoient les moyens de secourir la France si elle étoit attaquée, Son Altesse Royale, qui avoit fait inutilement pressentir le roi d'Angleterre sur la vue de former avec lui et avec la République de Hollande l'alliance défensive qui a été depuis conclue, jugea qu'il étoit de la prudence de s'assurer de celle du roi de Prusse, et le traité en fut conclu à Berlin, le 14 septembre 1716[1], aux conditions suivantes :

1° Sa Majesté promet de n'agir que comme médiateur dans les affaires du Nord.

2° L'on se propose de dresser un projet pour la paix avec le roi de Suède. Le roi de Prusse s'engage à cesser toute hostilité

---

de ces mémoires avaient sans doute fait passer cette analyse dans le corps du *Mémoire secret*. Nous reproduisons cette addition :

Voici ce traité :

I. Il y aura entre les deux Rois, leur couronne et leurs sujets, une amitié sincère et durable.

II. Ils promettent l'un et l'autre d'employer leurs offices pour procurer le rétablissement de la paix dans toute l'Europe.

III. Ainsi le roi de Pologne s'engage d'interposer ses offices pour accélérer la conclusion de la paix entre le Roi et l'Empereur ; et se réserve cependant de fournir son contingent comme membre de l'Empire [à titre d'électeur de Saxe].

IV. Le Roi promet de même d'agir, non seulement à la Porte pour assurer le maintien de la paix entre les Turcs et la Pologne, mais aussi auprès du roi de Suède, pour la réconciliation avec ses ennemis et pour le rétablissement de la paix dans le Nord.

V. Le traité sera confirmé et ratifié par les deux Rois dans le terme de deux mois, ou plus tôt s'il est possible.

VI. En foi de quoi ont signé JEAN ZEMBECK, grand chancelier de Pologne, LE COMTE DE FLEMING [ministre saxon du roi Auguste] ; *et sur un autre exemplaire pareil*, LE BARON DE BESENVAL [ambassadeur de France].

1. DROYSEN, ouvrage cité, lui assigne la date du 17 septembre à Berlin, avec ratification à Paris le 30 septembre. Il ajoute que le traité fut signé à Berlin par le comte de Rottembourg, Dœnhoff, Printzen, Ilgen.

contre cette couronne au moyen de la cession de Stetin et de ses dépendances, et en cas de refus de cette cession, Sa Majesté promet de ne donner aucune assistance au roi de Suède.

3° Elle garantit au roi de Prusse la possession de Stetin et de ses dépendances, et en cas de trouble, elle promet de lui donner un subside de six cent mille écus.

4° Le roi de Prusse stipule l'équivalent qu'il pourroit prétendre au lieu de Stetin et de ses dépendances, et le Roi promet seulement ses offices à cet égard.

5° Le Roi promet de s'opposer à ce que Stetin soit remis en séquestre par l'Empire et de fournir au roi de Prusse le même subside de six cent mille écus pour l'empêcher.

6° Sa Majesté garantit à ce prince tous ses États conformément aux traités de Westphalie, et le roi de Prusse garantit aussi les États acquis à la Couronne par les mêmes traités.

7° Le Roi promet de ne point attaquer l'Empire.

8° L'on stipule réciproquement la garantie des traités d'Utrecht et de Bade. Le roi de Prusse s'engage à faire ses efforts pour empêcher que l'Empire ne se déclare en aucun temps contre la France, et il se réserve seulement ses devoirs de prince de l'Empire en cas de déclaration.

9°, 10° et 11° L'on se promet réciproquement des secours en cas de trouble, l'on se réserve chacun ses alliances en ce qui n'est pas contraire au traité, et le Roi promet ses offices pour la satisfaction du roi de Prusse dans la paix du Nord, et l'on convient de garder un secret inviolable[1].

12° L'alliance est limitée à dix années.

ANGLETERRE ET HOLLANDE

Le traité d'alliance signé à la Haye le 4 janvier dernier ne contient aucune stipulation secrète, et comme il a été imprimé en entier, l'on se remet à la lecture de ce traité, et l'on observera seulement qu'il n'a pour objet que le maintien de la paix sur le

---

1. Article 11, d'après Droysen : « Le présent traité sera tenu dans le dernier secret et il n'en sera rien communiqué à qui que ce soit sans le commun consentement. »

fondement des traités conclus à Utrecht et la limitation des secours que l'on doit réciproquement se donner en cas de trouble.

Après avoir expliqué à M. le maréchal de Tessé les engagements que le Roi a pris avec quelques-unes des puissances intéressées dans la guerre du Nord, il reste à l'instruire de ce qui s'est passé jusqu'à présent par rapport au Czar.

Comme les offices que le feu Roi s'étoit efforcé de rendre au roi de Suède avoient principalement pour objet la vue de séparer ses ennemis, et que Sa Majesté s'en étoit ouvert au roi de Prusse, ce prince, qui n'avoit aucun engagement avec elle et qui étoit déjà étroitement lié avec le Czar, lui en révéla le secret : en sorte que le Czar, qui avoit, pendant le cours de la dernière guerre, pris des préjugés peu favorables à la France sur les relations de nos ennemis, marquoit en toute occasion sa défiance.

Tel étoit l'état des choses à cet égard lors de l'avènement du Roi à la couronne, et Son Altesse Royale, persuadée de l'importance dont il étoit d'effacer ces préjugés pour lever au moins les obstacles qu'ils pouvoient apporter à l'admission de la médiation de Sa Majesté dans les affaires du Nord, a profité de toutes les occasions de faire assurer le Czar que, le Roi ne voulant agir que par des offices, il ne seroit rien fait de sa part qui pût s'écarter des lois de la simple médiation. Elle lui fit insinuer en même temps que, ses grandes qualités ne l'ayant pas rendu moins recommandable que sa puissance, Sa Majesté seroit toujours disposée à former et à entretenir avec lui des liaisons d'amitié et à les fortifier encore par un traité de commerce entre ses sujets et ceux de ce prince.

Ces assurances avoient déjà produit leur effet lorsque le Czar eut l'année dernière une entrevue à Havelberg avec le roi de Prusse[1].

Comme le dernier de ces deux princes avoit été instruit, pendant le cours de la négociation pour l'alliance conclue avec lui,

1. Sur cette entrevue de Havelberg, fin novembre 1716, entre le Tsar et le roi de Prusse et sur la déclaration du 26 novembre, voyez DROYSEN, ouvrage cité, pp. 184 et suiv.

des dispositions de Sa Majesté et de celles de Son Altesse Royale par rapport au Czar, il crut sans doute que, resserrant les nœuds de ses liaisons avec lui, il devoit prendre des mesures pour les fortifier encore en les rendant commune avec Sa Majesté, et il le lui fit proposer.

Son intention n'étoit pas de prendre avec le Czar des engagements aussi forts, et elle étoit d'ailleurs entrée dans des liaisons étroites avec l'Angleterre et avec la Hollande, par le traité d'alliance signé à la Haye au mois de janvier dernier, qui n'auroient pu s'accorder avec les vues du Czar. Ainsi elle ordonna à M. le comte de Rottembourg d'en faire connoître les conséquences au roi de Prusse, et de lui représenter qu'il lui importoit à lui-même de ne pas prendre des engagements qui pussent le priver de l'avantage d'être admis dans l'alliance de la Haye, où il trouveroit une sûreté entière et beaucoup plus de solidité que dans ses liaisons trop étroites avec le Czar, dont il étoit aisé de prévoir les inconvénients.

Cette représentation parut faire quelque impression sur le roi de Prusse, et M. de Knyphausen, chargé des affaires du roi de Prusse auprès du Czar pendant son dernier séjour en Hollande, après avoir fait à M. de Châteauneuf de premières ouvertures qui tendoient à rendre tous les intérêts de ce prince communs avec Sa Majesté, se réduisit, vers la fin du mois de mars dernier, à des propositions plus simples, dont l'ambassadeur de Sa Majesté en Hollande rendit compte par sa lettre du 30 du même mois et qui se réduisent à ce qui suit :

1° Que le Czar garantiroit les traités d'Utrecht et de Bade sans exiger aucune garantie par rapport à ses États, ni par rapport à ses conquêtes, connoissant qu'il ne peut demander la garantie de ses conquêtes jusqu'à ce qu'elles lui aient été cédées;

2° Que Sa Majesté ne donneroit aucun subside au roi de Suède pendant la durée de la guerre entre ce prince et le Czar;

3° Qu'elle emploieroit ses offices pour la paix du Nord sans partialité pour le roi de Suède ;

4° Qu'elle donneroit au Czar un subside de vingt-cinq mille écus par mois pendant le reste de la guerre du Nord.

Les choses étoient dans cette situation lorsque le Czar est parti de Hollande pour venir ici, et M. le maréchal de Tessé est instruit par lui-même des ouvertures que les ministres de ce prince ont faites pour reprendre cette négociation. Ainsi il reste seulement à l'informer des vues que Son Altesse Royale se propose dans les liaisons qu'elle croit que le Roi pourroit former avec le Czar.

Le premier objet qu'elle a eu jusqu'à présent est de mettre Sa Majesté en état d'avoir une part principale dans la médiation de la paix du Nord, en telle sorte que la cour de Vienne ne puisse pas, en se mettant seule en possession de cette médiation, se ménager de nombreux moyens d'exécuter ses projets ambitieux. Et, comme il est certain que les secours qu'elle pourroit tirer du Czar pourroient beaucoup contribuer à assurer cette cour contre ce qu'elle auroit à craindre de la part des principales puissances du Nord et de l'Empire, Son Altesse Royale regarde comme un point important de pouvoir engager ce prince de manière qu'il perde désormais toute idée de former des liaisons avec la cour de Vienne, et que celles que Sa Majesté aura formées avec lui puissent servir de fondement à des engagements plus étroits, selon ce que les événements pourroient exiger dans la suite et selon les facilités que le Czar pourra conserver pour demeurer à portée de rendre son alliance solide et convenable aux intérêts du Roi.

Les vues du Czar peuvent à la vérité être bien plus étendues et plus prochaines ; l'on a eu lieu de croire, en plusieurs occasions, qu'il désireroit extrêmement d'avoir une part principale dans les affaires de l'Europe, et particulièrement dans celles de l'Empire, et l'on peut croire aussi, avec quelque vraisemblance, que le roi de Prusse fortifiera encore cette disposition, pour conserver autant qu'il le pourra un aussi puissant appui.

Il sera de l'habileté de M. le maréchal de Tessé de laisser expliquer les ministres du Czar, de manière que l'on puisse connoître quels peuvent être les véritables desseins de ce prince dans la conjoncture présente, sans rejeter absolument leurs ouvertures, mais aussi sans prendre de sa part aucun engagement qui puisse excéder ce que Son Altesse Royale lui fait expliquer de ses intentions.

Il peut seulement, s'il le juge absolument nécessaire, pour ne pas laisser tomber la négociation et pour écarter les défiances qu'une trop grande réserve pourroit faire naître, laisser entendre comme de lui-même que, dans les dispositions où l'on est de part et d'autre de s'unir plus étroitement à mesure que les convenances se découvriront davantage, l'on pourroit peut-être, en même temps que l'on feroit un traité de bonne correspondance et d'amitié, faire une convention particulière, qui demeureroit secrète, pour régler d'avance les assistances que l'on donneroit au Czar s'il employoit ses forces en faveur du Roi ou de ses alliés, et particulièrement pour le secours du roi de Prusse, et faire connoître qu'il faudroit avoir attention, si l'on formoit cette convention, de n'y rien insérer qui puisse être contraire aux engagements que le Roi a pris par le traité d'alliance conclu à la Haye entre Sa Majesté, le roi d'Angleterre et la Hollande, dont tous les articles ont été rendus publics.

Entre les raisons dont M. le maréchal de Tessé peut se servir pour combattre et pour éluder des engagements précis et plus forts que ce qui convient à la bonne correspondance et à l'amitié, il peut faire connoître que tout ce qui excéderoit ces termes, dans la conjoncture présente, ne serviroit qu'à exciter des défiances ; que celles que le roi de Suède pourroient prendre excluroient inutilement la médiation de Sa Majesté dans la paix du Nord, où elle peut être très utile aux intérêts du Czar et du roi de Prusse ; et que, quoiqu'elle ne veuille en effet aider le roi de Suède que de ses offices dans toute la suite de la guerre du Nord et dans la négociation pour la paix, de même qu'elle veut en user avec les autres puissances intéressées, c'est-à-dire avec une entière impartialité, il seroit contre toutes les règles de la bienséance qu'ayant avec ce prince un traité qui doit subsister encore pendant dix mois, elle prît des engagements qui y fussent formellement contraires ; qu'après son expiration elle pourroit entrer dans d'autres mesures, et qu'en attendant, un traité d'amitié et une convention pour l'utilité réciproque du commerce des sujets de part et d'autre fera un premier fondement qui servira comme de base à des liaisons plus étroites, qu'il sera bien plus aisé de déterminer lorsque les affaires du Nord auront pris une forme fixe qui puisse permettre d'assurer plus solidement ces liaisons, ou lorsque les engagements de Sa Majesté avec la Suède seront finis.

L'on peut encore, selon les circonstances, faire remarquer que Sa Majesté n'est pas seulement retenue par la considération des engagements qu'elle a pris par le traité d'alliance qu'elle vient de faire avec l'Angleterre et avec la Hollande, et dont elle ne peut s'écarter en aucune manière, mais que, dans les affaires qui ont rapport à l'Empire et aux États du Nord, elle a aussi des engagements connus de toute l'Europe par la garantie des traités de Westphalie, de celui d'Oliva et de plusieurs autres ; que, quoiqu'elle ne se propose pas d'en demander ni d'en soutenir l'exécution, soit pendant le cours de la guerre, soit dans la négociation de la paix, elle ne pourroit cependant statuer présentement avec honneur des conditions qui y fussent formellement contraires, sans le consentement et le concours des parties intéressées ; et que c'est une raison qui ne subsistera que jusqu'à la paix du Nord, puisqu'alors les garanties de ces traités n'obligeront plus Sa Majesté qu'en ce en quoi il n'y aura pas été dérogé ; qu'au contraire elle sera en droit de garantir les nouvelles conditions et la nouvelle forme qui seront établies par le traité de la paix du Nord, et de s'unir avec le Czar, de manière et sur des fondements qui pourront encore augmenter la considération que ce prince s'est déjà acquise dans l'Europe ; que, comme Sa Majesté et le Czar ne peuvent jamais avoir d'intérêts à démêler ensemble, les liaisons établies sur ces fondements ne peuvent être qu'utiles à l'une et à l'autre puissance, sans qu'il puisse jamais en naître des inconvénients capables d'en altérer la force ni d'en diminuer les avantages.

Comme il pourroit arriver que M. le baron de Knyphausen, qui a paru dans les derniers temps touché du désir d'unir le Czar et le roi son maître avec le Roi, continueroit d'agir sur ces mêmes principes, et qu'indépendamment des ordres qu'il en auroit reçus de Berlin sur ce sujet, son affection particulière le porteroit encore à insister sur des engagements plus étendus que ceux que Son Altesse Royale croit que le Roi peut prendre en cette occasion, il est nécessaire d'être mesuré dans les confidences que l'on pourroit lui faire pour ralentir son ardeur, si elle paroissoit trop grande ; mais cependant il sera bon de lui faire observer que les intérêts du roi son maître ont une part principale à la résolution que Son Altesse Royale a prise de réduire présentement les engagements du Roi avec le Czar aux termes de la bonne correspondance et de l'amitié; que des liaisons plus particulières avec ce prince, conjointement avec le roi son maître, alarmeroient l'Empire, et pourroient exciter la défiance et la jalousie des princes voisins du roi de Prusse; que ce seroit encore un obstacle de plus à son admission dans l'alliance de la Haye, que Son Altesse Royale a toujours en vue et à laquelle elle travaille avec application, et que par conséquent l'on s'exposeroit à le priver des avantages et de la sûreté qu'il y trouveroit contre quelque événement qui puisse arriver dans les autres États de l'Europe; qu'il est bon et même très conforme aux intentions de Son Altesse Royale de jeter en cette occasion les fondements d'une liaison étroite entre le Roi, le roi de Prusse et le Czar; mais qu'avant d'en étendre les engagements, il est de la prudence de voir quel sera le dénouement des affaires du Nord, et quels seront les moyens que le Czar conservera pour le secours de ses alliés; qu'il est aisé de juger que l'éloignement de ses États et le défaut d'une communication directe y apportera toujours de grands obstacles; et qu'ainsi il est d'une extrême importance pour le roi de Prusse, qu'en s'assurant de l'amitié de ce prince, il ne se prive pas des appuis solides qu'il peut ménager d'ailleurs.

M. le maréchal de Tessé aura remarqué, dans ce qui a déjà été expliqué, que Son Altesse Royale ne veut absolument prendre avec le Czar aucune liaison qui puisse être contraire, en quelque manière que ce soit, à celles qui ont été prises par le traité d'alliance avec l'Angleterre et avec la Hollande, ni donner aucun juste sujet d'ombrage à ces deux puissances. Elle veut donc que ce qui pourra être négocié avec le Czar soit toujours subordonné à cette vue, et que M. le maréchal de Tessé se renferme, dans ses conférences avec les ministres de ce prince, dans les expressions d'un simple traité d'amitié et de bonne correspondance, fortifié d'un traité de commerce, qui doit avoir pour fondement de faire jouir les sujets du Roi des mêmes avantages et des mêmes privilèges dans les ports du Czar dont les sujets de ce prince jouiront dans les ports du royaume : en sorte que l'égalité soit entière.

A l'égard de la demande que feront les ministres du Czar que le Roi ne puisse aider directement ni indirectement le roi de Suède, M. le maréchal de Tessé leur représentera que le traité que le feu Roi avoit conclu avec ce prince, et par lequel il lui avoit promis un subside de six cent mille écus, ne devant expirer que dans dix mois, Sa Majesté ne doit faire aucune stipulation qui puisse être formellement contraire à cet engagement; mais il les assurera que le Czar aura lieu d'être content de la manière dont il en sera usé à cet égard, aussi bien que dans tout ce qui aura rapport aux intérêts de ce prince dans la négociation de la paix du Nord.

Il ne faut pas aussi donner aucune espérance aux ministres du Czar que Sa Majesté puisse être portée à lui donner présentement le subside de trois cent mille écus qu'il avoit fait demander; il y a lieu de croire qu'ils n'insisteront point sur cette prétention; mais s'ils le faisoient, M. le maréchal de Tessé peut laisser entendre, sans s'expliquer formellement, que, si le Czar se trouvoit engagé, par l'effet du traité que l'on se propose de faire avec lui, à agir en faveur de la France ou pour les amis de Sa Majesté, ce seroit un cas différent et dans lequel on pourroit accorder ce subside; et il sera bon, si l'on est obligé de laisser entrevoir cette espérance, de faire remarquer en même temps à M. de Knyphausen, mais en particulier, que ce seroit une nouvelle marque de l'attention de Son Altesse Royale aux avantages et à la sûreté du roi de Prusse, puisque les cas que l'on peut prévoir présentement ne peuvent regarder que lui, et qu'en ce cas Son Altesse Royale accorderoit ce subside à ses instances.

Comme les ministres du Czar paroissent disposés à demander qu'il soit inséré dans le traité que le prince propose quelques considérations en faveur du roi de Prusse, et qu'il y a lieu de croire que, n'étant point instruits des liaisons que ce prince a prises avec le Roi, ils regarderoient comme un point capital d'obtenir présentement pour lui la garantie de Stetin et de ses dépendances, il sera nécessaire que M. le maréchal de Tessé se concerte avec M. de Knyphausen sur ce sujet, et qu'après lui avoir fait connoître combien il importe au roi son maître de se renfermer, dans la conjoncture présente, dans des engagements généraux avec le Czar, il lui fasse observer qu'en continuant de garder le secret sur ceux qui ont été formés entre le Roi et le roi son maître, il seroit bien que, pour marquer plus de considération pour le Czar, il parût que la garantie de Stetin, que Sa Majesté renouvelleroit en cette occasion, fût accordée aux instances de ce prince, puisque ce seroit un moyen de le rendre plus facile sur les autres conditions du traité.

A l'égard des garanties dont les ministres du Czar pourroient renouveler la demande pour les États conquis par ce prince sur la Suède, M. le maréchal de Tessé saura bien faire usage des raisons expliquées dans ce mémoire et qui font connoître clairement que Sa Majesté ne pourroit les accorder sans s'exposer au reproche d'être contrevenu aux engagements formels de sa couronne. Mais, à toutes extrémités, et s'il ne pouvoit éviter de laisser entrevoir quelque condescendance à cet égard sans s'exposer à rompre toutes les mesures, il pourroit faire entendre que le Roi pourroit accorder cette garantie conditionnellement pour avoir son effet seulement après que le Czar auroit obtenu par un traité de paix la cession de la part de ses conquêtes qu'il pourra garder, et seulement dans l'étendue de ces mêmes cessions.

Les conditions qui regardent le commerce sont, jusqu'à présent, assez obscures. L'on n'est point instruit des qualités de marchandises qui peuvent convenir dans les ports du Czar et qui pourroient être portées d'ici. L'on ne sait pas assez exactement aussi quelles seroient celles que les vaisseaux françois pourroient y trouver pour leur retour dans le royaume, et l'on ignore absolument quelles sont les lois et quelle est la police de ces ports; quels droits se perçoivent sur les marchandises que l'on y porteroit et sur celles que l'on en pourroit tirer; s'il y a des privilèges pour les marchands étrangers, et s'il y a des nations favorisées en telle sorte qu'elles puissent faire leur commerce plus avantageusement que les sujets du Roi ne pourroient faire le leur. Ainsi il est bien difficile de pouvoir rien statuer de solide à cet égard, au lieu que, les lois des ports de la navigation du royaume et les tarifs des droits qui s'y lèvent étant publics, les ministres du Czar peuvent en avoir une connoissance; et il paroît qu'étant eux-mêmes touchés de cette difficulté, ils regardent comme un moyen de la lever la proposition de faire jouir les sujets du Roi dans les ports du Czar des mêmes avantages dont les sujets de ce prince jouiront dans ceux du royaume.

Cet expédient ne paroît pas mauvais jusqu'à présent, quoiqu'il soit vrai qu'il ne suffiroit pas pour assurer les avantages des sujets du Roi, si quelque autre nation avoit dans les ports du Czar des privilèges ou des exemptions plus favorables que ne seroit l'égalité du traitement que l'on se propose. Mais, quand même l'on seroit assuré sur ce point, il est bon que M. le maréchal de Tessé demande tous les éclaircissements que l'on vient de remarquer qui seroient nécessaires pour agir avec une entière connoissance afin de pouvoir se servir de ce prétexte pour entretenir les conférences sur cette difficulté, aussi longtemps qu'on le jugera nécessaire pour aplanir celles qui pourroient se trouver d'ailleurs dans les points essentiels de l'alliance que l'on se propose de faire, sans être obligé de s'expliquer sur les dernières résolutions de Son Altesse Royale et sans s'exposer à voir rompre les conférences. Et, comme le séjour du Czar dans le royaume ne peut pas être d'une longue durée, l'on peut croire avec fondement que, lorsque le temps de son départ approchera, ses ministres s'expliqueront eux-mêmes, de manière que l'on pourra juger avec certitude des intentions de ce prince, et prendre aussi ses dernières résolutions.

Il paroîtroit de quelque importance d'engager les ministres du Czar à communiquer le traité fait entre ce prince et le roi d'Angleterre comme électeur de Hanovre[1], et le projet formé depuis, écrit de la main de M. Townsend[2], et qui fut remis à M. le prince

---

1. En avril 1714, des pourparlers avaient eu lieu à Hanovre, entre le prince Kourakine et Bernstorff, ministre de George, qui n'était encore que l'électeur de Hanovre. On ébaucha un projet d'alliance entre la Russie, le Hanovre, la Prusse, le Danemark et du partage des possessions suédoises en Allemagne : le Hanovre devait avoir Brême et Verden; la Prusse, Stettin et le district environnant; le Danemark, le Sleswig enlevé au Holstein. George étant devenu (11 août 1714) roi d'Angleterre, un traité, en mai 1715, fut signé à Londres, à peu près sur ces bases. Il engageait George seulement comme électeur de Hanovre : pour s'assurer le concours de la flotte britannique, il fallait que Pierre le Grand obtînt la signature de George comme roi d'Angleterre. Ce fut l'objet des instructions qu'il envoya à Kourakine à Londres; mais Bernstorff, le ministre hanovrien de George, éleva des difficultés, fit ajourner la signature et commença même à détourner son maître, ainsi que le roi de Danemark, de l'alliance russe (1716). Il finit par exiger, comme condition préalable de l'accession de son maître à la ligue, l'évacuation de l'Allemagne, et notamment du Mecklembourg, par les armées russes. — Voir Solovief, *Istoria Rossii*, t. XVII, pp. 35-67.

2. Charles, vicomte de Townshend (1676-1738), membre de la Chambre des lords, garde du sceau privé en 1702, fut un des représentants de la Grande-Bretagne aux

Kurakin dans son dernier voyage en Angleterre pour confirmer ce même traité en qualité de roi de la Grande-Bretagne : non seulement parce qu'il peut y avoir dans ces deux pièces plusieurs circonstances qui donneroient des lumières par rapport à ce que l'on peut stipuler pour le traité de bonne correspondance et pour celui de commerce que l'on se propose de faire ; mais encore parce que le roi d'Angleterre témoignant présentement de l'éloignement pour le Czar, et ses ministres supposant que l'on ne peut prendre aucune liaison solide avec ce prince, il ne seroit pas indifférent de pouvoir leur faire connoître qu'ils en ont eux-mêmes formé avec lui, qui ont donné lieu à l'entrée des Moscovites dans l'Empire ; et il seroit bon, par cette raison, que l'on pût avoir des copies de ce traité et du projet de confirmation qui en avoit été dressé.

M. le maréchal de Tessé pourroit peut-être porter ces ministres à lui donner ces deux copies en leur faisant remarquer que, le Roi ne voulant rien faire dont le roi d'Angleterre puisse avoir lieu de se plaindre, la connoissance que l'on auroit des engagements que ce prince a pris avec le Czar leur maître pourroit peut-être aplanir les difficultés qui naîtroient à cette occasion ; et, s'il remarquoit qu'ils eussent quelque défiance que le traité d'alliance de la Haye, tel qu'il est imprimé, ne fût pas fidèle, il peut leur offrir de leur en faire voir l'original, en même temps qu'il les assureroit qu'il n'a aucun article secret. Il pourroit aussi leur faire voir quelques articles de celui de Suède dont on lui remet une copie entière, mais, en ce cas, le mieux seroit d'en former un qui ne contiendroit que les conditions qu'on voudroit bien leur communiquer, et qui paroîtroit entier[1].

M. le maréchal de Tessé ne doit faire aucune mention, dans ses conférences avec les ministres du Czar, du traité avec la Prusse, dont ils n'ont point eu de connoissance jusqu'à présent, le roi de Prusse l'ayant ainsi désiré[2].

---

conférences de Gertruydenberg. Étant du parti whig, il fut écarté du pouvoir par les tories en 1712. Il fit partie avec son beau-frère Robert Walpole du premier ministère de George, et eut à lutter contre la faction et les ministres hanovriens, qui l'obligèrent à se retirer en 1717.

1. Ainsi le gouvernement du Régent, en quête d'expédients pour éluder l'alliance proposée, va jusqu'à imaginer de fabriquer un faux document, pour le placer sous les yeux du Tsar.
2. C'est le traité du 14 septembre 1716.

Il paroît inutile d'entrer présentement dans un plus grand détail sur tout ce qui peut faire la matière de cette négociation, M. le maréchal de Tessé étant à portée de rendre compte à Son Altesse Royale de ce qui se passera à cet égard et de recevoir ses ordres; et la seule chose que l'on croit devoir lui répéter encore est que Son Altesse Royale ne veut s'écarter, en quoi que ce puisse être, des engagements qu'elle a pris par le traité de la Haye, ni donner le moindre sujet d'ombrage au roi de la Grande-Bretagne; et comme elle croit, en effet, ne devoir pas porter les liaisons du Roi avec le Czar au delà des simples termes d'amitié et de bonne correspondance, il ne peut trop peser ses expressions dans ses conférences : en sorte que les ministres du Czar se portent par eux-mêmes, s'il est possible, à ne rien exiger de plus.

Le 18 mai 1717.

La conférence entre le maréchal de Tessé et les ministres russes eut lieu le 19 mai 1717[1]. Les Moscovites posèrent nettement la question : « La France a perdu ses alliés en Allemagne ; la Suède, quasi anéantie, ne peut lui être d'aucun secours; la puissance de l'Empereur s'est infiniment augmentée; et moi, Czar, je viens m'offrir à la France pour lui tenir lieu de la Suède... Je veux vous garantir vos traités ; je vous offre mon alliance, avec celle de la Pologne... Je vois dans l'avenir que la puissance formidable de l'Autriche vous doit alarmer ; mettez-moi au lieu et place de la Suède. »

Mettre la Russie au lieu et place de la Suède, c'était lui fournir les subsides qu'on avait, si longtemps et avec si peu de profit, payés à celle-ci. Le Tsar, comme on l'a vu, demandait trois cent mille écus par an.

De nouvelles instructions du maréchal d'Huxelles prescrivirent de répondre aux Russes qu'on avait un traité d'alliance et de subsides avec la Suède; qu'il était impossible de garantir au Tsar des conquêtes encore éventuelles ; que le service qu'il nous rendrait en garantissant les traités d'Utrecht ne pouvait équivaloir à celui qu'il nous demandait, attendu que nous étions en paix et alliance avec les mêmes puissan-

---

1. Le procès-verbal en a été publié dans les *Mémoires* de Tessé, t. II, pp. 313 et suiv.; par la *Soc. imp. d'hist. de Russie*, t. XXXIV, pp. 532 et suiv., ainsi que la correspondance entre d'Huxelles et de Tessé. — Voir aussi le *Mémoire* de Le Dran, *ibid.*, pp. xxii et suiv. — Flassan, t. IV, pp. 445 et suiv. — Vandal, *Louis XV et Élisabeth de Russie*, pp. 24 et suiv.

ces qui nous avaient combattues sous le feu Roi ; que nos liaisons avec la Suède remontaient à la guerre de Trente ans. Puis on devait faire espérer aux plénipotentiaires moscovites que la France entrerait avec la Russie dans « des liens encore plus étroits aussitôt que les affaires du Nord auront pris une forme stable » ; qu'alors « ni les nouveaux engagements du feu Roi, *dont l'expiration est prochaine*, ni ceux que la couronne a pris par la garantie des traités de Westphalie et du Nord ne seront plus un obstacle à ses résolutions ».

Quant à la demande de subsides, d'Huxelles informait Tessé « qu'il n'y a pas aujourd'hui les mêmes raisons de donner au Czar de secours d'argent que l'on a eues pour en accorder à la Suède, et que, comme il ne s'agit que des cas où l'alliance du Czar pourroit être utile, et semble qu'il doit suffire de laisser entendre qu'alors il sera bien aisé de convenir sur ce point et d'assurer en même temps que ces assistances d'argent seroient proportionnées alors aux moyens que le Czar emploieroit... »

En réalité, la France ne tenait qu'à son alliance avec l'Angleterre et la Hollande ; elle entendait n'abandonner ni la Suède, ni le parti français en Pologne, ni la Turquie. En réalité, comme il est dit dans les *Mémoires* de Tessé, « le nouveau gouvernement n'avait d'autre intention que de voltiger et d'amuser le Czar jusqu'à son départ, sans rien conclure avec lui ». On lui montrait un faux traité avec la Suède, afin d'avoir une excuse pour décliner ses propositions. On lui laissait ignorer un traité conclu l'année précédente avec cette Prusse à laquelle il prenait tant d'intérêt (14 septembre 1716). On ne sut même pas garder le secret, qu'il avait tant à cœur. Sa politique fut dévoilée à l'Angleterre, et quand Pierre se plaignit des indiscrétions commises par celle-ci, le roi George Ier répondit dédaigneusement : « Le Czar a envie de faire empaler un de ses ministres et il cherche un prétexte[1]. »

Cependant le temps se passait à « voltiger ». Le 17 juin, Pierre passa en revue, aux Champs-Élysées, la maison militaire du Roi. Il fit de riches présents à d'Estrées, à Tessé, à d'Antin, qui avait été un moment son hôte. Enfin il prit congé du petit Roi et du Régent. A ce moment décisif, le Tsar prit le Régent par le bras, l'emmena

---

1. Nous retrouvons la même expression sous la plume de Dubois. Comme Campredon lui signalait plus tard (dépêche du 21 décembre 1721) l'irritation rétrospective du Tsar à propos des indiscrétions alors commises, Dubois inscrivait en marge de la dépêche cette annotation : « Tout ceci me persuade que les ministres du Czar, qui cherchent à se détruire l'un l'autre, ont trouvé moyen de lui inspirer des soupçons sur quelqu'un d'eux, et qu'il meurt d'envie d'avoir un prétexte pour le faire empaler au plus tôt. »

Sur les rapports de la Russie et de l'Angleterre, voyez les t. XXXIX, L et LXI de la *Soc. imp. d'histoire de Russie*, contenant les relations des envoyés britanniques de 1704 à 1719.

dans la loge du concierge des Tuileries, et, là, renouvela ses instances de telle sorte que le Régent promit que les négociations, commencées à la Haye et poursuivies à Paris, se continueraient en Hollande [1].

Ici donc se termine le rôle du maréchal de Tessé dans les affaires de Russie.

En 1724, nous le retrouvons ambassadeur auprès de Philippe V [2]. Il mourut l'année suivante [3].

1. Buvat, *Journal de la Régence.*
2. Paul de Raynal, *le Mariage d'un Roi.*
3. Ses *Mémoires et Lettres* ont été publiés par Grimoard, 2 vol. in-8°, Paris, 1806. Récemment, d'autres lettres de Tessé à la duchesse de Bourgogne, à M™e des Ursins, à M™e de Maintenon, à Pontchartrain, ont été publiées par M. le comte de Rambuteau. (Paris, Lévy, 1888, un vol. in-8°).

XI

LE MARQUIS DE CHATEAUNEUF

AMBASSADEUR EN HOLLANDE
NÉGOCIATEUR DU TRAITÉ D'AMSTERDAM AVEC LA RUSSIE

1717

Les négociations dont Pierre le Grand avait arraché la promesse au Régent eurent lieu à Amsterdam ; elles furent conduites par M. de Châteauneuf, pour la France ; par Golovkine, chancelier du Tsar, Chafirof, vice-chancelier, et Boris Kourakine, ambassadeur en Hollande, pour la Russie ; par le baron de Knyphausen, pour la Prusse. Elles aboutirent, le 15 août 1717, au traité d'Amsterdam, le premier traité régulier qui ait été conclu entre la France et la Russie. Il peut se résumer en ces termes :

1° Amitié et alliance entre le Roi et le Czar ;

2° Garantie de la paix d'Utrecht et garantie de la paix *éventuelle* du Nord ;

3° Au point de vue commercial, la France aura le traitement de la nation la plus favorisée ; dans le délai de huit mois, il sera nommé des commissaires pour la rédaction du traité de commerce.

4° Les alliances antérieures sont réservées de part et d'autre, la France réservant celle qu'elle avait alors avec l'Angleterre et la Hollande.

Les articles séparés ou secrets comportaient en substance :

1° Ligue défensive, dont les voies et moyens seront déterminés ultérieurement ;

2° Médiation de la France admise par la Russie et la Prusse pour la paix du Nord, mais sans qu'aucun moyen coercitif soit indiqué ;

3° A l'expiration de son traité de subsides avec la Suède, engagement de la France à ne pas le renouveler.

Ce traité, qui ne laissait pas que d'être avantageux à la France, tant au point de vue politique qu'au point de vue commercial, fut dû, ainsi que le remarque Flassan[1], « plutôt à la sagacité et à l'activité de Pierre le Grand qu'aux démarches du gouvernement français, qui, au contraire, paraissait vouloir rester en arrière, soit qu'il craignît de sacrifier la Suède à la Russie, soit qu'il crût devoir agir avec réserve, à l'égard d'une puissance qui semblait vouloir prendre un vol si élevé ».

Saint-Simon, qui, sans doute, de concert avec son ami le maréchal de Tessé, avait espéré mieux, exprime en ces termes sa déconvenue :

Le Czar avoit une passion extrême de s'unir à la France. Rien ne convenoit mieux à notre commerce, à notre considération dans le Nord, en Allemagne et par toute l'Europe. Ce prince tenoit l'Angleterre en brassière par le commerce et le roi Georges en crainte pour ses États d'Allemagne. Il tenoit la Hollande en grand respect et l'Empereur en grande mesure. On ne peut nier qu'il ne fît une grande figure en Europe et en Asie et que la France n'eût infiniment profité d'une alliance étroite avec lui... On a eu lieu depuis d'un long repentir des funestes charmes de l'Angleterre et du fol mépris que nous avons fait de la Russie.

Pour la conduite de cette négociation, le marquis de Châteauneuf n'avait pas reçu d'Instruction, mais seulement des lettres, dont voici la plus importante :

LE ROI A M. DE CHATEAUNEUF. — PARIS, 28 JUILLET 1717[2]

Monsieur de Châteauneuf,

Vous avez été instruit des premières propositions qui ont été faites d'un traité de bonne correspondance entre ma couronne, le Czar de Moscovie, et le roi de Prusse, dans la vue, que l'on a eue de toutes parts, que ce premier engagement pût dans la suite servir de fondement à des liaisons plus étroites. Le Czar a renouvelé ces ouvertures dans le séjour qu'il a fait à Paris, et après plusieurs conférences où le baron de Knyphausen, ministre du roi de Prusse, a été admis, l'on est convenu d'un projet de traité, et de quelques articles séparés qui auroient été signés dès lors, si

---

1. FLASSAN, t. IV, pp. 460-461.
2. *A. E. Hollande,* t. CCCXVI, fol. 120.

le baron de Knyphausen avoit eu les pouvoirs nécessaires à cet effet.

Comme il déclara qu'il n'étoit pas suffisamment autorisé, que d'ailleurs je ne pouvois consentir à conclure ce traité sans l'intervention du roi de Prusse, regardée comme indispensablement nécessaire pour rendre solides les engagements du Czar, et que le temps que ce prince avoit marqué pour son départ étoit près d'expirer, l'on convint que, lorsqu'il auroit déterminé le roi de Prusse à donner ses pouvoirs, le traité et les articles secrets seroient signés, soit à la Haye, soit à Berlin, tels qu'ils avoient été dressés.

Ce prince ayant depuis envoyé ses pouvoirs au baron de Knyphausen, il lui a prescrit de se rendre en Hollande pour consommer cet ouvrage, et le Czar a fait écrire de sa part par le baron de Schaffiroff que ses ministres, autorisés pour la même fin, se trouveroient aussi à la Haye[1] dans le temps dont on seroit convenu; et c'est sur ses connoissances que j'ai pris la résolution de vous envoyer le plein pouvoir que je fais joindre à cette dépêche, pour vous mettre en état de signer le traité et les articles secrets, dont je vous envoie aussi les actes tels qu'ils ont été convenus ici avec les ministres du Czar et du roi de Prusse et tels qu'ils doivent être signés.

Quoique j'aie lieu de croire que la forme qui a été donnée aux trois différentes copies que je vous envoie de chacun des deux actes du traité ne souffrira point de difficulté en ce qui regarde le rang que je dois y tenir, il pourroit arriver cependant que les ministres du Czar prétendroient que ce prince fût nommé le premier dans les originaux qui doivent demeurer entre leurs mains, et, par conséquent, qu'ils devroient signer ces mêmes originaux à la première colonne.

Ils pourroient proposer aussi de changer la diction du traité et des articles secrets, pour employer dans l'un et dans l'autre le titre de Majesté Czarienne, que l'on a évité de ma part, cette qualité ayant toujours été refusée aux Czars de Moscovie par les Rois mes prédécesseurs.

---

1. La négociation fut transportée à Amsterdam.

L'une ni l'autre de ces deux questions n'ont point été agitées pendant le séjour que le Czar a fait à Paris, et, quoiqu'il ait été formé de ma part et de celle de ce prince différents projets avant que de convenir des conditions qui ont été arrêtées, les Moscovites n'ont pas changé dans leurs propres mémoires l'ordre qui a été observé à mon égard dans les actes que j'ai fait dresser. Ainsi l'on pourroit croire qu'ils ne feroient point naître cette question; mais, s'ils le faisoient, vous répondrez simplement que je vous ai prescrit de signer les actes que je vous envoie, et qui sont tels qu'ils ont été arrêtés avec eux, et que vous ne croyez pas qu'il soit en votre pouvoir d'y apporter aucun changement, puisqu'ils vous ont été envoyés dressés et prêts à être signés.

Vous pourriez encore, pour vaincre cette difficulté, faire observer aux ministres du Czar, comme de vous-même, que le roi de Prusse n'en fait aucune ni sur ce point, ni sur l'ordre des signatures, même dans les actes qui doivent rester entre ses mains, des traités qu'il fait avec moi; qu'il y a plusieurs autres puissances, même des têtes couronnées, comme les rois de Portugal, de Sicile, et de Pologne, qui n'ont pas formé de prétentions à cet égard; que c'est ainsi qu'il en a toujours été usé à l'égard des puissances orientales; et qu'enfin les actes dont il est question étant copiés exactement sur les projets arrêtés avec eux, les demandes qu'ils formeroient à cet égard ne pourroient être regardées que comme une nouveauté qu'ils voudroient introduire, et sur laquelle il leur seroit aisé de juger que vous ne pourriez les satisfaire sans attendre de nouveaux ordres de ma part. Mais il ne faut cependant pas rompre sur ce fondement.

La seconde difficulté qui regarde le traitement de Majesté Czarienne est moins importante: ainsi, si les ministres du Czar en formoient la demande, et que, par les instances qu'ils en feroient, vous eussiez lieu de croire qu'au moyen de cette condescendance ils se rendissent plus faciles sur le point qui regarde l'ordre qui a été suivi dans les copies jointes à cette dépêche, par rapport à la manière de nommer les puissances contractantes, aussi bien que sur l'ordre des signatures, vous pouvez, en ce cas, lever comme de vous-même cette difficulté, et consentir à employer, en quelques endroits du traité et des articles secrets, la qualité de Majesté Czarienne.

Vous remarquerez encore que le roi de Prusse est nommé immédiatement après moi et avant le Czar dans l'une des copies que je vous envoie de chacun des deux actes qui doivent être signés. Le baron de Knyphausen prétend qu'il ne naîtra aucune difficulté à cet égard de la part des Moscovites, et que c'est un usage suivi entre le Czar et le roi son maître, sur lequel il a même des ordres précis. C'est sur les assurances qu'il en a données que l'on a suivi cet ordre; mais, s'il survenoit entre eux quelques contestations sur ce point, vous ne devez pas y entrer, et vous leur laisserez le soin de les terminer sans y prendre aucune part.

Le roi de Prusse ayant désiré que les liaisons qu'il a formées avec moi au mois de septembre dernier demeurent secrètes, même à l'égard des Moscovites, il n'a pas été possible de faire aucune mention, ni dans le traité ni dans les articles séparés qu'il est question de signer aujourd'hui, de la réserve des engagements que j'ai pris avec ce prince par rapport à la cession de Stettin dans la paix du Nord, et à la garantie que j'ai promise de cette place et de ses dépendances. Et, afin de satisfaire le roi de Prusse sur ce point, je veux bien lui donner une assurance que je n'ai point prétendu déroger à cet engagement par les conditions stipulées dans le traité que vous devez signer en mon nom, et pour cet effet, vous signerez la déclaration que j'ai fait dresser et que je vous envoie, et vous la remettrez au baron de Knyphausen immédiatement après la signature du traité et des articles secrets.

Il a paru, jusqu'à présent, que les intentions de ce ministre sont bonnes; mais vous serez bientôt en état d'en juger avec plus de certitude, puisqu'il s'est proposé, dans son voyage en Hollande, deux objets qui peuvent également faire connoître sa bonne volonté. Le premier est de se servir de toutes ses connoissances pour tâcher de découvrir dans quelle vue le roi d'Angleterre a envoyé l'amiral Norris[1] auprès du Czar, et le second d'apporter tous ses soins pour engager les amis du roi de Prusse en

---

1. L'amiral Norris était chargé d'opérer, avec les flottes russe et danoise, sur les côtes de la Suède et des possessions suédoises.

Hollande à agir désormais de tout leur pouvoir pour fortifier la confiance et l'amitié entre ma couronne et la République. Il se propose aussi de se servir des mêmes canaux pour faire connoître aux Hollandois combien l'admission du roi de Prusse dans l'alliance seroit conforme à leurs intérêts, et pour porter les États-Généraux à prendre enfin la résolution de me demander de concourir avec eux à cette admission, indépendamment du roi de la Grande-Bretagne. Si ce prince continue de refuser d'y consentir de sa part, et c'est sur quoi vous pouvez vous concerter avec le baron de Knyphausen, en même temps que vous laisserez entendre, comme je vous le prescris par une autre dépêche que je vous écris aujourd'hui, qu'étant aussi persuadé que je le suis que rien ne peut être plus convenable aux intérêts de la République, ni contribuer davantage à son repos et à sa sûreté que l'admission du roi de Prusse dans l'alliance de la Haye, elle me trouvera toujours disposé à concourir avec elle dans cette vue, lorsqu'elle aura une fois pris ses résolutions ; et que les suites que l'on peut justement craindre de ce qui se passe de la part de l'Espagne [1] demandent que l'on ne perde pas de temps à se déterminer sur tout ce qui peut contribuer à prévenir le renouvellement de la guerre.

J'apprends par les lettres du sieur d'Ibervillle [2], du 22º de ce mois, qu'il a remis aux ministres d'Angleterre la déclaration que le roi leur maître a désirée de la part du duc d'Orléans [3] avant que de renvoyer le comte de Ghylembourg [4], et de consentir à l'élargissement du baron de Goertz. J'ai lieu de croire qu'après cette démarche, il ne se trouvera plus de difficulté sur l'un ni sur l'autre de ces deux points.

Le sieur d'Iberville marque en même temps que le comte de Ghylembourg sera conduit à Gothembourg sur une frégate an-

---

1. Il s'agit de la direction hostile au Régent et à l'alliance de la Haye, qu'Albéroni imprimait déjà à la politique espagnole.
2. Charles-François de la Bonde d'Iberville, envoyé de France en Angleterre en 1713-1717.
3. Le Régent.
4. Carl, comte de Gyllenborg, ministre de Suède en Angleterre depuis 1715, y avait été arrêté, par ordre du gouvernement britannique, comme suspect de conspirer avec Gœrtz, le 29 janvier 1717. Ses papiers avaient été saisis. — A. GEFFROY, *Instructions, Suède*, pp. 283-317.

gloise qui touchera à Helvœtsluys[1] pour prendre en même temps le baron de Goertz[2] si les États-Généraux y consentent, ou que, s'ils en font quelque difficulté, ils seront priés de fréter un bâtiment pour le transporter au même lieu aux dépens du roi de la Grande-Bretagne.

Il y a lieu de croire que la République, voulant ménager les dispositions favorables que le roi de Suède a fait paroître à son égard, se chargera elle-même de lui renvoyer son ministre, et qu'il ne sera pas traité comme prisonnier en cette occasion. Vous pouvez même faire cette insinuation à ceux dont vous connoissez les bonnes intentions; mais il ne faut pas qu'il paroisse que vous témoigniez aucun empressement de faire prendre à la République des résolutions contraires à ce que le roi d'Angleterre pourroit exiger d'elle en cette occasion, et c'est à elle à faire les réflexions qui conviennent à ses intérêts dans une conjoncture où elle peut, par quelques égards employés à propos, achever d'effacer le ressentiment que le roi de Suède pourroit conserver de ce qui s'est passé en Hollande à l'égard de l'un de ses ministres.

1. Helvœtsluis, port hollandais, sur la côte sud de l'île Voorne, à 28 kilomètres sud-ouest de Rotterdam.
2. Gœrtz avait été également arrêté en Hollande sur les instances du roi George. — GEFFROY, *ibid.*, pp. 292 et suiv.

XII

M. DE CAMPREDON

MINISTRE DU ROI EN SUÈDE, SE RENDANT EN RUSSIE EN QUALITÉ
DE MINISTRE PLÉNIPOTENTIAIRE DU ROI AUPRÈS DU CZAR,
POUR EXERCER LA MÉDIATION DANS LA PAIX DU NORD.

1721

Après la conclusion du traité d'Amsterdam, on put croire que les cours de France et de Russie accréditeraient l'une chez l'autre des ambassadeurs en résidence permanente : ce qui n'avait pas encore eu lieu depuis le début de leurs relations.

En 1718, nous trouvons à Paris le baron de Schleinitz[1], envoyé du Tsar. De notre côté, M. de Verton[2], pourvu d'une charge de maître d'hôtel du Roi, fut désigné, la même année, pour occuper le même

---

1. Le baron de Schleinitz avait séjourné, de la fin de 1714 à octobre 1717, à Brunswick, attendant vainement que les plénipotentiaires de Suède parussent au congrès que l'Empereur Charles VI y avait convoqué sous sa médiation. Schleinitz fut ensuite accrédité par lettre du 20 août 1717, du Tsar au Roi. — Rappelé le 30 août 1720, il obtint de rester jusqu'en 1721. — Voyez ci-dessous, p. 218, note 2, et p. 247.

2. SAINT-SIMON (année 1717, chap. XVI) : « Verton était un garçon d'esprit, fort d'un certain monde, homme de bonne chère et de grand jeu, qui fit servir le Czár [pendant son séjour à Paris] avec tant d'ordre et sut si bien se conduire que le Czar le prit en singulière amitié, ainsi que toute sa suite. » Pierre avait demandé qu'on le nommât comme envoyé auprès de lui, et Saint-Simon critique « notre indifférence, qui alla jusqu'à ne lui envoyer ni Verton ni personne de la part du Roi ». La pièce 6 de *A. E. Russie, Supplément,* t. Ier, mentionne les pièces suivantes relatives à Verton : — « 5 septembre 1722, lettre de M. de Verton au cardinal Dubois au sujet de son départ pour Pétersbourg. Il y a plusieurs actes par devant notaires pour domestiques au sieur Verton, nommé envoyé extraordinaire en Russie. On croit qu'il n'y fut pas. » — C'est même sûr. — « Placet du sieur Verton, du 25 décembre 1722, pour être payé de ses appointements en qualité d'envoyé du Roi près du Czar. »

poste auprès du souverain russe. Pourtant c'est en octobre 1721 seulement qu'il reçut du cardinal Dubois l'ordre de se disposer à partir, pour aider Campredon, notre ministre en Suède, dans les négociations de la paix de Nystad. Il envoya tous ses meubles et domestiques à Pétersbourg ; mais, quand on apprit la conclusion de cette paix, il reçut contre-ordre et ne se rendit pas en Russie. C'est M. de Campredon qui passa de Stockholm à Pétersbourg. Nous n'avons ni lettre ni instructions au nom de M. de Verton.

Diverses circonstances expliquent le retard que l'on mit à envoyer un représentant du Roi en Russie et à installer un ambassadeur russe à Paris.

En 1718, les rapports entre l'Espagne d'Albéroni et les puissances de la Triple alliance (France, Angleterre, Hollande) étaient arrivés à une extrême tension. De concert avec Gœrtz, Albéroni rêvait un bouleversement général de l'Europe pour émanciper l'Espagne des lourdes conséquences de la paix d'Utrecht : complot de Cellamare en France pour renverser le Régent; conspirations stuartistes en Angleterre pour renverser la maison de Hanovre; négociations avec la Suède pour que Charles XII fît une descente en Écosse; encouragements aux Turcs dans leurs dernières campagnes contre l'Autriche; invasion par les troupes espagnoles de la Sardaigne et de la Sicile, alors possessions autrichiennes. On sait comment échouèrent ces vastes desseins; les Turcs furent contraints de signer avec l'Autriche la paix de Passarowitz (juillet 1718); celle-ci accéda à la Triple alliance, qui devint alors la Quadruple alliance (août 1718); sans déclaration de guerre, l'amiral Bing battit la flotte espagnole dans les eaux de Sicile (10 août); le complot de Cellamare fut découvert et l'ambassadeur espagnol chassé de France (décembre); enfin Charles XII se fit tuer devant Fredericshall (11 décembre). En février 1719, la France déclarait la guerre à l'Espagne, et en juin, envahissait son territoire. Gœrtz était mis en accusation par les États de Suède et décapité (2 mars). Le prétendant Stuart échouait dans une tentative de descente en Écosse (septembre). Enfin, en décembre, Albéroni était disgracié, et Philippe V se préparait à faire sa paix avec la Quadruple alliance (25 janvier 1720).

Pierre le Grand avait été mêlé plus ou moins dans cet imbroglio. Il avait prêté l'oreille aux propositions de Gœrtz, qui avait tenté de le réconcilier avec Charles XII, afin de rendre disponible contre les Stuarts l'épée de celui-ci : un congrès s'était réuni aux îles d'Aland, où les plénipotentiaires russes, Bruce et Ostermann, discutèrent avec Gœrtz et Gyllenborg, et qui se sépara après la mort de Charles XII. En août 1718, Beretti, ambassadeur d'Espagne à Londres, avait fait d'étranges ouvertures à Kourakine, qui s'y trouvait encore : il lui avait dit que son maître voulait une alliance avec la

Russie et la réconciliation de celle-ci avec la Suède ; qu'on ferait alors un débarquement de troupes russes et suédoises en Écosse, une invasion de troupes russes et prussiennes dans l'Empire ; que l'Espagne fournirait 30 000 hommes et 30 vaisseaux, et qu'elle n'attendait que la fin de la guerre du Nord pour envoyer de l'argent à Charles XII. Le Tsar, mis par Kourakine au fait de ces propositions, n'avait pas dit non, se bornant à demander que l'on précisât. Enfin on avait vu à Revel, auprès du souverain russe, l'Irlandais Loless, agent des Stuartistes [1].

Le cabinet de Versailles avait été fort étonné de trouver partout le nom du Tsar mêlé à ces intrigues. Il en était résulté beaucoup de refroidissements entre les deux cours. Kourakine cherchait à en consoler son maître, lui disant que, s'il y avait peu de fond à faire sur le Régent, la France ne supporterait pas toujours l'esclavage britannique.

Dans le courant de cette même année 1718, l'envoyé de Pierre le Grand à Paris, Schleinitz, adressait à sa cour de curieux rapports [2]. Ils témoignent des efforts que fait l'Angleterre pour détruire l'alliance franco-russe ; de la courtoisie du Régent, qui va jusqu'à féliciter l'envoyé russe sur la disgrâce du tsarévitch Alexis, assurant que Pierre lui avait fait confidence de ses projets sur le fils coupable ; de ses déclarations sur son désir de s'allier plus étroitement à la Russie et à la Prusse ; de son regret qu'on n'eût pas, en 1701, commencé, dans le système d'alliance, *par la tête* (le Tsar) plutôt que par les pieds (les petits alliés). Dubois, ministre des affaires étrangères, avait des entretiens avec Schleinitz, où il témoignait n'être pas tout à fait ignorant de ce qui se tramait autour de Pierre le Grand. « A quoi bon rechercher l'Espagne ? disait-il ; il n'y a rien à faire avec elle. Que veut le Tsar? la domination de la Baltique ; eh bien ! ce n'est pas l'Espagne qui peut la lui assurer. La puissance excessive de l'Empereur, son alliance avec l'Angleterre, déplaisent à la France tout autant qu'à la Russie. Son désir, à lui Dubois, c'est une quintuple alliance, mais où entreraient cette fois la France, la Russie, la Prusse, la Suède, l'Espagne. » Puis Dubois se jetait sur l'envoyé russe pour l'embrasser, lui demandant attention, confiance et secret.

Sur ces rapports, on décidait à Pétersbourg de ménager la France. On demandait au jeune Roi d'être parrain de Nathalie, une fille que Catherine venait de donner à Pierre le Grand : La cour de France s'excusa en alléguant la différence de religion.

Cependant le traité d'Amsterdam subsistait ; il obligeait la France

---

1. Solovief, *Istoria Rossii*, t. XVII, p. 315.
2. Solovief, *Istoria Rossii*, t. XVII, pp. 331 et suiv. — Le Dran, *Mémoire sur les négociations*, etc., dans la *Société impériale d'histoire de Russie*, t. XL.

à se porter médiatrice dans les affaires du Nord. Après tout, on n'avait pas de griefs directs ou absolument prouvés contre Pierre; et, d'autre part, en entreprenant un peu tardivement cette médiation, — on était à la fin de 1719[1] — on pouvait espérer rendre encore d'importants services à notre alliée malheureuse, la Suède. Dubois ne faisait donc pas difficulté de reparler du projet de médiation à Schleinitz, entremêlant ses promesses de reproches amicaux et d'effusions nouvelles.

Du reste, le Tsar n'aurait pas laissé oublier à la France sa promesse et, en mai 1720, il envoyait à Paris le comte Platon Moussine-Pouchkine[2], porteur des deux lettres suivantes :

LE CZAR A SON ALTESSE ROYALE LE RÉGENT

Saint-Pétersbourg, ce 29 mai 1720[3].

Monsieur,

Votre Altesse Royale nous ayant bien voulu communiquer ses intentions et sentiments sur les conjonctures présentes par notre conseiller privé et ministre plénipotentiaire à la cour de Sa Majesté le Roi de France, le baron de Schleiniz, nous n'avons guère tardé, comme Votre Altesse Royale a témoigné de le souhaiter, de pourvoir ledit notre ministre plénipotentiaire des ordres et instructions nécessaires, avec lesquels nous avons expédié le lieutenant de notre garde du corps, le comte Platon Musin Puskin; et, pour marquer plus évidemment l'entière confiance que nous avons en Votre Altesse Royale, nous lui avons commis d'assurer Votre Altesse Royale de la sincère et parfaite amitié que nous lui portons, et de lui communiquer, en même temps, d'une manière décente, certaine affaire particulière. C'est pourquoi nous prions Votre Altesse Royale d'accorder à ce lieutenant de notre garde du corps une audience particulière, de l'écouter favorablement, de lui donner en cela pleine et entière créance et de nous faire savoir par lui ses sentiments, si confidemment que l'affaire le demande et que nous l'attendons de la confiance entière que nous avons en Votre Altesse Royale.

Au reste, nous serons toujours, de Votre Altesse Royale, bon ami.

PIERRE.

LE CZAR A SON ALTESSE ROYALE LE DUC D'ORLÉANS

Pétersbourg, 29 mai 1720[4].

Monsieur,

Notre ministre le baron de Schleiniz nous ayant informé tout au long de la manière que Votre Altesse Royale a bien voulu s'expliquer, par le

1. De plus, le 20 novembre 1719, nous procurions à la Suède sa paix avec le roi d'Angleterre, moyennant la cession à celui-ci des territoires de Brême et Verden.
2. C'est assurément le comte Platon Ivanovitch Moussine-Pouchkine, alors lieutenant aux gardes, qui fut ensuite sénateur, et qui, en 1739, fut relégué par ordre de Biren au monastère Solovetski, sur la mer Blanche, d'où il fut rappelé à l'avènement d'Élisabeth (1741).
3. *A. E. Russie*, t. X, fol. 98.
4. *A. E. Russie*, t. X, fol. 99.

comte de la Marck[1], sur les conjonctures présentes et spécialement touchant une étroite liaison entre nous, la couronne de France, l'Espagne, la Suède, la Prusse, le landgrave de Hesse-Cassel et quelques autres princes considérables de l'Empire de la religion protestante, aussi bien que pour rétablir au plus tôt la paix avec la couronne de Suède, nous sommes fort obligé à Votre Altesse Royale de cette confidente ouverture et de la bonne volonté qu'elle a témoignée d'avoir pour nous, et nous l'assurons de notre parfaite disposition pour prendre avec la couronne de France et les autres puissances ci-dessus nommées tels engagements et liaisons qui seront convenables aux intérêts communs et en notre pouvoir, et que, de notre côté, nous contribuerons à tout ce qui, d'une manière raisonnable, peut être prétendu de nous pour faciliter la paix entre nous et la couronne de Suède. Et comme Votre Altesse Royale, pour que cette paix puisse d'autant plus tôt être faite, nous offre la médiation de la couronne de France et ses bons offices, nous n'avons pas voulu perdre de temps pour témoigner la sincérité de nos intentions et la confiance particulière que nous avons en Votre Altesse Royale de lui communiquer notre véritable intention sur le fondement de laquelle nous serons en état de faire la paix avec la Suède, savoir : que nous rendrons à la couronne de Suède le grand-duché de Finlande et une partie de la Carélie, à la réserve d'une certaine barrière pour Wibourg et Kechsholm; mais que les autres provinces conquises sur la Suède dans la présente guerre, avec toutes leurs villes, îles et appartenances, seront cédées en perpétuité et en possession perpétuelle. Et, quant au dédommagement ou à l'assistance que la couronne de Suède en échange prétend de nous, nous attendons d'en être informé par Votre Altesse Royale et nous sommes prêt de donner, suivant les conseils de Votre Altesse Royale, à cette couronne tout le contentement qui nous sera aucunement possible. Sans ceci, comme Votre Altesse Royale elle-même, selon sa haute prudence, le considérera, nous ne pourrions pas trouver dans la paix avec la Suède la paix que nous désirons pour nous et pour nos États, et notre union avec la Suède ne sauroit pas être sans jalousie et soupçon. Nous ne pourrions pas non plus, le cas existant, avec commodité assister vigoureusement la France et les autres alliés à venir, puis qu'au lieu de les secourir efficacement, nous serions obligé d'être toujours armé et sur nos gardes contre la Suède. C'est donc sur ce fondement que nous acceptons la médiation de la couronne de France et que nous nous remettons entièrement aux bons offices que Votre Altesse Royale nous a fait offrir de procurer et de donner la perfection à la paix entre nous et la couronne de Suède. Et, vu que Votre Altesse Royale, par ce même notre Ministre, a témoigné qu'elle souhaitoit que nous acceptassions la médiation de la couronne de France sans lui demander aucune assurance préalable, nous avons jugé à propos de communiquer sincèrement tout ceci à Votre Altesse Royale, comme une déclaration fondamentale de nos intentions. Et, si Votre Altesse Royale, comme nous l'espérons, le veut bien accepter, et sur ce fondement entrer dans la médiation et nous en informer par sa lettre, nous n'insisterons plus sur aucune autre assurance de sa part. Quant à ce que nous pourrions en échange faire en faveur et à l'avantage de la couronne de France et de Votre Altesse Royale en particulier, il est nécessaire que Votre Altesse Royale nous communique là-dessus ses intentions et désirs. Et nous ne manquerons point de nous expliquer sur cela d'une manière que Votre Altesse

---

[1]. Le comte de la Marck, ambassadeur de France en Suède. — A. GEFFROY, *Instructions, Suède*, pp. LXXXVII, 277-299.

Royale elle-même puisse voir par là que nous sommes entièrement portés de faire tout ce qui est en notre pouvoir et, par rapport à nos intérêts, possible. Pour ce qui regarde le duc d'Holstein, nous assurons Votre Altesse Royale, dans une sincère et entière confidence, que, quoique de la part de ce duc l'on nous ait fait quelques propositions particulières, que pourtant jusqu'ici nous ne sommes en rien entré avec lui, et que si, sur cette lettre, nous recevons de Votre Altesse Royale une réponse favorable et souhaitée, nous ne prendrons pas aussi à l'avenir aucun engagement sans la communication de Votre Altesse Royale et sans savoir auparavant ses sentiments là-dessus : comme il nous sera aussi fort agréable si Votre Altesse Royale, trouvant quelque expédient dans cette affaire, suivant ses bonnes intentions pour nous, nous veut bien communiquer ses sentiments et bons conseils ; nous ferons voir dans ce cas-ci, aussi bien que dans toute autre occasion, la grande et parfaite estime que nous faisons de tous les conseils qui nous viennent de Votre Altesse Royale. Au reste, nous nous remettrons à ce que notre conseiller privé et ministre plénipotentiaire à la cour de Sa Majesté le Roi de France, le baron de Schleinitz, aura l'honneur d'exposer plus amplement de bouche, et nous prions Votre Altesse Royale de l'écouter favorablement, et en attendant sur celle-ci une réponse favorable de Votre Altesse Royale, nous protestons d'être, avec toute la sincérité imaginable,
De Votre Altesse Royale, bon ami.

PIERRE.

OBSERVATIONS SUR LA LETTRE DU CZAR A SON ALTESSE ROYALE DU 29 MAI 1720[1]

Il paroît, par la lettre du Czar, que ce prince ne s'est porté à s'expliquer avec Son Altesse Royale que sur les assurances, qui lui ont été données de sa part, qu'elle désiroit de former avec lui des liaisons, où elle admettroit l'Espagne, la Suède, la Prusse, le landgrave de Hesse-Cassel et d'autres puissances protestantes.

Il n'est pas douteux que cet exposé seul ne donnât lieu à la cour de Vienne et à celle d'Angleterre de se plaindre et d'en prendre de l'ombrage, si elles en avoient connoissance : la première, parce que toute liaison de la France, du Czar et des principales puissances de l'Empire, à son exclusion, ne peut avoir pour objet que de donner des bornes à ses desseins et de lui opposer un voisin dangereux pour elle ; et à la cour d'Angleterre, parce qu'elle ne pourroit voir sans inquiétude et sans jalousie qu'on fît la paix de la Suède sans son intervention, et qu'on formât à son exclusion des liaisons particulières avec une puissance étrangère, qu'on mettroit en état d'influer dans l'Empire et de satisfaire son ressentiment contre le roi d'Angleterre, soit en entrant dans ses États d'Allemagne au premier prétexte, soit en privant la nation angloise des avantages du commerce dans ses ports.

L'on ne s'étendra pas sur les conséquences de ces préventions si elles avoient lieu, puisque l'on sait assez la nécessité d'une parfaite tranquillité pour pourvoir aux arrangements intérieurs du royaume[2], et qu'il est aisé de juger que, si l'on paroissoit se prêter au plan que la lettre du Czar présente à la première inspection, l'on s'exposeroit à réunir étroitement l'Empereur, le roi de la Grande-Bretagne, et les autres puissances qui croiroient

---

1. *A. E. Russie,* t. X, fol. 103. — Ces observations émanent évidemment de Dubois.
2. A ce moment, le système de Law était en pleine déroute.

que leurs intérêts demandent qu'elles préviennent le rétablissement des affaires intérieures du royaume.

Il ne faudroit pas connoître les ministres du Czar pour se flatter qu'ils gardassent le secret à Son Altesse Royale, si elle leur avoit confié par sa réponse un moyen de semer la division entre elle, le roi d'Angleterre et l'Empereur; et l'expérience a fait connoître que, toutes les fois que l'on a fait quelques ouvertures à ce prince et à ses ministres, ils les ont rendues publiques, même dans des circonstances où leur infidélité ne pouvoit leur être utile qu'autant qu'ils avoient la satisfaction de décréditer la France, et de la rendre suspecte à ses alliés et à ses voisins.

Enfin, s'il est vrai que des liaisons avec le Czar puissent dans d'autres conjectures devenir utiles et même nécessaires, il ne l'est pas moins que ce ne peut être que dans les cas où la guerre paroîtroit inévitable, et qu'il seroit contraire à toutes les règles de la prudence de rechercher, au prix de l'amitié des seuls alliés qui puissent nous préserver présentement, des engagements que nous ne pourrions soutenir.

La conclusion que l'on se propose de tirer de ce que l'on vient d'exposer est que, soit que Son Altesse Royale consulte le roi de la Grande-Bretagne sur ce qui se passe à cet égard, soit qu'elle prenne la résolution de répondre au Czar sans consulter le roi d'Angleterre, il faut que sa réponse soit conçue dans des termes si mesurés, qu'en même temps qu'elle ménagera la confiance du Czar, l'on ne puisse pas supposer qu'elle se soit proposé des liaisons qui unissent ce prince avec la France et d'autres puissances à l'exclusion et contre les intérêts des cours de Vienne et d'Angleterre, et qu'elle se contente de dire au ministre du Czar que, comme ces liaisons doivent être la suite de la paix avec la Suède, elle y entrera lorsque sa négociation aura pris une forme, et que l'on en pourra espérer un heureux et prompt succès.

Elle peut, dans sa lettre au Czar, dire qu'elle désire pouvoir, pendant sa Régence, établir une étroite correspondance entre le Roi et ce prince, et que pour la rendre plus solide et plus avantageuse, elle se portera volontiers à engager les alliés du Roi à entrer dans les mêmes vues ; que lorsque la conclusion de la paix avec la Suède aura fait cesser les obstacles qui pourroient s'y opposer présentement, ce qui paroît difficile aujourd'hui deviendra facile; mais que, plus Son Altesse Royale est sensible aux marques de la confiance du Czar, et plus elle désire d'y répondre par tout ce qui peut dépendre d'elle pour sa satisfaction, plus elle croit être obligée de lui représenter que les conditions de paix qu'il se proposeroit de remettre aux offices du Roi et à ses soins ne produiront peut-être pas un effet conforme au désir qu'il témoigne de concourir à une prompte conciliation des troubles du Nord; que cependant Son Altesse Royale fera toujours le meilleur usage qu'il sera possible des ouvertures qu'il voudra lui confier; qu'elle ne lui demande pas de les porter au delà de ce qu'il jugera à propos de lui expliquer de ses intentions; mais que, comme la réputation qu'il s'est acquise par la supériorité de ses lumières et par la grandeur de son courage ne peut dépendre du plus ou du moins qu'il gardera de ses conquêtes, sa générosité en cette occasion ajouteroit encore de nouveaux degrés à sa gloire; et qu'elle remet à sa prudence à juger du temps et de la manière où il pourra convenir, pour cimenter l'ouvrage important de la paix et pour mieux assurer encore les cessions qu'il obtiendroit par les traités, de faire entrer dans la négociation les puissances qui ont un intérêt principal dans les événements des affaires du Nord.

PRÉCIS DES PROPOSITIONS FAITES DANS LES CONFÉRENCES ENTRE LE BARON DE SPAAR[1] ET LE BARON DE SLENITZ[2] SUR LES MOYENS DE PARVENIR A LA PAIX ENTRE LEURS MAÎTRES. — 29 MAI 1720[3].

1° *M. le baron de Spaar.*

Le baron de Spaar déclara que le Roi son maître[4] ne pouvoit entrer en négociation que sur le fondement de la restitution de la Livonie et de l'Estonie.

Il assura que le roi de Suède ne pouvoit tenir l'offre faite par la reine[5] de l'alternative entre Revel et Wibourg, cette offre ayant été révoquée dans la suite, et il étoit inutile de traiter sur ce fondement. En supposant que la Carélie pourroit être cédée au Czar, il dit que les limites se fixeroient de ce côté-là, à prendre de Systerbeck jusqu'à Taïpol sur le lac Ladoga, en sorte qu'Exholm[6] demeureroit à la Suède.

Il dit qu'il ignoroit si le roi de Suède voudroit céder Narva avec un district vers l'Estonie, mais que certainement il ne consentiroit pas que le Czar eût aucun port dans cette province, parce qu'il avoit trop d'intérêt d'éloigner un voisin aussi dangereux, et que c'étoit pour cette même raison qu'il tiendroit ferme sur la restitution de Revel.

Il ajouta que, si l'Ingrie étoit cédée au Czar, il pourroit facilement établir ses magasins à Retoussary[7], et en plusieurs autres lieux commodes, excepté les îles nommées Biorko, et autres dont la cession ne pourroit être faite, sans rendre Vibourg inutile à la Suède.

2° *M. de Slenitz.*

M. de Slenitz répondit à cette proposition que si le Czar restituoit Revel, il pourroit garder Wibourg, la reine lui ayant offert l'alternative; et, sur le refus que M. de Spaar fit d'écouter cette proposition, il lui demanda où seroient donc les limites de la Carélie.

M. de Slenitz observa que les limites comme le proposoit M. de Spaar donneroient un établissement à la Suède derrière Pétersbourg. Il s'éleva fort à cette occasion et, sans convenir sur ce point, il dit qu'il ne doutoit pas que le roi de Suède ne cédât au Czar Narva, avec un district autour de cette ville dans l'Estonie, et un ou plusieurs ports dans cette province.

Enfin le ministre du Czar insista toujours sur la cession d'une partie de l'Estonie et de la Carélie, sans se désister de Wibourg.

---

1. Éric, baron de Sparre, ambassadeur de Suède en France, né en 1665, mort en 1726. — Voyez A. GEFFROY, *Instructions, Suède*, pp. LXXXV, 260-265. — A. GEFFROY, *Notices et extraits des Mss. concernant l'histoire de France*, p. 399.
2. Schleinitz.
3. *A. E. Russie*, t. X, fol. 104.
4. Frédéric, landgrave de Hesse-Cassel, époux d'Ulrique-Éléonore, sœur de Charles XII. Celle-ci, sous la pression du comte de Horn et d'un gros parti de mécontents, fut obligée d'associer son mari à la couronne (24 mars 1720). Il abjura le calvinisme et embrassa le luthéranisme; il dépouilla la royauté d'attributions importantes en faveur des États. Il régna de 1720 à 1751.
5. La reine Ulrique-Éléonore.
6. Kexholm, sur le lac Ladoga.
7. L'île étroite et longue de Rettouçari ou Ritsari, le Kotline des Russes, située

La vue des deux Ministres étoit d'éviter les longueurs et les embarras d'un congrès, de traiter et de conclure secrètement entre eux, et ensuite d'inviter les puissances dont on désireroit la garantie, et c'est sur ces fondements qu'ils ont l'un et l'autre écrit de concert à leurs maîtres.

NOTE DE DUBOIS AU RÉGENT EXPLIQUANT LE MÉMOIRE DU BARON DE SLEINITZ SUR LA PAIX A FAIRE ENTRE LE CZAR ET LA COURONNE DE SUÈDE. — 1720 [1].

Son Altesse, M. le Duc-Régent, ayant fait dire par le ministre et secrétaire d'État, M. l'archevêque de Cambrai[2], au ministre plénipotentiaire de Sa Majesté Czarienne, le baron Schleinitz, que Son Altesse Royale ne pouvoit répondre à la lettre que le Czar lui a écrite, ni se déclarer sur le contenu de cette lettre, si préalablement le Czar ne s'ouvroit de ses intentions sur l'offre de la médiation de Sa Majesté Britannique que le secrétaire d'État britannique, lord Stanhope, venoit de faire à Berlin par le canal du roi de Prusse, et sur la médiation de l'Empereur notoirement acceptée du Czar,

Le baron de Schleinitz en a fait son rapport au Czar son maître. Sa Majesté Czarienne lui a ordonné de dire et de déclarer, en son nom et de sa part, à Son Altesse Royale, M. le Duc-Régent, que le Czar, son maître, ayant à regarder le roi d'Angleterre comme un allié du roi et de la couronne de Suède, il ne sauroit accepter la médiation de Sa Majesté Britannique ; qu'il a accepté et accepte la seule médiation de Sa Majesté Très Chrétienne pour sa paix à faire avec le roi et la couronne de Suède, sur les fondements des conditions exprimées dans la lettre qu'il a écrite à Son Altesse Royale et Sa Majesté Czarienne met, sur ces fondements, la conduite de cette négociation, avec une entière confiance, entre les mains de Son Altesse Royale M. le Duc-Régent.

Si cependant M. le Duc-Régent croit que la paix entre le Czar et le roi et la couronne de Suède ne se puisse faire par la seule médiation de Sa Majesté Très Chrétienne sans l'intervention et le concours de Sa Majesté Britannique, Sa Majesté Czarienne y consent, à condition que les négociations directes avec le Czar ne se fassent uniquement que par le canal de la médiation de Sa Majesté Très Chrétienne.

Sa Majesté Czarienne se promet de Son Altesse Royale qu'elle ne voudra rien admettre à cette occasion qui soit contre sa gloire et ses intérêts, et demande les explications et les ouvertures de Son Altesse Royale sur les moyens de l'admission et de la concurrence de Sa Majesté Britannique. Le Czar remet encore cette négociation, sous les conditions susmentionnées, avec une entière confiance, à Son Altesse Royale.

à 40 kilomètres de Pétersbourg. Le Tsar avait conçu, dès 1702, le projet de la fortifier. Elle devint la forteresse de Cronslott ou Cronstadt.

1. *A. E. Russie*, t. X, fol. 157. — Le mémoire de Schleinitz a été publié, ainsi qu'une autre note de lui, dans *Société impériale d'histoire de Russie*, t. XL, pp. 131-140. Nous y renvoyons le lecteur.

2. Dubois avait été nommé archevêque de Cambrai, le 9 juin 1720 ; il devint cardinal le 16 juillet 1721.

Pour ce qui regarde la médiation de l'Empereur, le baron de Schleinitz a ordre de communiquer et de déclarer à Son Altesse Royale M. le Duc-Régent :

Que Sa Majesté Impériale ayant offert sa médiation dans l'année 1714 à Sa Majesté Czarienne, et l'ayant invité d'envoyer ses ministres au congrès de Brunswick, le Czar accepta alors la médiation de l'Empereur, et envoya le baron de Schleinitz au congrès de Brunswick avec le caractère de son ministre plénipotentiaire, qui y arriva et s'établit à Brunswick sur la fin de cette même année. Il y resta trois ans et jusqu'à la fin de l'année 1717 que, le Czar voyant que le roi de Suède ne faisoit entrevoir aucune disposition d'envoyer ses ministres à Brunswick, il rappela le baron de Schleinitz et l'envoya en France.

Le baron de Schleinitz déclara cependant avant son départ, qui étoit au mois d'octobre 1717, de la part du Czar son maître et en son nom aux ministres de l'Empereur et des autres puissances qui se trouvoient alors au congrès de Brunswick, que l'intention de Sa Majesté [Czarienne] n'étoit point de rompre le congrès de Brunswick par le rappel de son ministre, qu'il renverroit, ou un autre à sa place, à Brunswick, dès que le roi de Suède y auroit envoyé le sien.

Le roi de Suède à présent régnant ayant déclaré à l'Empereur qu'il enverroit ses ministres à ce congrès, l'Empereur a insisté près du Czar qu'il voulût y envoyer aussi les siens.

Le Czar a déclaré à l'Empereur qu'il les enverroit.

Sa Majesté Czarienne a ordonné au baron de Schleinitz de dire à Son Altesse Royale, dans une entière confiance, qu'elle est persuadée, par des raisons très convaincantes et très fortes, que la paix entre elle et le roi et la couronne de Suède ne se fera pas et ne peut se faire à Brunswick ; et si elle a à se faire, ce ne sera que par les moyens et le canal de la médiation de Sa Majesté Très Chrétienne.

Sa Majesté Czarienne a ordonné à son ministre de faire de fortes instances à Son Altesse Royale pour une réponse à sa lettre et une déclaration positive de Son Altesse Royale sur le contenu de cette lettre.

Campredon, d'une famille originaire du Comtat-Venaissin, nous apparaît, dès juillet 1707, comme résident du Roi en Suède, en l'absence du baron de Besenval. Au début de 1719, on se décide à l'y renvoyer, pour suppléer à l'absence du comte de La Marck. En février de cette année, il écrivait : « J'accepte d'être envoyé à Stockholm, malgré ma santé et ma fortune.... Il est nécessaire que vous donniez une Instruction par écrit pour régler ma conduite dans les cas de la présence ou de l'absence de M. le comte de La Marck, et par rapport à la succession, à la paix du Nord, etc. Je serois inutile au Roi sans quelque marque de distinction et de confiance. » Il arriva à Stockholm le 5 septembre 1719, et, quoiqu'il ait rempli ensuite le rôle de ministre en Russie, il n'en resta pas moins en Suède jusqu'en 1725, époque où on lui donna pour successeur auprès de cette dernière cour le comte de Blacas. Il apportait à la Suède les subsides français en lingots d'or. Il continua l'œuvre de son prédécesseur La Marck à Stockholm en débarrassant la Suède des hostilités qui étaient venues se greffer sur la grande guerre avec la Russie. Le 20 novembre 1719, il rendit définitif l'accommodement signée en juillet avec l'électeur de Hanovre, roi d'Angleterre : l'électeur obtenait, dans les dépouilles suédoises, les duchés de Brême et de Verden, qu'occupait alors le Danemark et qu'il avait cédés en échange d'une garantie de l'Angleterre et de la France pour le duché de Sleswig, 26 juillet et 18 août 1720. La Suède accéda à cette garantie, 14 juin, moyennant un dédommagement pour le duc de Holstein. Enfin, le 1ᵉʳ février 1720, la Suède faisait aussi sa paix avec la Prusse, lui cédant Stettin et la Poméranie centrale, ne gardant que la partie nord de la Poméranie occidentale ou citérieure[1]. Campredon était donc parfaitement au courant des affaires si compliquées du Nord, lorsqu'il reçut l'ordre de se rendre auprès du Tsar pour exercer la médiation et préparer cette paix qui devait être signée à Nystad.

A ce moment, George Iᵉʳ, ayant obtenu satisfaction pour ses ambitions hanovriennes, avait promis le concours de la flotte anglaise pour empêcher les nouvelles descentes dont le Tsar menaçait la Suède : en 1719, les Russes avaient détruit dans ce pays deux villes, vingt-deux villages, et porté le ravage jusqu'à une lieue de Stockholm. Le 1ᵉʳ février 1720, l'alliance fut signée entre la Suède et l'Angleterre ; mais, malgré la présence de la flotte anglaise, forte de vingt vaisseaux de ligne, qui n'osait poursuivre leurs vaisseaux dans les bas-fonds, les Russes recommencèrent leurs incursions cette même année 1720. C'est ce qui détermina surtout la diète de Suède à traiter.

Nous n'avons pas d'Instruction proprement dite donnée à Campredon ; mais les documents qui suivent donneront une idée suffisante des vues du gouvernement français[2].

---

1. A. GEFFROY, *Instructions*, etc. *Suède*, pp. LXXXVII et suiv., 243, 297, 490. — LE DRAN, *Mémoire sur les négociations*, etc., publié dans *Société impériale d'histoire de Russie*, t. XL, pp. I et suiv.
2. Une lettre du Régent au Tsar, du 6 janvier 1721, accréditant Campredon auprès de lui, a été publiée dans *Société impériale d'hist. de Russie*, t. XL, p. 145.
De la même date est le pouvoir délivré par le Roi à Campredon, pour « négocier, arrêter, conclure et signer avec un ou plusieurs ministres des puissances qui sont encore engagées dans la guerre du Nord », publié dans *Société impériale d'hist. de Russie*, t. XL, pp. 147-148.
La correspondance de Campredon pendant ses missions de Russie est comprise dans les tomes XI à XIX de *A. E. Russie*.

DUBOIS A M. DE CAMPREDON. — PARIS, 6 JANVIER 1721 [1]

J'ai reçu, Monsieur, les lettres que vous m'avez écrites le 20, le 23, le 27 et le 30 novembre, les 4, 7, 11 et 18 décembre, et j'en ai fait la lecture à Son Altesse Royale. Elle a reçu de la part du roi de la Grande-Bretagne les mêmes avis que ce prince a fait donner au roi de Suède sur les difficultés insurmontables qui se sont rencontrées à la perfection du concert qui avoit été proposé pour faire une puissante diversion des forces du Czar et sur les justes sujets de défiance que l'on peut avoir des ménagements de l'Empereur pour ce prince et de leurs liaisons; et depuis que le comte de Leutrum a été envoyé par le landgrave de Hesse pour informer Son Altesse Royale des mesures qu'il avoit prises avec plusieurs princes d'Allemagne de former un corps capable d'attaquer le Czar, elle n'a point changé de sentiment.

Dans cette situation, Son Altesse Royale, qui a toujours désiré de contribuer au bien et aux avantages du roi de Suède et de sa couronne, a cru qu'elle devoit en ménager tous les moyens, en attendant que le rétablissement de l'ordre dans les finances du royaume le mît en état de donner à ce prince des preuves nouvelles de la sincérité de ses intentions et de rendre efficaces les voies de la négociation qu'elle avoit laissées ouvertes pour en profiter lorsque le roi de Suède croiroit que son intérêt et le bien de ses sujets le demanderoient. C'est sur ce plan qu'elle a réglé sa conduite, et aussi longtemps qu'il est resté quelque espérance de pouvoir recouvrer par la force les provinces que le Czar a conquises sur la Suède ou de modérer au moins ses prétentions, de manière que cette couronne pût trouver une entière sécurité dans les conditions qui serviroient de fondement au rétablissement de la paix, elle a évité de faire aucune démarche qui pût affoiblir cette espérance ou fortifier celles dont le Czar pouvoit se flatter, et, sans rejeter les offres que ce prince lui a faites dès

1. *A. E. Suède*, t. CXLVII, fol. 406.

le mois de mai dernier d'admettre la médiation du Roi, elle ne lui a jusqu'à présent fait aucune ouverture particulière. Mais, comme elle n'a pas rejeté aussi celles qui lui ont été faites par rapport à l'admission des offices de Sa Majesté, c'est un prétexte naturel dont Monseigneur le Régent peut se servir pour vous mettre en état de faire auprès du Czar les démarches que le roi de Suède croira convenable à l'état présent de ses affaires. Et, afin de ne vous rien laisser ignorer de ce qui peut servir au succès de cette commission importante, je vous expliquerai en peu de mots la naissance et le progrès des ouvertures qui ont été faites à Son Altesse Royale de la part du Czar.

En même temps que M. le baron de Slenitz avoit avec M. le comte de Sparre les conférences secrètes[1] dont Son Altesse Royale n'a appris les circonstances et le détail que par la communication que le roi de Suède vous fit donner de la relation de son ministre, comme elle l'a expliqué elle-même à M. Marquetti[2], le baron de Slenitz fit donner et donna lui-même à Son Altesse Royale des assurances que ses offices seroient très agréables au Czar son maître pour le rétablissement de la paix avec la Suède, et même qu'il se porteroit avec plaisir à prendre avec cette couronne toutes les liaisons où le Roi voudroit bien entrer.

Quoiqu'il pût croire que cette insinuation pouvoit avoir pour objet de lui dérober la connoissance de ce qu'il traitoit directement avec M. le comte de Sparre et peut-être de se préparer une nouvelle raison de demander que le Roi, ayant accepté la médiation, cessât de donner des secours à la Suède, elle crut ne devoir pas rejeter cette ouverture, et elle lui fit répondre en termes généraux que, si le Czar vouloit lui confier ses vues sur les moyens de parvenir à la paix, elle s'efforceroit d'en faire un bon usage, soit par les seuls offices du Roi, soit en agissant de concert avec le roi de la Grande-Bretagne, s'il le jugeoit à propos, et que l'on pourroit ensuite prendre, d'une manière plus solide, des me-

---

1. Voyez ci-dessus p. 204.
2. Outre le baron de Sparre, ambassadeur, la Suède fut représentée auprès du gouvernement du Régent, en 1720, par le comte de Bielke, envoyé extraordinaire, et par M. Marquetti, résident.

sures pour établir les liaisons qu'il croiroit convenables au bien et à la sûreté publique.

Son Altesse Royale a ignoré jusqu'à présent si le baron de Slenitz avoit eu des ordres de faire cette insinuation ou s'il l'ayoit faite d'office. Il est certain seulement qu'il en rendit compte aussi bien que de la réponse qui lui avoit été faite. Mais, soit que le Czar n'ait pas une entière confiance en lui ou que le parti de M. Schaffirof[1] auquel il est attaché ne soit pas dominant quoique soutenu par la Czarine[2], il a paru qu'en même temps que le Czar entroit dans l'ouverture qu'il lui avoit faite, il se préparoit d'autres voies pour la suivre. Ce prince écrivit deux lettres à Son Altesse Royale, l'une qui fut remise par M. de Slenitz et dont il a jusqu'à présent ignoré le contenu; l'autre fut apportée par le comte Pouskin[3], lieutenant des gardes du Czar et qui est du parti du chancelier Goloffin[4] opposé à celui de Schaffirof; elle lui donne seulement une créance entière auprès de Monseigneur le Régent. Il assura, en la lui remettant, que son maître l'avoit dépêché pour marquer encore plus particulièrement à Son Altesse Royale la confiance entière qu'il a dans ses offices et la disposition où il étoit d'admettre ceux du Roi pour la paix et de former des liaisons avec Sa Majesté; enfin que, si elle le jugeoit à propos, il donneroit au prince Kurakin[5], son ministre auprès de la république de Hollande, ordre de se rendre à Paris et qu'il le chargeroit de cette négociation.

Comme le Czar n'acceptoit les offices du Roi dans la première de ses deux lettres que dans la supposition que l'on poseroit pour fondement principal qu'il garderoit toutes ses conquêtes, excepté la Finlande et une partie de la Carélie, et que Son Altesse Royale crut qu'elle ne devoit pas entrer en matière sur de pareils fondements, elle se contenta de faire connoître aux ministres de ce prince que, lorsqu'il voudroit reprendre des sentiments de paix et lui donner des moyens d'y travailler avec succès, elle s'efforceroit de répondre à sa confiance et de conduire cet ouvrage à

---

1. Le vice-chancelier, baron Pierre Pavlovitch Chafirof (Saphir, juif hollandais).
2. Catherine Ire.
3. Le comte Platon Ivanovitch Moussine-Pouchkine.
4. Le comte Gabriel Ivanovitch Golovkine, chancelier de l'Empire depuis 1709.
5. Le prince Boris Ivanovitch Kourakine.

une heureuse fin ; et elle a toujours différé, depuis, de répondre aux lettres que ce prince lui a écrites, parce qu'elle a cru qu'il y avoit un égal inconvénient à se priver de toutes les ouvertures, en rejetant absolument celles qu'il lui avoit faites, et à lui laisser, par des ménagements dangereux, l'espérance de pouvoir traiter aux conditions dont il s'étoit expliqué.

Voilà, Monsieur, le récit fidèle de tout ce qui s'est passé sur cette affaire importante et les motifs qui ont engagé Son Altesse Royale à tenir la conduite qu'elle a tenue à cet égard, uniquement dans la vue du bien et des avantages du roi et de la couronne de Suède.

Elle a cru, depuis qu'elle a été plus particulièrement instruite des ménagements de l'Empereur pour le Czar, des défiances qui se sont élevées entre le roi et la république de Pologne et des obstacles invincibles qui semblent s'opposer d'ailleurs au succès des mesures que l'on se proposoit de prendre pour faire une puissante diversion des forces du Czar, qu'il étoit plus important que jamais de conserver des moyens de faire agir auprès de ce prince, sans qu'il paroisse que le roi de Suède le recherche ; et, lorsqu'elle a été instruite des ordres que le roi de la Grande-Bretagne avoit donnés en dernier lieu à son ministre à Stockholm, elle a préparé sans affectation les voies qu'elle se proposoit de suivre lorsqu'elle a été instruite des résolutions du roi de Suède ; et elle a fait dire au ministre du Czar qu'aussitôt qu'elle avoit appris que ce prince avoit pris la résolution de faire passer M. de Romanshoff[1] à Stockholm, elle vous avoit prescrit d'appuyer les propositions dont il seroit chargé, soit pour régler des conditions préliminaires pour la paix, soit pour convenir d'un armistice ; mais que, la distance des lieux ne vous ayant pas laissé le temps de recevoir ces ordres et d'en faire usage avant le départ de M. de Romanshoff, elle vous avoit ordonné de vous rendre à Pétersbourg en qualité de ministre plénipotentiaire du Roi, qui est celle que le Czar a donnée jusqu'à présent à ses ministres en France, pour travailler au rétablissement de la paix entre la Suède et le Czar, et que vous seriez d'autant plus en état de jeter

1. Le comte Alexandre Ivanovitch Roumiantsof, général en chef, ambassadeur, né en 1677, mort en 1745.

les fondements de cet ouvrage, que vous êtes parfaitement instruit des affaires présentes du Nord et du désir que Son Altesse Royale a de se trouver en état de pouvoir répondre aux ouvertures qui lui ont été faites par ce prince pour l'établissement d'une union étroite et solide, dont la paix du Nord doit faire le premier fondement, puisque le concours de la Suède en doit faire le lien principal et que le succès en sera d'autant plus assuré que le roi de la Grande-Bretagne paroît disposé à entrer dans le même concert.

Vous remarquerez aisément que, quelque résolution qu'on puisse prendre dans la suite sur les liaisons que le Czar paroît avoir en vue en faisant sa paix avec la Suède, il est bon, pour le porter à la désirer avec encore plus d'empressement, qu'il envisage comme prochain le fruit qu'il se propose de tirer de cette paix, et qu'il soit persuadé que la considération qu'il voudroit s'établir par ses alliances avec quelques-unes des principales puissances de l'Europe dépend absolument de la conclusion de cette paix, et qu'il doit la regarder comme un préalable nécessaire.

Il a paru, par les premières démarches des ministres du Czar, aussi bien que par le silence que ce prince a gardé lui-même dans ses lettres du 29 mai par rapport à la médiation que le roi de la Grande-Bretagne lui avoit offerte, qu'il n'étoit pas disposé alors à l'admettre conjointement avec celle du Roi et qu'il ne croyoit pas aussi devoir mettre la couronne d'Angleterre au nombre des puissances qu'il auroit voulu comprendre dans les liaisons qu'il se proposoit de prendre avec la France, l'Espagne, la Suède et quelques princes de l'Empire. Mais le temps et les circonstances peuvent changer ces dispositions; et il suffit que l'on soit assuré, comme on l'est en effet, que le roi de la Grande-Bretagne regarde comme un point essentiel de faire la paix entre la couronne de Suède et les Moscovites et que, soit que le roi de Suède y parvienne directement, soit que les offices du Roi y soient admis seuls, il ne regardera pas cette démarche comme contraire à ses intérêts, ni à sa dignité, ni aux liaisons de la France et de l'Angleterre. Cette assurance suffit aujourd'hui pour agir dans une entière confiance : en sorte que l'on n'a pas lieu de craindre que les démarches que le roi de Suède fera, soit directement, soit indirectement, le privent de la confiance et des secours du roi de la Grande-Bretagne, qu'il a tant d'intérêt de se ménager contre les forces d'un voisin aussi puissant et aussi dangereux que le Czar.

Vous pouvez désormais agir conformément à ce que le roi de Suède jugera le plus convenable à ses intérêts, et Son Altesse Royale vous envoie une lettre de créance [1] en qualité de ministre plénipotentiaire du Roi auprès du Czar, afin que vous soyez autorisé, au nom de Sa Majesté, à faire et à recevoir toutes les ouvertures qui pourront conduire à la fin que l'on se propose; et la lettre que Son Altesse Royale écrit aussi à ce prince, et que je vous envoie, peut vous en faciliter les moyens.

Il conviendroit peut-être qu'il parût dans vos premières conférences que, n'ayant pas reçu assez tôt les ordres qui vous avoient été envoyés d'appuyer la proposition que M. de Romanshoff a faite d'un armistice, Son Altesse Royale vous a prescrit de vous rendre auprès du Czar pour marquer à ce prince qu'elle avoit désiré qu'elle eût été admise; qu'elle a fait presser le roi de Suède d'y consentir et que ce prince s'est rendu aux instances qui lui en ont été faites de la part de Monseigneur le Régent; que c'est le sujet de votre voyage, et que, si le Czar vouloit en étendre le terme et s'expliquer sur les principales conditions qui doivent servir de fondement à la paix, cet ouvrage pourroit être avancé en peu de temps, soit par les offices du Roi, soit directement entre ces deux princes, pour éviter les longueurs d'une négociation qui pourroit être troublée par des événements imprévus et qui suspendroit encore longtemps les mesures que l'on se proposeroit de prendre pour l'avantage commun des puissances qui ont intérêt aujourd'hui de se réunir; et qu'un des principaux motifs que Son Altesse Royale a que cette paix soit conclue, est de pouvoir travailler aux liaisons ultérieures qu'il convient également au Czar et à la France de former.

Cette vue, qui peut être rectifiée dans l'exécution, auroit pour objet de découvrir les intentions du Czar avant de s'expliquer absolument sur les facilités que le roi de Suède voudra bien

---

1. Voyez ci-dessus, p. 207, note 2.

apporter pour terminer une guerre ruineuse, et que je suppose qu'il vous confiera avec ses pouvoirs pour vous mettre en état de ménager ses intérêts et de profiter aussi des moments que vous croirez favorables pour jeter les fondements de la paix; et c'est pour ne pas remettre au hasard des délais trop longs que vous seriez obligé d'apporter que Son Altesse Royale m'ordonne aussi de vous envoyer un pouvoir[1] sous le scel secret qui vous permet d'agir et de statuer au nom du Roi, tant sur ce qui a rapport à la médiation entre le roi de Suède et le Czar que sur ce qui regarde la promesse de la garantie de Sa Majesté des conditions qui seront statuées entre ces deux puissances. Mais Monseigneur le Régent veut que vous ne fassiez usage de ce pouvoir que dans l'étendue que le roi de Suède jugera conforme à ses intérêts et à ceux de sa couronne : en sorte que vous ne devez le regarder que comme un moyen que Son Altesse Royale vous remet pour le bien du service de ce prince et pour ne laisser subsister de sa part aucun obstacle aux mesures qu'il jugera à propos de prendre dans les circonstances présentes pour le bien et pour l'avantage de son royaume.

Si la difficulté qui s'est trouvée depuis quelque temps de remettre des fonds dans les pays étrangers, et qui a privé le roi de Suède des secours d'argent qu'il auroit reçus de la part de Son Altesse Royale, a donné quelque poids à la peinture que M. le maréchal de Sparre a faite, à son arrivée à Stockholm, de l'état du royaume, j'espère que l'expérience fera bientôt connoître qu'il a été séduit par de fausses apparences, et que Son Altesse Royale sera dans peu de temps en état d'effacer ces fausses impressions en faisant ressentir au roi de Suède les effets de l'amitié que le Roi conservera toujours pour sa personne, pour sa maison et pour sa couronne. Il faut espérer qu'alors ceux qui ont supposé que, depuis la régence de Son Altesse Royale, Sa Majesté a changé de maximes à l'égard des anciens alliés de sa couronne ne seront plus écoutés; et, s'il m'étoit permis de prendre quelque part dans une cause où l'on a bien plus attaqué les intentions de Monseigneur le Régent que les miennes, il ne seroit pas difficile de confondre

1. Voyez ci-dessus, page 207, note 2.

ceux qui ont voulu jeter des doutes sur ma sincérité. Le temps les effacera, et il me suffit de remplir mon devoir. Mais, afin de vous mettre en état de faire connoître sans aucune obscurité que Son Altesse Royale ne borne pas son attention aux besoins présents des alliés du Roi, vous pouvez assurer M. le comte de Horn[1] qu'elle ne refusera pas d'étendre les effets de l'amitié du Roi pour le roi de Suède et pour sa couronne au delà des temps où les périls de la guerre rendent les secours de ses alliés nécessaires, et qu'elle accordera à ce prince des subsides après la conclusion de la paix pour lui donner les moyens de rétablir ses affaires et de conserver des forces suffisantes pour la sûreté de ses États.

Vous ferez en sorte que M. Finsch[2] déclare au roi de Suède les dispositions du roi de la Grande-Bretagne sur le même sujet; et que s'il est insolite que l'Angleterre fournisse des subsides pendant la paix et qu'il y eût à craindre que le parlement d'Angleterre n'y entrât pas, Sa Majesté Britannique les promît en qualité d'électeur de Hanovre; et le roi d'Angleterre peut promettre, comme un effet de sa garantie, de joindre une escadre de ses vaisseaux à ceux du roi de Suède, en quelque temps que ce soit qu'il fût troublé par le Czar. Je suis persuadé que M. Finsch donnera cette assurance au roi de Suède, si ce prince veut bien continuer d'agir de concert avec le roi de la Grande-Bretagne dans la négociation dont vous serez chargé, et votre attention en cette occasion à ménager la gloire et les intérêts de ce prince peut beaucoup contribuer à rendre Sa Majesté Britannique facile sur ce que le roi de Suède pourra désirer de sa part. Ainsi je suis persuadé que vous y apporterez tous vos soins, après que vous aurez rempli ce que l'intérêt du Roi et le bien du commerce des sujets de Sa Majesté demanderont de votre part.

Il n'y a au reste qu'à se remettre à votre prudence et aux instructions que vous recevrez de la part du roi de Suède sur la

---

1. Arvid Bernhard, comte de Horn, né en 1664, mort en 1742. Il était alors premier ministre de Suède. Sur son caractère et son rôle politique, voyez GEFFROY, *Instructions, Suède,* p. 304.
2. Finch, ambassadeur d'Angleterre en Suède, plus tard en Russie (1739). — On trouvera des extraits de sa correspondance dans *la Cour de Russie il y a cent ans* (Dentu, éditeur, 1860), pp. 59 et suiv.

conduite que vous devez tenir, soit par rapport à ce qui sera confié à vos soins, soit par rapport à la proposition qui pourroit vous être faite de faire concourir la médiation du Roi avec celle de l'Empereur. Cette proposition seroit une espèce de preuve que le Czar auroit des engagements avec ce prince, ou au moins qu'il voudroit éloigner la paix ; et il est certain que, si l'on admettoit ce concours, l'affaire ne feroit plus aucun progrès, l'Empereur ayant un grand intérêt d'attirer cette négociation à Brunswick pour soutenir les prétentions qu'il a formées et l'autorité qu'il voudroit exercer dans ce congrès. Ainsi il est de la sagesse du roi de Suède de prévoir ce cas et de vous prescrire la règle de votre conduite dans une pareille circonstance.

Son Altesse Royale vous permet d'agir comme ministre du Roi ou comme ayant commission du roi de Suède, selon la connoissance que vous aurez des avantages et des inconvénients de l'un et de l'autre parti. Ainsi, quoique vous paroissiez et que vous agissiez sous le nom et par les ordres du Roi, rien ne vous empêchera de négocier et de signer comme ayant les pouvoirs du roi de Suède, si c'est un moyen de faciliter votre négociation. Mais peut-être qu'il sera bon que vous ne vous expliquiez pas sur ce sujet dans les premiers temps, quand ce ne seroit que pour vous réserver cette ressource contre les obstacles que la division qui règne entre les ministres du Czar pourroit faire naître au succès de l'affaire, en supposant qu'il faudroit attendre de nouveaux pouvoirs que vous pourriez produire alors pour lever toute difficulté.

Il est vrai, comme vous le remarquez, que l'un des principaux moyens, et presque l'unique, dont on se puisse servir auprès des ministres du Czar est de leur faire envisager leurs avantages particuliers[1]. Son Altesse Royale veut bien entrer dans cette considération. Elle veut bien destiner à cet usage soixante et même

1. Dans une dépêche de Campredon, du 22 mars 1721 (*Soc. imp. d'hist. de Russie*, t. XL, pp. 189 et suiv.), la cour de France put trouver tous les renseignements désirables sur les personnes qui, autour du Tsar, étaient disposées à accepter de l'argent. Campredon propose de donner à Tolstoï dix ou douze mille ducats ; il en est de même de Golovkine et de Chafirof, « à qui Son Altesse Royale avoit fait espérer une récompense par le baron de Schleinitz ». En revanche, il ne croit pas « qu'on puisse offrir de l'argent à M. Bruce », cet Anglais qui était grand maître de l'artillerie et directeur des mines.

jusqu'à quatre-vingt mille risdales, et le roi de la Grande-Bretagne fournira pour le même sujet une pareille somme. Mais il est de votre prudence de ménager les espérances que vous donnerez et de ne donner des assurances précises que lorsque vous connoîtrez clairement l'effet que vous pourrez en attendre, et que ce sera même un moyen de rendre, s'il est possible, les conditions de la paix moins dures pour le roi de Suède. Il est bon aussi qu'avant de vous avancer, vous ayez reconnu l'état de la cour et du ministère du Czar pour juger avec plus de certitude des canaux dont vous pourrez vous servir.

A l'égard des secours d'argent dont vous avez besoin pour payer vos dettes et pour la dépense de votre voyage, Son Altesse Royale y pourvoit en vous faisant remettre neuf mille risdales de banque. Elle vous en a accordé quatre mille par gratification. Le reste sera pris sur vos appointements, et elle pourvoit à la différence des espèces et au change. Et, en même temps qu'elle a fixé à douze mille livres vos appointements, elle a ajouté six mille livres par extraordinaire pour le temps que vous demeurerez à Pétersbourg. Quoique ces secours soient considérables, je m'appliquerai à chercher de nouveaux moyens de vous faire plaisir et de vous procurer des grâces solides qui puissent vous mettre en repos sur l'état de votre famille.

Je suis bien éloigné de rejeter la vue dont vous avez touché un mot dans votre lettre du 14 décembre, savoir qu'au cas que vous fussiez assez heureux pour conclure la paix du roi de Suède avec le Czar, de former une alliance entre la France, la Suède et le Czar et les autres puissances qui pourroient former un grand parti. N'abandonnez pas cette idée, sur laquelle, à mesure que vous avancerez, je vous ferai part des réflexions de Son Altesse Royale. Mais n'en faites point la proposition expresse sans un ordre précis. Vous pouvez bien écouter ce que les ministres du Czar vous en diroient, et même leur en laisser l'espérance, particulièrement si vous remarquiez qu'elle pût contribuer au succès de votre négociation. Vous verrez par l'extrait de la lettre du Czar ci-joint[1] que, quand il a proposé à Son Altesse Royale

---

1. Voyez ci-dessus, p. 200, la lettre du Tsar.

d'accepter la médiation du Roi, il a eu lui-même cette vue. Il s'agiroit seulement, pour rendre cette idée parfaite, d'y comprendre le roi de la Grande-Bretagne : ce qui peut également convenir au Czar et à l'Angleterre et demande seulement à être ménagé avec circonspection.

Je vous envoie, pour votre instruction, l'extrait de la lettre du Czar à Son Altesse Royale du 29 mai[1] et un petit mémoire des principales démarches que le baron de Sleinitz son ministre a faites à sa cour et ici depuis ce temps-là, afin que ces connoissances vous donnent plus de lumière pour la conduite de votre négociation.

Je dois vous avertir aussi que le baron de Schaffiroff, qu'on dit être l'auteur des projets en faveur du duc de Holstein, protège le baron de Sleinitz et étoit le ministre avec qui Sleinitz traitoit de la médiation de la France, mais que, malgré la protection qu'il a donnée à Sleinitz, il [celui-ci] va être révoqué de notre cour[2] pour être envoyé à Brunswick ou auprès de quelque puissance d'Allemagne, et qu'on envoie en France à sa place le prince Dolorouki[3]; et, en même temps, le comte Pouskin[4], qui étoit ici pour observer Sleinitz, est révoqué.

Saint-Hilaire[5], homme plus que douteux, qui est en Suède, où

---

1. Voyez ci-dessus, pp. 200 et 202.
2. Le baron de Schleinitz fut, en effet, rappelé, mais par lettre du 30 août 1720. M. Lavie (voir ci-dessus p. 132 pour cet agent), en annonçant ce rappel dans une dépêche du 18 novembre 1720, ajoutait que « même Sa Majesté Czarienne avoit déclaré qu'à l'avenir elle ne vouloit employer auprès des cours étrangères que ses propres sujets, qu'il croit à présent capables de le servir aussi bien que les étrangers ». Schleinitz avait été desservi auprès du Tsar par Moussine-Pouchkine, qui espérait prendre sa place, et par le consul de France à Pétersbourg, Lavie, qui avait dit à ce prince que le Régent souhaitait à sa place un ministre de nationalité russe. (Voyez la curieuse note de Schleinitz au gouvernement français, fin décembre 1720, où il demande qu'on détrompe le Tsar.) On voit, par une dépêche de Campredon à Dubois, du 21 novembre 1721, que, grâce au témoignage qu'avait rendu de lui Campredon, Schleinitz avait obtenu de rester en France jusqu'à nouvel ordre. Dubois montra beaucoup de duplicité dans cette affaire. (Voir Société imp. d'hist. de Russie, t. XL et XLIX).
3. C'est à cette même date du 30 août 1720 que le prince Vassili Loukitch Dolgorouki, auparavant ambassadeur du Tsar en Danemark, fut accrédité comme ambassadeur extraordinaire auprès de la cour de France. Il fut rappelé au printemps de 1722 et devint ambassadeur en Pologne. Il prit part, avec les autres Dolgorouki à la tentative de gouvernement aristocratique de 1730, fut interné par ordre d'Anna Ivanovna, et exécuté avec trois autres membres de sa famille à Novgorod, le 30 octobre (10 novembre) 1739.
4. Voyez ci-dessus, page 200.
5. Il s'agit sans doute du baron de Saint-Hilaire, un Français, qui fut, au service de Russie, brigadier, lieutenant général, directeur de l'Académie maritime, et qui avait été congédié en février 1717. Voir ci-dessus, p. 132, note 1.

vous savez qu'il a proposé plusieurs projets, a écrit au baron de Sleinitz, dans les mois d'octobre et de novembre derniers, que le roi de Suède approuveroit fort que le baron de Sleinitz proposât au Czar un mariage de la fille aînée du Czar[1] avec le prince Georges de Hesse son frère, en lui donnant la Courlande et lui assurant d'être appelé à la succession de la couronne de Suède. Éclaircissez ce fait avec le roi lui-même pour en faire l'usage qui lui conviendra dans votre négociation.

Vous ne m'avez point marqué si vous avez quelqu'un en Suède avec qui nous puissions entretenir correspondance pendant votre absence, ou s'il y a quelqu'un de nos ministres en Allemagne que vous jugiez propre à vous remplacer pendant que vous serez en Moscovie. Mais, en attendant que j'aie de vos nouvelles sur ce choix, chargez, en partant, celui des François qui sont à Stockholm, dont vous connoîtrez mieux le zèle et l'intelligence, de m'informer régulièrement, tous les ordinaires, de ce qui se passera.

DUBOIS A M. DE CAMPREDON. — PARIS, 13 JANVIER 1721[2]

Depuis le départ du courrier qui vous a été renvoyé il y a peu de jours, Monsieur, j'ai reçu votre lettre du 25 décembre. La proposition faite de la part du Czar d'entrer en négociation directement avec le roi de Suède semble lever les doutes et les difficultés qui faisoient le principal objet de votre passage à Pétersbourg ; et si, d'un côté, cet événement imprévu vous prive de la satisfaction d'avoir été vous-même le premier instrument des ouvertures de la paix, vous aurez pendant le cours de la négociation assez d'occasions de donner de nouvelles marques de votre zèle pour le service du Roi, et vous ne pouvez le faire d'une manière qui soit plus agréable à Son Altesse Royale qu'en contribuant, de tout votre pouvoir, à la satisfaction du roi de Suède et aux

---

1. Anna Pétrovna, qui épousa le duc de Holstein et fut la mère du futur Pierre III.
2. *A. E. Suède*, t. CXLVII, fol. 438.

avantages de sa couronne, dans les occasions où vous pourrez employer les offices du Roi et vos soins pour l'un et pour l'autre.

Suivant ces principes et selon la connoissance que vous avez depuis longtemps des intentions de Son Altesse Royale à cet égard, elle compte que vous suspendrez, quant à présent, l'exécution de l'ordre qu'elle vous avoit donné de passer à Pétersbourg, pour n'en faire usage, ainsi que des pouvoirs qu'elle y a fait joindre, qu'en cas qu'il survienne, dans les mesures à prendre pour l'assemblée des plénipotentiaires du roi de Suède et du Czar, ou dans le cours de la négociation, quelque incident ou quelque difficulté qui en suspende le progrès, et que le roi de Suède juge à propos que vous vous rendiez auprès du Czar, soit de sa part seulement, soit au nom du Roi, pour travailler à les surmonter.

Comme Son Altesse Royale a fait auprès du Czar tous les offices qu'elle a cru qui pourroient le disposer à la paix, il est bon que vous ne laissiez pas ignorer à celui que ce prince a envoyé à Stockholm, s'il y est encore lorsque vous recevrez cette lettre, qu'aussitôt qu'elle avoit appris les ouvertures qui avoient été faites par M. de Romanshoff pour un armistice, elle vous avoit ordonné d'appuyer cette proposition de vos offices, et même de faire toutes les démarches que vous jugeriez qui pourroient en avancer l'effet, afin de travailler ensuite plus tranquillement et avec plus de succès au rétablissement d'une paix solide qui pût servir de fondement aux liaisons qu'elle se propose de former entre le Roi et le Czar son maître, et qui ne peuvent se perfectionner qu'après la conclusion de la paix entre ce prince et la couronne de Suède.

Vous remarquerez aisément que la principale vue de cette insinuation est de flatter le Czar, qu'après la conclusion de cette paix, il trouvera de la part de Son Altesse Royale toutes les facilités qu'il peut désirer pour former les liaisons qu'il a toujours paru souhaiter, afin que ce motif le presse encore de modérer ses prétentions et de se rendre plus facile sur les conditions de la paix. Il est bon aussi que ce prince apprenne par différentes voies que, pendant que Son Altesse Royale l'a excité à la modération, elle a apporté d'ailleurs tous les soins qui pouvoient dépendre d'elle pour avancer un ouvrage aussi important, afin que, s'il doit être question de quelques offices secrets ou d'une médiation ouverte de la part du Roi pendant le cours de la négociation, il ne s'y trouve pas d'obstacle du côté du Czar, et qu'au contraire ce prince soit disposé, s'il est possible, à désirer que Sa Majesté entre dans cette médiation.

Les ménagements qu'elle est obligée de garder avec ses alliés ne lui permettent pas de s'opposer à ce que l'Empereur soit admis dans cette médiation si les puissances intéressées dans la guerre la recherchoient[1] ou l'admettoient conjointement avec la sienne. Mais cette considération et ces égards ne l'empêcheront pas d'exercer, seule ou de concert avec le roi de la Grande-Bretagne, la médiation secrète ou publique si les choses se disposoient de manière que, sans que l'on fît de notre part des démarches pour éloigner celle de l'Empereur, elle ne fût pas admise; et c'est sur ces principes que vous devez agir lorsqu'il en sera question et lorsque le roi de Suède croira qu'il devra être fait quelque démarche de la part du Roi.

Le roi de Suède peut être assuré que les démarches qu'il fera directement pour parvenir à la paix avec le Czar ne suspendront pas l'armement qui se fait actuellement en Angleterre d'une forte escadre pour son secours, toutes les mesures étant prises pour la faire partir aussitôt que la saison le permettra. Ainsi les dispositions à la paix n'empêcheront pas que la Suède ne reçoive les secours qu'elle peut attendre de ses alliés, et Son Altesse Royale n'oubliera rien pour contribuer de sa part, en cette occasion, au bien et à la sûreté de cette couronne.

En même temps que le roi de la Grande-Bretagne a reconnu l'importance dont il étoit, par rapport aux vues de l'Empereur, de lever tous les obstacles qui pouvoient suspendre le rétablissement entier de la tranquillité du Nord, et que cette considération l'a porté à consentir à ce que la paix soit traitée sans son intervention, il n'est pas moins de l'intérêt que de la justice du roi de Suède d'avoir une attention particulière à disposer le Czar, dans la suite de la négociation, à admettre le roi de la Grande-Bretagne

---

1. C'est-à-dire : recherchoient la médiation de l'Empereur.

à la médiation, ou au moins à la garantie de ce qui sera stipulé entre eux, et à ne pas entrer dans les propositions qui pourroient être contraires à la dignité ou aux intérêts de ce prince. L'alliance étroite qu'il a avec le Roi ne vous permet pas aussi d'agir sur d'autres principes. Vous devez, à la vérité, regarder tout ce qui conduira à la conclusion de la paix comme l'objet principal qui doit l'emporter, dans la conjoncture présente, sur toute autre considération. Mais vous ne devez point perdre de vue aussi ce que le roi de la Grande-Bretagne doit attendre en cette occasion d'un allié fidèle, et je suis persuadé que le roi de Suède entrera avec plaisir dans les mêmes dispositions, puisqu'elles conviennent également à la situation présente de ses affaires et aux vues qui regardent l'élévation de sa maison, nonobstant les projets formés à Vienne pour la traverser.

Quoique vous ne fassiez pas présentement le voyage de Pétersbourg, vous pouvez garder les quatre mille risdales qui vous avoient été accordées par gratification en cette considération, pour vous en servir dans les occasions qui pourroient demander que vous fissiez cette démarche sans attendre de nouveaux ordres ou pour fournir à d'autres dépenses imprévues.

DUBOIS A M. DE CAMPREDON. — 7 FÉVRIER 1721 [1]

Il y a, Monsieur, des raisons particulières, et que le roi de Suède ne désapprouvera pas, pour différer encore peu de jours à répondre aux principaux articles de vos lettres du 28 décembre, du 1ᵉʳ et du 15 janvier, dont je vous ai déjà accusé réception. Mais, afin que son service ne puisse souffrir aucun préjudice de ce retardement, je vous confirmerai, encore aujourd'hui, la permission et même l'ordre que Son Altesse Royale vous donne de vous conformer aux intentions de ce prince, soit en continuant votre séjour près de sa personne, soit en vous rendant à Pétersbourg avec le caractère que le Roi vous a donné, ou en agissant au nom du roi de Suède ; et, si quelque circonstance particulière demandoit que vous fissiez ce voyage sans retardement, il ne faut pas que l'attente de la réponse que je ne puis vous faire aujourd'hui suspende votre départ, puisque vous n'avez désormais aucune instruction nouvelle à attendre de la part de Son Altesse Royale sur ce que vous pouvez avoir à traiter à Pétersbourg, et que c'est du

1. *A. E. Suède*, t. CL, fol. 22.

roi de Suède et de M. le comte de Horn que vous devez recevoir celles qui sont nécessaires pour régler votre conduite dans cette occasion.

Son Altesse Royale répondra aussi incessamment aux lettres qu'elle a reçues de ce prince, et je n'oublierai rien de ma part pour marquer à Sa Majesté Suédoise ma très respectueuse reconnoissance et combien je suis sensible au témoignage qu'elle m'a fait l'honneur de me donner de ses bontés.

Il ne paroît pas qu'il y ait aucun fondement à l'avis qui a été donné en Suède d'un nouveau traité entre le Czar et le roi de Prusse. Au contraire, les lettres de Berlin donnent lieu de croire que le roi de Prusse est présentement dans la disposition de favoriser les négociations pour la paix entre le roi de Suède et le Czar, et il a même assuré qu'il avoit, à la prière du roi d'Angleterre, écrit à son ministre à Pétersbourg[1] d'agir dans ces principes et de vous aider de ses offres lorsque vous y auriez recours. L'on saura dans peu ce que ces assurances peuvent avoir de solide.

Les hauteurs de M. le comte de Freitag[2] sont assez ordinaires aux ministres de sa cour; il suffit que, pendant qu'elles dureront de sa part, vous ne fassiez rien contre les bienséances avec lui, sans vous en éloigner ni le rechercher, et cette indifférence, soutenue avec sagesse et avec dignité, est souvent le meilleur moyen de corriger ce défaut; mais, en général, il est bon d'éviter de votre part ce qui pourroit donner à ce ministre de la défiance de votre conduite ou des intentions de Son Altesse pour sa cour.

On dit que le prince Dolorucky[3] vient à Paris pour y résider en qualité de ministre du Czar. Celui qu'il a choisi sera le bienvenu. Mais nous n'avons aucun sujet de nous plaindre du baron Sleinitz[4], et je n'ai jamais remarqué en lui que beaucoup de zèle pour le service du Czar, son maître. Si vous allez à Pétersbourg, comme je crois qu'il peut être fort utile au service du roi de Suède, vous pourrez rendre ce témoignage-là au baron de Schaffiroff, qui l'honore de sa protection, et même au Czar.

M. DE CAMPREDON A DUBOIS

Stockholm, 25 janvier 1721[5].

Monseigneur,

J'eus l'honneur, par le précédent ordinaire, de vous rendre compte de la manière dont les ordres que Son Altesse Royale m'a donnés pour le voyage de Pétersbourg ont été reçus. Voici l'usage qu'on en a fait.

Dans la conférence qui se tint en présence du roi de Suède et où j'eus l'honneur d'assister avec MM. les comtes de Horn, Duckert, La Gardie et Sparre[6], il fut résolu unanimement d'accepter, avec empressement et beaucoup

1. Le baron de Mardefeldt.
2. Ministre de l'Empereur Charles VI à Stockholm.
3. Voyez ci-dessus p. 218 et la note 3.
4. Voyez ci-dessus pp. 197 et 218.
5. *A. E. Suède*, t. CL, fol. 31.
6. Le maréchal Düker ou Ducher (Charles-Gustave) était alors président du Collège de guerre en Suède (depuis 1720). — Voyez, sur le comte de la Gardie et autres ministres suédois, mentionnés ici, A. Geffroy, *Instructions, Suède*, p. 315-317.

de reconnoissance, tous les expédients et les avances généreuses et pleines d'amitié proposées par Son Altesse Royale. On les regarda comme un coup venu du ciel, fort à propos pour calmer, d'un côté, les inquiétudes que causoient les projets du duc de Holstein et en empêcher les effets, supposé que le Czar voulût y entrer, et, de l'autre, pour faciliter la négociation de la paix et en jeter les fondements solides par la conclusion de quelques préliminaires sous l'autorité du Roi. On examina s'il ne seroit pas à propos d'attendre le retour du sieur Dalman[1] avant que de travailler à mes instructions; mais, ayant réfléchi que le temps étoit extrêmement précieux, et que, si le courrier que Hopken a assuré que M. Jagozinsky[2] avoit dépêché de Vienne à Pétersbourg faisoit changer le Czar de sentiment sur les dispositions qu'il avoit témoignées d'entrer en négociation, il pourroit retenir Dalman plusieurs semaines et peut-être quelques mois, il n'y avoit aucun moment à perdre à presser celui de mon départ, qui ne pouvoit être que très avantageux à la Suède de quelque côté qu'on l'envisageât, sans être sujet à aucun inconvénient, par les sages précautions que Son Altesse Royale avoit su prendre d'elle-même pour ne point exposer la dignité ni les intérêts du roi de Suède et de sa couronne. La seule difficulté fut de faire résoudre une chose dans le Sénat avec le secret nécessaire pour en ôter la connoissance au ministre de l'Empereur et aux autres partisans du duc de Holstein, qui commençoient à insinuer assez ouvertement, depuis l'arrivée du résident Hopken, qu'il falloit s'accommoder au temps et aux propositions qu'il avoit faites, quelque honteuses qu'elles fussent au roi de Suède et à la nation[3].

Pour prévenir cet inconvénient, il fut résolu que je donnerois un mémoire au roi de Suède, où j'exposerois une partie des raisons solides contenues dans l'Instruction qu'il vous a plu de me donner, Monseigneur, pour faire connoître les dispositions où le Czar avoit toujours été de traiter avec cette couronne par la médiation du Roi, sans que celui de la Grande-Bretagne le regardât comme une chose contraire à sa dignité, à ses intérêts, ni à ses liaisons avec la France et la Suède, et que, sans toucher à l'assurance des subsides ultérieurs après la paix, ni à celle des sommes que Son Altesse Royale et Sa Majesté Britannique destinent aux ministres du Czar pour faciliter la négociation et rendre les conditions de la paix moins dures, de peur que le Czar n'en eût quelque connoissance, je me bornerois à insinuer, en passant, les avantages ultérieurs que la Suède pouvoit se promettre de ses alliés par rapport aux garanties et aux autres engagements qu'ils pourroient prendre avec elle. J'ai l'honneur, Monseigneur, de vous envoyer cette pièce[4] qui a été concertée avec le roi de Suède et M. le comte de Horn.

1. Envoyé de Suède en Russie.
2. Le comte Paul Ivanovitch Iagoujinski, qui fut général en chef, procureur général du Sénat, Ober-Stallmeister, ministre de cabinet, etc. Né en 1683, mort en 1736. — Il était alors ambassadeur de Russie à Vienne.
3. Le baron Daniel-Niclas von Hopken, qui fut secrétaire d'État des affaires étrangères en Suède, était un ami de Gyllenborg, un adversaire de la Triple alliance et un partisan décidé du duc de Holstein. A. GEFFROY, *ibid.*, pp. 317 et 371, note 1. Lui et ses amis, notamment Gyllenborg, soutenaient les prétentions de Charles-Frédéric, duc de Holstein, neveu de Charles XII, à la couronne de Suède. Celui-ci était entre les mains du Tsar un moyen d'intimider le roi Frédéric; mais, après la conclusion de la paix de Nystad, Pierre l'abandonna presque complètement, bien que son mariage avec la tsarévna Anna Pétrovna fût dès lors décidé. (Ce mariage eut lieu, sous le règne de Catherine Ire, le 1er juin 1725.)
4. Cette pièce est celle que nous donnons à la suite de celle-ci.

Ce ministre me pria de l'apporter jeudi 23 de ce mois à ce prince, à sept heures du matin, de le prier de se trouver à huit heures au Sénat, qui seroit assemblé en plein, excepté les secrétaires d'État; qu'il prépareroit les esprits par la lecture d'un nouveau mémoire que M. Hopken lui avoit remis et que, si quelque sénateur parloit en faveur des propositions du duc de Holstein, Sa Majesté Suédoise n'avoit qu'à tenir ferme sur la négative, et que tout se passeroit à sa satisfaction, étant assuré de cinq sénateurs qui ont presque tout le crédit. Cela s'est exécuté de point en point. Les seuls comtes Cederhielm et Lieven, qui ont voulu faire quelques représentations captieuses à leur ordinaire, ont été battus en ruine; et, unanimement, ce qui avoit été résolu dans le cabinet a passé. On pria M. le comte de Horn de dresser lui-même mes instructions et les pouvoirs, sans secrétaires; et, vendredi 24, on traita de leur contenu avec les mêmes précautions que le jour précédent; ce que j'ai l'honneur de vous expliquer, Monseigneur, pour vous informer du tour que j'ai pris en cette occasion pour exécuter les ordres de Son Altesse et pour le service du roi de Suède; et cette voie réussira toujours quand on la saura bien ménager pour faire prendre les résolutions qui pourront convenir dans la suite au service du Roi, nonobstant l'irrégularité de ce gouvernement-ci. Mais il est importan d'en garder le secret pour nous seuls. C'est le fruit de bien des veilles et de beaucoup de manège, et peut-être un des plus importants services que je pouvois rendre à Sa Majesté et au roi de Suède, qui, par la conduite qu'il se propose de tenir depuis que j'ai mis M. le comte de Horn entièrement dans ses intérêts, peut se promettre un règne aussi glorieux qu'il a été jusqu'à présent rempli de traverses et de conjonctures aussi difficiles que dangereuses. Fasse le ciel qu'elles puissent changer, par les bons offices que Son Altesse Royale et les expédients solides qu'elle a la bonté de me fournir pour pouvoir espérer quelques succès dans la négociation dont elle m'honore! Je vous supplie d'être bien persuadé, Monseigneur, que j'y travaillerai avec tout le zèle, l'application et la bonne volonté dont je puis être capable, espérant que vous aurez agréable de prendre les mesures nécessaires pour dégager les paroles que je pourrois donner aux ministres du Czar par rapport à l'argent que Son Altesse Royale et le roi de la Grande-Bretagne veulent employer à cet usage, dans les cas et avec la circonspection qui me sont prescrits. M. de Finch n'a point encore reçu d'ordre de sa cour sur ce sujet, et il n'a pas jugé à propos d'agir en conformité avant d'être instruit des intentions du roi son maître. Mais il a dit à celui de Suède qu'il ne doutoit point que ce que j'avois déclaré n'eût été concerté avec Sa Majesté Britannique, qu'il en attendoit incessamment un courrier, et qu'au moment de son arrivée, il informeroit Sa Majesté Suédoise des ordres qu'il auroit reçus. Il seroit à souhaiter qu'ils vinssent avant mon départ, qui est fixé à demain; et, pour en pallier le sujet, le roi de Suède ira à la chasse et me prendra avec lui, comme il a déjà fait plusieurs fois, sans que les autres ministres s'en soient formalisés, n'aimant point ces sortes de plaisirs et de fatigues. Ce prince m'a fait l'honneur de me dire que ce que le sieur de Saint-Hilaire[1] a écrit à M. de Sleinitz, touchant un mariage avec le prince Georges de Hesse-Cassel, avoit été une vision de cet homme; qu'il ne lui avoit point donné ordre d'en écrire de sa part, mais qu'il lui avoit laissé jeter cette proposition au hasard, dans la vue qu'elle pourroit traverser le mariage du duc de Holstein avec la princesse moscovite; qu'il pensoit d'ailleurs d'autant moins à ce projet qu'il ne

---

1. Voyez ci-dessus, p. 218.

pouvoit convenir ni à ses intérêts personnels ni à l'honneur de sa maison, parce que la princesse en question est née cinq ans avant le mariage de la Czarine.

Je finis en vous répétant que je n'ai point encore vu le roi de Suède si pénétré de reconnoissance pour l'amitié généreuse de Son Altesse Royale, ni le Sénat dans des dispositions si favorables pour la France. M. le comte de Sparre en a fait l'éloge lui-même et a été obligé de convenir que ce que Son Altesse Royale faisoit aujourd'hui alloit au delà de ce qu'on pouvoit attendre de l'allié le plus solide et le mieux intentionné.

Voici une lettre du sieur Anthouard qui signe Magnan; il est aide de camp du roi de Suède et vous pouvez lui faire savoir par ce canal ce que vous jugerez à propos.

Ce prince me donne deux autres officiers françois qui sont à son service pour pouvoir m'en servir au besoin. Ce sont les sieurs Sicre et Massip, qui n'ont jamais servi contre les Moscovites.

P. S. — Depuis, Monseigneur, avoir écrit cette lettre, M. le comte de Horn m'a communiqué, en présence du roi de Suède, la minute des instructions et des pouvoirs dont ce prince me charge, pour savoir si je n'avois rien à objecter. Mais les premières sont si honorables à Son Altesse Royale, et si remplies de confiance pour le faible sujet qu'elle veut bien employer à cette négociation, que je n'aurois osé moi-même les dresser d'une manière si satisfaisante. Je n'ai pas le temps de vous envoyer cette pièce. Il m'y est prescrit de traiter et de conclure un armistice ou un traité préliminaire, selon que je le trouverai plus praticable aux intérêts de la Suède et aux conjonctures. Dans le dernier cas, on me permet d'offrir la province et la ville de Kexholm, Pétersbourg et toute l'Ingrie et Narva, et que s'il n'y a pas moyen de conclure sur ce pied-là, je dois mettre toute mon attention à arrêter les entreprises du Czar en lui faisant entendre que, sur ce que je représenterai de praticable au roi de Suède, Sa Majesté me fera une prompte réponse. Et comme il y a deux objets, ou un armistice ou un traité préliminaire, on me donne aussi deux pouvoirs pour m'en servir en l'un ou l'autre cas. Ce qu'il y a de fâcheux, c'est que ma mission est presque déjà devenue publique, parce que M. Sparre, envoyé de Suède en Angleterre, l'a écrite ici sans chiffre. Toute la chancellerie en a eu connoissance et l'ambassadeur d'Espagne en a parlé au ministre de Suède à la Haye : de manière qu'on sera obligé de dire ici à celui de l'Empereur que Son Altesse Royale m'envoie auprès du Czar pour lui faire un compliment, sans avouer que la Suède ait aucune part à cette mission.

L'envoyé Sparre ajoute, dans sa lettre de Londres, que M. Schaube l'a assuré que le roi de la Grande-Bretagne demeuroit ferme dans la promesse d'envoyer sa flotte de bonne heure et de fournir sa quote-part, c'est-à-dire la moitié de l'argent nécessaire pour l'entretien de vingt mille hommes contre le Czar, si la France vouloit fournir l'autre moitié. Et, comme M. Finch ne reçoit ni ordre ni courrier, il est à craindre que la cour d'Angleterre n'ait peut-être changé de sentiment sur sa mission depuis qu'elle aura appris que les Suédois avoient espérance de traiter directement avec le Czar. Cependant, comme les Suédois, unanimement, trouvent ma mission plus nécessaire, et que ce qu'on donnera aux ministres du Czar fera plus d'effet dans la négociation que toute l'éloquence des ministres suédois, le roi de Suède prie instamment Son Altesse Royale, et vous en particulier, de solliciter Sa Majesté Britannique d'effectuer la résolution que vous m'avez marquée qu'elle avoit prise d'employer quatre-vingt mille écus à cet usage et de considérer, par rapport aux vingt mille hommes, que plus le Czar verra la Suède appuyée, plus la paix sera facile et les conditions moins dures pour ce royaume-ci.

MÉMOIRE DU SIEUR DE CAMPREDON AU ROI DE SUÈDE, LU AU SÉNAT SUR LE BUT DE SA MISSION A PÉTERSBOURG. — JOINT A LA LETTRE DU SIEUR DE CAMPREDON DU 25 JANVIER 1721[1].

Le ministre de Sa Majesté Très Chrétienne auprès de Votre Majesté a l'honneur de lui représenter qu'au moment qu'il eut appris que le roi de la Grande-Bretagne désiroit, non seulement que la paix entre elle et le Czar pût se faire promptement, vu les obstacles insurmontables qui se rencontroient à former un concert pour recouvrer les conquêtes que les Moscovites ont faites sur la Suède, mais même que Sa Majesté Britannique proposoit que cette négociation fût entamée sous l'autorité de la France et par le canal du ministre soussigné, il eut l'honneur d'en rendre compte au Roi son maître, et demanda ses ordres sur la conduite qu'il avoit à tenir en exécution de ceux de Votre Majesté, qui paroissent conformes aux desseins de la France et de l'Angleterre, de faire finir, s'il étoit possible, une guerre dont les suites devenoient tous les jours plus dangereuses.

Monseigneur le Régent, après avoir mûrement examiné ce qui se devoit faire de plus avantageux pour Votre Majesté et pour sa couronne dans les présentes conjonctures, et reconnu, par les dispositions de l'Empereur, de la Pologne et de quelques autres puissances essentiellement intéressées à la secourir, qu'il n'étoit pas possible de former le concert projeté, s'est ménagé auprès du Czar la voie de la négociation, dans la seule vue de s'en servir pour le bien des intérêts de Votre Majesté et de sa couronne. Mais, en même temps, Son Altesse Royale ne voulut répondre ni aux lettres du Czar ni aux ouvertures de confiance qu'il lui avoit faites par rapport à cet accommodement, à cause que les conditions proposées de la part du Czar étoient toujours exorbitantes, croyant qu'il y avoit un égal inconvénient à se priver de toutes les ouvertures en rejetant absolument celles qu'il lui avoit faites et à lui laisser, par des ménagements dangereux, l'espérance de pouvoir traiter sur le pied dont il s'étoit expliqué, qui étoit de garder Wibourg, l'Ingrie et le reste de ses autres conquêtes : en sorte que, quoique le Czar ait fait assurer par ses lettres et par ses ministres Son Altesse Royale qu'il ne feroit sa paix ni à Brunswick, ni par aucun canal que celui de la France, elle n'a voulu répondre à ces avances que lorsqu'elle a jugé le pouvoir faire à la satisfaction de Votre Majesté et de sa couronne, sans qu'il parût même qu'elle recherche le Czar, et ayant été instruite des ordres que le roi de la Grande-Bretagne avoit donnés en dernier lieu à son ministre à Stockholm et de la résolution de Votre Majesté, en conséquence, elle a préparé sans affectation les voies qu'elle s'est proposé de suivre. Elle a fait dire au ministre du Czar qu'aussitôt qu'elle auroit su que ce prince avoit

---

1. A. E. Suède, t. CL, fol. 43.

résolu de faire passer M. Romantzow à Stockholm, elle avoit prescrit au ministre soussigné d'appuyer les propositions dont il serait chargé, soit pour régler les conditions préliminaires de la paix, soit pour convenir d'un armistice; mais que, la distance des lieux n'ayant pas permis au sieur de Campredon de recevoir les ordres et d'en faire usage avant le départ de M. Romantzow, Son Altesse Royale lui avoit ordonné de se rendre à Pétersbourg en qualité de ministre plénipotentiaire de Sa Majesté Très Chrétienne, qui est celle[1] que le Czar a donnée jusqu'à présent à ses ministres en France, pour travailler au rétablissement de la paix entre la Suède et le Czar: étant d'autant plus en état de jeter les fondements de ce grand ouvrage qu'il étoit bien instruit des affaires présentes du Nord et du désir sincère où est Son Altesse Royale de se trouver en état de répondre aux ouvertures de confiance qui lui ont été faites par ce prince pour l'établissement d'une alliance étroite et solide, dont la paix du Nord devoit faire le fondement, puisque le concours de la Suède en devoit faire le lien principal.

Son Altesse Royale, après avoir informé le sieur de Campredon de ces circonstances et de l'empressement que le Czar a témoigné de traiter par les offices et la médiation du Roi Très Chrétien, dans la vue de contracter en même temps quelque alliance, lui ordonne:

1° De le porter à désirer plus vivement la paix en le persuadant que de sa conclusion doit dépendre l'autre événement, et qu'il doit la regarder comme un préalable nécessaire;

2° D'assurer Votre Majesté que le roi de la Grande-Bretagne regarde comme un point essentiel de faire la paix entre la couronne de Suède et les Moscovites, et que, Votre Majesté y parvenant par les offices de la France ou directement, cette démarche ne sera point contraire à ses intérêts ni à sa dignité, ni aux liaisons entre Leurs Majestés Très Chrétienne et Britannique; que cette assurance suffit pour agir dans une entière confiance et qu'il n'y a nul lieu de craindre que les démarches que Votre Majesté fera la privent de la confiance et des secours du roi de la Grande-Bretagne;

3° Que le sieur de Campredon peut donc agir désormais conformément à ce que Votre Majesté jugera de plus conforme à ses intérêts, et que, pour cet effet, Son Altesse Royale lui envoie des lettres de créance de Sa Majesté Très Chrétienne pour le Czar, avec les pouvoirs nécessaires, afin qu'il soit autorisé, au nom de Sa Majesté, à faire et à recevoir toutes les ouvertures qui pourront conduire à la fin que l'on se propose; et l'intention de Son Altesse Royale est que le sieur de Campredon n'en fasse usage que dans l'étendue que Votre Majesté jugera conforme à ses intérêts et à ceux de sa couronne, les regardant uniquement comme un moyen que Son Altesse Royale lui met en main pour le bien de votre service et pour ne laisser subsister de sa part aucun obstacle aux mesures que Votre Majesté jugera à propos de prendre, dans les circonstances présentes, pour le bien et pour l'avantage de son royaume.

4° Son Altesse Royale, dans cette disposition, prescrit au sieur de Campredon de mettre en usage toutes les raisons et toutes les considérations propres à déterminer le Czar à la conclusion de la paix, et à s'ouvrir des conditions avant que de s'expliquer sur les facilités que Votre Majesté voudra bien y apporter, et qu'elle suppose que Votre Majesté conférera audit ministre, avec ses pouvoirs, comme un expédient propre à le mettre en état

---

1. La qualité de ministre plénipotentiaire.

de ménager ses intérêts et de profiter des moments qu'il croira favorables pour jeter les fondements de la paix, éluder le contraste des médiateurs[1], gagner un temps qui est très précieux et mettre le Czar dans la nécessité de s'expliquer catégoriquement : étant vraisemblable qu'après les avances qu'il a faites à Son Altesse Royale, et par considération pour un grand Roi, il y aura plus de solidité à une négociation ouverte sous son autorité et qui, bien loin d'être sujette à aucun inconvénient, assurera à Votre Majesté et à sa couronne les garanties et les autres avantages ultérieurs qu'elle peut attendre de l'amitié de ses alliés.

Il paroît, par les instructions de Son Altesse Royale au sieur de Campredon, que le Czar s'est clairement expliqué sur la médiation de Sa Majesté Très Chrétienne; qu'à la fin de novembre, il n'avoit encore pris aucun engagement avec le duc de Holstein et qu'il promettoit même de n'en prendre aucun sans la participation de Son Altesse Royale. Cette connoissance paroîtra peut-être une raison assez importante pour statuer sur la mission du ministre soussigné, que Son Altesse Royale a mis en état d'agir solidement en tout ce que Votre Majesté peut désirer, pour détourner les liaisons que le Czar aura dessein de prendre avec ce duc, au préjudice de votre royaume et à la honte de la nation, et pour traiter au nom de Votre Majesté ou en celui du Roi son maître, et selon vos intentions et la disposition des conjonctures, qui est la seule règle que Son Altesse Royale lui prescrit : étant probable que, si le Czar trouve moyen de faire sa paix avec Votre Majesté à des conditions convenables à sa sûreté et à ses vues par rapport au commerce et à la navigation, il ne sacrifiera point le moindre de ses intérêts pour ceux d'un prince qui ne lui peut être d'aucune utilité, parce que le système qu'on suppose à cet égard est aussi incompatible avec toute sorte d'accommodement qu'à l'honneur et à la liberté de la nation suédoise.

C'est à Votre Majesté de décider de l'usage qu'il lui plaît de faire de ces réflexions pour ses intérêts et pour ceux de sa couronne, sans exposer la dignité de Sa Majesté Très Chrétienne par une démarche de cette nature dont le succès seroit entièrement incertain, soit par rapport à une suspension d'armes, soit par rapport aux conditions préliminaires de la paix propres à en assurer la conclusion.

Sur ce fondement, le sieur de Campredon prend la liberté d'observer de lui-même que la conjoncture est trop favorable au Czar de toutes manières pour se flatter qu'il se contente de l'Ingrie, de Kexholm, de Pétersbourg et même de Narva. M. de Romantzow a fait entendre à ce ministre, dans quelques conversations qu'il a eues avec lui, qu'on avoit déjà offert Revel[2] au Czar son maître, mais que son lot même en cela seroit fort inférieur à celui des précédents ennemis de la Suède qui n'avoient pour ainsi dire point tiré l'épée contre elle. Ce langage, quoique plus modeste que celui que le Czar a fait tenir jusqu'à présent à ses ministres, est l'effet de la situation du Czar et de la fatalité des conjonctures, et plût à Dieu qu'elles fussent telles que la Suède, par des entreprises vigoureuses, fût à portée de les faire changer! Personne ne fait des vœux plus sincères que la France pour un aussi heureux système, et il ne sera jamais dit que cette couronne ni ses ministres donnent à Votre Majesté des conseils intéressés ou susceptibles

---

1. C'est-à-dire les obstacles ou retards apportés par l'admission d'autres médiateurs, ou les contrariétés de ces médiateurs entre eux.
2. Il s'agit des offres faites par la reine Ulrique-Éléonore avant que son mari fût associé à la couronne. Voyez ci-dessus, p. 204.

d'aucun autre objet que de celui de la conservation et de l'avantage de sa couronne. Mais si, au contraire, Votre Majesté est convaincue, comme elle a lieu de l'être, que bien loin d'y avoir aucune espérance d'un concert contre le Czar, il s'en forme peut-être un très dangereux en sa faveur; que même la voie des armes et de la force, si elle existoit, avec des succès heureux, ne procureroit à votre couronne que des villes en cendres et des pays déserts qui faciliteroient autant les invasions du Czar sur elle que leur possession, puisqu'il seroit également maître de la mer, en laissant entre eux des campagnes inhabitées; et que le système de l'Europe pourroit devenir tel qu'elle seroit dans la nécessité de se soutenir seule contre les forces d'un État déjà trop redoutable : c'est à Votre Majesté d'examiner s'il convient [plus] à ses intérêts, et à ceux de son royaume, de courir ces hasards, sur les espérances d'un avenir très incertain, que d'apporter les facilités nécessaires et propres à rompre le nœud fatal qui réunit tant de circonstances contraires, en se servant des moyens que son plus fidèle allié lui propose et en mettant son ministre en état, par ses instructions et ses pouvoirs, d'y travailler avec succès.

Il supplie, sur toutes choses, Votre Majesté de ménager par un secret inviolable l'ouverture de cœur et la confiance avec laquelle il a l'honneur de lui communiquer ses instructions et les ordres les plus secrets qu'il a reçus du Roi son maître. Il y va de l'intérêt de Votre Majesté et de sa couronne, et c'est l'unique motif qui fait agir ce ministre. Il ne le distingue point du devoir qui l'attache au Roi son maître, et son zèle pour le service de Votre Majesté sera aussi infatigable que sa fidélité à toute épreuve.

Muni des instructions et des pouvoirs du roi de Suède, Campredon partit de Stockholm le 1er février 1721 et arriva à Pétersbourg le 18.

Campredon pouvait être suspect au Tsar, car celui-ci avait, le 15 janvier 1720, fait présenter par Schleinitz une note au Régent, dans laquelle il disait qu'avant d'accepter la médiation du Roi, il désirait avoir de lui « une déclaration par écrit », signée de lui, duc d'Orléans, portant que « Sa Majesté Très Chrétienne n'a aucun engagement direct, ni indirect, avec la reine et la couronne de Suède, ni avec aucun autre de ses alliés, ou tel autre que ce puisse être, contraire ou opposé au troisième article séparé et secret (du traité d'Amsterdam) ». A l'appui de cette demande, le Tsar déclarait « savoir, à n'en pouvoir douter », la part que les envoyés du Roi avaient prise aux paix séparées qui avaient été faites par la Suède avec George Ier, le Danemark, la Prusse, ainsi que les envois d'argent à la cour de Suède. Surtout il s'étonnait du ton qu'avaient pris lord Carteret et l'amiral Norris, parlant de mesures prises de concert par l'Angleterre et le Roi de France pour arrêter les entreprises des Russes[1]. Il semble que Pierre ait obtenu de la cour de France, sur tous ces points, des éclaircissements satisfaisants[2].

Le Tsar devait faire un accueil d'autant meilleur à Campredon

---

1. *Société impériale d'histoire de Russie,* t. XL, pp. 74 et suiv.
2. Lettre du Tsar à Schleinitz, du 2 septembre 1720. — *Ibid.*, pp. 106 et suiv.

que la France venait de donner une nouvelle preuve de sa sincérité et de rendre à la Russie un service éclatant. A Constantinople, les ambassadeurs de l'Empereur et de l'Angleterre avaient fait de grands efforts pour décider les Turcs à reprendre les armes contre Pierre, alléguant que celui-ci violait le traité du Pruth en continuant à occuper militairement la Pologne, et que, s'il gardait toutes les conquêtes faites sur la Suède, il deviendrait un voisin trop dangereux pour la Turquie. Mais l'ambassadeur de France, M. de Bonac, non seulement avait réussi à faire écarter ces conseils, mais avait contribué à faire obtenir à l'ambassadeur russe, Alexis Dachkof, la signature d'un traité de paix perpétuelle entre les deux États (16 novembre 1720)[1].

Les entretiens de Campredon avec Pierre et les ministres russes, la part qu'il prit à la conclusion de la paix, nous sont surtout connus par ses lettres à Dubois[2], ainsi que par celles que Lavie, consul de France, adressait à l'archevêque de Cambrai pendant la même période.

L'arrivée de Campredon à Pétersbourg, au témoignage de Lavie, causa aux habitants de cette capitale une joie « inexprimable ». Le Tsar l'invita à une de ses *assemblées,* puis le mit en rapport avec ses ministres, Golovkine, Tolstoï et Chafirof. Campredon essaya de modérer leurs prétentions et d'obtenir qu'ils se contentassent du port de Reval; mais, dit-il, « ces messieurs me répondirent en souriant que ces insinuations étoient absolument inutiles; que le Czar demeureroit fixe et ne se départiroit, pour aucune raison que ce puisse être, de la possession de la Livonie et de l'Esthonie ». Le Tsar, qui survint à une des conférences, « revenant avec une casaque de matelot de son amirauté, où il travaille à donner des ordres tous les jours », se montra aussi inflexible. « Il me répondit que je pouvois assurer qu'il garderoit les cessions pour lui, ajoutant en riant que Dieu le puniroit s'il retranchoit de son empire, pour faire plaisir à un autre, le fruit de tant de sang, de peine et d'argent ». Il se préparait alors à une nouvelle campagne, faisait d'immenses armements maritimes pour jeter en Suède « cinq ou six mille cosaques, qui mettront tout à feu et à sang », sauf à n'en pas revenir. Bien entendu, la Russie réclamait aussi l'Ingrie, sur le sol de laquelle était bâtie la nouvelle capitale, avec une partie de la Finlande. Pierre le Grand aurait dit : « Je ne veux pas voir de mes fenêtres les terres de mon ennemi. » Il comptait que, moyennant quelques adoucissements de détail, Campredon

---

1. Solovief, *Istoria Rossii*, t. XVII, pp. 346 et suiv.
2. Les lettres de Campredon, en date des 13 et 20 février, 14 et 22 mars, 9 et 14 avril, ainsi qu'un bien plus grand nombre de lettres de Lavie à Dubois, ont été publiées par la *Société impériale d'histoire de Russie*, t. XL, pp. 156-266. — On y trouve aussi une lettre de Dubois à Campredon, du 25 avril. — Voyez Flassan, t. IV, p. 486; — Vandal, *Louis XV et Élisabeth de Russie*, p. 40.

ferait accepter ces propositions aux Suédois, et fondait de grandes espérances sur sa médiation. Un jour qu'il l'avait invité à assister au lancement du vaisseau *le Pacifique*, il lui fit remarquer le nom donné à ce navire et pria Campredon de faire finir la guerre promptement. « Sur quoi il m'embrassa, et j'eus l'honneur de lui baiser deux ou trois fois la main : ce qui lui fit plaisir et m'attira beaucoup de gracieusetés de ses ministres. » Pourtant, lorsque Campredon proposa encore aux ministres russes de se contenter du littoral depuis Kexholm jusqu'à la rivière de Narva, leur « citant des exemples de générosité, et de caducité des traités arrachés par la force », — « ces messieurs se mirent à rire à gorge déployée et me demandèrent si je parlois sérieusement [1] ».

Campredon dut se rendre en Suède, porteur de ces conditions si dures; mais la Suède était épuisée d'hommes et d'argent, n'espérait plus aucun secours de la flotte anglaise, et, le 30 août (10 septembre) 1721, fut signé le traité de Nystad, qui garantissait à Pierre le Grand la presque totalité de ses conquêtes.

1. Campredon à l'archevêque de Cambrai, Pétersbourg, 22 mars 1721.

XIII

M. DE CAMPREDON

MINISTRE PLÉNIPOTENTIAIRE EN RUSSIE

1721-1726

La lettre du 25 août 1721, de l'archevêque de Cambrai à Campredon, peut être considérée comme une Instruction. Elle comprend deux parties. La première est relative aux faits que nous connaissons déjà, c'est-à-dire aux négociations de Nystad : en outre, Dubois fait connaître à M. de Campredon que l'intention du Roi est qu'après la paix il reprenne son poste à Stockholm ; que c'est le sieur de Verton qui doit passer auprès du Tsar, mais que ce ministre ne doit rien faire sans prendre les avis de M. de Campredon. Dans la seconde partie, qui est celle qui nous intéresse surtout en ce moment, Dubois trace la conduite à suivre pour le cas où les circonstances obligeraient M. de Campredon à se rendre de nouveau à Saint-Pétersbourg. C'est ce qui arriva ; car la mission de M. de Verton n'eut pas lieu[1] et M. de Campredon s'installa auprès du Tsar en qualité de ministre plénipotentiaire. Voici cette Instruction :

LE CARDINAL DUBOIS A M. DE CAMPREDON. — PARIS, 25 AOUT 1721[2]

Je vous ai accusé le 4 de ce mois, Monsieur, la réception de vos lettres du 9 et du 16 juillet ; celles du 19, du 23 et du 30

1. Comme nous avons vu ci-dessus, pp. 197, 198, 220.
2. *A. E. Suède*, t. CL, fol. 310.

m'ont été rendues depuis ; et je vous expliquerai aujourd'hui les intentions de Son Altesse Royale sur ce qu'elles contiennent de plus considérable.

Je vous ai déjà plusieurs fois marqué que vous deviez mépriser pour toujours les bruits que les ennemis du roi de Suède ont affecté de répandre à l'occasion de votre voyage à Pétersbourg. Il suffit que ce prince ait été satisfait de votre conduite en cette occasion, puisque c'est l'objet des ordres que Son Altesse Royale vous a toujours donnés, et vous pouvez compter aussi que, comme elle a une entière satisfaction de la manière dont vous avez rempli jusqu'à présent ce qu'elle a confié à vos soins, l'on s'efforceroit vainement à lui donner de fausses impressions sur votre sujet.

Il ne devoit point y avoir de retardement au paiement des trois cent mille écus que Son Altesse Royale a fait remettre à votre ordre pour le secours du roi de Suède, ni à la remise des quatre-vingt-dix-huit mille rixdales pour le remboursement des avances faites par le sieur Brugnier[1], les fonds en ayant été faits dans les termes dont on étoit convenu avec M. Bernard[2]; mais il est inutile de rechercher présentement les causes de ce délai puisqu'il paroît, par vos dernières lettres, que le sieur Brugnier étoit entré en paiement et qu'il devoit bientôt fournir le reste des trois cent mille écus ; et que d'ailleurs M. Bernard m'a fait savoir, le 21 du courant, que les trois cent mille rixdales pour la Suède étoient payés et que les fonds étoient à Hambourg il y a très longtemps.

S'il n'a pas été possible de garder le secret de ce nouveau secours, il faut au moins se préparer à répondre aux plaintes que les ministres du Czar pourroient faire sur ce sujet. Le prétexte le plus simple est de dire que c'est le dernier paiement des anciens subsides et que, loin que l'on puisse faire de justes reproches à Son Altesse Royale sur ce sujet, elle devroit recevoir des témoi-

---

1. Agent suédois à Paris.
2. Samuel Bernard, célèbre financier, fils du peintre et graveur du même nom (et du même prénom). Il avait acquis une immense fortune, prêta de l'argent à Louis XIV, dont les prévenances à son égard surprirent et scandalisèrent Saint-Simon. Il fut aussi le banquier de Louis XV. Il fut fait chevalier, maria ses enfants dans les plus grandes familles du royaume et mourut en 1739.

gnages de satisfaction de ce qu'elle a si longtemps différé à faire ce paiement et de ce qu'elle ne l'a fait qu'après y avoir été instruite de la résolution que le roi et le sénat de Suède avoient prise de consentir à la paix et d'en régler incessamment les préliminaires aux conditions proposées par le Czar.

Vous jugerez aisément que ce langage, qui peut vous réussir si vous passez auprès du Czar, ne conviendroit pas à Stockholm, quoiqu'en effet il n'ait pour objet que le bien du roi et de la couronne de Suède, puisque vous ne pouvez servir utilement l'un et l'autre qu'en dissipant ce qui pourroit altérer la confiance du Czar dans les offices de Son Altesse Royale. Ainsi il est de votre prudence de vous servir de ce que je vous marque selon les temps et les personnes, et avec toute la discrétion nécessaire pour en retirer le fruit, sans donner lieu aux malintentionnés d'en faire un mauvais usage.

L'extrait que le roi de Suède vous a remis des dépêches qu'il avoit reçues de Nystadt par le secrétaire de ses plénipotentiaires suppose qu'il restoit encore plusieurs articles importants à régler avant que de parvenir à la conclusion des préliminaires.

Le premier de ces articles regarde la réserve, de la part du Czar, d'une espèce de droit d'employer ses offices en faveur du duc de Holstein lors de la vacance de la succession à la couronne de Suède[1].

Quoique l'observation que vous avez faite sur cet article soit très judicieuse, elle peut donner lieu au retardement de la signature des préliminaires. Elle auroit été plus simple et plus décisive si l'on avoit seulement fait remarquer que, le cas de l'ouverture de la succession ne pouvant avoir lieu que par la mort du survivant du roi ou de la reine de Suède, alors rien n'empêcheroit le Czar de faire ce qu'il jugeroit à propos, et qu'ainsi il est inutile,

---

1. Sur les intentions de Pierre le Grand au sujet de la succession du duc de Holstein à la couronne de Suède, voyez Solovief, *Istoria Rossii*, t. XVII, p. 360 et suiv. Pierre avait déclaré à Iagoujinski, son ambassadeur à Vienne, qu'il ne ferait la paix qu'à cette condition et qu'il était prêt à s'y engager par écrit. Il ne céda sur ce point que tout à la fin des négociations. D'après le rapport des plénipotentiaires russes, Bruce et Ostermann, « les ministres suédois auraient assuré que, lorsque le cas se présenterait, nul autre que le duc de Holstein ne serait élu roi, et qu'ils avaient fait le serment le plus solennel qu'eux-mêmes, avec toute leur famille, ne donneraient pas leurs suffrages à un autre ».

contraire à l'usage et même à la dignité et aux intérêts du roi et de la reine de Suède, de rien stipuler sur ce sujet. Ce n'est pas qu'il ne fût à propos de faire convenir le Czar, comme vous l'avez fait dans les audiences que vous avez eues de ce prince, qu'il ne se mêleroit point des affaires domestiques de la Suède et particulièrement de celle de la succession à la couronne. Mais l'objet de cette assurance devoit être uniquement d'éloigner toute proposition de sa part sur ce sujet, puisque le droit commun et les articles généraux des traités remplissent tout ce que le roi de Suède peut désirer à cet égard, et qu'après la conclusion de la paix, il ne peut rester au Czar aucun prétexte de se mêler des affaires domestiques de la couronne de Suède.

Il ne doit point y avoir de difficultés de la part de la Suède à la reconnoissance du roi Auguste de Pologne, ni à ce qui peut regarder le maintien des droits et de la liberté de la République. Au contraire, la couronne de Suède auroit elle-même intérêt à demander cette dernière stipulation, par des raisons essentielles qu'il est inutile de vous marquer; et d'ailleurs, l'engagement que le Czar offre de prendre par l'article troisième, en faveur du roi Stanislas, remplit en quelque sorte ce que le roi de Suède doit à sa dignité à cet égard[1].

Il n'est pas possible de donner des conseils au roi de Suède sur la demande que fait le Czar d'une nouvelle étendue de pays aux environs de Wibourg, ni sur l'équivalent qu'il propose; mais, en général il seroit bien triste que ce que vous marquez de l'importance dont il seroit pour la Suède de recouvrer cette petite portion de Finlande empêchât la conclusion des préliminaires ou en retardât la signature.

Il en est de même de l'exception qui a été faite de l'Ingrie dans l'article quatrième entre les provinces cédées dont les privilèges doivent être conservés, et il ne conviendroit pas de s'arrêter sur ce point.

Le Czar ne consentira vraisemblablement pas à donner la

---

1. Par le traité signé entre la Suède et la Pologne (1720), Auguste était reconnu roi de Pologne; Stanislas gardait le titre royal; ses biens héréditaires lui étaient restitués; un revenu lui était assuré sur les domaines de l'État polonais; ses partisans rentraient dans leurs propriétés et droits. Pierre le Grand consentait à sanctionner ces arrangements.

somme qui sera convenue sous le titre d'indemnité des dégâts commis par ses troupes. Il voudra que ce soit par forme d'équivalent des cessions que la Suède lui fait; et comme cette couronne ne recouvrera en aucun temps ces cessions par des voies amiables, il lui importe peu que le Czar ait une apparence de droit ou qu'il ne l'ait pas, et l'on ne pourroit insister sur ce point sans exciter des défiances qu'il est important au contraire de calmer, s'il est possible, dans les circonstances présentes.

Il est d'une entière évidence que le Czar ne peut soutenir ses établissements sur la mer Baltique, et particulièrement sa marine, qu'en conservant les provinces dont il obtient la cession; et, comme l'on sait combien le Czar est jaloux de ces mêmes établissements, ce seroit s'alarmer inutilement que de croire qu'il disposât en faveur de qui que ce soit, et pour quelques considérations que ce pût être, d'aucune des provinces cédées, et moins encore en faveur d'un prince qui pourroit les réunir à la couronne de Suède. Ainsi il paroît clairement que les précautions que l'on prendroit sur ce sujet seroient superflues, et elles pourroient causer beaucoup d'embarras et de longueurs dans une négociation que l'on a tant d'intérêt de terminer sans aucun retardement.

Je ne sais pas même si, tout bien considéré, et dans la supposition que le Czar pût, contre toute vraisemblance, disposer de quelques-unes des provinces dont il obtient la cession, cette disposition qui affaibliroit ses forces maritimes en diminuant le nombre de ses sujets propres à la navigation, ne seroit pas moins désavantageuse à la Suède que la trop grande puissance d'un voisin aussi redoutable. Mais c'est une question qu'il est inutile de traiter, puisque, bien certainement, l'intérêt du Czar et son attachement à ses nouveaux établissements doivent mettre hors de tout doute qu'il voudra conserver ses conquêtes pendant sa vie, et que ce seroit porter la prévoyance à cet égard au delà des justes bornes que de vouloir s'assurer sur ce qui pourra arriver après sa mort, qui doit produire des changements bien plus considérables, et sur lesquels il seroit impossible de prendre aujourd'hui de justes mesures. Ainsi je croirois qu'il ne faudroit pas embarrasser la négociation d'une proposition que le Czar peut rejeter avec fondement, puisqu'elle restreindroit la cession qui lui seroit faite; et il peut arriver que, quoiqu'il fût très éloigné de vouloir disposer d'aucune des provinces qui lui seroient cédées, ceux qui sont opposés à la conclusion de la paix, se servissent du prétexte de l'assurance qu'on lui en demanderoit pour l'empêcher de la conclure.

Je vous fais ces différentes observations afin que, si malheureusement les préliminaires de la paix entre la Suède et le Czar n'étoient pas encore signés et que la conclusion en fût suspendue par quelqu'une des difficultés qui résulte de l'extrait qui vous a été communiqué et de la réponse que vous y avez faite, vous puissiez travailler à les aplanir en engageant le roi de Suède à abandonner les demandes, quoique fondées, qui n'auroient pour objet que quelque point de délicatesse, ou des précautions que des circonstances particulières rendent superflues et peut-être nuisibles en elles-mêmes, indépendamment du préjudice qu'elles causent en suspendant la conclusion d'une négociation aussi importante à sa personne et à sa couronne.

Je vous ai si souvent renouvelé, de la part de Son Altesse Royale, l'ordre de vous conformer entièrement aux intentions du roi de Suède, soit en restant près de sa personne pour le servir dans les occasions où il jugeroit à propos de vous employer, soit en vous rendant auprès du Czar toutes les fois qu'il le croiroit convenable au bien de ses affaires, que je ne vois pas que rien doive suspendre vos démarches dans de pareils cas, particulièrement lorsqu'elles pourront contribuer à la conclusion d'une paix devenue indispensablement nécessaire. Et, comme il seroit impossible de vous donner d'ici les instructions nécessaires sur les moyens d'avancer cet ouvrage important, Monseigneur le Régent vous confirme encore l'ordre de suivre exactement celles qui vous seront données de la part du roi de Suède et d'employer le nom et les offices du Roi et de Son Altesse Royale pour l'accomplissement de tout ce qui pourra contribuer à la satisfaction de ce prince et au bien de sa couronne.

Son Altesse Royale ne juge pas à propos de vous faire passer auprès du Czar pour y résider, et elle en a plusieurs raisons.

Premièrement, ce seroit s'abuser que de croire que la lettre de créance que vous remettriez à ce prince pût effacer ses préjugés, s'il étoit en effet persuadé de votre attachement à la Suède; et cette prévention vous seroit d'autant plus nuisible qu'il croiroit que l'établissement de votre séjour près de sa personne vous mettroit en état de pénétrer ses vues et d'en instruire le roi de Suède, au lieu qu'une commission passagère ne portera pas les mêmes raisons de suspicion, particulièrement lorsque vous serez occupé du soin de perfectionner un ouvrage dont l'accomplissement lui est aussi important.

Enfin Son Altesse Royale, satisfaite de votre conduite et des services que vous rendez, est persuadée que vous êtes plus propre que personne à fortifier les liaisons qu'elle veut entretenir entre le Roi et le roi de Suède. Elle croit même que vous pouvez être utile à ce prince dans des circonstances importantes, et toutes ces considérations lui ont fait prendre la résolution de vous laisser quant à présent auprès de lui. Ne vous inquiétez en aucune manière sur tout ce qui peut avoir rapport à votre satisfaction particulière ni à votre fortune; il y a des moments pour tout. Ainsi continuez de servir sans trouble, sans inquiétude, et reposez-vous sur moi du soin de vous mettre dans une situation qui réponde à la bonne opinion que j'ai également de votre zèle et de vos talents.

Je vous confierai, pour vous seul quant à présent, qu'en même temps que Son Altesse Royale prend la résolution de vous laisser à Stockholm, elle se propose de faire partir incessamment pour Pétersbourg une personne [1] qu'elle sait être agréable au Czar, et qui, ayant acquis quelque familiarité avec ce prince, sera en état de vous donner des avis utiles ou de lui insinuer ce que vous jugerez qui pourra convenir au succès des vues que Son Altesse Royale remet à vos soins. Et afin d'éviter l'inconvénient des démarches qui seroient faites par différentes voies et sans concert, Son Altesse Royale prescrira à cette même personne de n'en faire aucune et de n'entrer aussi dans aucune négociation par rapport à l'alliance que sur les avis que vous lui donnerez : en sorte qu'elle se conforme entièrement aux vues que vous lui communiquerez sur tout ce qui aura rapport à cette négociation, dont

---

1. Verton. Voyez ci-dessus, pp. 197, 198, 220.

elle veut que la conduite demeure uniquement sous votre direction, soit que vous l'instruisiez de vos vues par les lettres que vous lui écrirez, soit que les circonstances vous engagent, pendant le cours de la négociation, à passer à Pétersbourg pour suivre de plus près et avec plus de succès les objets que l'on se propose. Mais il ne faut pas que l'attente de l'arrivée de cette personne suspende les mouvements ni les démarches que vous jugerez nécessaires pour assurer la paix entre la Suède et le Czar et pour jeter les premiers fondements de l'alliance que l'on s'est proposée.

La seule observation qu'il y ait à vous faire sur ce sujet, est que tous les objets que l'on peut avoir en vue aujourd'hui doivent céder à ce qui peut assurer la signature des préliminaires de la paix et que, quoique l'alliance qui en doit être la suite soit toujours regardée comme une vue très importante, il est de votre habileté d'en laisser entrevoir les convenances et désirer la conclusion, mais en faisant remarquer qu'elle ne peut avoir lieu qu'après celle des articles préliminaires : en sorte que le désir de voir l'accomplissement de cette alliance serve, s'il se peut, à avancer l'ouvrage de la paix, qui doit avoir une préférence entière à tout le reste, et sera l'époque et le moment le plus propre à travailler à l'alliance qui doit être ménagée et conclue dans l'intervalle entre la signature des préliminaires et la conclusion du traité final.

Voilà, Monsieur, l'ordre que vous devez suivre dans ce qui est remis à vos soins. Il reste à examiner présentement l'étendue des engagements que l'on peut prendre dans l'alliance proposée[1], les moyens que l'on peut employer pour conduire cette négociation à une heureuse fin, le temps où il conviendra d'en presser la conclusion et jusqu'à quel point il faut insister sur l'admission du roi de la Grande-Bretagne, s'il se trouvoit de l'opposition de la part du Czar.

Si le Czar consent à ce que le roi de la Grande-Bretagne entre

---

1. Ici commence la partie de l'Instruction dont Campredon aura à s'inspirer lorsqu'il sera devenu, malgré ce que Dubois lui dit de son maintien au poste de Stockholm, ministre plénipotentiaire auprès du Tsar, en résidence à Pétersbourg. Ce qui va suivre est d'autant plus important que Dubois, ne se souciant, au fond, que médiocrement de l'alliance russe, ne donnera plus d'instructions sur ce sujet, jusqu'à la dépêche du 14 octobre 1722.

dans l'alliance avec le Roi et le roi de Suède, Sa Majesté peut s'engager envers le Czar à la garantie des États qui lui auront été cédés par la Suède, de même qu'elle promettroit à la Suède la garantie des États de cette couronne, sans stipuler aucune réserve des engagements que le Roi a pris d'ailleurs.

Si au contraire le Czar avoit une opposition invincible à comprendre le roi de la Grande-Bretagne dans le traité d'alliance, ce qui n'est pas vraisemblable, parce que le Czar aura intérêt d'avoir la garantie de plusieurs puissances pour ses nouvelles acquisitions, le Roi ne pourroit se dispenser, après avoir énoncé les mêmes garanties en général, de réserver les engagements que Sa Majesté a pris avec le roi de la Grande-Bretagne par les traités de la Triple et de la Quadruple alliance de la Haye et de Londres.

Dans l'un et dans l'autre cas, il faudroit que le Czar et la Suède promissent, conjointement avec le Roi et le roi de la Grande-Bretagne, la garantie des traités de Westphalie, de ceux de Nimègue et de Ryswick et de Bade, en ce qui concerne les États qui ont été cédés à la France par ces mêmes traités.

Le Czar a toujours témoigné une si forte passion d'entrer dans les affaires principales de l'Europe que l'on peut croire qu'il regardera comme un avantage, qui flattera son ambition, la proposition de garantir les traités qui sont la base de la paix de l'Europe, et comme la loi fondamentale du gouvernement de l'Empire; et il sera de votre habileté de ranimer ces sentiments, en lui faisant envisager qu'il peut arriver des conjonctures où ses nouvelles liaisons le mettroient en état de faire un personnage principal dans l'Europe, et que peut-être même le temps n'en est pas éloigné; qu'alors il acquerroit d'autant plus de gloire qu'il emploieroit ses forces pour le maintien des traités et pour la défense des princes opprimés, et qu'il deviendroit l'arbitre des principales affaires de l'Empire[1] et que tous ces avantages se trouve-

1. Le Tsar arbitre dans l'empire! C'est ce que la diplomatie française, à commencer par celle de Dubois, se donnera pour mission d'empêcher. Plus l'archevêque de Cambrai recommande de multiplier les assurances de cette espèce à Pierre le Grand, plus nous devons être certains qu'il ne vouloit pas d'un tel résultat. Il ne fait miroiter au Tsar les avantages de l'alliance française que pour rendre plus facile la paix avec la Suède. C'est cela seulement qu'il avait à cœur; et la correspondance de Campredon lui montrait assez combien la Suède était à bout de ressources, combien pressants étaient ses dangers et quelle nécessité s'imposait de faire la paix.

ront renfermés dans les expressions générales de la garantie des traités.

A l'égard des autres moyens que vous aurez d'avancer et de perfectionner cette négociation, ils dépendront des objets que le Czar peut s'être proposés et que l'on ignore jusqu'à présent. S'il refusoit de comprendre le roi d'Angleterre dans le même traité, vous ne devez rien oublier pour surmonter cette difficulté, en lui faisant envisager que, le Roi ne pouvant renoncer à ses engagements avec ce prince, Sa Majesté seroit obligée de les réserver dans l'alliance qu'elle feroit avec lui, parce qu'elle lui a garanti ses États d'Allemagne ; que le Czar trouveroit lui-même beaucoup d'avantage et une parfaite sûreté dans les liaisons où le Roi et le roi d'Angleterre entreroient, puisqu'aucune autre puissance de l'Europe ne seroit en état de former des projets contre ses nouveaux établissements, lorsqu'il seroit assuré de ce prince, au lieu que si sa roideur inflexible obligeoit le roi de la Grande-Bretagne de s'unir avec l'Empereur et avec les autres puissances jalouses de la gloire et de la puissance du Czar, il auroit toujours lieu de craindre leurs desseins.

Enfin vous pourrez vous servir du fonds qui a été remis à l'ordre de M. Finch[1] pour surmonter cet obstacle auprès des ministres du Czar, et vous pourrez même employer encore pour la conclusion et la perfection de l'alliance une somme de quarante mille écus que Son Altesse Royale vous fera remettre lorsqu'il en sera temps. Mais les gratifications que vous promettrez sur l'une et sur l'autre de ces deux sommes ne doivent être payées que lors de la conclusion de l'alliance, et ce seroit s'exposer à en perdre le fruit et à faire naître de nouvelles prétentions que d'en disposer avant ce temps-là.

Si toutes les raisons et tous les moyens que vous pouvez employer pour surmonter l'opposition que le Czar auroit à admettre le roi d'Angleterre dans les liaisons qu'il prendroit avec le Roi et avec le roi de Suède étoient inutiles et que vous en connussiez clairement l'impossibilité, il faudroit alors renouveler et appuyer la proposition de statuer au moins, par un article

---

1. Ministre d'Angleterre en Suède. Voyez ci-dessus, p. 215.

séparé, que le Czar ne pourroit troubler le repos de la Basse-Allemagne, en faisant connoître que le Roi est obligé d'insister sur cette demande par les mêmes raisons qui engageroient Sa Majesté à réserver les traités de la Haye et de Londres qui l'obligent à la garantie des États du roi de la Grande-Bretagne en Allemagne. Mais, quoique Son Altesse Royale ne veuillè rien oublier pour remplir ce que le roi de la Grande-Bretagne peut attendre de la plus exacte observation des traités et de l'union étroite qu'elle a établie entre Sa Majesté et ce prince, et que par conséquent son intention soit que vous épuisiez tous les moyens que vous croirez propres à surmonter l'opposition que le Czar pourroit avoir à traiter avec lui, ou au moins à consentir à l'article dont je viens de vous parler, il ne faudroit pas, si cette opposition étoit absolument invincible, rompre la négociation de l'alliance entre le Roi, le roi de Suède et le Czar sur ce point; mais au contraire il conviendroit encore de la conclure, pour se servir de la confiance qu'elle établiroit et des événements pour perfectionner dans la suite cet ouvrage ; et il est certain que si les choses en étoient réduites à cette extrémité, ce seroit encore rendre un bon service au roi d'Angleterre que de ménager les moyens de combattre avec plus de force et de succès les préjugés du Czar et de le ramener à ses véritables intérêts.

A l'égard du temps où il conviendra que vous agissiez, il n'est pas possible de vous le prescrire, et l'on ne peut aussi vous donner des règles sur le plus ou le moins d'empressement que vous devrez faire paroître. Le mieux seroit que vous puissiez engager le Czar ou ses ministres à vous remettre un projet des vues de ce prince pour l'envoyer ici : en sorte que Son Altesse Royale pût l'examiner et vous donner ses derniers ordres sur ce qu'il contiendroit. Mais je conçois qu'il peut arriver un moment où vous jugiez qu'il soit absolument nécessaire de laisser entrevoir des ouvertures prochaines à satisfaire le Czar sur les points qui peuvent flatter son génie, et qui ne s'écarteront pas absolument des engagements que l'on peut prendre de ce côté-ci; et c'est ce que vous devez faire sans hésiter si cela étoit nécessaire pour suspendre le cours et pour détruire les projets d'union qu'il pourroit avoir formés et qui pourroient l'entraîner dans des intérêts opposés à ceux du

Roi. Il sera de votre habileté de lui faire remarquer que la France, qui ne peut avoir d'intérêts directs à discuter avec lui, est la seule puissance qui puisse en avoir de communs avec sa couronne, au lieu que la plupart des liaisons qu'il pourroit prendre d'ailleurs ne pourroient avoir des objets aussi conformes à sa gloire et à ses avantages. Et, en effet, cette vérité est si évidente qu'il n'est pas possible qu'elle échappe aux lumières de ce prince. Mais il faut que ce que vous lui direz sur ce sujet soit ménagé avec tant de discrétion et de soin que l'on ne puisse pas en abuser d'ailleurs pour exciter des défiances, dans la supposition que le Roi fonderoit des projets ambitieux sur ses liaisons avec le Czar, dont la puissance est déjà redoutable dans l'Empire; et c'est ce qui demande une grande sagesse et une grande discrétion de votre part pour ne rien hasarder sans en connoître la nécessité et les avantages. Il suffit souvent de faire entrevoir de certaines vérités pour ouvrir les yeux, pour laisser ensuite au temps et à la réflexion à conduire les choses à leur perfection : en sorte que l'on parvient à se faire rechercher sur ce que l'on désire avec le plus d'empressement, et dont on a de fortes raisons de ne pas s'expliquer.

Il faudroit, dans les règles, attendre après la conclusion du traité final entre la Suède et le Czar à consommer l'alliance que l'on se propose : premièrement, pour pouvoir y admettre en même temps la Suède, qui ne peut y entrer que lorsque sa paix sera absolument faite; en second lieu, pour pouvoir statuer plus exactement sur les garanties; enfin, pour se réserver un moyen de plus de faire désirer au Czar la conclusion de cette paix. Mais d'autres considérations peuvent demander que l'on sorte des règles en cette occasion.

La nécessité de s'assurer contre d'autres engagements que le Czar pourroit prendre d'ailleurs, peut y tenir un lieu principal. Les facilités que l'on trouveroit après la signature d'une alliance à empêcher que la négociation du traité final ne fût portée à Brunswick [1], méritent encore quelque attention. Et en général l'avantage de s'assurer contre les événements lorsqu'ils ne peuvent devenir plus favorables, semble devoir décider.

---

1. Au congrès de Brunswick où l'Empereur essayait de réunir, sous sa médiation, les plénipotentiaires des belligérants. Voyez ci-dessus, pp. 197, note 1, et 206.

Il n'y a que vous qui puissiez fixer ces différentes idées et juger du moment où il faudra agir aussi bien que de la mesure qu'il conviendra donner à vos démarches, selon les différentes circonstances où vous vous trouverez.

Vos dernières lettres[1] donnent lieu de croire que, si vous n'êtes pas encore passé auprès du Czar lorsque cette dépêche vous sera remise, vous ne différerez pas à vous y rendre, et c'est dans cette supposition que je vous marque ce que je crois qui doit servir de règle à votre conduite auprès de ce prince et de ses ministres. Mais, s'il étoit survenu quelque chose qui donnât lieu au roi de Suède de croire que votre voyage pût être inutile ou nuisible à ses intérêts, il faudroit le différer; et vous ne devez en aucun cas perdre de vue l'objet principal, de faciliter par toutes les voies possibles la convention préliminaire entre ce prince et le Czar, et de ne suivre jusqu'alors les autres objets qu'autant qu'ils pourront contribuer à la même fin, ou au moins autant qu'ils ne pourront en aucune manière y faire naître des obstacles ou en retarder la conclusion, parce qu'elle est devenue absolument nécessaire et qu'en effet c'est la base qui doit servir de fondement à toutes les autres vues qu'on peut avoir.

Si vous ne vous rendez pas présentement auprès du Czar et que, par conséquent, vous ne soyez pas à portée de faire usage de ce que je vous explique des intentions de Son Altesse Royale, vous pourrez le faire dans la suite; et vous recevrez les ordres de Son Altesse Royale[2] sur ce sujet aussitôt qu'elle sera instruite, par vos premières lettres, du progrès de la négociation de Nystad et des dernières résolutions que le roi de Suède aura prises par rapport à votre voyage de Pétersbourg.

L'on a été extrêmement surpris ici qu'on ait rappelé le comte Bielke[3]. Je lui dois la justice de dire qu'on n'a rien reconnu en lui qui fût contraire au service du roi son maître. Si, contre toute vraisemblance, il a eu quelque commerce avec le parti du duc de Holstein, il l'a si bien dissimulé que je ne m'en suis point

---

1. Notamment la lettre du 30 juillet 1721. A. E. *Russie*, t. XI. — Aucune des lettres de Campredon, pour cette période, n'a été éditée dans le tome XL de la *Société impériale d'histoire de Russie*.
2. Ces ordres, on ne les trouve pas aux Archives des affaires étrangères.
3. Envoyé extraordinaire de Suède en France. Voyez ci-dessus, p. 209, note 2

aperçu. J'ai vu au contraire beaucoup de choses marquées qui m'ont paru entièrement opposées à ce soupçon. Si l'on a cru qu'il fût négligent à solliciter les secours dont le roi de Suède avoit besoin et qui ne sont pas venus aussi vite que l'on auroit souhaité, ce n'a pas été sa faute, mais l'impossibilité où nous nous sommes trouvés de les donner. Il a fait pour les obtenir toutes les instances que l'on pouvoit faire, et il a mérité par là même l'estime de Son Altesse Royale. De sorte que si le roi de Suède n'a pas de preuve qu'il ait manqué à son devoir et qu'il veuille renvoyer ici ce ministre, comme il n'y a aucune apparence qu'il veuille laisser ses affaires entre les mains du sieur Gedda[1] qui les feroit mal, je crois qu'il ne peut mieux faire que de renvoyer M. de Bielke. Je puis vous assurer que nulle autre considération que la force de la vérité n'a part aux témoignages que je rends à ce ministre.

Je crois devoir vous marquer encore que, quoique Sa Majesté ne puisse acheter l'alliance du Czar par des subsides, si contre toute vraisemblance ce prince ou ses ministres en faisoient la demande, il faut qu'en même temps que vous en marqueriez votre surprise et que vous feriez connoître que, comme Son Altesse Royale ne pouvoit prévoir cette demande, vous n'avez aucun ordre de sa part sur ce sujet, vous laissiez entendre que, si le Czar vous ordonne d'en rendre compte, vous le ferez et que vous le suppliez en même temps de vous instruire de ce que vous pourriez marquer pour autoriser et pour soutenir cette proposition : en sorte que votre réponse ne donne aucune espérance, mais qu'elle ne donne pas lieu aussi à une rupture précipitée de la négociation, et que l'on pût avoir le temps de la soutenir par des objets plus éloignés.

Je vous prie de croire que j'ai toujours pour vous, Monsieur, toute l'estime que vous méritez.

P.-S. — Il seroit de quelque importance que, si l'on vous proposoit de la part du Czar quelque projet de traité de commerce, ou que vous puissiez pénétrer par quelque autre voie les inten-

---

[1]. Nicolas-Pierre, baron de Gedda, résident de Suède en France depuis 1720; nommé envoyé extraordinaire en 1728; remplacé en 1738 par le baron de Fleming.

tions de ce prince sur ce sujet, vous ne perdiez pas de vue à en rendre compte et que vous fissiez en même temps les observations que vous jugeriez nécessaires pour mettre Son Altesse Royale en état d'en mieux connoître les avantages et les inconvénients soit par rapport à la nature des marchandises que l'on pourroit porter dans les ports de ce prince et à celles qu'on en pourroit tirer, soit par rapport aux privilèges et aux exemptions qu'il seroit nécessaire de demander pour l'avantage du commerce des sujets du Roi.

L'on a rapporté au Czar que Son Altesse Royale n'étoit pas contente de la conduite de M. le baron de Schlenitz[1]; mais si vous allez à Pétersbourg et que vous ayez occasion de parler sur ce sujet, vous pouvez assurer que Son Altesse Royale n'a eu aucun lieu de se plaindre de lui. Je puis de ma part lui rendre le même témoignage et j'ajouterai qu'il a toujours paru très affectionné au service du Czar.

Quoique les lettres de créance que vous avez rendues au Czar, dans votre premier voyage auprès de ce prince, pussent suffire pour votre admission auprès de lui, je vous en envoie encore une du Roi et une de Son Altesse Royale pour le même effet.

Si le gouvernement du Régent ne considérait que comme une « vue » secondaire, subordonnée à la conclusion de la paix du Nord, le projet d'alliance entre la France et la Russie, il n'en était pas de même du Tsar. Dix-huit jours après la signature de la paix du Nord, le baron de Schleinitz remettait au cabinet de Versailles le mémoire suivant :

MÉMOIRE DU BARON DE SLEINITZ, AMBASSADEUR EXTRAORDINAIRE DU CZAR

Reims, le 28 septembre 1721[2].

La paix étant faite entre l'Empereur, la France, l'Angleterre et le roi de Sardaigne d'une part, et l'Espagne de l'autre[3], de même qu'entre la

1. Voyez ci-dessus, pp. 197 et 218.
2. *A. E. Russie,* t. XI, fol. 245.
3. Il s'agit du traité du 26 janvier 1720, par lequel Philippe V avait fait sa paix avec la Quadruple alliance.

Suède, le Danemark et la Prusse[1], et celle du Czar étant sur le point d'être signée[2], il semble que Son Altesse Royale M. le Duc-Régent ne peut rien faire de plus glorieux que de donner une solide et ferme consistance à cette paix dont l'Europe jouit, et qui est proprement l'ouvrage de sa profonde intelligence et de la grande dextérité du ministre[3].

Le Czar a toujours souhaité sincèrement d'entrer, de la manière la plus intime et la plus efficace, dans les intérêts de la France, et en particulier dans ceux de M. le Duc-Régent.

Le traité fait en 1717[4] avec Sa Majesté Czarienne peut servir de fondement à une union plus étroite.

Les deux principaux articles de ce traité sont :

L'acceptation de la médiation de Sa Majesté Très Chrétienne pour la paix à faire entre le Czar et la Suède;

Et les engagements dans lesquels Sa Majesté Czarienne est entrée, sur la garantie de la renonciation du roi d'Espagne à la couronne de France en faveur de M. le Duc-Régent en cas de mort de Louis XV sans succession[5].

Le premier article de ce traité est consommé; cette paix se fait actuellement par les bons offices de Son Altesse Royale, auxquels le [Czar la doit.

Il ne s'agit que de donner au second article toute l'étendue dont il est susceptible pour éviter tout l'ombrage que d'autres puissances pourroient prendre sur ces engagements plus étendus.

On pourroit se borner, pour le présent, à un simple acte de garantie réciproque, de celle de la France de la paix du Czar avec la Suède, et de celle du Czar de la renonciation du roi d'Espagne à la couronne de France en faveur du Duc-Régent. Cet acte de garantie réciproque ne seroit en effet qu'une accession de la part du Czar à la garantie sur la renonciation d'Espagne, dans laquelle les principales puissances de l'Europe sont déjà entrées.

Et la garantie de la France donnée au Czar sur sa paix avec la Suède, serviroit de raison et de motifs à ces puissances d'y accéder aussi, et surtout à l'Espagne de la combiner avec sa paix avec la France, cimentée tout récemment et consolidée par le mariage du Roi avec l'infante[6].

La grande correspondance où la France est présentement avec l'Angleterre et le traité avantageux qu'elle vient de faire avec l'Espagne, font présumer qu'elle ne trouvera rien d'opposé à ses intérêts et à ses vues dans ce susdit acte réciproque de garantie, dont les principaux objets sont l'exécution de la renonciation du roi d'Espagne à la couronne de France, dont l'Angleterre s'est rendue garante, et la solidité et la durée de la paix du Nord.

---

1. Le traité de paix entre la Suède et la Prusse avait été signé, sous la médiation de la France, à Stockholm, le 21 janvier 1720. — Le traité de paix entre la Suède et le Danemark avait été signé, également sous la médiation de la France, à Stockholm, le 3 juin 1720.

2. La signature de la paix de Nystad, 30 août (10 septembre) 1721, n'était pas encore connue à Paris, mais on l'y regardait comme très prochaine.

3. Dubois.

4. Le traité d'Amsterdam.

5. Une des conditions du traité de paix de Madrid (26 janvier 1720), et du traité d'alliance de Madrid (27 mars 1721) entre la France et l'Espagne, dans lequel l'Angleterre entra le 13 juin.

6. Les articles préliminaires de ce mariage furent signés à Madrid, par le duc de Saint-Simon, le 24 novembre 1721, et Saint-Simon fit le lendemain la demande officielle de la main de l'infante (âgée de trois ans!) pour le Roi de France.

On a une si haute idée de la capacité du ministre et de sa grande application pour tout ce qui peut contribuer à la tranquillité de l'Europe, à la gloire et à la puissance de la monarchie françoise, qu'on ne doute point que, sur les fondements des dites garanties réciproques, il ne prenne les mesures les plus justes, soit pour le présent, soit pour l'avenir, en insérant, dans l'acte de la garantie réciproque entre le Czar et la France, les clauses nécessaires pour les cas et les conjonctures qui peuvent arriver, en ménageant si bien les expressions de ces clauses que les autres puissances n'en puissent prendre de l'ombrage.

On attend de sa prudence qu'il combinera les affaires de la manière que, lorsqu'on sera obligé de donner à ces mêmes clauses toute l'étendue convenable aux intérêts de la France, du Duc-Régent, de l'Espagne et du Czar, on sera en état de ne pas craindre les ressentiments des puissances qui en seroient mécontentes sans raison.

1° On voit sans doute que le principal objet qu'on se propose est d'unir de la manière la plus étroite la France et l'Espagne avec le Czar, afin de tirer de cette union des avantages encore plus grands que ceux que la France a trouvés ci-devant dans ses alliances avec la Suède.

Les forces de cette couronne en Allemagne sont presque anéanties par les derniers traités de paix qu'elle vient de faire avec le roi d'Angleterre, comme électeur de Brunswick, et avec le roi de Prusse, comme électeur de Brandebourg.

Les places qui restent encore à la Suède dans l'Empire sont une foible ressource pour la France en Allemagne, si ces places ne sont soutenues que par les seules forces de cette couronne.

L'unique remède qui paroît rester est de cimenter une union entre le Czar et la Suède, fondée sur une étroite alliance de ces deux puissances avec la France.

C'est dans cette alliance que la France retrouvera le secours qu'elle tiroit ci-devant de la Suède, et dont le cardinal de Richelieu se servit si utilement pour venir à bout de ses grands desseins.

2° Elle augmenteroit la considération et la confiance que les princes de l'Empire, surtout les princes et États protestants ont toujours eues pour la couronne de France et qui paroît fort diminuée depuis la conclusion de la Quadruple alliance. Le roi de Prusse, difficile à déterminer, ne balanceroit pas à entrer dans les engagements de cette alliance, voyant qu'il auroit à craindre, d'un côté, le Czar, qu'il a pour ainsi dire sur ses épaules du côté de la Prusse, et la France, à portée à tomber sur ses États du côté du Rhin s'il en prenoit des contraires.

3° Cette plus étroite union entre la France et le Czar pourroit aussi avoir pour objet les affaires du duc de Holstein. Ce prince, ayant des obligations au Czar et à la France, et ayant des raisons essentielles à les ménager pour des vues encore plus grandes[1], se prêteroit sans doute à tout ce qu'on lui demanderoit dans les occurrences que le temps peut amener.

4° L'Empereur possède de grands États; il n'a point d'enfants mâles. Le prince à qui ces États passeroient monteroit probablement sur le trône de l'Empire. Il est facile d'en prévoir les conséquences pour l'Allemagne et pour l'Italie.

Par les mêmes principes qu'on a partagé la succession de la monarchie d'Espagne, ne pourroit-on pas entrer dans des vues et prendre des

---

1. Le mariage projeté avec la tsarévna Anna Pétrovna et la succession éventuelle à la couronne de Suède.

mesures secrètes pour partager ces vastes États qui sont réunis dans la maison d'Autriche [1] ?

Ces affaires ainsi combinées et l'Empereur venant à mourir sans succession, les princes ligués feroient tomber la couronne impériale à qui ils le jugeroient à propos.

5° Le Czar agissant de concert avec la France et ces deux puissances réunissant le parti qu'elles ont en Pologne, [elles] auroient entre leurs mains, pour ainsi dire, la destinée de ce royaume et entraîneroient dans leurs intérêts de gré ou de force le roi et la république.

6° Le Czar a fait avec la Porte une paix perpétuelle et peut par conséquent trouver à cette cour les appuis convenables selon les circonstances.

7° On pourroit aussi entreprendre de relever le commerce de la France avec les couronnes du Nord dans la mer Baltique, et avec l'Espagne dans la mer Méditerranée et dans la grande mer[2], dont il reviendroit des avantages immenses tant à la France qu'à l'Espagne et au Czar : ce que l'on fera voir clairement dans un mémoire particulier.

Quelque favorable que soit la disposition du Czar pour la France et pour Son Altesse Royale, on croit qu'il n'y a pas un moment à perdre pour entrer en négociation avec lui, pour prévenir qu'il ne prenne tels engagements avec l'Empereur qu'il ne seroit plus en son pouvoir de goûter les propositions qu'on pourroit lui faire dans l'esprit du présent mémoire.

Le 21 octobre 1721, Campredon arrivait à Cronstadt sur une frégate suédoise[3]. Le lendemain, comme il dînait chez le commandant de la forteresse, on lui annonça que Pierre le Grand était arrivé et qu'il avait été aussitôt le chercher à bord de la frégate. Il s'y rendit, et le Tsar le reçut très gracieusement, lui souhaita la bienvenue et lui dit « qu'il était fort obligé à Son Altesse Royale de ses bons offices et à moi des soins que j'avais pris, dont le succès lui était très agréable ». Les jours suivants, il le reçut en audience solennelle à Pétersbourg, le fit inviter à toutes les fêtes en l'honneur de la paix, aux offices, où Pierre chantait avec les popes, aux festins, où l'on « but beaucoup ». Campredon se trouva bientôt le favori de la cour de Russie.

Au début de 1721, le Tsar avait envoyé à Paris le prince Dolgorouki (Vassili Loukitch)[4]. Il était chargé de remercier le gouvernement français pour sa médiation et d'obtenir à Pierre le Grand la

---

1. Nous savons que la Russie, dans la question de la succession d'Autriche, devait suivre une tout autre politique que celle qu'expose ici Schleinitz.
2. L'Océan Atlantique.
3. Sur l'histoire et les péripéties de cette deuxième mission de Campredon, voyez sa correspondance, ainsi que celle de Lavie, avec Dubois (mort le 10 août 1723), puis la correspondance de Campredon avec M. de Morville, le duc d'Orléans et le duc de Bourbon, *Société impériale d'histoire de Russie*, t. XL, pp. 266 et suiv., XLIX, LII, LVIII et LXIV. — Voir aussi, *ibid.*, les *Mémoires de Le Dran*. — FLASSAN, t. IV et V. — VANDAL, *Louis XV et Élisabeth de Russie*, pp. 43 et suiv. — SOLOVIEF, *Istoria Rossii*, tomes XVII à XIX. — Les pièces originales sont dans *A. E. Russie*, tomes XI à XIX.
4. Voyez ci-dessus, pp. 213 et 223.

reconnaissance du titre impérial que lui avait décerné le sénat, les grands et le peuple russes. Puis on lui confia une mission plus délicate, le 6 mai 1721 : il devait négocier le mariage du jeune Louis XV avec la fille cadette du Tsar, la future impératrice Élisabeth. Ce mariage se heurtait à toutes les idées et à tous les préjugés de la cour de France : le père de la fiancée proposée était un grand homme, mais encore à demi barbare; la mère était de basse origine; enfin la différence de religion pouvait servir de prétexte. Dolgorouki coupa court aux espérances du Tsar en annonçant les fiançailles projetées avec l'infante d'Espagne.

Campredon restait chargé de la grosse affaire de l'alliance entre les deux couronnes; mais Pierre le Grand n'avait pas renoncé à une alliance entre les deux maisons: Il fit faire des insinuations très précises à Campredon : à défaut du Roi, ne pouvait-on pas faire le mariage d'Élisabeth avec l'un des princes du sang : ou le duc de Chartres, fils du Régent, ou le comte de Charolais, fils du duc de Bourbon? Il en est question déjà dans une lettre de Campredon, du 8 novembre 1721 : « Un ami vient de me dire que, pour mettre entièrement la Czarine dans nos intérêts, il seroit à désirer qu'on pût assurer un mariage entre la fille cadette du Czar[1], qui est très aimable et très bien faite, et quelque prince françois dont on feroit ensuite très facilement un roi de Pologne, ce qui seroit même sûr par la puissance du Czar. » La santé chancelante du roi Auguste semblait, alors, promettre une vacance prochaine du trône de Pologne. Il est certain que par une telle union les destinées de la France, de la Russie, et surtout de la Pologne, eussent été singulièrement modifiées.

Le Régent comprenait l'importance de cette question; mais il se croyait lié envers l'Angleterre au point de lui communiquer les dépêches qu'il recevait de Russie et qui rentraient dans notre Dépôt annotées de la main du roi George. Pierre soupçonnait des indiscrétions commises, ne savait qui en accuser, mais s'en irritait, ainsi qu'en témoigne la correspondance de Campredon[2].

Le gouvernement français fit attendre près d'un an sa réponse aux propositions du Tsar, et alors intervient une longue lettre de Dubois à Campredon, en date du 14 octobre 1722, et qui, suivant

1. Voici le portrait que Campredon (lettre du 13 mars 1723) fait à Dubois de cette princesse :
« Il n'y a rien que d'agréable dans la personne de la princesse Élisabeth. On peut dire que c'est une beauté pour la taille, le teint, les yeux et les mains. Les défauts, s'il y en a, seront du côté de l'éducation et des manières ; car on m'a assuré qu'elle a de l'esprit, à l'aide duquel il ne sera pas impossible de rectifier ce qui manquera. »
2. Notamment sa lettre du 21 décembre 1721. — *Société impériale d'histoire de Russie*, t. XL, pp. 108 et suiv. — Voyez ci-dessus, p. 187, et ci-dessous, p. 253.

l'expression de M. Vandal [1], est une véritable « Instruction [2] ». En résumé, le cardinal, n'écartait pas l'idée d'un mariage du duc de Chartres avec une des filles du Tsar, quoique la basse origine de leur mère rendît cette union peu convenable; mais il entendait que ce mariage assurât l'installation du prince français sur le trône de Pologne. Sur le projet d'alliance politique, il conservait beaucoup d'appréhensions sur les aventures où les ambitions de notre nouvel allié pourraient nous entraîner; il estimait que le traité d'Amsterdam suffisait amplement; mais enfin, si le Tsar consentait à comprendre dans l'alliance nos associés du traité de la Haye, l'Angleterre et la Hollande, s'il consentait, en échange de la garantie de ses nouvelles conquêtes, à garantir les traités d'Utrecht, de Bade, de la Haye et de Londres, si l'éventualité d'une guerre entre la Russie et la Turquie était exclue du *casus fœderis*, si l'alliance était accompagné d'un traité de commerce qui assurât à la France en Russie le traitement de la nation la plus favorisée, on pourrait entrer dans le détail des articles et préciser les secours en hommes, en vaisseaux, en argent, que les nouveaux confédérés seraient tenus de se fournir réciproquement.

Le Tsar, sur les entrefaites, s'était engagé dans une guerre avec la Perse et avait fait occuper Derbent sur la Caspienne. Lui-même se mit à la tête de l'expédition qui descendit le Volga jusqu'à Astrakhan (1722); puis, laissant à ses lieutenants le soin de conquérir le Daghestan, le Ghilan et le Mazandéran, il était rentré à Moscou à la fin de décembre 1722.

Il voulut aussitôt y avoir un entretien avec Campredon, et, après l'avoir reçu, fit sortir tout son monde, ne gardant avec lui que la Tsarine [3]. Campredon ayant prononcé le nom du duc de Chartres : « Je le connais, dit le Tsar, et l'estime fort. » Il chargea Ostermann, ministre des affaires étrangères, des questions politiques (l'alliance, la reconnaissance du titre impérial) et le prince Dolgorouki, revenu de Paris, de la question matrimoniale [4].

Campredon avait ordre de demander que le mariage fût reculé jusqu'à ce que le duc de Chartres pût être fait roi de Pologne [5]; mais

---

1. Vandal, *Louis XV et Élisabeth de Russie*, p. 53.
2. Cette lettre a été publiée dans *Société impériale d'histoire de Russie*, t. XLIX, pp. 151-212. — Voyez encore, *ibid*, pp. 215 et suiv., une autre longue lettre de Dubois à Campredon, plus un certain nombre d'autres, pp. 223 et suiv., 247 et suiv., 264-289; t. LII, pp. 1-19, 24-49, 56-96. — Voyez aussi t. XLIX ; pp. 233 et suiv.; t. LII, pp. 49 et suiv., les Projets de traité à présenter au Tsar.
3. Lettre de Campredon du 5 février 1723.
4. Lettre du même au Roi, 13 mars 1723.
5. Remarques sur le projet des articles secrets, 13 mars 1723 : « On sent bien, y est-il dit, l'intérêt que le Czar auroit de conclure le mariage de sa fille dès aujourd'hui, et qu'il se pourroit aisément consoler de ne pas la voir reine de Pologne par l'espérance qu'il auroit de la voir peut-être régner en France; mais ce n'est pas cela que l'on a eu l'intention de faire. »

Dolgorouki demandait si, dans le cas où le roi de Pologne vivrait encore quinze ans [1], la princesse devait rester fille.

Ce n'était pas le zèle qui manquait à Campredon ; c'était sa cour qui le laissait sans instructions, même sans argent. Nous avons bien des lettres de Dubois de mars, avril, mai et juillet 1723 ; mais il y parle de tout, excepté du mariage. Après beaucoup de courriers de Campredon restés sans réponse, il reçut deux lettres de Dubois du 1er août 1723, dont l'une était relative au projet de mariage, l'autre aux affaires politiques.

Dans la première, Dubois insistait pour que l'on attendît jusqu'à l'ouverture de la succession polonaise, que d'ailleurs, « quoique l'on ne puisse limiter la vie des rois », le cardinal-ministre estimait assez prochaine. Il parlait aussi de la possibilité que le duc de Chartres fût appelé à la couronne de France [2] : en ce cas, pour ne pas perdre l'avantage de la succession polonaise, il faudrait substituer à ce fiancé « un autre prince de la maison de France pour épouser la princesse Élisabeth » : par exemple, un des princes de la branche ducale de Bourbon.

Dans la seconde dépêche, celle qui traitait des affaires générales, Dubois indiquait nettement que le principal obstacle à l'alliance entre les deux souverains, c'était l'inimitié entre le Tsar et le roi George ; or « les engagements formels où est le Roi avec le roi d'Angleterre, et qui sont publiés, l'obligent à défendre ce prince et ses États envers et contre tous ceux qui entreprendroient de le troubler ». Ainsi, sous Louis XIV, c'étaient nos relations avec la Suède, sous la Régence, c'étaient nos relations avec la maison de Hanovre qui faisaient ajourner l'alliance tant désirée par Pierre le Grand. Cela n'empêchait pas Dubois d'être « persuadé qu'il ne restera plus de doute aux ministres du Czar sur la sincérité du Roi et sur l'empressement que Sa Majesté a de conclure avec ce prince une alliance durable ».

Enfin il disait à Campredon : « Je ne vous cacherai point qu'il (M. de Chavigny [3]) a ordre de communiquer au roi d'Angleterre tout ce que vous avez écrit sur ce qui regarde les intérêts de ce prince. »

Quant à la question du titre impérial, « l'intention du Roi n'est pas de refuser au Czar le titre d'empereur » ; mais cette question était subordonnée à la conclusion de cette même alliance à laquelle on suscitait tant d'objections.

Dix jours après la rédaction de ces dépêches, Dubois, qui osait faire entrer dans ses calculs la mort des rois de Pologne et de France, mourait. Par lettre du 16, M. de Morville, en faisant part à Campredon de cette mort, lui annonçait que le duc d'Orléans avait

---

1. Le roi Auguste ne mourut qu'en 1733.
2. La santé de Louis XV était toujours très délicate.
3. Ministre de France en Angleterre.

succédé au cardinal comme ministre des affaires étrangères, et que lui-même était chargé de recevoir la correspondance de Campredon. La politique de tergiversation continua de plus belle. Chose plus grave, le Tsar apprit, et cela par voie indirecte, le mariage du duc de Chartres avec une princesse allemande. Le 2 décembre, le duc d'Orléans mourait aussi, et, avec le duc de Bourbon, premier ministre du Roi, d'autres intérêts entraient en scène.

Le duc de Bourbon montra peut-être encore plus de déférence aux volontés de l'Angleterre et moins d'égards pour la Russie que le gouvernement précédent. Morville, son ministre des affaires étrangères, dans ses dépêches à Campredon, fera de la réconciliation du Tsar avec le roi d'Angleterre — ce que Dubois lui-même n'avait pas osé en faire — « le préalable nécessaire du traité d'alliance projeté avec le Tsar ». Combien Pierre le Grand se trompait quand il témoignait espérer beaucoup du changement de gouvernement en France!

Dès juillet 1722, le prince Dolgorouki ayant été rappelé de Paris, le Tsar y envoya, mais sans caractère officiel, le prince Kourakine (Alexandre Borisovitch), fils de ce Kourakine (Boris Ivanovitch) qui avait pris part aux négociations d'Amsterdam et qui avait fait, cette année-là, un voyage à Paris, peut-être pour préparer les voies à son fils. Puis Boris Kourakine, en 1724, après l'avènement du duc de Bourbon, fut transféré de la légation de Hollande à celle de France, le Tsar désirant y avoir un diplomate expérimenté qui pût influer sur les événements [1].

Quand on apprit à Pétersbourg qu'il était question de renvoyer l'infante d'Espagne fiancée au roi de France, Pierre adressa au prince Boris Kourakine de nouvelles instructions pour reprendre les négociations en vue du mariage de Louis XV avec Élisabeth. « J'y songe nuit et jour, » répondait l'ambassadeur; mais il parlait des

---

1. La cour de France ne semble pas avoir été très satisfaite de la conduite d'Alexandre Kourakine. Une lettre du 11 janvier 1723 (Soc. imp. d'hist. de Russie, t. LII, p. 464) dit que « le cardinal a écrit à M. de Campredon qu'il étoit surpris que le Czar voulût employer un jeune homme comme M. de Kourakine à la plus grande cour de l'Europe, telle qu'étoit la cour de France... et qu'il ne pouvoit s'ouvrir, avec sûreté ou avec confiance, à un jeune homme dissipé dans toutes sortes de sociétés et de compagnies ». On ajoute qu'« il continue de se rendre de plus en plus méprisable au cardinal ». (Ibid., p. 467.) Les fréquents voyages à Paris de son père Boris Ivanovitch, alors ministre russe en Hollande, causaient quelque suspicion : on voit (Ibid., p. 467) que le cardinal avait aussi « du mécontentement de sa conduite ». En 1724, nous retrouvons cependant à Paris Kourakine le père, en qualité d'envoyé, et Kourakine le fils, en qualité de secrétaire de la légation. En novembre 1725, c'est bien Kourakine le père qui discute avec Morville le projet d'alliance; mais à la date du 28 juin 1726 (Soc. imp., t. LXIV, p. 374), nous trouvons une lettre de notre ministre des affaires étrangères à M. Hérault, lieutenant de police, constatant que « M. le prince Kourakine, qui demeuroit rue de l'Université, est parti pour aller aux eaux de Spa », et qu'on se demande « si ce voyage ne seroit point un prétexte pour cacher un départ absolu ».

concurrentes que l'on poussait de tous côtés, notamment la princesse de Portugal. En juillet-août 1724, rien n'était décidé, et Pierre pouvait encore espérer.

A ce moment, les deux ambassadeurs de France à Pétersbourg et à Constantinople, MM. de Campredon et de Bonac, eurent l'occasion, qu'ils saisirent de leur propre initiative et sans attendre les instructions de leur gouvernement, de rendre un nouveau et signalé service à la Russie. Les campagnes des Moscovites en territoire persan avaient ému la Turquie; un grand conseil s'était tenu à Stamboul, où l'on avait presque décidé de déployer l'étendard du Prophète et d'envoyer l'ambassadeur russe aux Sept-Tours. Les intrigues de l'Angleterre pouvaient y être pour quelque chose [1]. En tout cas, cette guerre imminente pouvait être dangereuse pour Pierre, et elle eût été certainement embarrassante pour la France, obligée de choisir entre sa vieille alliée, la Turquie, et le nouvel allié qui s'offrait avec tant de persévérance.

M. de Bonac prit sur lui de proposer à la Porte la médiation du Roi et se mit en rapport avec son collègue de Pétersbourg [2]. Tous deux réussirent à conclure un accommodement entre la Russie et la Turquie pour l'agrandissement proportionnel de leurs domaines aux dépens de la Perse [3].

La cour de Versailles profita du service rendu au Tsar pour insister plus vivement encore sur sa réconciliation avec le roi George. Campredon saisit une occasion favorable, le jour où le traité de paix avec la Turquie arrivait à Pétersbourg et où le Tsar se rendait solennellement à sa cathédrale, pour s'approcher de lui. Pierre accueillit courtoisement le diplomate dont la médiation, dans les affaires avec la Suède et avec la Turquie, lui avait été si utile : « Vous avez toujours été pour moi un ange de paix, » lui dit-il. Et comme Campredon parlait de la négociation avec l'Angleterre : « Je ne serai ni ingrat, ni méconnaissant, reprit le Tsar, et je vais sur-le-champ donner à mes ministres des ordres dont vous aurez lieu d'être satisfait [4]. »

Cependant, la cour de Versailles ayant élevé d'autres objections,

---

[1]. Morville croit que les efforts de Bonac pour le rétablissement de la paix ont été traversés par les Anglais. Lettre du 28 avril 1724, *Société impériale d'histoire de Russie*, t. LII, p. 209.

[2]. Il lui envoya M. d'Allion. — Voir la lettre de Campredon à Bonac, des 16 mars et 16 avril 1724. — *Ibid.*, t. LII, pp. 169 et suiv., 190 et suiv.

[3]. Le traité fut signé le 8 juillet 1724, mais la délimitation des frontières ne fut arrêtée qu'en septembre 1725, après la mort de Pierre.
Lettre de Morville à Campredon, du 24 mars 1724, *ibid.*, pp. 188 et suiv., approuvant la conduite de Campredon. — Voir sur cette négociation SAINT-PRIEST, *Mémoires sur l'ambassade de France en Turquie* (publication de notre École des langues orientales), p. 121.

[4]. Lettre de Campredon, du 1er août 1724, citée par M. Vandal.

exigeant toujours, avant tout, que le roi d'Angleterre fût compris dans l'alliance projetée, on peut dire que la vie de Pierre s'acheva avant qu'il eût vu la réalisation d'aucun de ses deux rêves : l'alliance avec la France, le mariage de sa fille avec un prince de la maison de France.

Breteuil a raconté plus tard[1] que l'on trouva sur la table du Tsar, après sa mort, le projet tout préparé d'un traité avec la France. Il est possible que ce soit celui qui fut envoyé à Campredon avec la lettre royale du 16 octobre 1724[2].

Pierre mourut le 8 février (28 janvier) 1725. Sa femme, la captive de Marienbourg, lui succéda sous le nom de Catherine I[re][3].

Celle-ci adopta d'abord tous les projets du Tsar défunt à l'égard de la France. Dans le haut comité des grands dignitaires, qui se réunit sous sa présidence le 10 février, son favori Menchikof se prononça résolument pour l'alliance française, même à la condition de subir celle de l'Angleterre, et entraîna la majorité des autres ministres[4]. Campredon était le plus en faveur des ministres étrangers[5]. La nouvelle de la rupture du renvoi de l'infante avait ravivé les espérances de la Tsarine : elle faisait faire par Menchikof à Campredon une proposition formelle (mai 1725).

---

1. Dépêche du 5 janvier 1762, citée par M. Vandal. — Voir, *Société impériale d'histoire de Russie*, t. LVIII, pp. 265 et suiv., le contre-projet des ministres de Catherine Ire, joint à la lettre de Campredon du 3 mai 1725. Il est annoté par Louis XV. C'est l'affaire de Holstein qui créait la plus grosse difficulté.

2. *Société impériale d'histoire de Russie*, t. LII, pp. 295-309. — A cette instruction (complétée par les lettres détaillées du Roi ou de Morville, des 16 octobre, 5, 16, 18, 23 novembre, 7 et 21 décembre 1724, 4, 18, 25 janvier et 8 février 1725, plus deux lettres du duc de Bourbon) est joint un projet de traité en 12 articles, plus 3 articles séparés et secrets; *ibidem*, pp. 310-319.

Le projet de traité a pour objet : 1° l'alliance défensive des trois couronnes (France, Russie, Angleterre), pour le maintien de la paix « rétablie dans toute l'Europe »; 2° la garantie des traités d'Utrecht, Bade, La Haye, Londres, Stockholm, Nystad; 3° la reconnaissance du titre impérial de Pierre; 4° la garantie de l'ordre de succession établi en Russie par le Tsar; 5° la détermination des voies et moyens pour la protection respective des territoires des trois États : on stipule que chacun d'eux fournira 8 000 fantassins et 4 000 cavaliers, avec faculté pour la puissance attaquée de demander de préférence des vaisseaux ou des subsides, et en laissant à des arrangements ultérieurs le soin de fixer les secours plus importants qui pourraient devenir nécessaires; 6° un traité de commerce entre les trois puissances, avec la clause, pour chacune d'elles, de la nation la plus favorisée.

Quant aux articles secrets, ils stipulaient : 1° le maintien des constitutions de la Pologne; 2° des garanties pour les ducs de Mecklembourg et de Holstein, dont l'un avait épousé une nièce, et dont l'autre était sur le point d'épouser une fille de Pierre le Grand.

3. Voyez le récit de l'avènement de Catherine dans les dépêches de Campredon, du 10 février 1725. — *Société impériale d'histoire de Russie*, t. LII, pp. 427 et suiv.

4. Récit de Campredon dans sa dépêche du 13 avril 1725. *Ibid.*, t. LVIII, pp. 110 et suiv. — La correspondance ultérieure de Campredon sous le règne de Catherine se trouve dans les tomes LVIII et LXIV de la même collection; ces volumes, ainsi que ceux que nous avons déjà cités dans ces notes, et qui sont relatifs à la correspondance des agents français en Russie, ont été édités par M. Georges Stendtmann.

5. Voyez l'intéressante préface (en russe) au t. LVIII de cette collection.

Quant à l'alliance, les mêmes difficultés subsistaient, ainsi qu'en témoignent les lettres du Roi à Campredon[1].

A la fin de l'année, toute espérance s'évanouissait; le duc de Bourbon et la marquise de Prie, s'inspirant uniquement de leurs intérêts personnels[2], avaient choisi pour le jeune Roi la fiancée la plus inattendue : Marie Leszczinska[3], la fille du roi de Pologne détrôné par Pierre le Grand et dont nous devions, huit ans plus tard, soutenir la nouvelle candidature au trône de Pologne, même au prix d'une rupture avec la Russie. Le mariage eut lieu le 4 septembre 1725.

De Paris, Kourakine avait averti Catherine de ce projet de mariage, et celle-ci avait dépêché Tolstoï à Campredon. Celui-ci, fort embarrassé et peu au courant des faits, allégua — ce qui était d'ailleurs très hasardé — que le Roi avait fait un mariage d'inclination. Tolstoï fit cette réponse remarquable : « Les rois qui se sont mésalliés ont perdu considérablement de leur gloire et de leur réputation... Toute l'Europe a les yeux sur le seul rejeton de Louis le Grand. » Mais les efforts désespérés que tenta Campredon, dans une lettre confidentielle à Morville, restèrent vains.

Alors le parti de l'alliance avec l'Autriche, Iagoujinski en tête, reprit le dessus parmi les conseillers de la Tsarine[4]. Cependant elle ne voulut rien conclure avant que tout ne fût bien fini à Paris : « Le Roi de France est-il marié? » demandait-elle, se rattachant à une dernière espérance. Le Roi était bien marié, et le duc de Bourbon n'avait pas même daigné répondre, ni à la proposition que lui avait fait faire Catherine au sujet de la fille de Stanislas pour lui-même,

---

1. Notamment celle du 20 juin 1725, publiée par la *Société impériale d'histoire de Russie*, t. LVIII, pp. 383-392. — Voyez d'autres lettres du Roi servant de complément à celle-là : l'une, du 19 juillet 1725, *ibid., ibid.*, pp. 445-455; l'autre, du 12 août 1725, *ibid.*, *ibid.*, pp. 476-479; une troisième, du 27 septembre 1725, *ibid., ibid.,* pp. 573-577.

2. La Tsarine, pour gagner le duc de Bourbon à ses projets, lui avait proposé, pour lui-même, le mariage avec Marie Leszczinska, en lui promettant la succession polonaise.

3. Paul de Raynal, *le Mariage d'un Roi.*

4. Si peu clairvoyant était ce malheureux gouvernement du duc de Bourbon qu'il faisait écrire par le Roi à Campredon, le 27 septembre 1725 : « Je ne sais sur quoi peut être fondée l'espérance que les ministres moscovites paraissent avoir de prendre, quand ils le voudront, des liaisons avec la cour de Vienne; si c'est un moyen qu'ils emploient pour vous intimider, la tentative sera inutile. »
Dans le conseil de la Tsarine, Menchikof, Apraxine, Galitsyne, Tolstoï, Ostermann, inclinaient à conclure l'alliance avec la France, même en y acceptant l'Angleterre; au contraire, le chancelier Golovkine, le prince Vassili Loukitch Dolgorouki, le prince Repnine, Iagoujinski, repoussaient l'alliance française, précisément à cause de l'accession imposée de l'Angleterre. — Vainement Campredon prodiguait l'argent pour faire céder les adversaires et encourager les amis : 3 000 ducats à Golovkine, Tolstoï, Ostermann, de gratification publique; de gratifications secrètes, 5 000 à Menchikof, 6 000 à Tolstoï, Apraxine, Ostermann, 4 000 à Galitsyne, 3 000 à Dolgorouki, 2 000 à Iagoujinski, etc., etc. — Solovief, *Istoria Rossii*, t. XIX, p. 22.

ni à celle qu'elle lui avait faite précédemment, également pour lui, de la main d'Élisabeth. C'était un double, un triple refus, et Catherine en ressentit l'humiliation.

Puis vint la querelle entre le roi de Danemark et le duc de Holstein, gendre de l'Impératrice[1]; la France prit parti, avec l'Angleterre, pour le premier, et l'Angleterre fit des préparatifs menaçants.

Enfin, par dépêche du 25 octobre 1725, Morville enjoignit à Campredon de cesser les négociations pour l'alliance[2]. Sept jours auparavant, 18 octobre, il avait ordonné à d'Andrezel, successeur de Bonac à Constantinople, de ne plus se mêler des affaires russes.

Même en février 1726, M. de Bassewitz[3] assurait le comte Sapiéha, qui en avertissait Campredon, que « la Czarine préférerait encore le parti de la France à celui de l'Empereur », si la France voulait assurer satisfaction au duc de Holstein[4]. Le duc de Bourbon ne voulut entendre à rien; et la lettre qu'il fit signer au Roi, à la date du 7 février 1726, témoignait des préjugés les plus vifs à l'égard de la Russie :

LE ROI A M. DE CAMPREDON. — 7 FÉVRIER 1726[5].

J'ai reçu votre lettre du 3 janvier. Elle contient, sur les entreprises que l'on attribue à la Czarine, précisément les mêmes circonstances rapportées dans la lettre que vous aviez reçue du sieur de Westphalen[6] dès le 23 du mois de décembre. Elles paroissent du premier coup d'œil tellement détaillées qu'il ne sembleroit pas possible de douter de leur vérité. Elles seroient même, en quelque manière, entièrement démontrées si l'on en jugeoit uniquement par la connoissance que l'on a des vastes idées que les partisans et ministres du duc de Holstein forment souvent dans la vue de subordonner tout à ce qu'ils appellent la satisfaction de leur maître. Mais il se présente en même temps plusieurs réflexions qui contrediroient des

---

1. Le mariage d'Anna Pétrovna avec Charles-Frédéric, duc de Holstein-Gottorp, eut lieu le 29 mai 1725. — Il s'agissait des prétentions du duc de Holstein sur le Sleswick.

2. « En attendant, il n'y a qu'à approuver le parti que vous avez pris d'éviter de vous expliquer sur le concours du Roi avec la cour où vous êtes, dans les affaires générales... Je vous confierai même que le peu de retour que l'on éprouve de la part de la Czarine, après les témoignages d'amitié qu'elle a reçus du Roi à l'égard des affaires qu'elle a eu à négocier à Constantinople, met Sa Majesté dans l'obligation de prescrire à son ambassadeur à la Porte de suspendre ses démarches, et, sans rien faire qui puisse être contraire aux intérêts de la Czarine, de différer ses bons offices, jusqu'à ce que l'on voie si les ministres de cette princesse ne songent pas à former des desseins qui seraient tels que Sa Majesté ne devrait pas se mettre dans le cas d'être regardée comme la protectrice des intérêts d'une cour qui voudrait profiter de sa tranquillité du côté des Turcs pour faire plus sûrement des entreprises dans le Nord. » *Société impériale d'histoire de Russie*, t. LXIV, pp. 34 et suiv.

3. Hennig-Frédéric, comte de Bassewitz, ministre de Charles-Frédéric, duc de Holstein.

4. Lettre de Campredon, du 9 mars 1726.

5. *A. E. Russie*, t. XIX, fol. 51. — *Société impériale d'histoire de Russie*, t. LXIV, pp. 236 et suiv.

6. Westphalen, envoyé de Danemark à la cour de Russie.

connoissances que je veux croire que vous avez approfondies vous-même. D'aussi vastes projets et des desseins si importants devroient être tenus dans le plus grand secret jusqu'au moment de leur exécution, et le sieur Bassewitz, intéressé si particulièrement à leur succès, paroît s'être ouvert trop facilement sur les insinuations que vous lui avez faites pour ne pas soupçonner quelque artifice de sa conduite et dans les bruits répandus ailleurs. Il est vrai que, lorsqu'il s'agit d'un grand dessein, l'on ne peut pas cacher certains préparatifs qui demandent le concours d'un grand nombre de soins différents. Mais il est si facile, et en même temps si important, d'en déguiser l'objet véritable que j'ai peine à concevoir que les choses soient aussi avancées qu'on le suppose, surtout dans un temps où vous savez mieux que personne que l'inexécution du traité entre le feu Czar et la Porte peut donner aux Moscovites de l'occupation pour longtemps. Enfin le concours de la Suède, que l'on estime être assuré, paroît une chose tellement monstrueuse que l'on ne s'accoutume point à une pareille idée. La Suède, si intéressée à la conservation de la paix, n'ayant point d'obligation de se joindre à la Czarine pour la satisfaction du duc de Holstein, au moins avant que les voies amiables aient été épuisées, n'ayant point du côté du Danemark de prétexte de rompre la paix, ne peut pas sans doute se porter à prendre part à une guerre qui lui attireroit encore le reproche d'avoir enfreint la foi des traités publics. Telles sont les réflexions qui feroient regarder comme un pur artifice des Moscovites tant de bruits de guerre, accompagnés de détails et d'objets qui paroissent être au delà de toute vraisemblance et au delà des bornes de la prévoyance humaine. Cependant, comme il est nécessaire de regarder dans de certains cas les choses les moins décidées comme des résolutions effectives pour n'être point surpris par les événements même inattendus, il faudra que, sur les avis contenus dans votre dépêche, je concerte avec le roi de la Grande-Bretagne les moyens d'arrêter les entreprises de ceux qui voudroient, pour des vues particulières, troubler la paix que j'ai pour ainsi dire ramenée dans le Nord par mes soins et par mes offices ; et c'est à quoi il ne sera point perdu de temps de ma part.

Pendant que je travaillerai dans cet esprit, il ne faut que, de votre part, vous restiez tellement dans le silence que l'on puisse me reprocher, en aucun temps, d'avoir manqué une occasion de faire connoître à la Czarine les dangers auxquels elle s'exposeroit si elle se livroit à des projets aussi contraires à ses véritables intérêts. Les précautions que l'on paroît prendre à la cour où vous êtes pour empêcher les ministres étrangers d'entretenir cette princesse ne permettent pas d'espérer que vous puissiez lui faire à elle-même les représentations nécessaires. Cependant vous tâcherez de parvenir jusqu'à elle si cela vous est possible, sauf à vous contenter de demander une conférence à la chancellerie si vous ne pouvez pas avoir une audience prompte de la Czarine. Dans l'un et dans l'autre cas, mon intention est qu'après avoir rappelé tout ce que vous savez que j'ai fait de ma part pour former d'étroites liaisons avec elle, vous fassiez connoître que j'ai vu avec peine changer peu à peu les principes qui avoient paru prévaloir jusqu'à cette heure pour la gloire et les véritables intérêts de la Czarine. Vous ajouterez que je vois aujourd'hui ses ministres aussi occupés du soin de traverser les vues de ma couronne qu'ils devroient l'être du contraire, s'ils n'avoient pas subordonné leurs intérêts naturels et les plus essentiels à des considérations particulières ; qu'au lieu de tant d'irrégularités j'avois cependant toujours espéré, conformément aux paroles si souvent répétées de la Czarine et de ses ministres, qu'il ne seroit rien entrepris au préjudice de la tranquillité publique qui pût m'obliger à prendre des partis désagréables à cette princesse, jusqu'au moment que votre fidélité pour le bien de mon service vous a obligé de m'informer par le courrier que vous m'avez dépêché de ce qui se projetoit pour attaquer le Danemark; que, sur ces nouvelles circonstances, je vous ai prescrit de faire les représentations les plus fortes sur un pareil manquement de paroles, sur les inconvénients de toute entreprise de guerre, sur la nécessité où je me trouverois alors d'y prendre part, pour empêcher le feu de la guerre d'embraser tout le Nord; enfin sur ce que je verrois avec une douleur extrême qu'après n'avoir pu réussir à me lier avec la Czarine, je fusse encore contraint à prendre des résolutions que je ne prendrois à la vérité qu'à l'extrémité, mais auxquelles après tout il faudroit nécessairement venir, plutôt que de laisser un libre cours à la guerre que la Czarine auroit allumée.

Telle est la manière dont vous devez, aussitôt après que vous aurez reçu cette lettre, vous expliquer, soit avec la Czarine elle-même, si vous le pouvez, soit au moins avec ses ministres, à la chancellerie. Ils sont, à ce qu'il paroît, tellement livrés aux partisans de la cour de Vienne et aux vues du duc de Holstein que je désirerois extrêmement que vous pussiez ne pas faire passer ces déclarations par leur canal, sûr qu'étant altérées par eux, elles perdroient beaucoup de leur force. Vous aurez soin de demander de ma part une réponse sur laquelle je puisse prendre mes dernières résolutions.

Après vous avoir fait connoître par ces ordres combien je désire véritablement que la paix du Nord ne soit point troublée par les entreprises de la Czarine, je ne puis m'empêcher de vous faire encore quelques réflexions sur la malheureuse situation des affaires de ce côté-là, relativement aux intérêts du duc de Holstein. Je n'ai pas ignoré, lorsque j'ai persisté dans les ordres que je vous ai donnés dès le commencement, par rapport à l'article du Sleswick, que ce que vous proposeriez paroîtroit au duc de Holstein une trop foible espérance. Cependant, comme j'en jugeois principalement par le désir que j'ai toujours eu véritablement de contribuer à la satisfaction du duc de Holstein, j'avois espéré que ce prince considéreroit beaucoup moins ce qui seroit stipulé par écrit que ce qu'il sauroit de mes dispositions favorables pour lui. Vous êtes instruit vous-même, mieux que personne, que je ne cherchois absolument qu'une occasion plausible de presser le roi de Danemark sur la satisfaction du duc de Holstein et qu'il n'y avoit que la signature de mon alliance avec la Czarine qui pût me donner cette occasion. Ainsi je ne puis m'empêcher de blâmer la conduite que ce jeune prince a tenue en cette occasion, puisque, si la signature de l'alliance m'avoit mis en état d'agir, j'emploierois sur ce principe, avec les princes mes alliés, des raisons si fortes que j'espérerois qu'enfin elles prévaudroient. Mais je ne puis, quant à présent, que rester dans le silence avec la cour de Copenhague, me contentant, dans les occasions, de remplir mes engagements.

J'ai vu les mémoires qui étoient joints à votre dépêche sur l'état présent des forces de terre et de mer de la Czarine. Si la bonté des troupes et l'expérience des officiers répondoit au nombre, l'on peut dire que ce seroit une puissance redoutable. Mais il paroît que l'on n'apporte plus les mêmes soins que du temps du feu Czar sur les moyens d'instruire une nation qu'il n'avoit lui-même tirée de la barbarie qu'avec une application et une peine continuelle; et il faut compter qu'avec ce que vous marquez du peu de fidélité de ceux qui sont employés, chaque jour avancera la ruine des établissements que le Czar avoit faits. C'est aussi ce qui me fait penser que, si ordinairement l'on ne se flattoit pas sur les choses qui sont personnelles, les Moscovites se garderoient bien d'entreprendre une guerre où ils sentiroient, peut-être dès les commencements, les inconvénients de la mauvaise discipline et du peu d'administration.

Enfin, par lettre du 25 avril 1726, Morville mandait à Campredon[1] : « Je vous dirai, Monsieur qu'à force d'avoir pris patience pendant longtemps, les choses en sont venues au point qu'il faut nécessairement prendre un dernier parti sur les affaires du Nord en général, et en particulier sur les dispositions de la cour où vous êtes relativement aux différentes affaires qui peuvent intéresser le Roi... C'est ce qui fait prendre à Sa Majesté la résolution de vous faire faire, sans aucun retardement, un voyage ici, afin que vous puissiez rendre compte vous-même de la situation des affaires du Nord... Ainsi, dès que vous aurez reçu cette lettre, Monsieur, vous vous disposerez à vous rendre ici. »

Campredon quitta Pétersbourg le 31 mai 1726, laissant son secrétaire Magnan comme chargé des affaires.

Alors Catherine se résigna. Le 6 août 1726[2] — date mémorable dans l'histoire de la diplomatie — son envoyé Lanczynski[3] signait le traité de Vienne, traité d'alliance offensive et défensive avec l'Autriche. Cette alliance devait durer autant que l'ancien régime, et même lui survivre jusqu'à l'époque présente. Pendant tout le xviiie siècle, la Russie sera toujours du côté de l'Autriche ; elle sera contre nous dans les deux grandes guerres de succession (de Pologne et d'Autriche) ; elle ne sera un moment notre alliée, et encore indirecte, que lorsque précisément nous serons devenus, en 1756, les alliés de l'Autriche.

En attendant, l'Europe était partagée en deux camps : d'un côté, l'Autriche et l'Espagne[4], renforcées de la Russie ; de l'autre, la France, l'Angleterre et la Hollande[5] ; la ligue de Vienne contre la ligue de Hanovre. Les Espagnols et les Français allaient entrer en campagne ; la flotte anglaise avec l'amiral Wager croisait devant Revel. Il était temps que le duc de Bourbon tombât si Louis XV ne voulait pas voir tout le continent en feu[6].

1. *Société impériale d'histoire de Russie*, t. LXIV, pp. 344-346.
2. 26 juillet, style russe ou ancien style.
3. Louis Lanczynski de Lanczyn, d'origine polonaise, au service de Russie depuis 1707. Mort en 1751. Voyez ci-dessous, p. 379.
4. L'Espagne avait rompu avec la France, à la suite de l'affront que le duc de Bourbon lui avait infligé par le renvoi de l'infante. Elle s'était rapprochée de son ancienne ennemie l'Autriche par le traité de Vienne, 1er mai 1725.
5. La France, l'Angleterre et la Prusse avaient signé le traité de Hanovre, 23 septembre 1725 ; la Hollande y adhéra le 3 septembre 1726. Cela n'empêcha pas la Prusse de renouveler son traité d'alliance avec la Russie, le 21 août 1726.
6. L'escapade de Maurice de Saxe en Courlande (1726), quoiqu'il eût déjà été au service de France, n'est qu'un épisode isolé, presque étranger à la grande lutte diplomatique. Voyez Saint-René Taillandier, *Maurice de Saxe*.

XIV

M. MAGNAN[1]

CHARGÉ D'AFFAIRES

1726-1733

e 11 juin 1726, le duc de Bourbon était destitué et exilé par Louis XV. Celui-ci lui donnait pour successeur le cardinal de Fleury, dont Boris Kourakine écrivait avec joie à sa cour qu'il était « uniquement dévoué aux intérêts français et ne recevait pas de pension de l'Angleterre ».

L'arrivée de Fleury aux affaires rassura tout le monde. Il déclarait à Kourakine que les Français n'attaqueraient pas l'Empereur les premiers. Bien que les Espagnols fussent entrés en campagne, il réussit, le 31 mai 1727, à assurer la paix européenne, en faisant signer les préliminaires de Paris. La Russie prit part au congrès de Soissons[2], qui s'ouvrit le 14 juin 1728. Elle y fut représentée par le comte Alexandre Golovkine[3], qui précédemment avait été désigné pour les fonctions d'ambassadeur à Paris (1723). Ce congrès aboutit à la pacification générale.

Pendant cette période furent accrédités en France, de la part de la Russie : le prince Alexandre Kourakine[4], par lettre de Pierre II[5], du

---

1. La correspondance de M. Magnan comprend les tomes XX à XXVII de *A. E. Russie*. — Celle des années 1726 et 1727 a été publiée, en partie, dans le t. LXIV de la *Soc. imp. d'hist. de Russie*. — Fragments dans *la Cour de Russie il y a cent ans*.
2. Ce congrès devait d'abord se tenir à Cambrai.
3. La lettre de créance, du Tsar Pierre II au Roi, est du 15 avril 1728. — Alexandre Gavrilovitch Golovkine était fils du chancelier Gabriel Golovkine. Sur son ambassade en France, voy. Lettres de Dubois, du 1er août, et de Morville, du 24 décembre 1723, dans *Soc. imp. d'hist. de Russie*, t. LII) ; lettre de créance en date du 25 octobre 1723, et lettre de recréance en date du 24 mars 1724.
4. Son père, Boris Kourakine, mourut le 17 octobre (6 octobre) 1727.
5. Catherine Ire était morte le 17 mai (6 mai) 1727.

29 novembre 1727, et le comte Ernest Münich[1], par lettre d'Anna Ivanovna, du 21 juillet 1731.

M. Magnan fut chargé des affaires lors du départ de M. de Campredon, qui l'avait présenté en cette qualité au chancelier Golovkine, fin mai 1726.

Il ne reçut que des instructions verbales, de M. de Campredon; mais la lettre longue et détaillée du 7 février 1726, adressée par le Roi à Campredon et qui fut remise à Magnan, peut être considérée comme une instruction rédigée pour lui.

Le 20 juin 1726, le ministère avait recommandé à M. Magnan les affaires du Roi en l'absence de M. de Campredon :

LE COMTE DE MORVILLE A M. MAGNAN. — LE 20 JUIN 1726[2].

Je compte, Monsieur, que, pendant le voyage de M. de Campredon, vous me manderez, tous les ordinaires régulièrement, ce dont vous aurez pu être instruit, que vous jugerez qui pourra intéresser le service du Roi ou mériter sa curiosité.

Je vous recommande aussi la même attention avec M. le comte de Brancas[3], à qui il sera nécessaire que vous fassiez part de tout ce qui vous reviendra des vues des ministres moscovites, ou des discours des Holsteinois, enfin des circonstances dont la connoissance pourra contribuer au succès des affaires qui sont remises à ses soins.

Vous ne pouvez non plus être trop exact à informer M. de Rottembourg[4] de tout ce que vous saurez. Il semble que, dans le moment présent, c'est la négociation du comte Rabutin[5] qui doit faire l'objet de votre attention principale, et je suis persuadé que vous répondrez parfaitement en cette occasion à ce que j'attends de votre exactitude et de votre zèle pour le bien du service de Sa Majesté.

Je suis, etc.

Les documents suivants donnent quelques renseignements sur les antécédents de Magnan et sur la situation modeste, précaire et incertaine où il resta toujours :

NOTE :

LE SIEUR MAGNAN, ORIGINAIRE DE PROVENCE ET NATIF DE CONSTANTINOPLE[6],

Représente qu'ayant fait un long séjour en Russie, la connoissance qu'il a acquise des langues esclavonne et russe avoient porté feu M. le duc d'Or-

---

1. Le comte Johann-Ernest Münich (1707-1788), président du Collège de commerce ; auteur de *Mémoires*.
2. *A. E. Russie*, t. XIX, fol. 78. — *Société impériale*, t. LXIV, p. 369.
3. Le comte de Brancas-Céreste, ministre plénipotentiaire de France en Suède. — A. GEFFROY, *Instructions, Suède*, a publié son Instruction, pp. 297 à 321.
4. Conrad-Alexandre, comte de Rottembourg, envoyé extraordinaire de France à Berlin, en 1714, 1718 et 1726.
5. Le comte Rabutin, envoyé extraordinaire de l'Empereur à Pétersbourg, avait pris une part importante aux négociations du traité d'août 1726.
6. *A. E. Russie*, t. XX, fol. 191.

léans à le faire venir en France pour l'attacher au service du Roi, mais qu'à son arrivée il trouva ce prince décédé;

Qu'ayant vainement sollicité depuis ce temps-là un établissement qui pût le faire subsister et le dédommager en partie de celui qu'il avait en Russie, il a été obligé de contracter des dettes considérables qu'il est dans l'impossibilité d'acquitter;

Qu'il lui est dû deux années des appointements qu'il a à la Bibliothèque du Roi sur le pied de mille livres.

Qu'il a rendu des services essentiels à la religion et la nation pendant qu'il a été en Russie, comme les certificats qu'il rapporte en peuvent faire foi, et qu'il seroit en état d'y servir utilement Sa Majesté si Son Éminence jugeoit à propos de l'employer à cet effet.

Il la supplie de lui accorder une gratification suffisante pour payer ses dettes et pour le mettre en état de s'en retourner en Russie.

Il rapporte deux certificats, l'un du P. Apollinaire, capucin missionnaire apostolique en Russie, l'autre du sieur de Lavie, ci-devant consul de France à Pétersbourg[1].

LETTRE

A SON EXCELLENCE MONSEIGNEUR LE CARDINAL DE FLEURY[2].

Monseigneur,

De Magnan, né à Constantinople, a l'honneur de représenter très humblement à Votre Éminence qu'il s'étoit entièrement dévoué dès sa plus tendre jeunesse au service de la cour de Russie, et que dans ces sentiments pour donner quelque preuve de sa fidélité et de son zèle, il ne balança point de suivre le sort de son ambassadeur, M. le comte de Tolstoï[3], lorsqu'il fut enfermé dans la prison des Sept-Tours.

Le suppliant en fut amplement récompensé à son arrivée en Russie, où le Czar lui accorda, aux instances de son ministre qui avoit rendu à Sa Majesté un compte fidèle de la conduite du suppliant, la charge de conseiller dans son conseil de commerce, à laquelle est attaché le rang de colonel avec six mille livres d'appointements.

Il ose assurer Votre Éminence qu'il a rempli ce poste avec un applaudissement général, et avec une fidélité à toute épreuve : ce qui lui attira la confiance de son maître et l'attention de ses ministres, qui lui préparoient un sort encore plus agréable, duquel il étoit à la veille de jouir, lorsqu'il plut à Son Altesse Royale Mgr le duc d'Orléans et à Son Éminence le cardinal Dubois d'ordonner à M. de Campredon, ministre de la cour de France auprès de celle de Russie, d'attirer au service du Roi une personne qui sût à fond la langue esclavonne et russienne et qui eût une connoissance parfaite des affaires de cette monarchie et de tout le Nord, afin de la faire travailler sous leurs ordres pour maintenir l'étroite intelligence qui régnoit alors entre les deux couronnes, et pour être, sans le secours d'autrui, en relation avec le Czar dans sa propre langue.

1. M. Magnan ne reçut jamais d'*Instruction* proprement dite, comme semble le croire M. VANDAL, *Louis XV et Élisabeth de Russie*, p. 107. Le document ainsi qualifié par le savant historien est une simple lettre du 2 septembre 1731 : elle paraît être de M. de Chauvelin et non du cardinal de Fleury. — Magnan, comme chargé d'affaires, ne touchait que cinq cents livres par an.

2. *A. E. Russie*, t. XX, année 1725 ou 1726, fol. 373.

3. En 1711. Voyez ci-dessus, p. 129.

Le suppliant, naturellement porté à fixer ses jours dans un pays où le climat fût aussi doux que celui de sa patrie, et flatté d'ailleurs qu'on lui accorderoit en France un établissement aussi gracieux que celui qu'il abandonnoit, se livra sans hésiter à ses désirs, et sollicita son congé de la cour de Russie qu'il obtint dans des termes fort honorables, avec plusieurs autres marques de générosité que Sa Majesté Czarienne voulut bien lui donner pour lui prouver combien elle étoit contente de ses services.

Il y a deux ans passés que le suppliant est venu à ses propres frais en France, à l'exception de cinq cents francs que M. de Campredon lui a avancés. Il n'a pas manqué de demander l'accomplissement de ce qu'on lui avoit promis, et un poste proportionné à celui qu'il avoit quitté pour suivre les mouvements de son zèle.

Cependant, Monseigneur, il a vu avec un regret et une surprise extrêmes qu'on n'étoit plus dans le dessein de suivre à son égard les vues de Monseigneur le duc d'Orléans, qu'il a trouvé mort à son arrivée en France. Rien n'a été capable d'émouvoir la justice de Son Altesse Sérénissime Monseigneur le duc de Bourbon en sa faveur.

Il a eu l'honneur de travailler plusieurs fois avec M. le contrôleur général Dodan[1], par ordre de ce prince, auquel il n'a point hésité de communiquer ses connoissances particulières sur le commerce de la Russie, dont il lui avoit fait sans peine comprendre l'importance par un mémoire détaillé qu'il lui avoit présenté à cet effet : ce qui avoit mis M. Dodan dans la disposition de lui procurer une direction dans la Compagnie des Indes, quand il plut à Sa Majesté d'accepter sa démission. Le suppliant prendra la liberté d'en présenter une copie à Votre Éminence, avec d'autres mémoires sur des matières encore plus intéressantes, quand elle voudra bien le lui permettre.

Il a eu l'honneur d'être présenté deux fois à Monseigneur le duc de Bourbon par M. le prince Kourakin, ambassadeur de Russie. Deux mémoires qu'il a présentés à ce premier ministre n'ont produit aucun effet. A quoi il ajoutera cette réflexion naturelle que la part que l'ambassadeur de Russie a prise publiquement aux intérêts du suppliant en plusieurs rencontres prouve évidemment l'entière satisfaction que sa cour avoit de ses services; car, si on l'avait prévenu, auparavant son départ, du mauvais succès de son voyage, il se seroit donné de garde de quitter un pays où il étoit établi depuis quinze années avec les meilleures protections qu'on y pouvoit avoir, pour venir demander un emploi en France, où il est étranger sans aucune ressource, et où il est réduit, il ose dire, à des extrémités qu'il n'a point méritées.

Comme le suppliant, Monseigneur, est persuadé de ses bontés et de sa justice, il supplie très humblement Votre Éminence de lui procurer par sa puissante intercession un emploi dans les affaires étrangères ou dans celles du commerce, ou bien de lui ménager une gratification extraordinaire qui puisse l'aider à se soutenir et à payer les dettes qu'il a contractées pour une si bonne cause : moyennant quoi, il restera en France avec quelque agrément, et attendra avec patience qu'il naisse des occasions où Votre Éminence puisse jeter les yeux sur lui.

Mais, Monseigneur, si le suppliant, par une cruelle suite de ses malheurs, ne pouvoit être d'aucune utilité au service de Sa Majesté, il supplie très humblement Votre Éminence de vouloir bien adoucir le regret extrême qu'il en auroit en lui faisant expédier la gratification de six mille francs qu'il avoit demandée à Monseigneur le duc de Bourbon, et que ce prince, touché

---

1. Dodan, marquis d'Herbaud, contrôleur général, de 1722 à 1726.

de ses représentations, avoit bien paru disposé vouloir lui accorder avec son congé, aux instances réitérées de M. le prince de Kourakin, qui ne doutoit point qu'il ne pût être de nouveau employé en Russie, ayant surtout l'honneur d'être connu particulièrement de Sa Majesté l'Impératrice régnante. Il renoncera avec cela à ses autres demandes et à deux mille francs d'appointements arréragés, qui lui sont dus pour l'emploi que M. le duc lui avoit accordé dans la Bibliothèque royale et duquel il se désiste, le regardant comme une mince récompense pour un homme qui s'est sacrifié et qui a dépensé plus de vingt mille francs depuis son départ de Russie.

Si pourtant Votre Éminence ne trouvoit point à propos de lui faire accorder cette somme à titre de gratification, il dépendra de ses bontés et générosité, qui font l'unique ressource du suppliant, de la lui faire mériter en l'employant, dans les conjonctures présentes, de la manière que Votre Éminence trouvera à propos pour le service du Roi en Russie, où il a des liaisons et des accès intimes auprès des principaux ministres de Sa Majesté Czarienne : ce qu'il est en état de prouver d'une manière convaincante. A quoi jointe la parfaite connoissance qu'il a de ce pays et de tout le Nord, des affaires intérieures, de ses langues, et ses étroites intelligences avec tous les membres qui composent les différents conseils de cet État, et qui sont ses anciens confrères, peut-être qu'avec ces avantages, qu'il a par-dessus tout autre sans vanité sur ces matières, ses services pourroient être de quelque utilité aux intérêts de Sa Majesté : auquel cas il promet une fidélité inviolable et une attention toute particulière pour mériter la confiance de Votre Éminence : trop heureux de pouvoir enfin par quelque endroit tenir à la France et à Votre Éminence, en lui consacrant ses soins et ses services.

M. Magnan dut se borner d'ailleurs à une mission de simple observation. Il assista en Russie à une série d'événements et de révolutions : la mort de Catherine Ire (17 mai 1727), l'avènement de Pierre II, la toute-puissance de Menchikof, terminé par une brusque disgrâce (1727), la faveur d'Ivan Dolgorouki et les fiançailles de sa sœur avec l'Empereur, la mort de celui-ci après la cérémonie de la Bénédiction des eaux (janvier 1730); la tentative des Dolgorouki pour faire régner la fiancée impériale, puis leurs efforts, associés à ceux des Galitsyne, pour organiser, au moyen du *Haut conseil secret*, le gouvernement d'une oligarchie et pour limiter le pouvoir impérial; la couronne déférée à une nièce de Pierre le Grand, Anna Ivanovna de Courlande; enfin la réaction autocratique préparée par celle-ci et le retour au régime absolu le 8 mars (25 février) 1730 [1].

Les grands seigneurs russes furent, dès lors, tenus à l'écart des affaires, en même temps qu'Élisabeth, la fille de Pierre le Grand, se voyait pour toujours, à ce qu'il semblait, écartée du trône.

---

1. SOLOVIEF, *Istoria Rossii*, t. XIX. — D.-A. KORSAKOF, *Avènement de l'Impératrice Anna Ivanovna* (en russe), Kazan, 1880. — Alfred RAMBAUD, *Histoire de la Russie*.

Les lettres suivantes, empruntées à la correspondance de Chauvelin[1] et Magnan, rendent assez bien compte de la situation :

M. MAGNAN A M. DE CHAUVELIN.

Moscou, 2 août 1731[2].

Quoique le voyage du comte de Loeuvolden[3] à Vienne fasse toujours ici le sujet des entretiens, je n'ai néanmoins encore pu pénétrer ce qui en est le véritable motif. J'avois espéré que M. le comte de Potoski[4] pourroit en savoir quelque chose de plus positif que ce que j'en ai marqué dans ma dernière dépêche, et, dans cette attente, j'ai été ce matin chez lui. Mais il m'a dit n'avoir encore pu acquérir là-dessus aucune connoissance certaine : tout ce qu'il en imagine étant seulement que cela regarde peut-être le projet de mariage de la jeune princesse de Meckelbourg[5], persuadé que, de la façon dont cette cour-ci est toujours liée à celle de Vienne, elle ne veut rien faire en cela que de concert avec l'Empereur.

A cette occasion, le comte de Potoski m'a témoigné être dans un dégoût extrême de la différence qu'il éprouve dont l'on en use ici présentement à son endroit, eu égard aux distinctions qu'il y a reçues à son premier voyage l'année passée : ce qui ne peut être que l'effet de la manœuvre des impériaux avec les favoris[6] pour détruire l'accès qu'il avoit alors auprès de la Czarine qui, au lieu de le lui continuer, porte au contraire aujourd'hui l'indifférence pour lui au point que, depuis le rétablissement de sa santé, ayant cherché le moment de tirer de cette princesse la réponse qu'elle lui avoit promise touchant l'étendue de ses engagements avec la cour de Prusse, il n'a pu encore y parvenir, par l'affectation avec laquelle cette princesse élude tout entretien particulier avec lui. « Jugez, me dit-il, jusqu'où la Czarine porte la complaisance pour ses favoris : j'avois fait depuis quelques semaines mes dispositions pour donner aujourd'hui à cette cour un festin à l'occasion du jour de naissance du Roi mon maître; la Czarine m'a prié de le différer d'une huitaine pour l'unique raison que M. le grand chambellan[7] ne sera qu'alors en état de sortir. »

---

1. Fleuriau, comte de Morville, avait quitté le ministère des affaires étrangères, le 19 août 1727. Il eut pour successeur M. de Chauvelin, ministre de 1727 à 1737.
2. *A. E. Russie*, t. XXIV, fol. 256.
3. Charles-Gustave, comte Lœuvenwold, était frère de Charles-Reinhold. Celui-ci fut baron, puis comte Lœwenwold; il était *Ober-Hofmarschall*.
4. Le comte Antoine Alexandrovitch Potocki, voiévode de Bielsk, ambassadeur de Pologne en Russie.
5. Anna Léopoldovna (ou Karlovna), née en 1718, morte en 1746. Elle était fille de Catherine Ivanovna et de Karl-Léopold, duc de Mecklembourg-Schwérin; elle épousa, en 1739, Antoine-Ulrich de Brunswick-Bevern.
6. Les favoris allemands, notamment Biren.
7. Ernest-Johann Biren ou Büren, Courlandais de basse naissance, le favori en titre, alors *Ober-Kammerer* ou grand-chambellan; plus tard (1737) duc de Courlande et (1740) régent de l'Empire. Il cherchait à se rattacher aux Biron de France.

M. DE CHAUVELIN A M. MAGNAN.

Versailles, 2 septembre 1731[1].

J'ai reçu, Monsieur, vos lettres du 19, du 26 juillet et du 2 août. Il n'y a pas de doute que M. de Westphalen[2] a toujours en vue de lier son maître avec la Russie, et tous les distinctions que l'on accorde à Copenhague à M. Von Brackel[3] pourroient faire juger que M. de Westphalen n'agit point sur cela sans en avoir des ordres.

Le changement personnel dont le comte Potoski vous a avoué qu'il étoit peiné est une grande indication de l'abandon total de la Czarine à la cour de Vienne, et combien les favoris sont attentifs à ôter tous accès aux personnes qu'ils soupçonnent de penser différemment. Cela ne changera point tant que les ministres trouveront des avantages pécuniaires de la part de l'Empereur; et, à supposer qu'on pût diminuer cette influence de la cour de Vienne, l'utilité qu'on en pourrait retirer ne vaudroit assurément pas la dépense qu'il y faudroit faire.

Le gouvernement de la Tsarine Anna Ivanovna, veuve d'un duc de Courlande et dont le Courlandais Biren était le favori en titre, fut, suivant l'expression des écrivains russes, la *Bironovchtchina* : le *gouvernement de Biren* ou le *gouvernement des Allemands*. De Brunswick, l'Impératrice, en 1739, fera venir sa nièce Anna Léopoldovna de Mecklembourg et le duc de Brunswick, son mari ; et c'est d'eux qu'elle espérera un héritier, allemand aussi, de sa couronne. En attendant, un Lœwenwold était maréchal de la cour, un Fischer en était le premier médecin, le juif allemand Lippmann en était le banquier ; Ostermann dirigeait les affaires étrangères ; Korff, Keyserling, Brackel, occupaient de grandes ambassades ; Münich, Bismarck, Gustave [Biren, commandaient les armées ; d'autres Allemands, les Lieven, les Brevern, les Eichler, les Mengden, remplissaient d'importantes fonctions ou jouissaient d'une grande influence.

Tout était allemand dans cette cour, la langue, le costume, les mœurs, les goûts, le théâtre[4]. Tout y était étranger, hostile à la France. Le traité de Vienne continuait à rattacher étroitement la Russie à l'Autriche ; en 1732, on conclura avec les Anglais ce traité de commerce que nous n'avions pas réussi à obtenir. Au *Corps des cadets*, on apprenait l'histoire d'Allemagne, même à l'exclusion de l'histoire de Russie, et le favori Biren, par la complaisance intéressée de la cour de Vienne, était fait prince du Saint-Empire.

1. *A. E. Russie*, t. XXIV, fol. 258.
2. Ministre de Danemark en Russie.
3. Ministre de Russie en Danemark.
4. MANSTEIN, *Mémoires* (*Bibliothèque russe et polonaise*, 1860). — SOLOVIEF, *Istoria Rossii*, t. XIX. — *La Cour de Russie il y a cent ans*, Paris et Leipzig, 1860.

Cependant, même à cette cour tout allemande, tout autrichienne, nous avions des amis : d'abord le parti des « vieux Russes », ennemi des Allemands, dévoué à la tsarévna Élisabeth, et répétant volontiers à Magnan que, « pour les intérêts de la Russie, l'alliance de la France leur paroîtroit mille fois préférable à celle de l'Empereur et du roi de Prusse »; puis le général-comte Münich, qui, quoique Allemand et quoiqu'il eût guerroyé contre nous sous les ordres du prince Eugène, professait des sympathies françaises. Fait prisonnier à Denain et bien traité par les vainqueurs, il inclinait vers le Roi et assurait Magnan que son influence sur l'Impératrice s'exerçait, et avec succès, en ce sens. La Tsarine, disait-il, ne nous demandait que d'abandonner les Turcs, en l'autorisant à reprendre Azof, et à ne pas intervenir dans les affaires polonaises [1].

Or, le 1er février 1733 mourait le roi de Pologne Auguste II et la cour de France se prononçait résolument pour la candidature du beau-père de Louis XV, contre celle d'Auguste III, qu'allaient nécessairement soutenir l'Autriche et la Russie [2].

On vit alors aux prises, dans toutes les cours, la diplomatie française et la diplomatie russe : à Berlin, La Chétardie contre Jagoujinski; à Stockholm, Casteja contre Michel Bestoujef; à Copenhague, Plélo contre Alexis Bestoujef; à Varsovie, Monti contre Lœwenwold [3]; à Constantinople, Villeneuve contre Ivan Ivanovitch Néploulef.

M. de Chauvelin adressait à Magnan les lettres suivantes :

M. DE CHAUVELIN A M. MAGNAN.

Versailles, 22 mai 1733 [4].

J'ai lu, Monsieur, avec bien de la satisfaction personnelle à vous, les longues lettres que vous m'avez écrites les 11, 14, 15, 18 et 21 du mois der-

---

1. Anna l'aurait même autorisé à déclarer à M. Magnan « que la Czarine avoit un vrai désir de prendre avec Sa Majesté Très Chrétienne d'étroites relations ». Dépêche de Magnan, 26 avril 1732.
2. Sur cette guerre, voyez LE ROI STANISLAS, *Mémoires*. — D'ARGENSON, *Mémoires*. — CHEVRIÈRES, *Histoire de Stanislas Ier*, Londres, 1741. — GUERRIER, *Histoire de la guerre de la succession de Pologne* (en russe), Moscou, 1862. — D'HAUSSONVILLE, *Histoire de la réunion de la Lorraine à la France*. — RATHERY, le *Comte de Plélo*. — VANDAL, *Louis XIV et Élisabeth de Russie* et *Une Ambassade française en Orient sous Louis XV : la Mission du marquis de Villeneuve, 1728-1741*. — L. FARGES, *Instructions*, etc. *Pologne*. — A. GEFFROY, *Instructions*, etc. *Suède*. — SOLOVIEF, *Istoria Rossii*, t. XX, pp. 1-90. — DROYSEN, *Geschichte des preussischen Staates; Friedrich-Wilhelm Ier*, t. II. — *Société impériale d'histoire de Russie*, t. LXVI, comprenant la correspondance (en russe avec traduction anglaise) de Claudius Rondeau, envoyé britannique à Pétersbourg.
3. Encore un autre Lœwenwold, le comte Frédéric-Casimir, général-major et envoyé russe à Varsovie en 1733. — Sa correspondance de Varsovie, en allemand, a été publiée par GUERRIER, ouvrage cité.
4. *A. E. Russie*, t. XXVII, fol. 197.

nier. Il faut convenir que vous avez épuisé la matière et que vous avez dit tout ce qui pouvoit faire impression sur des ministres qui auroient été moins livrés à la cour de Vienne et moins décidés contre le roi Stanislas. Le succès n'y a pas répondu et vous aurez vu, par ce que je vous ai mandé moi-même, que je n'y comptois pas. Je crois que les intentions du feld-maréchal Munich[1] sont bonnes, mais son crédit n'est pas grand, et le peu de volonté même qu'il a pu témoigner pour la France peut bien encore faire hâter sa chute. Ses ennemis ne l'épargneront plus et ses liaisons avec vous lui seront un crime qu'on ne croira pas lui devoir pardonner.

On auroit dû assurément faire quelque attention à ce que vous avez représenté qu'il n'étoit pas de l'intérêt de la Russie[2] de voir l'électeur de Saxe succéder au trône de Pologne et que nul prince ne pouvoit être moins suspect à la Russie que le roi Stanislas. Ces vérités n'ont pas paru cependant faire aucune impression. On affecte de dire que nous aurions bien dû faire des propositions : de quelle nature auroient-elles pu être, et quel en auroit été le succès auprès d'une cour dont nous savons les principes par ce qui s'est passé dans votre dernière négociation[3]? Le discours qu'on vous a tenu, qu'on ne se précipiteroit pas et qu'on ne feroit pas entrer légèrement des troupes russes en Pologne, n'étoit point autorisé. Nous avons même lieu de croire, par des avis postérieurs à la communication que vous avez faite de la déclaration de Sa Majesté[4], que, loin qu'on soit dans cet esprit de modération, on adhérera à toutes les vues de la cour de Vienne, et que c'est dans cet esprit qu'on a peut-être même déjà répondu à la déclaration que vous avez lue. Dans cette supposition, seroit-il de la dignité du Roi qu'il restât personne de sa part auprès de la Czarine, et n'y auroit-il pas à cela une sorte d'indécence? C'est sur quoi je vous prie de faire vos réflexions et de me mander vos sentiments.

Nous avons été blessé surtout de la manière dont M. Osterman[5] s'est

1. Burchard-Christophe Münich ou Münnich, né dans l'Oldenbourg en 1683, entra au service de France (1699), de Hesse (1701), de Pologne (1716), et enfin de Russie (1721). — Sous Pierre II, il fut fait général en chef (1727) et comte (1727). Sous Anna Ivanovna, il devint feld-maréchal, s'illustra par ses campagnes contre Dantzick et contre les Turcs, fut, à l'avènement d'Élisabeth, envoyé en Sibérie (1741). Rappelé en 1762 par Pierre III, il essaya vainement de le défendre contre le coup d'État de Catherine II, devint ensuite un des conseillers de celle-ci et mourut en 1767.

2. Les raisons données par la cour de France peuvent se résumer ainsi. La cour de France a toujours pris intérêt à la liberté et au bonheur de la Pologne. Il n'en est pas de même de la cour de Vienne, qui cherche à peser sur l'élection et qui a déclaré qu'elle ne permettrait pas qu'on choisît Stanislas. Le but de l'Autriche est facile à saisir : elle veut s'assurer l'appui de l'électeur de Saxe pour sa Pragmatique Sanction. Or la Russie a des intérêts tout opposés : un électeur de Saxe, appuyé sur les ressources de son électorat, se conduirait en Pologne comme les Hapsbourg l'ont fait dans l'Empire ; il supprimerait les libertés polonaises et deviendrait un voisin dangereux pour la Russie. Comment celle-ci pourrait-elle alors donner suite à ses vues sur la Courlande? Pourquoi voudrait-elle s'immiscer dans une querelle qui lui est étrangère? Pourquoi y risquer un prestige, que le moindre échec des armées russes pourrait compromettre? GUERRIER, ouvrage cité, pp. 411 et suiv.

3. Le plein pouvoir délivré à M. Magnan porte la date du 29 septembre 1732.

4. La déclaration française est du 17 mars 1733. M. Magnan la lut à Ostermann le 12 avril (1er avril).

5. Heinrich-Johann-Friedrich (pour les Russes : André Ivanovitch) Ostermann, né dans le comté de la Marck (Westphalie) en 1686, prit du service dans la marine russe sous Pierre le Grand (1704), devint son secrétaire, fut fait baron par Pierre Ier, vice-chancelier par Catherine Ire, comte par Anna Ivanovna. Il prit part

conduit avec vous; car les honnêtetés personnelles ne suffisent pas dans les occasions où l'on traite ensemble comme ministres.

J'attendrai de vous, Monsieur, le détail de la réponse qu'on vous aura donnée avant que de vous envoyer de nouveaux ordres. Mais, si elle était telle que nous avons lieu de le croire et que je viens de vous l'expliquer, vous pourriez, comme de vous-même, laisser échapper que cela pourroit bien abréger votre séjour en Russie, comme y étant inutile au service du Roi et plus encore aux intérêts de la Czarine.

M. DE CHAUVELIN A M. MAGNAN.

Versailles, 3 juin 1733[1].

Je vois, par votre lettre du 28 avril, que vous avez été averti de la même chose que je vous ai mandé en dernier lieu, c'est-à-dire qu'on devoit vous donner une réponse sans ménagement et dont nous n'aurions pas lieu d'être contents. J'avoue que je sens encore plus vivement que je ne vous l'ai marqué l'indécence d'avoir une personne de la part du Roi à une cour qui s'expliqueroit et se conduiroit d'une manière si opposée à l'attention que mérite une puissance comme la nôtre. Le mieux est donc, pour satisfaire à cette juste délicatesse, et en même temps pour éviter de s'expliquer de la part du Roi avec l'éclat que la circonstance mériteroit, que vous preniez, comme de vous-même, le parti de sortir de Russie, en laissant entendre que la réponse qu'on vous a donnée est telle que vous croyez ne faire que prévenir les ordres que vous recevriez, votre séjour devenant inutile au moyen des principes où l'on paroît être en Russie. Et, en effet, vous partirez, sans vous expliquer si vous venez ici ou non, mais en effet vous vous y rendrez tout de suite. Nous pourvoirons aux moyens de faire vos arrangements, et je serai bien aise de vous marquer personnellement la satisfaction que nous avons de vos services.

4 juin 1733.

P. S. — Toute réflexion faite, Monsieur, et quand même on ne vous auroit point donné la réponse dont je vous parle dans cette lettre, la conduite de la cour où vous êtes est telle que vous pouvez, à la réception de cette lettre, prendre toujours le parti de revenir, demandant simplement un passeport, sans vous expliquer si vous devez retourner ou non; et je compte que votre première lettre en réponse à celle-ci m'annoncera le jour de votre départ pour vous rendre ici.

Magnan partit, en effet, le 5 juillet 1733, laissant ses papiers à M. de Villardeau.

---

aux négociations de la paix du Pruth (1711) et de Nystad (1721); fut ministre des affaires étrangères sous Anna Ivanovna, membre du conseil de régence sous Ivan VI, et, à l'avènement d'Élisabeth, exilé à Bérézof (Sibérie), où il mourut en 1747.
1. *A. E. Russie*, t. XXVII, fol. 216.

XV

M. DE VILLARDEAU

CONSUL — CHARGÉ DES AFFAIRES

1733

M. de Villardeau, consul, resta chargé des affaires après le départ de M. Magnan, qui eut lieu le 5 juillet 1733. Il avait déjà reçu de Chauvelin le billet suivant :

M. DE CHAUVELIN A M. DE VILLARDEAU.

Versailles, 9 juin 1733[1].

Si M. Magnan vous remettoit quelques papiers, je vous prie d'en faire l'usage qu'il vous indiqueroit.

CHAUVELIN.

M. DE CHAUVELIN A M. DE VILLARDEAU.

Paris, 14 août 1733[2].

J'ai reçu, Monsieur, vos lettres des 7, 11 et 18 du mois dernier. Je n'ai quant à présent qu'à vous remercier de votre attention à m'écrire régulièrement ce qui vient à votre connoissance. Quant à M. Magnan, je serois fâché que l'on attribuât son rappel à aucun mécontentement de sa conduite, dont effectivement nous n'avons eu qu'entière satisfaction. C'est une

1. *A. E. Russie*, t. XXVII, fol. 223.
2. *A. E. Russie*, t. XXVII, fol. 318.

justice qui lui est due et que vous devez lui rendre en notre nom, en ne faisant pas mystère que les principes et les procédés de la cour de Russie ne permettoient pas d'y laisser personne chargé en titre des affaires du Roi. Il est bien important, Monsieur, que nous continuions à être informé régulièrement de toutes les moindres circonstances et que vous instruisiez exactement M. de Monti[1].

Les griefs de la France à l'égard de la Russie devenaient chaque jour plus sérieux. Le 12 septembre 1733, Stanislas avait été élu roi de Pologne. Aussitôt l'armée russe, sous Lascy, envahissait la Pologne, brûlant les châteaux et les villages appartenant aux partisans du roi Stanislas, et le prétendant français était obligé de se renfermer dans la ville libre de Dantzick. Chauvelin écrivait à M. de Villardeau :

M. DE CHAUVELIN A M. DE VILLARDEAU.

Fontainebleau, 18 novembre 1733[2].

Je crois qu'en recevant cette lettre vous en aurez aussi une de M. de Maurepas[3], qui vous portera l'ordre de repasser en France. Vous aurez soin de vous conformer à ce qu'il vous marquera des intentions de Sa Majesté. La convention sur la neutralité entre le Roi et la république de Hollande a déjà été approuvée de part et d'autre, et elle sera probablement signée d'ici à quelques jours[4]. Au moyen de cet acte, les Hollandois ne se mêleront point de l'affaire de Pologne ni de la guerre que nous avons avec l'Empereur et que nous pourrons porter partout contre lui, à l'exception des places de la barrière comprises dans la neutralité, pour exercer le juste ressentiment de l'insulte faite à Sa Majesté par lui et par ses alliés à l'occasion de l'élection si légitime du roi de Pologne.

Nous l'exercerons de même, autant que nous le pourrons, contre la cour de Russie, dont la dureté, et l'on peut dire, l'inhumanité, s'est portée aux plus grandes violences et exactions au milieu de la Pologne.

Nous ne dissimulons point que nous en poursuivrons la vengeance contre les auteurs de tant d'injustices tant qu'il plaira au Seigneur de bénir les armes que Sa Majesté est si autorisée d'employer pour protéger une nation opprimée, à qui l'on veut imposer un joug qu'elle ne souffrira jamais, et qu'elle tâchera de secouer, aidée des puissants secours que nous et nos alliés[5] travaillons à lui ménager dans un temps plus favorable.

1. Ambassadeur de France auprès du roi Stanislas. Voyez son Instruction du 5 mai 1729 dans L. FARGES, *Instructions*, etc., *Pologne*, t. II, pp. 2 et suiv.
2. A. E. Russie, t. XXVII, fol. 430.
3. Jean-Frédéric Phelypeaux, comte de Maurepas (1701-1781), fut ministre de la marine de 1718 à 1749.
4. L'Angleterre et la Hollande restèrent neutres dans cette guerre, mais on sait au prix de quelles concessions, de quelle limitation dans notre action maritime, le cardinal de Fleury acheta leur neutralité. — Il s'agit ici de la convention de la Haye, du 23 novembre 1733.
5. Le 26 septembre 1733 fut signé notre traité d'alliance offensive avec la Sardaigne, le 25 octobre avec l'Espagne : ces traités avaient pour objet l'expulsion des Autrichiens de l'Italie.

SIÈGE DE DANTZICK, 1734.

L'Espagne a aussi fait embarquer ses troupes pour l'Italie[1]; il sera bon qu'avant votre départ on soit instruit de ces nouvelles.

Conformément à ces instructions, Villardeau rentra en France, et le Roi n'eut plus de représentant attitré à la cour de Russie.

Le 20 février 1734, Lascy commença les opérations contre Dantzick. Les Russes craignaient l'arrivée d'une flotte française dans le port de cette ville; l'Impératrice envoya Münich, son meilleur général, prendre le commandement du siège. Après la prise du fort de Sommerschantz, une escadre française apparut, puis disparut. Après l'assaut manqué des Russes sur le fort de Hagelsberg, nos vaisseaux reparurent et, à Weichselmünde, débarquèrent deux mille quarante hommes (12 mai), commandés par le brigadier de Lamotte de La Peirouze, et animés par le comte de Plélo, qui avait quitté son poste d'ambassadeur à Copenhague. Lamotte et Plélo marchèrent presque aussitôt contre les retranchements des Russes à Sommerschantz : les Français furent repoussés et Plélo tué (27 mai). Ils se retirèrent dans Weichselmünde et sous le canon de fort, et, n'étant pas secourus par la flotte royale, furent obligés de capituler (23 juin 1734). Le lendemain le fort de Weichsemünde fit sa capitulation particulière.

Le 9 juillet[2], la ville même de Dantzick dut également se rendre. Le siège avait coûté aux Russes 8000 soldats et 200 officiers. Avant le dénouement, le roi Stanislas avait réussi à s'échapper sous un déguisement; mais deux diplomates français qui s'étaient enfermés avec lui dans la ville, le marquis de Monti[3] et son secrétaire d'ambassade Tercier[4], restèrent prisonniers des Russes.

---

1. C'est l'armée du comte de Montemar qui battit les impériaux à Bitonto et fit la conquête des Deux-Siciles.
2. Calendrier russe ou *ancien style* : 28 juin.
3. Sur les questions de droit diplomatique et la longue discussion que souleva la captivité de Monti, voy. FLASSAN, t. V, pp. 72 et suiv.
4. Sur Tercier, voyez BOUTARIC, *Correspondance secrète inédite de Louis XV*.

XVI

BERNARDONI (L'ABBÉ LANGLOIS)

CHARGÉ D'UNE MISSION SECRÈTE

1734

Pendant que les troupes françaises envoyées au secours de Dantzick étaient bloquées par l'armée russe au fort de Weichselmünde et forcées de capituler, la marine du Roi capturait la frégate russe le *Mittau*, et emmenait l'équipage à Copenhague.

Si les événements de Dantzick n'étaient pas connus à Versailles dans les premiers jours de juillet 1734, ils étaient tout au moins prévus.

Or, à ce moment, vint à Paris, arrivant de Pétersbourg, un sieur Heil, sujet et agent du duc de Mecklembourg. C'est à la suite de conférences avec lui qu'on se décida à envoyer à Pétersbourg un certain Bernardoni, chargé d'une mission secrète [1].

Le Roi remit à Bernardoni un pouvoir de traiter avec la Tsarine pour le cas où les circonstances l'exigeraient. Bernardoni était également porteur d'un plein pouvoir du Roi pour traiter avec le duc de Mecklembourg, qui, en sa qualité de parent de la Tsarine, devait prêter un concours efficace.

Bernardoni quitta Paris le 14 juillet 1734. Heil repartit avec lui. Ils s'acheminèrent par la Basse-Allemagne ; Heil vit le duc son maître à Schwérin et lui fit part des propositions de la France, qui furent acceptées.

Enfin Bernardoni et son compagnon Heil arrivèrent incognito à

---

1. GUERRIER, ouvrage cité, pp. 415-416, qui a parlé du *projet de Mecklembourg*, semble avoir fait erreur en lui assignant la date de juillet 1733.

Pétersbourg, le 2 septembre 1734, munis d'un passeport du duc de Mecklembourg, où Bernardoni était désigné sous le nom de Müller.

Le projet de traité que Bernardoni devait proposer à la cour de Russie portait, entre autres clauses : 1° la reconnaissance de Stanislas comme roi de Pologne, la Russie devant lui donner son appui; 2° le renouvellement du traité d'Amsterdam, la garantie de la paix de Nystad, la renonciation formelle de la Suède aux provinces qu'avait conquises sur elle Pierre le Grand; 3° l'engagement de la France à maintenir la paix entre la Russie et la Turquie; 4° la garantie des droits du duc de Melcklembourg, tels qu'ils résultaient des traités de Westphalie; ils étaient alors en péril par suite des démêlés du duc avec ses sujets et par l'occupation de ses États par les troupes d'exécution de l'Empire[1]. C'est ce qu'on appela le *projet de Mecklembourg*. Ce projet de traité, avec les modifications, inscrites en marge, qui pouvaient y être apportées le cas échéant, ainsi que les mesures à prendre si la négociation aboutissait, constituaient à peu près toutes les instructions écrites données à Bernardoni.

Bien que Münich eût déjà fait capituler Dantzick et emmené prisonnières en Russie les troupes françaises, le comte Ostermann n'en montra pas moins, au commencement, quelque disposition à conclure un traité; mais c'était pour amuser l'envoyé du Roi et stimuler le zèle et l'empressement du ministre de l'Empereur, que ces pourparlers inquiétaient.

La mission de Bernardoni n'aboutit pas; il partit de Pétersbourg le 3 décembre 1734, remettant la négociation entre les mains de M. Fonton de Lestang, autre envoyé du Roi, arrivé à Saint-Pétersbourg le 13 octobre de la même année.

Quant à Heil, après le départ de Bernardoni, il se désintéressa complètement de la négociation. Il écrivit le 10 décembre au cardinal de Fleury et à M. de Chauvelin pour s'excuser de ce que la mission provoquée par lui n'avait pas été couronnée de succès.

Maintenant qui était ce Bernardoni?

Il se donnait pour Italien et disait avoir été élevé à Genève dans le calvinisme.

Mais cette assertion n'était pas plus vraie que les noms sous lesquels il se présentait à l'étranger. Il ne s'appelait ni Bernardoni, comme le dit sa lettre de créance, ni Müller, comme le porte le passeport du duc de Mecklembourg. Son voyage incognito, le caractère mystérieux de sa mission lui faisaient assurément une obligation de chercher à se

---

1. L'historien russe Guerrier ajoute que l'on devait dédommager la Suède en l'aidant à reconquérir Brême et Verden, et que, l'alliance ainsi formée entre la France, la Russie, la Suède et le Mecklembourg, les confédérés devaient tenir sur pied une armée de 30 000 hommes, dont 12 000 seraient fournis par la France et 12 000 par la Russie. Le Roi devait aider aussi les alliés de ses subsides.

déguiser le plus possible ; il n'y a donc pas à s'étonner de ces emprunts et changements de noms. C'était pour justifier celui de Bernardoni qu'il affectait d'écrire en italien. L'abbé Langlois était son véritable nom. C'est ainsi qu'est désigné par MM. Vandal[1] et Farges[2] un envoyé du Roi en Russie à la même époque et pour le même objet. Il fut ensuite chargé, en 1735, avec Orlick, d'une mission auprès de Stanislas et de ses partisans, réfugiés à Kœnigsberg, pour les décider à cesser une résistance désormais sans objet.

Voici les documents relatifs à la mission de Bernardoni :

LOUIS, PAR LA GRACE DE DIEU, ROI DE FRANCE ET DE NAVARRE, A TOUS CEUX QUI CES PRÉSENTES LETTRES VERRONT, SALUT. — (9 JUILLET 1734[3].)

Comme nous sommes bien aise de chercher les moyens de pacifier les troubles qui se sont élevés dans le Nord à l'occasion des affaires de Pologne, nous avons bien voulu nommer une personne instruite de nos intentions, pour se transporter sur les lieux et travailler à y rétablir, s'il est possible, la tranquillité ; et nous confiant entièrement en la capacité, expérience, zèle et fidélité pour notre service de notre cher et bien-aimé le sieur Bernardoni, pour ces causes et autres bonnes considérations à ce nous mouvant, nous avons commis, ordonné et député, et par ces présentes, signées de notre main, commettons, ordonnons et députons le dit sieur Bernardoni ; et lui avons donné et donnons plein pouvoir et commission et mandement spécial pour, en notre nom, convenir avec un ou plusieurs ministres de notre très chère et très aimée sœur l'Impératrice de toutes les Russies, pareillement munis de ses pleins pouvoirs en bonne forme, arrêter, conclure et signer tels traités, articles et conventions qu'il avisera bon être, voulant qu'il agisse en cette occasion avec la même autorité que nous ferions et pourrions faire si nous y étions présent en personne, encore qu'il y eût quelque chose qui requît un mandement plus spécial que ce qui est contenu en ces dites présentes : promettant, en foi et en parole de Roi, d'avoir agréable, tenir ferme et stable à toujours, accomplir et exécuter ponctuellement tout ce que le dit sieur Bernardoni aura stipulé, promis et signé en vertu du présent pouvoir, sans jamais y contrevenir ni permettre qu'il y soit contrevenu, pour quelque cause ou sous quelque prétexte que ce puisse être ; comme aussi d'en faire expédier nos lettres de ratification en bonne forme pour être échangées dans le temps dont il sera convenu. Car tel est notre plaisir : en témoin de quoi nous avons fait mettre à ces dites présentes le scel de notre secret.

Donné à Versailles le 9 juillet de l'an de grâce 1734 et de notre règne le 19e.

Par le Roi.

---

1. VANDAL, *Une Ambassade française en Orient sous Louis XV*, p. 237. (Cependant le nom de *Langlois* ne figure pas dans les deux lettres citées par M. Vandal, des 11 et 15 décembre 1734, et insérées ci-après.)
2. L. FARGES, *Instructions*, etc., *Pologne*, t. Ier, p. 334, t. II, 7, 22, 29 et suiv.
3. A. E. *Russie*, t. XXVIII, fol. 29.

M. BERNADONI A M. DE CHAUVELIN.

Paris, le 13 juillet 1734, 10 heures du matin [1].

Je viens de recevoir le paquet contenant le plein pouvoir du Roi pour traiter avec M. le duc de Mecklembourg; mais je suis encore dans l'attente de vos ordres sur l'évaluation des subsides à accorder à la Russie. Je vous supplie très humblement, Monseigneur, de m'expliquer votre volonté, étant toujours dans la disposition de partir demain, ainsi que vous me l'avez ordonné et que je vous l'ai promis. Je vous renvoie l'écrit que vous eûtes la bonté de me confier hier au matin et je suis avec un zèle inviolable, etc.

PROJET DE TRAITÉ ET MODIFICATIONS A PRÉVOIR [2].

1° *Projet de traité.*

Le sérénissime et très puissant prince Louis XV, Roi de France et de Navarre, et la sérénissime et très puissante princesse Anne, Czarine de toutes les Russies, ayant estimé convenable, en oubliant tout le passé, de prendre ensemble des engagements particuliers qui soient le fondement d'une amitié perpétuelle entre eux et leurs États, ont nommé... [3]

Lesquels sont convenus des articles suivants :

1° Sa Majesté Czarienne de toutes les Russies déclare qu'elle reconnoît le sérénissime roi Stanislas pour légitime roi de Pologne; elle contribuera de toutes ses forces à le rétablir tranquille possesseur du trône de Pologne et à l'y maintenir ensuite contre quiconque voudroit l'attaquer ou troubler dans la paisible jouissance de la dite couronne; et elle enverra, immédiatement après la signature du présent, ses ordres à ses généraux pour agir en conséquence, de la manière la plus effi-

2° *Modifications à apporter au projet de traité, si on le demande.*

Si le roi de Pologne étoit pris, stipuler sa liberté actuelle et son retour en Pologne avec l'accompagnement convenable.

Au lieu du titre de *Czarienne*, mettre celui de *Sa Majesté Impériale*, si on le demande, en le faisant valoir et ajoutant une clause par écrit que cela ne changera rien au cérémonial pratiqué jusqu'à présent entre les deux cours.

Le Roi pourroit prendre l'engagement de faire reconnoître ce titre par ses amis.

---

1. *A. E. Russie*, t. XXVIII, fol. 31.
2. *A. E. Russie*, t. XXVIII, fol. 79 et 83, juillet 1734.
3. Un blanc, pour les noms des plénipotentiaires.

cace et la plus prompte, révoquant tout ce qui auroit pu être fait jusqu'à présent de contraire aux usages et libertés de la Pologne, notamment de la ville de Dantzick.

2° Déclare Sa dite Majesté Czarienne que, dès que le roi Stanislas, tranquille possesseur de son trône, l'en requerra, elle retirera toutes ses troupes du territoire de la Pologne, *sans avoir à prétendre aucune indemnité pour raison de séjour qu'elles y auront fait ni de tous frais ou dépenses occasionnées par la présente guerre.*

Si la clause soulignée faisait de la peine, n'en point parler du tout.

3° Réciproquement Sa Majesté Très Chrétienne déclare et garantit le plus solennellement, envers et contre tous, les États appartenant à la Czarine; déclare en outre que le sérénissime roi de Pologne n'a aucun engagement avec quelque puissance que ce soit qui soit contraire au présent traité et garantie et, s'il y en avoit, les déclare et s'engage à les faire déclarer nuls.

S'engage aussi, pour plus grande sûreté, de faire ratifier les présentes conventions par le roi et la république assemblée en diète, comme aussi Sa Majesté se rend garante d'avance de ce qui pourra être stipulé directement entre le sérénissime roi de Pologne et la république d'une part et la Czarine de l'autre.

4° Spécialement Sa Majesté Très Chrétienne garantit à la Russie tout ce qu'elle a acquis par les derniers traités du Nord avec la Suède, comme aussi elle garantit la Russie de toute attaque ou trouble de la part du Turc, déclarant nommément qu'en cas d'attaque de cette part le roi et la république de Pologne déclareront et agiront avec 30 000 hommes et, s'ils ne suffisent pas, de toutes leurs

On pourroit demander[1] un engagement que le Turc ne fera point la guerre à l'occasion de la présente affaire de Pologne; comme nous ne pouvons pas savoir ce qui se passera dans l'intervalle, nous pouvons seulement dire qu'immédiatement après la signature on prendra les mesures nécessaires à Constantinople, sur quoi on pourra écrire en droiture à Pétersbourg.

1. C'est-à-dire : la Russie pourroit demander, etc.

forces en faveur de la Russie, à la première réquisition qui en sera faite. Et, dans le dernier cas, Sa Majesté travaillera par tous moyens possibles à la satisfaction et tranquillité entière de la Russie, et même Sa Majesté Très Chrétienne l'aideroit tous les ans, pendant que le trouble subsisteroit, de...[1]

Si l'on apprenoit la rupture des Turcs, offrir le même après signature.

5° Renouvelle aussi, en outre, Sa Majesté Très Chrétienne, en ce qui regarde seulement l'Empire de Russie, le traité conclu à Amsterdam le 15 août 1717 avec le feu Czar Pierre Ier et les articles séparés et secrets signés le même jour, en ce qui ne sera pas contraire au présent, lesquels auront la même force que s'ils étoient ici insérés mot à mot.

Quoiqu'il ne soit plus question de la médiation pour le Nord, cet article ayant été rempli, on peut, et c'est plus court, rappeler ce traité.

Si on ne veut pas rappeler tout le traité de 1717, en prendre et insérer les articles marqués dans la copie, savoir les articles 1, 3, 5 du traité et les articles 1 et 2 séparés et secrets.

6° Et, pour conserver d'autant mieux cette harmonie et amitié perpétuelle, on tâchera de régler à l'amiable tout ce qui pourroit survenir de différends entre la Russie, la France et la Pologne.

7° C'est pourquoi ni la Russie, ni la Pologne ne tâcheront d'obtenir par force l'un sur l'autre quelque droit de prétentions anciennes soit en considération de la Curlande ou d'ailleurs; mais on tâchera plutôt de régler le tout d'une telle manière qu'on joigne la justice avec l'amitié et qu'on conserve les liens indissolubles d'une harmonie réciproque.

8° La Russie aussi bien que la France s'engagent conjointement d'établir et de maintenir leur médiateur présent le duc régnant de Meckelbourg dans la paisible jouissance de ses pays, revenus et droits régaliens, en conformité de la paix de Westphalie et des constitutions de l'Empire,

---

1. Un blanc, pour le chiffre des subsides.

comme aussi spécialement en conformité du traité d'alliance avec Son Altesse le duc régnant de Meckelbourg signé respectivement cejourd'hui.

9° Et, comme tout cela sera conclu jusqu'à la ratification authentique, on fera d'abord l'échange des instruments quand ils seront ratifiés.

3° *Mesures générales par rapport à la négociation de Russie*[1].

Si nous finissons notre traité avec la Russie, le déclarer en Suède, faire connoître que le traité ne contient rien que de conforme à ses intérêts, lui proposer d'y accéder; demander à cette couronne la reconnoissance en forme, par l'envoi d'une ambassade suédoise en Pologne.
Parler de même en Danemark.
Rome, demander la reconnoissance.
Tenter si la cour de Berlin voudroit entrer dans ce traité pour garantir le nouvel état de Pologne.
Écrire à Milan et à Madrid que nous n'en serons pas moins vifs sur les autres objets de la guerre.
Profiter de ce moment pour engager l'Empereur à nous confier ses plans pour la paix.
Déclarer en Hollande et en Angleterre que, l'affaire de Pologne étant en règle, nous serons prêts à poser les armes dès que l'Empereur voudra reconnoître le roi Stanislas, pour régler ce qui regarde la satisfaction de nos alliés. Parler à ces deux puissances de la reconnoissance.
Écrire à Pétersbourg pour envoyer la ratification; savoir, par le favori, quel présent flatteroit plus la Czarine; déterminer les présents pour les ministres russes.
Demander en Russie un ambassadeur pour la France. En nommer un pour la Russie; faire désirer qu'en attendant Bernardoni reste; lui donner caractère de ministre plénipotentiaire.
Écrire à Constantinople pour suspendre toutes mesures et remettre les Tartares tranquilles chez eux.

NOTES DES AFFAIRES ÉTRANGÈRES [2]

A M. Bernardoni. — Août 1734.

Les Anglois ont répandu le bruit en Suède que nous étions en négociation avec la Russie par le canal du duc de Meckelbourg. Gardez pour

1. *A. E. Russie,* t. XXVIII, fol. 90.
2. *A. E. Russie,* t. XXVIII, fol. 55.

votre instruction le lieu et le canal par lequel cela s'est répandu, mais employez tous vos talents et votre intelligence pour, en parlant de ce bruit à vôtre compagnon de voyage, développer ce qui y peut avoir donné lieu, et s'il y auroit trahison, et de quelle part. Nous prenons le parti de dire que nous ne savons ce que c'est; cela peut être relatif à d'anciennes tentatives qui avoient été faites et auxquelles nous n'avions point entendu.

Vous savez par quelle voie vous pouvez nous répondre, et cela est bien essentiel à vérifier et à savoir.

A M. Poussin [1]. — 15 août 1734.

Le paquet ci-joint *sans dessus* est pour M. Heil; faites-le lui passer sans rien qui puisse indiquer ni lui donner note à garder, de la part d'où cela vient.

A M. Bernardoni. — 15 août 1734.

Quelques avis me font craindre que votre voyage ou du moins la mission de l'homme qui y a donné lieu ne soit soupçonné en Suède. Il vous est aisé de juger par là combien de chimères on établit sur cette idée. Ne négligez rien pour développer secrètement [2] ce que c'est que tout cela. Il n'en est que plus important que vous en soyez encore plus circonspect si cela se peut et que vous vous tourniez de façon à dépayser totalement le monde soit par vos propos ou votre contenance; si vous aperceviez que l'on eût la moindre curiosité ni le moindre soupçon, et assurément vous avez bien de quoi, dans ce cas-là même il n'y auroit pas à balancer à recevoir avec toutes sortes de précautions.

LETTRES DE M. BERNARDONI A MONSEIGNEUR LE GARDE DES SCEAUX [3].
TRADUCTION [4].

Seconde partie de la première journée [5] à Travemund [6], port de la Baltique, le 6 août 1734 [7].

Mon camarade [8] partit de Hambourg le 30 du mois passé, à cinq heures du soir, pour se rendre au lieu de la résidence du duc de Meckelbourg [9]. Il

---

1. Ministre du Roi à Hambourg, de 1714 à 1749.
2. Au lieu de *secrètement*, on avait mis d'abord : *avec votre homme*.
3. Chauvelin, ministre des affaires étrangères, était aussi garde des sceaux depuis 1729.
4. De l'italien.
5. *Journée* a ici le sens de *voyage*.
6. Travemünde, port à l'embouchure de la Trave dans la Baltique, sur le territoire de la ville libre de Lübeck et à 16 kilomètres de cette ville.
7. *A. E. Russie*, t. XXVIII, fol. 44-150.
8. Heil.
9. Schwérin.

a pris si bien ses mesures, que c'est une espèce de miracle qu'il n'ait point été arrêté par les troupes de Lunebourg, qui l'ont rencontré en chemin et à qui il a échappé en leur montrant un vieux passeport de Russie et se disant courrier de cette cour. Il peut bien avoir manié la poudre, mais certainement il ne l'a pas inventée. Nous convînmes que je partirois le 31 pour me rendre le soir du même jour à Lubeck et que, le premier jour du mois, j'aurois des voitures pour me transporter où seroit le duc de Meckelbourg. J'attendis pendant trois jours de ses nouvelles, dans la plus abominable auberge de toute la ville, lorsqu'enfin je reçus avis avant-hier que les passages étoient pris et qu'il ne convenoit pas que je m'y exposasse crainte de malencontre. Mon camarade me donna rendez-vous au port, à deux lieues de la ville, où il devoit se rendre par des chemins détournés. J'y arrivai hier matin, vers le midi, et le trouvai déjà arrivé à l'auberge qu'il m'avoit indiquée. Il me fit bien des excuses, pour lui personnellement et de la part de son maître, et me donna plusieurs pièces de gibier de la part de ce dernier. Il me communiqua notre passeport et le plein pouvoir de son prince pour traiter avec moi — je le trouvai en bonne forme — et quelques lettres pour Pétersbourg bien conçues. Il voulut ensuite entrer en matière avec moi sur les subsides et me tint un discours pathétique pour me faire sentir les dépenses excessives dans lesquelles le duc son maître alloit se jeter pour délivrer de l'oppression celui qui s'y trouvoit[1] et agir offensivement contre les ennemis du Roi. Je le laissai parler tout de suite et lui répondis, en peu de mots, qu'il n'étoit pas question pour le présent de guerre, et que les François ne pensoient pas à la faire par le Meckelbourg, mais seulement de l'aider de subsides raisonnables, sauf à prendre d'autres mesures selon que les circonstances l'exigeront. Je n'hésitai point à fixer la qualité de ces subsides, dont le premier seroit payé dans le moment de l'échange des ratifications et l'autre, c'est-à-dire l'annuel, en quatre termes tant qu'il en seroit besoin. Il voulut me faire quelques remontrances, mais je rompis la conversation, disant que je ne pouvois faire davantage. Il dépêcha aussitôt un courrier à son maître ; il a reçu la réponse ; on paroît content de mes propositions ; cependant on me prie d'écrire pour vous engager à augmenter le premier subside, s'il est possible. Son Éminence et Monseigneur le garde des sceaux feront sur ce les réflexions que leur sagesse leur dictera. Du reste, j'espère que trois jours après notre arrivée à Pétersbourg notre traité sera conclu sans nulle difficulté. Cette espérance soutient mes forces, dont j'ai grand besoin pour un voyage aussi pénible que celui-ci.

Mon camarade dit que M. le duc de Meckelbourg a reçu avis que, par la médiation de l'Angleterre, la Suède et le Danemark ont fait une ligue offensive et défensive contre la Russie et que cette puissance en écoutera d'autant plus facilement nos propositions. La même lettre du duc de Meckelbourg porte encore que l'électeur de Saxe[2] n'est point allé à Dantzick, mais qu'il est resté dans son pays, pour y calmer un soulèvement presque général dans tous ses États. Si les choses sont aussi bien disposées qu'ils veulent me le faire croire, je viendrai à bout de cette négociation ; mais, selon les apparences, je serai fort embarrassé quand il sera question de prendre caractère, le médiateur[3] n'ayant pas grand crédit d'argent. Je ferai comme je pourrai et vous assure que, pourvu que les difficultés ne soient pas insurmontables, elles ne me détourneront pas un moment de mon

1. Le roi Stanislas.
2. Le nouveau roi de Pologne Auguste III.
3. Le duc de Mecklembourg, ou peut-être Bernardoni lui-même.

objet principal. Je laisse à Monseigneur le garde des sceaux à décider sur cette représentation avec sa bonté ordinaire; il sait ce qu'il me convient et je suis persuadé qu'il me procurera les secours nécessaires dans un pays où il m'a choisi pour représenter le ministre du plus grand Roi du monde.

Sitôt que le vent deviendra favorable, nous nous embarquerons pour Riga.

Troisième partie de la première journée.

Dantzick, 14 août 1734.

Une tempête cruelle, qui nous accueillit en pleine mer la nuit du 11 au 12 de ce mois, m'avoit ôté l'espérance d'écrire davantage en France. Sans vous en faire ici le détail, qui seroit inutile et ennuyeux, je vous dirai qu'après avoir erré deux jours entiers dans ces mers, nous sommes entrés comme par miracle dans ce port, d'où nous poursuivrons notre voyage par terre.

Le seul passeport de Meckelbourg a eu le crédit de nous laisser passer sans aucune difficulté par les troupes qui commandent en ce pays.

Je mentirois si je disois que ma santé n'est pas un peu altérée; mais j'ai la satisfaction de l'avoir encore meilleure que celle de mon compagnon, dont le corps vandale[1] devroit être plus fait à la fatigue que le mien. J'espère que la fin de ma mission sera plus heureuse que n'a été le commencement. J'ai bon courage, parce que je travaille pour le service du Roi et pour la gloire de Son Éminence et de Monseigneur le garde des sceaux, à qui j'ai tant d'obligations.

On dit ici que l'électeur de Saxe a fait une apparition ici et qu'il est resté vingt-quatre heures dans le couvent d'Oliva, d'où il est parti avec grande précipitation pour s'en retourner à Dresde. Je ne suis pas garant de cette nouvelle ni d'autres semblables, n'ayant ni le temps ni le moyen de les vérifier.

J'espère écrire encore à mon arrivée à Riga. Nous partirons après le dîner.

Quatrième partie de la première journée.

Riga, 25 août 1734.

Me voici heureusement arrivé ici après un voyage assez pénible. Je n'ai plus que 200 lieues pour parvenir au terme de mon voyage, que j'espère atteindre avant la fin du mois. Il me faudra rester ici demain, pour faire réparer nos voitures, qui sont en très mauvais état. Mon compagnon a été fort bien reçu et a dîné ce matin avec le commandant de la place, qui lui a fait expédier ses passeports sur-le-champ. Le commandant désiroit avoir à sa table le secrétaire Muller[2], nommé dans le passeport du duc de Meckelbourg. Mais le malheureux secrétaire s'est trouvé incommodé d'une fluxion qui lui est tombée sur les oreilles, de façon à le rendre presque sourd et à l'empêcher d'aller en compagnie. Mon compagnon ne doute pas de la réussite de notre négociation. Pour moi, je n'en préjuge rien et je soupire seulement après le moment où je serai à portée de voir clair dans l'avenir.

1. Les Wendes, quelquefois assimilés aux Vandales, étaient une nation slave qui habitait anciennement le Mecklembourg comme la Poméranie et le Brandebourg.
2. Bernardoni.

Première partie de la deuxième journée.

Pétersbourg, 4 septembre 1734.

J'arrivai ici avant-hier extrêmement las; cependant ma santé n'est pas trop altérée, et deux jours de repos la remettront. Mon camarade fut hier voir M. Ostermann, à qui il exposa l'objet de son retour, sans lui rien dire du secrétaire Muller. Il me rapporta qu'il avoit été bien reçu et que M. Ostermann désiroit un canevas général de traité. Je ne fis point difficulté d'en dresser un extrêmement vague et dénué de toutes circonstances particulières. Mon camarade en a été content et ne doute point que M. Ostermann ne le soit aussi. Il doit le porter demain matin, et je suis fâché que l'ordinaire[1] ne me permette pas d'en marquer ici la réponse.

Il a vu aussi M. de Biron[2], à qui il a dit qu'il apportoit de très bonnes nouvelles de France, et cela a paru faire plaisir à ce favori. Comme je ne parle que d'après mon compagnon, je ne puis parler affirmativement sur ce que je ne vois pas par moi-même.

A bon compte, j'ai renouvelé à mon compagnon que je n'attendrois pas plus de huit jours; à quoi il a répondu qu'il ne m'en demandoit que la moitié. Il m'a dit encore que M. Ostermann n'avoit aucune connoissance de mon arrivée et qu'il croit que c'est lui-même qui a des pouvoirs. Dieu veuille que cela réussisse.

Deuxième partie de la deuxième journée.

Pétersbourg, 11 septembre 1734.

Le quinquina m'a délivré de deux accès de fièvre double et tierce, qui n'ont point arrêté l'affaire principale. J'envoyai lundi mon compagnon à M. Ostermann pour savoir s'il avoit examiné le plan de traité. Il lui dit que oui et qu'il n'y avoit trouvé quoi que ce soit qui ne fût susceptible d'accommodement à la commune satisfaction. Il lui demanda s'il n'avoit pas de pouvoirs suffisants pour conclure. Mon compagnon répondit que si lui Ostermann vouloit donner des passeports, il se faisoit fort de l'aboucher en vingt-quatre heures avec un ministre de France. Si mon compagnon dit vrai, Ostermann resta bien surpris, lui reprochant de ne lui avoir pas montré en cette occasion assez de confiance. Il lui ordonna d'en faire part aussi tôt à M. de Biron. Il revint me demander mon nom, que j'écrivis moi-même sans difficulté et qui fut sur-le-champ porté à M. Ostermann. Ce ministre me fit faire mille compliments, et que je n'avois point besoin de passeports. Le même compliment me fut fait de la part du comte de Biron : en sorte que je commençai à concevoir quelque légère espérance.

Le mardi, je n'eus point de nouvelles.

Le mercredi, je dis à mon compagnon qu'il falloit reparler à M. Ostermann et que l'offre de l'amitié du premier Roi du monde, faite par un ministre caractérisé, méritoit d'être reçue avec plus d'empressement. La réponse qu'il me rapporta fut que l'on prenoit les mesures nécessaires pour entrer sans délai en traité et que, dans peu, je serois entièrement content. Ce rap-

---

1. Le départ du courrier.
2. Le favori Biren.

port vague et incertain ne me plut point. Je me fâchai; cependant je me calmai et dis que je n'avois ordre de rester que huit jours. Je fus surpris d'entendre mon compagnon dire qu'il n'avoit rien ouï de cet ordre, sinon que je le lui avois dit en chemin. Je pris le ton haut et lui rappelai que M. Pecquet me l'avoit dit en sa présence. Il se tut et changea de couleur. Il me dit qu'il faisoit de son mieux et qu'il avoit plus d'intérêt qu'un autre que l'affaire réussît. Je le chargeai d'aller de ma part trouver M. Ostermann et de lui dire que, si dans la journée de vendredi je n'avois pas une réponse positive, je partirois conformément à mes ordres. Ce ministre, en réponse, m'a fait représenter qu'il s'agissoit de renverser le système total de cet État et que cependant il comptoit être en état de traiter avec moi dans trois ou quatre jours; qu'il espéroit que, pour un si petit délai, je ne voudrois pas perdre un fruit qui pouvoit être en pleine maturité. J'ai cru devoir m'y prêter; j'espère qu'on le trouvera bon. Si demain je n'ai pas de réponse, je compte écrire moi-même à M. Ostermann.

On dit le roi Stanislas à Konigsberg.

Troisième partie de la deuxième journée.

Pétersbourg, 13 septembre 1734.

Je profite de l'ordinaire du mercredi pour faire savoir que la Czarine a nommé M. Ostermann, le prince Circasse[1] et Lœwenvolden, grand maréchal de la cour, pour entrer en matière avec moi. Les deux premiers se rendirent chez le dernier, qui me reçut à la porte de la maison, avec grande politesse, et m'introduisit dans la chambre où étoient les autres. M. Ostermann parla sur l'extrême désir qu'avoit la Czarine d'être bonne amie du Roi : à quoi je répondis d'une façon qui me parut satisfaire la compagnie. Ils demandèrent d'accord que ce soir, sur les cinq heures, nous entrerions plus particulièrement en matière. Je n'aurai pas le temps d'en mander le résultat. Pour dire vrai, je commence à concevoir quelque espérance, et le visage gai et riant du comte Ostermann m'est d'un bon augure; cependant je ne dis rien de fait que quand il n'y aura plus rien à faire.

Quatrième partie de la deuxième journée.

Pétersbourg, 18 septembre 1734.

Dans la conférence de mardi, M. Ostermann me demanda les propositions que j'avois à faire. Je lui dis que j'avois déjà communiqué un plan général, mais que, comme je vouloir agir avec franchise, j'en avois un autre plus circonstancié, que je lui remis écrit d'une autre main que la mienne. Après l'avoir lu avec attention, il me dit que ce plan étoit bien général et qu'il étoit persuadé que j'avois quelque chose de plus particulier à proposer. Je répondis que je n'avois pas oublié que je parlois au nom d'un grand Roi et que je ne devois point le faire parler comme un marchand. J'ajoutai : C'est au Conseil à examiner si les propositions conviennent, et que je serois fort aise de ne point partir sans conclure. Il me répliqua qu'il trouvoit

---

1. Le prince Alexis Mikhaïlovitch Tcherkaski, gouverneur de la Sibérie sous Pierre le Grand, sénateur et *ministre de cabinet* sous Anna Ivanovna, chancelier sous Anna Léopoldovna et Élisabeth. — Mort en novembre 1742.

quelque chose d'obscur et d'équivoque dans mes propositions : à quoi je répondis que, pourvu qu'il fût question de ne pas changer rien à la substance, je donnerois satisfaction sur tout le reste, parce que je connoissois l'extrême droiture non seulement du Roi, mais encore de Son Éminence et de Monseigneur le garde des sceaux, dont la probité étoit au-dessus de toute expression. Il finit par me dire qu'il me demandoit deux ou trois jours pour mettre en langue russienne mes propositions, les communiquer à Sa Majesté Impériale et prendre ses ordres : après quoi, nous nous reverrions. Je me retirai et fus accompagné par le maître de la maison jusqu'au carrosse. Le lendemain, M. de Lœwenvolden me fit dire que je devois être content, parce que les dispositions étoient entièrement favorables pour moi et que tout l'embarras étoit de trouver des raisons pour justifier le changement qui alloit arriver. Je le fis remercier de cet avis, qui me parut d'autant plus sincère que lui-même dans la conférence s'étoit montré bien intentionné pour la France. Hier matin, ayant fait presser M. Ostermann, il me fit répondre qu'il avoit autant d'envie de finir que moi-même et que tout l'embarras étoit de faire goûter au public un changement aussi subit et aussi imprévu, ajoutant qu'il me prioit de l'aider en lui fournissant des moyens dans cette vue. Je répondis que rien n'étoit plus aisé, que je savois que l'Empereur n'avoit point encore ratifié le traité qu'ils avoient ensemble[1], ni rempli la moindre de ses promesses. Je savois tout cela par le comte de Biron[2], qui certainement a contribué et contribue beaucoup au bon succès de la négociation. Il me fit demander quartier pour aujourd'hui, qui est jour de poste. De tout cela, je crois pouvoir concevoir quelque espérance raisonnable d'un heureux succès, quelque défiance naturelle que j'aie pour les choses qui dépendent d'autrui.

Cinquième partie de la deuxième journée.

Pétersbourg, 21 septembre 1734.

Ne voyant aucune résolution, j'ai jugé à propos d'écrire à M. Ostermann la lettre ci-jointe que je remis à mon aimable camarade pour la donner en mains propres, ce qu'il n'a pas jugé à propos de faire, et après avoir été dîner en ville, il est revenu le soir ivre à l'extrême. Après lui avoir dit mon avis le lendemain matin, je me suis fait rendre ma lettre malgré lui. Je l'ai fait rendre à M. Ostermann par mon domestique, à qui il a répondu de me faire ses compliments et qu'il me fera part de ce qu'il aura à me dire. Tant que cet homme[3] n'a eu que des impolitesses personnelles pour moi, je les ai attribuées à un défaut de naissance et d'éducation; mais quand il est question d'affaires, je ne passe rien.

Dans cet état de choses, je ne sais que pronostiquer de notre négociation, quoique je croie que, dans le fond, ils ont envie de s'accommoder avec nous de préférence. Je souhaite que ce billet trouve l'approbation de Son Éminence et de vous.

---

1. Le traité d'août 1726.
2. Bernardoni s'est constamment trompé sur Biren : Biren était encore plus autrichien qu'Ostermann.
3. Heil.

M. Bernardoni au comte Ostermann.

Pétersbourg, 21 septembre 1734[1].

Votre Excellence me témoigna, lundi passé, le désir qu'elle avoit que je misse par écrit mes propositions circonstanciées, et j'eus l'honneur d'y satisfaire dans les vingt-quatre heures. Elle eut agréable de les lire et de me répondre qu'elle alloit les faire traduire et qu'elle prendroit les ordres nécessaires pour en conférer avec moi.

Depuis ce temps, je n'ai entendu parler de rien, si ce n'est que M. Heil m'a rapporté, de la part de Votre Excellence, de penser aux moyens de sortir des engagements où est présentement la Russie sans que l'Europe trouve rien à blâmer dans ce changement. Après y avoir bien rêvé, il m'a paru qu'un traité, à ce qu'on m'a dit, nullement ratifié et, ce qui pis est, resté sans nulle exécution de la part de l'autre partie contractante, ne méritoit pas tant de ménagement. En tous cas, cette inexécution fournissoit, ce me semble, plus de moyens qu'il n'en faut pour accepter des propositions solides, utiles et avantageuses, sans que personne puisse trouver à redire à une pareille conduite.

Je soumets cependant mon faible avis aux lumières supérieures de Votre Excellence, et je me restreins à lui demander la grâce de me déclarer nettement sa réponse. Le temps passe et l'hiver approche; ainsi je la supplie de me mettre en état de rester dans cette capitale par la signature d'un traité ou de partir incessamment pour la France. Ce second me seroit aussi fâcheux que le premier me combleroit de joie; mais, dans l'un ou dans l'autre cas, je partirai ou je resterai avec les sentiments de vénération et de respect dont je ferai profession d'être toute ma vie, etc.

Sixième partie de la deuxième journée.

Pétersbourg, 25 septembre 1734.

Cette journée a été bien longue et bien fâcheuse pour moi, n'ayant rien avancé de plus que ce que je vous mandai par le dernier ordinaire.

La réponse du comte Osterman à la lettre dont je vous envoyai copie n'a été que verbale. Il m'a demandé d'avoir encore un peu de patience, m'assurant que dans deux jours nous entrerions en pleine conférence. Les deux jours passés, il me fit faire hier beaucoup de compliments, me conjurant d'attendre encore un peu et m'assurant que certainement j'aurois satisfaction. Ce message, qui avoit l'air de n'avoir d'autre objet que celui de gagner du temps, me déplut infiniment; mais, me contenant, je répondis que ma patience approchoit beaucoup de son dernier période après lequel je souffrirois plutôt de perdre la main droite que de signer aucune chose. Mon compagnon, dont il convient cependant que je me serve, quoique je

---

1. C'est la lettre dont il est question dans le morceau précédent.

connoisse le peu de fond que je dois faire sur ses paroles, m'assure que ce retardement ne vient d'autre chose que du besoin qu'ils ont ici de prévenir leurs ministres dans les cours étrangères du changement total qu'il doit arriver dans ce gouvernement. Je le désire d'autant plus que je ne le crois pas, et je suis dans une inquiétude difficile à exprimer. Je crains que mon retardement ne soit blâmé des personnes de qui je cherche d'être approuvé, surtout si mes peines ne sont suivies d'un heureux succès; et, d'un autre côté, j'espère et je me flatte que ces ministres ne sont pas insensibles aux avantages qu'on leur propose.

Voilà tout ce que je puis dire pour le présent.

Septième partie de la deuxième journée.

Pétersbourg, 28 septembre 1734.

J'attendis toute la journée de dimanche passé quelques nouvelles du comte d'Ostermann, comme j'avois lieu de le croire après ce qu'il m'avoit fait dire; mais, mon espérance se trouvant vaine, je pressai tellement mon compagnon que je l'obligeai de dire ce matin au dit ministre que j'étois absolument résolu de partir pour m'en retourner, connoissant l'inutilité d'un plus long séjour dans ce pays. Il y alla, et à peine fut-il dans l'antichambre qu'on l'introduisit dans le cabinet du comte d'Ostermann, où étoit le baron de Hocholzer[1], ministre de l'Empereur, et, sans lui donner le temps de parler, il lui dit à haute voix, en présence du ministre impérial, en langue françoise, ces paroles précises : « Faites mes compliments « à Monsieur et dites-lui que j'ai ordre de traiter avec lui et que j'aurai « l'honneur de le faire avertir. »

Sur cela, il se retira sans entrer en aucun propos. Le ministre impérial sortit, tout enflammé de colère, du cabinet, avec mon compagnon, et dans l'antichambre, il lui dit en allemand :

« C'est pour cela que vous êtes venu et le diable vous emportera. »

A quoi il ne jugea pas à propos de faire aucune réponse.

De tout ce que je viens d'exposer, il me semble voir les choses à portée d.une heureuse conclusion, et je ne puis croire que l'on porte la comédie à ce point. Les espérances paroissent d'autant plus fondées que l'on dit ici que le comte Sapiéha[2], qui étoit prisonnier à Riga, a été relâché sans exiger de lui aucune rançon. On a ajouté que les autres Polonois détenus ont eu la permission de retourner dans leur patrie et que le Primat[3] et le marquis Monti jouissoient d'une plus grande liberté. On dit que le roi Stanislas est parti pour Kœnigsberg pour se mettre à la tête des troupes polonoises. Je ne prétends pas me rendre garant de ces nouvelles, mais il n'est pas possible qu'elles ne contiennent au moins quelque chose de vrai. Pour conclusion, si ce sont des roses, elles fleuriront bientôt. Je le désire avec une extrême passion, tant pour le service du Roi que pour la gloire de Son Éminence et de Monseigneur le garde des sceaux.

---

1. Hochholtzer, résident de l'Empereur en Russie.
2. Pierre-Paul Sapiéha, palatin de Smolensk.
3. Le primat Théodore Potocki.

Huitième partie de la deuxième journée.

Pétersbourg, 2 octobre 1734.

J'espérois mander par cet ordinaire quelque chose de positif sur la conclusion de notre affaire, mais le besoin que M. Ostermann a eu d'être saigné du pied hier matin a retardé la conférence si désirée. Mais, comme son indisposition ne paroit pas considérable, j'espère que je serai promptement en état de finir avec satisfaction, nonobstant le message que le comte de Biron me fit avant-hier pour m'apprendre que leur ministre à Stockholm mandoit que le nôtre[1], en parlant de la Czarine, avoit dit : « *Cette femme porte le nez trop haut, il faut le lui-baisser ; il n'en coûtera que cent ducats au Roi mon maître pour la faire empoisonner, car un Russe tue pour cent roubles son père.* »

Il m'a ajouté que cela avoit causé quelque altération dans l'esprit de la Czarine, mais que le prince de Circassie avoit fait plus de bruit que les autres, disant qu'il n'étoit pas permis d'insulter ainsi toute une nation.

Je vous en fais part, quoique je ne croie rien d'une pareille folie : d'autant plus que le comte de Biron me l'a fait dire [pour que je l'écrive où je dois. Il m'a encore fait dire que cela n'empêcheroit pas la conclusion de notre affaire, qui alloit très bien. J'ai cru devoir faire à M. de Biron une réponse dont je joins ici la copie.

M. Bernardoni au comte de Biron.

Pétersbourg, 30 septembre 1734.

J'ai été surpris et indigné en même temps du noir et détestable propos qu'on a supposé avoir été tenu par le ministre du Roi mon maître à Stockholm et que Votre Excellence a eu agréable de ne pas me laisser ignorer. Je la remercie très humblement de la justice qu'elle rend au ministère de France, incapable de rien que de grand. Il recevra avec horreur la nouvelle que je porterai d'un discours si lâche et si exécrable. Il est plus intéressé que personne à approfondir la vérité d'un tel rapport et à laver par une punition exemplaire jusqu'à la moindre tache d'un propos diabolique. Oserois-je supplier Votre Excellence de mettre tout en œuvre pour en assurer l'auguste et respectable personne qui devoit être l'objet d'une entreprise dont la France n'a jamais été capable même à l'égard de ses plus grands ennemis? Ce sera par le premier ordinaire que j'en ferai part à ma cour; mais, si j'étois assez heureux pour signer dans cette semaine le traité qui m'amène ici, l'envoi que je ferois d'un courrier en France nous amèneroit, en bien moins de temps, les marques certaines de l'indignation du Roi, mon maître. Je soupire d'autant plus après ce moment pour être à portée d'aller moi-même assurer de vive voix Votre Excellence combien je suis pénétré des marques de bonté qu'elle m'a données depuis mon arrivée à cette cour et du respect infini avec lequel je serai toute ma vie...

---

1. M. de Casteja, ministre plénipotentiaire du Roi en Suède, de 1727 à 1737. — Voyez A. GEFFROY, *Instructions, Suède,* pp. xcii-xciii et 323-335.

Neuvième partie de la deuxième journée.

Pétersbourg, 5 octobre 1734.

La lettre du 15 août, Monseigneur, que vous m'avez fait l'honneur de m'écrire, ne m'a été rendue que dimanche, 3 du mois, sous le pli de M. le duc de Meckelbourg en date du 18 du mois passé. Il est étonnant que cette lettre ait resté trente-cinq jours en chemin pour venir de Paris à Schwerin. Mais l'inquiétude dans laquelle elle m'a jeté est encore plus surprenante.

Je ne saurais user de plus de précaution que je n'en ai usé encore aujourd'hui; en effet, nulle gazette du Nord, ni de Hollande, ni d'Allemagne, n'a encore parlé de mon voyage. A Dantzig, à Riga et à Nerva[1] on m'a pris pour le duc de Meckelbourg qui passoit incognito en Russie. Les nouvelles en ont parlé.

Arrivé dans ce pays-ci, j'ai fait dire que j'étois Italien de nation, élevé à Genève dans la religion réformée et attaché à ce prince en qualité de son secrétaire. Je n'ai vu ni parlé à personne, et, comme j'ai été indisposé à mon arrivée, mon indisposition m'a servi de prétexte pour me cacher aux yeux de tout le monde.

Depuis trente-trois jours que je suis à Pétersbourg, je ne suis sorti que deux fois de ma maison pour les affaires dont j'ai rendu compte; encore ces sorties n'ont-elles été faites qu'après le soleil couché. Malgré toutes ces précautions, je n'oserais assurer que quelqu'un ne soupçonne la vérité de mon voyage, et je ne saurois même m'en apercevoir parce que je ne vois ni ne parle à personne. C'est ce doute qui m'a causé des alarmes difficiles à exprimer et qui m'a fait prendre le parti d'envoyer ce jour-là même chez M. Ostermann, tout malade qu'il étoit; et, sans lui découvrir la véritable raison qui faisoit agir, je lui ai supposé que, ne voyant aucune conclusion de notre affaire, j'étois obligé de lui déclarer que j'avois reçu des ordres précis de m'en retourner en France. Il m'a fait répondre qu'il en informeroit la Czarine en attendant je ne devois pas m'inquiéter, puisqu'il me donnoit parole que tout finiroit à ma satisfaction, ajoutant que je pouvois dès cette heure faire mes préparatifs pour me mettre en public[2], et que, si j'avois besoin d'argent ou d'autres choses, je n'avois qu'à parler et que tout étoit ici à mon service.

Vous jugez bien, Monseigneur, que je n'ai pas abusé de la politesse. Cette réponse, toute consolante qu'elle est, n'a pourtant pas calmé mon agitation. J'ai pris le parti d'envoyer ce matin chez le comte de Biron, que j'ai toujours trouvé bien intentionné pour nous. Il a dit à M. Heil que M. Ostermann avoit fait savoir hier à la Czarine les ordres que j'avois reçus et, en même temps, il l'a pris par l'habit et l'a mené, lui troisième, dans le cabinet de cette princesse, à laquelle il a exposé le sujet qui l'avoit mené à la cour. Elle a eu la bonté de le charger de me dire de me tranquilliser, parce qu'on n'attendoit pour conclure avec moi que l'arrivée du comte de Lœuwenvolde, qui, ayant été son ambassadeur à Vienne et en Pologne, pouvoit encore mieux que personne mettre son Conseil au fait de toutes choses. Elle a ajouté qu'il devoit être ici incessamment, ayant déjà passé Riga, et qu'au surplus elle ne vouloit point d'alliance avec l'Empereur et qu'elle la vouloit avec la France. Le comte de Biron, qui l'a suivi, lui a con-

1. Narva.
2 C'est-à-dire pour prendre un caractère public.

firmé la même chose, ajoutant qu'il avoit lu ma lettre à la Czarine touchant le prétendu propos tenu par notre ministre à Stockholm et qu'elle en avoit été très contente, espérant que le Roi marqueroit son indignation à cet égard.

Voilà, Monseigneur, la situation où je me trouve. Je crains de vous déplaire en partant à la veille de la conclusion d'une affaire de cette conséquence, et je crains de vous déplaire en restant, puisque, malgré toutes les espérances les plus flatteuses, je n'ai nulle sûreté de cette conclusion, et que je suis encore moins sûr que le sujet de mon voyage n'ait été découvert ou tout ou moins soupçonné. Comme cependant la lettre du 15 août ne marque pas que vous avez changé en rien le plan que vous eûtes la bonté de me donner en partant de Paris, j'ai cru que je devois attendre encore quelques jours, plutôt que de jeter la faucille au moment de la moisson. Il me semble d'ailleurs assez difficile que le roi Stanislas soit jamais paisible possesseur du trône de Pologne sans le concours de la Russie, et que vous auriez à me reprocher d'avoir manqué une occasion qui paroît si favorable pour y parvenir. Je ne prétends pas de m'ériger en raisonneur sur cette matière. Je ne me regarde que comme un chétif maçon qui doit mettre tous ses soins à exécuter ponctuellement les desseins que des habiles architectes lui ont tracés; ainsi, si je m'avance trop, faites grâce à mes paroles en faveur d'un cœur qui vous sera, Monseigneur, toute la vie fidèle.

Dixième partie de la deuxième journée.

Pétersbourg, 9 octobre 1734.

Mon espérance n'a point été vaine, puisqu'on me fait dire qu'il est arrivé une estafette qui assure que le comte de Lœwenvolden arrivera ici lundi prochain, de manière que je me flatte de sortir d'affaire la semaine prochaine.

Le ministre de Saxe a publié hier l'affaire de la Secchia[1]. M. Ostermann, qui a eu l'attention de m'en faire part, m'a ajouté que, quand même cette nouvelle seroit vraie, elle ne changeroit quoi que ce soit à notre projet. Je le désire avec une extrême passion et plus encore de sortir, de façon ou d'autre, d'une trop longue et trop ennuyeuse prison.

Onzième partie de la deuxième journée.

Pétersbourg, 12 octobre 1734.

J'ai tant pressé les choses ces deux jours-ci que je me flatte d'être à portée de terminer notre affaire. Le comte Lewold[2] arrive ce soir et M. dOstermann m'a fait dire d'envoyer demain pour prendre jour, ajoutant que je pouvois en assurer, comme je fais, Son Éminence et Monseigneur le garde des sceaux. En même temps, il m'a fait porter ses plaintes, non seulement du discours tenu par notre ministre à Stockholm, mais encore du peu de

---

1. Le 15 septembre 1734, les Impériaux avaient surpris et battu les Français et les Piémontais à Quistello, sur la Secchia, un affluent du Pô; mais, le 19 du même mois, les alliés prirent, à Guastalla, une revanche éclatante : les Impériaux perdirent cinq ou six mille hommes, et le prince Louis de Würtemberg fut parmi les morts.
2. Lœwenwold.

retenue avec laquelle d'autres ministres dans les cours étrangères, sans les nommer, ont parlé de la personne de la Czarine et de cette nation, espérant que l'on donneroit les ordres convenables pour faire garder un peu plus de mesure. Il s'est plaint encore du très mauvais état dans lequel sont arrivées à Copenhague les troupes prisonnières de la frégate moscovite[1], dans le temps que les nôtres ont reçu toute sorte de bons traitements. M. de Lamotte[2] est chargé d'en parler à son retour.

J'ai un vrai plaisir que ni lui, qui me connoît beaucoup, ni aucun de ses compagnons ne sachent rien de mon arrivée ni de mon séjour en ce pays.

Douzième partie de la deuxième journée.

Pétersbourg, 18 octobre 1834.

Je serai court aujourd'hui pour deux raisons : la première, parce qu'ayant eu hier au soir une conversation de quatre heures avec M. de Lestang[3] sur la situation présente de notre affaire, je m'en rapporte à ce qu'il écrira afin d'éviter une répétition inutile; la seconde, parce que j'attends d'un moment à l'autre qu'on vienne m'avertir d'aller à la conférence qui me doit être marquée pour terminer, s'il est possible, l'affaire en question, n'écrivant aujourd'hui précisément que pour ne pas manquer la poste.

Je dirai cependant que le comte de Biron m'a fait savoir ce matin que l'ambassadeur de l'Empereur avoit fait de grandes instances pour que l'on fît ici des feux de joie à l'occasion de la victoire des Impériaux en Italie et qu'on avoit solennellement refusé, ajoutant que la Czarine vouloit finir avec nous et que lui, comte de Biron, ne perdoit point de vue la conclusion de ce traité.

Treizième partie de la deuxième journée.

Pétersbourg, 19 octobre 1734.

On me fit, dimanche passé, des excuses de ce que la conférence indiquée n'avoit pas été tenue; faute en a été attribuée au séjour des officiers de nos troupes qui partent aujourd'hui très contents des manières avec lesquelles ils ont été reçus. L'on m'assure que notre affaire finira immédiatement après, et je puis vous l'assurer moi-même, parce que, d'une manière ou d'autre, j'en veux voir la fin bien sûrement.

M. de Lestang ne se porte pas très bien et il est fort à craindre que la jaunisse ne s'empare de lui, ayant outre cela les jambes enflées tout le long du jour. Ce climat est terrible : il n'épargnera pas l'âge où l'on est le plus robuste.

---

1. Le *Mittau*. Voyez ci-dessus, p. 277.
2. Le brigadier Lamotte de La Peirouze. — Voyez ci-dessous pour cette question des prisonniers français.
3. M. Fonton de Lestang. Voyez ci-dessous. — Il était arrivé à Pétersbourg le 13 octobre 1734.

Dix-septième[1] *partie de la deuxième journée.*

Pétersbourg, 6 novembre 1734.

J'espérois mander par cet ordinaire la consommation de l'affaire en question; mais nous sommes dans un pays où l'on procède avec une extrême lenteur, indépendamment du peu de bonne volonté du comte Ostermann, qui veut se faire un mérite auprès de ses anciens amis de la résistance qu'il nous fait en ne prétendant donner aucune sûreté pour un bon succès. Les choses paroissent en état de les pouvoir voir bientôt à leur point de décision. Si l'affaire réussit selon nos désirs, nous en devrons le succès en très grande partie au comte de Biron, lequel a employé tout son crédit, qui n'est pas modique, pour aplanir les différentes difficultés qui se sont rencontrées, ayant fait tous les pas que j'ai jugés convenables pour le bon succès de l'affaire.

M. d'Ostermann ne s'épouvante plus quand il entend dire qu'il faut rétablir le roi Stanislas sur le trône de Pologne, et lui-même m'a fait dire que nous nous verrions peut-être demain pour découvrir les moyens qu'on pourra employer pour opérer ce rétablissement. Les réponses verbales que je lui fais sont libres, et cependant elles ne lui ont pas déplu jusqu'à présent, quoique j'aie toujours parlé avec une extrême fermeté, parce que j'ai tâché de les adoucir par la manière de m'exprimer, moitié sérieusement, moitié en badinant : jusqu'à lui dire qu'il étoit temps qu'il se fît un peu François, et qu'il avoit été assez longtemps Autrichien pour essayer un peu de nous. Il me répondit à cela que je devois lui en donner l'exemple en me faisant Russe. Je répliquai que je lui avois déjà donné l'exemple, mais que ma partialité étoit malheureuse, puisqu'elle ne trouvoit pas le retour que j'en devois attendre. Il se prit à rire et me dit qu'il vouloit être notre ami et qu'il me prioit d'ajouter foi à tout ce qu'il me disoit. Il fut tenu plusieurs autres propos de même nature dans la dernière conférence; mais j'ai cru inutile d'en faire un détail, qui ne donneroit pas une plus grande connoissance de l'état présent de cette affaire que ce que j'ai écrit en peu de mots au commencement de cette lettre.

Le bruit courut ici il y a quelques jours d'un traité conclu entre la Grande-Bretagne, le roi de Suède et le Danemark, par lequel les deux derniers doivent fournir au premier un nombre déterminé de troupes sous certaines conditions qui ne sont pas à ma connoissance[2]. J'ai chargé mon compagnon de savoir la vérité de cette nouvelle, et il m'a rapporté que le ministre de Danemark ne l'avoit pas niée, mais que celui de Suède avoit répondu qu'il ne savoit pas si l'affaire étoit conclue ou non, et qu'en tout cas il pouvoit assurer que cette convention n'auroit pas lieu et qu'elle demeureroit sans exécution et cette année et l'année prochaine. J'ai cru qu'il étoit de mon devoir de donner cette nouvelle à Monseigneur le garde des sceaux, à qui je fais ma profonde révérence.

---

1. Les quatorzième, quinzième et seizième *parties* manquent.
2. A ce moment l'Angleterre s'efforçait de faire signer à la Suède un traité de subsides, uniquement dans le dessein de diminuer l'influence française dans ce pays, quoique la politique anglaise ne fût pas en lutte ouverte avec la France; et en même temps la Suède et le Danemark signaient entre elles, sous l'influence de la Grande-Bretagne, un traité d'alliance.

M. DE CHAUVELIN A M. DE LESTANG.

Fontainebleau, 4 novembre 1734[1].

J'ai lieu de croire, par ce qui m'est revenu, que vous avez peut-être trouvé publique à votre arrivée la vraie mission de qui vous savez[2]. Si cela étoit, vous auriez sans doute pris le parti de le voir; sinon il aura fallu vous renfermer dans les ménagements que je vous ai prescrits avant votre départ. Dans le premier cas, vous ferez bien de lui communiquer ce que je vous écris. S'il n'étoit point connu, il seroit à souhaiter que vous pussiez lui dire à l'oreille que nous sommes inquiets de voir son voyage se prolonger; mais surtout conduisez-vous dans ce dernier cas avec la plus grande circonspection.

M. HEIL AU CARDINAL DE FLEURY[3].

Pétersbourg, 10 décembre 1734.

Votre Éminence aura la grâce de me plaindre plutôt que de m'accuser d'*une négociation* dont je ne saurois nommer la *qualité*. Je crois le sieur de Bernardoni assez juste et raisonnable pour lui commettre qu'il plaidât ma cause devant Votre Éminence. Je ne parle pas du mérite, puisque, par malheur, je n'en ai pas pu trouver dans cette affaire; il n'y a que mon innocence dont je voudrois bien faire convaincre Votre Éminence. Mes plaintes et malheurs sont les mêmes que ceux de M. de Bernardoni. Enfin, Monseigneur, la droiture et la justice très connue de Votre Éminence me font espérer qu'elle ne me donnera pas la faute où je n'en ai point.

J'ai l'honneur, etc.

C.-W. HEIL.

M. HEIL A MONSEIGNEUR LE GARDE DES SCEAUX.

Pétersbourg, 10 décembre 1734[4].

Je n'oserois pas comparoître par celle-ci devant Votre Excellence si je ne comptois pas sur la droiture et foi de M. de Bernardoni, lequel, à ce que j'espère, ne refusera pas de me rendre la justice et le témoignage que je crois mériter. Je n'ai rien ménagé pour soutenir la vérité et il ne m'a

1. *A. E. Russie*, t. XXVIII, fol. 150. — « Billet séparé de la lettre écrite à M. Lestang, ledit jour 4 novembre 1734. »
2. La mission de Bernardoni.
3. *A. E. Russie*, t. XXVIII, fol. 160.
4. *A. E. Russie*, t. XXVIII, fol. 171.

pas manqué pour cela de persécution. Je me retire de cette commission, et affaire si bien que de toute autre de cette nature et de ce climat, puisqu'il est trop important d'exposer son honneur après avoir essuyé des peines et fatigues pareilles aux miennes. L'unique chose à laquelle j'aspire encore c'est l'acquisition d'une partie de votre grâce, Monseigneur! Je ne doute pas même que Votre Excellence me l'accorde quand elle sera informée de la manière dont j'ai agi ici.

J'ai l'honneur, etc.

C.-W. HEIL.

M. DE CHAUVELIN A M. LE MARQUIS DE VILLENEUVE[1], A CONSTANTINOPLE.

15 novembre 1734[2].

Il y a deux à trois mois qu'un nommé Heil, attaché au service du duc de Meckelbourg, vint secrètement ici. Par ce qu'il nous dit, nous eûmes lieu de croire que la cour de Russie reconnoissoit le faux de son système et n'étoit pas éloignée de reconnoître le roi Stanislas. Nous voyions, alors comme aujourd'hui, les mouvements des Turcs contre les Moscovites et en faveur de la Pologne très incertains. Nous jugeâmes qu'en matières aussi importantes il ne falloit rien négliger, et que, si les dispositions des Russes étoient telles qu'on les supposoit, nous ne pourrions rien faire de plus utile à nous, à la Pologne, et tout à la fois de plus convenable à la Porte, que d'en profiter. Cela nous détermina à envoyer secrètement à Pétersbourg avec ce même Heil une personne inconnue[3], avec ordre d'écouter ce dont il s'agissoit, et de voir en conséquence ce que les dispositions de la cour de Russie pourroient rendre praticable. Cependant nous nous trouvons dans un cas très singulier. D'un côté, cette personne que nous avons à Pétersbourg, après un premier accueil qui a répondu parfaitement aux espérances que l'on nous avoit donné lieu de former, ayant fait entendre que ses ordres ne lui permettoient pas de prolonger son séjour sur de simples paroles et promesses, la Czarine et ce qu'il y a auprès d'elle de plus intimes en confidents et en ministres lui ont fait dire de demeurer et donné des assurances d'une conclusion aussi prochaine que satisfaisante. D'un autre côté, nous voyons se répandre dans l'Europe la connoissance de cette négociation : de façon même que nous devons croire que le ministre de l'Empereur à Constantinople, et peut-être ceux de quelques autres puissances en feront usage à la Porte et ne manqueront pas de nous y représenter comme gens qui, dans le même temps qu'ils excitent le Grand Seigneur à entrer en guerre contre la Czarine, traitent avec cette princesse.

Il n'est pas impossible même que vous n'ayez été déjà exposé à quelques témoignages d'inquiétude de la part des Turcs sur ce que les nouvelles publiques ont dit de la mission du sieur de L'Estang à Pétersbourg, qui néanmoins n'a nul rapport à celle dont je viens de vous parler, et qui

---

1. Sur le marquis de Villeneuve, A. VANDAL, *Une Ambassade française en Orient sous Louis XV*.
2. *A. E. Turquie*, t. XCI, fol. 147.
3. Toujours Bernardoni.

n'a eu pour objet que les arrangements et les détails du retour de nos troupes en France.

Mais si le cas arrive qu'il soit question de la négociation secrète, et que la Porte vous la reproche, il faut ne la point désavouer, mais entreprendre de la justifier, en exposant tels qu'ils sont et le fait et les motifs, représentant la sincérité de nos intentions, et combien les Turcs, loin de nous savoir aucun mauvais gré, doivent sentir que nous avons travaillé pour un intérêt qui leur est commun et dans la vue de finir une affaire dont le succès leur importe autant qu'à nous-mêmes. Ce principe est vrai et d'ailleurs vous ne douterez pas que notre résolution ne fût, au moment que nous aurions quelque sûreté de la part de la Czarine, de vous en donner avis et l'ordre de communiquer la chose à la Porte. Avec cette connoissance du vrai, tant des faits que des intentions, il vous sera aisé de vous expliquer avec les Turcs, de façon qu'ils n'imaginent pas que nous nous croyons dans le cas d'avoir à nous disculper sur une affaire aussi simple. Elle ne doit, ce me semble, mettre aucun obstacle ni apporter aucun retardement aux mesures que les Turcs auroient commencé de prendre, parce que, si elle ne réussit pas, leur déclaration contre les Moscovites sera une ressource pour empêcher ceux-ci d'achever en Pologne ce qu'ils y ont commencé de si préjudiciable aux intérêts de la Porte; si, au contraire, elle a à réussir, ce doit être assez promptement pour que les Turcs en aient l'avis avant qu'ils aient fait usage de ces mesures.

Au surplus, s'il ne perçoit rien à Constantinople de tout ce dont je viens de vous instruire, vous vous garderez bien d'en faire aucune sorte d'usage; vous le tiendrez, au contraire, dans un secret absolu tant que vous ne verrez point de nécessité à vous en expliquer aux ministres de la Porte; et, lorsque vous serez réduit à cette explication, vous observerez de ne la point porter jusqu'à donner connoissance du temps de l'envoi de la personne en question, de son nom et de la façon dont cette mission s'est faite.

M. DE CHAUVELIN A M. LE MARQUIS DE VILLENEUVE [1], A CONSTANTINOPLE.

11 décembre 1734 [2].

. . . .
Notre négociation secrète à Pétersbourg est au même point où elle étoit lorsque je vous en ai donné connoissance par ma lettre du 15 novembre.

L'espérance du succès subsiste, dans le même temps qu'il n'est pas possible d'y pouvoir compter absolument, à moins que la chose ne soit consommée. Dans cette situation, vous sentirez bien qu'il ne conviendroit, ni de vous prescrire de cesser les démarches capables d'engager les Turcs à se mettre en mouvement, ni de vous charger de conclure avec eux sur le

---

1. Les armées russes écrasaient en Pologne les dernières bandes des partisans de Stanislas et achevaient de dévaster et ruiner le pays. Mais ce ne fut qu'en 1735 que Münich acheva la « pacification ».
2. *A. E. Turquie*, t. XCI, fol. 186.

pied de ce qui vous a été remis par la Porte à la fin du mois d'août[1]. Il faut se borner à souhaiter que vous puissiez tenir l'affaire en suspens, de sorte qu'il y ait encore lieu de déterminer les Turcs à la guerre contre les Moscovites. Si nous ne réussissons pas à ce que nous avons entrepris à Pétersbourg, j'aurai attention à vous instruire dans le moment où nous saurons à quoi nous en tenir de ce côté-là. Au surplus, conformez-vous à l'esprit que vous aurez remarqué dans cette même lettre du 15 et dans la fin de celle du 13 du même mois.

Je ne doute [pas que l'on ne distribue où vous êtes un projet de traité avec la Russie, très différent de ce que nous pourrions faire avec la Czarine. On a eu soin d'y insérer tout ce qui peut aliéner la Porte de nous. C'est une suite de suppositions et inventions de la cour de Vienne. Vous ferez bien d'y répondre convenablement.

M. DE LESTANG A M. DE CHAUVELIN

Pétersbourg, 7 décembre 1734[2].

M. Muller partit vendredi,[3] après avoir reçu de M. Ostermann de grands éloges sur ses talents et beaucoup de politesses; ce ministre s'est expliqué avec lui sur l'impossibilité de rien faire par rapport à la liberté de M. de Monti.

. . . .

1. La Porte demandait un traité formel d'alliance avec le Roi. Villeneuve l'avait déjà proposé à son gouvernement, dans sa dépêche du 5 novembre 1733, et le Conseil du Roi, sous l'influence surtout de Fleury, l'avait repoussé. Or le renégat Bonneval lui-même conseillait à La Porte de ne pas agir sans cette garantie.
2. *A. E. Russie*, t. XXVIII, fol. 178.
3. Bernardoni partit le 3 décembre.

XVII

M. FONTON DE LESTANG

ENVOYÉ EN MISSION A PÉTERSBOURG POUR NÉGOCIER
LE RAPATRIEMENT DE NOS TROUPES
FAITES PRISONNIÈRES A DANTZIG PAR L'ARMÉE RUSSE

1734-1735

Reprenons la suite des événements à partir de la capitulation de Dantzick, le 9 juillet 1734.

La capitulation accordée à la garnison française de Weichselmünde (23 juin) avait été violée, et la déclaration suivante indique la raison ou le prétexte de cette violation.

DÉCLARATION DE LA COUR DE RUSSIE, DONNÉE A M. DE LAMOTTE, COMMANDANT LES TROUPES FRANÇOISES PRISES PAR CAPITULATION SOUS LE FORT DE WECHSELMÜNDE. — 6 JUILLET 1734[1].

Les troupes françoises employées par la France au secours de la ville de Dantzick ayant été réduites par les armes de Sa Majesté Impériale de toutes les Russies à la nécessité de se rendre par accord en vertu duquel elles seroient transportées dans un des ports de la mer Baltique où elles pourroient être aisément embarquées sur des vaisseaux françois ou sur des vaisseaux marchands, Sa Majesté déclare que son intention n'a pas été, et n'est pas encore, d'enfreindre en aucune manière la capitulation accordée aux susdites troupes; mais l'escadre françoise occupée dans la mer Baltique ayant cependant :

1° Sans qu'il y ait eu aucune déclaration de guerre entre la Russie et la France, attaqué et pris en pleine mer un pacquet-boat et deux galiotes et en dernier lieu une frégate russienne[2], fait prisonnier et emmené avec

1. *A. E. Russie*, t. XXVIII, fol. 24.
2. Le *Mittau*.

soi tout l'équipage desdits vaisseaux, pris et saisi tous les effets et marchandises qui s'y trouvèrent, et même envoyé la frégate en France ;

2° Quoique cette frégate et les vaisseaux susmentionnés n'eussent commis, de l'autre part, aucune hostilité contre les vaisseaux françois, la frégate n'ayant eu aucun ordre d'en commettre et les autres vaisseaux n'étant point du tout armés, mais servant uniquement à entretenir la correspondance entre Cronstadt et Lubeck et à transporter les passagers et leurs effets d'un endroit à l'autre, comme cela se pratique depuis plusieurs années ;

3° Lesquelles hostilités commises de la part de la France ont d'autant plus lieu de surprendre que de la part de la Russie on n'en a commis aucune envers la France ; mais, bien au contraire, le commerce des marchands et sujets françois ayant eu son libre cours, sans aucun empêchement ou interruption jusqu'à ce jour, dans tous les ports de la Russie ;

4° De telles démarches et procédés de la part de la France envers la Russie étant tout à fait contraires au droit des gens et aux coutumes reçues et usitées entre toutes les nations, même les moins civilisées, qui ne commettent point d'actes d'hostilité sans avoir préalablement déclaré la guerre ;

C'est pour ces raisons que Sa Majesté Impériale se trouve en droit, même en devoir, de retenir ces troupes françoises susmentionnées, par droit de représailles, jusqu'à ce que la frégate nommée *Mitau* soit restituée avec tout son équipage, c'est-à-dire le capitaine, les lieutenants et autres hauts et bas officiers, soldats, matelots et autres, du premier jusqu'au dernier, sans en exclure qui ce soit et sous quelque prétexte que ce puisse être, avec tout le canon, munitions et tous les effets ; en un mot, dans le même état où elle se trouvoit lorsqu'elle fut prise par les vaisseaux françois, de même que tout l'équipage et monde avec tous les effets pris et enlevés des autres trois vaisseaux susmentionnés, et que tout ceci, sans exception ou détention, ait été envoyé, réellement restitué et délivré dans un des ports de la Russie. Et, quoique Sa Majesté Impériale se trouve obligée par les raisons susdites de retenir ces troupes françoises jusqu'à ce que l'on ait entièrement satisfait de la part de la France à ces justes prétentions, Sa Majesté Impériale déclare toutefois qu'en attendant elles seront traitées d'une manière convenable à la condition d'un chacun, et qu'on aura tout le soin nécessaire pour leur entretien et subsistance, selon qu'on en conviendra plus particulièrement avec l'officier qui les commande, auquel Sa Majesté Impériale accorde aussi la permission d'envoyer quelques-uns des siens, munis de bons passeports, en France, y porter cette déclaration, pour effectuer d'autant plus tôt une prompte résolution et la satisfaction demandée ci-dessus. Afin que les troupes françoises puissent être incessamment renvoyées en France, et que, de la part de la Russie, dans ce cas-là, cette restitution se puisse faire sans délai, on laissera ces troupes dans un lieu voisin de la mer Baltique, d'où elles peuvent aussitôt être embarquées pour s'en retourner en France : à quoi on apportera toutes sortes de facilités et leur donnera à toutes l'assistance nécessaire.

Fait à Saint-Pétersbourg le 6 juillet 1734[1].

Le brigadier Lamotte rend compte dans sa lettre ci-après, du

---

1. 17 juillet de notre style.

20 juillet 1734, de la capitulation, du transport des troupes françaises en Russie et de l'arrivée de leurs officiers à Pétersbourg :

LE BRIGADIER LAMOTTE DE LA PEIROUZE A M. DE CHAUVELIN.

Pétersbourg, 20 juillet 1734[1].

La crainte de vous importuner, joint au manque de temps par les occupations vives et forcées dont nous avons été agités, depuis le 28 mai que je pris la liberté, Monseigneur, de vous écrire, pour avoir l'honneur de vous mander que j'adressois à M. Dangervilliers[2] le détail de l'attaque des retranchements, que je fus obligé de faire la veille, malgré toutes les règles de la guerre, vu l'heure indue qui nous étoit prescrite pour la commencer, qui me donna l'opinion de la réussite que j'en avois prévue[3]... . . . .

Le 18 juin, les Russes avancent leurs ouvrages devant le fort de la Münde[4], et les Saxons travaillèrent de leur côté à une batterie pour couper la communication du camp avec le fort. En même temps, les deux galiotes à bombes et trois frégates vinrent de la flotte mouiller de nouveau proche le camp au bout du vieux chenal, pour couronner et bombarder de nouveau le camp et le fort de la Münde, pendant que les nouvelles batteries de gros canons et de mortiers des Russes et des Saxons l'écrasoient de leur côté. Cette extrémité, et la communication du camp avec le fort qui étoit prête d'être coupée, me fit prendre le parti de proposer aux officiers des trois régiments d'envoyer à Dantzik, pour rendre compte au roi[5] et à M. de Monti de notre malheureuse situation, et les officiers mirent à ce sujet leur assentiment par écrit. Et en conséquence, j'écrivis à M. de Munich pour avoir un passeport, pour envoyer à Dantzik M. d'Oyze, capitaine de grenadiers du régiment de Périgord, et M. de Cornier, capitaine aide-major du régiment de Blaisois.

Le 19, M. de Munich m'envoya le passeport, qui avoit été précédé de quelques heures de la sommation pour capituler et rendre le fort de la Vexelmünde. M. le baron de Stackelberg en reçut une pareille, ainsi que le gouverneur du fort[6].

Le 20, j'envoyai à Dantzik les deux officiers, avec le passeport de M. de Munich, porter au roi la sommation et lui rendre compte, et à M. de Monti, de notre situation.

Le 21, les officiers revinrent de Dantzig, et rapportèrent en réponse la lettre du roi de Pologne, que je communiquai à tous les capitaines des trois bataillons, qui, voyant l'impossibilité d'exécuter ce qui y étoit contenu[7], délibérèrent unanimement d'entrer en capitulation avec M. de Mu-

---

1. *A. E. Russie*, t. XXVIII, fol. 36.
2. Bauyn d'Angervilliers, ministre de la guerre de 1728 à 1740.
3. Nous supprimons ici une ou deux pages sur les opérations préliminaires.
4. Dans le rapport de Lamotte, Münde et Weichselmünde sont identiques. Quant au camp français, il était établi dans l'île de Fahrwasser, sous le canon du fort.
5. Stanislas était encore à Dantzick au moment de la capitulation, mais il parvint à s'échapper quelques jours après, déguisé en paysan, et alla se mettre sous la protection du roi de Prusse à Kœnigsberg. — Dantzick était, à la date indiquée par Lamotte, absolument coupé de ses communications avec Weichselmünde.
6. Officier suédois, adjudant général du roi Stanislas.
7. Le roi de Stanislas et M. de Monti demandaient que Lamotte tînt jusqu'au dernier homme, assurant qu'il pouvait résister au moins quatre semaines, et que dans l'intervalle on recevrait des secours de France.

nich : à quoi je me déterminai pour épargner le sang humain qui auroit été répandu sans donner aucun secours au roi et à Dantzig, et sans lui être d'aucune utilité, n'y ayant eu que trop de victimes immolées mal à propos et sans aucun fruit[1].

Le 22, j'ordonnai à M. de Vaillant, lieutenant-colonel du régiment de la Marche, M. le chevalier de Belesta, capitaine au même régiment, M. d'Oyze, capitaine de grenadiers du régiment de Périgord, et à M. de Ségent, commissaire de guerre, de porter à M. de Munich les demandes que je faisois au nom des troupes pour une capitulation honorable. Et j'envoyai en même temps M. de Taisy, lieutenant-colonel du régiment de Blaisois, M. de Cornier, aide-major du même régiment, et M. le chevalier de Briqueville, capitaine au régiment de Périgord, porter les mêmes propositions à M. le duc de Saxe[2], qui m'avoit demandé de lui envoyer en même temps qu'à M. de Munich. Je chargeai ces messieurs de ne rien conclure si on nous demandoit prisonniers de guerre, étant résolu de périr plutôt que de nous rendre à ce prix.

Ces messieurs revinrent le soir et rapportèrent la capitulation ; mais, comme il y avoit un article concernant la reddition du fort de la Münde, que M. de Munich demandoit, et que nous ne voulions ni ne pouvions lui accorder, et contre lequel ils lui avoient fait leurs représentations, qui étoit demeuré en souffrance, je les renvoyai le lendemain 23, et, étant convenus avec M. de Munich qu'ils en seroient déchargés, la capitulation fut entièrement conclue.

Le 24, le fort de la Münde, d'où j'avois retiré les détachements et les malades et les blessés, fit sa capitulation particulière avec M. de Munich. Le même jour, MM. de Munich, le duc de Saxe et l'amiral Gourdon[3] vinrent au camp et nous protestèrent de vive voix qu'on accompliroit le contenu de notre capitulation ; mais que, devant prendre des bâtiments de transport pour nous conduire dans un port de Suède ou de Danemark, comme nous demandions, il étoit nécessaire de nous embarquer sur leur flotte, pour en aller trouver vers Libau, ou vers quelque port de Russie.

Le 26, nous chargeâmes nos équipages dans des galiotes danoises, qui les avoient apportés de Copenhague[4], et nous nous embarquâmes vers le soir pour aller à bord de la flotte, suivant la répartition qui en fut faite.

Le 27, la flotte mit à la voile ; mais, ayant été contrariés par les vents et les calmes, nous arrivâmes le 6 juillet à Godland[5].

Le 9 juillet, nous sommes arrivés à Revel, où l'amiral Gourdon nous fit entendre qu'il n'y avoit pas de bâtiments de transport, ainsi qu'il avoit cru en trouver ; mais qu'il avoit ordre de nous mener à Cronstadt, où nous en trouverions sûrement, et nous mîmes à la voile le 10.

Le 12, la flotte est arrivée devant Cronstadt ; nous sommes restés à bord le 13.

Le 14, nous avons descendu à terre, et nous avons été chez l'amiral le comte Galloün[6] au nombre de dix officiers des têtes des corps des trois ré-

---

1. Voyez dans Rathery, ouvrage cité, pp. 276-279, la brillante valeur déployée par Lamotte dans la fatale journée du 27 mai.
2. Auguste III, électeur de Saxe, roi de Pologne.
3. L'amiral Thomas Gordon, commandant la forteresse de Cronstadt et la flotte de la Baltique. Mort en 1741.
4. Lors de l'arrivée avec Plélo.
5. L'île de Gothland.
6. Le comte Nicolas Feodorovitch Golovine, amiral, président du collège d'amirauté. Né en 1695, mort en 1745.

giments, et l'après-midi, nous nous sommes embarqués le même nombre dans un yacht que Sa Majesté Impériale avoit envoyé pour nous conduire à Saint-Pétersbourg et conférer avec M. le comte d'Ostermann au sujet de nos affaires.

Le 13, le vent étant contraire pour remonter dans le yacht jusques à Saint-Pétersbourg, nous nous sommes embarqués sur des chaloupes et sommes arrivés à minuit en cette ville, et avons été logés dans un palais de Sa Majesté Impériale.

Le 16, nous avons été chez M. le comte d'Ostermann, qui nous a remis la déclaration[1] de Sa Majesté Impériale au sujet de notre capitulation que j'ai l'honneur de vous envoyer.

Voilà, Monseigneur, en peu de mots, ce qui nous est arrivé depuis la dernière lettre que j'ai eu l'honneur de vous écrire. Je ne m'étendrai point sur la cruelle situation où se sont trouvées les troupes, réduites au pain de seigle seul, prêtes à en manquer si la communication avec le fort eût été coupée, ce qui seroit immanquablement arrivé vingt-quatre heures plus tard; les blessés sans remèdes, linge, ni eau-de-vie. Ma lettre du 16 à M. de Monti vous fera connoître quelle étoit alors notre situation, et la réponse qu'il me fit fut un des principaux motifs qui me détermina à lui envoyer deux officiers pour lui expliquer notre état avec plus de circonstances encore que par lettres. Enfin, je ne crois pas qu'aucune histoire produise d'exemple de l'extrémité où nous nous sommes trouvés; et, lorsqu'on voudra faire réflexion que trois bataillons, campés sur une île de sable, sans eau, ni bois, après une attaque téméraire de retranchements impraticables, ont souffert une canonnade et un bombardement par mer pendant tout un jour, une seconde canonnade par terre le surlendemain, et enfin, investis par devant par deux armées de terre et par derrière par une flotte, prêts à mourir[2] les uns après les autres sans coup férir de la part de l'ennemi, qui, sans perdre un homme, nous eût canonnés et bombardés par terre et par mer tant qu'il en seroit resté un de nous, on ne s'étonnera point que ces troupes capitulent; et l'on pourra dire de nous que nous sommes plus malheureux que coupables, quelques menaces que nous ait faites M. de Monti de nous perdre auprès du Roi et de la cour. Mais nous espérons trop de la droiture et clémence de Sa Majesté, pour douter qu'elle ne rende justice à notre innocence, lorsqu'elle l'aura reconnue. Si notre sang répandu eût pu être de quelque utilité au roi de Pologne, nous l'eussions versé et nous fussions sacrifiés sans balancer pour son service. Nous étions venus pour cela, et ce qui nous a été le plus pénible a été l'impossibilité d'exécuter ses ordres, et de n'avoir pu lui donner le secours que nous nous proposions de lui porter; mais l'impossible est au-dessus des forces humaines. Vous verrez, Monseigneur, par la déclaration ci-jointe de Sa Majesté Impériale, les raisons qui l'obligent à retenir ici les trois bataillons, sans cependant enfreindre notre capitulation. Si le Roi veut nous tirer d'ici avant l'hiver, il évitera la perte entière des régiments de Périgord et de Blaisois dont les habillements sont à leur fin et qui sont hors d'état de soutenir le grand froid de ce pays-ci. Jusques à présent, nous n'avons lieu que de nous louer du bon traitement que l'officier et le soldat a reçu, tant sur les vaisseaux qu'à terre, où il ne leur a rien manqué pour la nourriture et les bonnes manières qu'on a eues pour tous.

Monseigneur, le comte d'Ostermann me dit hier qu'on enverroit les

---

1. Il s'agit de la pièce ci-dessus.
2. C'est-à-dire : près de mourir.

troupes à Nerva[1], qui est à douze lieues de Cronstadt, pour y camper, et qu'on donneroit au soldat cinq sols par jour, et le pain comme on le donne à leurs troupes, et que si l'officier avoit besoin de quelque argent, on lui en donneroit. Nous tâcherons cependant de ne prendre que pour faire subsister le soldat, et nous nous aiderons pour les officiers autant que nous le pourrons, quoiqu'il y ait peu d'argent parmi eux, étant depuis plus de deux mois sans paye, et ayant été obligés de dépenser en achetant fort chèrement dans l'île.

Il est bien nécessaire, Monseigneur, de nous faire toucher ici quelque secours pour nous aider à vivre, si nous ne sortons pas bientôt de ce pays-ci. Et, sur ce que Monseigneur le comte d'Ostermann m'a dit d'envoyer un officier à la cour pour porter la déclaration de Sa Majesté Impériale et nos lettres, et qu'une pareille course est de dépense, j'ai requis M. de Ségent de négocier ici une des cinq lettres de change sur Stockholm, de la somme de mille écus *platen*[2] que vous eûtes la bonté de lui faire adresser par M. Dangervilliers avant notre départ de France, et qu'il a encore, n'ayant pu les remettre à M. de Monti, pour donner de l'argent à l'officier, pour faire le voyage au moins jusques à Berlin, d'où M. de la Chetardie[3] pourra lui donner de quoi continuer sa route jusques à Paris, ou envoyer un de ses courriers, et je me suis obligé envers M. de Ségent, M. le chevalier de la Luzerne, M. de Bellefont, et moi, de répondre de l'argent de cette lettre de change, au cas que vous n'approuvassiez pas l'emploi qu'il est pourtant indispensable d'en faire.

Le sieur de Cornier, aide-major, et premier capitaine factionnaire du régiment de Blaisois, depuis la mort des sieurs de Moinville, Grissac et Neuvy, tous trois ses anciens, tués à l'attaque des retranchements, où le dit Cornier a reçu deux blessures, aura l'honneur, Monseigneur, de vous en rendre un fidèle compte, les ayant vus de près, pendant l'attaque, et depuis en allant à Dantzik et à son retour; c'est un très digne et bon officier qui prendra la liberté de vous faire un rapport véritable de toutes les circonstances requises, si vous avez la bonté de lui en accorder la permission.

Je suis, avec la plus parfaite soumission et le plus profond respect, Monseigneur,
Votre très humble et très obéissant serviteur

LAMOTTE DE LA PEIROUZE.

21 juillet.

Sa Majesté Impériale nous a fait loger dans un de ses palais, où l'on nous fait la plus grande chère et la meilleure du monde. Je ne saurois trop, Monseigneur, vous exprimer, toutes les marques de bonté que nous avons reçues et recevons de Sa Majesté Impériale, qui a bien voulu nous admettre à l'honneur de lui baiser la main, et ordonné que l'on nous fît voir toutes les beautés et magnificences de sa cour. Je n'attends que les expéditions de Son Excellence Monseigneur le comte d'Ostermann, vice-chancelier, concernant nos troupes, pour les aller joindre. Nous sommes comblés de ses politesses et de celles des grands de cette cour.

1. Narva. Nous verrons qu'elles furent ensuite envoyées à Koporié.
2. Écus d'argent. A moins qu'il ne faille lire *plains* : écus pleins ou doubles.
3. Alors ambassadeur à Berlin.

Les officiers français furent, en effet, amenés à Pétersbourg et lady Rondeau, femme de l'ambassadeur d'Angleterre, raconte ainsi dans ses *Mémoires* la réception qui leur fut faite à la cour de la Tsarine :

> Quand le bal commença, on introduisit les officiers français faits prisonniers sous Dantzig. J'avoue que ce procédé à leur égard me parut cruel : je m'approchai pour juger de ce qu'ils feraient dans cette situation délicate. Leur chef, le comte de Lamotte, était un bel homme d'environ cinquante ans ; toute sa physionomie exprimait la bravoure et l'énergie. Il avait la mine d'un homme qui ressent profondément l'injure, mais qui la dédaigne. Après que chacun des prisonniers fut venu baiser la main de l'Impératrice, elle se tourna vers le comte de Lamotte et lui dit : « Vous vous étonnez sans doute qu'on ait choisi un tel moment pour vous présenter à la souveraine ; mais, comme les Français se sont très mal conduits avec les prisonniers qui ont eu le malheur de tomber entre leurs mains, en représailles, je me contenterai de cette petite humiliation et, sachant que les Français sont fort galants, j'espère que l'amabilité des dames ici présentes va contribuer à la leur faire oublier. » Là-dessus, elle appela quelques dames qui parlaient français et les pria de faire oublier à ces messieurs, au moins pendant la durée du bal, qu'ils étaient prisonniers. Elle leur fit aussi rendre leurs épées, en échange de leur parole d'honneur. Comme je me trouvais, par curiosité, auprès de l'Impératrice, c'est à moi qu'elle s'adressa d'abord, et je dus faire la conversation avec le plus rapproché de ces officiers qui, fidèle à l'amabilité de son pays, s'inclina devant l'Impératrice et lui dit : « Votre Majesté a trouvé le moyen de nous vaincre deux fois : j'espère que le comte Münich nous rendra justice en reconnaissant que, malgré toute sa valeur, ce n'est pas volontiers que nous nous sommes rendus à lui ; mais, en ce moment, nos cœurs se soumettent avec joie à de si belles conquérantes. » Comme je ne me sentais pas bien portante, je me félicitai de ce que l'âge de mon cavalier ne lui permettait pas de danser ; nous passâmes la soirée à causer. Il montra de l'esprit, de la courtoisie et beaucoup de vivacité ; mais son langage fourmillait de ces expressions de rhétorique, qui sont particulières à sa nation, surtout quand on s'entretient avec des femmes. Il témoignait d'une grande admiration pour la magnificence et la politesse de la cour de Russie. En effet, on les traite avec beaucoup de courtoisie ; on a mis à leur disposition les carrosses de la cour et on leur montre tout ce qui peut intéresser des étrangers. Je l'invitai à venir dîner à la maison avec tous ceux de ses camarades qu'il voudrait amener ; il en amena quatre sur les douze qui se trouvaient dans la ville.

Quant aux soldats, ils furent internés à Koporié (Ingrie). Ils furent bien traités, comme on l'a vu[1], et le document suivant prouve les efforts que l'on fit pour porter quelques-uns d'entre eux à s'établir en Russie. On les trouvait si précieux qu'on essayait de les voler au Roi. Le 23 juillet (ancien style) 1734, la Tsarine envoyait à Koporié un capitaine de sa flotte, Polianski[2], porteur de l'ordre suivant :

---

1. *A. E. Russie*, t. XXVIII, fol. 162. Lettre du 30 novembre 1734.
2. Probablement André Ivanovitch Polianski, fait amiral en 1757, mort en 1764.

ORDRE DE LA TSARINE A POLIANSKI[1].

Tu te rendras à Koporié, au camp où sont gardés les prisonniers français, et tu montreras cet ordre soit au major de la garde Albrecht, soit à Lapoukhine, lieutenant-colonel du régiment d'Astrakhan : à savoir que nous t'ordonnons de prendre part avec eux à la surveillance des prisonniers, attendu que tu sais la langue française, et tu diras aussi à ces Français que tu es envoyé tout exprès à cause d'eux. Ensuite tu diras secrètement au major ou au lieutenant-colonel qu'à l'avenir ils ne gardent pas les dits Français aussi sévèrement qu'ils le font maintenant, et que, si quelques-uns de ceux-ci s'évadaient secrètement, de ne pas les en empêcher et de ne pas envoyer à leur poursuite, attendu que beaucoup d'entre eux sont des maîtres des métiers, et qu'à supposer qu'ils s'évadent, cette évasion sert au mieux notre intérêt personnel; donc, non seulement il n'y a pas lieu de les en empêcher, mais, au contraire, autant qu'il sera possible, il y a lieu de les y aider et inviter, et autant que possible, les diriger sur Saint-Pétersbourg.

En août 1734, M. Fonton de Lestang fut envoyé à Pétersbourg pour obtenir la restitution des troupes françaises faites prisonnières devant Dantzick et surtout la mise en liberté du marquis de Monti, ambassadeur de Louis XV à Varsovie, qui avait accompagné Stanislas à Dantzick.

De Lestang arriva à Pétersbourg le 13 octobre 1734. Aucune instruction écrite ne lui fut donnée; les lettres et documents publiés plus loin ont pu en tenir lieu. On y voit qu'il devait se concerter avec le brigadier Lamotte pour obtenir et régler le retour de nos soldats.

Nos troupes furent rapatriées, la plus grande partie en décembre 1734, et l'autre, restée malade en Russie, au printemps de 1735. Cette question de rapatriement, qui fut discutée de part et d'autre avec une certaine aigreur, semble avoir brouillé M. de Lestang avec le vice-chancelier Ostermann.

Aux sujets de mécontentement de la Russie étaient venus se joindre les bruits de propos injurieux contre la Tsarine attribués au ministre du Roi à Stockholm, M. de Casteja. En outre, il parut à Dantzick, le 27 octobre 1734, une espèce de pamphlet écrit en italien et dont Monti était soupçonné d'être l'auteur. La Tsarine ajouta d'autant plus foi à tous ces bruits que les rapports des deux cours restaient très tendus.

La négociation pour l'alliance, commencée par Bernardoni et remise à M. de Lestang, ne put donc se continuer avec fruit. Ostermann ne voulut même pas présenter à la Tsarine les dernières pro-

1. SOLOVIEF, *Istoria Rossii*, t. XX, p. 41. D'après les Archives de l'empire russe.

positions de notre envoyé, relatées dans la lettre de M. de Lestang à M. de Chauvelin, du 11 janvier 1735.

M. de Lestang se présenta cinq fois chez Ostermann sans pouvoir obtenir audience ; le vice-chancelier lui tint « de mauvais propos » dans son antichambre et lui laissa clairement entrevoir qu'il était inutile de rester plus longtemps en Russie. M. de Lestang demanda ses passeports.

D'après le compte que celui-ci rendit de ces incidents, il lui fut répondu de Marly qu' « ainsi il avait fort bien fait de se déterminer à partir ».

Si le comte Ostermann avait montré de bonnes dispositions dans le commencement[1], c'était pour éveiller l'attention du ministre de l'Empereur à Pétersbourg et obtenir ainsi un prix plus élevé de ses services.

M. de Lestang n'avait pas été plus heureux sur la question de la mise en liberté du marquis de Monti qu'il devait aussi négocier. Rien ne put faire décider la cour de Pétersbourg à rendre le prisonnier. Elle se plaignait amèrement de la conduite de Monti en Pologne et à Dantzick. Il fut même assez maltraité en Russie[2].

M. de Lestang quitta la Russie les premiers jours de mars 1735. Il laissait au résident des Pays-Bas le soin de suivre cette dernière affaire avec l'assentiment de Leurs Hautes Puissances. Bien que la cour de Versailles eût envoyé la lettre demandée par la Russie et qui contenait l'assurance que M. de Monti retournerait en droiture en France, le résident hollandais n'obtint rien. Le gouvernement russe s'était ravisé : il exigeait en outre une déclaration que M. de Monti ne serait plus employé dans les affaires de Pologne[3]. Le Roi se fit un point d'honneur de ne point satisfaire à une telle exigence, et M. de Monti ne recouvra sa liberté qu'à la fin de 1735, grâce à l'intervention de l'Empereur.

Voici quelques documents relatifs à la mission de M. de Lestang :

PLEIN POUVOIR DU SCEL SECRET POUR LE SIEUR FONTON DE LESTANG.
DU 23 AOUT 1734[4].

Le Roi ayant résolu d'envoyer à Pétersbourg une personne chargée de ses ordres pour régler les détails concernant celles des troupes de Sa Majesté qui sont dans les États de la Czarine de toutes les Russies, Sa Majesté a donné et donne au sieur Fonton de Lestang plein pouvoir, commission et

1. Voyez ci-dessus, p. 278.
2. Voyez *A. E. Russie*, lettres de juin, août et septembre 1735, t. XXIX, fol. 47, 48, 50, 67, 79, 80, 81.
3. *A. E. Russie*, Lettre du 30 novembre 1734, t. XXVIII, fol. 162.
4. *A. E. Russie*, t. XXVIII, fol. 78.

mandement spécial d'arrêter et signer avec les ministres de cette princesse, munis de ses pleins pouvoirs en bonne forme, tels articles et convention, qu'il jugera nécessaires pour le détail des dites troupes. Promettant sa dite Majesté en foi et parole de roi d'avoir agréable, accomplir et exécuter tout ce que le dit sieur Fonton de Lestang aura stipulé, promis et signé en vertu du présent pouvoir comme aussi d'en fournir sa ratification en bonne forme dans le temps qui aura été convenu. En témoignage, Sa Majesté a signé ces présentes de sa main, et y a fait apposer le scel de son secret.

Fait à Versailles, le 23 août 1734.

Louis.

LE ROI A LA TSARINE (LETTRE DE CRÉANCE).

Versailles, 24 août 1734[1].

Ayant jugé nécessaire de faire passer une personne de notre part pour régler les détails concernant nos troupes qui sont encore dans les États de Votre Majesté, nous avons destiné pour cette commission le sieur Fonton de l'Estang, et nous l'avons chargé en même temps de marquer à Votre Majesté combien nous sommes sensible aux ordres qu'elle a donnés pour qu'au moins il ne manquât rien à la subsistance de nos troupes. Nous lui demandons d'ajouter une entière croyance à tout ce qu'il lui dira de notre part. Et, sur ce, nous prions Dieu, etc.

M. DE CHAUVELIN A M. DE LA MOTTE DE LA PEIROUZE.

Versailles, 28 août 1734[2].

J'ai reçu, Monsieur, votre lettre du 20 juillet, et je vous remercie des détails dans lesquels vous voulez bien entrer et qui font également honneur aux troupes et aux officiers qui les commandoient. Nous ne différons pas de faire passer une personne pour concerter avec vous les arrangements à prendre et les démarches à faire pour le plus prompt retour des troupes que vous commandez. Vous voudrez bien avoir confiance entière en cette personne qui vous remettra ma lettre et qui vous dira combien nous désirons que tant de braves gens soient promptement de retour dans nos ports. Nous n'avons qu'à approuver à tous égards la conduite que vous avez tenue.

---

1. *A. E. Russie*, t. XXVIII, fol. 56.
2. *A. E. Russie*, t. XXVIII, fol. 57.

M. DE CHAUVELIN A M. DE LESTANG.

Versailles, 30 août 1734[1].

J'ai oublié, Monsieur, de vous faire remarquer qu'outre les soldats et officiers françois et la personne de M. de Monti dont vous devez demander le retour, il faut encore que vous insistiez sur la liberté des officiers ou soldats suédois qui pourroient avoir été pris dans le fort de la Munde ou dans la ville de Dantzick. Il ne seroit pas de la dignité du Roi de les abandonner, mais il ne faudroit pas que ce point retardât l'embarquement de nos troupes, et vous pourriez le traiter après coup.

Je dois encore vous ajouter que vous devez aussi demander la liberté des Poméraniens qu'il faut regarder comme Suédois, comme aussi de plusieurs officiers françois qui avoient été placés dans le régiment des gardes de la couronne et dans celui des dragons[2] en garnison à Dantzick. Dans le dernier, les colonels, les lieutenants-colonels, plusieurs capitaines et officiers subalternes sont François.

Il y a aussi dans le régiment des gardes de la couronne quelques officiers françois et suédois.

Il y a MM. de Bassat et de la Gaucherie, officiers d'artillerie, M. Godelé[3], ingénieur, MM. Bidache et Marville, un lieutenant du régiment de Blaisois nommé Bussy, avec un sergent et trente soldats du régiment; enfin un sergent de Bavière et trois caporaux qui étoient à la garde du palais de l'ambassadeur à Varsovie.

Tous ces gens-là qui sont prisonniers de guerre, il est question que vous traitiez de leur liberté, mais avec l'attention que je viens de vous recommander par rapport au départ de nos trois bataillons.

J'ai cependant quelque notion que nos ingénieurs et officiers artilleurs ont été sauvés. M. Ostermann vous refuseroit-il une liste exacte de tous les prisonniers de guerre qui ont été faits ?

M. DE CHAUVELIN A M. DE LESTANG.

Versailles, 24 septembre 1734[4].

Comme les Moscovites veulent répéter[5] tout ce qui a été pris sur eux, il est raisonnable que la réciprocité s'observe. Ce n'est que depuis votre départ que nous avons su qu'ils avoient pris à la Munde une frégate[6] venant de Stockholm, chargée de 800 fusils avec leurs baïonnettes et épées, autant

1. *A. E. Russie*, t. XXVIII, fol. 60.
2. Ce sont les troupes de la couronne de Pologne.
3. RATHERY, *le Comte de Plélo*, p. 229, nomme le lieutenant-colonel Bassart, le major Gocherie et le capitaine Godel.
4. *A. E. Russie*, t. XXVIII, fol. 114.
5. C'est-à-dire : réclamer.
6. La frégate *l'Isaac*.

de paires de pistolets, et grande quantité de pierres à fusil, poudre et balles. Outre cela, ils ont pris dans Dantzig 400 habits, avec tout l'assortiment de l'habillement du régiment des gardes du roi de Pologne, 450 uniformes d'équipages de chevaux, 600 paires de bottes, et les armes qui étoient dans les magasins du roi de Pologne.

Il sera nécessaire que cela entre dans la compensation des restitutions réciproques. Placez seulement cette demande de manière qu'elle ne retarde pas le départ de nos troupes.

M. DE LESTANG A M. DE CHAUVELIN

Pétersbourg, 16 octobre 1784 [1].

Après avoir resté dix-sept jours sur mer dans le trajet de Copenhague sur la frégate *Mittau*, je suis enfin débarqué à Revel, le 6 de ce mois, et de là je me suis rendu à Nerva, où j'ai trouvé les trois bataillons des troupes de Sa Majesté, dont plus de cinq cents soldats sont dangereusement malades, moitié desquels ne pourront pas s'embarquer. M. de Lamotte, sur l'avis d'un prochain départ, étoit parti pour Pétersbourg avec MM. les colonels pour prendre congé de la Czarine. Je les y ai joints le 13. M. de Lamotte m'a présenté à M. Ostermann. Je lui ai remis votre lettre, Monseigneur, et lui ai fait lire la copie de celle du Roi pour la Czarine; j'ai été remis au lendemain pour l'audience; il a formé des difficultés de me laisser présenter la lettre du Roi, sur ce que je n'avois pas de titre, à cause du cérémonial. Je lui ai sacrifié ce qui me regardoit personnellement, et je lui ai dit que j'espérois que cela ne diminueroit en rien la créance que cette lettre me donnoit; il m'en assura et la porta dans le moment à la Czarine qui l'a fort bien reçue. Il fut réglé, et M. le grand maréchal de la cour[2] vient me le dire, que la Czarine nous verroit tous avant la revue des gardes et que je lui baiserois la main après M. de Lamotte. En sortant de là, nous passâmes dans l'antichambre pour nous mettre à table. Ceci n'est pas ordinaire. J'étois placé à côté de M. de Lamotte qui avoit à sa gauche M. le feld-maréchal Munick; il [le feld-maréchal] fit l'éloge des troupes françoises et de leur commandant. Après les santés des deux puissances, M. le maréchal Munick porta celle de Son Éminence et la vôtre, Monseigneur. Les attentions que l'on a pour les officiers françois sont très grandes; j'aurai l'honneur d'en envoyer un détail, l'ordinaire prochain.

Selon l'usage de cette cour, j'ai remis au ministre mes demandes par écrit. — *Je joins ici copie du mémoire.* — Il a voulu séparer l'article de M. de Monti de celui des troupes; j'ai insisté sur ce qu'on devoit le regarder comme une suite inséparable de la même affaire.

Après de grandes assurances des bonnes dispositions que l'on trouveroit, M. Ostermann me reprocha qu'on avoit dépouillé les matelots de la frégate[3] à Brest. J'ai répondu qu'il savoit lui-même que le droit de la guerre

1. *A. E. Russie*, t. XXVIII, fo¹. 138.
2. Lœwenwold.
3. Le *Mittau*.

permettoit des abus qu'on ne pouvoit empêcher; mais que l'attention que vous aviez eue de faire pourvoir aux besoins des dits matelots, en leur faisant distribuer des chemises, devoit le rassurer sur nos intentions.

Il me reprocha aussi, mais avec plus de vivacité, les discours indécents que nos ministres tenaient sur cette cour[1]. Je trouvai le mot de cette énigme chez M. Heil, qui m'envoya chercher le soir. M. Muller croit être sur le point de finir sur ce principe. Ces ministres-ci pourroient bien traîner la réponse de mon mémoire jusqu'au dernier moment.

Ces circonstances me font espérer que vous ne désapprouverez pas les facilités que j'ai données pour mon audience. M. Ostermann a dit à M. Heil qu'il me demanderoit si je n'avois pas de lettres pour eux; nous n'en avions pas encore parlé.

J'ai communiqué à M. de Lamotte et de Ségent l'article des troupes compris dans mon mémoire.

M. de Bussy est ici avec ses soldats, mais on nous les cache. Hier, il vint dans mon auberge avec deux sentinelles pour y coucher, mais on le ramena à l'hôpital où il est encore. Je verrai demain M. Ostermann à ce sujet.

Les bâtiments de transport pour les troupes sont allés à Cronstadt prendre des vivres, d'où ils doivent se rendre à Nerva. M. le comte Ostermann y a fait mettre douze cents fourrures de mouton ou environ pour les soldats mal habillés et autant de bas et de souliers. Je me concerterai ici, Monseigneur, avec M. de Ségent afin qu'il ne manque rien aux malades qui resteront. Ces gens-ci pensent et traitent à la grande; il ne faut pas leur céder. J'ai gardé mes états en attendant les autres afin de ne les remettre que dans un temps convenable.

Nous devons voir encore ce soir la revue d'un régiment de dragons qu'on fait passer pour nous, puis aller à la Comédie italienne[2] qui depuis longtemps n'a joué que cette fois.

NOTE-MÉMOIRE JOINTE A LA LETTRE DE M. DE LESTANG DU 16 OCTOBRE 1734[3].

Fonton de Lestang, suivant les ordres de sa cour, a l'honneur de représenter à Monseigneur d'Ostermann que le Roi son maître désireroit non seulement la restitution des trois bataillons de ses troupes, mais encore le renvoi de la frégate l'*Isaac* et de la galiote venue de Suède; que de plus il fût permis à Son Excellence M. le marquis de Monti de retourner en France. Sa Majesté souhaiteroit aussi avoir des assurances de la liberté de tous les officiers françois, suédois ou poméraniens qui auroient été pris dans le fort de la Münde ou faits prisonniers à Dantzick et nommément de MM. de Bassat et de la Gaucherie, de M. Godelé, ingénieur, de MM. Bidache et Marville, d'un lieutenant du régiment de Blaisois nommé Bussy avec un sergent et trente soldats du régiment; enfin un sergent de Bavière et plusieurs caporaux qui servoient à la garde du palais de l'ambassadeur du Roi à Varsovie.

1. Il s'agit toujours des propos attribués à M. de Casteja.
2. Ce doit être la troupe envoyée par le roi Auguste à la Tsarine.
3. *A. E. Russie*, t. XXVIII, fol. 141.

Le dit Fonton supplie aussi Son Excellence de vouloir bien faire dresser un mémoire des dépenses faites, tant pour les frais du fret des bâtiments nécessaires pour l'embarquement des troupes de Sa Majesté que pour celle des prêts distribués aux dites troupes et remèdes fournis aux malades pendant leur séjour en Moscovie, et généralement de tout ce que Son Excellence a bien voulu faire avancer pour leur subsistance et commodité de leur embarquement, et d'y faire joindre un état de ce qui ne se trouveroit pas en nature de la frégate le *Mittau*, qui sera remplacé suivant l'estimation que Son Excellence voudra bien en faire faire.

M. DE LESTANG A M. DE CHAUVELIN.

Pétersbourg, 19 octobre 1734[1].

Les officiers partent ce matin pour se rendre à Nerva. Ils ont pris congé de la Czarine, qui les a très bien reçus. M. de Lamotte lui a donné le titre de Sa Majesté Impériale, ce que M. de Munich a fait remarquer tout haut à ceux qui l'entouroient. Cette circonstance m'auroit embarrassé si je lui avois parlé, et je crois qu'il vaut mieux l'avoir évitée, quoique je le lui donne en parlant à M. Ostermann.

Sa Majesté a fait mettre sur les bâtiments de fort belles fourrures pour tous messieurs les officiers, dont elle leur fait présent. M. de Bussy part avec eux et son détachement le suit dans des chariots, le tout aux dépens de Sa Majesté. Il faut dire à leur louange qu'ils n'ont pas emprunté ici un sol pendant leur séjour. Sa Majesté a eu la bonté de leur faire voir tous les jours un nouveau régiment sous les armes avec ses manœuvres; elle avoit même la bonté de s'y trouver. Quand le régiment des gardes à cheval fit la revue, Sa Majesté commandoit l'exercice avec certains signaux qu'elle faisoit avec sa palatine. Les officiers ont été nourris et logés aux dépens de Sa Majesté; il y avoit un gentilhomme de la chambre qui faisoit les honneurs de la table.

Nous avons appris que M. de Monti avoit pris trop de confiance dans le nommé Bidache qui le trompoit. Il étoit maître d'armes, un mauvais sujet. M. de Marville a pris parti dans les troupes de la ville de Dantzick.

Le retour de M. de Munich auprès des François et ses grandes politesses sont un indice des bonnes dispositions de cette cour. On dit qu'on n'en a pas été content; en effet, le soldat russe dit hautement qu'on l'a sacrifié. Comme ce général a un frère[2] dans le Conseil privé et qu'il est instruit de tout, il craint que, la grande affaire venant à finir, vous ne le recherchiez pas.

Il est très possible que l'attente de mon arrivée ait retardé la conclusion de ce que vous désirez; les ministres espéroient que j'apporterois

---

1. *A. E. Russie*, t. XXVIII, fol. 145. — Il faut lire : le 8/19 octobre (voyez la lettre de M. Chauvelin du 30 novembre), la différence entre les deux calendriers n'étant alors que de 11 jours (elle est de 12 jours au xixe siècle).

2. Le baron Christian-Wilhelm von Münich (1688-1768), frère du feld-maréchal, fut *Ober-hofmeister*.

de nouvelles conditions, mais je me suis borné à chercher de bonnes dispositions, sous prétexte de vous en rendre compte, évitant d'entrer en rien de particulier jusqu'à ce que je fusse instruit si M. Muller étoit encore ici ou non. Afin de ne rien avancer mal à propos, — quoique M. Ostermann m'ait dit qu'ils étoient prêts à nous écouter, mais qu'on ne pouvoit faire autre chose, à présent que le ministre est instruit que j'ai vu M. Muller, — je ne me chargerai plus que du détail des troupes qui restent et non de porter parole de la part de M. Muller. C'est le discours que je tiendrai à M. Ostermann.

J'imagine que je n'aurai point de réponse à mon mémoire en particulier et que les articles[1] entreront dans le traité s'il se conclut.

Je compte partir jeudi pour Nerva pour être instruit des malades qui restent.

Il n'y a pas encore de nouvelles, Monseigneur, que les bâtiments de transport pour les troupes soient passés à Nerva de Cronstadt, ni que la frégate que j'ai laissée à Revel soit arrivée dans ce port.

M. DE CHAUVELIN A M. DE LESTANG.

Fontainebleau, 4 novembre 1734[2].

Nous apprenons, Monsieur, par plus d'une voie, des choses auxquelles certainement il ne seroit pas naturel de s'attendre, et vous serez sûrement étonné quand je vous dirai que ce sont des discours que l'on attribue à l'ambassadeur du Roi en Suède, discours offensant pour toute la nation russe et que l'on porte jusqu'à menacer les jours de la Czarine. Tout homme qui auroit été capable de tenir de pareils propos mériteroit un châtiment public. Aussi y a-t-il trop de noirceur à inventer de pareilles choses, et en vérité tout le monde a un intérêt commun à découvrir les inventeurs de pareille calomnie. Vous savez vous-même la manière dont nous avons pensé quand nous avons fait enfermer à Copenhague un homme qui s'étoit offert pour attenter à la vie de l'électeur de Saxe. Ainsi je ne doute point que, si vous avez entendu parler de ce même bruit, vous n'ayez pris de vous-même le parti de parler à M. Ostermann et de lui dire d'avance combien nous serions indignés lorsque nous apprendrions d'aussi noires imputations. Quand même vous l'auriez déjà fait, voyez encore ce ministre sur ce que je vous écris. Il y a un autre point à vous ajouter : un ministre comme M. de Casteja, qui d'ailleurs ne voit et ne sait pas tout, peut fort bien parler sur les dispositions de sa cour à être ou n'être pas unie avec d'autres puissances, mais il n'est jamais capable de supposer dans son maître aucune facilité à se prêter à des attentats. Aussi ne serois-je point étonné que M. de Casteja eût dit, selon les occasions, que les choses avoient été portées si loin entre la Russie et nous, qu'il ne pouvoit jamais y avoir d'union entre les deux cours. Cela est naturel à penser pour quelqu'un qui, voyant la guerre ouverte, n'imagine point d'autres moyens de

---

1. Les articles apportés par Bernardoni. Voyez ci-dessus, pp. 280 et suiv.
2. A. E. Russie, t. XXVIII, fol. 148.

terminer les affaires qui en sont la cause. Ce n'est pas que j'approuve cette façon de parler absolument sur des choses qui sont momentanées et sur lesquelles ceux qui conduisent la totalité peuvent avoir des vues plus étendues, et peut-être même plus simples. J'ai même marqué à M. de Casteja cette réflexion, mais cette espèce d'erreur seroit excusable parce que, comme je viens de vous le dire, chaque ministre ne voit qu'un très petit coin du tableau. Vous ne seriez pas dans le cas de tenir le même langage, parce que, depuis que vous êtes à la suite des affaires, vous avez vu que dans tous les temps nous avions désiré l'union avec la cour de Russie, et que nous l'avions même regardée comme convenable aux intérêts naturels. Réciproquement, je suis persuadé que, quelle que soit la situation des affaires générales, M. Ostermann vous saura gré de la confiance que vous lui marquerez en lui lisant ce que je vous marque là.

Nous avons grande impatience d'apprendre le succès de vos soins pour le retour de nos troupes, et la liberté de M. de Monti, et j'attends sur cela de vos nouvelles incessamment.

M. DE CHAUVELIN A M. DE LESTANG.

Fontainebleau, 30 novembre 1734[1].

J'ai reçu vos lettres des 16 et 19 octobre, qui ne me laisseroient autre chose à désirer que de vous savoir aussi en bonne santé que je le voudrois.

Vous avez parfaitement bien fait de remettre vos lettres de créance à M. d'Ostermann et de suivre en cela son conseil.

Il n'aura certainement pas pu désapprouver que vous n'ayez pas détaché de votre mémoire, qui est fort bien, l'article de M. de Monti. Vous savez combien il nous tient à cœur, et d'ailleurs c'étoit un des deux objets de votre mission.

En vérité, le traitement que cet ambassadeur essuie ne ressemble point à la manière dont la Czarine en a bien voulu user avec nos troupes, et nous sommes persuadés que l'on n'aura pas moins d'égards à vos représentations sur cet article.

Vous ne pouvez trop marquer combien nous sommes sensibles aux bons traitements que l'on a faits à nos troupes et qui répondent si parfaitement à tout ce qui nous revient de la magnificence de la cour où vous êtes. Il n'y a qu'une voix sur cela. Aussi sommes-nous véritablement mortifiés de l'espèce de reproche que vous a fait M. d'Ostermann. Vous saviez, avant votre départ, que M. de Brackel[2] avoit certifié lui-même du bon traitement fait aux prisonniers moscovites rendus à Copenhague; et je vous assure que les ordres les plus précis ont été donnés, et nous avons lieu de croire qu'ils ont été exécutés, pour le bon traitement des prisonniers qui avoient été transportés en France, aussi bien que pour remettre la frégate absolument au même état où elle étoit quand elle fut prise. C'est ainsi que vous pouvez

---

1. *A. E. Russie*, t. XXVIII, fol. 162.
2. Le baron de Brackel, ministre de Russie à Copenhague, plus tard (1741) à Berlin.

vous expliquer avec M. Ostermann, en lui marquant combien nous serions peinés que l'on ne crût pas avoir à se louer de nos procédés, puisque ç'a toujours été notre intention.

A l'égard des discours attribués à quelques-uns de nos ministres, je vous ai déjà écrit amplement sur cette matière. Vous savez que nous nous faisons un principe de respecter les têtes couronnées, et qui que ce soit, de ceux qui dépendent de nous, qui agiroit ou parleroit sur d'autres principes, éprouveroit certainement le mécontentement du Roi. Nous avons toujours désiré marquer attention pour la cour où vous êtes, et il ne tiendra jamais à nous qu'elle n'en reçoive des preuves en toutes occasions. Vous savez sur cela comme nous avons toujours pensé.

Nous apprenons l'arrivée à Copenhague de la plus grande partie de nos troupes. Je n'ai point eu de nouvelle par cette voie.

M. DE CHAUVELIN A M. DE LESTANG.

Versailles, 9 décembre 1734[1].

J'ai reçu, Monsieur, par la voie de M. Poussin[2], votre lettre du 6 novembre. Je ne doute point que vous ne vous soyez donné tous les soins possibles pour que rien ne manque aux 300 malades qui sont restés à Nerva et pour pourvoir à leur retour, à mesure que la saison et leur convalescence pourroient le permettre.

Votre séjour là-bas, quoique l'objet en soit bien simple et bien connu, ne laisse pas que de faire grand bruit dans toutes les nouvelles publiques, et d'inquiéter la cour de Vienne, où l'on veut bien regarder le renvoi de nos troupes comme l'annonce de dispositions favorables sur de plus grands objets; mais la cour de Vienne fait son métier ordinaire, qui est de mettre l'alarme partout, et il n'y a qu'à la laisser dire.

Je veux croire les apparences vraies, mais j'avoue qu'en pareille matière j'ai médiocre opinion de ce qui traîne aussi longtemps et laisse le temps aux obstacles de se multiplier et d'augmenter. Vous pouvez dire à qui vous savez[3] que c'est la persuasion, que d'un moment à l'autre on seroit décidé pour ou contre, qui a fait qu'il n'a pas entendu parler de son pays d'adoption, où on a grande impatience de le savoir régnant ou parti.

Je n'ai pas entendu l'endroit où vous parliez de quelqu'un qui étant malade ne pouvoit pas écrire. Qui vous savez a écrit sous la même date que vous, du 6 novembre, et je n'imagine que lui qui eût eu à écrire.

Je vous conseille, sur le temps de votre séjour, de prendre celui qui vous sera le plus commode pour la saison. Il est toujours bon que vous gagniez du temps. Vous aurez assez de prétexte pour rester, quand il n'y auroit que l'article de la liberté de M. de Monti, sur lequel vous devez toujours continuer

1. *A. E. Russie*, t. XXVIII, fol. 164.
2. Poussin, ministre du Roi à Hambourg, de 1714 à 1749.
3. Il s'agit de Bernardoni. M. de Chauvelin affecte de regarder la France simplement comme un pays d'adoption pour Bernardoni-Müller. — Celui-ci avait quitté Pétersbourg le 3 décembre.

d'insister. Il faut que vous ne négligiez rien pour gagner du terrain auprès de M. Ostermann et du favori. Quand même l'affaire du jour manqueroit, il peut renaître d'autres circonstances plus favorables. Le tout est de ne pas se mettre de tous côtés hors de mesure.

On fait grand bruit ici, comme vous l'aurez su, d'une négociation conduite, dit-on, sous les auspices d'un nommé Heil. Quelqu'un où vous êtes a sûrement parlé. Est-ce mauvaise foi des chefs ou indiscrétions des subalternes? Je n'en sais rien. Ce qui me fait douter des premiers, c'est qu'ils n'auroient pas fait mystère du vrai nom du véritable Amphitryon et qu'on ne l'a point nommé.

M. DE CHAUVELIN A M. DE LESTANG.

Versailles, 10 décembre 1734[1].

Toutes réflexions faites, Monsieur, de quelque manière que puisse tourner l'affaire que vous savez, il faut tâcher de ne se pas mettre hors de mesure avec le pays où vous êtes. Pour cet effet, il faut vous mettre peu à peu en relation d'affaires avec M. Ostermann. Pour cela, il faut que vous disiez que vous avez encore reçu ordre de presser vos instances pour la liberté de M. de Monti, comme en effet nous la désirons extrêmement, indépendamment de tout le reste.

Il sera bon aussi que vous parliez à M. Ostermann sur les nouvelles levées[2], si on en fait comme on le dit, et qui réaliseroient le bruit qui court que c'est contre la France. Parlez-lui du moins des bruits qui se répandent que la cour est convenue récemment de la prestation des trente mille hommes, pour agir soit directement ou indirectement contre nous, en donnant ses troupes pour remplacer celles que l'Empereur feroit marcher contre nous, et qui paroîtroient bien plus réels si l'on faisoit des augmentations de troupes; que tout cela suppose des intentions bien décidées contre nous, dans le temps même qu'on a des preuves que les nôtres assurément ne sont pas telles, et que l'on peut aisément s'en assurer plus particulièrement.

Il faut aussi que, par forme de confidence, vous parliez à M. Ostermann sur une chose dont on cherchera sûrement à abuser auprès de lui. Voici le fait: La cour de Vienne s'est plainte en Hollande que nous travaillions à soulever la Porte contre elle. Les États-Généraux nous ont, par une résolution, fait sur cela des représentations. Dans la réponse que nous avons donnée par écrit, nous l'avons nié, parce que cela n'étoit pas vrai; mais nous avons laissé voir assez clairement qu'en ce qui regardoit les plaintes de la Porte sur l'infraction du traité du Pruth, nous n'avions pas dû être si scrupuleux. Il est tout naturel qu'on ait voulu se servir de cet aveu pour aliéner contre nous la cour où vous êtes. Mais ce langage est tout simple et ne peut pas être autre tant que les Russes opposent toutes leurs forces à la

---

1. *A. E. Russie*, t. XXVIII, fol. 166.
2. Levées de troupes en Russie. On renforçait l'armée russe de Pologne, dont on devait, l'année suivante, détacher un corps de dix-huit ou vingt mille hommes sous Lascy, pour aller au secours de l'Empereur.

chose du monde qui nous tient le plus à cœur, et lors même que nous verrions, comme je viens de vous le dire, des mesures qui annoncent une action directe contre nous, en donnant des troupes à l'Empereur et en mettant l'électeur de Saxe en état d'en pouvoir donner lui-même. Ce détail vous fera voir combien il est utile que dans la conversation vous fassiez différentes réflexions à M. Ostermann. Quand cela ne serviroit qu'à le faire expliquer sur l'article des trente mille hommes, ce seroit quelque chose. Peut-être une première ouverture de cette espèce pourroit conduire à quelque sûreté de ne point se mêler des affaires de l'Empereur. Mais, si cela a à venir, il faut que ce soit sans que nous en fassions aucune demande formelle. Ce seroit un bien pour eux de se procurer une espèce de neutralité. Quoique je ne doute pas que qui vous savez[1] ne soit actuellement décidé, cependant, à tout événement, dites-lui que, s'il n'a pas de certitudes contraires, il y a beaucoup d'apparences qu'on ne fait que l'amuser jusqu'à ce qu'on ait des réponses de Vienne ou d'Angleterre.

M. DE LESTANG A M. DE CHAUVELIN.

Pétersbourg, 14 décembre 1734[2].

. . . .
On m'a assuré que le général Munick avoit dit qu'on alloit publier ici un manifeste pour rassurer les alliés qu'on ne les abandonneroit pas et qu'on donneroit pour preuve le refus des dernières propositions faites par la France.

. . . .
Comme je suis persuadé que c'est votre intention que je fasse embarquer le reste des troupes aussitôt que la mer sera ouverte, jugerez-vous à propos que je fasse monter sur les frégates, qu'on nous rendra, à ce que j'imagine, le même capitaine commandeur danois qui a ramené la frégate moscovite? Il n'a reçu aucune récompense d'ici : puis-je en faire espérer une du Roi?

M. DE CHAUVELIN A M. DE LESTANG.

Versailles, 16 décembre 1734[3].

Je ne puis m'empêcher, Monsieur, d'être extrêmement inquiet de n'avoir de nouvelles ni de vous ni de personne depuis le 6 novembre. Je ne puis croire autre chose, sinon que où vous êtes on arrête vos paquets pour

1. Bernardoni.
2. *A. E. Russie*, t. XXVIII, fol. 181.
3. *A. E. Russie*, t. XXVIII, fol. 168.

que nous ignorions où en sont les choses et que, cette incertitude nous tienne dans le ralentissement sur toutes autres mesures. Je ne puis m'imaginer autre chose, connoissant les mauvaises intentions de M. Ostermann, qui, pour mieux tromper, est bien capable, pour me servir d'un proverbe ordinaire, de faire faire le bon soldat par le favori. Sans cela, auroit-on tant fait traîner les choses et donné à la cour de Vienne tout le temps nécessaire pour faire jouer ses ressorts ordinaires? Vous savez à qui il faut que vous fassiez part de ces réflexions; et, en effet, s'il n'y a pas, à l'arrivée de cette lettre, certitude physique de finir, il faut, quelque triste que cela soit, que l'inconnu[1] fasse demander des passeports et revienne avec les mêmes précautions qu'il a été. Mais il faut que cela se fasse sans marquer d'humeur et sans que cela ait l'air de rupture. Vous pourriez parler sur cela d'amitié à M. Ostermann, lui faisant sentir combien un long séjour de l'inconnu seroit inutile et que cela n'empêchera pas que vous restiez à la suite des autres affaires, tant qu'il en sera besoin.

De si loin, et autant dans l'obscurité que nous sommes, on ne peut donner aucun ordre ni conseils précis. Mais, si toute la difficulté ne rouloit que sur l'article du concours des Russes au rétablissement du roi de Pologne, il y auroit encore un *mezzo-termino*, qui seroit de retirer les troupes russes et de rester neutre en laissant faire les Polonois, et la neutralité s'étendroit sur toutes autres puissances. Cela nous seroit à peu près égal, et peut-être effaroucheroit moins ceux des Russes qui craindroient un changement total de système. Voyez si l'inconnu seroit encore à temps de faire usage, comme de lui, de cette vue, ou si, à son défaut, vous ne pourriez pas de même, comme de vous, en jeter le propos à M. Ostermann. Donnez cette vue qui deviendroit vague et incertaine. Il ne pourroit être que bon qu'à tout événement l'inconnu, avant que de partir, vous mît bien au fait de la négociation. Pendant que nous nous voyons sans aucune lettre, nous remarquons qu'on augmente les troupes qui sont en Pologne, qu'on y presse les affaires en faveur de l'électeur de Saxe et qu'où vous êtes Lœwenwold, grand autrichien de profession, y reprend plus de crédit que jamais.

Pour masquer entièrement le sujet de cette expédition de M. Poussin, il faut que vous supposiez que nous avons appris que les traitements de M. de Monti deviennent de jour en jour plus insoutenables et durs, et vous ne ferez point mystère que vous avez ordre d'en faire des représentations fortes, que vous ferez effectivement à M. Ostermann, comme si vous en aviez l'ordre.

Vous profiterez de cet exprès de M. Poussin pour lui adresser tous les duplicata de ce que vous et l'inconnu auriez pu avoir écrit depuis le 6 novembre que je n'ai eu aucune de vos nouvelles.

M. DE LESTANG A M. PECQUET, PREMIER SECRÉTAIRE AUX AFFAIRES ÉTRANGÈRES.

Pétersbourg, 21 décembre 1734[2].

. . . .

Je demande à Monseigneur le garde des sceaux la permission de faire partir les troupes aussitôt que la mer sera ouverte. Le plus tôt sera à la fin

1. Bernardoni.
2. *A. E. Russie*, t. XXVIII, fol. 188.

d'avril. Resterai-je ici après leur départ? J'y joue un vilain rôle. Je remets mon sort entre vos mains.

. . . .

M. DE LESTANG A M. DE CHAUVELIN.

Pétersbourg, 11 janvier 1735 [1].

Votre lettre du 16 décembre est venue trop tard pour se flatter que les conditions qu'elle contient, toutes avantageuses qu'elles sont, aient un bon accueil.

Le comte de Biron a reçu une lettre de l'Empereur : c'est tout dire. Cependant j'ai tenu ce matin ce discours à M. Ostermann. « C'est en vain que les puissances maritimes se mêlent de rendre la paix à l'Europe si personne ne commence à poser les armes. Quelle gloire, Monseigneur, la Czarine n'auroit-elle pas d'y contribuer la première, et quel plus beau motif peut-elle donner de sa conduite que de rendre la paix ? — Que faut-il faire? a-t-il dit. — Faire sortir vos troupes de Pologne, en refuser à l'Empereur et garnir vos frontières; la guerre finira faute de combattants. »

Il a répondu que je parlois en homme zélé, mais que chacun connoissoit ses intérêts. J'ai cité le manifeste envoyé en Pologne pour prouver que la Czarine étoit fatiguée d'y voir ses troupes. Il m'a dit que Sa Majesté avoit déclaré ses dernières intentions à Muller. Je lui ai fait sentir la différence des deux propos. Il a fini par me dire qu'on remettroit successivement les réponses à mon mémoire et à la lettre du Roi. Ce discours m'annonce mon départ.

Les lettres que vous n'aviez pas reçues ont été arrêtées par le ministère d'ici. La preuve est que l'on en a rendu trois à la fois à M. Heil quand l'affaire a été finie; je crois qu'on aura retenu les siennes. Les articles de cette négociation sont publiés ici : ce qui prouve la mauvaise foi des supérieurs. M. Muller vous instruira mieux que mes lettres.

M. DE CHAUVELIN A M. DE LESTANG.

Versailles, 13 janvier 1735 [2].

Je reçois votre lettre du 14. Je ne vois pas encore arriver celle que vous m'avez écrite sur la dernière conférence qu'avoit eu le secrétaire Muller : ce qui me confirme toujours plus dans la persuasion qu'on a retenu où vous êtes tout ce qui a rapport à l'affaire en question. Voyez s'il y auroit

1. *A. E. Russie*, t. XXIX, fol. 10.
2. *A. E. Russie*, t. XXVIII, fol. 182. — Classement défectueux dans ces deux volumes.

grand mal que vous en parlassiez, comme de vous-même, à M. Ostermann, moins pour vous plaindre avec aigreur que pour entendre ce qu'il croira devoir vous répondre.

Nous ne pouvons pas concevoir quelles raisons d'impossibilité il y auroit à la liberté de M. de Monti. Il est nécessaire que vous disiez à M. Ostermann combien nous désirons de les savoir, persuadés qu'il n'y en aura point sur laquelle on ne puisse s'entendre. Je fais abstraction, pour un moment, de l'homme public; mais nous devons cette instance à l'amitié que M. le cardinal Fleury et moi avons toujours eue pour M. de Monti. Il n'y auroit assurément qu'à la cour de Pétersbourg où le poids de l'amitié seroit de peu de considération. Tâchez, si cela est possible, de les piquer d'honneur sur cette considération.

Il n'y a pas de doute qu'il faut profiter des premières occasions où le temps permettra le retour du reste de nos troupes. Je vous laisse le maître de vous servir du capitaine danois dont vous parlez. Dès qu'il n'a point eu de récompense de la cour de Pétersbourg, il sera juste qu'on le traite mieux.

Je ne sais quel manifeste ils feront où vous êtes; mais ils seront mal conseillés s'ils nous mettent dans le cas d'être obligés de développer la vérité : il y a des gens qui ne gagnent jamais à laisser tomber le masque.

M. DE LESTANG A M. PECQUET.

Pétersbourg, 15 janvier 1735 [1].

Les Allemands et les Polonois ont gagné leur procès en apparence, Monsieur. Tout le monde convient que la résolution est prise de me faire partir. Ce n'est plus un secret : le général Munich me l'a confirmé. Cependant les avis sont partagés : les conseillers moscovites impartiaux me voient ici sans peine et insistent pour que je reste. La raison est qu'au moins ma présence leur servira à tirer meilleur parti de l'Empereur. La vivacité des Allemands sur cette affaire est inexprimable. Si pourtant ceci se prolongeoit et que je n'eusse rien à espérer, je partirois plutôt que de servir ici indirectement cette cour dont vous n'avez pas lieu d'être content. De plus, M. Ostermann, par ses mauvaises manières, ne prouve que trop sa partialité. Étant allé pour lui souhaiter la bonne année, il me fit rester dans son antichambre une heure et partit sans me donner audience. Je m'en aperçus, et, m'étant allé remettre dans ma voiture devant lui, il m'appela avant de monter en carrosse et me demanda ce que je lui souhaitois; je [lui] lui dis, et me retirai. Je prendrai, si je puis, avant de partir, les mesures nécessaires pour le départ de nos troupes, afin d'amener avec moi M. Gotschal [2] qu'on pourroit débaucher.

1. *A. E. Russie*, t. XXIX, fol. 14.
2. Il s'agit assurément de Godelé.

M. DE CHAUVELIN A M. DE LESTANG.

Versailles, 16 janvier 1735 [1].

J'ai reçu, Monsieur, vos différentes lettres du 18 et du 21 décembre.

Il est sans difficulté que vous devez travailler à faire repasser en France les troupes qui vous restent encore à Pétersbourg, dès que l'ouverture des glaces le permettra, et par les premiers vaisseaux qui partiront.

Je conçois tout le désagrément attaché à votre séjour dans le pays où vous êtes, et qu'il seroit difficile de vous y accoutumer si vous aviez moins le désir de remplir les devoirs de votre mission. Cependant, si, après le départ de ce qui reste encore de troupes, vous estimez qu'un plus long séjour que vous feriez en Russie y dût être entièrement inutile au service du Roi, vous auriez une entière liberté de prendre le parti que vous trouverez le plus convenable : soit de rester, soit de revenir. Ne consultez sur cela que votre zèle ; j'y compte assez pour croire qu'il vous déterminera à ce qui sera le mieux. Je répondrai incessamment à l'article de votre lettre qui regarde le vaisseau arrêté à Archangel.

Il arrivera, sans doute, que vous entendrez parler où vous êtes, d'un écrit imprimé en italien en forme de lettre daté du 27 octobre 1734. Cette pièce renferme des expressions capables de choquer la cour de Russie. Et il s'en trouve véritablement de trop contraires à notre propre façon de penser, sur tout ce qui a rapport aux souverains, pour ne pas blâmer nous-même la licence de l'auteur de ces écrits. Ainsi, Monsieur, quoique assurément la conduite de la cour de Russie ne dût guère nous engager à certains ménagements, néanmoins vous feriez bien, dans les cas où vous entendriez parler de cet écrit, de faire connoître que nous sommes fort éloignés d'avoir eu aucune part, ni même d'applaudir à un écrit rempli de termes aussi indécents, et qui blesse autant la délicatesse de nos sentiments.

M. DE LESTANG A M. DE CHAUVELIN.

Pétersbourg, 5 février 1735 [2].

Depuis le 25 janvier que j'ai eu l'honneur de vous mander que je prendrois mon parti selon que les choses tourneroient, je me suis présenté cinq fois au cabinet de M. Ostermann sans avoir pu le voir. Deux fois, me parlant dans son antichambre, il est parti sans me donner audience. J'ai même essuyé de mauvais propos de lui, pendant deux heures et trois, dans le cabinet lorsqu'il sortoit. Je lui ai demandé, sans reproche, une réponse sur mes dernières propositions. Il me dit qu'il ne savoit pas les intentions de Sa Majesté, et je lui ai demandé un passeport.

Voici à présent, Monseigneur, les raisons qui m'y ont déterminé. J'ai craint, en premier lieu, d'exposer le caractère dont je suis revêtu, ne

1. *A. E. Russie,* t. XXVIII, fol. 187.
2. *A. E. Russie,* t. XXIX, fol. 39.

m'étant plus permis de voir le ministre, plutôt que d'en venir à des reproches vifs et qui ne serviroient qu'à aigrir les esprits, j'ai préféré le parti de partir. La plus forte raison est la persuasion où j'étois que M. Ostermann ne vouloit pas faire à Sa Majesté Czarienne le rapport de mes propositions : ce qui m'a été confirmé ce matin par le comte de Biron, à qui j'ai voulu rendre compte des raisons qui m'avoient engagé à partir. Je lui ai dit que j'avois prolongé jusqu'à présent les ordres que j'avois de partir; que j'avois été retenu seulement par les bontés que Sa Majesté et lui me témoignoient; mais qu'ayant attendu inutilement une réponse à mes dernières propositions, je partois. Il m'a assuré alors que Sa Majesté n'en savoit rien. Je l'ai prié de l'en instruire, et lui ai écrit une lettre qu'il montrera à Sa Majesté. Comme je n'en attends rien de décisif, j'ose dire que je laisserai Sa Majesté et le comte de Biron dans des dispositions telles que vous le pouvez désirer. Le dernier m'a reçu très bien; il m'a dit que Sa Majesté étoit contente de ma conduite, et qu'il avoit ordre de me le dire. Il a ajouté qu'il étoit aussi bon François que bon Allemand, mais bon Russe; que nous nous y étions pris trop tard pour faire affaire ici; qu'il étoit vrai que la Czarine Catherine avoit fait une alliance avec l'Empereur[1], mais que Sa Majesté régnante ne l'avoit pas confirmée et ne la confirmeroit pas, l'alliance avec cette cour lui étant à charge.

Je recevrai demain réponse et prendrai congé et de Sa Majesté et des ministres étrangers; puis je partirai.

M. DE LESTANG A M. DE CHAUVELIN.

Pétersbourg, 12 février 1735[2].

J'ai reçu la lettre que vous m'avez fait l'honneur de m'écrire le 16 janvier. On n'a aucune connoissance ici de l'écrit dont elle parle[3]. J'ai pris d'avance les mesures nécessaires pour que les troupes partent à l'ouverture des glaces, et j'ai parole de M. le comte Biron et de M. Ostermann qu'on ne les retardera pas d'un instant. Dans un autre temps, Monseigneur, je n'aurois pas pris les insinuations que M. Ostermann m'a fait de partir si fort à la lettre; mais il eût été impossible qu'il eût résisté aux sollicitations des Allemands et Polonois à ce sujet; et il est, je crois, tout différent que je parte de moi-même ou que je sois renvoyé.

J'ai vu tout le monde et ai pris congé comme si j'étois content : ce qui a donné autant de jalousie[4] que mon séjour même. Le comte de Biron, que j'ai vu ce matin pour la dernière fois, m'a dit que je ferois plus de loin que de près, qu'il lui suffisoit de savoir à qui s'adresser pour faire voir que dès à présent il travailloit pour nous et qu'il me prioit de lui donner part de mon arrivée. Nous sommes convenus d'un banquier qui lui remettra mes lettres. Ainsi, Monseigneur, si vous avez des ordres à me donner,

1. Le traité d'août 1726.
2. *A. E. Russie*, t. XXIX, fol. 41.
3. Le pamphlet en italien, qu'on attribuait, paraît-il, à M. de Monti.
4. Aux agents de l'Empereur et du roi Auguste.

même en route, je pourrai lui en faire part. Le grand écuyer Lœvolden, ami particulier du comte de Biron, quoique très attaché à la cour de Vienne, est porté pour la paix et ne nous sera pas opposé. Mais toutes ces bonnes dispositions n'auront leur effet que lorsqu'on aura trouvé le moyen ou pour mieux dire un prétexte de faire sortir les troupes moscovites de Pologne, ce que cette cour-ci cherche avec empressement, et alors, si j'en crois le ministre prussien, son maître se chargera du reste.

M. DE CHAUVELIN A M. DE LESTANG.

Marly, 13 février 1735 [1].

J'ai reçu, Monsieur, vos lettres du 8 et du 11 du mois dernier. Dès que la cour où vous êtes reste aussi ferme dans ses premiers principes, sans pouvoir s'en écarter pour aucune considération que ce soit, il n'y a point à s'étonner qu'on évite d'entrer avec vous en aucune sorte d'explication sur les choses que vous avez insinuées. Il n'y a pourtant point de regret à avoir de ce que vous avez hasardé de dire à M. Ostermann. Si la passion de ce ministre pour la cour de Vienne, ou quelque autre raison que ce soit, ne lui permet pas d'en faire auprès de sa maîtresse le bon usage que ses vrais intérêts en demanderoient, au moins aurez-vous fait tout ce qui dépendoit de vous. Ainsi vous avez fort bien fait de vous déterminer à partir, et nous l'approuvons entièrement.

Cependant la guerre dite de la succession de Pologne, terminée en Pologne par la prise de Dantzick et la défaite des derniers partisans de Stanislas, se continuait sur le Rhin et en Italie, et c'était l'Autriche qui en portait tout le poids. Les Français prenaient Kehl et Philippsbourg et, avec le secours du roi de Sardaigne et des Espagnols, conquéraient la Lombardie, le duché de Parme et les deux Siciles.

La Tsarine, liée par le traité de Vienne et, d'ailleurs, cédant à ses antipathies pour la France, poussait à travers l'Allemagne un corps auxiliaire de 20 000 hommes, sous les ordres de Lascy. Les Russes cheminèrent lentement; leur général se louait de leur discipline, affirmait qu'il n'y a ni désordre, ni plaintes; mais ils n'arrivèrent qu'en septembre 1735 sur le Rhin; ils prirent position en face de Philippsbourg, entre Heidelberg et Ladenburg [2].

Ils venaient trop tard, car, le 3 octobre 1735, se signèrent, dans la capitale autrichienne, les préliminaires de la paix de Vienne, qui

1. *A. E. Russie*, t. XXIX, fol. 12.
2. Solovief, *Istoria Rossii*, t. XX, p. 60.

attribuaient la Lorraine à Stanislas, avec réversibilité à la couronne de France, et le royaume des Deux-Siciles à l'infant Don Carlos. Celui-ci laissait Parme à l'Empereur, et le duc dépossédé de Lorraine recevait comme compensation la Toscane. Telles furent aussi les conditions de la paix définitive de Vienne (18 novembre 1738), trois ans après les préliminaires.

La France avait donc sévèrement puni l'intervention de l'Autriche dans les affaires polonaises, car elle avait enlevé les Deux-Siciles à l'Empereur et la Lorraine à son gendre. Il semblait que la Russie, complice de l'Autriche, fût hors de nos atteintes; mais déjà la diplomatie française avait préparé la revanche, et cette fois en Orient. Notre ambassadeur à Constantinople, le marquis de Villeneuve, avait travaillé, dès 1733, à soulever les Turcs contre les deux puissances que liait le traité de 1726. Il s'était concerté avec le renégat Bonneval; à eux deux, ils avaient envoyé le baron de Tott [1] chez les Tatars, armé les réfugiés de Transylvanie, fait venir à Stamboul des émissaires suédois chargés de négocier une alliance avec le sultan. La Turquie semblait pleine d'ardeur, quand la France se déroba et signa les préliminaires de Vienne. Le sultan recula; mais alors ce furent la Russie (1736) et l'Autriche (1737) qui lui déclarèrent la guerre. Quoique signalée par des succès au début, elle fut très lourde pour les coalisés, et le Roi de France, pendant trois ans, allait assister aux embarras de ses adversaires [2].

---

1. Gentilhomme hongrois au service de France, officier aux hussards de Berchiny, chargé de plusieurs missions pendant la guerre de la succession de Pologne. Il devient ensuite lieutenant-colonel du régiment de Berchiny et brigadier des armées du Roi, et en 1755, se retrouve auprès de Vergennes, ambassadeur en Pologne On trouvera beaucoup de renseignements sur son rôle dans *A. E. Turquie*, t. CXXVIII à CXXXIII. Il mourut en septembre 1757. Il est le père de ce baron François de Tott (1733-1793) qui fut également employé par la diplomatie française en Crimée et à Constantinople et qui a laissé les curieux *Mémoires sur les Turcs et les Tartares*, Amsterdam, 1784.

2. Saint-Priest, *Mémoires sur l'ambassade de France en Turquie.* — Hammer, *Histoire de l'empire ottoman*, t. XVI. — Vandal, *Une ambassade française en Orient*, etc. — De la Jonquière, *Histoire de l'empire ottoman.* — A. Sorel, *la Question d'Orient au* XVIII° *siècle.*

XVIII

LE COMTE DE LALLY-TOLLENDAL

CHARGÉ D'UNE MISSION SECRÈTE

1737-1738

Depuis le départ de M. Fonton de Lestang, nous n'avions plus aucun représentant en Russie. C'était M. Sewart, résident de Hollande à Pétersbourg, qui s'occupa, sans succès, après M. de Lestang, de la mise en liberté de Monti. Dès 1736, les ambassadeurs de l'Empereur et du roi de Prusse en Russie renseignaient les ambassadeurs du Roi à Vienne et à Berlin, le marquis de Mirepoix et le marquis de La Chétardie, sur la politique et la cour de la Tsarine. Ceux-ci transmettaient à Versailles les renseignements qu'ils recueillaient. Quelques lettres furent encore échangées pendant les années 1736, 1737 et 1738, entre le cardinal de Fleury et le comte Ostermann. Biren, qui affectait de bonnes intentions pour la France, avait promis à M. de Lestang, ainsi que nous l'avons vu, d'entretenir avec lui, après son départ de Russie, une correspondance suivie; mais cette promesse ne fut pas tenue.

Lally[1], capitaine de grenadiers, s'était signalé aux sièges de Kehl et de Philippsbourg. Dans sa haine d'Irlandais et d'émigré contre la maison de Hanovre, il rêvait l'abandon de l'alliance anglaise par la France et un rapprochement sincère avec la Russie. Il avait eu de fréquentes entrevues avec Belle-Isle[2], Chavigny[3], Amelot[4] et le cardinal

---

1. C'est le célèbre Lally-Tollendal qui devait être le héros malheureux de nos guerres de l'Inde. — Voyez sur cette mission, T. Hamont, *Lally-Tollendal,* pp. 9 et suiv.
2. Le maréchal.
3. Théodore de Chavigny, envoyé extraordinaire à Copenhague de 1737 à 1739.
4. Le 22 février 1737, M. de Chauvelin, qui avait travaillé, paraît-il, à sup-

de Fleury. A la fin de 1737, celui-ci consentit à l'envoyer en Russie. Mais on ne lui donnait aucune instruction, aucun titre officiel, ni même de passeport. Fleury lui disait : « Vous vouliez faire une campagne en volontaire-grenadier, vous la ferez en volontaire-diplomate, et le Roi saura récompenser votre zèle. »

Amelot, en prenant congé de lui, lui avait dit : « Souvenez-vous que l'on ne vous charge de rien ; ayez à vous comporter avec sagesse et discrétion. » Comme le dit son récent historien, M. T. Hamont, « il avait la double perspective d'être considéré par le cabinet russe comme un aventurier, comme un espion, et d'être désavoué par le cabinet de Versailles en cas d'insuccès ».

Arrivé à Riga, on l'arrête et on le retient deux mois. Il ne doit sa mise en liberté qu'aux instances de Gordon[1], amiral au service de Russie, dévoué au prétendant Stuart.

A Pétersbourg, il est reçu et examiné par Ostermann ; il séduit la vanité de Biren et il est admis en audience par l'Impératrice.

Le but avoué de sa mission était de remettre un brevet de lieutenant au frère du général Lascy, le futur feld-maréchal ; mais il n'en devait pas moins se renseigner, d'une manière non ostensible, sur la situation de la Russie et les dispositions de l'Impératrice et de ses ministres à l'égard de la France.

Voici les principaux papiers relatifs à la mission de Lally :

M. DE LALLY AU CARDINAL DE FLEURY. — 1737[2].

Monseigneur,

Sur la grâce que Votre Éminence a bien voulu m'accorder en me donnant un brevet de lieutenant pour le frère du maréchal Lacy, j'ai représenté à M. Amelot que je croyois pouvoir rendre quelques services à l'État si Votre Éminence jugeoit à propos que je fisse le voyage de Russie. Les obligations particulières que ce général a à mes parents au service de France, qui sont du même pays que lui[3], m'assurent que j'en serai reçu

---

planter le cardinal de Fleury, fut disgracié. M. Amelot de Chaillou, intendant de la Rochelle, puis intendant des finances, le remplaça comme secrétaire d'État aux affaires étrangères. Il passait pour ne rien savoir de la politique extérieure et ne pouvoir être qu'un instrument docile du cardinal. FLASSAN, t. V, pp. 75 et suiv.

1. Sur cet amiral Gordon, voyez ci-dessus, p. 304, note 3.

2. A. E. Russie, t. XXX, fol. 151.

3. Pierre de Lascy (1678-1751) était né dans le comté de Limerick (Irlande). Venu en France avec ses parents, attachés à la cour des Stuarts, il avait servi, sous Catinat, dans l'armée du Roi ; puis en Autriche, Pologne et Russie ; il avait été blessé à Poltava (1709). Il fit les guerres de la succession de Pologne et de Turquie, devint feld-maréchal russe et gouverneur de Livonie, fit ensuite la campagne contre les Suédois (1742) et fut disgracié par Élisabeth. Son fils, Joseph-François-Maurice, né à Pétersbourg en 1725, passa au service de l'Autriche, se distingua dans la guerre de Sept Ans. Sous Joseph II, il devint feld-maréchal autrichien (1762), commanda l'armée impériale contre les Turcs, et mourut en 1801.

même avec distinction. Je connois d'ailleurs plusieurs officiers principaux de cette nation qui m'y procureront des accès et des facilités que personne que moi n'y peut avoir; et l'avantage que j'ai, quoique François, de pouvoir passer dans ce pays-là pour étranger, joint à la connoissance des langues étrangères, est pour moi un moyen qui éloignera tout soupçon et me mettra dans le cas d'être de quelque secours à celui que Votre Éminence pourroit dans la suite envoyer à cette cour-là. Tout autre que moi dans la circonstance présente y deviendroit suspect. M. de Chavigny, de qui je suis connu et qui sera à Copenhague, est un canal sûr par lequel je puis adresser mes lettres et recevoir les instructions dont Votre Éminence jugeroit à propos de me charger. Quant à ma discrétion et aux talents que je puis avoir, il ne convient point d'en parler à Votre Éminence : M. de Belle-Isle et M. de Chavigny ont bien voulu lui rendre un compte avantageux de moi. Je ne puis, Monseigneur, vous répondre que de mon zèle et de ma bonne volonté pour le service du Roi et de l'envie que j'aurois d'en donner des preuves à Votre Éminence.

LALLY.

M. DE LALLY AU CARDINAL DE FLEURY.

Pétersbourg, 16 mars 1738 [1].

Ayant déclaré à Riga que je venois joindre le feld-maréchal Lacy et servir une campagne sous ses ordres en qualité de volontaire, j'ai été contraint d'attendre l'arrivée de ce général sur ses terres en Livonie. J'y ai passé quelques jours avec lui, et il m'a donné un passeport pour Saint-Pétersbourg, avec une lettre pour M. le comte d'Osterman. Ce ministre m'a reçu très gracieusement et m'a témoigné un désir curieux de me rendre service. Je me suis borné à le prier de vouloir bien me faire présenter à Son Altesse Sérénissime Monseigneur le duc de Courlande, ce qu'il m'a accordé, et le prince a eu la bonté de m'admettre à l'honneur de baiser la main de Sa Majesté Impériale.

L'estime particulière que Son Altesse Sérénissime témoigne pour Votre Éminence a fait naître en moi le désir de lui faire plus assidûment ma cour. M. de La Serre [2], gentilhomme françois, chambellan de Sa Majesté Impériale et maréchal de camp dans les troupes de Saxe, m'en a fourni les occasions, et les accès qu'il a auprès du duc m'ont enhardi à lui dire que j'étois persuadé que Votre Éminence seroit charmée d'apprendre les sentiments que le prince a pour elle, et que, s'il le trouvoit à propos, je prendrois sur moi d'en instruire Votre Éminence. Son Altesse non seulement l'a approuvé, mais même elle me charge d'écrire à Votre Éminence que vous pouviez compter trouver en elle autant de probité, candeur et vérité qu'elle en reconnoissoit dans Votre Éminence (ce sont ses expressions), ajoutant que Votre Éminence pouvoit s'ouvrir entièrement à elle et compter

1. *A. E. Russie*, t. XXX, fol 183.
2. C'est ce La Serre qui obtint à Lally une audience secrète du duc de Courlande et qui ensuite, sous prétexte d'affaires en Espagne, se rendit, paraît-il, en France pour suivre la négociation commencée avec son maître.

sur un épanchement égal de sa part, comme le moyen le plus prompt et le plus sûr de rétablir une confiance parfaite entre les deux cours; que Sa Majesté Impériale découvroit assez ses dispositions par l'acceptation qu'elle a faite de la médiation[1] du Roi, mon maître, quoique ses armes fussent victorieuses, et qu'elle se prêteroit toujours à tout ce qui pourroit contribuer à l'avantage des deux nations. Ce sont là, Monseigneur, les vrais sentiments de cette cour pour celle de France. Borné au seul pouvoir de vous en instruire, j'espère que Votre Éminence aura la bonté de me faire savoir si elle approuve mon zèle pour la gloire de mon maître et pour l'union de deux puissances que l'Europe ne verroit qu'avec envie.

LE CARDINAL DE FLEURY A M. DE LALLY, CAPITAINE AU SERVICE DE FRANCE,
A PÉTERSBOURG.

Versailles, 18 avril 1738[2].

M. d'Angervilliers[3] étoit aussi étonné que moi, Monsieur, de n'avoir reçu aucune nouvelle de vous depuis votre départ, et la lettre que vous avez pris la peine de m'écrire du 16 mars dernier nous a appris enfin ce que vous étiez devenu, mais vous ne dites pas un mot du *frère de M. le général Lacy qui étoit pourtant le principal sujet de votre voyage.* Vous ne dites rien aussi de votre départ pour l'armée russienne dans laquelle vous avez dessein de faire la campagne et qui, si vous avez suivi votre projet, ne pourra guère retarder votre départ. Je vous prie de témoigner à M. le duc de Courlande combien je suis touché de la bonne opinion qu'il a de moi et du désir sincère que j'ai de mériter son estime et sa confiance. Je connois depuis longtemps ses grandes qualités et je suis fort aise que vous ayez lieu d'être content de sa politesse. Vous ne sauriez trop lui marquer ma reconnoissance, et je vous prie en particulier, Monsieur, d'être persuadé de tous les sentiments de considération que j'ai pour vous.

La situation de Lally, malgré la faveur que lui accordait Biren, ou précisément à cause de cela, était devenue difficile en Russie. Biren devenait pressant, et Lally ne recevait ni instructions ni lettres, pas plus d'Amelot que de Fleury. Craignant de passer à la fin pour un aventurier, il brusqua le dénouement. Dans un dernier entretien avec Biren, il annonça qu'il allait traiter l'affaire à Paris. Entré en Russie « comme un lion », il « se crut trop heureux d'en sortir comme un renard ».

---

1. Il s'agit de la médiation dont la Tsarine se crut obligée de charger le marquis de Villeneuve, après que l'Autriche avait été forcée de l'accepter et de signer avec la Porte une paix séparée.
2. *A. E. Russie*, t. XXX, fol. 185.
3. Voyez ci-dessus p. 303, note 2.

Fleury se montra surpris de son retour : « Vous croyez que nous pouvons aller aussi vite que vous, lui dit le cardinal, et vous n'attendez pas même notre réponse. » Lally répondit vertement : « Un capitaine de grenadiers va droit au but... Je n'ai pas reçu une ligne de vous ni de M. Amelot. » — « Allons, répliqua le cardinal en souriant, ne vous fâchez pas trop ; la colère d'un capitaine fait peur à un prêtre. »

On lui fit promettre de rédiger pour le ministère un mémoire, et il tint sa promesse : il en rédigea même deux[1].

Dans le premier, remis au cardinal de Fleury au mois de mai 1738, il fait un historique de la Russie, donne un aperçu de la forme du gouvernement et passe en revue les finances ainsi que les forces de terre et de mer.

Dans le second, remis à M. Amelot à la même époque, il fait connaître la situation politique de la Russie, les avantages et les difficultés d'une alliance avec elle, ainsi que du commerce avec ses habitants. Enfin il indique les moyens à employer pour préparer la réconciliation avec la Tsarine. Outre ces Mémoires, Lally adressa au cardinal et à M. Amelot, de Paris même, plusieurs lettres relatives à sa mission de Russie.

M. DE LALLY AU CARDINAL DE FLEURY[2].

Monseigneur,

Qu'il me soit permis de représenter à Votre Éminence que, lorsque je suis parti pour la Russie, elle ne m'a donné aucune instruction ; que même les dernières paroles que M. Amelot m'a tenues étoient que l'on ne me chargeoit de rien et que j'eusse à m'y comporter avec sagesse et discrétion. Je devois donc me borner à me mettre au fait du pays et des dispositions de la cour où j'allois ; ne sachant point et ne devant point savoir l'usage que Votre Éminence vouloit faire des lumières que je pouvois lui communiquer, j'étois hors d'état de proposer à cette cour aucune démarche, n'étant point en droit de réclamer votre protection si l'on m'y eût rendu responsable de ce que ces démarches n'eussent point été approuvées de Votre Éminence.

J'ai rempli mon objet, et j'ose dire que, dans un espace de quatre mois et demi que j'ai passé dans ce pays, peu de personnes auroient pu y trouver les facilités que j'ai eues de m'instruire. J'ai même été au delà : j'ai su m'attirer la confiance du duc de Courlande ; je puis citer à Votre Éminence plusieurs circonstances qui ne me laissent point douter qu'elle ne soit

---

1. Ils sont aux Archives des affaires étrangères (*Russie*, t. XXX) ; il y en a de larges extraits dans le livre de M. Hamont cité plus haut.
2. *A. E. Russie*, t. XXX, fol. 396. — Cette lettre semble du mois de juin 1738, Paris.

sincère ; il a exigé de moi que je vous écrivisse ses sentiments; il exige que je lui rende ceux de Votre Éminence. Ce n'est point une négociation que je prends sur moi d'entamer : c'est une explication dans laquelle Votre Éminence et Son Altesse Sérénissime peuvent se communiquer directement leur pensée et même leurs griefs; c'est un moyen à entrer en discussion des avantages d'une union réciproque entre les deux États. La gloire du souverain n'y est point compromise et les propositions mutuelles que vous vous ferez régleront les démarches des deux cours pour se rapprocher. La confiance du duc de Courlande dans Votre Éminence est entière; il a inspiré à Sa Majesté Czarienne les mêmes sentiments; la conjoncture ne peut être que plus favorable aux intérêts et à la gloire du Roi, et ma réponse au duc de Courlande doit décider Sa Majesté Czarienne sur les sentiments de la cour de France pour celle de Russie.

Votre Éminence sait que j'ai entrepris ce voyage uniquement par zèle pour le service du Roi; je l'ai fait à mes frais et j'ai dépensé plus de dix mille francs.

. . . .

Je joins ici une lettre que j'ai préparée pour le duc de Courlande.

COPIE DE LA LETTRE AU DUC DE COURLANDE.

J'ai rendu compte à Son Éminence, à mon arrivée, des dispositions de Votre Altesse Sérénissime. Elle étoit déjà prévenue sur le caractère de probité, de fermeté et de discrétion de Votre Altesse Sérénissime, et ce que j'ai eu l'honneur de lui en dire ne pouvoit ajouter aux sentiments d'estime et de confiance qu'elle avoit depuis longtemps conçus pour elle. Elle m'ordonne d'en assurer Votre Altesse Sérénissime de sa part et des dispositions où elle est de concourir mutuellement avec elle au moyen de rétablir une union sincère entre le Roi son maître et Sa Majesté Czarienne, à l'avantage réciproque des deux nations. Son Éminence eût voulu de moi une preuve plus marquée que celle d'un témoignage de bouche, et j'ai pris la liberté de lui dire que j'étois persuadé que Votre Altesse Sérénissime, m'ayant permis de lui écrire, confirmeroit par sa réponse ce qu'elle m'avoit autorisé à lui dire de sa part.

La conduite que la France a tenue dans la conjoncture présente doit détruire les préventions que les autres puissances cherchent à inspirer contre elle à celle de Russie. L'offre que le Roi a faite de sa médiation à Sa Majesté Czarienne prouve le sacrifice qu'il fait au bonheur de ses sujets et au repos de l'Europe. L'acceptation de Sa Majesté Czarienne marque la confiance qu'elle a en lui et détruit dans cette cour le même esprit de méfiance répandu contre celle de Russie. Que manque-t-il à cette médiation pour la rendre fructueuse et efficace qu'une confiance sincère et sans réserve entre Votre Altesse Sérénissime et Son Éminence? L'envoi que Votre Altesse Sérénissime peut faire d'une personne attachée à elle, qui instruira Son Éminence de vos vrais sentiments, achèvera un ouvrage dont je me fais gloire d'avoir été l'instrument occasionnel. Si Son Éminence fait tomber son choix sur moi pour vous rendre les siens, je m'estimerai heureux de retrouver une occasion de donner à Votre Altesse Sérénissime de nouveaux témoignages du respect que je porte à ses vertus et du souvenir que le conserverai toute ma vie des bontés dont elle m'a honoré.

M. DE LALLY A M. AMELOT. — 1738[1].

Il y a quinze jours, suivant le cours ordinaire de la poste, que j'aurois dû recevoir une réponse à la lettre que j'ai écrite à M. le duc de Courlande. Ainsi, ou elle vous est parvenue en droiture, ou on a trouvé ma lettre insuffisante, et je n'en recevrai pas. J'ai cependant lieu de croire, par les nouvelles que j'ai reçues, que le duc a fait quelques démarches en conséquence de ma lettre. Quoi qu'il en soit, comme le mémoire que j'ai eu l'honneur de vous présenter est imparfait[2], étant le fruit d'un travail à la hâte après les fatigues d'un long voyage qui m'avoient excédé, j'ai cru devoir vous supplier de me permettre d'y ajouter quelques réflexions. J'espère que vous ne les désapprouverez pas, non plus que le motif de mon retour, qui étoit devenu nécessaire dans la circonstance où je me trouvois.

Mon arrivée à Pétersbourg, où j'étois le seul étranger, après une détention de deux mois à Riga, ne pouvoit qu'attirer la curiosité et même le soupçon de bien des gens. Ce soupçon avoit déjà passé au ministère d'une cour qui veut être informée des plus petites choses qui s'y passent et qui me connoissoit déjà de nom et de figure deux mois avant que j'y eusse paru. Le maréchal Lacy même avoit eu la foiblesse et la bonne foi de m'avoir dit qu'après avoir parlé à M. d'Osterman, il s'étoit senti de la répugnance à s'intéresser pour m'obtenir un passeport; et c'est à l'amiral Gordon, qui avoit ordre du chevalier de Saint-Georges[3] de me recommander à la cour de Russie, que je suis redevable de la permission que j'ai eue d'y aller. J'ai d'abord essuyé les questions et les offres de services de M. d'Osterman sans y satisfaire. J'ai cru, dans la suite, devoir placer plus de confiance dans le duc de Courlande, moins rompu en matière politique et d'un crédit plus immédiat. L'affectation qu'il témoignoit en parlant devant moi de l'estime particulière qu'il portoit à M. le cardinal me fit jeter dans la conversation, comme par hasard, que Son Éminence ne seroit peut-être pas fâchée de savoir les sentiments du duc pour elle et que j'avois grande envie de l'en instruire. Je fus cinq ou six jours sans reparoître; mais mon discours ne tomba pas à terre, et, quelques jours après, une personne attachée au duc de Courlande[4] me demanda si M. d'Osterman m'avoit vu et m'offrit en même temps les moyens de voir le duc secrètement au cas que j'eusse quelque chose à lui dire; à condition toutefois que je ne verrois pas M. d'Osterman. Je répondis à ses offres par une lettre à M. le duc de Courlande, dont j'ai copie, dans laquelle je lui marquois mon ressentiment du traitement que j'avois essuyé à Riga et lui déclarois que je n'étois chargé de rien; que la curiosité seule et l'envie de connoître une nation qui faisoit tant de bruit en Europe et dont on n'avoit presque pas d'idée en France m'avoient déterminé à entreprendre le voyage; que quant à ses sentiments pour M. le cardinal, si je prenois sur moi d'en instruire Son Éminence, j'espérois qu'elle ne désapprouveroit pas. La réponse du duc fut que je lui ferois plaisir d'écrire de sa part à M. le cardinal et de lui marquer les sentiments de Sa Majesté Czarienne et les siens. J'ai écrit cette lettre sous ses yeux et il s'est chargé

---

1. *A. E. Russie*, t. XXX, fol. 394. — Août 1738 : le jour n'est pas indiqué.
2. Il s'agit du mémoire sur le commerce dont il est question ci-dessus, p. 331.
3. Le prétendant Jacques-Édouard, ou Jacques III, né en 1688, mort en 1766, père de l'héroïque Charles-Édouard.
4. M. de la Serre.

de la faire tenir en main propre à Son Éminence. La mer alors n'étant pas encore ouverte et ne pouvant l'être de six semaines, je n'avois aucune voie indirecte pour vous écrire une contre-lettre ou pour vous mettre au fait de la situation de la cour où j'étois. Si je n'eusse pas reçu de réponse, je passois à Pétersbourg pour un aventurier ou pour un espion : alternative assez déshonorante. Si j'en eusse reçu une, on y eût regardé cette démarche comme une avance de cette cour. Dans l'un ou l'autre cas, mon retour devenoit nécessaire, et je me déterminai à témoigner au duc, dans un entretien secret que j'eus avec lui, que, ne connoissant pas les sentiments de M. le cardinal, je doutois qu'il me fît réponse; que ma lettre étoit insignifiante, mais que je me chargeois d'appuyer de bouche, à mon retour, les bonnes dispositions dans lesquelles il étoit. Il y consentit, après m'avoir entretenu près d'une heure des griefs de la cour de Russie contre celle de France et du désir qu'il avoit de les voir réunies, et je pris congé de lui, ce parti m'ayant paru le plus sage et le plus conforme à la délicatesse[1] de cette cour. Voilà, Monsieur, un détail succinct de mon voyage de Russie dont j'eusse désiré pouvoir vous rendre compte avec plus de netteté. Un capitaine de grenadiers est d'ordinaire un très mauvais orateur, et le mécontentement que vous m'avez semblé témoigner, en arrivant, ou que j'ai cru entrevoir m'a totalement interdit. J'y suis d'autant plus sensible que le seul fruit que je m'étois proposé de retirer de mon voyage étoit de vous donner un peu de bonne opinion de moi. J'ai manqué à tout, puisque j'ai manqué à l'essentiel. Qu'il me soit seulement permis de vous représenter que je suis parti de ce pays au mois de septembre, malgré la maladie de mon père qui est mort peu de jours après, que j'ai fait plus de 1600 lieues, dans une saison incommode, uniquement par zèle pour le service du Roi. Je ne prétends pas m'en faire un mérite, si vous n'y en trouvez un. C'est une réflexion que je soumets purement et simplement à votre justice, en réclamant cependant toujours votre protection.

Je suis, avec un très profond respect, Monsieur, votre très humble et très obéissant serviteur.

LALLY.

M. DE LALLY AU CARDINAL DE FLEURY.

Paris, 26 septembre 1738 [2].

J'ai cherché à découvrir quels pouvoient être les motifs d'un voyage pour lequel M. de La Serre a marqué tant d'empressement. Je n'entrevois en lui qu'un désir d'effacer dans l'esprit de Votre Éminence les impressions que l'on a données ici de lui, que je crois mal fondées, et une grande envie en même temps de faire valoir auprès de Votre Éminence le crédit et la confiance que le duc de Courlande met en lui. Il se flattoit peut-être que Votre Éminence lui témoigneroit des sentiments particuliers pour le

---

1. *Délicatesse*, dans le sens d'ombrages, de soupçons, etc.
2. A. E. Russie, t. XXX, fol. 306.

duc, qu'il pourroit l'en instruire et se rendre par là utile, si le duc de Courlande venoit à prendre avec Votre Éminence des engagements pour ses propres intérêts. Son voyage d'Espagne me paroît un prétexte et je doute qu'il ait des affaires bien pressantes dans ce pays-là. Il est certain que M. de La Serre a l'oreille du duc, qu'il témoigne un grand zèle pour sa nation[1], qu'il en donne des preuves quand l'occasion s'en présente dans les pays où il est, et qu'il peut être très utile au ministre que Votre Éminence emploiera en Russie. Quant aux talents qu'il peut avoir, je crois devoir les renfermer dans une grande volonté à servir sa patrie par un sentiment naturel, et à servir le duc par celui de la reconnoissance, puisqu'il lui doit et en attend toute sa fortune.

Je ne puis douter, Monseigneur, que le duc de Courlande n'ait des propositions à faire à Votre Éminence, que son embarras ne soit de vous les faire parvenir et de savoir si vous les recevrez. Il ne les fera vraisemblablement pas passer par le ministre de Russie ici[2]; il s'en ouvriroit plutôt de bouche au ministre de France à Pétersbourg[3]. Son raisonnement paroît simple et naturel : « Je puis tout en Russie, Monseigneur le Cardinal peut tout en France ; l'instant me presse ; si nous pouvons nous aboucher une fois, nous terminerons en peu de temps une négociation qui ne peut que traîner par les voies ordinaires. » Mais quand le duc de Courlande ne m'en auroit pas pressenti aussi positivement qu'il l'a fait à mon départ de Russie, son intérêt et sa situation me le persuaderoient. Si la Czarine meurt aujourd'hui pour demain, le duc de Courlande ne tient à rien et se trouve à la veille de rentrer dans son premier état. La princesse Anne[4] n'épouseroit certainement pas son fils. Il a désobligé la Russie, il a diverti des sommes considérables, et Dieu sait le parti que cette nation lui feroit. Son duché seroit un asile peu sûr pour lui : il a désobligé sa noblesse et a employé les armes de la Russie pour la réduire. La Pologne ne le soutiendroit pas : il vient de la désobliger en dernier lieu, et a eu recours à la Russie contre les atteintes que cette République vouloit donner aux libertés de la Courlande. Il faut donc que le duc cherche l'appui d'une puissance considérable en Europe qui soutienne ses vues, soit pour mettre le trône de Russie dans sa famille, soit pour assurer à lui et aux siens la possession tranquille de ses États. Il ne peut rien entreprendre pendant que la guerre durera et que les armées seront au loin sur les frontières. Il sait que la France seule peut, quand elle le voudra, terminer cette guerre onéreuse, et je pourrois assurer Votre Éminence que, si elle veut s'employer efficacement pour procurer la paix à la Russie en lui conservant la forteresse seule d'Azov, non seulement le duc fera rejeter par sa maîtresse la médiation de l'Angleterre et de la Hollande, mais qu'il n'est point d'avantage dans le commerce qu'il ne fasse accorder à la France au préjudice même de la Russie, dont les intérêts le touchent peu. Dans les circonstances où il se trouve embarrassé, si j'avois pu me réclamer de la moindre confiance de la part de Votre Éminence, il m'eût ouvert son cœur. J'ai poussé

---

1. La nation française.
2. Lally par *ici* entend évidemment Paris. En même temps que la Tsarine acceptait la médiation du Roi, elle accréditait, par lettre du 18 avril 1738, le prince Antiochus Dmitriévitch Kantémir en qualité d'envoyé d'extraordinaire.
3. Il n'y avait pas encore de ministre de France à Pétersbourg, quoique la lettre de crédit pour le comte de Vaulgrenant fût du 17 août 1738. Voyez ci-dessous p. 339.
4. Anna-Léopoldovna de Mecklembourg, nièce de la Tsarine. Elle allait épouser le duc de Brunswick-Bevern.

la délicatesse au point de lui témoigner que je doutois que Votre Éminence voulût seulement répondre à la lettre que je lui avois écrite, pour ainsi dire à mon corps défendant, et ce n'est qu'en assurant le duc que j'appuierois ses sentiments auprès de Votre Éminence que j'ai eu la liberté de revenir : sans quoi je devenois un instrument forcé et inutile, en même temps ne pouvant donner à Votre Éminence un état de la vraie situation de ce pays-là.

Qu'il me soit permis de réitérer à Votre Éminence que le duc de Courlande gouverne despotiquement la Russie, que le comte d'Osterman n'a de crédit que par lui : c'est lui qui l'a élevé pour l'opposer au comte Iagosinski [1], et c'est lui qui va élever le comte Keiserling [2] pour l'opposer au comte d'Osterman à qui l'on fait déjà un crime de posséder seul le secret de l'État, et de ne vouloir communiquer ses lumières à personne [3]. Enfin, Monseigueur, M. le duc de Courlande peut faire accepter et rejeter par la Czarine ce que bon lui semble, sans consulter M. d'Osterman, qui n'a qu'un crédit nécessaire que le duc lui ôteroit demain s'il savoit comment le remplacer.

M. DE LALLY AU CARDINAL DE FLEURY.

Paris, 2 octobre 1738 [4].

Le but de la dernière lettre que j'ai eu l'honneur d'écrire à Votre Éminence étoit de lui représenter la différence du crédit du duc de Courlande à la cour de Russie, et de celui du comte d'Osterman, et en même temps la méfiance réciproque qui est entre eux. J'y propose les difficultés. Je dois dans celle-ci proposer les expédients suivant le peu de lumières que j'ai pu acquerir par le court séjour que j'ai fait dans ce pays-là. Je ne fatiguerois point Votre Éminence de mes réflexions si M. Amelot eût jugé à propos de m'examiner. Il ne l'a point fait, et la liberté que Votre Éminence veut bien m'accorder de m'expliquer à elle-même, me rassure en quelque façon contre la mauvaise opinion qu'il a voulu me donner de moi-même en ne daignant seulement pas m'écouter.

La France, en contractant des liaisons avec la Russie, ne peut avoir que deux intérêts essentiels en vue : celui d'un commerce avantageux avec cette nation, et celui de détacher la cour de Pétersbourg de celle de Vienne. Ce dernier n'est pas l'ouvrage d'un jour, et demande de grands ménagements, pour ne pas donner d'ombrage à la cour de Vienne, avec laquelle nous avons des engagements [5].

---

1. Iagoujinski. Voyez ci-dessus, p. 257.
2. Le comte Hermann-Karl Keyserling, ambassadeur de Russie à Vienne.
3. Ce trait est fidèlement observé : Biren, qui ne comprenait rien aux affaires étrangères, était fort irrité contre Ostermann qui entendait bien garder sa science et ses secrets pour lui, car c'est ce qui lui assurait ce « crédit nécessaire » dont parle Lally.
4. A. E. Russie, t. XXX, fol. 308.
5. La paix de Vienne.

Un traité de commerce est un traité de discussion qui ne peut être rédigé qu'après un long examen de la part des deux cours, ce qui emporte des délais. L'Angleterre ne peut qu'être jalouse de voir passer de chez elle en France[1] un ministre de Russie déjà instruit des intérêts des deux nations. Les lettres que j'ai reçues en dernier lieu des négociants anglois, en Russie, me le confirment, et l'on y attend milord Granand chargé, dit-on, d'une commission secrète. C'est lui qui sous le nom de Forbes[2] a fait le traité de commerce entre l'Angleterre et la Russie en 1734. On le croit déjà parti de Londres, et ses instructions seront sans doute de veiller sur la conduite que la France et la Russie tiendront dans la conjoncture présente.

L'intérêt présent de la France est que la Russie ne fasse point sa paix avec la Porte sans sentir qu'elle lui en a toute l'obligation. Un ambassadeur de France ne peut être à Pétersbourg avant le mois de mai prochain. Où seroit l'inconvénient de faire expliquer le duc de Courlande, d'écouter ses propositions, de lui imposer même des conditions dures? Ce n'est qu'un coup fourré comme celui-là qui peut donner le change aux autres puissances, et terminer promptement une négociation que l'Empereur et l'Angleterre chercheront toujours directement ou indirectement à embarrasser et même traverser. Tout considéré, de quoi peut-il s'agir pour la France envers le duc de Courlande? De promesses dont le temps et les circonstances rendront les effets inutiles et peut-être impossibles, pendant qu'elle peut jouir en attendant d'un avantage présent et réel que le duc peut lui procurer, puisque son intérêt particulier prévaudra toujours sur celui de la Russie, dont il s'inquiète peu.

J'offre à Votre Éminence de faire expliquer le duc de Courlande, soit en allant à Pétersbourg, où je puis même demeurer ignoré de tout le monde si Votre Éminence le juge à propos, soit en allant à Dresde, par le moyen du comte Keiserling, dépositaire des secrets intimes du duc. Ce n'est point un caractère que je demande; c'est moins encore l'intérêt qui m'engage : j'en ai donné des preuves dans le dernier voyage que j'ai entrepris uniquement par bonne volonté[3], et envie d'inspirer à Votre Éminence quelque opinion de mon zèle.

L'autorité seule de Votre Éminence me suffit, je connois la mesure de la confiance que l'on a en elle, et je sens que j'en puis tirer un parti avantageux à sa gloire et au bien de l'État.

Je suis, avec un très profond...

---

1. Le prince Kantémir occupait précédemment le poste de Londres.
2. Sur George Forbes et cette négociation, voyez la correspondance de M. Rondeau, dans *Soc. imp. d'hist. de Russie*, t. LXVI.
3. Ce voyage avait, en effet, coûté à Lally dix mille livres de ses deniers.

LE CARDINAL DE FLEURY A M. DE LALLY.

3 octobre 1738 [1].

J'ai reçu, Monsieur, votre lettre du 2. Je ne puis entrer encore dans le détail de ce qu'elle contient, mais je vous prie de vous adresser à M. Amelot. Quand vous lui direz des faits, il vous écoutera et m'en informera.

Je vous prie d'être toujours persuadé, Monsieur, de la parfaite estime que j'ai pour vous.

1. *A. E. Russie*, t. XXX, fol. 310.

XIX

LE MARQUIS DE LA CHÉTARDIE

AMBASSADEUR EXTRAORDINAIRE. — PREMIÈRE MISSION

1739-1742

La mission de Lally-Tollendal ne fut peut-être pas inutile. Le 18 avril 1738, la Tsarine accréditait auprès du Roi comme ministre plénipotentiaire le prince Antiochus Cantémir[1] en qualité de ministre plénipotentiaire et, par lettre du 11 décembre, comme ambassadeur extraordinaire. D'autre part, on se rendit, à Versailles, mieux compte des intentions de la Russie, et le comte de Vaulgrenant fut nommé ambassadeur à Pétersbourg en août 1738. Ostermann en fut informé par lettre spéciale du cardinal Fleury; mais, le 22 avril 1739, M. de Vaulgrenant déclina la mission qui lui était confiée. Le marquis de La Chétardie fut aussitôt désigné pour le remplacer.

Joachim-Jacques Trotti, marquis de La Chétardie[2], était né en 1705.

---

1. Antiochus Dmitriévitch Kantémir (fils de l'hospodar de Moldavie, Démétrios Kantémir), le premier en date des poètes russes modernes, auteur de *Satires* estimées et traduites en français, fut ambassadeur à Londres et à Paris. Il était né à Constantinople en 1708 et mourut à Paris le 11 avril 1744. — Voy. la *Vie du prince Antiochus Cantémir*, par l'abbé GUASCO, en tête de l'édition de ses *Satires*, Londres, 1749. — VANDAL, *Une ambassade française en Orient*, p. 347. — Kantémir fut l'ami et le correspondant de Montesquieu, de Voltaire et des principaux littérateurs e philosophes français de l'époque.

2. Sur La Chétardie, consulter : WEBER, *Aus vier Jahrhunderten*, Leipzig, 1861, pp. 291 et suiv. (*Der marquis de La Chetardie*). — P. PÉKARSKI, *Le marquis de La Chétardie en Russie, 1740-1742* (en russe), Pétersbourg, 1862. — BARTÉNIEF, *Archives Voronzof*, t. Ier, (perlustration des dépêches du marquis). — HERZEN, *Mémoires de l'Impératrice Catherine II*, Londres, 1859. — SOLOVIEF, *Istoria Rossii*, t. XXI. — A. VANDAL, *Louis XV et Élisabeth de Russie*, pp. 114 et suiv. — L'article de la *Biographie universelle* Michaud (1854) sur La Chétardie n'est point à consulter : il fourmille d'erreurs. L'article de la *Nouvelle Biographie* Firmin-Didot (1863) est un peu

En 1731, il avait été envoyé comme ministre auprès de la cour de Berlin ; il occupa ce poste dix années. En 1734, il s'était efforcé d'entraîner Frédéric-Guillaume Ier dans le parti de Stanislas : suivant une lettre du temps, « il emploie le vrai et le faux, le vert et le sec, pour induire le roi de Prusse à brouiller plus que jamais les affaires du Nord ». Brillant causeur, il avait gagné le prince royal, le futur Frédéric II, qui écrivait : « Le marquis viendra la semaine prochaine, nous aurons du bonbon. » Au reste, son portrait a été tracé avec tant de sûreté par M. Vandal que nous n'avons pas à y insister.

C'est le 23 avril 1739 que Fleury annonça cette nomination à Ostermann et c'est le 1er juillet que La Chétardie reçut son Instruction comme ambassadeur extraordinaire du Roi auprès de la Tsarine.

LE CARDINAL DE FLEURY AU COMTE D'OSTERMAN.

Versailles, 23 avril 1739[1].

J'ai reçu, Monsieur, la lettre dont Votre Excellence m'a honoré, du 10 du mois dernier par M. le prince Cantémir qui ne me l'a rendue que depuis huit ou dix jours. Ce ministre vous aura informé que, M. le comte de Vaulgrenant ayant fait quelques difficultés sur sa nomination à l'ambassade de Russie, Sa Majesté avoit choisi à sa place M. le marquis de La Chétardie dont j'espère que Votre Excellence sera contente. Le roi de Prusse l'a honoré d'une bonté particulière pendant le séjour qu'il a fait à Berlin, et il y a donné des preuves d'un caractère rempli de sagesse et de douceur. Nous le pressons de partir le plus tôt qu'il sera possible, et de ne pas attendre tous les préparatifs qui lui sont nécessaires pour paroître à Saint-Pétersbourg avec la décence convenable.

M. le prince Cantémir remplit parfaitement l'idée que Votre Excellence en a conçue, et nous trouvons en lui la conduite digne de son rang et de l'honneur dont il est revêtu.

L'éloignement d'ici à Constantinople et la difficulté d'y établir une correspondance aussi assurée et aussi fréquente que l'exigeroient les conjonctures présentes, est un grand obstacle au succès des négociations de M. le marquis de Villeneuve. La cour de Vienne et la vôtre rendent également justice à la droiture de ses intentions et aux soins qu'il se donne pour procurer la paix. Il seroit inutile de faire mention des plaintes qu'il a faites sur le peu d'instructions et de précision et même des contrariétés qu'il a trouvées dans les instructions qu'il recevoit ; mais, M. le prince Cantémir m'ayant communiqué l'ultimatum des résolutions de votre cour, et M. le

---

plus exact. — La Correspondance de La Chétardie remplit les tomes XXXI à XLV de la correspondance *Russie*. — Voir aussi *A. E. Russie, Mémoires et documents*, notamment t. Ier, pièce 12.

1. *A. E. Russie*, t. XXXI, fol. 70.

prince de Lichtenstein[1] m'ayant fait part aussi des résolutions de l'Empereur, il faut espérer que notre ambassadeur aura lieu de s'expliquer clairement et de pénétrer les intentions de la Porte.

Si l'Empereur est en état, comme je l'espère, d'opposer des forces telles qu'on m'a assuré aux idées ambitieuses des Turcs, et que la Czarine de son côté fasse une diversion capable d'occuper l'armée turque et de la faire trembler, il ne sera pas impossible que les Turcs ne rabattent quelque chose de leurs prétentions et ne consentent à une paix raisonnable pour ne pas s'exposer aux risques de la continuation de la guerre.

M. le prince Cantémir est informé de notre conduite en Suède, qui sera toujours conforme à ce que j'ai eu l'honneur de vous écrire. M. le comte de Saint-Séverin[2] continue à suivre les ordres qu'il a reçus et desquels nous ne nous départirons point.

Je vous supplie de présenter mes plus profonds respects à votre souveraine et de vouloir bien l'assurer que je ne me rendrai point indigne des bontés dont elle veut bien m'honorer.

J'ai l'honneur.....

MÉMOIRE POUR SERVIR D'INSTRUCTION AU SIEUR MARQUIS DE LA CHÉTARDIE ALLANT A PÉTERSBOURG EN QUALITÉ D'AMBASSADEUR EXTRAORDINAIRE DE SA MAJESTÉ PRÈS LA CZARINE. — COMPIÈGNE, 1ᵉʳ JUILLET 1739[3].

Il y avoit déjà longtemps que le penchant marqué de la cour de Russie pour celle de Vienne, et le peu d'espérance de pouvoir former aucune liaison utile avec la première, avoit déterminé le Roi à n'y avoir aucun ministre caractérisé de sa part, lorsque l'événement de la mort du feu roi Auguste de Pologne, arrivée en 1733, développa entièrement les principes de la cour de Russie, et mit Sa Majesté dans la nécessité de rappeler la personne qui étoit, sans aucun caractère, chargée de ses affaires à Pétersbourg[4].

Le Roi, n'ayant aucune liaison avec la Russie, n'auroit point exigé qu'elle concourût à l'élection du roi Stanislas au trône de Pologne et n'auroit pas même eu sujet de se plaindre de l'opposition qu'elle y a formée ; mais ce qui blessa Sa Majesté fut la manière dont la Russie se conduisit relativement aux procédés

1. Le prince de Lichtenstein, ambassadeur d'Autriche en France, depuis 1737.
2. Ambassadeur de France en Suède. — Voyez ci-dessous, pp. 441 et suiv.
3. *A. E. Russie*, t. XXXI, fol. 106.
4. M. Magnan.

de bienséance, non seulement par le manquement formel à la capitulation faite avec les trois bataillons de ses troupes qui furent faits prisonniers à Dantzick, mais aussi par l'emprisonnement du marquis de Monti, son ambassadeur en Pologne, si contraire à tous les principes du droit des gens; et le plus grand sacrifice que le Roi ait jamais pu faire aux instances de la cour de Vienne, lorsqu'on traita de la paix, fut de consentir à y laisser comprendre la Russie avant que d'en avoir tiré une satisfaction solennelle. Sa Majesté, par complaisance pour l'Empereur, voulut bien se contenter de la reconnoissance que la Russie fut enfin obligée de faire du roi Stanislas en qualité de roi de Pologne[1]. Après une si grande condescendance de la part de Sa Majesté, la Russie ne pouvoit plus se flatter que la France fît aucune démarche pour renouer la correspondance. Elle sentit bien que c'étoit à elle à faire les premiers pas; et, soit que la Czarine sentît mieux qu'elle n'avoit fait jusqu'alors ce qu'elle devoit à Sa Majesté; soit que la guerre, vivement allumée avec les Turcs, lui fît prévoir que les bons offices de la France lui pourroient être utiles; ou qu'enfin la prochaine assemblée des États de Suède, dans laquelle on prévoyoit la prépondérance de la France, lui donnât d'avance quelque ombrage, cette princesse ne tarda pas à montrer le désir qu'elle avoit de faire oublier le passé et de voir dans les deux cours des ministres respectifs avec caractère représentant, laissant à Sa Majesté le choix du caractère : en sorte qu'après la nomination du prince de Cantémir, pour venir en France où il est déjà depuis quelque temps, Sa Majesté s'est déterminée à nommer un ambassadeur pour aller à Pétersbourg. Il n'y avoit aucune raison de différer cette nomination, surtout après que la Russie avoit accepté la médiation du Roi pour conclure la paix avec la Porte.

Sa Majesté a donc choisi pour remplir cette importante mission le sieur marquis de la Chétardie, ci-devant son ministre à Berlin, persuadée, par les preuves qu'il a données de son zèle et de ses talents, qu'il seroit plus capable que personne de la bien servir dans l'ambassade qu'elle veut bien lui confier.

---

1. Le titre seulement, bien entendu.

L'intention de Sa Majesté est qu'il se mette le plus tôt qu'il sera possible en état de se rendre à Pétersbourg. Son premier soin devra être de hâter le moment de sa première audience et de remplir le cérémonial usité, afin que rien ne l'empêche d'entrer en commerce librement avec tout le monde, ainsi que cela convient au service de Sa Majesté. Quant à l'étendue du cérémonial, ni Sa Majesté ni les Rois ses prédécesseurs n'ayant jamais eu d'ambassadeur en Russie elle ne peut rien prescrire au sieur ambassadeur. Il sait seulement que Sa Majesté reçoit, dans la personne de ceux qui le représentent, un traitement égal à celui de l'Empereur. Ainsi, à supposer qu'il y ait quelque ambassadeur public et reconnu de l'Empereur, le sieur de La Chétardie doit demander égalité de traitement. Et dans les cas dont il n'y auroit point d'exemple antérieur, et sur lesquels le sieur marquis de La Chétardie pourroit avoir quelque doute relativement à la distinction due à son caractère, il doit exiger des déclarations par écrit, qu'aucun ambassadeur de l'Empereur ne seroit traité autrement en cas pareil. Il en a été usé ainsi en plusieurs occasions en différents États, et cette précaution est encore plus nécessaire dans un pays où le règne des Allemands et la prédilection pour eux ne sont peut-être que trop établis. Il est vraisemblable que la cour de Pétersbourg exigera que le sieur marquis de La Chétardie remplisse en arrivant les mêmes formalités qui sont en usage à la cour de France, et par conséquent, qu'il fasse sa première visite au secrétaire d'État des affaires étrangères. Le sieur marquis de La Chétardie n'y doit pas faire de difficulté. Il peut y avoir encore quelques usages particuliers à cette cour qui ne tirent point à conséquence et auxquels l'ambassadeur de Sa Majesté peut se conformer : c'est sur quoi Sa Majesté s'en rapporte à sa prudence; mais il ne doit, sous aucun prétexte, se porter à des choses qui aviliroient la dignité de son caractère et qu'aucun exemple ne pût justifier.

Après tout ce qui s'est passé, qui ne peut manquer d'avoir laissé des traces de défiance, Sa Majesté ne peut pas autoriser son ambassadeur à porter à la Czarine de sa part les assurances de la plus tendre et de la plus parfaite amitié. Il doit donc se renfermer, en remettant ses lettres de créance, dans les témoignages de la satisfaction qu'a Sa Majesté que le rétablissement de la bonne correspondance ait mis en état d'avoir des ministres respectifs, et dans les assurances que le Roi, médiateur de la paix avec la Porte, désire sincèrement d'en procurer une solide. C'est dans le même principe que le sieur marquis de La Chétardie doit parler tant au duc de Courlande qu'au comte d'Osterman et aux autres ministres du Cabinet.

La déclaration qui vient d'être faite du mariage de la princesse Anne de Meckelbourg[1], nièce de la Czarine, avec le prince de Wolfembutel-Bevern[2], doit avoir produit nécessairement quelque changement dans la situation intérieure de la cour de Russie. Il y a longtemps que l'on avoit lieu de croire que le duc de Courlande ambitionnoit ce mariage pour l'aîné de ses fils, et la préférence donnée à un étranger de la famille de l'Impératrice doit faire supposer deux choses importantes à développer et à constater entièrement : l'une que le crédit du duc de Courlande seroit fort diminué; l'autre que la cour de Russie sera plus que jamais unie de goût et d'intérêt avec celle de Vienne, dont apparemment la Czarine a jugé l'appui nécessaire aux vues de succession qu'on sait que cette princesse a pour sa nièce. Cette dernière circonstance ne peut que confirmer Sa Majesté dans le principe où elle est depuis longtemps que la Russie, par rapport à l'équilibre du Nord, est montée à un trop haut degré de puissance, et que, par rapport aux affaires actuelles et à venir de l'Empire, son union avec la Maison d'Autriche est une chose extrêmement dangereuse. On a vu dans les affaires de Pologne quel abus la cour de Vienne savoit faire de cette union, et si elle a pu faire venir en dernier lieu un corps de 10 000[3] Moscovites sur le Rhin, elle pourroit, dans d'autres circonstances qui le permettroient, inonder l'Allemagne de troupes barbares, quand cela lui seroit nécessaire, pour plier l'Empire à ses volontés.

Les princes d'Allemagne sont déjà trop assujettis et trop peu

---

1. Anna Léopoldovna. Voyez ci-dessus, p. 268, notes 5.
2. Antoine-Ulrich de Brunswick-Bevern, deuxième fils de Ferdinand-Albert de Brunswick-Wolfenbüttel. Il était né en 1714 et avait épousé, le 14 juillet 1739, Anna Léopoldovna. Leur fils, le futur Empereur Ivan VI, naquit le 24 (13) août 1740. Sa mère fut, sous son nom, régente de l'Empire.
3. D'après les historiens russes, 18 à 20 000. C'est le corps que Lascy conduisit au secours de l'Autriche. Voyez ci-dessus, p. 325.

unis pour qu'on puisse attendre d'eux seuls des résolutions assez fortes pour se préserver d'un aussi grand malheur, avant-coureur certain de leur ruine prochaine, et Sa Majesté est occupée depuis longtemps des moyens que l'on y pourroit opposer.

D'un côté, il devient plus difficile que jamais de pouvoir rompre les liens qui unissent les deux cours de Russie et de Vienne; d'un autre côté, cela ne se pourroit faire qu'en formant des liaisons directes avec la Russie; et ces mêmes liaisons, ne pouvant qu'augmenter la considération de la Russie, seroient contraires à l'intérêt qu'a Sa Majesté de relever et de soutenir la Suède, qu'elle regarde comme la seule couronne du Nord dont l'amitié puisse être utile et permanente.

C'est même dans ces principes que, pendant la présente assemblée des États à Stockholm, non seulement le Roi a conclu un traité de subsides avec la Suède [1], mais que même Sa Majesté a fait les plus grands efforts pour purger le gouvernement en Suède de tous ceux qu'elle savoit être livrés à l'Angleterre et à la Russie. Si ces soins ont réussi au delà de ce qu'on sembloit pouvoir espérer, cela n'a pas été sans donner de si grands ombrages à la Russie, que c'est à cela qu'on peut attribuer le parti qu'elle semble avoir pris de ne point donner à l'Empereur le secours qu'elle lui avoit promis, pour ne se point dégarnir de ses meilleures troupes, ainsi qu'elle avoit fait dans les trois principales campagnes [2], qu'elle a été en état de faire dans une entière sécurité.

Il ne faut pas se flatter que la Russie n'attribue pas aux mesures que le Roi a prises cette espèce de dérangement de ses projets d'ambition et d'agrandissement; et le sieur marquis de La Chétardie doit même s'attendre que, si l'on ne lui en fait pas des plaintes, on lui paroîtra du moins fort peiné de tout ce qui a été fait en Suède. Sur quoi il devra faire connoître que le traité de subsides n'est pas une chose nouvelle et que, les raisons qui en avoient empêché la ratification en 1735 étant cessées, on n'a pu ni dû se refuser à son exécution, et qu'à l'égard des changements arrivés dans l'intérieur du gouvernement de

---

1. Le traité de Stockholm, du 10 novembre 1738.
2. Les campagnes de 1736, 1737, 1738, contre les Turcs.

Suède, il n'appartenoit pas au Roi d'empêcher ce que le corps de la nation a jugé à propos de faire pour son bien particulier. Et du reste le sieur ambassadeur doit, autant qu'il pourra, abréger les conversations sur cette matière, sur laquelle les Russes ne pourroient qu'abuser en Suède, comme ils l'ont fait souvent depuis peu de temps de ce qui pourroit leur être dit pour les rassurer.

Après tout, en même temps que le Roi ne veut point qu'on puisse avoir aucun juste sujet de reproche à lui faire, les intérêts de Sa Majesté ne demandent pas que les ombrages de la Russie soient assez parfaitement détruits pour qu'elle croie pouvoir impunément suivre les vues de l'ambition qu'elle a depuis quelques années montrée de tous côtés.

L'inquiétude que peut avoir la Russie des projets de la Suède est de plus un moyen de rendre son alliance moins utile à l'Empereur. Il n'en faut point d'autre preuve que le parti que prend la Czarine de rester sur la défensive pendant la campagne prochaine, ou du moins de se borner à une diversion en Crimée, malgré la vivacité des reproches qu'elle a essuyés, mais c'est aussi tout ce qu'on peut promettre dans le moment présent. Ces deux puissances ont aujourd'hui trop d'intérêt de rester unies pour qu'on pût espérer de les diviser. C'est ce qu'on ne doit attendre que d'un changement de conjonctures : soit par la jalousie qui pourroit naître entre les cours de Vienne et de Pétersbourg ; soit par des événements qui rendroient à l'une ou à l'autre cette alliance moins utile qu'onéreuse.

L'état de la Russie n'est point encore assez certain pour ne point craindre de révolutions intérieures.

Le gouvernement étranger, pour s'affermir, n'a rien négligé pour opprimer[1] et pour dissiper[2] les anciennes familles russes. Mais, malgré tous les efforts, il reste encore des nationaux mé-

---

1. Les maréchaux Dolgorouki et Galitsyne meurent en prison; Ivan Dolgorouki, le favori de Pierre II, est roué vif à Novgorod; trois autres Dolgorouki décapités; plus tard, en 1740, le comte Moussine-Pouchkine mutilé et exilé, Volynski cruellement supplicié, etc.

2. Dans le sens d'amuser. Sur les amusements et le luxe barbares de la cour d'Anna Ivanovna, voyez les *Mémoires* de Manstein, aide de camp de Münich, et ceux du prince Pierre Dolgoroukof (Genève, 1867), pp. 377 et suiv. — Dolgorouki ou Dolgoroukof, c'est le même nom et la même famille.

contents du joug étranger, qui vraisemblablement sortiroient de l'inaction lorsqu'ils croiroient le pouvoir faire avec sûreté et avec succès. Le Roi ne peut, à la vérité, avoir actuellement une connoissance exacte du détail de cette situation; mais, quand on se rappelle le peu de droit qu'avoit la duchesse de Courlande pour venir au trône de Russie, y ayant encore la princesse Élisabeth et un fils de la duchesse de Holstein [1], on a peine à penser que la mort de la Czarine régnante puisse n'être pas suivie de mouvements et de troubles.

Le Roi n'a cependant sur cela aucune démarche à prescrire à son ambassadeur. Il seroit même extrêmement dangereux qu'il en fît aucune qui pût faire supposer aucune curiosité ou aucune vue relative à cet objet. Mais il ne peut qu'être fort essentiel que le sieur marquis de La Chétardie, usant de toute sorte de circonspection, s'instruise le plus exactement qu'il sera possible de la situation des esprits, de l'état des familles russes, du crédit et des amis que peut avoir la princesse Élisabeth, des partisans que la maison d'Holstein peut avoir conservés en Russie, de l'esprit général des différents corps de troupes et de ceux qui les commandent, enfin de tout ce qui peut faire juger de la possibilité d'une révolution, surtout si la Czarine venoit à manquer avant d'avoir fait aucun arrangement de succession. Ces connoissances, pour être prises exactement et sans inconvénient, demandent du temps et beaucoup de précautions, se défiant surtout beaucoup des insinuations indirectes qui pourroient lui être faites dans un pays où l'on ne fait que trop fréquemment usage d'espions et de fausses confidences.

Il y a un autre sujet d'examen à faire, aussi important, mais plus précis et plus actuel; c'est celui de l'état des finances, des troupes de terre et de mer en Russie. Les différents rapports qui en ont été faits successivement varient si fort entre eux que le Roi n'en peut actuellement former aucun jugement assuré. La magnificence et le luxe que l'on suppose régner à la cour de Pétersbourg s'accordent mal avec l'opinion que l'on a d'ailleurs

---

[1]. Anna Pétrovna, fille aînée de Pierre le Grand et épouse de Charles-Frédéric, duc de Holstein-Gottorp. — Le fils dont il est ici question est le futur Empereur Pierre III.

de l'épuisement de ses finances, par les dépenses immenses et de toute espèce auxquelles la Russie a fourni depuis plusieurs années. Cette connoissance est essentielle pour pouvoir juger du secours dont la Russie peut être à l'Empereur dans la présente guerre contre l'Empire ottoman et des sacrifices plus ou moins grands que le Roi, comme médiateur, peut demander d'une part ou d'autre pour parvenir à la paix.

Si la Czarine persiste à vouloir demeurer cette année sur une simple défensive, indépendamment de l'ombrage que lui peut donner la Suède, on devra regarder cela comme une preuve que les grandes ressources sont épuisées, parce qu'en effet plus la situation de l'Empereur peut devenir équivoque par le défaut de secours de ses alliés, et plus la conduite de la Czarine empirera nécessairement quand il sera question de paix : à moins qu'elle ne fût dans l'intention de traiter séparément, ce qu'on ne doit pas présumer après les protestations solennelles que cette princesse vient de réitérer de son attachement inviolable à l'Empereur. Mais, quand même on pourroit en avoir le soupçon, le sieur ambassadeur doit éviter soigneusement de le paroître désirer. Rien ne seroit plus capable de le rendre suspect, et son langage doit constamment être tel qu'on soit convaincu que le Roi ne veut travailler qu'à la paix des deux puissances conjointement.

Si les choses se tournoient assez heureusement pour qu'une paix particulière, faite de part ou d'autre, pût ébranler l'union entre les cours de Vienne et de Russie, il faut que cela paroisse l'effet de la force des circonstances et qu'on ne puisse pas reprocher à Sa Majesté d'y avoir coopéré.

Le soupçon même que l'on en auroit prématurément ne seroit propre qu'à resserrer davantage les liens que l'on voudroit affoiblir.

Ce seront les événements de la prochaine campagne de Hongrie[1] qui pourront mettre Sa Majesté en état de donner des ordres précis au sieur ambassadeur ; et, en attendant, il s'occupera en général des moyens de provoquer la confiance des ministres russes

---

1. L'année même où le marquis de La Chétardie recevait cette instruction, les Turcs reprirent Semendria, Mohadia, Orsova, battirent l'armée autrichienne à Krotchka (22 juillet 1739) et faillirent même l'anéantir. Malgré la victoire des Russes à Stavoutchani, ces désastres forcèrent l'Autriche à faire la paix séparée de Belgrade : ce qui obligea la Russie à l'imiter (septembre 1739).

et de s'attirer, s'il le peut, des confidences qui puissent mettre à portée de juger des facilités plus ou moins grandes que la Russie apporteroit à la conclusion de sa paix avec la Porte. Il doit surtout s'attacher à faire sentir successivement que l'avantage principal de la paix pour la Russie, de quelque manière qu'elle se fasse, sera le poids de la médiation reconnue du Roi, qui, devenant garant en qualité de médiateur de tout ce qui sera conclu, doit faire envisager la paix comme bien plus solide. Si les ministres russes portoient la confiance jusqu'à remettre au sieur ambassadeur le détail de leurs vues pour la paix, il se chargera seulement de les faire passer à Sa Majesté, sans rien dire d'avance du jugement que le Roi en pourroit porter.

Le sieur marquis de La Chétardie doit être d'autant plus attentif à ne laisser prendre aucune méfiance du désir qu'a la France de procurer la paix que Sa Majesté a été instruite, par des voies sûres, que le roi Auguste de Pologne a fait proposer sa médiation[1] aux Turcs de l'aveu de la Czarine. La Porte ottomane n'a encore donné aucune réponse, mais il ne seroit pas impossible que les propositions ne fussent écoutées surtout depuis la déposition du grand-vizir. Le Roi ignore si cette négociation se conduit à Saint-Pétersbourg ou à Dresde et c'est ce que le sieur marquis de La Chétardie doit tâcher de découvrir.

En même temps que Sa Majesté ne croit pas convenable, au moins dans le moment présent, d'entrer dans des engagements particuliers avec la Russie, cela n'exclut pas les vues générales de commerce qui pourroient être entre les deux nations. On a même lieu de croire que le ministère russe en a eu la pensée. Sa Majesté regarderoit comme un grand bien que la réformation du tarif de 1724, qui a rendu tout commerce impraticable avec la Russie, pût enfin mettre en état de commencer à balancer et de diminuer successivement le commerce des Anglois dans le Nord. Mais ce n'est point au sieur ambassadeur à faire à cet égard aucune proposition directe. Il doit seulement, si on lui en fait quelque ouverture, paroître prêt à s'y prêter, et désirer qu'on

---

1. Déjà en 1737, après les premières défaites des Autrichiens, à Banialouka et Valiévo, l'Angleterre et la Hollande avaient offert leur médiation à la Porte, qui la refusa, déclarant qu'elle n'en accepterait pas d'autre que celle de la France.

veuille s'ouvrir avec lui sur les moyens de s'entendre, marquant à cet égard toute sorte de bonne volonté, mais s'en tenant à voir venir sur les conditions. En effet, il ne faut pas compter de réussir si l'on ne commence par changer le tarif onéreux de 1724. Les Russes, considérant peut-être un pareil changement comme une diminution réelle dans le produit des douanes, auront vraisemblablement bien de la peine à s'y déterminer. D'ailleurs, il faut s'attendre à ce que les Anglois, extrêmement jaloux et attentifs sur tout ce qui est matière de commerce, feront naître le plus d'obstacles qu'ils pourront à tout ce qui pourroit ouvrir aux sujets du Roi un commerce avantageux dans le Nord; et il n'est que trop vrai qu'ils ont assez de crédit en Russie pour qu'on pût craindre avec fondement le sujet de leurs oppositions. Elles ne pourroient échouer qu'autant que les Russes seroient par eux-mêmes convaincus de l'utilité pour eux de lier un commerce direct avec les sujets du Roi; et c'est cette disposition dont il faut être bien assuré pour pouvoir entamer une négociation sur le commerce avec quelque apparence de réussite.

Indépendamment du traité de commerce, qui pourroit être d'un avantage réciproque à la France et à la Moscovie, mais dont on prévoit les difficultés, la Czarine peut avoir aussi des vues d'établir avec la France une intelligence plus étroite; et les insinuations pressantes de l'ambassadeur de l'Empereur pour engager Sa Majesté d'associer la Russie à l'union d'amitié que le dernier traité de paix a établie entre Sa Majesté et Sa Majesté Impériale fait assez connoître combien la cour de Vienne est occupée d'assurer les effets qu'elle attend de son alliance avec la Russie, même d'engager la France, s'il est possible, par les apparences d'une confiance sans bornes, à servir ses vues politiques. M. le cardinal de Fleury, sans rejeter les propositions de l'ambassadeur de l'Empereur, lui a fait comprendre que, quoique le Roi eût bien voulu oublier les sujets qu'il avoit de se plaindre de la Russie, Sa Majesté ne pouvoit cependant entrer si promptement dans de pareils engagements avec une cour dont elle ne connoissoit qu'indirectement les dispositions, et que, quand le sieur marquis de La Chétardie auroit eu le loisir de s'en instruire avec certitude, il seroit temps alors de se déterminer. D'ailleurs, une pareille démarche de la France, dans la conjoncture présente, ne pourroit que rendre la médiation de la France infiniment suspecte aux Turcs. Ainsi, par toutes sortes de raisons, il ne peut convenir aujourd'hui à Sa Majesté d'entrer dans une union plus intime avec la Russie. Si les ministres de la Czarine font quelques propositions au sieur marquis de La Chétardie tendantes au même but, il se contentera de les recevoir avec politesse; et, sur le compte qu'il en rendra au Roi, Sa Majesté lui enverra de nouvelles instructions, suivant que les événements et les circonstances pourront l'exiger.

Le succès des affaires dépendant beaucoup de l'exacte connoissance des hommes et de ce qu'ils peuvent, le sieur marquis de La Chétardie doit donner à cette partie une attention principale. Jusqu'à présent le duc de Curlande a passé pour le favori décidé. On n'a pas lieu de se plaindre de ce qui a paru de ses intentions; mais comme il n'a pas été, dans les occasions, en état de se passer des ministres accoutumés au travail qui par le détail faisoient échouer ce qu'ils vouloient, ses bonnes intentions ont toujours été infructueuses au service du Roi. Le choix d'un prince de Bevern pour la princesse de Meckelbourg peut, ou avoir changé quelque chose dans sa situation, ou être la suite de quelque diminution de faveur. C'est ce que le sieur ambassadeur devra observer avec grand soin. Mais, en attendant, il doit lui marquer toutes sortes d'attentions et d'égards, autant que la dignité de son caractère le lui permettra.

Les propos du ministère de l'Empereur ont fort varié au sujet du comte d'Osterman pendant toute l'année dernière. Ils le regardoient comme le plus cruel ennemi de la cour de Vienne et comme entièrement livré au roi de Prusse. Depuis quelque temps ils en paroissent plus contents. Le sieur ambassadeur s'appliquera à vérifier autant qu'il lui sera possible s'il y a de l'artifice ou non dans ces discours des ministres impériaux.

Le comte d'Osterman a toujours eu, comme la naissance, le cœur et les affections allemands. C'est le seul ministre à Pétersbourg réellement capable d'affaires et de travail. Tous ceux qui pouvoient lui faire ombrage sont ou morts ou dispersés. Il peut être que la cour de Vienne, voulant, dans cette guerre-ci, trop exiger de secours ou de complaisance de la part de la Russie, ait trouvé de l'opposition dans les conseils du comte d'Osterman, et que ce soit le fondement de ses plaintes. Dans ce cas-là, ce n'auroit été qu'une chose momentanée, et qui ne feroit pas en général du comte d'Osterman un homme ennemi de l'union entre les deux cours. Le sieur ambassadeur s'appliquera à approfondir ces doutes et les éclaircir.

Il reste à instruire le sieur marquis de La Chétardie de la conduite qu'il doit tenir avec les différents ministres étrangers à Pétersbourg relativement à la position générale des affaires avec leurs cours.

Le commerce extérieur avec le ministre de l'Empereur doit être rempli de politesse et conforme à l'esprit de paix rétablie entre Sa Majesté et ce prince. Mais la confiance doit être fort mesurée, ainsi que la leur à l'égard de la France, sans cependant montrer aucune sorte de défiance. Les ministres de l'Empereur savent faire usage de tout; il seroit dangereux de les mettre à portée d'abuser du trop de confiance qu'on leur marqueroit.

Si l'on pouvoit compter affirmativement sur les intentions personnelles du sieur Nolken, ministre de Suède, le sieur ambassadeur pourroit lui marquer une entière confiance; mais on a au contraire lieu de s'en défier, ayant été choisi par le roi de Suède; et, en général, quelque ministre suédois qui puisse se trouver à Pétersbourg, comme la Suède est extrêmement suspecte à la Russie, les témoignages de confiance doivent être renfermés dans le particulier : en sorte qu'à l'extérieur il n'y ait rien de trop marqué qui puisse augmenter les ombrages de la cour de Russie.

Le sieur Nolken a mandé que le duc de Curlande lui avoit fait des ouvertures pour affermir la bonne harmonie entre la Moscovie et la Suède. Il est bien difficile de se persuader qu'il y ait aucune sincérité dans ces propositions, qui n'ont peut-être d'autre but que de retarder l'exécution des résolutions qu'on craignoit de la part de la diète[1]. Il ne seroit point impossible que le duc de Curlande voulût faire entrer le sieur marquis de la Ché-

---

1. Dans la diète suédoise de 1738, le parti des Chapeaux l'avait emporté sur le parti des Bonnets, et une rupture entre la Russie et la Suède semblait imminente.

tardie dans cette négociation. Mais, comme le Roi n'a aucune connoissance des propositions dont il pourroit être question, il ne peut par cette raison lui donner sur ce point aucune instruction. L'ambassadeur de Sa Majesté se contentera de prendre *ad referendum* ce qui lui sera dit à ce sujet, dont il donnera en même temps avis au sieur comte de Saint-Séverin à Stockholm, avec lequel il seroit même à désirer qu'il pût entretenir une correspondance exacte, s'il est possible de le faire avec sûreté.

Quelque mécontentement que le Roi ait de la cour de Danemark et de sa conduite, cependant l'intention de Sa Majesté est que son ambassadeur n'en marque rien et que, sans avoir ni ouverture ni confiance avec le ministre de Danemark [1], il remplisse avec lui tous les devoirs de politesse et de bienséance.

Les termes dans lesquels Sa Majesté est actuellement avec le roi de Prusse, demandent que le ministre [2] de ce prince n'ait qu'à se louer des attentions du sieur ambassadeur.

Il doit se renfermer dans les simples bienséances avec le ministre ou résident d'Angleterre [3]; mais à l'égard de celui de la république de Hollande [4], il ne peut trop lui marquer combien le Roi fait cas de l'amitié de ses maîtres et combien il désire de leur en donner des preuves.

Au surplus, Sa Majesté désire que le sieur marquis de La Chétardie prenne à loisir tous les éclaircissements qu'il pourra rassembler sur le commerce de la Russie, sur les richesses et les productions, sur les différentes parties qui composent le revenu du souverain, sur la forme du gouvernement, en un mot, sur toutes les différentes parties d'un Empire dont la puissance s'est si fort accrue depuis quelques années, et dont il devient tous les jours plus intéressant d'avoir une exacte connoissance.

Fait à Compiègne le 1er juillet 1739.

---

1. C'était alors M. Holstein.
2. Le baron Axel Mardefeldt, envoyé de Prusse en Russie, de juin 1728 à août 1746.
3. M. Edward Finch, successeur de M. Rondeau, de 1739 à 1742. — Extraits de sa correspondance dans *la cour de Russie*, pp. 59 et suiv. — L. Farges, t. I, pp. 306 et 310.
4. M. Sewart, résident.

NOTES SUR LES INSTRUCTIONS. — PARIS, 2 AOUT 1739[1].

1. — La précaution d'envoyer, en arrivant, son premier secrétaire chez le comte d'Ostermann quant à la première visite à lui faire ou à recevoir de lui, peut prévenir tout embarras ; mais il est très apparent que le prince Czerkasky[2] et M. Volinsky[3] qui, comme lui, sont ministres du cabinet prétendront un traitement égal, et c'est un cas à prévoir d'autant que par là les devoirs se multiplieroient plus qu'en France, où il n'y a pour les affaires étrangères qu'un seul secrétaire d'État.

Les ambassadeurs n'hésitant point de rendre la première visite à ceux qui composent le Conseil du Roi, on doit peut-être présumer que l'idée mal fondée d'une parité entière pourra porter ceux qui composent le Conseil de la Czarine à former une pareille prétention. Cet objet comporte donc une explication précise.

Il est de même nécessaire de statuer la façon d'en user avec ceux qui sont revêtus des premières charges de la cour et avec les Knès ou princes du pays.

2. — Il est encore plus important de fixer la conduite à observer quant au cérémonial avec le duc et la duchesse de Curlande[4], les deux princes leurs fils et le prince et la princesse héréditaires de Hesse-Hombourg[5]. Il seroit d'un égal inconvénient peut-être d'en trop faire ou de n'en pas faire assez, surtout avec le duc de Curlande à qui l'on veut que l'ambassadeur du Roi témoigne toutes sortes d'attentions et d'égards autant que la dignité de son caractère le lui permettra.

---

1. *A. E. Russie,* t. XXXI, fol. 198. — Ces observations sont du marquis de La Chétardie.
2. Le prince Alexis Mikhaïlovitch Tcherkaski, né en 1680, mort en 1742. — Il fut nommé chancelier par la régente Anne Léopoldovna. — Depuis la mort du comte Gabriel Ivanovitch Golovkine (1734), il n'y avait plus de chancelier, mais seulement un *premier ministre,* qui était le comte André Ivanovitch Ostermann, et des *ministres du cabinet.*
3. Artémii Pétrovitch Volynski, né en 1689, marié à Alexandrine Narychkine, cousine germaine de Pierre Ier. Nommé à vingt-six ans ministre en Perse, puis gouverneur d'Astrakhan, puis ministre auprès de la cour de Holstein, il devint, sous Anna Ivanovna, « ministre de cabinet » et grand veneur. Il entra en lutte avec Ostermann et Biren. Ses imprudences, sa brutalité — il souffleta et fit bâtonner le poète Trédiakovski — donnèrent prise à ses ennemis contre lui. En avril 1740, il fut impliqué dans un procès de haute trahison, cruellement torturé et condamné à être empalé vif. L'Impératrice commua cette peine atroce : il fut décapité après avoir eu la langue et la main droite coupées.
4. Biren et sa femme.
5. Deux des fils du landgrave Frédéric III Jacob de Hesse-Hombourg (1708-1746), parmi lesquels le prince héritier, étaient au service de Russie. Ils moururent avant leur père.

3. — Pour apprécier davantage la manière dont l'ambassadeur du Roi doit s'expliquer en remettant ses lettres de créance, on joint ici une note particulière de ce qu'il pourra dire en cette occasion. On use de la même précaution pour s'assurer de ce qui seroit convenable de dire à la princesse Élisabeth[1] et même à la duchesse de Meckelbourg[2] si ce que les nouvelles publiques ont annoncé se vérifioit, et que, lors de son mariage avec le prince Antoine-Ulrich, elle devenoit *princesse royale* par la volonté où seroit la Czarine d'ordonner qu'on la regardât comme l'héritière présomptive de la couronne. Cette précaution doit s'étendre encore jusqu'au traitement à accorder au prince de Bevern, soit que sa situation actuelle ne change point, soit qu'elle acquière de nouveaux avantages par son mariage.

4. — Toute curiosité sur ce qu'il importe de développer pouvant être aussi préjudiciable qu'il devient difficile, par le manque de secours, d'habitudes et d'amis à la cour de Russie, de parvenir à cette sorte de connoissance si nécessaire pour découvrir la vérité, Son Éminence n'approuverait-elle pas qu'on fît usage de la facilité qu'on prétend qu'il y a à corrompre des membres ou des tribunaux ou de la chancellerie, vu la modicité de leurs appointements? Et, dans le cas où l'on réussiroit à les séduire, Son Éminence ne jugeroit-elle pas à propos d'effectuer les vues de récompense dont on les auroit flattés? De leur donner des espérances qui ne se trouveroient suivies d'aucun effet, seroit chose plutôt nuisible qu'avantageuse.

5. — Si l'offre que le roi Auguste de Pologne, de l'aveu de la Czarine, a faite de sa médiation aux Turcs paroît exiger qu'on soit pleinement persuadé du désir qu'a la France de procurer la paix, ne seroit-il pas à craindre qu'on ne prît ombrage de la conduite de l'ambassadeur du Roi lorsqu'il se chargeroit seulement de faire passer à Sa Majesté les propositions relatives à cet objet qui lui auroient été faites? Il ne lui appartient point de juger s'il seroit bon de l'autoriser à cet égard au delà de ce qu'on a fait pour se garantir du soupçon que l'on souhaite peut-être faire traîner la négociation. Les questions réitérées du prince Cantémir donnent au moins lieu de penser que l'on voudra éviter sur cet article tout ce qui pourroit occasionner lenteurs ou délais.

Les plaintes des ministres impériaux contre le comte d'Ostermann ne peuvent provenir que de ce qu'il ne leur aura pas marqué peut-être dans cette guerre-ci une complaisance aveugle. Il ne faut pas pour cela s'attendre à le trouver opposé à l'union étroite qui subsiste entre les cours de Vienne et de Pétersbourg. En voulant l'affaiblir, il travailleroit contre lui-même. C'est son ouvrage et on peut

---

1. Élisabeth Pétrovna, Voyez ci-dessus, pp. 136, 251-258, 267, 347.
2. Anna Léopoldovna. Voyez ci-dessus, pp. 268 et 344, notes.

ajouter, sans lui faire tort, qu'il a d'autant plus de moyens pour le soutenir que son inclination l'y porte et que la fausseté ne lui coûte rien à employer.

6. — La correspondance avec le comte de Saint-Séverin[1] ne rencontrera point de difficultés. Celle qu'on sera soigneux d'entretenir avec tous les ministres du Roi, écartera les soupçons, et l'usage qu'on fera du chiffre établira la sûreté sur les choses qui demanderont le secret.

7. — Un usage particulier qui s'observe à Pétersbourg mérite qu'on y fasse grande attention. On donne à chaque ministre une garde proportionnée au caractère dont il est revêtu, à titre de lui faire honneur. Il est facile de sentir qu'on n'a en vue que d'être exactement instruit de tout ce qui se passe dans la maison de ceux qui résident à Pétersbourg. L'inconvénient devient d'autant plus grand pour l'ambassadeur du Roi qu'il aura cinquante hommes chez lui et un officier qu'il ne peut se dispenser d'admettre à sa table, et dont la présence ne peut qu'entraîner une contrainte scrupuleuse et dans les discours et dans le choix des personnes qu'on invitera. Il seroit donc à désirer, par toutes sortes de raisons, que, sans manquer à la bienséance, on pût changer un usage aussi dangereux. Si cela rencontroit des obstacles insurmontables, il ne peut retomber à la charge de l'ambassadeur du Roi d'avoir à payer les quatre cents livres par mois, à quoi le feu duc de Liria[2] et le comte de Wratislaw[3] ont fixé le salaire de chaque garde, indépendamment du bois et des lumières qu'il faut leur fournir, et il demande que Son Éminence veuille entrer en considération sur une dépense aussi excessive, aussi peu honorable que profitable, et à laquelle aucun ministre du Roi ne se trouve exposé.

RÉPONSE AUX NOTES SUR LES INSTRUCTIONS DU MARQUIS DE LA CHÉTARDIE. — PARIS, 14 AOUT 1739[4].

1. — Quels que soient les usages du cérémonial en France, ce n'est jamais une raison, pour les autres cours, de vouloir éta-

---

1. Ambassadeur de France en Suède.
2. Ambassadeur d'Espagne en Russie.
3. Ambassadeur de Pologne en Russie.
4. *A. E. Russie*, t. XXXI, fol. 200.

blir la parité. Chaque cour a son usage, et l'ambassadeur du Roi ne peut ni ne doit servir de planche pour les innovations.

En général, on doit prévoir que la cour de Russie ne cherchera pas à faire naître, dans ce moment-ci, de mauvaises difficultés.

En tout cas, s'il en survenoit quelqu'une sur laquelle M. de La Chétardie ne crût pas devoir passer, il en seroit quitte pour demeurer dans l'incognito jusqu'à ce qu'il eût reçu de nouveaux ordres.

Ceux revêtus des grandes charges ni les Knes ou princes du pays ne peuvent prétendre la première visite de la part de l'ambassadeur. En France même, les ambassadeurs étrangers ne l'accorderoient pas en cas pareil.

2. — Le cérémonial avec le duc et la duchesse de Curlande et leur famille et les prince et princesse de Hesse-Hombourg doit être le même qu'avec les princes de Meckelbourg, de Wurtemberg, de Hesse et autres de cette espèce dans l'Empire[1]. On peut le tirer de l'instruction donnée à M. de Fénelon quand il fut nommé pour la Hollande[2].

3. — M. de La Chétardie n'a qu'une simple visite à faire à la jeune princesse de Bevern, et point d'audience en forme à prendre, s'il n'y a aucun changement dans son état; et alors il n'y a point de compliment à faire : le prince de Bevern est dans la loi des autres princes de l'Empire.

A l'égard de la princesse Élisabeth, qui est princesse royale, cela ne souffre point de difficulté.

4. — On peut s'en remettre à la prudence de M. de La Chétardie sur les dépenses qu'il jugera nécessaires pour le service du Roi.

5. — La cour de Russie ne peut pas être étonnée que M. de La Chétardie n'ait, sur ce point, aucune instruction particulière, n'étant nous-mêmes informés que très superficiellement des conditions que voudroit la Czarine, hors sur Azoff : sur quoi seulement nous savons que l'on différoit pour l'étendue du territoire.

---

1. L'Empire allemand.
2. Le marquis de Fénelon fut ambassadeur de France en Hollande et ministre plénipotentiaire au congrès de Soissons (1728). Flassan, t. V, p. 53. Voyez ci-dessus, p. 263.

On pourroit donner à M. de La Chétardie le dernier état des choses proposées en Turquie. Je ne sais pas ce que l'on pense sur celles à appuyer ou à éloigner.

6. — M. de La Chétardie doit être fort mesuré dans ses correspondances ordinaires, n'y ayant nulle sûreté pour les lettres, à laquelle cependant, dans les occasions nécessaires, il faudra qu'il pourvoie avec soin.

7. — S'il étoit possible que M. de La Chétardie fît changer l'usage d'une garde, le Roi en seroit fort aise; le point principal est qu'il le puisse faire sans donner des défiances.

Si cela est impossible, il aura raison de comprendre cet article de dépenses dans l'état des dépenses extraordinaires auxquelles Sa Majesté voudra bien avoir égard.

AUTRES NOTES SUR LES INSTRUCTIONS. — PARIS, 15 AOÛT 1739 [1].

L'inconvénient d'aliéner peut-être les ministres étrangers ou de rendre plus suspecte une mission qui peut l'être déjà ne devient-il pas un motif à peser avec attention relativement *à la garde?*

Le cérémonial que Sa Majesté prescrit à ses ambassadeurs n'admettant, de leur part, de première visite à faire qu'aux princes souverains et héréditaires et point aux *princes cadets*, y a-t-il également, pour ceux-ci, une *différence de traitement, soit dans la manière d'écrire*, ou pour leur accorder ou non l'*Altesse*.

Le même cérémonial, réglé par Sa Majesté, portant qu'en lieu tiers, l'ambassadeur du Roi doit prendre la main sur tous les princes qui s'y rencontreront, ne seroit-ce point à lui, par la même raison, à faire l'*ouverture d'un bal de cérémonie* qui se donneroit? Une circonstance pareille forma un incident en Suède, et c'est aussi pourquoi l'on a cru devoir prévoir le cas.

Enfin, quelle méthode suivre lorsqu'à l'audience publique, et suivant l'usage pratiqué dans le Nord, l'ambassadeur présente

---

1. *A. E. Russie,* t. XXXI, fol. 202. Ces observations, comme les précédentes, sont du marquis de La Chétardie.

ceux qui composent son cortège? Ceux-ci doivent-ils baiser la main de la Czarine, ainsi qu'on est dans l'habitude de faire, ou ne seroit-il pas mieux qu'ils s'en dispensassent, afin de prévenir encore davantage la sensibilité ridicule à laquelle on s'abandonnera peut-être de ce que l'ambassadeur du Roi n'aura pas voulu faire ce que MM. de Liria et Wratislaw avoient fait?

LE MARQUIS DE LA CHÉTARDIE A M. AMELOT.

Paris, 16 août 1739 [1].

J'ai reçu ce matin les instructions, les lettres de créance et de recréance et les chiffres qui étoient joints à la lettre que vous m'avez fait l'honneur de m'écrire hier. La manière dont vous voulez bien vous expliquer, et sur la garde que je pourrois avoir en Russie, et sur les frais qu'en ce cas elle occasionneroit, m'assure autant des soins que vous aurez la bonté de prendre pour que cet objet ne retombe point à ma charge que de la conduite que j'aurai à observer sur cet usage particulier à la cour de Pétersbourg.

Les trois articles qui suivoient celui-là dans le mémoire que j'eus l'honneur de vous remettre, il y a quelques jours, demandant aussi que je sois guidé par vos ordres, j'espère, Monsieur, que vous me les ferez passer à cet égard par la même occasion.

Elle pourra encore servir pour la décision d'un point auquel la gazette arrivée avant-hier m'a fait penser. J'y ai lu que M. le marquis Botta[2] s'étoit couvert pendant toute son audience. Jugeriez-vous, Monsieur, cet exemple préférable à suivre, et devroit-il anéantir la galanterie que vous aviez imaginé pouvoir être faite à la Czarine en cette rencontre? Cette même audience de l'ambassadeur de l'Empereur, du détail de laquelle j'ai fait prendre une copie, préviendra, en partie du moins, les embarras que le cérémonial auroit pu faire naître.

Je me renferme, au surplus, dans ce que vous paroissiez désirer. Je partirai demain de bonne heure. M. le prince Cantémir[3], à qui je l'ai dit, n'a pu cacher la joie qu'il en ressentoit.

LA CHÉTARDIE.

---

1. *A. E. Russie*, t. XXXI, fol. 206.
2. Ambassadeur d'Autriche en Russie.
3. Ambassadeur de Russie en France. — Voyez ci-dessus, p. 339.

M. AMELOT AU MARQUIS DE LA CHÉTARDIE.

Fontainebleau, 11 octobre 1739[1].

Je réponds, Monsieur, à votre lettre du 29 du mois dernier. Quelque changement qui soit arrivé dans les affaires de Hongrie[2], cependant, comme vous deviez dans le commencement de votre mission vous borner principalement à écouter et à voir venir, cela en apporte peu dans vos instructions. Vous pensez seulement avec raison qu'il faut changer quelque chose dans le discours de première audience que vous aviez préparé. Je ne vous en renvoie point un projet en forme, et il suffit de vous marquer qu'un simple compliment sur la paix assurée avec la Porte depuis votre départ de France, et l'assurance que le Roi contribuera bien volontiers à tout ce qui pourra perfectionner cet ouvrage, doivent faire le fond de votre premier discours à la Czarine, et de vos conversations avec ses ministres.

A l'égard de la conduite qu'a tenue M. de Villeneuve[3], elle ne peut jamais faire la matière d'aucun reproche. Les propositions faites par les généraux de l'Empereur ont dû faire juger que ce prince croyoit la paix nécessaire. M. de Villeneuve a sans doute prévu et senti que la rupture de la négociation après des assurances aussi fortes et portées aussi loin, ne pourroit qu'être sujette à de très grands inconvénients pour le bien général de la chrétienté. C'est dans ces termes que vous pourrez vous expliquer, quand vous serez obligé de le faire : ce que cependant vous devez éviter autant que vous le pourrez sans affectation. Du reste, ce qui vient de se passer en Hongrie vous ouvre une nouvelle matière d'observations dans le pays où vous allez vous rendre. Il ne paroît pas en être né aucune mésintelligence entre les cours de Vienne et de Pétersbourg. Vous saurez mieux qu'un autre démêler quel fondement cette apparence peu vraisemblable peut avoir.

Les mouvements de guerre augmentant en Suède, depuis que vous avez vos instructions, donneront lieu de vous montrer plus d'inquiétude encore que l'on en avoit prévue. Il est tout naturel que vous paroissiez peu instruit d'abord sur ce point, et que vous vous chargiez de rendre compte au Roi de ce qui vous sera dit sur cette matière. Dans l'intervalle, si nous pouvons sur tout cela vous donner quelque point fixe de conduite, vous recevrez à Pétersbourg des instructions plus détaillées.

Je ne sais si vous avez été instruit des insinuations qui ont été faites à M. le cardinal de la part du duc de Biron et du comte de Munich pour lier une correspondance secrète. Son Éminence vous prie d'approfondir prudemment, quand vous serez sur les lieux, quel peut être le but de ces insinuations. Il semble par les discours que le duc de Biron a tenus à M. Nolken qu'on n'attend que votre arrivée pour vous communiquer des plans d'arrangement avec la Suède. La matière est extrêmement délicate. La Suède est irritée à l'excès de l'assassinat du baron de Sinclair[4]. Si la guerre entre les

---

1. *A. E. Russie*, t. XXXI, fol. 258.
2. Ou plutôt de Serbie : la défaite des Autrichiens à Krotchka, 22 juillet 1739.
3. Ambassadeur de France à Constantinople. Voy. ci-dessus, pp. 298, 326, 330.
4. Le major Sinclair, officier suédois, qui en 1739, au retour d'une mission à Constantinople, avait été assassiné en Saxe, près de Naumbourg, par des soldats russes; ses papiers avaient été enlevés sur le cadavre, les Russes croyant saisir ainsi la preuve de négociations pour une alliance entre la Suède et la Turquie. — Voy. A. VANDAL, *Une ambassade*, etc., pp. 349 et suiv.

Moscovites et les Turcs avoit continué, elle auroit certainement crié vengeance, et je ne répondrois pas que le changement que la paix apporte à la face des affaires puisse retenir son ressentiment. La Czarine n'ignore pas les dispositions des Suédois, et peut-être qu'elle consentiroit à quelque sacrifice pour les apaiser. En ce cas, et suivant la nature et l'étendue de ses offres, le Roi pourroit se porter pour médiateur. Mais vous jugez bien que ceci n'est encore qu'une simple idée, sur laquelle je ne fais pas moi-même beaucoup de fond. Vous devez donc vous renfermer à écouter ce qui vous sera dit. A l'égard des points du petit mémoire dont vous me parlez, il est presque impossible de vous donner des ordres précis, et qui ne vous embarrassent point. Vous avez l'exemple récent d'un ambassadeur de l'Empereur dont le traitement actif et passif aura porté sur les mêmes points de cérémonial que vous avez à remplir. La parité vous abrégera bien des difficultés, et est la meilleure instruction que je puisse vous donner... [1]

Pendant que le marquis de La Chétardie traversait la Prusse, la Pologne, la Courlande, les provinces baltiques de la Russie, reçu triomphalement dans toutes les villes depuis Riga à Pétersbourg, les événements se précipitaient en Orient. Les Russes, sous Lascy et Münich, avaient été victorieux des Turcs dans les campagnes de 1737, 1738 et 1739; les Autrichiens, au contraire, avaient presque toujours été battus : ils avaient été chassés de la Bosnie et de la Valachie, vaincus à Krotchka, assiégés dans Belgrade. Alors Villeneuve, notre ambassadeur auprès de la Porte, avait paru devant cette ville, décidé la garnison autrichienne à capituler, forcé ainsi l'Empereur à signer la paix séparée de Belgrade. Dès lors, la victoire de Münich à Stavoutchani, la même année, la prise de Khotin, le passage triomphal du Pruth, ne furent d'aucune utilité à la Russie. Abandonnée par l'Autriche, menacée par la Suède, elle fut obligée de céder à son tour. Et qui la Tsarine choisit-elle pour médiateur entre elle et les Turcs? Ce même marquis de Villeneuve. Par un traité signé également à Belgrade (21 septembre 1739), elle dut rendre toutes ses conquêtes, sauf Azof, mais à la condition d'en raser les fortifications, de démolir même celles de la ville de Taganrog, de renoncer à avoir une flotte sur la mer Noire. « Que les Turcs rendent grâce à Mahomet et au marquis de Villeneuve ! » s'écriait Münich dans son dépit.

En reconnaissance d'une médiation qui, après tout, le tirait d'une situation difficile, Anna Ivanovna offrait à Villeneuve une somme considérable, que le Roi ne lui permit pas d'accepter, puis lui conférait la croix de Saint-André. Le prince Kantémir écrivait de Paris pour mettre sa cour en garde contre un excès de confiance : « La Russie étant la seule puissance qui puisse contre-balancer celle de la France, celle-ci ne perdra jamais l'occasion de diminuer une force qui lui est contraire. »

---

1. M. de Suhm au roi de Prusse. — *Soc. imp. d'hist. de Russie*, t. XX, p. 119.

La diplomatie française triomphait sur toute la ligne : elle avait puni les coalisés de la guerre de Pologne, ébranlé le traité austro-russe de 1726, montré à la Russie dans l'Autriche, suivant l'expression de Münich, « une alliée infidèle ou une alliée impuissante »; elle faisait renouveler, le 19 juillet 1740, l'alliance entre la Suède et la Turquie, qui était une garantie de l'intégrité polonaise ; elle profitait des services rendus par Villeneuve pour obtenir de la Porte de nouveaux privilèges pour notre commerce ; elle avait démontré que le Roi pouvait atteindre, même très loin, ses ennemis.

C'est sous de si favorables auspices que s'ouvrait l'ambassade de La Chétardie. Il arrivait à Pétersbourg à la fin de décembre 1739. L'audience que lui accorda l'Impératrice en janvier est restée célèbre par la courtoisie élégante et altière qu'il y montra et qu'admirèrent les Russes. Au sortir de l'audience, il alla faire visite à Élisabeth, à laquelle se rattachaient toutes les espérances du parti russe, puis à Anna Léopoldovna de Mecklembourg, la nouvelle duchesse de Brunswick-Bevern.

Pourtant les commencements de cette mission furent pénibles : dans cette cour tout allemande, encore toute dévouée à l'Autriche, l'ambassadeur de France n'était point en faveur. Ses relations avec Élisabeth l'avaient rendu suspect, et l'aristocratie obéissait évidemment à un mot d'ordre en déclinant ses invitations à de fastueuses réceptions. Il s'en plaignait en ces termes au cardinal et à M. Amelot :

LE MARQUIS DE LA CHÉTARDIE AU CARDINAL FLEURY.

Pétersbourg, 1ᵉʳ mars 1740 [1].

Monseigneur,

Ma reconnoissance est si vive qu'elle justifie à tous égards l'empressement que j'ai de vous remercier de la bonté avec laquelle, dans la lettre du 13 janvier dernier dont Votre Éminence m'a honoré, elle daigne prendre part à ma santé. Si elle n'a point souffert des fatigues d'un voyage qu'il faut avoir fait pour en connoître toutes les incommodités, je pourrois craindre qu'elle ne se ressentît à la longue de la solitude forcée et peu décente pour mon caractère[2] à laquelle je suis assujetti. Plus, en effet, je sais me livrer avec plaisir, depuis cinq heures du matin jusqu'à midi, aux devoirs qui intéressent le service du Roi et qui me fixent dans mon cabinet, plus je m'y consacre le soir pendant quelques heures encore avec la même satisfaction, et plus il sembleroit nécessaire de retrouver dans le reste de la journée ces délassements que fournit le commerce des hommes. Mais, loin que les attentions extérieures, conformes à ce que M. le prince Cantémir a dit à Votre Éminence que j'éprouve à la cour, aient animé jusqu'ici la société, je n'ai pu, ni à la faveur de cette considération, ni en

1. *A. E. Russie*, t. XXXII, fol. 60.
2. Caractère diplomatique.

employant toutes sortes de politesses, ni avec le secours d'une table de quatorze couverts servie le matin tous les jours également et j'ose dire décemment, vaincre les préjugés et les usages, ou naturels ou de contrainte, qui subsistent vraisemblablement dans ce pays-ci. Je ne me rebuterai point; j'en ferai encore davantage s'il est possible, et je me tiendrai récompensé de mes peines si, en ne négligeant rien pour plaire, je puis prouver aux uns et aux autres combien je désire leur rendre ma maison agréable et contribuer à cette dissipation honnête qu'ils doivent souhaiter autant que moi...

LE MARQUIS DE LA CHÉTARDIE A M. AMELOT.

Même date.

« ... Il seroit fâcheux après cela de succomber sous le poids d'une solitude d'autant plus insoutenable qu'il n'est pas possible de se promener pendant huit ou neuf mois de l'année... Elle me paroît, je l'avoue, poussé trop loin, peu séante même au caractère dont je suis revêtu; et, sans vouloir me plaindre, je crois pouvoir dire qu'il n'y a peut-être pas d'exemple qu'un ambassadeur qui n'y donne pas occasion, ou en manquant d'égards, ou par une misanthropie déplacée, ou enfin par une avarice sordide, ait été réduit dans l'instant de son arrivée à passer deux mois seul dans son cabinet, si j'en excepte les moments où j'ai été à la cour, ceux où j'ai rempli scrupuleusement quelque devoir de bienséance et ceux où les ministres étrangers sont venus librement dîner chez moi ou ont cherché à m'attirer chez eux... »

La Chétardie s'en plaignit amèrement à Ostermann, et alors, évidemment sur un ordre du gouvernement, les visiteurs affluèrent à l'hôtel de l'ambassade.

La cour n'en restait pas moins du parti de nos rivaux : c'étaient Finch et Botta, les ambassadeurs d'Angleterre et d'Autriche, qui seuls avaient l'oreille de la Tsarine et de ses ministres. Le premier venait d'obtenir un traité d'alliance, à la condition de garantir la succession de la maison de Brunswick en Russie; le second se croyait assuré, en cas de conflit européen, du concours de la Tsarine pour assurer l'exécution de la Pragmatique sanction de Charles VI et garantir à sa fille Marie-Thérèse le trône impérial.

Quelque temps après (17/28 octobre 1740), la Tsarine Anna Ivanovna mourait, laissant la régence à son favori Biren, à l'exclusion du duc et de la duchesse de Brunswick, bien qu'ils fussent le père et la mère de l'Empereur nouveau-né Ivan VI[1].

1. Il était né le 13 (24) août de cette même année. — Voyez son portrait d'Empereur au berceau dans *Portraits russes tirés de la Collection de M. Ghennadi* (texte russe et français). Moscou, 1866.

Le duc et la duchesse supportaient impatiemment l'arrogante tutelle du régent. Ils s'entendirent avec le feld-maréchal Münich. Celui-ci, par un coup de main militaire, dans la nuit du 8/19 novembre 1740, enleva Biren, qui fut expédié à Pélim en Sibérie. C'est à ces deux situations nouvelles, créées coup sur coup par la mort de la Tsarine et la chute de Biren, que se rapportent les deux instructions suivantes adressées à La Chétardie :

LE ROI AU MARQUIS DE LA CHÉTARDIE.

Versailles, 11 décembre 1740 [1].

J'ai vu, par votre dépêche du 29 octobre et par les lettres particulières que vous avez écrites ce même jour et depuis, les différentes circonstances qui ont précédé ou suivi la mort de la Czarine. La nouvelle de cette mort et de l'avènement de son successeur à la couronne m'a depuis été notifiée par une lettre du jeune Czar qui m'a été remise par le prince de Cantémir, son ambassadeur, et je vous envoie ma réponse à cette lettre de notification, afin que vous la présentiez pareillement à ce prince dans une audience particulière et que vous devez accompagner des assurances convenables sur le désir que j'ai d'entretenir une parfaite correspondance avec la Russie.

Vous avez bien jugé que le décès de la Czarine, auprès de qui je vous avois revêtu du caractère de mon ambassadeur extraordinaire, a fait cesser en votre personne le caractère public. Ainsi je ne puis que louer l'attention scrupuleuse que vous avez eue de ne faire, depuis la mort de cette princesse, aucune fonction d'ambassadeur et de vous contenter d'envoyer des gentilshommes aux princesses de la famille du Czar, pour leur témoigner vos sentiments en cette circonstance, et les prévenir sur les raisons qui ne vous permettoient pas d'aller vous-même leur faire les compliments usités en pareille occasion. Mais, comme il convient à mon service que vous soyez de nouveau autorisé à la cour de Pétersbourg pour y traiter les affaires dont je jugerai à propos de vous charger et que le cérémonial de cette cour pourra devenir difficile à concilier avec le caractère de ministre du premier ordre[2], je vous envoie de nouvelles lettres de créance avec le titre de ministre plénipotentiaire; et vous les présenterez au Czar en même temps que ma réponse à la lettre que j'ai reçue de sa part pour me notifier son avènement au trône. Je suis persuadé qu'étant débarrassé de la contrainte qu'exige souvent le cérémonial dû au caractère public d'ambassadeur, vous n'en serez que plus en état de me servir utilement; et l'entière satisfaction que j'ai de la conduite que vous avez tenue pendant l'ambassade que je vous avois confiée me fait estimer superflu de vous exhorter à redoubler, s'il est possible, de zèle et d'activité sur tout ce qui peut faire l'objet de vos soins auprès d'un gouvernement qui peut avoir une influence principale dans le nouveau système que l'élection prochaine d'un nouvel Empereur[3] doit vraisemblablement occasionner entre les grandes puissances.

1. *A. E. Russie*, t. XXXIV, fol. 31.
2. C'est-à-dire d'ambassadeur.
3. L'Empereur allemand Charles VI était mort le 20 octobre 1740, et la guerre de la succession d'Autriche allait s'ouvrir.

Comme il y a plusieurs exemples récents de ministres plénipotentiaires résidant à la cour de Russie et même qu'en dernier lieu le marquis Botta, ministre du feu Empereur, s'est réduit à cette simple qualité après avoir abdiqué le caractère d'ambassadeur de ce prince, je suis persuadé que ces exemples ont déjà établi des usages auxquels vous pouvez vous conformer dans les traitements que vous pourrez donner et prétendre comme ministre plénipotentiaire de ma part. Ainsi je ne puis à cet égard que m'en rapporter à votre prudence et à votre bon jugement, étant bien persuadé que vous saurez toujours éluder de vous prêter à des condescendances qui pourroient, avec juste raison, paroître indécentes en la personne d'un ministre revêtu de la qualité de mon ministre plénipotentiaire. Continuez au reste à rendre compte, avec votre exactitude ordinaire, de tout ce qui pourra venir à votre connoissance qui vous paroîtra mériter quelque attention.

Cette dépêche étoit sur le point de partir, par le retour du courrier que vous m'avez dépêché sur la mort de la Czarine, lorsqu'un second courrier est arrivé avec vos lettres du 21 du mois dernier. Je vois, par ce qu'elles contiennent, que les dispositions que cette princesse avoit faites pour assurer la fortune du duc de Curlande en le déclarant régent pendant la minorité du jeune Czar ont été totalement renversées par la résolution, prise et exécutée par le général Münich, de le faire arrêter et conduire au loin de même que toute sa famille : ce qui a été immédiatement suivi de la reconnoissance de la princesse Anne en qualité de grande-princesse de Russie et de régente du royaume pendant la minorité du Czar son fils. Il ne paroissoit pas naturel que le duc de Curlande pût se conserver longtemps dans cette place. Les applaudissements que la princesse Anne avoit reçus, de s'être d'abord emparée de la personne du jeune Czar son fils; les discours publics des soldats de la garde, ne dissimulant pas qu'ils n'attendoient pour se porter à un éclat que d'avoir rendu à la Czarine les devoirs de la sépulture; enfin les emprisonnements et autres châtiments plus sévères employés dans les premiers jours de cette régence pour arrêter les effets du mécontentement général de tous les ordres de l'État, annonçoient visiblement les oppositions que le duc de Curlande auroit à éprouver dans l'exercice de l'autorité dont il avoit osé se revêtir, et la catastrophe dont il étoit menacé. Vous avez parfaitement bien fait de me faire parvenir promptement la nouvelle d'un événement qui fait un aussi grand changement dans la cour où vous êtes. Il aplanit les principales difficultés que vous auriez pu rencontrer dans votre cérémonial par l'impossibilité où vous vous seriez trouvé d'admettre les titres que le duc de Curlande s'étoit arrogés et de lui rendre les honneurs extraordinaires qu'il auroit sans doute continué d'exiger comme dus au régent de la monarchie. Il avoit déjà changé, dans la lettre qu'il m'avoit écrite pour me donner part de sa régence, la formule que les ducs de Curlande ses prédécesseurs et lui-même avoient constamment suivie depuis un temps immémorial dans leurs précédentes lettres : ce qui m'avoit déterminé à ne point recevoir cette lettre, que le prince de Cantémir avoit eu ordre de me présenter en même temps que celle du Czar sur son avènement à la couronne. Enfin l'ambition démesurée qui l'avoit porté à s'égaler même aux princesses de la maison régnante, dans la manière de porter le deuil et dans d'autres circonstances pareillement essentielles, vous auroit tous les jours exposé à de nouvelles prétentions et à des innovations dans le cérémonial en sa personne, qui, ne pouvant être admises, auroient vraisemblablement apporté des obstacles insurmontables à un plus long séjour de votre part dans cette cour. Les choses, au moyen de cette révolution dans la régence, viennent d'y être mises dans l'ordre qui paroît le plus conforme à la nature et à la raison, puisque c'est à la princesse mère du jeune Czar que la tutelle de sa personne et le gouvernement de sa monarchie ont été confiés; et, comme la princesse Élisabeth, fille du feu Czar Pierre Ier, ne fait elle-même aucune difficulté de lui céder, avec toute l'autorité dans l'administration des affaires, la préséance au-dessus d'elle, j'approuverai que, dans les audiences que vous aurez de cette princesse régente, vous observiez entièrement le même cérémonial que pour celles de la princesse Élisabeth. Vous avez déjà suivi cette règle pendant le cours de votre ambassade, par déférence à ce que la Czarine la considéroit et vouloit qu'elle fût considérée comme sa propre fille. Elle n'étoit alors que la mère du présomptif héritier de la couronne; elle est actuellement la mère du Czar régnant. La comparaison de ces deux qualités en sa personne, loin de devoir attirer aucune diminution dans les honneurs qui lui ont été faits, pourroit au contraire être un motif de les augmenter. Vous témoignerez au reste à cette princesse, dans la première audience qu'elle vous donnera, que j'ai pris tout l'intérêt qu'elle pouvoit désirer aux différentes situations où elle s'est trouvée depuis la mort de la Czarine jusqu'au moment de sa reconnoissance comme régente de la Russie pendant la minorité du Czar son fils, et que je me porterai avec plaisir en toutes occasions à lui en donner des marques. Vous saurez aussi employer les expressions les plus convenables pour exprimer à la princesse Élisabeth les sentiments que j'ai pour elle.

M. AMELOT AU MARQUIS DE LA CHÉTARDIE.

Versailles, 18 décembre 1740 [1].

Je vous ai promis, Monsieur, un tableau de la situation des affaires générales. Mais plus je considère la face de l'Europe, moins je puis encore asseoir un jugement certain, non seulement sur les changements qu'y peuvent opérer deux aussi grands événements que la mort de l'Empereur et celle de la Czarine, mais même sur les dispositions et la conduite des différentes cours qui peuvent y influer.

Ainsi je n'entrerai point aujourd'hui avec vous dans un détail qui ne rouleroit que sur de simples conjectures, dont vous tireriez peu d'instruction. Je vous dirai seulement que la conduite et les discours du roi de Prusse[2] sont jusqu'à présent un mystère inexplicable. Il a reconnu l'archiduchesse pour reine de Bohême et de Hongrie et héritière universelle du feu Empereur; il a fait assurer en Hollande et en Angleterre qu'il maintiendroit fidèlement les engagements qu'il a pris pour la garantie de la Pragmatique sanction, et, en même temps, il a fait marcher vingt-cinq mille hommes du côté de la Silésie, dont on prétend qu'il veut s'emparer. Ce prince, depuis qu'il est sur le trône, n'a pris conseil que de lui-même, et

1. *A. E. Russie*, t. XXXIV, fol. 355.
2. Frédéric II, qui venait de succéder à son père le 31 mai 1740.

personne ne peut pénétrer ses vues. Tout ce qu'on peut juger jusqu'à présent, c'est que, sans trop consulter les règles de justice, il paroît d'humeur à ne pas faire scrupule de profiter des conjonctures pour son intérêt particulier ; et je crois que si la Suède se détermine jamais à faire quelque entreprise sur la Moscovie, elle doit bien prendre ces précautions pour s'assurer du roi de Prusse, qui pourroit être tenté du reste de la Poméranie.

Mais je ne crois pas que ce soit dans le moment présent que la Suède veuille suivre son projet. La révolution qui vient d'arriver à Pétersbourg, paroît avoir mis le gouvernement dans une consistance qu'il est difficile d'ébranler. Je ne vois pas même que le moment présent soit propre à entamer aucune négociation. Ainsi toute votre attention doit se borner à être bien instruit de ce qui se passe et de la disposition des esprits, d'éviter avec tout le soin possible tout ce qui pourroit vous rendre suspect et d'avertir exactement M. le comte de Saint-Séverin de tout ce qui pourra venir à votre connoissance.

M. le prince de Cantémir a reçu ces jours-ci un courrier qui lui a remis des lettres de la princesse Anne et du Czar qu'il pourra présenter au Roi mardi prochain. La lettre du Czar est contresigné par le comte de Münich, qui remplit apparemment la place de M. d'Ostermann[1].

Münich n'eut pas à contresigner beaucoup d'autres lettres. Le duc et la duchesse trouvèrent moyen de se débarrasser de lui : en l'abreuvant d'humiliations, ils l'amenèrent à donner sa démission du poste de premier ministre. Puis le duc et la duchesse conspirèrent l'un contre l'autre, et créèrent ainsi deux partis dans l'oligarchie allemande. Ces divisions, cet énervement d'un pouvoir si redoutable au temps d'Anna Ivanovna, favorisèrent les hardis projets d'Élisabeth. Fille de Pierre le Grand, elle était la seule héritière légitime, aux yeux des Russes, de ce pouvoir que se disputaient les étrangers. Dans la nuit du 6 au 7 décembre 1741[2], elle accomplit une nouvelle révolution : elle se rendit aux casernes, enleva les soldats, et, à leur tête, pénétra dans le palais, où le duc, la duchesse et le jeune Empereur au berceau furent faits prisonniers. Ainsi fut brisée la *domination des Allemands*[3].

1. Ostermann avait cédé à Münich la place de *premier ministre* et, en échange, avait reçu la dignité de grand amiral. — Anna Léopoldovna nommait un chancelier, Alexis Mikhaïlovitch Tcherkaski, et un vice-chancelier, Michel Gavrilovitch Golovkine. — Ostermann n'en gardait pas moins la direction effective des affaires.
2. Du 25 au 26 novembre, style russe.
3. Voir le récit de cette révolution notamment dans *la Cour de Russie il y a cent ans*, dans les *Mémoires* de Manstein, dans la correspondance de La Chétardie et dans l'*Extrait du journal du sieur Morambert, A. E. Russie, Mémoires et documents*, t. Ier, pièce 12 *bis*, fol. 192. Voici ce que raconte Morambert :
« Pendant la révolution, M. de La Chétardie étoit fort agité. Il prévoyoit que si l'affaire venoit à manquer, il étoit perdu et qu'il couroit risque de la vie, ainsi que toute sa maison. Il regardoit, caché derrière un rideau, ce qui se passoit dans la rue ; il avoit ordonné que toute sa maison fût sur pied, sans lumière, et que les portes de son hôtel fussent fermées. A peine l'affaire fut-elle terminée qu'il les fit ouvrir. Il sortit et fut complimenter Sa Majesté Impériale. En revenant, il fut suivi jusqu'à son hôtel de nombre de soldats et de grenadiers qui l'appeloient leur père, le protecteur et le

La Chétardie, qui avait contribué à cette révolution, par ses conseils, ses encouragements, ses subsides, se trouva le héros du jour, le favori de la nouvelle Impératrice, de la cour et de la nation.

La cour de France avait poussé son ambassadeur d'autant plus résolument dans cette voie que la guerre de la succession d'Autriche venait de s'ouvrir par l'invasion du roi de Prusse en Silésie[1] et par l'entrée des Français et des Bavarois dans les États autrichiens[2]. Il s'agissait de savoir pour qui serait la Russie et si elle se croirait encore liée par le traité de 1726. L'avènement d'Élisabeth et la chute de la coterie allemande semblaient trancher la question en notre faveur. Un des premiers mots que dit à La Chétardie la nouvelle Impératrice fut celui-ci, à propos de Botta, l'ambassadeur d'Autriche: « Il ne peut que me trouver très disposé à lui donner 30 000 hommes! » Une des premières lettres qu'elle écrivit ce fut au roi Louis XV, du 9 décembre 1741 (28 novembre, style russe):

« Nous ne doutons nullement, notre très cher frère et véritable ami, que non seulement Votre Majesté, suivant l'amitié qu'elle a entretenue avec nos augustes ancêtres, apprendra avec plaisir la nouvelle de ce changement heureux et avantageux pour notre Empire, mais qu'elle aura la même intention et volonté que nous avons à l'égard de tout ce qui peut servir à la conservation constante et inviolable et au plus grand affermissement de l'amitié qui subsiste heureusement entre les deux cours. Car, de notre côté, nous en aurons pendant notre règne un soin particulier, et nous profiterons avec plaisir de toutes les occasions pour convaincre de plus en plus Votre Majesté de cette véritable et inaltérable intention. »

Malheureusement un des moyens que la cour de France avait mis en œuvre pour ébranler la dynastie allemande de Russie et aider à la révolution intérieure avait été d'encourager la Suède à revendiquer les provinces conquises sur elle par Pierre le Grand. Or le renversement de la maison de Brunswick ne changeait rien à la situation respective des deux pays : la Suède ne renonçait point à ses prétentions; Élisabeth, la fille de Pierre le Grand, pouvait bien moins encore que cette famille étrangère abandonner les conquêtes de son père. Dès le lendemain de la révolution, La Chétardie avait pris sur lui d'envoyer à Levenhaupt, général de l'armée suédoise, le chevalier de Crespy pour l'inviter à susprendre ses opérations. Il excusait cette démarche auprès de sa cour en alléguant que la Russie, par le fait même de

---

restaurateur du sang de l'Empereur Pierre. Il leur fit distribuer de l'eau-de-vie et de l'argent. » Il avait prêté à Élisabeth deux mille ducats pour l'aider dans son entreprise.

1. Le 23 décembre 1740; occupation de Breslau, 1er janvier; bataille de Molwitz, 10 avril 1741.

2. Entrée à Passau, le 31 août; prise de Prague, 25 novembre 1741; l'électeur de Bavière y est proclamé roi de Bohême le 19 décembre.

cette révolution, avait acquis une grande force et que si la Suède continuait la guerre, elle serait infailliblement battue. La dépêche suivante de M. Amelot montre à quel point l'ardent diplomate s'était mépris sur les intentions de son gouvernement :

M. AMELOT AU MARQUIS DE LA CHÉTARDIE. — VERSAILLES, 15 JANVIER 1742[1].

J'ai attendu, Monsieur, que je pusse vous renvoyer votre courrier pour répondre à ce qu'il y a de plus intéressant dans vos dépêches depuis l'événement qui a placé la princesse Élisabeth sur le trône, c'est-à-dire aux articles qui concernent la Suède.

J'ai été fort surpris que dès le lendemain de cette révolution vous vous soyez déterminé à écrire au comte de Lewenhaupt[2] pour suspendre sa marche, et je l'ai été encore bien plus que vous ayez voulu prendre sur vous tout ce qui en pouvoit arriver. Je ne puis concilier cette conduite de votre part avec les connoissances que vous avez des vues de Sa Majesté, et ce que vous m'avez continuellement mandé du mauvais état de l'armée moscovite, qui avoit même manqué du pur nécessaire et que vous regardiez comme sûrement battue dès que les Suédois se porteroient en force. Vous en preniez à témoin tous les généraux s'ils avoient osé parler. Toutes vos lettres ne sont remplies que de ce qui peut caractériser la foiblesse du gouvernement russien, qui n'en a imposé jusqu'à présent aux étrangers que par une ostentation au dehors qui a servi à cacher des vices intérieurs. Comment se peut-il faire que tout soit changé en vingt-quatre heures et que les Russes soient devenus si formidables qu'il n'y ait plus de salut pour les Suédois que dans la bonté de la Czarine, qui pourroit les exterminer?

Le Roi pense, Monsieur, tout différemment; et il y a bien plus d'apparence que l'empressement que la Czarine a eu d'employer votre autorité pour arrêter le comte de Lewenhaupt a été plutôt fondé sur la crainte que lui a inspirée le bruit de la marche

1. *A. E. Russie*, t. XXXIX, fol. 37.
2. Général de l'armée suédoise.

de ce général que sur l'envie de plaire au Roi et de ménager une nation amie de la France. Je ne puis imaginer le motif qui a pu vous engager à une démarche aussi périlleuse que celle à laquelle vous vous êtes prêté, si ce n'est que le récit que vous a fait le chevalier de Crespy[1] du mauvais état de l'armée suédoise vous aura jeté dans l'erreur. Mais ce récit est prodigieusement exagéré et même faux dans les points les plus essentiels ; le chevalier de Crespy, bien intentionné par lui-même, a été trompé le premier par les discours des mécontents et des ennemis du comte de Lewenhaupt. L'armée suédoise n'est point en mauvais état ; il y a des malades, mais en petit nombre ; les vivres n'y manquent point ; il y a des magasins à portée, outre le magasin général qui est à Frédériksham, et d'ailleurs les Suédois sont accoutumés à se contenter de peu. Je ne sais pas où le chevalier de Crespy a pu prendre que l'armée suédoise ne seroit que de 14 000 hommes au printemps prochain ; il ignore apparemment qu'il y a deux mois que le pied des troupes a été doublé, et que la Suède a présentement plus de 80 000 hommes de troupes réglées[2].

Mais je suppose que tout ce que vous a dit le chevalier de Crespy fût vrai : vous n'auriez jamais dû prendre sur vous d'arrêter le comte de Lewenhaupt, dès que la Czarine refusoit de lui donner les sûretés qu'il avoit demandées, et il vaudroit mieux que l'armée suédoise ayant suivi sa pointe eût été battue à plate couture ; la faute du général n'auroit pas retombée sur le ministère qui n'auroit pas eu le temps de révoquer les ordres qu'il lui avoit donnés. La paix ne s'en seroit pas moins faite et tout aussi avantageuse que vous la faites espérer aujourd'hui, puisque vous ne faites seulement pas entrevoir que la Czarine veuille rien relâcher, et la Suède n'auroit rien eu à nous imputer. Si au contraire l'entreprise du comte de Lewenhaupt avoit réussi, et qu'il eût remporté quelque avantage, la Czarine se seroit crue trop heureuse que le Roi eût voulu lui procurer la paix, Sa Majesté auroit été la maîtresse des conditions, et la

1. Chargé par La Chétardie de la démarche dont il a été question ci-dessus à l'armée suédoise.
2. La Suède ne put opposer, en réalité, que vingt-cinq mille hommes aux Russes. Avant même l'avènement d'Élisabeth, les généraux russes, Keith et Lascy, avaient pénétré en Finlande, battu les Suédois à Willmanstrand et enlevé la ville d'assaut.

Russie lui auroit tenu compte d'avoir su modérer les Suédois.

Je ne vous dissimulerai point que toute la nation suédoise est irritée à l'excès et qu'elle ne doute point que le Roi n'ait voulu la sacrifier. Vous en pourrez juger par ce que vous a mandé M. de Lanmary[1] qui ne vous a rien exagéré.

Le compliment que les grenadiers vous sont venus faire[2] et que malheureusement vous n'avez pu éviter, ne l'ayant pas prévu, met à découvert la part que vous avez eue à la révolution et va encore fortifier les soupçons de la Suède sur votre partialité.

J'expédie aujourd'hui un courrier à Stockholm pour tâcher d'y calmer les esprits et d'y faire connoître, comme il est vrai, que le changement de domination en Russie n'en a point apporté aux sentiments du Roi pour la Suède ni aux intérêts de la France; et, en effet, le Roi n'a jamais désiré la révolution que comme un moyen qui pouvoit faciliter l'entreprise des Suédois; et, si elle produisoit l'effet contraire, on devroit regretter toutes les peines qu'on a prises pour la hâter. J'ajoute à M. de Lanmary que, bien loin de suspendre les opérations militaires, la Suède doit les pousser avec la plus grande vigueur, jusqu'à ce qu'elle ait obtenu les places de sûreté que le comte de Lewenhaupt a demandées; après quoi on pourra travailler à la paix.

Ce n'est pas que le Roi veuille aucun mal à la Czarine : ses grandes qualités ne peuvent qu'inspirer de l'estime et le désir d'entretenir avec elle une bonne intelligence; mais l'honneur du Roi est engagé à soutenir les Suédois dans la guerre qu'ils ont entreprise, et à leur procurer du moins une partie des sûretés et des avantages dont ils se sont flattés; et, quand les promesses que Sa Majesté leur a faites ne seroient pas aussi précises qu'elles le sont, l'engagement que vous avez pris en répondant de l'événement oblige encore plus Sa Majesté à ne pas permettre que les Suédois soient frustrés de l'effet de votre parole : sans quoi, ils croiroient avec raison qu'on n'a cherché qu'à les jouer.

---

1. Le marquis de Lanmary, ambassadeur du Roi en Suède (de 1741 à 1749), venait de succéder au comte de Saint-Séverin, avec une *Instruction* du 3 octobre 1741. A. Geffroy, *Instructions, Suède*, pp. 351 et suiv.
2. La Chétardie avait écrit que les officiers de service lui baisaient la main en l'appelant leur père et que les soldats aux gardes s'étaient rendus en corps à son hôtel pour le complimenter. — Voyez ci-dessus, p. 367, le témoignage de Morambert.

Je vous dirai de plus que, si la guerre continue, les Suédois ne seront pas sans alliés, et que la Czarine reconnoîtra peut-être trop tard qu'elle a trop méprisé son ennemi.

Vous jugez aisément par tout ce que je viens de vous dire que vous vous êtes aussi trop pressé de vouloir changer la conduite de M. de Castellane[1]; et, dès que j'ai vu ce que vous lui avez mandé, je lui ai écrit sur-le-champ pour qu'il eût à se tenir dans les mêmes errements. Mais j'appréhende beaucoup qu'ayant reçu votre lettre avant la mienne, il ne se soit mis hors d'état de travailler aussi utilement qu'il eût pu le faire s'il eût toujours suivi le même système.

Quant au jeune duc de Holstein[2], il est fort heureux que la Czarine n'ait pas goûté l'expédient que vous lui avez proposé de le faire venir en France pour que le Roi pût le renvoyer sur ses vaisseaux à Pétersbourg[3], Sa Majesté n'étant nullement disposée à s'en charger. Mais, à cette occasion, je ne puis m'empêcher de faire une réflexion sur l'impatience que la Czarine témoigne d'avoir auprès d'elle ce neveu qu'elle chérit si tendrement. Il est appelé à la couronne préférablement à elle par le testament de Pierre Ier. Et n'est-il point à craindre que ce prince ne soit quelque jour l'occasion d'une nouvelle révolution? C'est à la Czarine plutôt qu'à nous à prévoir les inconvénients qui peuvent naître de montrer aux Russes leur légitime souverain.

Je n'ai plus qu'un mot à vous ajouter sur la confiance totale dont la Czarine vous honore. Rien n'est plus flatteur pour vous et en même temps plus désirable pour le service du Roi; mais

---

1. Le marquis de Villeneuve était parti de Constantinople le 9 mars 1741. Il eut pour successeur à l'ambassade Michel-Ange, comte de Castellane, qui s'y maintint jusqu'au printemps de 1748. — SAINT-PRIEST, *Mémoires sur l'ambassade de France en Turquie*, pp. 263 et suiv.

2. Fils de Charles-Frédéric de Holstein-Gottorp et d'Anna Pétrovna, neveu d'Élisabeth : c'est le futur empereur Pierre III.

3. La Chétardie s'était évidemment mêlé de beaucoup de choses qui ne le regardaient pas. N'avait-il pas été jusqu'à proposer, à mots couverts, de se débarrasser du petit Empereur Ivan VI? Il avait dit à Élisabeth : « On ne saurait opposer trop de moyens pour effacer jusqu'aux traces du règne d'Ivan VI; c'est même par ce seul expédient qu'on garantira la Russie, dans un temps ou dans un autre, des malheurs que les circonstances pourraient occasionner et que l'exemple des faux Démétrius doit encore faire plus appréhender dans ce pays-ci. » VANDAL, *Louis XV et Élisabeth*, p. 160. — Élisabeth se contenta de faire enfermer Ivan dans la forteresse de Schlüsselbourg, où il devait languir vingt-trois ans. Ses parents furent internés à Kholmogory, sur la mer Blanche.

vous devez bien prendre garde d'exciter par là trop de jalousie parmi les ministres ; et, quand ce ne seroit que pour remplir les bienséances, vous devriez au moins quelquefois travailler avec eux et paroître faire passer par leur canal ce que vous voudriez faire parvenir à la Czarine.

Je n'ai pas besoin de vous dire que le contenu de cette lettre n'est que pour vous seul et pour votre instruction particulière. Il est essentiel que nous nous rendions maîtres de la paix qui doit se faire entre la Russie et la Suède, et Sa Majesté n'hésitera pas d'accepter la médiation que la Czarine demande, aussitôt que M. le prince de Cantémir aura présenté les lettres dont il est chargé. Il est donc de la plus grande importance que la Czarine n'ait aucune méfiance de nous, et qu'elle soit toujours de plus en plus persuadée des bonnes intentions du Roi. Cependant, comme il ne faut pas qu'elle se flatte trop sur les conditions de la paix, et qu'après tout ce que vous avez fait et dit vous ne pourriez tenir un langage différent sans y être autorisé, je joins ici une seconde lettre, ostensible, dont vous pourrez faire usage.

M. le Cardinal approuve votre idée sur la pension que vous estimeriez convenable d'accorder à madame.....[1] au cas que les vues qu'on a sur M. de Bestucheff se réalisent, comme aussi pour le présent à faire au confident[2], puisque la place qu'il doit occuper le met à portée de vous être utile. Il ne reste plus qu'à savoir à combien vous estimez que la pension doive monter et le présent. C'est ce que je vous prie de me mander au plus tôt.

M. AMELOT AU MARQUIS DE LA CHÉTARDIE.

Versailles, 15 janvier 1742[3].

Je vous enverrai, Monsieur, les nouvelles lettres de créance dont vous avez besoin pour reprendre auprès de la Czarine le caractère d'ambassa-

1. Une princesse Dolgorouki. Voyez *A. E. Russie*, t. XXXVIII, fol. 53, 208, 364, t. XXIX, fol. 111.
2. C'est ainsi que La Chétardie, dans sa correspondance, désigne le chirurgien Lestocq, un des auteurs de la révolution de 1741. Il reçut une pension de 15 000 ducats.
3. *A. E. Russie*, t. XXXIX, fol. 13. — C'est la « seconde lettre ostensible » dont il est question plus haut.

deur extraordinaire dont elle a désiré que vous fussiez revêtu. Sa Majesté souhaite trop sincèrement entretenir une union parfaite avec cette princesse pour ne pas se prêter en toute occasion à ce qui pourra lui être agréable. Elle a montré le plus grand courage lorsqu'il a été question de reprendre le trône qui lui étoit dû[1], et son avènement a été marquée par la plus grande sagesse dans les ordres qu'elle a donnés dès le jour même pour suspendre toute hostilité contre les Suédois et en comblant de ses libéralités le *prisonnier* auquel elle a rendu sur-le-champ la liberté[2]. La Suède aura certainement été touchée d'un procédé aussi généreux, et, ayant constamment travaillé à délivrer cette princesse de l'oppression où elle gémissoit, elle se saura toujours un gré infini d'avoir pu contribuer à son élévation.

Vous n'ignorez pas cependant que le but de la Suède, dans la guerre qu'elle a entreprise contre la Russie, ne se bornoit pas à se faire raison des injustices et des injures atroces qu'elle en avoit reçues sous l'ancien gouvernement. Si elle n'avoit point eu d'autres vues, elle seroit aujourd'hui suffisamment vengée par la punition de tous les auteurs de ses maux. Mais, outre le motif d'honneur, la Suède a été encore animée par le désir de recouvrer ses provinces perdues, et vous savez que les engagements que le Roi a pris avec la Suède embrassent l'un et l'autre objet. La princesse qui règne en Russie ne doit pas en savoir mauvais gré à Sa Majesté. Le Roi travailloit pour elle en aidant la Suède, et il n'étoit pas possible de ne prendre que des engagements conditionnels. Ces engagements subsistent et l'ardeur des Suédois n'est point ralentie; ils voient avec la plus grande satisfaction l'élévation de la princesse Élisabeth; mais, en même temps, ils se flattent qu'ils obtiendront d'elle par reconnoissance ce qu'ils comptoient ne devoir qu'à la force et au succès de leurs armes. Je vois que cette façon de penser vous surprend et que vous avez peut-être cru leur rendre service en engageant le comte de Lewenhaupt à profiter de la modération de la Czarine en se conformant à ses vues pacifiques. Mais vous avez été induit en erreur par de faux rapports. La Suède a plus de force que vous ne pensez; et, si le Roi n'avoit pas été instruit de ses ressources, il ne se seroit pas engagé à lui fournir des secours, qui auroient été trop insuffisants à une nation qui n'auroit rien pu par elle-même. Vous avez même dû juger, par les propositions que vous a faites en dernier lieu le comte de Lewenhaupt, dont la sagesse est connue, que sa confiance n'étoit pas fondée sur des chimères; et vous en verrez la preuve au printemps prochain si le malheur veut que la guerre continue. Mais ce qui me peine le plus, c'est que vous avez vous-même contribué à mettre la Suède encore plus en droit d'exiger l'effet des promesses de Sa Majesté en prenant sur vous les suites de l'armistice. C'est sur la parole précise de l'ambassadeur du Roi que le comte de Lewenhaupt a suspendu sa marche; la Suède nous somme aujourd'hui de la parole que vous avez donnée et nous rend responsable de l'événement. Si nous l'abandonnons, le Roi manque à ses engagements les plus formels, et la Suède trouvera assez d'autres amis qui prendront notre place. Jugez, Monsieur, par ce que je viens de vous exposer, dans quel extrême embarras Sa Majesté se trouve aujourd'hui, portée d'une véritable inclination pour la Czarine et désirant de tout son cœur la gloire et la prospérité de son règne; d'un autre côté, liée avec la Suède, la plus ancienne

---

[1]. Il n'est plus question ici des droits de Pierre de Holstein, le « légitime souverain » dans la lettre non ostensible.

[2]. Il s'agit sans doute du capitaine Didron, officier suédois.

alliée de la France, qui lui a remis tous ses intérêts entre les mains avec une confiance sans bornes, et qui certainement ne consentira jamais à une paix purement gratuite. Le Roi espère bien qu'il pourra modérer les vues de cette nation ; mais il faut aussi que la Czarine comprenne qu'il lui en doit coûter quelque chose. C'est à vous, Monsieur, à tâcher de lui inspirer des sentiments qui puissent mettre le Roi en état de lui donner des preuves de son affection.

Vous me mandez que M. de Bestucheff[1] doit être incessamment à la tête des affaires étrangères ; je souhaite que la Czarine s'en trouve bien ; mais je ne puis m'empêcher de vous avertir qu'il a la réputation d'être entièrement livré aux Anglois et aux Allemands, et qu'on m'assure de très bon lieu qu'il a dit publiquement à Hambourg que la révolution de Russie n'étoit qu'un feu de paille et que les choses changeroient bientôt de face.

J'oubliois de vous dire que, comme ce n'étoit que sur les plaintes de M. d'Osterman que je vous avois marqué de renvoyer M. Dallion[2], et qu'il y a lieu de croire que les mêmes raisons ne subsistent plus, M. le cardinal le laisse en pleine liberté de prendre le parti qu'il jugera à propos, supposé qu'il ne soit pas suspect à la Czarine.

La Chétardie se vit donc obligé d'appuyer les revendications des Suédois ; la France interposa sa médiation, et des conférences s'ouvrirent à Pétersbourg ; la cour de Suède s'y fit représenter par M. de Nolken ; La Chétardie commit la maladresse de l'inviter à descendre à l'ambassade de France.

La France reprenait à l'égard de la Russie une attitude hostile. Le 15 mars 1742, elle signait un traité d'alliance avec le Danemark — acte particulièrement désagréable à Élisabeth, à cause de la question de Holstein — et cherchait à associer étroitement le Danemark avec la Suède. A Constantinople, le comte de Castellane travaillait à convertir en alliance offensive l'alliance purement défensive conclue en 1740 entre la Suède et la Turquie ; à défaut de concours armé, il obtenait de celle-ci un subside de 300 000 piastres pour les Suédois. C'était toute une coalition que la France tendait à organiser contre la Russie. Que devenait alors notre rôle de médiateur, et dans quelle situation allait se trouver à Pétersbourg le marquis de La Chétardie, si intime avec la cour et si populaire dans l'armée et le peuple au lendemain de la révolution? Une dépêche de M. Amelot au comte de

---

1. Alexis Pétrovitch Bestoujef-Rioumine, que nous avons vu ambassadeur à Stockholm, fut d'abord enveloppé dans la chute de Biren, puis recommandé à la faveur d'Élisabeth par le chirurgien Lestocq. Après l'exil d'Ostermann et du vice-chancelier Golovkine, il fut adjoint comme vice-chancelier au vieux Tcherkaski ; après la mort de celui-ci (novembre 1742), il lui succéda, en 1744, comme chancelier de l'Empire, avec le comte Ilarionovitch Voronzof comme vice-chancelier. — Nous verrons sa disgrâce de 1760. — Catherine II le rappela de l'exil et le fit général feld-maréchal. — Né en 1692, mort en avril 1767.

Son frère Michel fut ambassadeur ou ministre dans plusieurs cours européennes. Élisabeth, à son avènement, l'avait nommé *Hof-marschall*.

2. Voyez ci-dessous, pp. 383 et suiv., sur M. d'Alion.

Castellane, interceptée par la police autrichienne et livrée aussitôt à la Tsarine, ne laissait aucun doute sur les manœuvres hostiles de la cour de Versailles.

Or La Chétardie avait pris au pied de la lettre une parole que lui avait dite Élisabeth, un jour qu'il lui faisait observer que son chancelier le prince Tcherkaski entendait mal le français : — « Qu'importe ! avait-elle répondu, vous traiterez directement avec moi, et les autres ambassadeurs s'en tireront comme ils pourront. » — Il avait abusé de cette sorte d'autorisation et cherché à négocier avec la Tsarine par-dessus la tête de ses ministres. Or ceux-ci, le chancelier Tcherkarski, le vice-chancelier Alexis Bestoujef, le maréchal du palais Michel Bestoujef, ne négligeaient rien pour se défendre. La raison d'État l'emporta sur les sympathies personnelles d'Élisabeth. Les ministres russes firent d'abord savoir à l'ambassadeur de France que, tout en appréciant le prix des bons offices du Roi, la Russie préférait traiter directement avec la Suède. Il se rendit furieux au palais afin de voir l'Impératrice, mais, pour la première fois, on lui fit faire antichambre. Quand il vit Élisabeth : « Adressez-vous à mes ministres, » lui dit-elle, et ce fut dès lors sa réponse invariable toutes les fois qu'il entreprenait de lui parler d'affaires.

Il ressentit vivement le coup et, dans un premier mouvement de dépit, il demanda son rappel. Il lui fut accordé : à Versailles, on sentait qu'il n'était plus l'homme de la situation.

Élisabeth, pendant les derniers mois du séjour de La Chétardie, le combla de prévenances, mais toujours d'un caractère tout personnel, et, pendant les fêtes de son couronnement à Moscou, par une gracieuse familiarité, elle s'invita à souper chez lui. Quand il partit, le 1er septembre 1742, elle le combla de présents évalués à près d'un million, et lui passa au cou le cordon de Saint-André. — « Jamais on n'arrachera la France de mon cœur, » lui avait-elle dit.

La Chétardie avait espéré que son départ mettrait la cour de Russie dans l'embarras. Au cours de ses entretiens avec la Tsarine, il n'avait rien négligé pour ruiner dans son esprit le crédit des Bestoujef; il s'attendait donc, d'un jour à l'autre, en quelque station de poste de la Russie ou de l'Allemagne, à recevoir la nouvelle de leur disgrâce. Il voyageait donc à petites journées, entretenant avec Lestocq, un des amis les plus intimes d'Élisabeth, une correspondance secrète. Élisabeth demanda même au Roi son retour, mais La Chétardie tint bon et fit savoir à la Tsarine les raisons de son refus. A Paris, où il trouva les ministres fort refroidis à l'égard de la Russie, il essaya vainement de fixer leur attention sur un mémoire qu'il leur remit, tendant à organiser une vaste confédération anti-autrichienne, qui comprendrait en même temps la Prusse, la Suède, la Pologne, la

Turquie, la Russie. Ses projets furent traités de « purs romans ».

Cependant il semble qu'on ait formé le projet, à son retour de Russie, pendant le séjour qu'il fit à Francfort en décembre 1742, de le renvoyer à Pétersbourg. Voici l'Instruction qui lui fut adressée à Francfort, le 23 décembre[1] :

MÉMOIRE ENVOYÉ A M. DE LA CHÉTARDIE LE 23 DÉCEMBRE 1742. — SUR LES MOTIFS QUI POURROIENT ÊTRE EMPLOYÉS PAR M. LE MARQUIS DE LA CHÉTARDIE POUR TACHER DE DÉTOURNER LA CZARINE D'ACCÉDER AU TRAITÉ DE PAIX DE BRESLAU[2] CONFORMÉMENT A L'INVITATION QUI LUI EN A ÉTÉ FAITE PAR LE MINISTRE DU ROI DE LA GRANDE-BRETAGNE AU NOM DES PUISSANCES CONTRACTANTES[3].

M. le marquis de La Chétardie pourroit employer pour cet effet des motifs de deux sortes, savoir :

Premièrement, les assurances et promesses que la Czarine lui a faites et réitérées si souvent, dans les termes les plus formels, d'être attentive à se bien garder de se laisser entraîner dans des engagements contre la France pour ne manquer en aucun temps de la reconnoissance qu'elle avoue d'avoir au Roi et à l'amitié dont Sa Majesté lui a donné des témoignages distingués, tant avant que depuis la révolution qui a placé cette princesse sur le trône de Russie;

Deuxièmement, l'intérêt sensible que la Czarine a elle-même de ne point donner son accession audit traité, par diverses considérations, et particulièrement par le danger qu'il y auroit pour elle de fortifier par là le nombre de ses ennemis et de leur donner des moyens de la perdre tôt ou tard, pour remettre sur le trône

---

1. La Chétardie, arrivé à Francfort le 4 décembre, y séjourna près d'un mois : il passa à Lunéville le 7 janvier et arriva à Paris le 14 janvier 1743. A cette même date du 23 décembre 1742, on trouve aux Archives une lettre adressée par La Chétardie à Lestocq. Il lui écrivit de nouveau, le 11 février 1743.
2. Traité de Breslau (28 juillet 1742) entre Frédéric II et Marie-Thérèse, par lequel, sous la médiation de l'Angleterre, le roi de Prusse, en échange de la Silésie, abandonna brusquement l'alliance française, à l'un des moments les plus critiques de la guerre, quand nos armées étaient rejetées en Bavière ou bloquées dans Prague. Voyez le duc DE BROGLIE, *Frédéric II et Marie-Thérèse*, t. II, pp. 237 et suiv. — En ce même mois de décembre, le 22, la Tsarine, cédant aux instances de ses ministres, conclut avec l'Angleterre un pacte d'alliance défensive.
3. *A. E. Russie*, t. XLI, fol. 400.

de Russie le jeune prince Ivan, fils du prince Antoine-Ulrich de Brunswick.

M. le marquis de La Chétardie n'a pas omis, avant son départ de la cour de Moscou, de faire usage de ces motifs pour prévenir la Czarine contre l'accession qu'on jugeoit dès lors qui lui seroit demandée, et la détourner de toute alliance ou engagement avec les cours de Vienne et de Londres, dans un temps où ces deux puissances sont plus unies que jamais contre la France et qu'elles annoncent de toutes parts le dessein qu'elles ont de réunir de puissantes ligues pour l'attaquer de concert et s'efforcer de l'accabler. La maison de Brunswick-Wolfembuttel se trouve nommée dans le traité de Breslau entre les princes et États que l'on invitoit d'y accéder, et le marquis de La Chétardie fit observer à la Czarine que cette expression de la maison de Brunswick-Wolfembuttel renfermant conséquemment le prince Ivan, fils du prince Antoine-Ulrich, frère puîné du duc de Brunswick-Wolfembuttel, il y avoit tout sujet de soupçonner que par là le roi de la Grande-Bretagne, la reine de Hongrie et le roi de Prusse, tous unis étroitement par les liens de proche parenté et affinité avec cette maison de Wolfembuttel, entendoient de couvrir les desseins qu'ils avoient de travailler tôt ou tard, suivant que les conjonctures pourroient le permettre, au rétablissement du jeune prince Ivan. La Czarine parut sensible à ces réflexions que M. le marquis de La Chétardie lui exposoit et sentir combien elle devoit se défier de ses propres ministres qui l'entraînoient insensiblement dans des engagements aussi contraires à ses intérêts personnels et à ceux du duc de Holstein-Gottorp, son neveu. Elle porta même la confiance en M. de La Chétardie jusqu'à lui dire qu'elle sauroit bien se garantir des pièges qu'ils lui tendoient et qu'au plus tard, à son retour de Moscou, elle ne manqueroit pas de se défaire de ministres qui la servoient aussi mal, et qui peut-être même concouroient aux vues de ses ennemis.

M. le marquis de La Chétardie laissa la Czarine dans ces dispositions lorsqu'il partit de Moscou dans les premiers jours de septembre dernier pour revenir en France. Il y avoit par là lieu de juger qu'elle n'approuvoit pas que ses ministres eussent employé son nom pour presser le roi de Pologne, électeur de Saxe, de finir son accommodement avec la reine de Hongrie sur le fondement et en conformité du traité de Breslau, et que l'envoyé de Russie à Vienne¹ eût concouru de son entremise pour l'échange des actes réciproques de cet accommodement. Et, lorsqu'elle se trouva livrée à elle-même et privée, par le départ de M. de La Chétardie, des représentations et conseils les seuls capables de l'éclairer sur les fausses démarches que ses ministres continuoient de lui faire faire, elle parut si bien sentir les périls dont elle étoit menacée, faute d'avoir auprès d'elle quelqu'un en qui elle pût prendre toute confiance sur la conduite à tenir comme souveraine de toute la Russie, dans le cours que prenoient les affaires générales de l'Europe, qu'elle ne tarda pas à faire demander au Roi par le prince de Cantémir, son ambassadeur auprès de Sa Majesté, de permettre à M. le marquis de La Chétardie de retourner sans délai reprendre ses fonctions auprès d'elle.

Le Roi a fait aussitôt écrire à M. le marquis de La Chétardie pour lui marquer de se déterminer lui-même sur la demande de la Czarine, suivant qu'il jugeroit que son retour auprès de cette princesse pourroit convenir aux intérêts de Sa Majesté ; et le marquis de La Chétardie, convaincu qu'il ne pourra y servir utilement Sa Majesté tant que les sieurs Bestucheff seront à la tête des affaires, n'a pas dissimulé à cette princesse, par une correspondance secrète qu'il s'est ménagée à la cour de Russie, que son retour auprès d'elle dépendroit de l'exécution de la promesse qu'elle lui avoit faite à son départ de ne pas tarder à congédier des ministres qui, loin de se conformer aux intentions de leur maîtresse, ne travaillent qu'à l'entraîner malgré elle dans des engagements contraires à ses propres intérêts.

C'est dans ces circonstances que l'on apprend que, sur la réquisition qui vient d'être faite à la Czarine par le sieur Wich², ministre du roi de la Grande-Bretagne, tant au nom de ce prince, comme médiateur de ce traité, qu'au nom des parties contractantes, d'y accéder conformément à l'invitation qui lui en a été faite par un de ses articles, les sieurs Bestucheff l'ont engagée à répondre par écrit, dans les termes les plus propres à marquer

---

1. C'était alors Louis Lanczynski. Voyez ci-dessus, p. 261.
2. Voyez des extraits de sa correspondance dans *la Cour de Russie il y a cent ans.*

une volonté déterminée d'agir dans la plus parfaite union avec l'Angleterre et la cour de Vienne, tant en accédant audit traité qu'en agissant avec ces deux puissances dans le plus parfait concert, sous prétexte du maintien de la liberté et tranquillité de l'Europe, motif ordinaire de ces puissances dans les résolutions et mesures qu'elles jugent devoir prendre contre la France. Il est vrai que la Czarine, en offrant son accession au traité de paix de Breslau, n'a exprimé dans sa réponse ni le temps auquel l'acte en seroit donné de sa part, ni les conditions qu'elle entendroit y stipuler; et ces deux objets qui paroissent encore indécis peuvent laisser quelque espérance de pouvoir faire agir avec succès M. le marquis de La Chétardie auprès d'elle pour la détourner de donner effectivement son accession. Mais on ne voit pas qu'il puisse employer dans cette vue d'autres motifs que ceux qu'il a précédemment exposés à la Czarine, en observant, de plus, de ne faire entrer dans les nouvelles représentations qu'il pourra lui faire sur ce sujet rien dont le roi de Prusse puisse se plaindre.

Entre les raisons qu'il a prudemment employées contre le traité de Breslau, il n'a pas hésité à le représenter comme marqué au coin de l'infidélité la plus noire de la part du roi de Prusse, et il s'est appliqué à faire appréhender à la Czarine que ce commencement d'accroissement de la puissance de ce prince ne le mît en état de tenter de nouvelles conquêtes sur ses voisins et, spécialement, de s'approprier la Curlande et la Prusse polonoise, comme aussi de se faire en Pologne un grand parti pour y diminuer l'influence de la Russie. Mais il est de la prudence au marquis de La Chétardie d'éviter de toucher des points aussi délicats, dans un temps où le Roi a toutes sortes de raisons d'observer d'extrêmes ménagements pour le roi de Prusse : en sorte que ce prince ne puisse avoir le moindre sujet de prendre des défiances des intentions de Sa Majesté à son égard et de penser de s'unir aux ennemis de Sa Majesté. Et, comme ce même prince pourroit se plaindre si, de la part de Sa Majesté, on paroissoit s'opposer à l'accession de la Czarine au traité de Breslau par quelque considération que ce pût être; d'autant qu'il regarderoit cette opposition comme contraire à l'intérêt qu'il a de consolider la cession qu'il a obtenue de la Silésie et du comté de Glatz par ce traité, il paroît qu'il seroit de l'habileté du marquis de La Chétardie de s'en expliquer de manière que ses représentations pour détourner la Czarine de cette accession ne tombassent pas sur cet objet particulier de la Silésie.

Le marquis de La Chétardie pourroit faire observer à la Czarine qu'il sera de sa prudence de ne point précipiter ses résolutions à cet égard, et de se contenter de se montrer disposée à concourir à la garantie des conditions auxquelles la paix de l'Allemagne pourra être rétablie, en conséquence du traité de Breslau et autres qui interviendront pour cet objet : d'autant que par cette précaution la Czarine, en éludant ainsi d'entrer dans les vues où les cours de Londres et de Vienne voudroient l'entraîner au préjudice de ses propres intérêts et des assurances et promesses qu'elle a données au Roi de se bien garder de prendre, en aucun temps, des engagements contre la France, se ménageroit par là les moyens d'être bien avec tout le monde et de pouvoir, lors du rétablissement de la paix générale, être également recherchée par toutes les parties.

XX

M. D'ALION

MINISTRE PLÉNIPOTENTIAIRE — PREMIÈRE MISSION

1742-1743

M. d'Usson d'Alion, qui allait remplacer le marquis de La Chétardie, était neveu de Jean-Louis d'Usson, marquis de Bonnac, qui fut ambassadeur du Roi à Constantinople, de 1713 à 1725. En 1724, son oncle l'envoyait à Moscou[1] et le chargeait de traiter avec Campredon de la médiation dans le conflit turco-russe. M. d'Alion revint à Constantinople, en qualité de commissaire pour les limites de Russie et Turquie du côté de la Perse, et y resta même après le départ de son oncle et l'arrivée du vicomte d'Andrezel. « Le caractère inquiet de ce jeune homme, dit Saint-Priest, donna bien du tracas à M. d'Andrezel et contribua peut-être à abréger ses jours. » Un peu avant la mort de cet ambassadeur (26 mars 1727), M. d'Alion « avait cabalé... pour être choisi par la nation de Constantinople, comme chargé des affaires du Roi »; mais Gaspard de Fontenu avait été désigné pour ce poste, et M. d'Alion dut s'éloigner. On lui sut probablement mauvais gré à Versailles de cette ambition turbulente; on le laissa quelque temps sans emploi; il songea même à prendre du service en Russie, et en 1739, il écrivit au cardinal de Fleury la lettre suivante :

Pétersbourg, le 17 janvier 1739[2].

Monseigneur,

J'eus l'honneur d'écrire de la province, à Votre Éminence, le 28 octobre 1737, pour lui représenter que la situation de mes affaires me mettoit

1. Voyez ci-dessus, p. 255, note 2.
2. *A. E. Russie,* t. XXXI, fol. 21.

hors d'état de supporter plus longtemps l'inaction où l'on me laissoit et la supplier en conséquence de m'obtenir du Roi la permission d'aller sacrifier au service des étrangers les connoissances qu'un séjour de dix-neuf ans hors du royaume et une éducation de la main de M. de Bonrepaus[1] et après lui de M. le marquis de Bonnac pouvoient m'avoir acquises. J'écrivis les mêmes choses à M. Amelot; et M. le marquis de Bonnac, qui fit remettre mes lettres et expliquer que mon dessein étoit de passer en Russie, me manda pour lors qu'on lui avoit répondu que, n'y ayant aucune place vacante dans les affaires des pays étrangers, on ne pouvoit pas songer m'employer, mais qu'on me donneroit la permission que je demandois.

Sur cela, Monseigneur, je restai dans un silence respectueux jusqu'au commencement de 1738. Le compliment que je devois à Votre Éminence sur le renouvellement de l'année me fournit une occasion naturelle de lui rappeler ma lettre précédente et j'en profitai; mais ce fut infructueusement. La mort de M. le marquis de Bonnac[2] qui m'avoit toujours servi de père et sur lequel je fondois une partie de mes espérances me trouva encore dans l'attente des ordres de Votre Éminence.

Cette perte, Monseigneur, et la disposition qui fut faite presque en même temps pour la Russie, poste pour lequel je m'étois proposé plusieurs fois, achevèrent de me faire perdre courage. Je vis qu'il falloit en venir enfin à la triste et cruelle démarche de passer dans les pays étrangers, et, de plus, d'y passer sans permission authentique telle que je l'avois demandée, telle qu'il étoit de mon devoir de la demander et telle qu'il semble que je pouvois l'espérer, n'ayant jamais rien fait, pendant que j'ai eu l'honneur de servir le Roi et en Turquie et en Russie et en Suisse, qui pût m'en rendre indigne. Je partis donc de France vers la fin du mois d'octobre dernier et j'arrivai ici il y a huit jours.

J'ai cru, Monseigneur, devoir remettre toutes ces choses sous les yeux de Votre Éminence : en premier lieu, afin d'établir bien évidemment que, si je l'ai quitté sans permission, c'est après l'avoir attendue inutilement pendant une année entière; en second lieu, afin que Votre Éminence, pleinement et récemment instruite de ce qui me regarde, en fût plus disposée à m'accorder la grâce que j'ai à lui demander aujourd'hui.

J'ai quelque espérance, Monseigneur, de n'être point refusé de cette cour; mais, comme je suis venu sans permission et qu'il s'agit de servir dans la politique, j'entrevois qu'on appréhende que l'acceptation de mes services ne déplaise à Votre Éminence. Ainsi agréez, Monseigneur, que je vous supplie, avec tout le respect, toute la soumission et toute l'instance possible, de m'honorer d'une réponse qui puisse lever tout scrupule là-dessus. Je vous demande cette faveur, non pas en considération de mes services, mais de ceux de ma famille. Je demande à ce fonds de bonté qui vous porte à faire du bien à tout le monde, puisque ma mauvaise étoile me prive de la satisfaction de servir et mon Roi et ma patrie. Daignez au moins me laisser la liberté de me procurer ailleurs un sort honnête et convenable.

Cette lettre prouve que M. d'Alion était à Pétersbourg avant la première mission confiée à M. de La Chétardie, et qu'ils y trouvait sans

---

1. D'Usson de Bonrepos, ancien ministre à Copenhague, de 1692 à 1698, et parent de d'Alion.
2. Le marquis de Bonnac, plus tard ambassadeur en Suisse, mourut en 1738.

emploi. C'est sans doute à la suite de cette requête qu'il fut placé auprès du marquis en qualité de secrétaire. Puis, quand le départ de celui-ci fut chose décidée, il fut nommé ministre plénipotentiaire sur place. Il commença aussitôt à faire les fonctions de son titre, bien que le départ de son ancien chef n'ait eu lieu qu'en septembre 1742. Son Instruction est du 21 juin [1].

MÉMOIRE POUR SERVIR D'INSTRUCTION AU SIEUR D'USSON DALLION NOMMÉ PAR LE ROI POUR ÊTRE CHARGÉ DE SES AFFAIRES EN RUSSIE EN QUALITÉ DE MINISTRE PLÉNIPOTENTIAIRE DE SA MAJESTÉ. — VERSAILLES, 21 JUIN 1742 [2].

Le Roi a bien voulu entrer dans les raisons qui ont engagé le marquis de La Chétardie, ci-devant son ambassadeur et depuis son ministre plénipotentiaire en Russie, à lui demander la permission de repasser en France. Mais Sa Majesté n'en désire pas moins sincèrement d'entretenir avec la Czarine une bonne correspondance; et, comme cette princesse a donné encore en dernier lieu les assurances les plus formelles qu'elle est dans les mêmes sentiments, et que son intention est de concourir avec Sa Majesté en toutes occasions à ce qui peut être de leur utilité commune, en même temps que Sa Majesté a bien voulu accorder au marquis de La Chétardie la permission qu'il lui a demandée de revenir dans le royaume, elle a jugé ne devoir pas différer de nommer un autre ministre pour lui succéder dans cette cour. Et pour cet effet, elle a nommé pour son ministre plénipotentiaire auprès de la Czarine le sieur d'Usson Dallion, étant persuadée, par les témoignages qui lui ont été rendus de son intelligence, de sa sagesse et de ses talents, qu'il est capable de remplir à la satisfaction de Sa Majesté l'emploi dont elle l'honore aujourd'hui en voulant bien lui donner une marque aussi distinguée de son estime et de sa confiance.

1. Comme la France n'était plus représentée à Pétersbourg par un ambassadeur, la Tsarine, par lettre du 5 octobre 1742, donnait avis au Roi que le prince Kantémir se démettait de son titre d'ambassadeur pour résider à la cour de France en qualité de ministre plénipotentiaire.
2. *A. E. Russie*, t. XL, fol. 206.

Il entrera en fonctions immédiatement après que le marquis de La Chétardie aura pris son audience de congé de la Czarine et il se concertera pour cet effet avec ce ministre sur le temps de communiquer au chancelier ou autre ministre de la Czarine la copie de la lettre de créance que Sa Majesté lui adresse avec la présente Instruction, soit que ledit sieur marquis de La Chétardie juge devoir l'installer lui-même comme son successeur en le présentant à cette princesse, soit qu'ils estiment plus à propos que le sieur Dallion se présente de lui-même pour faire reconnoître en cette lettre le titre que Sa Majesté lui donne de son ministre plénipotentiaire.

Comme ce titre a été dans ces derniers temps celui dont les ministres étrangers ont été le plus communément revêtus en Russie, il sera aisé au sieur Dallion de se mettre au fait des honneurs et distinctions qui s'y trouvent usités pour les ministres de cet ordre ; et il doit être attentif à ménager pour sa personne les mêmes traitements qui auraient été et seront faits à ceux des autres principales puissances.

Le long séjour qu'il a fait en Moscovie, l'usage qu'il a de la langue du pays et la confiance particulière que le marquis de La Chétardie a eue pour lui en l'employant à suivre et éclaircir diverses affaires intéressantes pour le service du Roi, sont autant de raisons de compter qu'il aura toutes les facilités que l'on peut espérer pour être instruit de ce qui se passera dans cette cour qui pourra intéresser les affaires générales, et pour faire à propos les insinuations et représentations convenables pour le bien du service du Roi et l'avantage de ses sujets dans les différentes occurrences qui pourront se présenter. Mais Sa Majesté ne doute point que le marquis de La Chétardie ne donne, de plus, avant son départ, audit sieur Dallion les informations nécessaires sur l'état actuel des affaires générales ou particulières qu'il a eu occasion de traiter ; et c'est principalement au moyen de ces secours que le Roi se promet que le sieur Dallion pourra rendre un compte exact, par les lettres qu'il devra écrire régulièrement toutes les semaines, de ce qui pourra mériter l'attention de Sa Majesté comme aussi lier et entretenir cette correspondance avec les ministres de Sa Majesté en Suède, en Danemark, à Constantinople, en

Allemagne, en Hollande et même en Angleterre[1]. Il recevra des mains du marquis de La Chétardie les tables de chiffre qui lui seront nécessaires pour chiffrer et déchiffrer ces lettres.

Ce qui vient de se passer à Moscou entre le sieur Nolken, ministre de Suède, et les ministres de Russie donnant lieu de juger qu'en même temps que la paix pourra se négocier directement entre ces deux puissances la Czarine sera bien aise que, s'il se trouve quelque point difficile à traiter et régler entre les deux parties, les ministres du Roi, soit en Russie, soit en Suède, puissent, suivant les circonstances, employer de la part de Sa Majesté leurs offices et leur entremise pour surmonter et aplanir ces difficultés, conformément à la réquisition formelle que cette princesse en a faite à Sa Majesté dès le commencement de son règne, le sieur Dallion doit assurer les ministres de Russie qu'ils le trouveront toujours prêt à faire à cet égard les démarches qui pourront être convenables et qu'il y est même autorisé de la part du Roi, comme en effet Sa Majesté l'y autorise par la présente instruction, soit en rendant compte à Sa Majesté de ce qu'ils voudront lui communiquer de leurs intentions, afin qu'elle puisse envoyer les ordres à son ambassadeur à Stockholm, soit en écrivant lui-même directement à cet ambassadeur, ou même aux plénipotentiaires de Suède, en cas que l'on en vienne à former quelque part que ce puisse être un·congrès entre ces deux puissances. Mais, comme la chose est devenue extrêmement délicate depuis que les ministres russes ont cru avoir lieu de soupçonner que de la part de Sa Majesté on vouloit user de partialité pour la Suède dans la conduite de cette affaire, le sieur Dallion ne peut apporter trop de circonspection dans la manière dont il se présentera comme étant disposé et ayant les ordres du Roi pour agir autant que les ministres de part et d'autre pourront le désirer pour leur conciliation; et cette même considération doit pareillement le rendre très réservé dans les discours qu'il aura occa-

---

1. C'étaient, à Stockholm, le marquis de Lanmary; à Copenhague, l'abbé Lemaire; à Constantinople, le comte de Castellane; à Berlin, le marquis de Valori; à Münich, le marquis de Beauvau; à Dresde, le comte des Alleurs, envoyé, le maréchal de Belle-Isle, ministre plénipotentiaire, etc.; à la Haye, en 1743, l'abbé de La Ville. A Londres, il y eut M. Devismes, chargé d'affaires en 1740, de Bussy, ministre pour le Hanovre, puis (1741) un simple correspondant, de Silhouette.

sion de tenir sur cette matière avec les ministres étrangers qui se trouveront de résidence à la cour de Russie, et même dans les lettres de ses correspondances soit en Suède, soit ailleurs : en sorte cependant qu'il soit également attentif à tâcher de pénétrer la vérité de ce qui se passera relativement au rétablissement de la paix entre la Suède et la Russie, et que, dans ses lettres pour en rendre compte au Roi, il n'omette aucune des circonstances qui pourront servir à porter un juste jugement du plus ou du moins de disposition ou d'empressement que les ministres russes laisseront entrevoir pour parvenir à cette conciliation.

Au reste[1], l'intention du Roi est que tous ses ministres au dehors lui rapportent au retour de leurs emplois une relation exacte de tout ce qui sera arrivé de plus important dans les négociations qu'ils auront conduites, de l'état où ils auront laissé les cours et les pays où ils auront servi, des cérémonies qui s'y observent en toutes sortes de rencontres, du génie et des inclinations des princes et leurs ministres, en un mot de tout ce qui peut donner une connoissance exacte des pays où ils auront été employés et des personnes avec lesquelles ils auront négocié.

Son intention est pareillement qu'en arrivant des pays où ils ont été envoyés ils remettent en originaux les instructions, chiffres et papiers de leur correspondance avec les ministres du Roi, le tout avec un inventaire exact sur la vérification duquel il leur sera donné une décharge.

Fait à Versailles, le 24 juin 1742.

Signé : Louis.

Et plus bas :

Amelot.

---

1. Note marginale : « Comme dans l'Instruction du 1ᵉʳ juillet 1741 au marquis de Beauvau allant à la cour de Bavière. » — Nous avons donc emprunté ce qui suit à cette Instruction au marquis de Beauvau, qui fut accrédité auprès de la cour de Bavière en 1741. Voyez cette Instruction dans A. Lebon, *Instructions, Bavière*, etc., pp. 189 et suiv. — Ce développement se retrouve d'ailleurs dans la presque totalité des Instructions : il est, pour ainsi dire, de style.

M. AMELOT A M. D'ALION.

Paris, le 5 juillet 1742 [1].

J'ai reçu, Monsieur, par la voie de Hambourg, votre lettre du 25 mai, peu de jours après le départ de l'Instruction que je vous adressai le 22 du mois dernier. Vous aurez été informé que le roi de Prusse a fait sa paix avec la reine de Hongrie [2], à l'insu de l'Empereur [3] et du roi de Pologne ses alliés. Nous ne nous attendions pas à cette infidélité. Elle a été portée au dernier période, puisque non content de s'engager à retirer de Bohême ses troupes, il s'est fait fort de faire aussi évacuer ce royaume par les Saxons : ce qui met dans le plus grand danger l'armée du Roi actuellement rassemblée près de Prague et le corps de troupes françoises commandées sur le Danube par M. le duc d'Harcourt. Mais, nonobstant tous les sujets que le Roi a de se plaindre d'un pareil procédé de la part d'un prince sur l'alliance duquel Sa Majesté avoit cru pouvoir compter, elle a des raisons essentielles d'observer avec lui de grands ménagements ; et les ministres de Sa Majesté dans les cours étrangères doivent, par cette considération, ne parler de ce prince qu'avec mesure et circonspection, et particulièrement en s'entretenant avec ses ministres ou avec les gens qui vivent en familiarité avec eux. Mais ce que je dois principalement vous recommander est d'observer avec soin quels seront les propos que M. de Mardefeld, son ministre en Russie, aura tenus sur ce dénouement des affaires d'Allemagne, et dans quelles liaisons de confiance et d'intimité il se trouvera tant avec les ministres de cette cour qu'avec le marquis Botta, ministre de la reine de Hongrie, et avec le sieur Wich, nouvellement arrivé à Moscou de la part du roi de la Grande-Bretagne.

On prétend que le roi de Prusse a accédé au traité définitif de l'Angleterre avec la Russie [4] : ce qui seroit très dangereux pour la Suède, ce prince ayant fait connoître en plus d'une occasion l'envie qu'il avoit de réunir sous sa domination la partie de la Poméranie que les Suédois ont conservée. Il a d'ailleurs une telle frayeur de la Russie qu'il sera toujours à craindre qu'il ne cherche à se lier avec cette puissance préférablement à tout ; et quand, par ce même motif, il auroit la pensée de contribuer à l'abaisser, l'Angleterre, qui dirige aujourd'hui toutes ses démarches, ne souffrira pas qu'il entre dans un projet qu'elle pourra soupçonner d'être conforme aux vues de la France.

Il pourroit pourtant résulter de tout ceci un plan tout différent. Il y a quelque temps que M. de Bestucheff voulut faire entendre à M. de La Chétardie que la Suède feroit mieux de porter ses vues ailleurs qu'en Finlande, et qu'elle devoit être aussi jalouse de recouvrer ce qu'elle avoit perdu en Allemagne. Cette insinuation ne fit pas alors plus de progrès : les circonstances ne nous permettoient pas de nous y prêter ; et même aujourd'hui il ne nous conviendroit pas d'en faire les premières ouvertures. Mais, comme les ministres de la Czarine doivent naturellement nous croire fort ulcérés contre le roi de Prusse et l'Angleterre, il ne seroit pas impossible

1. *A. E. Russie*, t. XL, fol. 247.
2. Traité de Breslau, 28 juillet 1742.
3. L'électeur de Bavière, candidat de la France à la couronne impériale, sous le nom de Charles VII.
4. Voyez ci-dessus, p. 377, note 2.

qu'ils vous renouvelassent aujourd'hui les mêmes propos. En ce cas, vous paroîtriez n'avoir à cet égard aucune instruction, et, faute de lumières sur les intentions du Roi, prendre la chose *ad referendum*, en tâchant de vous faire remettre la proposition par écrit.

Il paroît que le sieur Wich n'oublie rien de ce qui peut indisposer et animer les ministres de Russie contre les intentions de la France. C'est le moyen de plaire à sa nation, dans l'esprit de fanatisme où elle se trouve actuellement[1]. Mais les gens sensés et de bon esprit sentent aisément que de pareilles déclamations sont dictées par la jalousie et la partialité, et vous n'avez de votre côté à y opposer que la modestie convenable à l'esprit de vérité dans lequel vous devez vous renfermer. Vos insinuations et représentations feront d'abord peut-être moins d'impression que les exagérations des ennemis de la France. Mais, à mesure qu'on réfléchira sur ce qui s'y reconnoîtra de déguisements, de suppositions et de fausseté, on reviendra à prendre en vous plus de confiance à proportion du discrédit où ils doivent tomber tôt ou tard; et ce sera le moyen de vous mettre en état de rendre d'utiles services au Roi dans la cour où vous êtes.

Vous aurez vu, dans l'Instruction que je vous ai envoyée de la part de Sa Majesté, dans quelles dispositions elle est relativement à l'objet de la négociation de la paix entre la Russie et la Suède. On peut espérer que les ouvertures qui se sont faites de part et d'autre, à l'occasion du voyage que M. Nolken a fait à Moscou, pourront donner lieu à un retour de confiance entre ces deux puissances pour entamer enfin cette négociation, puisque les deux parties paroissent également désirer de terminer la guerre. Les résolutions qui seront prises à Stockholm, sur le compte qu'il rendra du succès de ce voyage, en décideront suivant le plus ou moins de facilités que les États de Suède, convoqués par le mois d'août prochain, voudront apporter sur les conditions auxquelles le traité de paix pourra être conclu. Il a été expressément recommandé de la part du Roi à M. le marquis de Lanmary[2] d'être extrêmement attentif à ce qui se passera pendant cette assemblée de la nation suédoise, qui pourra faire juger que les esprits seront plus ou moins disposés et déterminés à conclure promptement cette paix. Si elle pouvoit se faire par les offices et sous les auspices de la France, à qui ces deux puissances doivent déjà les premières démarches qui ont été faites de part et d'autre dans la vue d'une prochaine réconciliation, elles pourroient, étant unies, nous devenir utiles à divers égards, particulièrement si l'on pouvoit suivre et effectuer l'idée, que le prince de Circasse[3] a, de lui-même, suggérée à M. Nolken, d'une bonne alliance à laquelle la France seroit invitée de manière à lui faire oublier les difficultés survenues au sujet de la médiation. M. le marquis de Lanmary, instruit de l'importance dont il est, pour le service du Roi, de ménager l'amitié de la Suède et de la Russie, veillera soigneusement sur ce qui se passera

---

1. Walpole avait lutté jusqu'au bout contre les tendances belliqueuses du roi et de la nation. Celle-ci avait vu avec dépit la convention de neutralité conclue pour l'électorat de Hanovre, sous la menace d'une invasion française dans ce pays (mai 1741). Le 28 janvier 1742, Walpole avait été mis en minorité dans le parlement sur une question intérieure. Un ministère Carteret lui avait succédé : son premier soin avait été de faire signer entre l'Autriche et la Prusse le traité de Breslau, 28 juillet 1742. Il fit conclure une alliance défensive entre la Grande-Bretagne et la Russie, 22 décembre. L'Angleterre allait se joindre à la coalition contre la France. Lecky, *History of England in the XVIIIth century*, t. I, p. 392 et suiv.

2. Ministre de France en Suède. Voyez ci-dessus, p. 374.

3. Le prince Alexis Mikhaïlovitch Tcherkaski, chancelier. Voy. ci-dessus p. 375.

dans les prochains États de la nation suédoise, et vous informera de ce qu'il découvrira ou apprendra de leurs dispositions par rapport à la paix, afin qu'agissant avec lui dans le plus parfait concert, vous tâchiez l'un et l'autre de faire en sorte que la France y ait la part qu'elle doit naturellement y avoir, nonobstant le malentendu qu'il y a eu sur l'interprétation des termes de *bons offices ou de médiation*, et particulièrement pour que l'on puisse empêcher qu'une autre puissance ne vienne enlever au Roi l'honneur de la pacification du Nord après que Sa Majesté, sur la réquisition formelle de la Czarine, a fait tant d'efforts pour la procurer. Sa Majesté compte qu'en attendant que vous receviez de M. le marquis de Lanmary quelque notion positive sur un objet aussi intéressant, vous saurez vous ménager adroitement auprès des ministres de Russie pour être, conformément à ce qui vous est prescrit par vos instructions, lorsqu'il sera temps, en état de leur faire à propos les insinuations et ouvertures convenables; et elle espère que, si vous pouvez être assez promptement averti des véritables sentiments de la Suède sur l'objet de la paix, vous pourrez profiter des premiers moments où ses vues tendroient à la pacification pour agir alors de la part de Sa Majesté comme se présentant à la Czarine d'une façon aimable pour l'en prévenir : en sorte que cette princesse puisse regarder ces dispositions favorables des Suédois comme l'effet des représentations faites de la part de Sa Majesté, et que, jugeant par cette considération lui avoir l'obligation d'avoir porté les États de Suède à se relâcher de la rigueur des conditions de paix qui avoient été prescrites par les précédents États, elle puisse revenir des préventions et fausses idées qu'on lui avoit données sur la partialité de Sa Majesté pour les Suédois et préférer l'interposition des offices de la France à ceux de toute autre puissance, pour continuer d'aplanir et surmonter les obstacles qui peuvent encore se rencontrer pour conduire l'ouvrage de cette paix à une heureuse conclusion. Je conçois toute la délicatesse des démarches que vous devez faire pour le succès de cette vue de Sa Majesté. Mais elle est persuadée que, soutenu par votre zèle et guidé par votre prudence, vous tenterez tout ce qui sera le plus propre à la faire réussir, et à confirmer, par le compte que vous en rendrez, l'opinion que Sa Majesté a de vos talents et de votre sagesse.

Je ne doute pas que M. le marquis de La Chétardie ne vous laisse la relation qu'il a faite de ce qui s'est passé entre les ministres de la Czarine et M. Nolken sur les moyens de parvenir à des conférences pour négocier la paix entre cette princesse et la Suède, afin que, si ces premières ouvertures ont quelque suite, comme il y a lieu de l'espérer, vous puissiez, étant parfaitement instruit du commencement de cette négociation, être en état de vous informer de son progrès et de vous conduire conformément à ce que je viens de vous expliquer des intentions de Sa Majesté.

P.-S. — Je ne dois pas omettre de vous dire que la méfiance qu'a la Moscovie de nos intentions est fondée sur une lettre qu'on suppose que j'ai écrite à M. de Castellane et que la cour de Vienne dit avoir interceptée, par laquelle j'exhortois cet ambassadeur à entretenir la bonne volonté des Turcs pour les Suédois. Je sais en même temps qu'on ne vous en parlera pas; mais je prévois aussi qu'il est difficile d'effacer l'impression que cette lettre a laissée. Cependant elle n'a rien en soi qui dût recevoir une interprétation aussi sinistre, parce que tout mon but étoit de tenir la Moscovie dans une inquiétude qui pût la rendre moins difficile sur les conditions de la paix; et Sa Majesté étoit si éloignée de détourner la Suède des vues de conciliation que je n'ai cessé d'écrire à Stockholm qu'on ne devoit faire aucun fond sur les Turcs. Cependant, toute réflexion faite, il vaut mieux ne jamais convenir de cette lettre : la cour de Vienne a inventé tant de faussetés sur notre compte, qu'on peut bien mettre encore cette invention sur son compte. D'autres circonstances pourront faire oublier ce qui a précédé [1].

M. AMELOT A M. D'ALION.

Versailles, 12 juillet 1742 [2].

Je dois vous prévenir, Monsieur, sur les mouvements qui se font en Pologne pour exciter les palatinats de ce royaume à former une confédération [3]. Vous aurez vu par l'écrit qui a été rendu dans le public sur les raisons qui doivent porter la nation polonoise à cette confédération que les auteurs de ce projet ont eu principalement en vue une union et un concert entre les couronnes de Pologne et de Suède contre la Russie ; et l'on présume que les Suédois, étant persuadés de l'avantage qu'ils pourroient en retirer d'une diversion de ce côté-là, ont suivi cet objet comme un moyen d'obliger la Russie à consentir à de justes conditions de paix. Je ne doute pas que les ministres de la Czarine n'en aient eu des soupçons ou même des avis ; et, dans la prévention où ils sont que la France concourroit d'elle-même à tout ce qui pourroit être de l'intérêt de la Suède, il y a lieu de juger qu'ils sont portés à croire que le Roi entre aussi pour quelque chose dans les mouvements faits en Pologne pour y former la confédération et union entre les Polonois et les Suédois. Il est cependant vrai que le Roi n'y est entré en rien, et Sa Majesté en a même fait assurer de sa part le roi de Pologne, qui paroissoit avoir quelque inquiétude de ce qui se ménageoit dans les palatinats de ce royaume pour parvenir à cette confédération. En effet, rien n'auroit été plus contraire au système que Sa Majesté s'étoit formé de cimenter et fortifier de plus en plus l'union et étroite intelligence entre elle et le roi de Pologne, pour l'intérêt commun des alliés réunis, que de travailler dans ce même temps à exciter ses sujets de Pologne à se confédérer sans sa participation, pour agir et

---

1. A travers les ambages et les réticences de ce *post-scriptum*, on voit que M. Amelot n'ose pas nier l'authenticité de la lettre en question. La police autrichienne l'avait bien interceptée, mais ne l'avait pas inventée. M. Amelot mandait au comte de Castellane « que la dernière révolution (celle de 1741) marquoit le terme de la grandeur moscovite ; que la princesse Élisabeth étant dans l'intention de n'employer aucun étranger dans les principales charges, la Russie, livrée à elle-même, ne pouvoit manquer de retomber dans son premier néant ; que la Porte, pour hâter cette solution et se débarrasser d'un voisin qui lui a causé nombre d'incommodités, ne peut trop tôt prendre un parti de vigueur, et profiter des engagements qu'elle a avec les Suédois pour s'unir avec eux et tomber sur la Russie ». C'est Lestocq qui rendit compte à La Chétardie, le 22 avril 1742, de cet incident, et le marquis en informa son gouvernement dans sa dépêche du lendemain. VANDAL, *Louis XV et Élisabeth*, p. 171.
2. *A. E. Russie*, t. XL, fol. 296.
3. Contre la Russie.

prendre les armes indépendamment de l'autorité royale. Je puis vous dire de plus que les Suédois, qui connoissent quels sont les engagements du Roi avec le roi de Pologne, ont eu la discrétion de ne point solliciter Sa Majesté de s'employer pour faire réussir ce projet ; et, comme elle n'a ni la volonté de les y aider, ni l'autorité de les en détourner, elle ne s'est point employée d'en approfondir la vérité [1]. Je ne vous fais part de tout ceci que pour votre instruction particulière afin qu'en étant prévenu, vous puissiez, si les ministres de la Czarine vous marquoient des soupçons et des défiances contre la France à l'occasion de cette confédération, leur parler dans les termes les plus convenables pour détruire les fausses préventions qu'ils auroient pu concevoir. Car, s'ils ne se portoient pas d'eux-mêmes à vous en parler dans des termes qui vous fissent juger qu'ils auroient pris, à cette occasion, de mauvaises impressions contre la sincérité des intentions du Roi pour procurer le rétablissement de la paix dans le Nord, vous n'aurez aucun usage à faire de ce que je viens de vous expliquer de la conduite impartiale que Sa Majesté a tenue relativement à cette confédération.

P.-S. — Les nouvelles publiques vous auront peut-être déjà appris que M. le maréchal de Belle-Isle a eu une conférence aux environs de Prague avec M. le comte de Kœnigseck [2], dans laquelle on a jeté quelques bases pour parvenir à la pacification de l'Allemagne. Je ne puis vous dire encore quel en sera le fruit ; mais, dans cette occasion, le comte de Kœnigseck a nommé la Russie comme alliée de la cour de Vienne. Cela devroit faire penser qu'il y a quelque nouveau traité entre ces deux cours [3]. Cela seroit bien éloigné de ce qu'on a voulu faire croire à M. de La Chétardie ; et c'est de ce que vous devez tâcher de vous éclairer, soit par le confident [4], soit avec la Czarine elle-même si vous en trouvez l'occasion. Je ne verrois pas même d'inconvénient que vous en fissiez la question à ses ministres si vous prévoyiez que l'occasion de parler à la Czarine soit différée trop longtemps.

M. AMELOT A M. D'ALION.

Versailles, 23 juillet 1742 [5].

Il paroît, par les dernières lettres de Stockholm, que la relation que M. Nolken y a faite de sa négociation à Moscou a détruit entièrement les

1. Le Roi, bien qu'il eût reconnu Auguste III, n'avait pas donné de successeur au marquis de Monti pour la légation de Pologne. Ce n'est qu'en 1744 que le comte de Saint-Séverin y fut désigné avec le titre d'ambassadeur extraordinaire et une Instruction du 1er août. L. FARGES, *Instructions, Pologne*, t. II, pp. 35 et suiv.
2. Le maréchal de Belle-Isle, réduit à vingt-cinq mille hommes et bloqué dans Prague, avait, sur l'ordre de Fleury demandé une conférence au feld-maréchal Kœnigsegg et lui avait proposé une convention préalable pour l'évacuation de la Bohême par les troupes françaises (2 juillet 1742). Marie-Thérèse, consultée, exigea que l'armée française mît bas les armes ; mais Belle-Isle, quoique non secouru par Maillebois, réussit à opérer sa retraite en décembre 1742.
3. Il n'y avait pas de nouveau traité, mais l'Angleterre avait obtenu de la Russie qu'elle fournirait des subsides à Marie-Thérèse.
4. Lestocq.
5. *A. E. Russie*, t. XL, fol. 318.

soupçons qu'on y avoit conçus que le marquis de La Chétardie n'avoit pas fait tout ce qui lui auroit été possible pour ménager auprès de la Czarine les intérêts de la couronne de Suède; et, comme les ministres de cette cour sont instruits des motifs qui ont déterminé le Roi, immédiatement après l'avoir rappelé, à vous nommer pour le remplacer et suivre les mêmes affaires auprès de cette princesse, il y a lieu de compter qu'ils sont disposés à prendre toute confiance dans les soins que vous donnerez, conformément aux instructions que je vous ai envoyées, pour vous tenir à portée de contribuer, en tout ce qui pourra dépendre de vous, à une prompte réconciliation entre la Russie et la Suède. Ces attentions de votre part deviennent d'autant plus nécessaires pour les intérêts même de la France que, depuis l'invitation qui a été faite à la Czarine d'accéder au traité de paix nouvellement conclu entre la reine de Hongrie et le roi de Prusse par la médiation et sous la garantie de la Grande-Bretagne, je remarque un extrême empressement de la part du sieur Gundel[1], qui est resté ici chargé des affaires de la reine de Hongrie, de se lier d'intimité avec le prince de Candimir, ce qui donne lieu de penser qu'il y a quelque négociation ouverte de la part de la cour de Vienne dans l'espérance de pouvoir captiver celle de la Russie. Je ne crois pas qu'il y ait encore rien de conclu; et, comme la Czarine ne pourroit y donner les mains sans manquer entièrement aux assurances qu'elle a données en toutes occasions de vouloir préférer l'amitié du Roi à tout ce qui pourroit lui être proposé de la part des cours de Vienne et de Londres pour l'entraîner dans quelque engagement contre la France, vous jugerez aisément que vous ne devez négliger aucun moyen de rappeler à cette princesse combien le Roi compte sur ces assurances de sa part; et la disposition où Sa Majesté est aussi de continuer à s'intéresser à tout ce qui pourra être de ses avantages et de ses convenances : en sorte qu'en même temps que la paix pourra être rétablie dans le Nord, Leurs Majestés puissent prendre ensemble les mesures les plus assurées pour en perpétuer la durée et établir sur ce fondement les liaisons les plus intimes entre la France et la Russie. Je ne vois pas que vous puissiez prendre assez de confiance en MM. Bestucheff pour aller avec eux au delà de ces expressions générales; car il y auroit tout sujet de craindre qu'ils n'abusassent de ce que vous pourriez leur représenter, si vous vous attachiez à leur faire entendre que, depuis que le roi de Prusse a manifesté aussi publiquement la perfidie de son caractère, tous ses voisins doivent redouter de plus en plus son agrandissement et que plusieurs pensent en effet à prendre tôt ou tard des mesures contre les nouvelles entreprises que son ambition pourra le porter à former. Ce prince, après avoir trahi ouvertement ses alliés, ne cesse cependant de faire à l'Empereur[2] les plus vives protestations d'amitié et d'attachement à ses intérêts, et voudroit faire croire qu'il n'a pas eu intention d'obliger les Saxons de se retirer, ainsi qu'ils l'ont fait, de la Bohême, où l'armée française, depuis leur retraite, se trouve exposée aux plus grands dangers. Mais, quoique l'Empereur ait nouvellement fait passer à Berlin le maréchal de Seckendorf, sur l'invitation que le roi de Prusse lui en a faite, je dois vous marquer pour votre instruction particulière que, loin d'espérer de pouvoir parvenir par cette voie à quelque conciliation, il y a tout sujet d'en appréhender

---

1. En revanche, l'Empereur bavarois Charles VII était représenté auprès de la cour de France, en 1742, par le comte d'Œttingen, chargé de notifier son avènement, et par le prince de Grimberghen, ambassadeur.
2. Charles VII.

de nouvelles perfidies : de sorte que vous devez être extrêmement en garde contre ce qui pourra être répandu à la cour où vous êtes dans la vue de faire entendre, qu'en même temps que ce prince est parvenu à ses fins en concluant avec la cour de Vienne une paix particulière, il n'a pas négligé de contribuer aussi aux avantages de ses alliés ou du moins d'empêcher que la guerre n'eût de plus longues suites à leur préjudice. Mais, quoique vous ne deviez vous expliquer qu'avec une extrême circonspection sur une matière aussi délicate dans une cour où les ministres paroissent personnellement prévenus contre la France, vous pouvez, sans affectation, jeter des doutes sur les vues personnelles du roi de Prusse et laisser entendre que, jusqu'à ce que les affaires d'Allemagne soient plus décidées, il est de la prudence de suspendre son jugement sur ce qu'on peut en attendre.

Nous ne voyons pas encore précisément ce qui pourra résulter de la négociation de M. Nolken à Moscou lorsque les États de Suède seront assemblés. En général, nous ne devons souhaiter que le rétablissement de la paix entre cette couronne et la Russie, quand même les Suédois n'y obtiendroient pas les avantages dont ils s'étoient flattés [1]. L'essentiel pour nous est que les Anglois ne puissent enlever au Roi le fruit de toutes ses peines et de toutes ses dépenses en intervenant dans cette négociation, ainsi que je vous l'ai déjà marqué ; et je vous avoue que j'appréhende fort que MM. de Bestucheff ne leur procurent cet avantage et qu'ils ne traversent tout ce que vous pourriez tenter de faire ou de proposer dans les vues que le Roi se forme, tant pour le rétablissement de la paix dans le Nord que pour s'unir étroitement avec la Czarine pour l'intérêt commun de Leurs Majestés [2]. Certainement il seroit à désirer que pour lever un pareil obstacle, qui peut se rencontrer à chaque pas que nous voudrions faire, nous pussions trouver les moyens ou de perdre des ministres aussi malintentionnés, ou du moins de les gagner à force de présents. Mais malheureusement je n'y vois jusqu'à présent aucune disposition ou facilité, et je ne puis même que vous demander ce que vous penseriez des moyens qui pourroient être mis en usage avec quelque espérance de succès, pour réussir, de manière ou d'autre, à ne plus trouver d'opposition de leur part à ce qui pourroit être ménagé pour disposer la Russie à laisser la France intervenir seule pour le rétablissement de sa paix avec la Suède et à concourir au système qui seroit alors estimé le plus convenable pour l'affermissement du repos dans le Nord et pour cimenter l'amitié la plus étroite entre la France et la Russie.

Tâchez aussi de pénétrer si M. Nolken ne se seroit pas laissé gagner

---

1. C'est bien la condamnation du système suivi par le cabinet français, en opposition aux vues du marquis de La Chétardie.

2. Voici comme le prince Kantémir, ambassadeur de Russie auprès la cour de France, rendra compte de ces bruits de révolution qui circulaient à Paris : « Ces bruits parviennent ici de tous côtés, comme j'en ai déjà informé Sa Majesté l'Impératrice, et je crois nécessaire de le répéter afin qu'elle veuille y prêter l'attention qu'il convient... La conduite antérieure de cette cour-ci ne me permet pas de supposer que la propagation de ces bruits, au sujet d'une révolution imminente en Russie, provienne d'une disposition bienveillante envers Votre Majesté... Cette malveillance prendrait fin si Votre Majesté se livrait complètement aux mains de cette cour-ci... Les communications qu'on nous fait ici relativement à une révolution n'ont d'autre but que d'inquiéter Votre Majesté sur la sécurité intérieure de l'Empire, de nous ôter l'envie de nous joindre aux alliés de la reine de Hongrie, ou peut-être d'écarter de soi toute suspicion, dans le cas où il se produirait effectivement quelque trouble en Russie. » — Août 1743, SOLOVIEF, *Istoria Rossii*, t. XXI, pp. 283 et suiv.

par les ministres de la Czarine pour travailler à disposer les choses pendant l'assemblée des États, de manière que la Suède se trouvât obligée de faire la paix sur le pied du plan qui lui a été proposé pendant son séjour à Moscou.

P.-S. — Il me revient de tous côtés plusieurs avis comme si les choses n'étoient pas tranquilles en Russie et qu'on dût y craindre quelque nouvelle révolution; mais, comme M. de La Chétardie ne m'en parle point dans ses dernières lettres, je doute fort que ce ne soient des nouvelles mal fondées.

M. AMELOT A M. D'ALION.

Versailles, 9 août 1742 [1].

En attendant que je puisse, Monsieur, recevoir de vos lettres et savoir par vous-même sur quels points vous croirez avoir besoin d'instructions particulières, je ne veux pas omettre de vous donner des connoissances qui peuvent vous être nécessaires sur la situation actuelle des affaires générales.

Comme le Roi n'a eu en vue que les intérêts de ses alliés, lorsqu'il a jugé devoir concourir avec les rois de Prusse et de Pologne à soutenir les prétentions de la maison de Bavière sur la succession d'Autriche, Sa Majesté a toujours désiré qu'il pût se trouver des voies de conciliation pour terminer cette guerre à la satisfaction de toutes les parties intéressées; et il est aisé de juger que depuis que le roi de Prusse a fait sa paix particulière avec la reine de Hongrie et que le roi de Pologne s'est cru obligé de retirer en même temps ses troupes de la Bohême, Sa Majesté a plus que jamais de justes raisons de souhaiter la fin de cette guerre, dont tout le poids retombe sur la France depuis que l'Empereur se voit abandonné de ses autres alliés dans l'Empire. Dans cette situation, M. le marquis de Fénelon, ambassadeur du Roi auprès de la République des Provinces-Unies [2], a eu ordre de confier aux principaux ministres de cet État, que, de concert avec l'Empereur [3], Sa Majesté étoit disposée à apporter au rétablissement de la paix dans l'Empire toutes les facilités qu'on pourroit désirer, et qu'ainsi il ne dépendroit désormais que de la reine de Hongrie de faire cesser les troubles qui agitoient l'Allemagne. J'en parlai aussi dans ce sens à M. le marquis de Stainville [4] dans les derniers jours du mois de juin, et vous aurez appris par les nouvelles publiques que dans ce même temps M. le marquis de Belle-Isle à Prague ayant demandé d'avoir une entrevue avec le

1. *A. E. Russie*, t. XL, fol. 382.
2. Il remplit cette fonction, sauf quelques interruptions, de 1731 à 1743.
3. Charles VII.
4. Le marquis de Stainville (père du comte de Stainville, qui fut ensuite le duc de Choiseul-Stainville) fut, en 1741 et en 1749, envoyé auprès du roi de France par François de Lorraine, époux de l'Impératrice Marie-Thérèse. En sa qualité de grand-duc de Toscane, il avait continué les relations diplomatiques avec la France. On voit que le marquis de Stainville s'employait au rétablissement de la paix entre la France et l'Autriche.

comte de Konigseck, cette entrevue auroit eu lieu le 2 juillet dans le château de Komorsan[1].

Toutes ces démarches de la part du Roi sont autant de témoignages du désir que le Roi a de pouvoir lier une négociation qui puisse conduire à la paix. Mais il s'en faut beaucoup que toutes ces avances faites de la part de Sa Majesté aient produit l'effet qu'on en devoit attendre. Les ministres de la République de Hollande, en même temps qu'ils témoignent d'être bien éloignés de vouloir se laisser entraîner dans les vues de la nation angloise, qui pourroient allumer dans l'Europe une guerre générale, paroissent hésiter à se produire comme médiateurs pour la pacification de l'Allemagne indépendamment du roi de la Grande-Bretagne, qu'ils regardent comme étant en quelque manière en possession de cette médiation depuis que l'entremise de ses offices entre la reine de Hongrie et le roi de Prusse a produit la conclusion du traité de Breslau, que ces ministres regardent comme le premier pas fait pour parvenir à une paix générale dans l'Empire : de sorte qu'on ne peut encore apercevoir quel fond on peut faire sur les assurances qu'ils donnent d'être disposés à y contribuer autant qu'il leur sera possible. Les réponses envoyées de Vienne au marquis de Stainville donnent suffisamment à entendre que cette cour veut éluder de traiter et d'écouter aucune proposition. Elles ne contiennent, au fond, que des choses générales, mêlées de reproches entièrement inutiles sur le passé. Le marquis de Stainville s'est même contenté de faire à M. le cardinal de Fleury et à moi la lecture de ces réponses, sentant que les ménagements convenables n'y étoient pas observés.

Enfin nous apprenons, par les dernières lettres de Prague, que la négociation entre M. le maréchal de Belle-Isle et le comte de Konigseck n'a fait encore aucun progrès, celui-ci s'étant refusé à toutes les invitations qui lui ont été faites pour une seconde conférence. Dans ces circonstances, le Roi, ayant reconnu qu'on ne cherchoit qu'à abuser de sa modération et de sa facilité et que la situation de l'armée commandée par le maréchal de Broglie, investie en quelque manière par celle du grand-duc[2], devenoit tous les jours plus critique, a jugé devoir prendre la résolution de faire marcher sans délai son armée du Bas-Rhin vers la Bohême pour secourir et dégager celle qui est sous Prague[3]. Vous ne manquerez pas de faire part de cette résolution à la Czarine et à ses ministres ainsi que des motifs qui l'ont rendue nécessaire. Au surplus, quelque succès qui puisse en résulter, l'Empereur n'en est pas moins disposé à sacrifier la plus grande partie de ses prétentions au repos et à la tranquillité de l'Empire. Pour peu que la reine de Hongrie veuille se rendre un peu plus traitable, il ne tiendra qu'à cette princesse d'avoir la paix, et elle ne pourra désormais imputer qu'à elle-même la continuation des troubles.

Vous verrez comment les ministres de la Czarine recevront cette déclaration. Il seroit fort important que vous puissiez découvrir jusqu'où ont été portés les engagements de l'Angleterre avec la Russie. Comme MM. de Bestucheff sont vendus à la cour de Londres, je ne doute point qu'ils n'entrent volontiers dans toutes ses vues. Mais j'espère que la Czarine, toute

---

1. Voyez ci-dessus, p. 393. Komorn, ville forte du comitat de Presbourg.
2. François, grand-duc de Toscane, époux de Marie-Thérèse. — Dans les journées du 4 au 13 juin 1742, il avait battu le maréchal de Broglie sur la Moldau (Bohême), et il put lier ses opérations avec celles du feld-maréchal Kœnigsegg.
3. Il s'agit de la diversion opérée par Maillebois et qui, grâce aux instructions pusillanimes de Fleury, n'aboutit pas.

foible qu'elle est, ne suivra pas aveuglément leurs conseils : d'autant plus qu'il lui sera fort aisé de voir que les Anglois ont fort peu à cœur les intérêts de la Russie, et qu'ils n'ont d'autre dessein que de chercher à la faire servir à satisfaire leur rage et leur fureur contre la France[1].

Mais un point plus important pour la Czarine, et qui la touche de plus près, est le danger qu'elle court peut-être aujourd'hui sans le savoir. Il est bien à craindre que quelques-uns de ses propres ministres ne cherchent à la supplanter et à former eux-mêmes une révolution qui feroit remonter le jeune prince Ivan,[2] sur le trône. Il faut parer ces coups de bonne heure, si l'on ne veut pas y succomber. Je ne sais par où vous pourrez lui faire passer ces avertissements ; car on m'assure qu'elle n'a aujourd'hui que très peu de confiance dans le sieur de Lestocq et je n'imagine cependant point d'autre canal à qui vous puissiez confier une chose aussi délicate.

J'ai appris ces jours-ci que le comte de Lewenhaupt avoit abandonné Frédériksham à l'approche des Moscovites en mettant le feu à tout ce qu'il n'a pu emporter et qu'il s'est retiré à 10 ou 12 werstes de cette ville. Si la nouvelle est vraie, comme on n'en peut guère douter, la Suède en sera d'autant plus disposée à la paix ; mais peut-être aussi que la Czarine se rendra aussi plus difficile. Il seroit pourtant bien de son intérêt, par les raisons que je viens de vous expliquer, de profiter de ce moment pour se lier d'amitié avec une puissance qui affirmeroit sa situation et son autorité.

M. AMELOT A M. D'ALION.

Versailles, 24 août 1742 [3].

J'ai reçu, Monsieur, votre lettre du 16 juillet. C'est par oubli si je ne vous ai pas fait mention de votre ameublement. Je viens d'expédier l'ordonnance pour vous le faire payer.

Je suis informé avec certitude que la Czarine et ses ministres sont extrêmement prévenus contre vous, principalement à cause des relations que vous avez eues avec l'ambassadeur turc pendant son séjour à Pétersbourg. Comme vous seriez beaucoup moins utile au service du roi si ces méfiances subsistoient dans toute leur étendue, vous devez donner tous vos soins à les faire cesser ou du moins à les diminuer, et tâcher de vous rendre agréable à la cour où vous êtes.

Indépendamment de ce qui vous regarde personnellement, je ne puis douter qu'on ne cherche à aigrir la Czarine contre la France, en vue de tout ce qu'on suppose que nous avons fait et que nous continuons de faire pour les Suédois, et, par rapport à la conduite de M. de Castellane[4] à Constantinople, qu'on prétend faire les derniers efforts auprès des ministres de la Porte pour les engager à faire une diversion contre la Russie. Je sais même qu'on a persuadé à la Czarine que la France avoit garanti le traité

1. A cette époque l'Angleterre préparait une puissante coalition contre la France ; elle cherchait à y entraîner la Hollande, les princes de l'Empire, etc.
2. L'Empereur Ivan VI, détrôné en 1741.
3. *A. E. Russie*, t. XL, fol. 437.
4. Ambassadeur de France à Constantinople. — Voyez ci-dessus, p. 375.

d'alliance défensive entre la Suède et la Porte. Il seroit difficile de vous mettre en état de lever toutes ces méfiances, dont quelques-unes peuvent être fondées, parce que M. de Castellane a effectivement été beaucoup trop loin en plusieurs occasions, qu'il seroit trop long de vous détailler, et la distance des lieux ne m'a pas permis d'y remédier aussi promptement que je l'aurois voulu. Mais cependant il s'en faut de beaucoup qu'il ait porté les choses au point qu'on le croit, et il est faux que la France ait jamais garanti le traité d'alliance défensive de la Suède avec la Porte[1]. Et quant aux secours d'argent que le Roi a pu donner à la Suède, outre qu'on ne doit les regarder que comme l'exécution d'engagements antérieurs et nullement relatifs aux affaires de Moscovie, Sa Majesté n'a jamais cessé d'exhorter les Suédois à la paix et même de leur conseiller de s'unir étroitement avec la Russie pour l'intérêt commun des deux couronnes. J'ai cru que toute cette explication étoit nécessaire pour votre instruction et pour vous mettre en état de faire connoître à la Czarine quelles ont été dans tous les temps les vues et les intentions de Sa Majesté, quoique, par des circonstances forcées, il ne lui ait pas toujours été libre de les manifester clairement.

Au surplus, je vois avec peine qu'on ne doit pas trop compter sur les épanchements de cœur que la Czarine a eues quelques fois avec M. de La Chétardie. Sa conduite les dément absolument : ce qui ne peut provenir que de fausseté ou de foiblesse, et je soupçonnerois plutôt le premier. Il est certain qu'il n'y a aucun de ses ministres dans les différentes cours qui ne soit intimement lié avec tous nos ennemis et qui ne montre en toute occasion, et même sans beaucoup de ménagement, sa partialité contre la France ; et je crois qu'il ne seroit pas mal à propos que vous en informassiez le confident[2] dont la bonne volonté me paroît avoir été jusqu'ici très infructueuse.

Le roi de Prusse nous a fait dire qu'il avoit des avis certains que M. de La Chétardie avoit fait tous ses efforts pour engager la Czarine à faire une ligue contre lui conjointement avec la Suède et le Danemark. Vous savez que rien n'est plus malicieusement controuvé et j'espère que ce prince sera content de la réponse que j'ai faite à son ministre[3] lorsqu'il m'a communiqué les ordres que son maître lui avoit donnés pour s'en éclaircir. Mais il faudroit tâcher de remonter à la source. Cet avis pourroit bien être venu au roi de Prusse par l'Angleterre, qui s'efforce continuellement de donner des méfiances à ce prince contre nous. On peut également en soupçonner MM. de Bestucheff, qui sont très capables d'une pareille noirceur. C'est ce que vous pourriez savoir par M. de Mardefeld, avec qui vous pouvez vous en expliquer clairement.

---

1. Le traité d'alliance défensive du 19 juillet 1740, entre la Suède et la Turquie. Le prédécesseur de Castellane, Villeneuve, avait beaucoup aidé à cette conclusion. — A. VANDAL, *Une Ambassade*, etc., p. 493.

2. Lestocq. — C'est à propos de lui que M. Wich, le résident britannique à Pétersbourg, écrivait, le 15 décembre 1742 : « J'ai amené une réconciliation entre Lestocq et les deux frères Bestoujef, et j'ai décidé le premier à accepter une pension de 600 livres sterling de Sa Majesté le roi d'Angleterre. Il a été très content, et il m'a fait de grandes promesses. Mais il est en même temps payé par la France. » *La cour de Russie il y a cent ans*, p. 110.

3. Le comte de Camas, Français d'origine, mari de la grande gouvernante de la reine de Prusse.

M. AMELOT A M. D'ALION.

Versailles, 1er février 1743 [1].

Je vous avoue que malgré ce que vous me marquez de l'exception faite de la part de la Czarine de la guerre actuelle entre l'Espagne et l'Angleterre[2], de tous les cas de guerre entre la France et l'Angleterre dans le traité d'alliance défensive que cette princesse vient de conclure avec le roi de la Grande-Bretagne[3], je doute encore que l'avis qui vous en a été donné soit fondé. Pourquoi, dans les présentes circonstances, les Anglois feroient-ils, ainsi qu'ils le font, un si grand trophée de la conclusion de cette alliance, si véritablement elle contenoit une pareille réserve? Je pense, de plus, que si la Czarine a donné en cette occasion un témoignage aussi marqué de ses égards pour ce qui peut intéresser la France, le prince de Cantémir auroit dû recevoir ordre de s'en expliquer ici, pour en faire un mérite à cette princesse auprès du Roi. Je n'ai que lieu de me louer des assurances générales que ce ministre continue de me donner des bonnes intentions de la Czarine et de la volonté où elle est de correspondre à tout ce que Sa Majesté peut désirer de sa part. Mais, en me parlant de la signature qui a été faite à Moscou de l'alliance défensive nouvellement conclue entre la Russie et la Grande-Bretagne, il s'est contenté de me laisser entendre qu'il ne doutoit pas que la Czarine n'eût pris en cette occasion les précautions convenables pour empêcher qu'on ne pût abuser de ce traité contre les intérêts de la France. Et je n'ai pu éclaircir ce qu'il entend par ces précautions. Je souhaite qu'il puisse m'en dire davantage lorsqu'il aura reçu de nouveaux ordres, et j'attendrai aussi avec impatience que vos premières lettres me confirment l'exception que vous m'annoncez comme faite de la part de la Czarine dans son nouveau traité avec le roi de la Grande-Bretagne : d'autant plus que le lord Carteret a nié, il y a quelques semaines, à M. de Bussy[4] qu'il fût question de cette réserve de la part de la Czarine pour ce qui regarde la France.

Le mieux pour les intérêts du Roi et de ses alliés auroit été que cette princesse eût continué d'éluder sous différents prétextes la conclusion de cette alliance. Le public la regardera comme le signe d'une union et d'un concert entre l'Angleterre et la Russie, et les Anglois ne manqueront pas

---

1. *A. E. Russie*, t. XLII, fol. 90.
2. L'Espagne se voyant impuissante à réprimer la contrebande anglaise dans ses colonies d'Amérique, une guerre avait éclaté, à la fin de 1739, entre les deux puissances. Le théâtre en fut principalement l'Amérique. Elle ne se termina qu'avec la guerre de la succession d'Autriche en 1748.
3. Le traité du 11/22 décembre 1742, conclu entre le résident anglais Wich et les plénipotentiaires russes, Alexis Bestoujef, et Brevern. Il était défensif : Si le roi d'Angleterre était attaqué, la Russie lui fournirait 10 000 fantassins et 2 000 cavaliers; si la Russie était attaquée, l'Angleterre lui enverrait 12 vaisseaux de guerre portant 700 canons. Ces secours réciproques pourraient, d'un commun accord, être remplacés par un subside annuel de 500 000 roubles. L'Angleterre ne serait pas forcée de secourir la Russie contre les Turcs et autres nations orientales ; la Russie ne garantissait pas les possessions britanniques hors d'Europe, et les troupes russes ne pourraient être employées en Italie, Espagne et Portugal. Enfin, si l'une des deux puissances contractantes se trouvait avoir une guerre autre sur les bras, le secours stipulé ne serait pas exigible d'elle. SOLOVIEF, *Historia Rossii*, t. XXI, pp. 231-232.
4. Ministre de France auprès de l'électeur de Hanovre.

de s'en prévaloir pour faire entendre de toutes parts qu'ils sont assurés d'être secondés de la Czarine dans tous leurs projets. Le lord Carteret, aussitôt après l'arrivée de la nouvelle de la conclusion de cette alliance, s'est vanté publiquement qu'elle avoit été conclue à votre insu; et il a ajouté à ses confidents que l'Angleterre dispose souverainement des sieurs Troubetskoï[1], Brevern[2] et Bestucheff, et que désormais la France aura si peu d'influence sur les affaires à la cour de Russie, qu'il émanera incessamment une ordonnance pour y défendre entièrement le commerce des marchandises de France; que le crédit de cette couronne en Suède tombera d'une chute commune, et que l'Angleterre va reprendre toute supériorité dans le Nord. On conçoit aisément que de pareilles rodomontades du ministère anglois désignent seulement les espérances qu'il se forme, et qu'il croit pouvoir établir sur la conclusion du nouveau traité et annoncer comme devant en être les suites. Cette politique est avantageuse en Angleterre pour entretenir la nation dans des dispositions favorables, à l'effet d'en tirer des subsides extraordinaires; et, lorsque ensuite les choses ne réussissent pas avec tout le succès que les ministres avoient fait envisager comme indubitable, ils s'attachent à leurrer le peuple de nouvelles idées capables de nourrir et entretenir sa bonne volonté. Je suis persuadé aussi que, nonobstant ce que le lord Carteret débite avec tant d'ostentation, il s'en faut beaucoup qu'il puisse se flatter de pouvoir prévaloir tellement sur le ministère de Russie, que l'Angleterre soit assurée de disposer désormais à sa volonté de cette puissance au point de porter la Czarine à des démarches dont le Roi pourroit former de justes plaintes. Telle seroit par exemple l'ordonnance annoncée par le lord Carteret pour défendre tout commerce des marchandises de France en Russie; et il n'est pas à présumer que jamais la Czarine se porte à publier une pareille ordonnance, qui ne pourroit être que l'effet d'une volonté marquée de rompre toute correspondance entre ses États et ceux du Roi. Mais ce discours tenu imprudemment par le lord Carteret, joint à quelques avis venus d'autre part, que la Czarine veut défendre à ses sujets tout usage d'étoffes d'or et d'argent, donne de justes soupçons que le projet de l'interdiction de ces étoffes en Russie avoit été donné et appuyé de la part des Anglois, qui savent le préjudice infini qui en résulteroit indubitablement pour nos fabriques de Lyon et de Tours, en même temps que les manufactures de laine et de soie d'Angleterre ne pourroient qu'en profiter, par l'obligation où les Russes se trouveroient de ne plus se servir que d'étoffes unies. Comme je n'ai rien vu d'un pareil projet, dans vos lettres, je puis encore douter de sa réalité, étant persuadé que vous n'auriez pas manqué non seulement de m'en informer, mais aussi de donner tous vos soins pour empêcher une interdiction aussi contraire à la vue, que vous avez eue vous-même, d'entamer avec les ministres de la Czarine la négociation d'un traité de commerce entre la France et la Russie. Mais cet objet est si essentiel que je ne dois pas différer à vous marquer que, les Anglois ayant ainsi manifesté leurs mauvaises intentions pour engager la Czarine à publier dans ses États des défenses qui fassent tomber entièrement le commerce des François dans ses États, vous ne pouvez

---

1. Il y avait alors plusieurs princes Troubetskoï en vue : 1º Ivan Iouriévitch, sénateur, feld-maréchal, mort en 1750; 2º un autre Ivan Iouriévitch, chambellan, président du Collège de justice, mort en 1744; 3º Nikita Iouriévitch, né en 1699, mort en 1767, qui fut procureur général auprès du Sénat, feld-maréchal, président du Collège de la guerre. C'est sans doute de celui-ci qu'il s'agit.

2. Karl von Brevern, *ministre de conférence,* président de l'Académie des Sciences. — Né en 1704, mort en 1744.

trop promptement vous en expliquer avec les ministres de cette princesse, pour empêcher, s'il est possible, toute défense et interdiction de sa part sur les étoffes d'argent, puisqu'ils ne peuvent ignorer que, ces étoffes étant le principal commerce de France, ce seroit marquer une volonté déterminée de donner toute préférence aux étoffes d'Angleterre.

Le roi de Prusse a fait témoigner au lord Carteret son impatience de ce que le ministre anglois auprès de la Czarine n'a point encore porté cette princesse à garantir le traité de paix de Breslau en faveur de Sa Majesté prussienne, et le lord Carteret a répondu que la signature du traité d'alliance défensive entre la Russie et la Grande-Bretagne faciliteroit l'exécution de ce qui a été promis au roi de Prusse au sujet de cette garantie.

Cependant le principal obstacle à un rapprochement entre la France et la Russie disparaissait. Les Suédois, trompant les espérances que le gouvernement français avait fondées sur leur puissance militaire, avaient été complètement battus. Lascy et Keith leur avaient enlevé toutes leurs places de Finlande ; à Helsingfors, dix-sept mille Suédois avaient capitulé devant une armée russe à peine plus nombreuse. Le sénat de Stockholm avait puni de mort ses généraux malheureux, Levenhaupt et Buddenbrock. La Suède n'en fut pas moins obligée de subir la paix d'Abo (17 août 1743). Élisabeth rendit ses conquêtes, sauf une partie de la Finlande méridionale jusqu'à la rivière de Kiümen. Elle fit élire prince royal de Suède, de préférence au prince royal de Danemark, Adolphe-Frédéric, administrateur du duché de Holstein. C'était donc deux membres de la maison de Holstein, Adolphe-Frédéric et le futur Pierre III, qui se trouvaient héritiers présomptifs des couronnes de Suède et de Russie. A une longue hostilité entre les deux pays allait succéder une période de paix et d'amitié.

D'autre part, l'amitié de la Russie devenait plus désirable que jamais pour la France. Par les revers de l'Empereur bavarois Charles VII, par la défection du roi de Prusse, de l'électeur de Saxe, roi de Pologne, et de la plupart de nos alliés allemands, par l'intervention de l'Angleterre et de la Hollande dans l'affaire de la succession d'Autriche, la guerre commencée en 1741 devenait, en 1743, très lourde pour nous ; le cardinal de Fleury était mort, le 9 janvier 1743, moins de vieillesse que du chagrin de voir si mal tourner l'aventure où on avait malgré lui engagé la France.

De son côté, la Tsarine Élisabeth n'avait pas oublié toutes ses sympathies pour la France.

C'était à contre-cœur, cédant aux conseils d'Alexis Bestoujef, qu'elle avait conclu, le 22 décembre 1742, un traité d'ailliance défensive avec l'Angleterre. Son ambassadeur à Paris, Kantémir, avait reçu l'ordre de faire entendre à Versailles que sa maîtresse avait « pris les précautions convenables pour qu'on ne pût abuser de son traité avec l'Angleterre contre les intérêts de la France »[1].

1. Voyez ci-dessus p. 400, la lettre de M. Amelot, du 1er février 1743.

L'ambassadeur d'Autriche à Pétersbourg, le marquis de Botta-Adorno, pour avoir été trop peu scrupuleux sur les moyens qu'il employait pour gagner la Russie aux intérêts de Marie-Thérèse, avait gravement compromis ces derniers. Il s'était lié avec les mécontents[1]. Il avait peut-être espéré, comme avait réussi à le faire en 1741 La Chétardie, amener une révolution. Il se trouva impliqué dans une conspiration qui avait pour but de rétablir la maison de Brunswick. Elle fut découverte en août 1743, et la torture arracha des aveux aux accusés. Le lieutenant-colonel Ivan Lapoukhine, sa mère Natalie Feodorovna et son père Stépane, la femme même de Michel Bestoujef, qui était une Golovkine, Sophia Lilienfeld et plusieurs autres, furent cruellement suppliciés. Le marquis de Botta, heureusement pour lui, se trouvait alors à Berlin; mais il fut dénoncé à sa cour, dont Élisabeth exigea une répression exemplaire. Marie-Thérèse ne s'exécuta pas assez vite, plus fière et moins politique que Frédéric II, qui aussitôt expulsait de Berlin l'ambassadeur disgracié[2].

Guy Dickens, que le cabinet anglais avait adjoint à M. Wich, avec des instructions secrètes, même pour celui-ci, fut aussi gravement compromis dans le complot[3].

Le retentissement de cette petite révolution de palais fut grand en Europe : à Londres, on en fut désespéré; à Paris, on s'en réjouit comme d'une bataille gagnée. On crut le moment venu de nommer à Pétersbourg un ambassadeur extraordinaire. On pensa certainement à La Chétardie, qui sans doute s'agitait beaucoup, et Kantémir informait sa cour que l'on croyait « la présence de La Chétardie nécessaire à Pétersbourg ». Dès cette époque, Élisabeth l'aurait vu revenir avec plaisir. Cependant, comme ce choix présentait des inconvénients, indiqués avec discrétion par Kantémir et avec plus d'insistance par d'Alion, on résolut d'abord de tâter le terrain : de là le projet d'une mission secrète confiée à M. de Meslières.

1. Il y en avait beaucoup, et les bruits d'une révolution prochaine couraient de plus belle. D'Alion avait contribué à les répandre. Il rapportait que, pendant un bal donné le 29 juin 1743, l'Impératrice lui avait fait le récit suivant : « Comme elle se promenait dans ses jardins, elle fut abordée par un soldat de la garde qui, avec des larmes dans les yeux, lui demanda s'il était vrai, d'après certains bruits qui couraient, qu'elle eût l'intention d'abandonner ses fidèles sujets et de céder la couronne à son neveu. L'Impératrice, d'abord très surprise, dit à ce soldat que c'était un mensonge et que, s'il entendait n'importe quel personnage répéter ce propos, fût-ce un feld-maréchal, elle l'autorisait à décharger sur lui son fusil. » Il est à noter que toutes ces dépêches de d'Alion étaient perlustrées, mises sous les yeux de l'Impératrice, et que ces perlustrations sont encore conservées aux Archives de Moscou. Solovief, *Istoria Rossii*, t. XXI, pp. 284 et suiv.
2. Solovief, *Istoria Rossii*, t. XXI, pp. 286 et suiv. — *Archives Voronzof*, t. II.
3. Sur ces instructions secrètes, données par lord Carteret, dépêche de d'Alion, 27 septembre 1743. *A.-E. Russie*, t. XLIII, fol. 205.

XXI

M. DE MESLIÈRES

PROJET D'UNE MISSION SECRÈTE

1743

Le Roi ne se refusait pas à renvoyer La Chétardie en Russie, mais on voulait s'assurer si sa mission aurait des chances de succès. A cette fin, on eut un moment l'intention de charger M. de Meslières, alors secrétaire de M. de Lanmary à Stockholm, d'une mission secrète à Pétersbourg. Il devait s'y renseigner, notamment auprès de Brümmer, sur les sentiments réels de la cour de Russie et sur ce qu'on pouvait espérer d'une nouvelle ambassade du marquis. Une Instruction fut donnée à M. de Meslières le 20 juillet 1743; mais, après réflexion, il reçut contre-ordre.

M. Amelot est toujours ministre des affaires étrangères.

INSTRUCTION AU SIEUR DE MESLIÈRES SUR LE MOTIF SECRET DE SON VOYAGE DE STOCKHOLM A PÉTERSBOURG. — 20 JUILLET 1743[1].

Le sieur de Meslières est suffisamment informé de ce qui s'est passé entre le marquis de La Chétardie pendant son séjour à la

---

1. *A. E. Russie*, t. XLII, fol. 427.

cour de Russie et MM. de Bestucheff en qui la Czarine a paru donner sa principale confiance pour l'administration des affaires de son État depuis son avènement au trône. Il sait que les choses furent portées au point que le marquis de La Chétardie jugea devoir supplier le Roi de le rappeler de cette cour où il ne pouvoit suivre et traiter les affaires de Sa Majesté, ayant rompu tout commerce avec ces deux ministres. La Czarine a cependant témoigné publiquement du regret de son départ d'auprès d'elle ; et, après l'avoir comblé de ses bienfaits en le congédiant, elle a prévenu son arrivée en France par la demande qu'elle a fait faire expressément au Roi de le renvoyer auprès d'elle. Elle ne pouvoit lui donner un témoignage plus authentique de la satisfaction qu'elle avoit de la conduite qu'il avoit tenue pendant son séjour en Russie ; et, la demande si précise de son retour à cette cour donnant lieu de juger que la Czarine comptait de prendre des tempéraments qui rendroient son séjour auprès d'elle utile à entretenir et même à augmenter la bonne intelligence des deux couronnes, Sa Majesté, dans cette confiance, fit écrire au marquis de La Chétardie qu'elle lui permettoit de retourner en Russie reprendre ses fonctions. Il reçut, sur la route de Berlin à Francfort, la lettre contenant cette permission de Sa Majesté ; et, comme il se trouvoit près des frontières de France où ses affaires personnelles requéroient sa présence et où elles l'ont retenu jusqu'à présent par rapport au voyage qu'il a été obligé de faire dans ses terres, son retour a été suspendu. Revenu de ses terres depuis quelques jours, il se disposoit à partir. Mais j'ai été fort surpris, lorsque j'ai parlé de son prochain départ à M. le prince Cantémir, de le trouver aussi froid et aussi indifférent que je l'avois vu empressé ci-devant : ce qui me faisoit soupçonner que la Czarine ne penseroit plus aujourd'hui sur son compte comme autrefois, et en ce cas rien ne seroit plus hors de propos de le renvoyer à Pétersbourg. C'est donc pour s'en éclaircir pleinement que M. de Meslières devra s'expliquer en toute confidence à M. de Brummer et le prier de faire connoître à la Czarine les raisons légitimes et indispensables qui ont retenu jusqu'à présent M. de La Chétardie ; qu'ayant aujourd'hui terminé ses affaires qui ont retardé son départ, il est prêt à se mettre en chemin pour retourner auprès d'elle ; mais que la froideur avec laquelle le prince Cantémir en a reçu la nouvelle, fait craindre à Sa Majesté que la Czarine n'ait changé de sentiment. En ce cas, Sa Majesté seroit bien éloignée de vouloir lui envoyer une personne qui ne lui seroit pas agréable ou qui pourroit même lui causer le moindre embarras. Le Roi, étant informé que M. de La Chétardie étoit ouvertement brouillé avec MM. de Bestucheff, n'auroit même jamais songé à le renvoyer si la Czarine qui en étoit également instruite n'avoit expressément demandé son retour. Mais si elle ne pensoit plus de même aujourd'hui, Sa Majesté se proposeroit d'envoyer M. le comte Desalleurs[1] qui est présentement à la cour de Dresde et qui s'y est généralement fait estimer et considérer; qu'enfin le Roi remet entièrement à la Czarine de choisir entre ces deux ministres, et qu'il fera passer auprès d'elle incessamment celui qu'elle voudra préférer.

Cette simple exposition des intentions de Sa Majesté est de nature qu'il n'est pas à croire que M. de Brummer refuse de se charger de la faire à la Czarine, et il suffira qu'après qu'il aura reçu la réponse de cette princesse, il la rende au sieur de Meslières en termes qui, ne laissant subsister aucune incertitude sur ce dont il est question, mettent le Roi en état d'envoyer au plus tôt à la cour de Russie un ministre de sa part avec tel caractère qui sera jugé le plus convenable; le sieur de Meslières pouvant cependant faire observer à M. de Brummer que, comme il ne paroît pas que la Czarine exige des autres puissances de revêtir du caractère d'ambassadeur les ministres qu'elles tiennent à la cour de Russie et que le cérémonial d'un ministre de premier ordre est toujours sujet à des difficultés embarrassantes, le simple titre de ministre plénipotentiaire, auquel le marquis de La Chétardie s'étoit réduit vers la fin de son séjour à cette cour, paroîtroit peut-être préférable à tout autre pour le nouveau ministre que Sa Majesté enverroit à la Czarine, cette qualité étant celle dont presque tous les autres ministres étrangers qui sont de résidence auprès

---

1. Roland Puchot, comte des Alleurs, fils de Pierre Puchot, qui avait été ambassadeur à Constantinople. Il épousa en Saxe une princesse Lubomirska, ce qui lui procura la protection de la Dauphine de France, princesse de Saxe et mère de Louis XVI. Il fut ensuite ambassadeur à Constantinople, de 1748 à 1754.

d'elle se trouvent revêtus : mais que sur cet article il se conformera encore à ce que la Czarine paroîtra désirer.

Rien ne doit empêcher le sieur de Meslières de revenir à Stockholm après qu'il aura reçu la réponse sur l'objet de sa commission, et il attendra qu'il y soit arrivé pour faire passer en France cette réponse, qu'il conviendra d'envoyer par un courrier.

Fait à Versailles, 20 juillet 1743.

XXII

LE MARQUIS DE LA CHÉTARDIE

DEUXIÈME MISSION

1743-1744

Les avertissements n'avaient pas manqué à la cour de France sur le danger qu'il y avait à renvoyer en Russie le présomptueux marquis. D'Alion, qui, d'ailleurs supportait avec peine de se voir, par ce retour, relégué au second plan ou forcé de s'éloigner, faisait savoir que « la faveur déclarée et si bien méritée de M. le marquis de La Chétardie a aigri tous les esprits contre lui et, par contre-coup, contre la France ». Il insistait sur la jalousie inspirée aux ministres russes par le marquis, « au personnel duquel on en veut bien plus qu'à la France [1] ».

Cependant, comme Élisabeth elle-même faisait savoir par Kantémir qu'elle reverrait La Chétardie avec plaisir, on passa outre et on remit au marquis l'Instruction suivante :

MÉMOIRE POUR SERVIR D'INSTRUCTION AU SIEUR MARQUIS DE LA CHÉTARDIE, MARÉCHAL DES CAMPS ET ARMÉES DU ROI, RETOURNANT DE LA PART DE SA MAJESTÉ AUPRÈS DE LA CZARINE DE RUSSIE. — 22 SEPTEMBRE 1743 [2].

Les riches présents et l'ordre de Saint-André dont la Czarine a honoré le sieur marquis de La Chétardie à son départ d'auprès

---

1. Lettres des 26 novembre et 10 décembre 1743.
2. *A. E. Russie*, t. XLIII, fol. 175.

d'elle au mois de septembre de l'année dernière, et plus enfin la demande qu'elle a fait faire au Roi peu de temps après par le prince de Cantémir, son ministre plénipotentiaire auprès de Sa Majesté, que ledit sieur marquis de La Chétardie pût retourner à sa cour pour y reprendre ses fonctions comme ci-devant, sont autant de témoignages de l'entière satisfaction que cette princesse a eue de la conduite qu'il a tenue pendant son séjour en Russie. C'est aussi ce qui a déterminé le Roi à lui accorder dès lors la permission de retourner, suivant les désirs de la Czarine, à Pétersbourg, s'il avoit lieu de juger que sa présence en cette cour pourroit y être utile pour le service de Sa Majesté : ce dont il y avoit de justes sujets de douter, tant que les mêmes raisons qui l'avoient obligé de supplier le Roi de le rappeler feroient appréhender qu'il ne trouvât des obstacles insurmontables à établir entre Sa Majesté et la Czarine une confiance mutuelle pour leurs intérêts communs. Cette princesse ne pouvoit avoir le moindre doute de l'amitié sincère que le Roi avoit pour elle personnellement. Mais les ministres sur lesquels elle avoit jugé devoir se reposer pour l'administration des affaires de son État lui avoient fait entendre que les liaisons intimes qui subsistoient entre la France et la Suède, et les secours que le Roi n'avoit pas cessé de donner aux Suédois pour les aider à soutenir les dépenses de la guerre qui s'étoit allumée entre la Russie et la Suède, avant l'avènement de la Czarine au trône, devoient lui inspirer des défiances de cette partialité de la France pour les ennemis de la Russie et porter cette princesse à former, de préférence, des liaisons avec les puissances qui se trouvoient en opposition d'intérêts politiques avec le Roi.

Heureusement la paix qui vient d'être conclue entre la Russie et la Suède et l'élection que les États de ce royaume ont faite, en conséquence, du prince de Holstein, évêque de Lubeck, suivant les désirs de la Czarine, pour successeur à leur couronne, vont désormais établir entre la Russie et la Suède l'union la plus étroite ; et, ce double événement faisant disparoître les prétextes employés précédemment par les ministres de cette princesse pour la détourner de prendre confiance dans les assurances qui lui étoient données de la part du Roi de vouloir concourir à ses avantages et à ceux du duc de Holstein [1] qu'elle a déclaré et fait reconnoître son successeur au trône de Russie, il paroît que le sieur marquis de La Chétardie ne peut arriver à cette cour dans une circonstance plus favorable pour ne se trouver exposé à aucune contradiction lorsqu'il assurera la Czarine de toute l'amitié du Roi pour sa personne et des dispositions de Sa Majesté à concourir à tout ce que cette princesse pourra désirer pour l'affermissement de la paix du Nord, et pour assurer de plus en plus, sur le fondement de cette paix, la succession à la couronne de Suède en faveur de l'évêque de Lubeck [2], de même que celle au trône de Russie en faveur du duc de Holstein, son neveu. C'est ce qui a déterminé à ordonner au sieur marquis de La Chétardie de ne pas différer son départ, pour se rendre le plus promptement qu'il lui sera possible à Pétersbourg, et à le revêtir pour cet effet du caractère de son ambassadeur extraordinaire, ainsi qu'il l'a été précédemment auprès de la Czarine Anne, en y joignant même le titre de plénipotentiaire de Sa Majesté, la connoissance qu'elle a du zèle qu'il a marqué en toutes occasions pour la gloire et les avantages de sa couronne lui donnant tout lieu de compter qu'elle aura toujours également occasion de se louer de la manière dont il remplira ses intentions dans la nouvelle commission qu'elle l'a jugé plus capable que personne de remplir à son entière satisfaction.

Elle lui fait remettre, avec la présente Instruction, une lettre de son cabinet pour présenter à la Czarine dans la première audience particulière qu'il aura de cette princesse, et une lettre expédiée à l'ordinaire dans la secrétairerie d'État pour la remettre le jour de la cérémonie de sa première audience publique. Il est parfaitement instruit des usages établis en Russie pour les honneurs, prérogatives et immunités dont il devra jouir en qualité d'ambassadeur du Roi. Ainsi Sa Majesté ne juge pas devoir lui prescrire à cet égard aucune autre règle de cérémonial, si ce n'est d'être extrêmement attentif à maintenir le rang et prééminence de sa couronne.

1. Le futur empereur Pierre III.
2. Adolphe-Frédéric de Hoslstein-Eutin, évêque de Lübeck, administrateur du duché de Holstein, que l'influence de la Russie fit, en 1743, élire prince royal de Suède et qui devint roi de ce pays en 1751. Il manifesta toujours des sympathies françaises. Il avait épousé Louise-Ulrique, sœur de Frédéric II, et fut le père de Gustave III.

Depuis que le Czar Pierre Ier s'est fait proclamer empereur de Russie après la conclusion de son traité de paix avec la Suède en 1721, ce prince et ses successeurs se sont tous également fait un point d'honneur de faire reconnoître ce titre en leur personne par les autres puissances; et la Czarine, actuellement régnante, paroît s'y attacher encore plus particulièrement, comme étant fille de Pierre Ier et, en cette qualité, plus étroitement obligée à perpétuer la mémoire de ce prince en assurant à ses successeurs le titre impérial dont il a jugé devoir décorer la couronne de Russie. La plupart des têtes couronnées, les unes plus tôt, les unes plus tard, ont bien voulu, par des raisons d'État, se porter à cette condescendance, croyant devoir, pour leurs intérêts politiques, se ménager la bienveillance et l'amitié d'une puissance qui, depuis le règne de Pierre Ier, tient un rang aussi considérable dans l'Europe. Mais, jusqu'à présent, la France n'a pas trouvé qu'il y eût pour elle des raisons assez fortes pour la déterminer à reconnoître, dans ceux qui ont occupé le trône de Russie, d'autres titres que ceux qu'un long usage avoit établis. Ce n'est pas que Sa Majesté ait estimé que la dignité de sa couronne pût être intéressée à donner ou refuser celui d'Empereur aux Czars de Russie. Le Roi est Empereur en France, qui est le premier royaume de la chrétienté; les puissances d'Asie et d'Afrique ont de tout temps reconnu et traité en cette qualité les Rois de France dans leurs lettres et dans les traités et autres actes publics, et Sa Majesté, à l'exemple de ses prédécesseurs, prend également le titre d'Empereur en traitant avec ces puissances. Mais ils n'ont pas fait consister leur gloire à se parer ordinairement de ce vain titre : d'autant que la qualité de Roi de France leur assuroit, après l'Empereur des Romains, le premier rang entre toutes les autres têtes couronnées, de quelque titre et qualité nouvelle dont quelques-unes d'entre elles crussent devoir affecter de se décorer. Telle est la prééminence de la couronne de France; et si le Roi, par des égards personnels pour la Czarine, peut être porté, dans la suite, à se rendre plus facile pour reconnoître le titre d'Impératrice en la personne de cette princesse, ce sera toujours bien entendu que cette condescendance de Sa Majesté ne pourra jamais, en aucun temps ni en aucun cas, tirer à conséquence, et donner lieu à la couronne de Russie de s'en prévaloir pour prétendre aucune prééminence ni prérogative nouvelle par rapport au Roi et à la couronne de France ; ni que, pour raison de cette qualité, les ministres de Russie en France ou dans les cours étrangères puissent former aucune prétention nouvelle ou apporter aucun changement au cérémonial établi entre les ministres du Roi et les ministres de cette puissance. Cette connoissance que Sa Majesté donne par avance de ses intentions au sieur marquis de La Chétardie sur les facilités que, dans la suite, elle pourroit apporter à reconnoître la Czarine en qualité d'Impératrice, n'est pas pour qu'il se porte à faire de lui-même aucune insinuation pour faire pressentir les dispositions de Sa Majesté à cet égard. Il doit au contraire s'attacher, en arrivant à Pétersbourg, à n'en rien laisser entrevoir et à établir, comme chose entièrement hors de doute, qu'il ne doit y avoir rien de changé au cérémonial qui a été observé pour sa réception et son traitement, en qualité d'ambassadeur du Roi. Mais, comme cette princesse prétend ouvertement que l'Empereur actuellement régnant[1] la traite d'Impératrice dans les lettres de créance de l'ambassadeur qu'il lui a envoyées pour lui donner part de son élection au trône Impérial[2], et qu'elle a persisté, depuis plusieurs mois, à refuser de se prêter à aucun tempérament pour lui accorder ses audiences, on peut prévoir que les ministres russes voudront faire quelque tentative à l'occasion du retour du marquis de La Chétardie en Russie, dans la vue d'obtenir du Roi, pour leur maîtresse, une distinction qu'elle paroît si fort affectionner. Les uns croiront par là donner à cette princesse de nouvelles preuves de leur attachement et de leur zèle pour sa gloire ; d'autres pourront y insister dans l'espérance que ce sera un moyen de faire naître des difficultés dans le cérémonial de la réception du marquis de La Chétardie et de l'empêcher d'avoir, à son arrivée, les accès qu'il peut espérer auprès d'elle pour se ménager son estime et sa confiance. Et, comme il importe au service du Roi que le sieur marquis de La

---

1. Charles VII.
2. Le baron de Neuhaus. — Ses dépêches étaient aussi soigneusement perlustrées par le chancelier Bestoujef que celles du baron de Mardefeldt, envoyé de Frédéric II, ou que celles de La Chétardie et d'Alion. Solovief, *Istoria Rossii*, t. XXI, p. 301.

Chétardie évite à cet égard tout inconvénient, Sa Majesté lui recommande expressément d'user de toute la circonspection possible, s'il arrive qu'il lui soit proposé ou insinué de s'expliquer sur un point aussi délicat. On doit même observer que la complaisance des autres puissances pour donner le titre d'Empereur aux prédécesseurs de la Czarine n'a jamais été purement gratuite. Ainsi, l'intention de Sa Majesté est que le marquis de La Chétardie se conduise avec une telle dextérité et prudence qu'en ce cas la Czarine et ses ministres puissent se contenter de l'espérance certaine qu'il pourra leur donner, que le Roi consentira volontiers à cette complaisance pour elle lorsque Sa Majesté pourra compter sur les effets de son amitié : en sorte qu'il puisse s'établir entre la France et la Russie une union stable et permanente pour leurs intérêts communs, et que la condescendance que Sa Majesté aura d'accorder à la Czarine le titre d'Impératrice puisse être regardé comme le sceau de cette union et de la confiance mutuelle qui devra subsister entre les deux Empires pour concourir mutuellement à leur grandeur et sûreté. Il n'y a pas lieu de présumer qu'après de pareilles assurances le sieur marquis de La Chétardie puisse éprouver le moindre obstacle ou retardement pour être admis à l'audience de la Czarine et commencer les fonctions de son ambassade ; et ce sera le vrai moyen de se mettre promptement, de part et d'autre, à portée de s'entendre, par rapport aux différentes branches du nouveau système qui va s'établir dans le Nord sur le fondement de l'union intime qui doit naturellement procurer, entre la Russie et la Suède, l'intérêt mutuel des deux princes de la maison de Holstein, auxquels ces deux couronnes se trouvent maintenant destinées. La perspective de cette étroite union entre deux puissances aussi considérables va ouvrir un champ vaste aux spéculations politiques. On voit déjà que quelques princes et États du Nord sont vivement frappés de l'appréhension que, tôt ou tard, ils ne se trouvent exposés à éprouver, à leur grand préjudice, les forces réunies de la Suède et de la Russie ; et l'on doit s'attendre qu'ils n'épargneront rien, conjointement avec ceux auxquels ils communiqueront leurs alarmes, pour tâcher, de manière ou d'autre, de prévenir les suites qu'ils croient avoir à redouter. Ces réflexions ne sont pas fondées sur de vaines inquiétudes.

Il y a déjà du temps que le Roi a fait avertir la Czarine qu'on tramoit contre elle les plus noirs complots. Les ministres ont cherché à lui persuader que ces avertissements n'avoient d'autre but que de la brouiller avec l'Angleterre. Ils ont cherché également à lui fermer les yeux sur les manœuvres de cette puissance en Suède. Mais enfin tout est découvert, et la Czarine peut voir aujourd'hui qui sont ceux qui s'intéressent véritablement pour elle. Le marquis de La Chétardie ne pourra mieux marquer son attachement à la personne de cette princesse qu'en lui faisant sentir toute l'importance de ne point négliger de prendre les précautions les plus assurées pour écarter à l'avenir de pareils dangers : en sorte qu'elle puisse consolider de plus en plus des arrangements aussi glorieux pour son règne, et aussi intimement liés à sa conservation et à ses intérêts les plus essentiels, que ceux qui doivent désormais unir dans une même maison les couronnes de Russie et de Suède. Si elle est sincèrement disposée à prendre confiance dans l'amitié que le Roi a pour elle, le marquis de La Chétardie ne tardera pas à s'en convaincre ; car, en ce cas, elle n'hésitera pas à lui communiquer ses vues et ses desseins sur les moyens qu'elle pourra employer pour assurer et perfectionner cet ouvrage, et à mettre ainsi le marquis de La Chétardie en état d'en conférer avec tels de ses ministres qu'elle voudra choisir ; et, comme on doit supposer pour constant que cette princesse et ses ministres sont mieux instruits que Sa Majesté ne peut l'être de ce qui convient aux intérêts de la Russie, il sera de la prudence du sieur marquis de La Chétardie, dans les conversations ou conférences qu'ils auront avec lui sur de pareils sujets, de s'attacher beaucoup plus à tirer d'eux de justes connoissances sur leurs principes de politique et sur l'application qu'ils voudront en faire dans les conjectures présentes qu'à leur suggérer lui-même ses propres idées, lesquelles, pouvant se trouver peu compatibles avec leurs engagements et leurs vues, l'exposeroient à l'inconvénient de voir refroidir l'empressement de ces ministres à son égard, faute de pouvoir s'entendre et se concerter pour parvenir à des liaisons utiles entre le Roi et la Czarine, pour leurs intérêts communs et les avantages mutuels de leurs sujets.

Le sieur marquis de La Chétardie, en suivant cette méthode,

apercevra plus aisément et constatera plus certainement sur quels objets devra porter principalement le concert et l'union que le Roi désire d'établir avec la Czarine; et c'est à quoi il ne peut donner trop d'attention, tant par rapport aux articles qui pourroient entrer dans une alliance entre Leurs Majestés que relativement à la possibilité de cimenter une pareille alliance par un traité de commerce et de navigation entre les deux nations. Au surplus, le sieur marquis de La Chétardie ne sauroit trop prendre garde à ne se point laisser abuser dans la suite par de simples apparences de bonne volonté qui, lorsqu'il s'agit de les réaliser, s'évanouissent et ne sont suivies d'aucune exécution. Comme Sa Majesté entend de tenir ponctuellement tous les engagements qu'elle pourra prendre avec la Czarine, elle veut pouvoir compter également sur les promesses qui lui seront faites de la part de cette princesse : en sorte qu'aucun des événements qu'on peut prévoir ne puisse affoiblir et altérer l'étroite intelligence entre Leurs Majestés, lorsqu'une fois elle se trouveroit établie sur un traité d'alliance et d'amitié, pour être entretenue et cultivée par la suite avec une bonne foi mutuelle de part et d'autre. Pour le moment présent, il peut se borner à ce qui peut être de l'intérêt mutuel des deux États, relativement à la face nouvelle que vont prendre les affaires du Nord. Et il paroît si important pour la Czarine de s'assurer du concours et de l'appui du Roi pour maintenir et consolider le système d'union que le traité d'Abo vient d'établir entre la Russie et la Suède qu'on peut s'attendre que cette princesse et ses ministres, dans la vue de se ménager ce concours et cet appui de Sa Majesté pour les intérêts unis de ces deux couronnes, seront les premiers à faire des avances au sieur marquis de La Chétardie sur les moyens qui pourront être employés de concert pour faire échouer tout ce que les puissances jalouses de cette union pourroient entreprendre pour la rompre et anéantir les espérances brillantes que l'expectative des trônes de Russie et de Suède fait présentement concevoir à l'une et l'autre branche de la maison de Holstein. On ne voit pas encore assez clair sur le plus ou moins de facilités qu'on pourra trouver à concilier les intérêts actuels entre les puissances du Nord pour que Sa Majesté puisse donner au marquis de La Chétardie des instructions précises sur les moyens qu'il seroit convenable d'y employer. Mais il pourroit y suppléer et se procurer lui-même les éclaircissements nécessaires sur les différents objets qui doivent être envisagés par rapport à cette conciliation en prenant sa route par Copenhague et Stockholm pour se rendre à Pétersbourg. Les entretiens qu'il auroit successivement avec les ministres de ces deux cours le mettroient au fait de leurs dispositions réciproques, à proportion de la confiance que ces ministres se porteroient à lui témoigner; et il seroit par là plus en état de traiter avec ceux de la Czarine les divers points qui devront entrer dans cette négociation, d'en informer Sa Majesté et de pouvoir ensuite recevoir ses ordres et instructions sur la conduite à tenir de sa part.

L'intention de Sa Majesté est que le sieur marquis de La Chétardie garde l'incognito dans les lieux de son passage quelque route qu'il prenne, sans arborer publiquement le caractère d'ambassadeur : en sorte qu'il puisse éviter tout embarras de cérémonial qui ne pourroit que retarder son arrivée à la cour de Russie.

Il jugera aisément, par tout ce que contient cette Instruction, qu'il ne doit pas appréhender d'employer des termes trop expressifs pour témoigner à la Czarine combien le Roi désire de vivre avec elle dans la plus étroite amitié et intelligence, et qu'il ne doit pareillement rien omettre de ce qui pourra exciter dans le cœur du duc de Holstein, son neveu, de justes sentiments de confiance et de reconnoissance pour l'intérêt que Sa Majesté prend à ses avantages personnels et à ceux de sa maison. Rien ne pourroit y contribuer davantage que de travailler promptement à une alliance défensive entre la Russie et la Suède sur le fondement de cette paix. Mais, dans ces commencements, il pourroit y avoir des inconvénients, par rapport à la situation où le Roi se trouve avec les autres puissances du Nord, que le marquis de La Chétardie parût être le promoteur de cette alliance, soit par la proposition qu'il en a faite aux ministres de la Czarine, soit par les offices qu'il employeroit pour en faciliter et accélérer la conclusion. Sa Majesté perdroit alors la considération que peut lui donner dans le Nord la confiance générale qu'il seroit à souhaiter que toutes les parties intéressées prissent également en ses bons offices pour s'accorder sur les prétentions respectives qui pourroient allumer de nouveau la guerre dans cette partie de l'Europe. Mais les ministres de Russie et de Suède connoîtront vraisemblablement assez, dans la conjoncture présente, combien cette alliance seroit convenable aux intérêts de ces deux couronnes pour qu'il ne soit pas même nécessaire de l'entremise du Roi pour en procurer la conclusion; et ce sera pour lors que le marquis de La Chétardie pourroit faire envisager tout l'avantage que la Russie et la Suède pourroient retirer, pour consolider de plus en plus ces arrangements, de la disposition où le Roi seroit d'accéder à leur alliance défensive, et de concourir ainsi aux moyens qu'il seroit nécessaire d'employer pour ôter aux ennemis de la Suède et de la Russie toute espérance de rompre l'union heureusement établie entre ces deux puissances au moyen du choix qu'elles ont fait du duc de Holstein et de l'évêque de Lubeck pour successeurs de la Czarine et du roi de Suède.

Un autre objet non moins important dans les circonstances présentes seroit de connoître quelles sont les dispositions de la Czarine par rapport au roi de Prusse, et si elle voudroit admettre ce prince dans le même traité. Il est très vraisemblable que, comme la Russie est la puissance qui lui donne le plus d'inquiétude, il prendra volontiers tous les engagements qui pourront l'en délivrer; et alors il n'est presque pas douteux qu'il ne prît ouvertement le parti de l'Empereur[1] et qu'il ne remplît en même temps ses engagements avec la France à qui il auroit l'obligation de lui avoir procuré la tranquillité du côté qu'il craignoit le plus. La Suède trouveroit en même temps l'avantage de s'assurer contre les desseins que le roi de Prusse pourroit avoir sur la Poméranie, et la Czarine y trouveroit pareillement ses avantages et sa sûreté pour accroître de plus en plus sa considération entre les puissances de l'Europe et parer aux mauvaises intentions que l'Angleterre nourrit contre cette princesse. Tels sont les principaux points que le sieur marquis de La Chétardie doit avoir en vue et dont le Roi confie le succès à sa prudence et à sa dextérité.

1. Charles VII.

Mais indépendamment de l'alliance entre la Russie et la Suède, à laquelle le Roi accéderoit, le sieur marquis de La Chétardie doit avoir pour objet de conclure une alliance directe entre Sa Majesté et la Czarine; et c'est pour le mettre en état de remplir ces différentes vues que Sa Majesté lui fait remettre, avec la présente Instruction, un plein pouvoir, dans la forme la plus authentique, sous le scel secret, pour l'autoriser à conclure au nom de Sa Majesté avec la Czarine tel traité et article qu'il avisera bon être pour le bien du service de Sa Majesté.

Quant à l'objet du traité de commerce, qu'il sera convenable de suivre en même temps que celui du traité d'alliance et d'amitié entre la France et la Russie, le marquis de La Chétardie a vu, par quelques articles de l'Instruction que le Roi lui fit remettre en 1739, à son départ pour Pétersbourg, les difficultés qu'il y avoit de convenir de conditions avantageuses aux négocians françois pour leur commerce en Russie. Le sieur marquis de La Chétardie peut avoir acquis pendant son séjour dans ce pays des notions plus précises sur cette matière. Mais il a paru, depuis son retour en France, que les ministres de la Czarine n'étoient guère disposés à donner les mains à la négociation d'un traité de commerce avec cette couronne. Les égards particuliers qu'ils avoient alors pour l'Angleterre peuvent avoir été le motif de leur éloignement à entrer dans cette vue pour l'avantage commun des sujets de part et d'autre; et, en effet, on a soupçonné que les nouvelles ordonnances publiées alors en Russie pour interdire les étoffes d'or et d'argent avoient été faites à la suggestion des commerçants anglois pour faire tort aux manufactures de Lyon. Mais le sieur marquis de La Chétardie pourra juger, à son arrivée à Pétersbourg, s'il sera convenable de remettre sur le tapis l'affaire de ce traité de commerce, et s'il pourra espérer de surmonter les difficultés qui jusqu'à présent n'ont pas permis de concilier à cet égard les intérêts de part et d'autre.

Il faut s'attendre à trouver de la part des Anglois les principaux obstacles à tout ce qu'il voudra tenter d'obtenir, tant par rapport à cet objet de commerce que relativement à l'établissement d'une étroite intelligence entre le Roi et la Czarine. La conduite de leurs ministres à Stockholm et à Pétersbourg, relativement à la négociation pour le rétablissement de la paix entre la Suède et la Russie, a été si ambiguë et si équivoque que tout ce qu'on en peut juger est qu'ils ont eu pour objet principal de faire échouer également les vues de la Czarine et du roi de Danemark, par rapport à l'élection d'un successeur à la couronne de Suède; que toutes leurs démarches tendoient à empêcher que ce royaume tombât ni sur l'évêque de Lubeck, ni sur le prince royal de Danemark, et qu'ils se flattoient de l'espérance que les choses tourneroient de manière qu'ils pourroient enfin leur faire préférer le prince de Hesse, gendre du roi de la Grande-Bretagne [1]. Les soins que s'est donnés l'ambassadeur du Roi en Suède n'ont pas peu contribué à renverser tous ces projets qui n'auroient pas été moins nuisibles à la Russie qu'à la Suède. La Czarine, obsédée par ses ministres, a été longtemps sans pouvoir revenir de ses préjugés. Ce qu'on a découvert des instructions de lord Carteret au sieur de Guidickens [2], dont elle a eu connoissance, ne lui avoit fait qu'une médiocre impression. Mais enfin, tout est aujourd'hui à découvert. Le mariage du prince de Danemark avec une princesse d'Angleterre [3] n'est qu'une suite de liaisons précédentes de ces deux couronnes, qui avoient un intérêt commun d'exclure l'évêque de Lubeck de la couronne de Suède, et qui suivent encore aujourd'hui, de concert, le même objet. Et, en effet, le roi de la Grande-Bretagne, en qualité d'électeur de Hanovre, ne devant pas moins redouter que les Danois l'élévation de la maison de Holstein sur les trônes de Russie et de Suède, et les suites de l'union de ces deux puissances, par rapport aux duchés de Bremen et de Ferden [4] que la Suède pourroit être tentée de réclamer dans la basse Allemagne, en même temps que la maison de Holstein voudroit recouvrer le duché de Sleswick, on peut conjecturer que, si les Anglois dissimulent encore leurs appréhensions à cet égard et les mesures qu'ils méditent de prendre pour s'en garantir, c'est qu'occupés de leur

---

1. La princesse Marie, une des filles de George II, épousa en 1740 le prince Frédéric de Hesse-Cassel, plus tard landgrave sous le nom de Frédéric II (1760-1785). Il était neveu du roi de Suède, Frédéric Iᵉʳ de Hesse-Cassel.
2. Guy Dickens. Voyez ci-dessus, p. 403.
3. La princesse Louise, une des filles de George II, épousa en 1743 le prince Frédéric, plus tard roi de Danemark, sous le nom de Frédéric V (1746-1766).
4. Verden.

guerre contre l'Espagne et des projets où ils sont entrés conjointement avec la reine de Hongrie pour tourner contre la France la guerre qui est allumée dans l'Empire et en Italie à l'occasion des différentes prétentions sur la succession d'Autriche, ils croient devoir donner actuellement toute leur attention et employer toutes leurs forces pour obliger la France de les laisser régler à leur volonté les affaires de cette succession en Italie comme en Allemagne. Mais on peut compter que, s'ils parvenoient à remplir cette vue au moyen de la ligue qu'ils travaillent actuellement à réunir contre la France et l'Espagne, cette même ligue tourneroit ensuite toutes ses forces en faveur de l'Angleterre et du Danemark pour donner aux Suédois telles lois qui pourroient convenir à ces deux couronnes, et vraisemblablement pour renverser les arrangements établis par la paix d'Abo en faveur des deux branches de la famille de Holstein. Ces considérations sont si importantes et démontrent si évidemment les raisons pressantes que la France et la Russie ont également de former entre elles l'union la plus étroite, pour leurs intérêts communs, que le sieur marquis de La Chétardie ne pourra rien faire de plus utile pour le service du Roi que d'exciter l'attention de la Czarine et de ses ministres sur ce système de conduite des Anglois, et sur les suites qu'elle doit en appréhender pour ses intérêts personnels aussi bien que pour ceux de la maison de Holstein. Ce système se trouveroit bientôt renversé s'il arrivoit que les hostilités dont le roi de Danemark a fait menacer la Suède, pour l'obliger à lui confirmer la possession du Sleswick et à lui procurer la cession de la partie du duché de Holstein appartenant au duc de Holstein, attirassent les armes des Russes et des Suédois dans la basse Allemagne. Et ce seroit pour lors que la Czarine et le Roi, agissant dans le plus parfait concert, pourroient obliger le roi de la Grande-Bretagne de renoncer à ses vastes projets, également contraires aux intérêts de Sa Majesté et de cette princesse. Mais il faut que les circonstances amènent de pareils événements, et le sieur marquis de La Chétardie doit bien se garder de faire aucune proposition directe qui pût faire penser aux ministres de la Czarine que, pour les intérêts de la France, il auroit en vue de conduire la Russie dans d'aussi grands engagements. Tout s'arrangeroit comme de soi-même pour exécuter promptement ce qui devroit être fait en conséquence, si ces ministres le jugeoient absolument nécessaire pour maintenir et consolider l'ouvrage de la paix d'Abo, sans aucune atteinte aux droits et possessions de la maison de Holstein ; car ils devroient compter que le Roi y concourroit de toutes ses forces ; au lieu que ce projet ne pourroit qu'éprouver des retardements par les difficultés qu'il faudroit surmonter l'une après l'autre à mesure qu'elles naîtroient dans l'exécution, si les ministres de la Czarine ne s'y déterminoient que sur les instances qui leur en seroient faites de la part du Roi, et comme à un moyen de procurer une diversion désirée par Sa Majesté.

Le retour du marquis de La Chétardie à la cour de Russie va faire cesser les fonctions de ministre plénipotentiaire dont le Roi avoit chargé en cette cour le sieur Dalion, sur les bons témoignages que le sieur marquis de La Chétardie avoit rendus de la bonne conduite que le dit sieur Dalion y avoit tenue relativement aux intérêts de Sa Majesté. Elle juge cependant devoir suspendre de lui envoyer ses lettres de recréance pour déposer à l'arrivée du sieur marquis de La Chétardie la qualité de ministre plénipotentiaire de France, jusqu'à ce que le sieur marquis de La Chétardie ait pu juger par lui-même de quelle utilité la continuation du séjour du sieur Dalion en Russie pourra être pour le service de Sa Majesté, et s'il conviendra qu'elle lui ordonne d'y rester, soit en la même qualité, soit sans aucun titre. Il paroît que, le sieur marquis de La Chétardie prenant le caractère d'ambassadeur, il pourroit n'y avoir pas d'inconvénient que le sieur Dalion conserve le titre de ministre plénipotentiaire ; qu'en cette qualité il agisse comme attaché à l'ambassade du sieur marquis de La Chétardie et subordonné à ses ordres ; mais elle ne se décidera sur ce sujet qu'après avoir vu, par les lettres du sieur marquis de La Chétardie, s'il convient aux intérêts de Sa Majesté en Russie que le sieur Dalion y prolonge plus longtemps son séjour.

Le sieur marquis de La Chétardie est parfaitement instruit des intentions de Sa Majesté sur la manière de lui rendre compte, tous les ordinaires, de ce qu'il observera et fera en Russie en exécution de ses ordres, et sur les correspondances qu'il devra entretenir avec les autres ministres de la France dans les cours étrangères[1]. Celles de ces correspondances qui, dans la situation présente des affaires, demanderont le plus d'attention de sa part sont celles qui regarderont les cours de Suède, de Danemark, de Berlin et aussi celle de Saxe relativement aux affaires de Pologne. Sa Majesté fait joindre à la présente Instruction les tables de chiffre qui pourront lui être utiles pour ces différentes correspondances. Quant à celles qu'il aura à entretenir avec le marquis de Castellane, ambassadeur du Roi à la Porte ottomane, ils en useront ensemble comme ils ont fait précédemment.

Il sait aussi quelle est la volonté de Sa Majesté sur la relation que les ministres qu'elle emploie dans les pays étrangers doivent lui remettre à leur retour et sur la remise qu'ils doivent faire en même temps des originaux des instructions, dépêches, lettres et mémoires qui leur ont été adressés de sa part ; et elle ne doute point qu'il ne se conforme à ses intentions sur ces différents points.

Fait à Fontainebleau, le 22 septembre 1743.

ADDITION A L'INSTRUCTION DU ROI AU SIEUR MARQUIS DE LA CHÉTARDIE, ETC., RETOURNANT DE LA PART DE SA MAJESTÉ AUPRÈS DE LA CZARINE. — 22 SEPTEMBRE 1743[2].

Après ce que le Roi a fait connoître de ses intentions au sieur marquis de La Chétardie sur le point de reconnoissance de la Czarine en qualité d'Impératrice de Russie, Sa Majesté se promet, de l'attention qu'il doit avoir à s'y conformer, qu'il se gardera bien d'user de la moindre démarche ou insinuation dont les ministres de Russie pussent se prévaloir pour demander la reconnoissance de ce titre et d'y insister comme sur un préalable qui devroit précéder toute fonction de sa part auprès de la Czarine, soit en qualité

1. Voyez ci-dessus, p. 388, note 1.
2. *A. E. Russie,* t. XLIII, fol. 197.

d'ambassadeur du Roi ou en celle de son ministre plénipotentiaire. Il comprendra aisément que ce seroit tomber dans l'extrême inconvénient de mettre Sa Majesté dans le cas de se trouver obligée d'accorder gratuitement ce titre, et de ne pouvoir se faire auprès de la Czarine un mérite de cette condescendance pour lui marquer combien Sa Majesté est disposée à lui complaire en tout ce qui peut lui être le plus agréable et la satisfaire dans ce qui doit être le plus sensible. Mais, comme il est de la sagesse de prévoir les choses les moins vraisemblables et que contre toute apparence il peut cependant arriver que le sieur marquis de La Chétardie, nonobstant toute explication prématurée de la part du Roi sur le point particulier de la reconnoissance du titre d'Impératrice, éprouve de la part des ministres de Russie, à son arrivée auprès de cette princesse, des difficultés sur ce point, et qu'étant les premiers à lui parler de ce titre, ils lui fissent entendre qu'il ne devra pas se flatter d'entrer en aucune fonction auprès d'elle, s'il ne paroît reconnoître en sa personne la qualité d'Impératrice, en ce cas, il sera de sa prudence de n'y montrer personnellement aucune opposition ni répugnance et de faire voir que, quoiqu'il n'eût pas eu lieu de s'attendre qu'on exigeât rien de lui de nouveau sur ce point de cérémonial, et qu'il n'eût aucun ordre sur ce sujet, il se fera un plaisir de donner personnellement à la Czarine ce témoignage de son respect et de son empressement à lui plaire. En effet, Sa Majesté permet, en ce cas, au sieur marquis de La Chétardie de se porter, comme de lui-même, à traiter cette princesse d'Impératrice dans ses audiences et de même ensuite dans ses conférences et entretiens avec les seigneurs et ministres de cette cour. Mais, encore une fois, le Roi, considérant que le sieur Dalion n'a éprouvé aucune prétention pareille pour les audiences qu'il a eues de la Czarine en qualité de ministre plénipotentiaire de Sa Majesté, et qu'encore en dernier lieu il n'a point accordé le traitement d'Impératrice à la Czarine dans le compliment qu'il lui a fait en audience publique pour la féliciter sur la déclaration du duc de Holstein pour héritier présomptif de la Russie, compliment qui avoit été communiqué suivant l'usage aux ministres de cette princesse avant l'audience, ne peut croire que ces mêmes ministres puissent être autorisés par elle à former plus de difficultés à l'égard du sieur marquis de La Chétardie, qui doit au contraire s'attendre de la part de cette princesse à toutes les facilités et à tous les agréments possibles pour son admission auprès d'elle. Quoi qu'il en soit, la permission que le Roi veut bien donner au sieur marquis de La Chétardie de traiter personnellement la Czarine d'Impératrice, dans le cas où il jugeroit par les discours de ses ministres qu'il ne lui seroit pas possible de s'en dispenser, est quant à présent le dernier point où le Roi peut porter sa condescendance à cet égard : Sa Majesté ne pouvant nullement se figurer que les ministres de Russie osent prétendre que ce même titre d'Impératrice soit, préalablement à toutes choses, employé dans les lettres de créance que Sa Majesté donne au sieur marquis de La Chétardie pour l'autoriser à reprendre, comme ci-devant, ses fonctions, soit de son ambassadeur, soit de son ministre plénipotentiaire auprès de la Czarine. Ce seroit en vain qu'ils allégueroient une résolution prise par cette princesse de ne plus recevoir de lettre de créance d'aucun nouveau ministre étranger qui ne contiendroit pas cette qualification. Il n'a jamais été rien notifié de pareil au Roi ni à ses ministres; et d'ailleurs le sieur marquis de La Chétardie ne sera pas regardé par cette princesse comme un nouveau ministre employé auprès d'elle. De sorte qu'il y a tout lieu de juger que, sans être mis à aucune épreuve sur ce sujet, ses lettres de créance seront admises sans la moindre difficulté. Si cependant, contre toute apparence, on lui demandoit, après qu'il aura donné communication de la teneur de ses lettres, qu'elles fussent réformées et que le titre d'Impératrice y fût inséré, il emploiera toute son habileté à écarter de manière ou d'autre une pareille prétention, qui ne s'accorderoit pas avec l'empressement que la Czarine a témoigné de le voir revenir reprendre ses fonctions auprès d'elle, et avec celui qu'on doit avoir, de part et d'autre, de pouvoir se concerter et s'entendre sur les intérêts communs dans une circonstance qui ne peut souffrir aucun retardement. Il ne dissimulera pas que Sa Majesté, ayant toujours souhaité que cette condescendance de sa part pût être regardée comme le sceau de l'étroite amitié et correspondance qu'elle se propose d'établir avec cette princesse, elle doit compter que ce sera la première condition de l'alliance que le sieur marquis de

La Chétardie pourra conclure incessamment entre la France et la Russie. Sa Majesté ne peut croire que ces considérations, employées avec la force que le sieur marquis de La Chétardie pourra y donner, ne déterminent la Czarine à faire cesser toute difficulté si ses ministres avoient commencé à en faire quelqu'une sur l'admission de ces lettres de créance. Mais, s'ils s'obstinoient à y persister opiniâtrément, sans aucun égard pour toutes les représentations du marquis de La Chétardie, alors il ne lui resteroit plus d'autre parti à prendre que de se charger de rendre compte au Roi d'un incident que Sa Majesté n'avoit pas dû prévoir, et de proposer qu'en attendant qu'il pût recevoir ses réponses, il pût entrer en conférence avec eux sur les objets essentiels qui ont déterminé Sa Majesté à le faire repasser en Russie, le retardement de ses audiences publiques ne devant même y porter aucun obstacle. Et, en effet, rien n'empêcheroit que, sous divers prétextes, il ne pût différer ses audiences publiques même jusqu'après la conclusion du traité d'alliance et d'amitié entre Sa Majesté et la Czarine ; mais il sera de sa prudence d'éviter de le laisser présumer aux ministres de la Czarine.

En même temps que ces Instructions, le marquis avait reçu deux lettres de créance, dont l'une, conçue dans la forme ordinaire, ne donnait à Élisabeth que le titre de Tsarine, et dont l'autre lui accordait le titre impérial dont les souverains russes, depuis 1721, ambitionnaient si ardemment la reconnaissance par la cour de France. La suscription portait, en effet : « A Sa Majesté Impériale, notre chère sœur et très parfaite amie Élisabeth, *Impératrice* et autocratrice de toutes les Russies. » La Chétardie ne devait user de cette dernière lettre que suivant les circonstances.

Or, son plan était bien arrêté : il ne montrerait ni l'une ni l'autre lettre ; il ne déploierait pas son caractère d'ambassadeur et se donnerait seulement comme un simple gentilhomme français venu pour faire sa cour à l'Impératrice, jusqu'au moment où il aurait obtenu le renversement de Bestoujef et le rétablissement sur l'ancien pied de ses relations avec Élisabeth. C'était une tactique très hasardeuse, car, ainsi désarmé de l'immunité diplomatique, il risquait de se trouver à la merci de son ennemi, le vice-chancelier Bestoujef, et, dans le cas où il se trouverait impliqué dans quelque affaire, passible même de la déportation en Sibérie, comme un simple particulier.

L'anniversaire de l'avènement de la Tsarine, cet événement auquel il avait tant contribué, tombait le 6 décembre (25 novembre, style russe). Il résolut d'arriver ce jour-là même; mais, comme le dégel interrompait toutes les communications, il abandonna sa suite et ses équipages, partit avec trois personnes seulement, versa sept fois avec son traîneau, dut abandonner son secrétaire qui s'était cassé le bras, franchit, au risque de sa vie, les glaces flottantes de la Néva, entra dans la capitale quelques heures seulement après la réception officielle et eut, le soir même, un entretien avec l'Impératrice, où celle-ci se montra particulièrement gracieuse.

D'Alion avait vu avec grand déplaisir le retour de La Chétardie. Ils avaient eu ensemble une fort vive altercation. La Chétardie avait donné un soufflet, et reçu un coup d'épée à la main droite. Comme il ne pouvait plus signer que de la gauche, il inventa une histoire pour expliquer le fait à M. Amelot :

LE MARQUIS DE LA CHÉTARDIE A M. AMELOT.

Pétersbourg, 28 (17) décembre 1743[1].

Malgré l'accident fâcheux que me causa depuis dimanche à la main droite un vase qui se cassa incontinent pour l'avoir approché un peu trop du feu et la nécessité où cela me mettra de signer de la main gauche pendant quelque temps encore, quoiqu'il y ait lieu d'espérer, par l'état où les plaies se sont trouvées à la levée du second appareil, que je ne serai estropié que du petit doigt, je fus en état de sortir mardi dernier...

Quand il parut à la cour la main enveloppée de bandages, il donna la même explication à l'Impératrice. « Voilà ce que c'est que de jouer avec le feu, » lui dit Élisabeth. C'était un avertissement amical qu'elle lui glissait, car l'imprudent marquis jouait avec le feu de plus d'une façon.

Aussitôt arrivé à Pétersbourg, il s'était mis à la tête d'une sorte de conspiration contre Bestoujef. Il y enrôla Lestocq, le Holsteinois Brümmer, gouverneur du grand-duc héritier, et, un peu plus tard, la princesse d'Anhalt-Zerbst, mère de la fiancée de celui-ci[2]. Il comptait aussi sur le prince Michel Ilarionovitch Voronzof, qui était l'adjoint de Bestoujef pour les affaires étrangères.

1. *A. E. Russie*, t. XLIII, fol. 455.
2. Sophie-Frédérique d'Anhalt-Zerbst-Dornburg, la future Catherine II. Elle était arrivée en Russie avec la princesse sa mère, en février 1744; sa conversion à la foi orthodoxe et ses fiançailles avec le grand-duc Pierre eurent lieu les 9 et 10 juillet (28 et 29 juin, style russe) 1744; le mariage n'eut lieu que le 31 (20) août 1745. Voyez *Papiers de Catherine II*, t. Ier, dans *Soc. imp. d'hist. de Russie*, t. VII; — CATHERINE II, *Mémoires*, publiés par Herzen, Londres, 1859. — F. SIEBIGH, *Katharina der Zweiten Brautreise nach Russland*, Dessau, 1873. — A. RAMBAUD, *Catherine II dans sa famille* (*Revue des Deux Mondes*, 1er février 1874).

428　LE MARQUIS DE LA CHÉTARDIE, DEUXIÈME MISSION.

Ce qui le soutenait dans sa lutte contre le tout-puissant Bestoujef, c'était surtout ce que lui redisait Lestocq des bonnes dispositions de la Tsarine. Lestocq croyait gagner l'argent que La Chétardie lui prodiguait en exagérant singulièrement son crédit auprès d'elle et la hardiesse du langage qu'il était censé lui tenir. La dépêche suivante de La Chétardie donne la mesure de cette hâblerie du confident et peut-être aussi de l'extrême crédulité du marquis :

LE MARQUIS DE LA CHÉTARDIE A M. AMELOT.

Pétersbourg, 9 avril 1744[1].

La Czarine fournit elle-même le lendemain l'occasion à M. de Lestocq de l'entretenir en lui disant : « Je ne sais à qui ce fou de Gersdorff[2] en vouloit hier avec tous les remercîments qu'il me fit. Je lui ai dit simplement que j'étois toujours l'amie de son maître. » Alors M. de Lestocq lui expliqua de quelle manière il[3] sauroit interpréter une assurance et où l'on en vouloit venir. Elle protesta qu'elle l'ignoroit et qu'elle étoit fort éloignée d'y donner les mains.

M. de Lestocq passa chez moi sur le midi (M. de Mardefeldt y étoit) et nous fit part de sa conversation avec la Czarine. J'applaudis à la façon dont il avoit traité l'affaire. Je regardai comme heureux que cette princesse lui eût évité la peine d'entamer la chose. Mais, sachant, en même temps, qu'elle ne se défend pas toujours du plaisir de donner le change : « Vous voilà pleinement autorisé, ajoutai-je, de revenir à la charge. Ne manquez pas de le faire. Elle oublie trop facilement pour négliger cette sage précaution. Sans cela vous n'y aurez rien gagné, et les autres frapperont leur coup. »

Il n'a pas tardé à pouvoir se persuader que j'avois raison. Étant ce matin chez cette princesse, on y a apporté un paquet de la chancellerie des affaires étrangères dont l'étiquette en suscription selon l'usage indiquoit qu'il renfermoit le traité avec la Saxe. Il n'a point tenu à cette preuve : « Madame, a-t-il dit, Votre Majesté sait que je ne demande aucun honneur, et qu'il s'en faut bien que l'intérêt m'ait jamais animé pour votre service. Je vous ai été et vous suis attaché uniquement pour votre gloire. Ce motif m'a fait sentir aussi vivement qu'à vous la façon dont la reine de Hongrie vous avoit traitée[4]. Cependant on veut, par des voies indirectes, vous lier à la cour de Vienne. Vous êtes la maîtresse de faire ce que bon vous semblera. Pour moi, je n'ai rien de plus cher que mon honneur ; et, comme vous n'ignorez pas qu'on a fait mettre, il y a plus de quatre mois, dans la gazette hollandoise de la Haye que l'affaire du marquis de Botta étoit une machination de la France dont j'avois été l'instrument, que vous en convaincrez toute l'Europe en vous alliant, sous quelque forme que ce soit, avec la reine de Hongrie, je vous demande mon congé. En dussé-je périr

---

1. *A. E. Russie*, t. XLIV, fol. 281. — Cette très curieuse lettre ne se trouve point parmi les *Perlustrations* des *Archives Voronzof*. Aurait-elle échappé au cabinet noir de Bestoujef ?

2. Ministre de Saxe à Pétersbourg. Il travaillait à obtenir pour son maître l'alliance de la Tsarine, ce qui aurait engagé celle-ci dans le système autrichien.

3. Il, c'est-à-dire Gersdoff.

4. Allusion à l'affaire du marquis de Botta.

mille fois, je casse la tête à votre chancelier[1] d'un coup de pistolet. Depuis trop longtemps déjà vous devriez reconnoître que c'est un fripon et qu'il n'est ni Russe ni serviteur de Votre Majesté. Pierre le Grand, qui voyoit par ses propres yeux et qui en savoit plus que tous ses sujets ensemble, avoit pour les affaires étrangères un M. Golowkin, un M. d'Ostermann, un Chaffirow, un Tolstoï, un Dolgorouki, et vous ne vous donnez pas la peine de lire comme lui toutes les pièces. Vous vous remettez entièrement entre les mains d'un seul homme, qui est un coquin avéré. Manquez-vous de sujets ? Prenez ceux dont la conservation dépend de la vôtre : vous serez sûre qu'ils vous serviront comme d'honnêtes gens. Que votre vice-chancelier, au contraire, me prouve, par le beau traité qu'il vous a fait faire avec l'Angleterre, ainsi que par tous les autres qu'il vous a fait signer, qu'il est revenu un rouble de profit à l'Empire, et que vous ou votre neveu en avez retiré le plus petit avantage, je passe condamnation. Vous négligez en attendant vos véritables amis ; et il faut, parce que votre vice-chancelier est leur ennemi, qu'il se trouve ici des ministres hors d'état de rien traiter avec vous, malgré l'utilité dont cela seroit pour vous et votre Empire. Dans tout ce qui a rapport à l'intérieur, votre autorité peut y remédier. Il n'en est pas de même des affaires du dehors. Aussi tous vos sujets rient-ils de voir qu'elles sont confiées à une bête. En voulez-vous de meilleurs garants que la réponse qu'il a faite ces jours passés à M. de Mardefeldt, qui lui représentoit qu'il seroit de l'intérêt commun des deux cours d'empêcher que l'armée de la Couronne[2] fût augmentée en Pologne. — « Peu nous importe, lui a-t-il dit. Avons-nous pris ombrage de ce que le roi de Prusse a augmenté son armée de 50 000 hommes ? — Cela est fort différent, lui a répliqué l'autre, sans réussir à lui faire entendre raison. Nous verrons avec plaisir l'Impératrice augmenter ses forces de 100 000 hommes, si elle le juge à propos. Un intérêt suivi n'y porte point d'obstacles. La chose change de nature avec la Pologne. Elle n'a aucun système. Un chacun y est maître. Vous avez fait sur elle des conquêtes considérables et Pierre le Grand n'oublioit jamais que les Polonois avoient été dans le Kremlin[3]. » — Votre vice-chancelier ne se montre-t-il pas encore un sot quand il vient vous chanter sans cesse aux oreilles qu'il faut se méfier des ruses de la France, outre qu'il n'en a aucune preuve contre cet Empire et que vous avez plus lieu qu'un autre d'être persuadée du contraire. N'est-ce pas s'avouer incapable de s'opposer à ses ruses ? Car, sans cela, un homme vaut un autre homme. L'on peut être toujours à deux de jeu, et l'on doit voir venir tout le monde, sauf à se garantir des pièges et à se diriger suivant son plus grand avantage. Mais tout est dit quand on vous a répété que la France ne pardonnera jamais à la Russie l'affaire de Dantzick[4]. L'on auroit raison si l'Impératrice Anne ou le successeur qu'elle avoit choisi portaient la couronne. Oui, la France s'étoit occupée de se venger. Il y a plus ; elle l'a fait effectivement ; mais c'est en contribuant autant qu'elle l'a pu à vous faire monter sur le trône. Pourquoi d'ailleurs, si votre vice-chancelier se sentoit la conscience nette, évite-t-il de me parler en la présence de Votre

---

1. Bestoujef n'était encore que vice-chancelier. Il n'y avait plus de chancelier depuis la mort de Tcherkaski (novembre 1742).
2. L'armée du roi de Pologne, composée en bonne partie de troupes saxonnes.
3. A partir d'ici reprend le discours que Lestocq est censé avoir adressé à l'Impératrice Élisabeth.
4. Le siège de Dantzick par Münich et la capture des troupes françaises. Voyez ci-dessus, pp. 275 et suiv.

Majesté? Je ne suis pas à savoir que lui et les traîtres qui sont ses amis vous font entendre qu'on ne peut rien ajouter à mon attachement pour votre personne; qu'à la vérité je n'ai pas été à portée de m'instruire des affaires et qu'il est tout simple qu'avec beaucoup de bonne volonté je n'y comprenne rien : d'accord, je consens à être aussi stupide qu'on veut que je le sois. Cependant que Votre Majesté veuille assembler un conseil et se tenir derrière la tapisserie comme aux inquisitions[1]. Elle jugera par elle-même qui de lui ou de moi est le mieux informé et le plus occupé du désir de voir Votre Majesté régner glorieusement et heureusement. »

La Czarine[2], à qui ces vérités frappantes sont nécessaires, mais qu'un certain dépit dicté par l'amour-propre fait passer de la honte au ressentiment et à la crainte d'affoiblir l'homme qui l'a le plus utilement servie, s'est montrée tour à tour piquée et sensible. Les ordres toutefois qu'elle avoit donnés avant cet entretien n'ont point été changés. Le vice-chancelier est venu cet après-dîner travailler avec elle en particulier.

Six mois se passèrent ainsi, d'abord à Pétersbourg, puis à Moscou. La lutte sourde entre La Chétardie et Bestoujef passionnait la cour et la ville. Le marquis avait pour lui les souvenirs de la révolution de 1741, l'amitié sincère de l'Impératrice, ses réelles sympathies pour Louis XV ; Bestoujef avait pour lui la paresse d'Élisabeth qui s'en remettait à lui du souci des affaires, sa situation de ministre dirigeant, les engagements conclus antérieurement avec l'Autriche et l'Angleterre, la raison d'État. Surtout il avait pour lui sa police et son cabinet noir où toutes les dépêches de La Chétardie[3] étaient ouvertes et perlustrées[4].

La Chétardie se doutait bien que ses dépêches étaient fréquemment ouvertes, car il écrivait le 31 décembre :

LE MARQUIS DE LA CHÉTARDIE A M. AMELOT.

Pétersbourg, 31 (20) décembre 1743[5].

Je reçus hier une lettre de M. de Valory[6] d'une extrême conséquence ; j'en aurois joint ici l'extrait sur une feuille séparée, suivant l'usage, si,

1. Les procès de la Chancellerie secrète ou Inquisition d'État.
2. Ici c'est bien La Chétardie qui reprend la parole.
3. Principalement celles qui remplissent les tomes XLIII, XLIV et XLV de A. E. Russie.
4. Dans le t. Ier des *Archives Voronzof*, éditées par Barténief, pp. 455 et suiv., sont insérées les pièces relatives à cette affaire, notamment les extraits de cinquante-sept lettres écrites par La Chétardie ou à lui adressées, *perlustrées* par le cabinet noir, avec les observations de Bestoujef en marge des passages les plus marquants. Tous ces documents ayant été publiés dans ce recueil en traduction russe, nous avons dû, pour les citations qui suivent, nous reporter aux originaux français de notre Dépôt des affaires étrangères, afin d'éviter une retraduction en français, qui eût fait perdre toute sa couleur au texte.
5. *Perlustrations, Archives Voronzof*, t. Ier, p. 472. — *A. E. Russie*, t. XLIII, fol. 460.
6. Le marquis de Valori, ministre plénipotentiaire de France à Berlin de 1739 à 1748.

assuré qu'elle a été ouverte et lue en partie, le clair et le chiffre ayant été mal à propos entremêlés, je n'avois craint d'augmenter l'éveil en vous adressant le lendemain une feuille détaillée. C'est en effet sans aucune pudeur ni précaution qu'on décachète ici actuellement les lettres. Je l'ai pu connoître à toutes celles qui me sont parvenues ; et, dans le cas où, trouvant nos cachets altérés, Sa Majesté trouveroit à propos de m'ordonner d'en porter des plaintes, peut-être en résulteroit-il un bien.

La Chétardie croyait du moins que le secret de son chiffre était resté impénétrable pour ceux qui ouvraient ses dépêches. Il se contentait donc de faire des éloges de l'Impératrice [1] dans les parties en clair et s'exprimait avec une entière liberté dans les parties chiffrées. Il ne savait pas que ce chiffre avait été pénétré, après un labeur acharné, par le *post-direktor* Ach, l'académicien Taubert et le conseiller Goldbach.

Comme ce curieux épisode des *Perlustrations* n'a encore été exposé complètement par aucun historien, nous donnerons quelques extraits de cette correspondance, avec les observations les plus intéressantes de Bestoujef :

LE MARQUIS DE LA CHÉTARDIE A M. AMELOT.

Pétersbourg, 25 (14) janvier 1744 [2].

...Je m'étois rendu dans son appartement (celui de l'Imperatrice) sur les quatre heures, suivant ses intentions. Je l'accompagnai seul chez le grand-duc. Elle me fit confidence, chemin faisant, du mariage de la jeune princesse Zerbst et de sa prochaine arrivée avec sa mère, me témoigna avec bonté qu'après avoir été obligée de le confier au roi de Prusse [3] pour mieux cacher le départ de ces deux princesses, elle ne croyoit pas pouvoir l'apprendre à quelqu'un plus digne que moi de cette marque de confiance de sa part ; qu'elle me recommandoit le secret, n'en ayant point parlé au vice-chancelier, ni à M. de Voronzof, et l'un et l'autre n'en étant instruits d'une façon quelconque : « Je ne sais pourquoi, m'ajouta-t-elle, je vous traite si bien, car je devrois être piquée contre vous. Nous nous sommes vus tous deux colonels [4], et il faudroit aujourd'hui que je fusse sous vos

---

1. Aussi Bestoujef, même lorsque ces éloges sont sincères, ne manque pas de les rendre suspects à l'Impératrice : « Sachant que ses lettres sont décachetées, il (La Chétardie) fait exprès de parler de l'Impératrice avec éloge ; et dans tous les passages chiffrés il en parle insolemment. » — *Perlustrations, Archives Voronzof*, t. Ier, p. 476.
2. Pages 478-479 des *Perlustrations*. — *A. E. Russie*, t. XLIV, fol. 50.
3. C'était même le roi de Prusse qui avait fait ce mariage. Comme le père de la future Catherine II, cadet d'une branche cadette d'Anhalt, et prince sans principauté, était alors général prussien, en garnison à Stettin, Frédéric II espérait s'attacher pour toujours la grande-duchesse de Russie. On a même prétendu que celle-ci était fille de Frédéric II : c'est peu probable, car elle était née en 1729 et Frédéric II en 1712.
4. Élisabeth était colonel des régiments de sa garde, et La Chétardie n'était que colonel lors de sa première mission en Russie.

ordres puisque vous êtes officier général. » Je lui répondis sur le même ton, jugeant que ce seroit lui plaire, qu'elle avoit raison d'appréhender que je ne lui rendisse mon commandement extrêmement dur; et je pris tout de suite occasion de ce badinage pour lui témoigner combien il m'avoit été et m'étoit flatteur de devoir particulièrement à ses bontés la grâce que le Roi m'avoit faite en me faisant maréchal de camp[1] et en me donnant une pension de huit mille écus en attendant qu'il y eût un gouvernement vacant dont Sa Majesté pût disposer en ma faveur. « Je sais tout cela, reprit la Czarine. Je m'y intéressais trop pour que le prince de Cantémir me le laissât ignorer. »

La Chétardie ajoute qu'il est bien fâcheux que le Roi ne l'ait pas fait maréchal de camp, comme le croit l'Impératrice, mais seulement brigadier; que, comme on ouvre toute sa correspondance, on ne manquera pas de le savoir à Pétersbourg et que cela nuira à son influence. Or Bestoujef était déjà au courant, car il ajoute en marge du fragment ci-dessus : « Le mensonge est ici palpable, car il n'a été fait que brigadier, et pas du tout général-major. »

LE MARQUIS DE LA CHÉTARDIE A M. AMELOT.

Pétersbourg, 1er février (21 janvier) 1744[2].

...Telle est la légèreté de la Czarine qu'on doit avoir beaucoup gagné quand on l'a portée à une partie des choses qu'il seroit de son intérêt de faire...

LE MARQUIS DE LA CHÉTARDIE A M. AMELOT.

Pétersbourg, 15 (4) février 1744[3].

En remarquant que tout est ici dans la même situation que je l'avois laissé, vous justifiez ce que vous et moi avons prévu tant de fois. Le mal augmenteroit sans doute par la mort de M. Bewern[4] si la Czarine en donnant trop, par indolence pour les affaires, à l'habitude de se trouver vis-à-vis du vice-chancelier, le laissoit seul en place. Il est certain qu'alors et après la manière dont il a levé le masque contre nous, il n'y auroit sorte d'obstacles qu'il ne fît naître pour écarter toute correspondance entre la France

---

1. Dans l'armée française, immédiatement au-dessous du maréchal, venaient les grades de *lieutenant général, maréchal de camp, brigadier.*
2. Page 482 des *Perlustrations.* — *A. E. Russie,* t. XLIV, fol. 73.
3. Page 497 des *Perlustrations.* — *A. E. Russie,* t. XLIV, fol. 101.
4. Brevern. Voyez ci-dessus, p. 401, note 2.

et la Russie. Mais, indépendamment que l'éloignement de son frère[1] le prive de ce qui faisoit son véritable réconfort, nous ne sommes pas les seuls à désirer sa destitution. Le roi de Prusse la souhaite autant que vous pour le moins. J'en ai eu une nouvelle preuve dans la manière dont, dans le postcrit écrit de sa propre main de sa lettre que ce prince a fait parvenir à son ministre par le canal de Mme la princesse Zerbst, il articule positivement à ce sujet. Cette princesse d'ailleurs, qui arriva ici hier sur le midi et qui en repartira demain au soir après souper, n'a pas tardé à entrer dans les différentes considérations que le chambellan Nariskin[2] lui a exposées conformément à ce dont l'avoient chargé MM. de Brummer et de Lestocq; et elle s'est d'autant plus convaincue de la nécessité d'agir, sur ce que le baron de Mardefeldt et moi lui avons dit, à la suite des connoissances qu'on lui avoit données, qu'elle a maintes fois entendu parler en Allemagne de ce que l'on méditoit contre le gouvernement de la Czarine et n'avoit pas été choquée des discours qui furent tenus à ses gens à ce sujet lorsqu'elle passa il y a cinq mois par Brunswick. Elle a, au reste, été extrêmement touchée de l'attention que M. de Mardefeldt et moi nous avons eue de l'attendre ici et du secours si nécessaire pour elle qu'elle avoit par là trouvé en nous. Elle ne l'a pas moins été du parti que je prenois de demeurer encore ici la semaine prochaine pour ne pas faire connoître le motif qui m'y avoit retenu.

Nous avons appris par elle que la transplantation de la famille du prince Ivan a dû se faire mardi passé. Le père retournera en Allemagne, ainsi que le roi de Prusse l'avoit proposé; la mère et les enfants seront transférés à Orangem[3], maison à quatre cents verstes de Moscou, sur le chemin de Sibérie, que le feu prince Mentzicoff fit bâtir pour lui lorsqu'il fut envoyé en exil.

L'inconvénient que vous attachez à la figure que je ferois à cette cour si je continuois à n'y paroître que comme particulier ne balance peut-être pas celui que je vous ai marqué résulter de la mort de M. Bewern puisque cette circonstance m'ôtoit les moyens de charger avec succès nos insinuations. Je pourrois insister aussi sur la nécessité que j'établissois postérieurement de ne se porter à la démarche de déployer ici le caractère représentatif qu'autant que je verrois qu'il s'ensuivroit utilité. Vous pensez différemment, Monsieur, et jugez que je dois, plus tôt que plus tard, user de la permission que le Roi m'a donnée. C'en est assez pour que je saisisse la première occasion favorable qui se présentera à Moscou. Elle pourra même devenir plus facile par l'application de divers moyens que j'ai imaginés, et qui sont propres en soi à obliger la Czarine ainsi qu'à se garantir de sa méfiance naturelle par le désintéressement que nous ferions paroître.

« C'est avec une satisfaction infinie que je vois le plan de conduite que vous me fixez. Plût à Dieu que nous l'eussions toujours suivi, et devînt-il pour nous une base invariable! Ce n'est point cependant assez, pour se promettre de réussir, de contrecarrer les vues des Anglois. Vous remarquez vous-même

---

1. Le comte Michel Pétrovitch Bestoujef-Rioumine, grand maréchal du palais, était alors ministre de Russie à Berlin.
2. Lev ou Léon Alexandrovitch Narychkine (1733-1799), alors chambellan, devint grand écuyer sous Catherine II. A l'époque qui nous occupe, il « était regardé comme un personnage parfaitement sans conséquence et très original ». Il amusait beaucoup la grande-duchesse par ses chansons et ses saillies. CATHERINE II, *Mémoires*, pp. 161 et suiv.
3. Oranienbourg, une des propriétés de Menchikof, où il fut d'abord exilé, avant d'être déporté à Bérézof (Sibérie).

qu'il suffit de l'être[1] pour avoir ici la prévention du ministère et de la nation. Or, comme ils savent la cultiver habilement et la fortifier en semant l'argent de toutes parts, il est indispensable que, de même que le Roi a bien voulu ne point désapprouver que j'aie excédé de 2000 roubles le présent de M. de Lestocq, Sa Majesté daigne s'en remettre à mon zèle pour son service de l'emploi des fonds que j'aurai ici à ma disposition. Comment pourrois-je en faire l'estimation, dès que l'usage plus ou moins grand à en faire dépend de l'occasion? Je ne puis, en effet, m'occuper sur cela de l'économie que l'on doit toujours avoir devant les yeux qu'en cherchant à faire de préférence des pensionnaires à la France, vu que ces moyens contiennent davantage ceux qu'on cherche à s'attacher. C'est dans cette vue que j'ai concouru avec M. d'Allion à captiver la dame[2] dont il m'avoit parlé, par une pension de 1200 roubles à compter du 1er décembre dernier, et que j'ai cru [bien] placés les présents de 2000 roubles à la même personne et de 600 roubles à celle chez qui il logeoit qu'il vous avoit marqué pouvoir être important de faire. Mais, dans le cas où il est essentiel d'être informé de ce qui se passe dans l'intérieur de la Czarine, et plus encore de s'aider de ses préjugés superstitieux, en intéressant pour soi son confesseur et les prélats qui composent le Synode, ce ne peut jamais être que la nature de la circonstance qui peut décider du plus ou du moins de dépense. Je suis même bien persuadé que vous estimerez que l'on ne doit pas, telle qu'elle soit, y avoir aucun regret, quand, par l'expérience que M. de Brummer en a faite plusieurs fois, et nommément pour le mariage avec la jeune princesse Zerbst, que la parenté[3] sembloit rendre impossible suivant le rite grec, il est démontré que cette voie est toujours infaillible pour déterminer la Czarine.

LE MARQUIS DE LA CHÉTARDIE A M. AMELOT.

Pétersbourg, 22 (11) février 1744[4].

... L'expédient, en effet, que vous voulez bien me fournir a un rapport singulier avec les moyens que je vous marquois, il y a huit jours, avoir imaginés comme propres à obliger la Czarine, en même temps qu'il est de nature à flatter la vanité de cette princesse, ainsi qu'à l'exciter à se porter à des marques plus essentielles que de simple discours. Le projet d'un traité d'amitié embrasse les précautions capables de constater notre désintéressement et de nous garantir de la méfiance que je vous disois, dans la même lettre, lui être naturelle...

Il est de mode ici de se concentrer tellement pendant le Carême dans la retraite et dans les exercices extérieurs de dévotion que l'on ne voit point alors la Czarine, et qu'elle se refuse jusqu'à donner les audiences qu'il seroit cependant de son intérêt souvent de ne pas différer.

1. C'est-à-dire d'être Anglais. La Chétardie écrit fort mal.
2. C'est sans doute la dame dont il est question ci-dessus, p. 373, note 1.
3. La parenté entre les maisons de Holstein et d'Anhalt.
4. Page 505 des *Perlustrations*. — *A. E. Russie*, t. XLIV, fol. 137.

Si elle savoit mieux concilier les devoirs de chrétienne[1] et ceux de son état, l'inconvénient de l'ordre que portent les instructions des généraux russes qui sont en Suède ne subsisteroit pas, quoique ce ne soit certainement pas l'intention de la Czarine, mais bien l'ouvrage du vice-chancelier, qui s'est déjà émancipé plus d'une fois à donner de pareils ordres sans la participation de sa maîtresse...

Le mal est sans remède tant que la Czarine, livrée uniquement à ses plaisirs et contractant de plus en plus une aversion décidée pour les affaires, n'aura point de ministres fidèles sur qui elle puisse se reposer du soin de gouverner[2].

LE MARQUIS DE LA CHÉTARDIE A M. AMELOT.

Pétersbourg, 26 (15) mars 1744[3].

... Quant à ce que la Czarine n'a de résolution stable que sur ce qui peut nous être contraire, cela ramèneroit aux époques qui changèrent totalement la face des choses au commencement de son règne. Je n'examine pas si, livrée depuis, par foiblesse et paresse, à un ministère ennemi de la France, elle a agi contre nous, ou s'est abstenue de faire ce qui auroit été de notre convenance.

Mais, comme à cette occasion, Monsieur, vous me marquez que le Roi ne se pressera pas d'envoyer le portrait à cette princesse[4] et que ce seroit une galanterie déplacée dans le moment présent, je me renfermerai dans un seul point. Est-ce la Czarine qui a besoin de nous? ou est-ce nous qui devons désirer de nous l'attacher?...

Le portrait du Roi, que vous regardez comme une galanterie qui seroit fort déplacée, me paroît fournir la même circonstance que cette somme de 15 000 ducats que la princesse Élisabeth avait prié Sa Majesté de lui prêter et que j'eus ordre d'abord de lui annoncer, qui ne fut point envoyée ensuite, sur le principe que ce seroit un argent fort mal employé selon les apparences, mais dont l'événement ne tarda pas à montrer qu'on auroit pu s'en faire un mérite...

LE MARQUIS DE LA CHÉTARDIE A M. AMELOT.

Pétersbourg, 2 avril (22 mars) 1744[5].

... Ceux (les objets) qui vous font appuyer avec raison sur le risque que courroient les ministres de la Czarine en abusant si souvent de sa confiance

---

1. Remarque de Bestoujef. « Sur ce point il s'exprime d'une façon si outrageante pour une Majesté qu'il serait difficile à n'importe qui d'imaginer quelque chose de pire. »
2. Remarque de Bestoujef : « Était-il possible de s'attendre à une telle ingratitude, et qu'*il* s'exprimerait si calomnieusement sur une Majesté! »
3. Page 527 des *Perlustrations*. — A. E. Russie, t. XLIV, fol. 217.
4. La Chétardie avait demandé l'envoi d'un portrait de Louis XV à Élisabeth.
5. Page 535 des *Perlustrations*. — A. E. Russie, t. XLIV, fol. 243.

et qui justifient à la fois votre étonnement sur la vue de l'indifférence que cette princesse observe sur les choses intéressantes qu'elle ne peut douter que j'ai à mettre sous ses yeux, pour avoir un principe différent de celui que vous supposez, n'en sont pas moins incompréhensibles. Il faut être sur les lieux et en effet éprouver toute l'impatience à laquelle on est exposé, à mesure que l'on est sincèrement attaché à la Czarine, pour croire que l'amour de la pure bagatelle, le délire d'une toilette répétée quatre et cinq fois par jour et le plaisir de se voir dans son intérieur environnée de valetaille, font toute sa préoccupation. Le mal qui en résulte est bien grand, car, enivrée de cette situation, elle s'imagine, à proportion qu'elle en jouit, être plus adorée de ses sujets et avoir moins à craindre. Toute personne d'un rang au-dessus de celles qu'elle voit familièrement suffit pour la gêner. L'idée de la moindre affaire l'effraye et l'effarouche, et les exemples qu'elle a à avoir signé des choses dont elle n'avoit pas connoissance, quand on la fait apercevoir des inconvénients qui y étoient attachés, ne sont pas capables de la faire rentrer en elle-même et de vaincre cette paresse qui la conduit, à chaque instant, à laisser tout aller à l'abandon.

C'est cette même paresse, ainsi que l'appréhension de ne pas trouver dans de nouveaux ministres une méthode propre à flatter son indolence, qui l'assujettissent impérieusement à l'habitude qu'elle a prise de se trouver vis-à-vis du vice-chancelier. Seroit-il croyable sans cela qu'elle pût conserver un moment en place un homme dont elle m'a dit plus de mal que je ne voudrois en dire de mon plus cruel ennemi, qu'elle a peint d'elle-même au grand-duc avec les couleurs les plus fortes pour qu'il ne prît aucune confiance en lui et le regardât comme un homme acharné contre la maison d'Holstein, et dont enfin elle a prévenu récemment la princesse Zerbst.

Loin que la foiblesse qui caractérise en toutes rencontres la conduite de la Czarine doive nous rebuter, loin de même que nous devions nous laisser décourager pour l'avenir qu'on est forcé d'envisager, puisque l'on ne sauroit se le dissimuler, dès que sans un miracle les choses ne peuvent ici subsister telles qu'elles sont, j'ose avancer que ce sont ces deux points de vues qui exigent encore davantage que nous nous emparions de la Russie et que nous ne négligions rien pour y parvenir.

J'ai du moins pour le croire la certitude qu'en ne le faisant peut-être pas il s'ensuivra de cette même foiblesse et inconséquence de la Czarine qu'elle sera plus docile à tout ce qu'on voudra lui inspirer, ou contre nous, ou pour se livrer davantage à nos ennemis. Et, quant à l'avenir à envisager, l'essentiel à parer, l'expérience que nous avons faite nous apprend que nous y perdrions beaucoup, que nous serions continuellement l'objet de la politique et des maximes autrichiennes et angloises, qui prédomineroient encore plus ici, alors que, par un contre-coup inévitable, indépendamment, le système du Nord seroit renversé, la Suède obligée de subir la loi qu'on voudroit lui imposer, et l'Angleterre maîtresse de faire respecter son influence dans toute cette partie de l'Europe, sur les ruines de notre crédit.

Les dépêches de La Chétardie et les perlustrations de Bestoujef nous font assister à la plus étrange guerre de mines et de contremines. Dans une lettre à Valori, notre ambassadeur à Berlin, 12 (1er) mars 1744, après un passage non chiffré, La Chétardie explique, en chiffres, qu'il n'a pas chiffré ce passage précisément pour que le vice-chancelier conçoive de lui moins de soupçons et ne se doute pas que la part que lui, La Chétardie, a eu dans certaine affaire. En revanche, Bestoujef y trouvera, en clair, s'il décachète la lettre, une allusion désagréable aux « personnes animées d'un faux zèle ». Il ajoute que ses mauvaises dispositions sont si bien connues qu'il faut bien se garder de lui fournir la preuve que c'est lui, La Chétardie, qui a fait la minute d'une certaine lettre. Naturellement Bestoujef lit cela comme le reste. Et il ajoute, en annotation (Première remarque, à propos de l'accusation d'animosité) : « Il est vrai que le vice-chancelier n'a pas plus de confiance en la cour de Prusse qu'en la cour de France, à cause du voisinage plus proche de celle-là et de l'accroissement démesuré de ses forces; cependant le vice-chancelier n'a jamais témoigné la moindre *animosité* ni contre l'une ni contre l'autre, quoiqu'elles fassent toutes deux les plus grands efforts pour le perdre, et en toutes circonstances il n'a fait que remplir son devoir et son serment. » — (Deuxième remarque à propos de la mention faite du procureur général Troubetskoï) : « Suivant le système de sa cour, ce ministre étranger non seulement se forme un parti et se mêle de toutes les affaires intérieures, mais il s'immisce dans les affaires de la Chancellerie secrète! On soumet à la haute appréciation de Sa Majesté Impériale les conséquences qui peuvent résulter de tels procédés. » — (Troisième remarque à propos d'un passage non chiffré) : « Le passage non chiffré est une perfidie à l'égard de Sa Majesté Impériale, et il montre suffisamment une haine sans bornes à l'égard du vice-chancelier, etc. »

Plus loin : « Le marquis de La Chétardie cherche, en communiquant la lettre qu'il a écrite au baron de Mardefeldt, à obtenir de sa cour des sommes plus considérables, quoique même sans cela, ainsi qu'il résulte de ses lettres précédentes, il n'ait reçu que trop d'argent pour faire de la corruption. »

Plus loin, en présence d'attaques très vives contre lui-même, Bestoujef s'écrie : « La justice divine et la haute faveur de Sa Majesté Impériale protégeront le vice-chancelier contre les méchants. »

Dans une lettre du 22 (10) mai à M. Amelot, La Chétardie s'est permis de dire que c'est la Tsarine qui a demandé son retour et d'ajouter : « Mais que peut-on se promettre de la reconnoissance et de l'attention d'une princesse aussi légère et aussi dissipée? » — Bestoujef répond en marge : « Sa Majesté Impériale a demandé le retour de La Chétardie, comme d'un homme qu'elle croyait honorable et reconnaissant des nombreuses marques de faveur qu'elle lui avait accordées, mais non pas comme d'un méchant et d'un calomniateur, dont on trouverait à peine une lettre qui ne soit pas injurieuse pour Sa Majesté. »

Ces extraits suffisent pour donner une idée des documents déposés par Bestoujef sur la table du conseil, en présence de l'Impératrice, dans la séance du 16 (5) juin 1744.

Cette communication produisit sur l'esprit d'Élisabeth l'effet le plus désastreux pour le marquis. Elle voulut d'abord douter : « C'est faux, dit-elle, à Bestoujef, c'est une invention de ses ennemis et vous en êtes. » Mais les preuves étaient accablantes : c'était le dépouillement de soixante-neuf lettres, les originaux en chiffres et leur déchiffrement; c'était la reproduction exacte de propos qu'Élisabeth avait tenues à La Chétardie en l'absence de tout témoin. Elle avait sous les yeux la preuve d'une machination ourdie contre son gouvernement officiel et ses ministres; les noms des complices, Lestocq, Brümmer, la princesse d'Anhalt-Zerbst; le montant des dons et pensions accordés, même à son confesseur, même aux prélats du Saint-Synode, même à ses femmes, pour gagner des adhérents. Elle voyait son intérieur surveillé, espionné, aussi bien que la prison d'Ivan de Brunswick; les ramifications de l'intrigue s'étendant aux ambassades et aux cours de Prusse, de Suède, de Bavière; ses confidences les plus intimes, ses épanchements les plus affectueux avec la Chétardie, livrés aux chancelleries étrangères; elle-même raillée et tournée en ridicule, taxée d'ingratitude, de légèreté, de paresse, de frivolité dispendieuse, d'indécision et de timidité, de dévotion outrée et de superstition grossière, de basses habitudes et de goût pour la valetaille; enfin des propos si outrageants pour la souveraine, pour la femme, que les employés du cabinet noir, avant de pousser plus loin leur travail de déchiffrement et de traduction, avaient demandé un ordre formel de l'Impératrice « afin d'être à couvert, à cause des choses indignes que ces lettres contiennent ». Et l'auteur de ces *indignités*, c'était ce marquis français, si galant, si empressé, si dévoué en apparence, si habile à susciter les confidences, et, qui, dans les passages laissés en clair de ses dépêches, faisait un éloge si flatteur de la beauté imposante et gracieuse, du ferme caractère et de la haute intelligence d'Élisabeth !

La Tsarine fut atterrée de cette découverte. Cependant, avant de prendre une résolution, elle demanda à ses ministres de lui laisser vingt-quatre heures de réflexion. Le 17 juin au soir, comme La Chétardie venait de rentrer en son hôtel, il reçut la visite d'André Ouchakof[1], Pierre Galitsyne[2], Isaac Vessélovski[3], Andréiane ou Adrien

---

1. Le comte André Ivanovitch Ouchakoff (1672-1747), directeur de la terrible Chancellerie secrète, avec le grade de général en chef. Voyez ce qu'en dit le prince Dolgoroukof dans ses *Mémoires*, pp. 150 et suiv.

2. Il y avait alors plusieurs princes Pierre Galitsyne; celui-ci est qualifié par La Chétardie de chambellan.

3. Isaac Pavlovitch Vessélovski (1688-1754) avait été le précepteur des filles de Pierre le Grand. Il était alors membre du Collège des affaires étrangères et maître des cérémonies.

Néplouief[1] et du traducteur André Ivanof. Ils étaient escortés de Kourbatof, capitaine au régiment Séménovski, et de deux sous-officiers du même régiment. Kourbatof, sur l'ordre d'Ouchakof, tira un papier d'un sac de drap rouge et en donna lecture au marquis. C'était une note rédigée par le chancelier au nom de l'Impératrice[2]. Comme La Chétardie s'était obstiné, toujours dans l'attente du grand événement, à ne pas déployer son caractère d'ambassadeur, il était qualifié simplement, dans cette pièce, de « brigadier des armées françaises ». On y faisait remarquer qu'il n'était qu'un particulier et ne pouvait « se prévaloir d'aucun caractère ». « L'Impératrice, disait cette pièce, voit avec déplaisir que vous vous êtes oublié (certainement sans les ordres du Roi), non seulement jusqu'à tâcher de corrompre la fidélité de plusieurs personnes et du clergé, de vous faire un parti dans sa cour et de bouleverser son ministère, mais aussi jusqu'à dépeindre et calomnier, avec autant d'audace que de témérité, sa personne sacrée dans vos dépêches. » En conséquence la souveraine intimait l'ordre au marquis de « partir, dans les vingt-quatre heures, sans voir personne, de cette capitale et de sortir au plus tôt de son empire ».

Comme La Chétardie se récriait[3] et se disait victime d'une calomnie, on commença à lui dire ses dépêches. « Cela suffit », dit-il. Et le lendemain il quitta Moscou. A l'un des plus prochains relais, un émissaire vint lui reprendre la plaque de Saint-André et le portrait d'Élisabeth. Pour comble d'humiliation, le corps diplomatique reçut une note, où les faits étaient relatés en détail, Bestoujef ne craignant pas d'avouer par quels moyens il avait pris connaissance du contenu des dépêches[4].

1. Adrien ou Andréïane Ivanovitch Néplouïef, alors secrétaire du Collège des affaires étrangères, fut ensuite résident de Russie à Constantinople.
2. *Archives Voronzof*, t. Ier, p. 614.
3. Il semble cependant que La Chétardie ait eu quelque avertissement, car nous lisons dans le journal de Morambert : « 1744. Samedi 1er juin, à cinq heures du soir, Sa Majesté Impériale étant absente depuis quelques jours, Son Altesse Impériale à cheval et les princesses de Zerbst, mère et fille, en calèche, vinrent, comme en passant, voir le marquis de La Chétardie qui reçut Son Altesse Impériale sur son perron. Le grand-duc ne descendit pas de cheval, mais il parla au marquis et lui dit quelques mots assez bas. De là le marquis alla trouver les princesses et s'entretint un moment avec elles. Étant rentré, il parut rêveur pendant toute la soirée.
« Le jeudi 6, à trois heures et demie du matin, le marquis fut arrêté..... » — Le rapport russe donne cinq heures et demie du matin.
4. D'après le rapport qui fut fait à l'Impératrice, voici l'attitude qu'auraient eue en présence de cette communication les principaux diplomates étrangers. *Archives Voronzof*, t. Ier, pp. 459 et 613. — M. Tyrawyl, ministre d'Angleterre, aurait répondu que, sa cour étant en guerre avec celle de France, il n'était pas en position de faire aucune appréciation à ce sujet, mais qu'il ne pouvait se refuser à louer, avec le plus profond respect, la fermeté et la grandeur d'âme de sa Majesté Impériale, et qu'il informerait sa cour. — Le baron de Gerstorff, ministre de l'électeur de Saxe, roi de Pologne, n'aurait pu dissimuler un trouble, mêlé de surprise et de

C'était pour la cour de France et le parti français en Russie un coup aussi terrible qu'avait été pour la cour de Vienne et le parti autrichien l'aventure du marquis de Botta. Nos amis devinrent suspects ; la princesse d'Anhalt-Zerbst reçut une forte semonce, et peu s'en fallut que le mariage de sa fille, la future Catherine II, avec le grand-duc héritier ne fût rompu[1].

Le cabinet de Versailles fut obligé de dévorer cet affront ; comme La Chétardie n'avait pas remis ses lettres de créance, on n'avait même pas de prétexte pour demander satisfaction. D'ailleurs l'état de nos affaires ne s'y prêtait pas : l'Alsace venait d'être insultée par l'armée de Charles de Lorraine. La colère du Roi tomba sur le malencontreux ambassadeur : bien qu'il demandât à ce qu'on lui fît son procès, on lui interdit de paraître à la cour et on le relégua sur ses terres du Limousin.

Peut-être est-il intéressant de savoir comment finit ce diplomate qui avait joué un rôle aussi important et aussi étrange dans nos relations avec la Russie. En 1745, nous le trouvons lieutenant général à l'armée d'Italie ; en 1749, il est nommé ambassadeur à Turin ; mais ses intrigues avec la princesse de Saint-Germain, maîtresse du roi de Sardaigne, obligent à le rappeler. Après avoir figuré dans quelques rencontres de la guerre de Sept ans, il mourut en 1758, commandant de la place de Hanau ; il fut enseveli dans l'église de Dorstein, près Mayence, et l'aumônier de l'artillerie prononça son oraison funèbre.

---

satisfaction, et aurait promis d'informer sa cour. — Le chambellan Bark, ministre de Suède, aurait écouté la lecture avec un étonnement douloureux, et aurait dit qu'il regrettait que M. de La Chétardie eût, par sa conduite peu mesurée, porté Sa Majesté Impériale à une telle démarche et que, jusqu'à son départ, il n'aurait pas de communications avec lui. — Hohenholz, ministre de Marie-Thérèse, aurait dit à l'émissaire du vice-chancelier : « Je sais ce que vous venez m'apprendre ; j'ai été témoin des menées de M. de La Chétardie. » — Neuhaus, ministre plénipotentiaire de Charles VII, en lisant la communication, eut un tremblement de tout le corps, soupira plusieurs fois et faillit fléchir sur les jambes, et, pendant un quart d'heure, ne put dire une parole intelligible ; puis il balbutia quelques mots entrecoupés sur le juste courroux de l'Impératrice : si bien que le traducteur Ivanof jugea convenable de le laisser et de sortir.

1. CATHERINE II, *Mémoires*, pp. 15 et suiv. — Quant à Lestocq, à la suite de nouvelles affaires, il fut arrêté en novembre-décembre 1748, mis à la torture, privé de toutes ces charges et pensions, exilé à Ouglitch. — SOLOVIEF, *Istoria Rossii*, t. XXII, pp. 248 et suiv. — Papiers originaux dans les *Archives Voronzof*, t. III, pp. 323 et suiv.

XXIII

LE COMTE DE SAINT-SÉVERIN

AMBASSADEUR EXTRAORDINAIRE EN POLOGNE — PROJET
DE MISSION EN RUSSIE

1744

Après l'espèce de satisfaction qu'on avait donnée à la Tsarine par la disgrâce de La Chétardie, la cour de France crut pouvoir essayer de renouer les relations avec elle. M. d'Alion était déjà installé pour la seconde fois à Pétersbourg, quand on conçut le dessein d'envoyer en Russie, à la fin de 1744, le comte de Saint-Séverin[1], ambassadeur du Roi en Pologne.

Marie-Louis, comte de Saint-Séverin d'Aragon, chevalier des ordres du Roi, était d'origine italienne. Il avait été ministre du duc de Parme auprès de la cour de Versailles. Fleury l'avait fait passer au service de France. En 1737, il fut nommé colonel du Royal-Italien; en septembre de la même année, ambassadeur en Suède, d'où une maladie le força de revenir en 1741; en 1744, ambassadeur en Pologne.

Son Instruction de Pologne est du 1er août[2], son Instruction de Russie du 29 novembre de la même année.

---

1. Sur M. de Saint-Séverin, voyez A. GEFFROY, *Instructions, Suède*, pp. xciv et 337-357; et L. FARGES, *Instructions, Pologne*, t. II, pp. 35 et suiv.

2. Dans cette Instruction on précise ainsi ses rapports avec d'Alion, renvoyé comme ministre en Russie après l'expulsion de La Chétardie : « Sa Majesté a aussitôt ordonné au sieur d'Alion de se rendre sans délai à Moscou, avec le caractère de ministre plénipotentiaire, qu'il y a déjà rempli précédemment à l'entière satisfaction de Sa Majesté. Elle lui a recommandé par ses instructions de modeler sa conduite par rapport aux affaires de Pologne sur les connoissances et avis qui seront donnés par le sieur comte de Saint-Séverin et de correspondre régulièrement avec lui..... Sa Majesté s'en remet donc au sieur comte de Saint-Séverin de diriger suivant sa prudence tant ses démarches en Pologne que celles du sieur d'Alion en Russie, sur le

Le voyage de M. de Saint-Séverin n'eut pas lieu, soit que l'orgueil du Roi n'ait pas voulu se prêter à une démarche si éclatante après l'humiliante aventure de La Chétardie, soit que le plan qu'on voulait d'abord proposer à la Tsarine ait paru trop hasardeux, soit que Saint-Séverin ait allégué des raisons de santé pour se dispenser d'une mission si désagréable en de telles circonstances. Le chiffre qu'on lui avait confié ne semble pas avoir été conservé : aussi certains passages de son Instruction n'ont pu être traduits. Pour combler cette lacune, nous ferons suivre ce texte de quelques pièces de la correspondance.

René-Louis de Voyer de Paulmy, marquis d'Argenson, était ministre des affaires étrangères depuis le 18 novembre 1744[1].

MÉMOIRE POUR SERVIR D'INSTRUCTION AU SIEUR COMTE DE SAINT-SÉVERIN, AMBASSADEUR EXTRAORDINAIRE DU ROI EN POLOGNE, ALLANT POUR LE SERVICE DE SA MAJESTÉ A LA COUR DE RUSSIE. — VERSAILLES, 29 NOVEMBRE 1744[2].

Quoique le Roi, au mois de septembre dernier, fit partir le sieur comte de Saint-Séverin pour se rendre avec le caractère de son ambassadeur extraordinaire près le roi et la république de Pologne, Sa Majesté envisageoit dès lors, par le cours que les affaires prenoient en Allemagne, qu'après que la diète que le roi de Pologne avoit indiquée en Lithuanie seroit terminée, il pourroit être utile pour le service de Sa Majesté que le sieur comte de Saint-Séverin allât de sa part auprès de la Czarine de Russie. Sa Majesté avoit espéré que l'intérêt que par cette ambassade elle témoignoit prendre à la conservation et au main-

---

temps et la manière de concourir plus ou moins ouvertement avec les ministres de Prusse à ce qu'ils jugeront eux-mêmes devoir faire en exécution des ordres de ce prince leur maître pour remplir ses intentions. »

1. M. Amelot de Chaillou avait été congédié le 26 avril 1744. De cette date à celle de la nomination de M. d'Argenson, Louis XV avait administré lui-même les affaires étrangères. Les rapports lui étaient présentés par MM. de Noailles, du Theil et d'Argenson. Sur l'administration du marquis d'Argenson, voyez E. Zévort, *Le marquis d'Argenson et le Ministère des Affaires étrangères du 18 novembre 1744 au 10 janvier 1747*. Paris, 1879.
2. A. E. Russie, t. XLV, fol. 250.

tien de la liberté et des privilèges des Polonois seroit un motif puissant pour engager les principaux d'entre eux à peser mûrement les propositions qui pourroient être faites, de quelque part que ce pût être, à cette diète, et que le sieur comte de Saint-Séverin pourroit profiter des occasions qu'ils lui donneroient de leur faire connoître combien le Roi est disposé à leur marquer l'affection et l'amitié que Sa Majesté conserve pour leur république et que l'union qui subsiste entre Sa Majesté et le roi de Prusse ne tendant qu'au rétablissement de la paix en Allemagne, ne doit être aussi que de leur donner de nouveaux sujets de prendre une entière confiance en Sa Majesté. Mais comme un incident de cérémonial a empêché le sieur comte de Saint-Séverin de prendre publiquement caractère pendant le cours de cette diète, et qu'il y a lieu de juger qu'elle est présentement terminée sans qu'il ait pu manifester à la nation polonoise quelles sont les dispositions du Roi, l'intention de Sa Majesté est qu'aussitôt que le sieur comte de Saint-Séverin aura reçu la présente Instruction, il ne diffère pas un moment à se mettre en chemin pour se rendre le plus promptement possible auprès de la Czarine, Sa Majesté ne voulant négliger aucun des moyens qui pourront être employés auprès de cette princesse pour détruire les préventions qui subsistent à la cour contre les intentions de la France dans la guerre où cette couronne se trouve engagée contre la reine de Hongrie et le roi de la Grande-Bretagne.

Il doit être informé, par ses relations avec les ministres de Sa Majesté dans les différentes parties de l'Allemagne, de la situation où se trouvent actuellement les affaires entre les parties belligérantes. Si, d'un côté, les succès n'ont pas entièrement répondu en Bohême aux espérances dont le roi de Prusse s'étoit flatté en conduisant lui-même dans ce royaume une armée de 80 000 hommes pendant qu'une autre armée de ses troupes pénétroit en Moravie[1], d'autre part, les secours de troupes et d'argent que le Roi a donnés à l'Empereur, ont rangé sous l'obéissance de

---

1. Le 22 mai 1744, Frédéric II avait signé à Francfort un nouveau traité contre l'Autriche; le 16 septembre, il avait enlevé Prague. Cette puissante diversion permit à Charles VII de reconquérir la Bavière et de rentrer dans Münich (22 novembre), tandis que les Français prenaient Fribourg et que l'infant don Philippe battait les Autrichiens à Coni (septembre).

ce prince presque tous les pays compris sous le nom d'Autriche Antérieure, et l'ont mis en tel état de supériorité qu'il a recouvré en peu de temps toute la Bavière et le haut Palatinat et porté ses armes jusqu'à Passau et dans la haute Autriche; mais ces succès balancés et les négociations que la reine de Hongrie et ses alliés suivent avec une extrême vivacité en différentes cours, ne permettant pas de douter qu'elle ne veuille encore soutenir la guerre pendant la prochaine campagne, et le Roi étant résolu de faire pendant cette campagne les plus grands efforts de toutes parts conjointement avec ses alliés pour réduire cette princesse à la nécessité de donner les mains à de justes conditions de paix, il devient plus important que jamais que Sa Majesté et ses alliés emploient aussi de leur part la voie des négociations, tant pour faire connoître aux principales puissances de l'Europe qu'en continuant la guerre ils n'ont que des vues pacifiques, que pour empêcher que la reine de Hongrie ne trouve auprès de quelques-unes de ces puissances des ressources et des secours qui ne pourroient produire d'autre effet que d'allumer de plus en plus le feu de la guerre et de la rendre générale dans toute la chrétienté. Entre ces puissances la Russie est une de celles qui méritent le plus de ménagements et d'attentions de la part de la France et de ses alliés. Le comte de Saint-Séverin est parfaitement instruit des événements qui dans ces derniers temps ont placé sur ce trône la princesse Élisabeth, fille du Czar Pierre Ier, et procuré entre la Russie et la Suède une paix qui a assuré la succession de ces deux couronnes dans les deux branches de la maison de Holstein-Gottorp. Le duc de Holstein, chef de cette maison, reconnu grand-duc de Russie et successeur de la Czarine, paroît dans les résolutions non seulement de conserver pour lui et ses successeurs la possession de la partie du duché de Holstein qui est le patrimoine qu'il a reçu de ses ancêtres, mais aussi de profiter du crédit et des forces de la Russie pour faire tôt ou tard valoir ses droits sur la partie du duché de Sleswick dont la possession a été laissée et assurée à la couronne de Danemark par les traités de la paix du Nord de 1720[1].

---

1. Voyez ci-dessus, p. 207.

Cette partie du duché de Sleswick a été depuis garantie à cette couronne par la plupart des puissances qui peuvent avoir quelque influence dans les affaires générales du Nord, et la Czarine a pu reconnoître même, depuis que les deux branches de la maison de Holstein-Gottorp ont été appelées à la succession des couronnes de Russie et de Suède, qu'il ne lui seroit pas aisé de trouver des circonstances assez favorables pour faire valoir les droits et prétentions de cette maison si le Roi et le roi de Prusse ne concouroient à lui en faciliter les moyens. C'est dans ces circonstances que le mariage entre le prince de Holstein, évêque de Lubeck et reconnu successeur de la couronne de Suède, avec la princesse Louise-Ulrique, sœur du roi de Prusse, a été conclu et accompli; et, comme cette alliance assure de plus en plus la succession de la couronne de Suède à la maison de Holstein, c'est aussi pour la Czarine une raison de compter que le roi de Prusse se portera volontiers à entrer dans toutes les vues qui, en même temps qu'elles affermiront et assureront la tranquillité entre les puissances du Nord, pourront contribuer à procurer à la maison de Holstein toute la satisfaction qu'elle peut désirer par rapport aux droits qu'elle réclame depuis si longtemps sur le duché de Sleswick. Le comte de Saint-Séverin peut même porter à la Czarine les assurances les plus formelles et les plus précises de la part du Roi, et lui faire entendre clairement qu'il ne dépendra pas de Sa Majesté et du roi de Prusse que, lorsqu'il sera question du rétablissement de la paix, on ne trouve moyen de procurer à cette illustre maison une satisfaction entière sur des droits aussi justes. Sa Majesté est d'autant plus en état d'autoriser le sieur comte de Saint-Séverin à s'en expliquer dans ce sens qu'elle est parfaitement instruite de l'intention du roi de Prusse sur ce sujet. Les dispositions de ce prince en faveur de la maison de Holstein sont telles, en effet, que si la Czarine et ses ministres vouloient donner les mains aux ouvertures que le comte de Saint-Séverin pourroit leur faire confidemment dans des vues aussi conformes aux intérêts qu'elle paroît le plus affectionner et à la gloire de son règne, il sera aisé au sieur comte de Saint-Séverin de lui produire un plan qui, en même temps qu'il n'engageroit cette princesse à aucune sorte de dépenses ni d'embarras[1]. . . . .

. . . .

Ce plan est si simple dans ces différentes branches qu'il y a lieu de juger que la Czarine et ses ministres en concevront, dès la première inspection, tous les avantages et la sûreté et facilité de son exécution. Voici précisément en quoi il consiste :

1° Que le Roi est dans la disposition et intention de. . .
. . . .
2° . . . .
3° . . . .
4° Il est de toute vraisemblance que. . . . . .
. . . .
5° Sa Majesté est également persuadée du. . . . .
. . . .

Quoique ces propositions paroissent de nature à faire d'abord une vive impression sur la Czarine, sur le duc de Holstein, son successeur, et sur ceux des ministres de cette cour qui sont attachés à cette princesse personnellement et aux avantages de la maison de Holstein, il sera de la prudence du comte de Saint-Séverin de ne point hasarder de les mettre sur le tapis, s'il peut juger après avoir sondé les dispositions des esprits en cette cour que la Czarine ou ses ministres. . . . .

. . . .

Avant que cette princesse eût déclaré positivement qu'elle entendoit que ce fût le chancelier Bestucheff[2] qui conduisît ses principales affaires, on pouvoit espérer de traiter immédiatement avec elle sur des points aussi délicats, et même de pouvoir décré-

---

1. A partir d'ici, les lignes de points indiquent les passages plus ou moins étendus de cette Instruction qui sont chiffrés et n'ont pu être déchiffrés.

D'après les documents qui suivent, il paraît probable que le Roi, pour attirer Élisabeth et son neveu le duc de Holstein à son alliance, offrait à ce dernier des agrandissements aux dépens du Danemark, alors allié à l'Angleterre, et de l'électeur de Hanovre, roi d'Angleterre. On aiderait le neveu de la Tsarine à faire valoir ses droits sur le Sleswig et la partie du Holstein qui appartenaient au roi de Danemark, et on l'aiderait à enlever à George II les territoires de Brême et Verden dont la Suède avait été dépouillée à la suite des malheurs de Charles XII. C'est seulement sous Catherine II que la famille impériale de Russie renoncera, en faveur du Danemark, non seulement à ses droits litigieux, mais même à la partie du Holstein qu'elle tenait du neveu d'Élisabeth, le Tsar Pierre III.

2. Alexis Bestoujef était devenu chancelier en cette même année, et Michel Ilarionovitch Voronzof, vice-chancelier.

diter dans son esprit le chancelier, s'il arrivoit qu'elle et lui fussent de différents avis sur des plans ou expédients qu'elle seroit personnellement disposée à adopter. Mais, après l'expérience fâcheuse que le marquis de La Chétardie a faite en se compromettant infructueusement avec le premier ministre de cette cour, le sieur comte de Saint-Séverin ne doit pas hésiter à faire, à son arrivée, les avances convenables auprès de ce ministre et employer tous les moyens qui pourront le rendre plus accessible et moins éloigné de ce qui peut être proposé à sa maîtresse de la part de la France. Il est vrai qu'on ne doit pas s'attendre que ce chancelier, après avoir déterminé en dernier lieu la Czarine à promettre au roi de la Grande-Bretagne, électeur de Hanovre, de lui envoyer un secours de troupes russes lorsque la saison le permettra[1], puisse être porté aisément à. . . . .

Mais lorsque la Czarine, le duc de Holstein et leurs ministres de confiance considéreront les avantages de ce projet qui n'engage la Russie absolument à rien. . . . .
. . . .

Il n'est pas possible que les représentations du sieur comte de Saint-Séverin, en faveur du plan que Sa Majesté l'autorise à proposer, ne produisent au moins l'effet de diminuer les préventions qui subsistent actuellement à cette cour contre les intentions de la France. . . . .
. . . .

Les lumières du sieur comte de Saint-Séverin lui feront concevoir du premier coup d'œil tout le bien qui pourroit résulter pour les intérêts de la France et de ses alliés s'il étoit assez heureux pour effectuer dans le conseil de la Czarine un changement aussi favorable aux intérêts du Roi et de ses alliés. . .
. . . .

Il deviendroit moins difficile, après ce premier succès, d'obtenir du duc de Holstein, pour prix des efforts de Sa Majesté en sa faveur, l'accession de ce prince à l'union confédérale de Francfort[2]; et cette accession, faisant connoître les dispositions de la

---

1. Voyez ci-dessus, pp. 377, 400, 402.
2. C'est le traité de Francfort, signé le 22 mai 1744 entre l'Empereur Charles VII, le roi de Prusse, l'électeur palatin et le roi de Suède, en sa qualité de landgrave de Hesse-Cassel. La France y adhéra le 6 juin.

Russie à l'égard des affaires d'Allemagne, suffiroit pour faire perdre à la Saxe et à la reine de Hongrie de même qu'au roi de la Grande-Bretagne toute espérance de secours de la part de la Czarine, ce qui, plus que toute autre considération, produiroit vraisemblablement l'effet, premièrement, de détacher des intérêts de la cour de Vienne le roi de Pologne, électeur de Saxe, et ensuite, de mettre la reine de Hongrie dans l'obligation de consentir à de justes conditions pour le rétablissement de la paix non seulement en Allemagne, mais aussi dans les autres parties de l'Europe.

Sur ce simple exposé, le sieur comte de Saint-Séverin pourra juger de toute l'importance de la négociation que le Roi confie à sa discrétion et à son habileté. Il ne pourra jamais s'employer pour aucun objet qui soit plus intéressant pour Sa Majesté personnellement, pour la gloire de son règne et pour faire cesser les calamités d'une guerre que toutes les puissances doivent désirer également de voir terminer promptement. Aussi Sa Majesté compte que le sieur comte de Saint-Séverin redoublera, s'il est possible, de zèle et d'application pour l'exécution des ordres qu'elle lui confie dans une occasion aussi essentielle et d'où dépend la durée de la guerre ou le rétablissement de la paix : Sa Majesté en connoissant toutes les conséquences et étant par cette considération disposée à donner au comte de Saint-Séverin les marques les plus éclatantes de sa satisfaction, si, par sa bonne conduite, il parvient à remplir les intentions de Sa Majesté suivant qu'elles viennent de lui être expliquées de sa part.

Sa Majesté ne définit point quel est le caractère qu'il sera convenable qu'il prenne en arrivant à la cour de Russie. Elle lui fait envoyer, avec la présente Instruction, deux lettres de créance pour la Czarine, savoir : une de la main de Sa Majesté pour sa première audience particulière et une de la secrétairerie d'État pour ne la remettre qu'au cas qu'il soit question de l'admettre publiquement à l'audience de la Czarine. Et l'expédition de chacune de ces lettres de créance est double, savoir : l'une avec le caractère d'ambassadeur extraordinaire et l'autre avec la simple qualité de ministre plénipotentiaire, Sa Majesté s'en remettant entièrement à ce qu'il estimera lui-même le plus à propos sur le caractère qu'il jugera devoir arborer et sur les lettres de créance qu'il devra produire en conséquence. Comme ces différentes lettres sont cachetées, le comte de Saint-Séverin en trouvera aussi des copies jointes à la présente Instruction, pour la communication à donner de la teneur de ces lettres qu'il se proposera de présenter lorsqu'il demandera ses audiences.

Il trouvera vraisemblablement à cette cour le sieur Dalion, déjà revêtu du caractère de ministre plénipotentiaire du Roi[1], ses dernières lettres datées de Riga donnant lieu de compter qu'il sera depuis arrivé auprès de la Czarine. Mais, comme Sa Majesté ne juge pas qu'il puisse avoir personnellement auprès de cette princesse et de ses principaux ministres toute la considération nécessaire pour discuter avec eux les affaires importantes qui peuvent se présenter indépendamment de la négociation particulière qui est le principal objet de la présente Instruction, et que d'ailleurs Sa Majesté estime que le sieur comte de Saint-Séverin acquerra d'autant plus de représentation à cette cour que le sieur Dalion paroît lui être plus subordonné, son intention est qu'il dirige entièrement la conduite que ledit sieur Dalion aura à tenir pendant qu'ils se trouveront ensemble accrédités auprès de la Czarine : en sorte qu'il ne puisse faire dans aucune affaire, de quelque nature que ce puisse être, aucune démarche qu'avec l'approbation du sieur comte de Saint-Séverin. C'est ce que le Roi ordonne et recommande expressément au dit sieur Dalion par la lettre ci-jointe que Sa Majesté lui écrit et que le comte de Saint-Séverin doit lui remettre lui-même immédiatement après son arrivée à la cour de Russie. Mais, comme il pourroit se faire, par des cas qu'on ne peut prévoir et qui cependant sont dans le cours des choses de ce monde, que le sieur Dalion ne se trouveroit point à cette cour lorsque le comte de Saint-Séverin y arrivera, Sa Majesté fait joindre à la présente Instruction des copies de celles qu'elle a fait remettre au sieur Dalion lors de son départ au mois de septembre dernier d'auprès de Sa Majesté afin que ledit sieur comte de Saint-Séverin puisse connoître par lui-même les divers objets sur lesquels il doit porter

_____
1. Voyez ci-dessous, pp. 457 et suiv.

ses attentions relativement aux intérêts de la France et de ses alliés pendant le séjour qu'il fera auprès de la Czarine.

Il verra, dans ces mêmes instructions, que Sa Majesté ne recommandoit rien plus expressément au sieur Dalion que d'agir dans le plus parfait concert avec le baron de Mardefelt, ministre plénipotentiaire du roi de Prusse; et Sa Majesté estime entièrement superflu de répéter le même article dans la présente Instruction, le comte de Saint-Séverin étant parfaitement instruit de l'union qui subsiste entre Sa Majesté et ce prince[1], et de l'intention où elle est de la cimenter de plus en plus par un concours mutuel à tout ce qui peut être de l'avantage de l'une et de l'autre.

Le sieur comte de Saint-Séverin se conformera d'ailleurs à ce qu'il sait déjà des intentions du Roi sur la remise des papiers au dépôt des affaires étrangères et la relation à remettre pareillement, à son retour auprès de Sa Majesté, des forces et de la constitution du gouvernement des pays où il aura été employé par ses ordres.

Fait à Versailles, le 29 novembre 1744.

Signé :

Louis.

Plus bas :

De Voyer[2].

LE ROI AU COMTE DE SAINT-SÉVERIN, A VARSOVIE

Versailles, 29 novembre 1744[3].

J'étois sur le point de faire partir un courrier pour vous porter mes réponses sur les différents articles de vos lettres du 28 octobre, lorsque celle du 4 du présent mois est arrivée, qui, peu de jours après, a été suivie de l'exprès qui a apporté vos relations du 8. J'avois donné une approbation entière au refus que vous aviez fait de vous conformer au nouveau cérémonial que le prince de Sangusko, grand maréchal de Lithuanie, a voulu vous

1. La France et la Prusse avaient conclu à Versailles le traité secret du 5 juin 1744 : Frédéric II s'engageait à envahir la Bohême et Louis XV à envoyer deux armées en Bavière et en Westphalie. La Bohême serait partagée entre Charles VII et Frédéric II. La France recevrait plusieurs places en Flandre.
2. C'est la signature du marquis d'Argenson.
3. *A. E. Pologne*, t. CCXXVIII, fol. 235.

prescrire en exigeant que vous lui fissiez la première visite[1]. Les nouvelles circonstances contenues dans votre dernière lettre mettent encore dans une plus grande évidence combien cette prétention est contraire à ce qui a été pratiqué pendant les ambassades de l'abbé de Livri et du marquis Monti[2]; et, comme les ministres du roi de Pologne, qui ont suscité cet incident, s'en sont servis pour détourner ce prince de vous admettre à son audience; qu'en persistant dans la prétention de vous astreindre à leur faire la première visite, ils manifestent la résolution où ils sont de saisir tous les moyens bons ou mauvais de vous empêcher de prendre en Pologne le caractère de mon ambassadeur et de lier commerce avec ceux des Polonois qui seroient disposés à prendre confiance en mes bonnes intentions; que d'ailleurs la diète qui s'étoit assemblée à Grodno doit être finie présentement et que vous-même ne jugez pas qu'un plus long séjour de votre part en Pologne puisse être utile pour remplir les vues qui m'avoient déterminé à vous y envoyer pour y être présent pendant la durée de cette diète, mon intention n'est pas que vous prolongiez votre séjour dans ce royaume; et je vous écris la présente pour vous marquer que, comptant que vous êtes plus propre que personne à me servir utilement auprès de la Czarine de Russie dans les circonstances présentes, je désire que vous vous rendiez auprès de cette princesse le plus promptement qu'il vous sera praticable. L'Instruction que vous trouverez ci-jointe vous explique ce que j'attends de vos soins, de votre zèle et de votre habileté dans cette cour. Je suis persuadé, connoissant votre affection pour mon service, que vous vous porterez avec plaisir à l'exécution de la commission importante que je vous confie; et vous pouvez croire aussi que, le succès répondant aux espérances que je crois pouvoir fonder sur votre sagesse et votre dextérité dans une cour où vous aurez des difficultés à surmonter, je serai bien aise de faire connoître, par des marques distinguées de ma satisfaction, l'estime que je fais de votre personne et de vos talents.

Sur ce, etc.

Écrit à Versailles le 29 novembre 1744.

Signé :

Louis.

Plus bas :

De Voyer.

LE MARQUIS D'ARGENSON AU COMTE DE SAINT-SÉVERIN

Versailles, 30 novembre 1744[3].

Vous verrez, par la dépêche que j'ai l'honneur de vous adresser de la part du Roi et par l'Instruction et les pièces qui s'y trouvent jointes, qu'il

---

1. Paul Sanguszko, grand-maréchal de Lithuanie depuis 1734. Sur cet incident de cérémonial, voyez les Instructions à M. Du Perron de Castéra (20 mars 1746) et au marquis des Issarts (31 juillet 1746). L. Farges, *Instructions, Pologne*, t. II, pp. 51 et suivantes.

2. L'abbé de Livry et le marquis de Monti furent ambassadeurs du Roi en Pologne, le premier avec une Instruction du 30 avril 1726, le second avec une Instruction du 5 mai 1729, L. Farges, *ibid.*, t. Ier, pp. 299 et suiv.; t. II, pp. 1 et suiv.

3. *A. E. Pologne*, t. CCXXVIII, fol. 237.

s'en faut beaucoup qu'il ait été question, ici, de rendre compte à Sa Majesté de la demande que vous avez faite d'un congé, par votre dernière lettre, pour revenir rendre compte verbalement des dispositions où sont actuellement les esprits en Pologne et prendre du temps pour quelque arrangement dans vos affaires domestiques. Je vous avoue même que j'aurois cru vous rendre un mauvais office auprès de Sa Majesté que de lui exposer cette demande de votre part, lorsqu'elle ne peut avoir que très présent à la mémoire qu'il n'y a que deux mois que vous êtes parti d'auprès d'elle et que vous avez pris beaucoup plus de temps que vous ne l'aviez fait espérer pour vous préparer au voyage que vous avez entrepris pour son service. Je ne puis donc que regarder comme une circonstance très heureuse pour vous qu'il se soit présenté une occasion aussi convenable et aussi honorable que celle qui fait le sujet de l'expédition que je vous adresse aujourd'hui pour vous mettre en état de donner à Sa Majesté de nouvelles preuves de votre zèle pour la gloire de son règne et de vous rendre de plus en plus digne de ses grâces et bienfaits, et je vous félicite de la commission importante qu'elle remet à vos soins et à votre capacité.

Le secret de la commission dont le Roi vous charge auprès de la Czarine étant d'une extrême conséquence, personne ne sait encore, à l'exception des ministres de Sa Majesté et du maréchal Schmettaw[1], l'ordre qu'elle vous envoie de vous rendre auprès de cette princesse.

L'intention de Sa Majesté n'est point que vous laissiez personne à Varsovie ni à la suite du roi de Pologne pour y être en votre absence chargé des affaires de Sa Majesté. Elle a trop peu de lieu d'être contente de la conduite de ce prince et aussi de celle des Polonois à votre égard pour vouloir paroître témoigner le moindre désir de les rechercher...

Je dois vous confier qu'il est revenu au Roi que la cour de Russie n'a pas vu avec plaisir que Sa Majesté ait renvoyé M. Dalion avec le caractère de ministre plénipotentiaire, les ministres de cette cour croyant avoir contre lui des griefs, ou sujet de soupçonner qu'à l'exemple du marquis de La Chétardie il avoit employé des voies secrètes pour les décréditer dans l'esprit de la Czarine. Le Roi ne peut se figurer que de pareilles préventions aient pu empêcher que M. Dalion n'ait été admis auprès de cette princesse en qualité de ministre plénipotentiaire de France. Mais si, contre toute apparence, M. Dalion avoit éprouvé à cet égard quelque difficulté, ce sera à vous à prendre précautions pour être exactement informé, avant que d'entrer sur les frontières de Russie, de ce qui se sera passé par rapport à sa réception; et, s'il étoit arrivé que les choses eussent été portées au point de lui faire quelque affront, Sa Majesté s'en remet à votre sagesse et à votre prudence pour, en un pareil cas, décider vous-même s'il conviendroit à sa dignité et à sa gloire que vous continuiez votre voyage pour vous rendre à cette cour, quand même vous seriez assuré d'y

---

1. Alors ministre de Prusse en France. Samuel, comte de Schmettau (1684-1751) avait eu la carrière la plus accidentée. Né sujet prussien, il avait servi dans le régiment d'Anspach pendant la guerre de la succession d'Espagne; en 1714, il était entré au service de Pologne, où il devint colonel d'artillerie; un peu plus tard, au service d'Autriche, où il prit part à la guerre contre l'Espagne en Sicile (1720), à la guerre de la succession de Pologne sur le Rhin (1733), à la guerre contre les Turcs, et où il devint feld-maréchal (1741). Au début de la guerre de la succession d'Autriche, Frédéric II le reprit à son service en la même qualité; mais, comme il se refusait à combattre contre l'Autriche, son maître l'employa surtout dans la diplomatie, d'abord à la cour de l'Empereur Charles VII, puis à la cour de France, depuis 1744.

être ensuite reçu avec la décence requise. En effet, l'intention de Sa Majesté est que M. Dalion, qui dans le commencement peut vous être utile pour vous donner des notions et des indications sur les personnes et les usages du pays, y reste quelques mois avec le caractère dont elle l'a revêtu : après quoi, je puis vous confier que Sa Majesté se propose de le rappeler pour ne point laisser de sa part dans une cour dont elle veut ménager l'amitié un ministre qui n'y seroit pas vu d'un bon œil et qui seroit suspect au ministère. Mais vous concevrez aisément que ce ne pourroit être sans occasionner des réflexions et des discours peu honorables pour lui, et dont l'atteinte pourroit même réfléchir contre Sa Majesté si elle ne se portoit dès à présent à le rappeler sur les simples insinuations qui ont été faites depuis son départ, ou qui pourroient vous être renouvelées, que sa personne ne peut être agréable à la cour de Russie.

Vous jugerez de vous-même, sur ce que je vous marque par rapport à M. Dalion, que vous ne devez pas lui donner la moindre connoissance du plan sur lequel le Roi souhaite que vous puissiez faire des ouvertures au sujet de la conquête de Bremen et de Ferden en faveur de la maison de Holstein. C'est un secret que vous ne devez confier à personne quelconque, à l'exception de la Czarine et de ceux de ses ministres de confiance, suivant que vous jugerez à propos de sonder leurs dispositions sur la manière dont ils pourront l'envisager. Je crois que vous trouverez le baron de Mardefeld prévenu sur cette vue et sur la convenance et nécessité de la tenir dans le plus profond secret.

Mais, sur toutes choses, prenez bien garde qu'il ne revienne au ministre de Danemark résidant auprès de la Czarine[1] rien qui puisse lui faire soupçonner que vous puissiez être chargé d'y insinuer l'idée d'un pareil plan. La cour de Copenhague devient de plus en plus prévenue en faveur des Anglois et son aveuglement est tel qu'on ne doit pas se flatter que, dans les circonstances présentes, elle puisse envisager d'autres avantages que ceux qui pourroient lui être présentés de la part du roi de la Grande-Bretagne[2].

Au reste, vous pourriez peut-être penser que le Roi, étant dans l'intention de rappeler dans peu de mois M. Dalion et de vous laisser seul chargé des affaires de Sa Majesté en Russie, se propose de fixer pour longtemps votre séjour à cette cour. Mais je dois vous prévenir que vous ne devez nullement appréhender d'être obligé d'y rester après que les affaires auront pris de manière ou d'autre une nouvelle face. Je vois même Sa Majesté si prévenue favorablement sur votre personne et sur les lumières que vous avez acquises pendant votre ambassade en Suède qu'il y a toute apparence qu'elle attendra seulement pour vous rappeler auprès d'elle que vous vous soyez mis pareillement au fait des affaires de Russie : en sorte qu'à votre retour Sa Majesté soit assurée d'avoir un ministre capable de rendre de très grands services[3], et qui, étant parfaitement instruit des

1. M. Holstein.
2. La cour de Danemark, inquiète des vues de la Tsarine et du grand-duc Pierre sur le Holstein, s'était liée avec l'Angleterre et avait accepté les subsides britanniques.
3. Le comte de Saint-Séverin fut ensuite nommé ministre plénipotentiaire, en 1745, auprès de la diète de Francfort, mais ne put empêcher l'élection de François de Lorraine, grand-duc de Toscane et époux de Marie-Thérèse, comme Empereur (13 juin 1745) après la mort de Charles VII (3 janvier 1745). En septembre 1747, le comte de Saint-Séverin fut nommé plénipotentiaire au congrès d'Aix-la-Chapelle, qui aboutit à la paix générale (1748). FLASSAN, t. V, pp. 391 et suiv. — *Ibid.*, un extrait des instructions qui lui furent alors données.

intérêts des trois couronnes du Nord, puisse être consulté et donner des avis solides dans les occasions, suivant les occurrences qui pourront se présenter.

LE COMTE DE SAINT-SÉVERIN AU MARQUIS D'ARGENSON

Varsovie, 23 décembre 1744[1].

. . . . , . . . , ...
Comme je suis forcé à cause de ma mauvaise santé de supplier Sa Majesté de me dispenser de la commission de Russie, je n'entrerai point en détail avec vous sur les différents points que vous avez traités, tant par votre lettre que dans les instructions que vous m'aviez envoyées à ce sujet. J'aurai seulement l'honneur de vous dire que M. de Bestucheff[2], ministre de Russie à cette cour-ci, frère de celui qui est chancelier en Russie, vint me voir il y a trois jours. Comme il étoit en Suède lorsque j'y étois et que j'y avois bien vécu avec lui personnellement, sa connoissance nous a mis l'un et l'autre dans le cas de nous parler avec un extérieur de confiance et d'amitié qui m'a autorisé à lui faire des questions sur sa cour et, entre autres choses, la façon de penser de son frère à l'égard de M. Dalion. Si ce ministre n'a pas joué la comédie avec moi, je dois par ses discours juger que M. Dalion aura été reçu à la cour de Russie avec les distinctions dues à un ministre de Sa Majesté et que le chancelier Bestucheff n'a aucun sujet de n'être pas satisfait de M. Dalion.

S'il m'est permis de hasarder mon sentiment sur la cour de Russie, j'avouerai que je crois le chancelier Bestucheff tellement livré d'inclination et peut-être d'intérêt à la cour de Londres et à celle de Vienne que, si son crédit sur l'esprit de la Czarine peut la déterminer à prendre à cœur plus efficacement qu'elle ne l'a fait jusqu'à présent les intérêts de la reine de Hongrie, il n'en laissera pas échapper l'occasion. D'un autre côté, la Czarine est naturellement si éloignée de prendre des engagements qui pourroient la forcer malgré elle à s'occuper plus qu'elle ne fait de ses affaires, et ce qui l'entoure, hormis le chancelier Bestucheff, est tellement prévenu contre tout ce qui s'appelle affaires du dehors, et principalement celles qui pourroient engager la Russie dans une nouvelle guerre, que le chancelier Bestucheff ne viendra peut-être pas à bout de déterminer la Czarine à prendre fait et cause dans la présente guerre[3]. En tout cas, s'il étoit question d'en détourner la Russie, il faudroit s'occuper uniquement à chercher et trouver le moyen de le gagner, sans quoi je pense que les idées les plus raisonnables et les plus avantageuses pour la Russie n'auroient aucun effet. C'est en combinant la conduite de cette cour-là, dans les différents événements arrivés depuis trois ans que la Czarine est sur le trône, et en rassemblant ce qui m'est revenu de différents endroits sur le silence actuel de la cour de Russie, que je me suis

1. *A. E. Pologne*, t. CCXXVIII, fol. 269.
2. Michel Pétrovitch Bestoujef. Voyez ci-dessus, pp. 270, 375 et suiv., pp. 403, 433.
3. Cette vue de M. de Saint-Séverin devait être presque entièrement justifiée par les événements.

fait cette façon de penser. Je remarque que la Russie a fait, en différents temps et en différentes occasions, bien des déclarations en faveur des puissances dont les intérêts peuvent lui être chers, mais qu'elles n'ont été suivies d'aucune réalité. Les choses peuvent changer; ainsi je ne prétends nullement décider que la Russie restera ou ne restera pas dans l'inaction où elle s'est tenue depuis le commencement de cette guerre-ci.

. . . .

LE ROI AU COMTE DE SAINT-SÉVERIN

Versailles, 8 janvier 1745 [1].

J'ai vu, par la lettre que vous m'avez écrite le 23 du mois dernier, que la maladie dont vous avez été attaqué depuis la fin de la diète de Grodno vous a réduit dans un tel état de foiblesse qu'il ne vous est pas possible d'entreprendre le voyage de Russie pour y remplir la commission importante dont j'avois jugé devoir vous charger. Je ne diffère pas à en informer le sieur Dalion à Pétersbourg, afin qu'il sache que c'est sur lui seul que je me repose désormais pour suivre à cette cour les affaires qui pourront intéresser le bien de mon service. Vous pouvez donc, lorsque votre santé sera assez bien rétablie, partir de Varsovie et revenir en France si vous le voulez, ou séjourner quelque temps à Dresde si vous le pouvez; et, en ce cas, vous y paroîtriez sans aucun caractère public. Je ne puis, au reste, que vous recommander de vous donner tout le repos convenable pour le rétablissement de vos forces.

Sur ce, etc.

Écrit à Versailles, le 8 janvier 1745.

Signé :

Louis.

Plus bas :

De Voyer.

LE MARQUIS D'ARGENSON AU COMTE DE SAINT-SÉVERIN

Versailles, 8 janvier 1745 [2].

J'ai reçu vos lettres des 1er, 16 et 23 du mois dernier. Celle de votre secrétaire du 12 m'est aussi parvenue, et je ne diffère pas à vous renvoyer votre courrier avec la dépêche ci-jointe du Roi qui vous explique lui-même ses intentions sur l'impossibilité où vous vous êtes trouvé d'entreprendre,

1. *A. E. Pologne*, t. CCXXVIII, fol. 299.
2. *Ibid., ibid.*, fol. 300.

ainsi que Sa Majesté l'auroit désiré, le voyage de Russie. Ce que vous m'avez marqué de la conversation que vous avez eue avec M. Bestucheff, ministre de la Czarine en Pologne et frère du chancelier de Russie, et de l'opinion où il vous a paru être que M. Dalion y seroit avec la considération due au caractère de ministre de France, a fait moins regretter à Sa Majesté que vous n'ayez pu vous rendre à cette cour. Sa Majesté est disposée aussi à penser que le caractère personnel de la Czarine sera un obstacle qui empêchera le chancelier de la déterminer à se déclarer pour les ennemis de la France autrement que par des démonstrations extérieures, qui ne seront suivies d'aucune réalité; et que, d'autre part, il ne seroit pas à espérer après les engagements qui ont été pris de la part de cette princesse avec les cours de Londres, de Vienne et de Dresde, de la porter à prendre ouvertement un système opposé en prenant avec le Roi et ses alliés des mesures au préjudice de ces mêmes cours. Ainsi, tout bien considéré, M. Dalion pourra suffire à Pétersbourg en attendant que des circonstances plus favorables puissent donner lieu de tirer un meilleur parti de la Russie. Mais, comme il est de la prudence de préparer d'avance les voies pour parvenir par degrés au but qu'on se propose, le Roi approuveroit que vous pussiez, pendant votre séjour à Varsovie, profiter de l'ancienne liaison que vous avez eue en Suède avec M. Bestucheff et des prévenances dont il a usé en dernier lieu à votre égard pour lui faire entendre que Sa Majesté verroit avec plaisir qu'il pût être choisi pour venir remplacer ici feu M. le prince de Cantémir[1]. Vous savez qu'avant l'aventure de M. de La Chétardie le bruit s'étoit répandu que le chancelier Bestucheff destinoit son frère à remplir l'ambassade de France, et que ce bruit se renouvela encore lorsque le frère du chancelier passa vers le milieu de l'année dernière à Berlin. Vous pourriez lui rappeler ces bruits pour le sonder sur la manière dont lui et le chancelier son frère penseroient aujourd'hui pour cette vue; et vous pourriez aller jusqu'à lui dire, mais toujours comme de vous-même et par forme de confidence, que les instructions qui vous avoient été envoyées pour vous rendre de la part du Roi en Russie ne vous ayant rien recommandé plus expressément que de tenir une conduite diamétralement opposée à celle de M. de La Chétardie, et sur toutes choses de ménager avec soin extrême l'amitié et la confiance du chancelier Bestucheff, vous ne pouvez faire aucun doute que son frère, dont le mérite et les qualités supérieures sont connues depuis longtemps en France, n'y reçût toutes les distinctions qui pourroient le plus le flatter et lui rendre agréable cette ambassade.

. . . .

1. Le prince Antiochus Dmitriévitch Kantémir était mort à Paris, le 11 avril (31 mars) 1744. Voyez ci-dessus, pp. 339 et suiv. — Michel Bestoujef ne paraîtra qu'en 1756 comme ambassadeur à Paris, où il mourut en 1760.

XXIV

M. D'ALION

MINISTRE PLÉNIPOTENTIAIRE — DEUXIÈME MISSION

1744-1747

M. d'Alion, qui avait quitté la Russie après son altercation avec La Chétardie, avait reçu l'ordre d'y retourner après le départ précipité du marquis.

Un passage de l'Instruction à Saint-Séverin, où il est question de d'Alion, nous montre que « le Roi ne jugeait pas qu'il pût avoir personnellement, auprès de cette princesse (Élisabeth) et de ses principaux ministres, toute la considération nécessaire pour discuter avec eux les affaires importantes » ; mais les lettres de M. de Saint-Séverin, affirmant au contraire, d'après Michel Bestoujef, que M. d'Alion avait été reçu à Pétersbourg avec distinction, avaient contribué à faire revenir le Roi sur cette impression.

M. d'Alion avait reçu une Instruction datée du 1er août 1744 et quitté Paris en septembre. Il était arrivé le 10 novembre 1744 à Pétersbourg.

Si nous avons publié avant cette Instruction l'Instruction au comte de Saint-Séverin qui est du 29 novembre, c'est que nous n'avons pas voulu pratiquer une interruption dans la série des documents relatifs à la mission de M. d'Alion.

INSTRUCTION DU ROI AU SIEUR D'USSON DALION RETOURNANT EN RUSSIE AVEC LE CARACTÈRE DE MINISTRE PLÉNIPOTENTIAIRE DE SA MAJESTÉ, DONT IL A ÉTÉ REVÊTU PRÉCÉDEMMENT AUPRÈS DE LA CZARINE. — 1ᵉʳ AOUT 1744[1].

Lorsque le Roi rappela de Russie au mois de septembre de l'année dernière le sieur Dalion, qu'il avoit accrédité en qualité de son ministre plénipotentiaire auprès de la Czarine, Sa Majesté n'avoit que lieu de se louer de la conduite qu'il y avoit tenue en exécution des ordres et instructions qui lui avoient été envoyés de sa part. Elle ne s'étoit portée à le rappeler que parce que diverses circonstances faisoient juger que le marquis de La Chétardie, retournant auprès de la Czarine avec le caractère d'ambassadeur, seroit plus en état de faire connoître à cette princesse combien Sa Majesté désiroit de s'unir avec elle par les liens les plus étroits, pour leurs intérêts communs et pour ceux de leurs alliés. Il avoit même été marqué dans un des articles[2] de l'Instruction remise au marquis de La Chétardie que, si la continuation du séjour du sieur Dalion en Russie en qualité de ministre plénipotentiaire de France, étoit compatible avec les fonctions et distinctions qui devoient être réservées au marquis de La Chétardie comme ambassadeur de Sa Majesté, elle laisseroit à sa disposition de retenir à cette cour le sieur Dalion pour veiller conjointement avec lui à ce qui pourroit être du bien du service de Sa Majesté dans ce pays. Le marquis de La Chétardie n'a vraisemblablement pas jugé d'avoir besoin que personne le secondât dans ce qui devoit faire l'objet de ses soins pendant le cours de son ambassade, puisque immédiatement après son retour auprès de la Czarine il a estimé que le sieur Dalion ne devoit pas suspendre son départ pour la France. Le sieur Dalion s'est conduit en cette occasion avec la déférence qu'il devoit pour ce qui lui étoit prescrit comme de la part du Roi, et Sa Majesté a entière-

---

1. A. E. *Russie*, t. XLV, fol. 94.
2. Voyez ci-dessus, p. 422.

ment approuvé que, nonobstant les difficultés qu'il a trouvées à se congédier de la Czarine dans une audience, il n'ait pas hésité à repasser en France. Le marquis de La Chétardie s'étoit flatté que, lorsqu'il se trouveroit seul de la part de Sa Majesté auprès de la Czarine, les ministres de cette princesse ne pourroient se dispenser de faire des avances auprès de lui relativement au cours des affaires générales ; qu'il pourroit s'en prévaloir, à proportion qu'il auroit plus ou moins lieu d'en être content, pour entrer en matière soit avec le vice-chancelier Bestucheff, nonobstant ce qui s'étoit passé de désagréable pour l'un et pour l'autre à son précédent voyage, et qui avoit occasionné le retour dudit marquis de La Chétardie en France, soit avec la Czarine elle-même ou toute autre personne qu'elle pourroit commettre pour traiter avec lui. Les choses ont tourné tout différemment. Le vice-chancelier Bestucheff, ayant acquis de plus en plus la confiance de la Czarine, a su se conduire avec assez d'habileté pour lui faire agréer qu'il attendît constamment que le marquis de La Chétardie le prévînt par la notification de son caractère et par une première visite, suivant l'usage généralement observé dans toutes les cours, et pour engager cette princesse à éluder cependant avec soin, dans les accès familiers qu'elle vouloit bien accorder au marquis de La Chétardie auprès de sa personne, tout entretien particulier sur les affaires générales. Le Roi avoit prévu dès le commencement l'embarras où le marquis de La Chétardie s'exposoit de plus en plus en persistant, avec trop de confiance, à ne point vouloir user à l'égard du vice-chancelier Bestucheff des ménagements dus à la place qu'il remplit et à la confiance intime dont la Czarine sa maîtresse l'honore. Sa Majesté lui a même réitéré plusieurs fois ses ordres de ne pas suspendre plus longtemps à remplir les formalités convenables pour arborer enfin le caractère dont elle l'avoit revêtu, Sa Majesté jugeant bien qu'il ne pourroit être en état de la servir utilement dans ce pays que lorsqu'après avoir été admis comme ambassadeur de France il pourroit traiter, en cette qualité, tant avec la Czarine qu'avec ses ministres, tels qu'ils pussent être, qui se trouveroient instruits de leurs intentions. Sa Majesté avoit d'autant plus lieu d'espérer que ce seroit le moyen de faire connoître à la Czarine, dans la plus grande évidence, quels sont ses sentiments pour cette princesse, et à quel point Sa Majesté est portée par inclination à lui marquer la plus haute estime et à prendre toute confiance dans son amitié, que, passant par-dessus les considérations qui l'avoient détournée de reconnoître en la personne de ceux qui ont précédemment occupé le trône de Russie le titre impérial, Sa Majesté avoit autorisé le marquis de La Chétardie à reconnoître publiquement, au nom de Sa Majesté, la Czarine en qualité d'Impératrice de toutes les Russies, Sa Majesté s'étant même portée généreusement à lui donner ce titre dans les lettres de créance qu'il devoit lui remettre, tant dans sa première audience particulière que dans sa première audience publique. Sa Majesté n'a point vu dans les relations qu'il lui a faites de sa conduite à la cour de Russie, depuis qu'il s'y est trouvé de retour au mois de décembre dernier, les motifs particuliers qui lui faisoient remettre de jour en jour d'exécuter à cet égard ses ordres, lorsque, indépendamment des avantages qu'il devoit se promettre d'en retirer pour les intérêts de Sa Majesté et de ses alliés, il pouvoit se faire un mérite personnel à cette cour d'être le premier des sujets de Sa Majesté à donner à la Czarine un titre qu'elle paroissoit ambitionner plus que toute autre chose comme étant la fille du Czar Pierre Ier, qui, en se faisant proclamer solennellement Empereur de toutes les Russies, a compté que ce titre, assuré à sa postérité, étoit une digne récompense de ce qu'il avoit eu le courage d'entreprendre et le bonheur d'exécuter par la paix glorieuse qu'il étoit parvenu à donner à ses peuples après une guerre de vingt ans qui avoit acquis à la Russie plusieurs provinces considérables. Sa Majesté avoit encore, en dernier lieu, fait écrire audit marquis de La Chétardie dans des termes si positifs[1] sur les raisons qui devoient le déterminer à ne pas suspendre plus longtemps cette reconnoissance en arborant publiquement le caractère d'ambassadeur, lorsqu'elle a été informée de l'ordre que la Czarine lui a fait notifier le 17 juin de se retirer de ses États, cet ordre exprimant précisément qu'il s'étoit oublié jusqu'à employer des intrigues pour former un parti dans cette cour à dessein de bouleverser le

---

1. Voyez ci-dessus, p. 433.

ministère, et même jusqu'à manquer à divers égards au respect qu'il devoit à la Czarine [1]; que son plus long séjour en Russie, au lieu de cimenter l'amitié qui subsistoit entre les deux couronnes, auroit au contraire pu occasionner du refroidissement et de la mésintelligence entre elles; et que cette princesse comptoit marquer, en cette occasion, qu'en agissant avec autant de ménagement avec le marquis de La Chétardie, qui, depuis son retour auprès d'elle, ne s'étoit montrée que comme personne privée et qui ne pouvoit davantage se prévaloir d'aucun caractère, elle ne consultoit que le désir qu'elle avoit toujours eu et qu'elle conservoit sincèrement d'entretenir avec le Roi une étroite intelligence.

Ces différentes circonstances n'ont pu que causer à Sa Majesté une extrême surprise. Elle n'avoit pu présumer que le marquis de La Chétardie pût s'oublier au point de s'attirer l'affront d'être chassé de la cour de Russie avec un éclat si scandaleux. Rien ne pouvoit être plus diamétralement opposé aux ordres que Sa Majesté lui avoit donnés, et réitérés plusieurs fois, de tenir au contraire à cette cour une conduite qui pût, en lui conciliant l'affection de la Czarine, contribuer, à établir l'union, l'amitié et d'étroites liaisons pour un commerce direct entre la nation françoise et la nation russe pour le bien et l'avantage de l'une et de l'autre. Mais il ne doit point être question présentement de discuter et approfondir en quoi le marquis de La Chétardie a plus ou moins démérité auprès d'une princesse qui d'abord avoit paru, par les bontés dont elle l'a honoré et par les nouveaux bienfaits dont elle l'a comblé à son retour auprès d'elle, vouloir le distinguer personnellement entre tous les ministres étrangers résidant à sa cour. Il suffit qu'elle se soit expliquée aussi publiquement sur les griefs qu'elle lui a reprochés pour que le Roi ne puisse douter qu'elle ne se seroit pas portée à une pareille extrémité si le marquis de La Chétardie ne s'étoit rendu coupable envers elle; et, comme le marquis de La Chétardie n'avoit encore fait aucune démarche pour notifier son caractère d'ambassadeur, depuis six mois entiers qu'il se trouvoit de retour en cette cour; que ce pouvoit être une raison de douter qu'il fût dans l'intention

---

1. Voyez ci-dessus, p. 439, l'analyse de cette notification.

d'arborer enfin ce caractère; que, dans cette situation, l'affront qui lui a été fait personnellement ne rejaillit point sur la dignité d'ambassadeur de France, qui jusqu'alors n'étoit pas connue en sa personne; et qu'en effet la Czarine s'en est suffisamment expliquée dans ce cas par la déclaration qu'elle a fait signifier au marquis de La Chétardie, et qui a été depuis notifiée à toutes les cours, cette princesse y distinguant clairement ce qui doit être regardé comme personnel à ce ministre et assurant expressément qu'elle est sincèrement dans l'intention d'entretenir une bonne intelligence avec le Roi et de cimenter l'amitié qui subsiste entre les deux couronnes, Sa Majesté, ne pouvant désirer de la part de cette princesse une déclaration plus précise sur ses intentions et dispositions, n'a pas hésité de donner aussitôt ses ordres au sieur Dalion de partir sans le moindre délai, pour retourner en toute diligence reprendre et continuer en Russie les fonctions de son ministre plénipotentiaire et porter à la Czarine les assurances les plus formelles que l'intention de Sa Majesté est aussi d'entretenir et cultiver son amitié par tous les moyens praticables, et de lui donner, en toutes occasions, les témoignages les plus distingués de la haute amitié qu'elle conserve pour une princesse aussi accomplie, et qui se rend tous les jours de plus en plus recommandable.

Pour cet effet, le Roi fait remettre au sieur Dalion deux lettres de créance, l'une de son cabinet et l'autre de sa secrétairerie d'État, pour l'accréditer de nouveau en qualité de son ministre plénipotentiaire auprès de la Czarine; et Sa Majesté, dans l'une et dans l'autre, donne à cette princesse le titre d'Impératrice de toutes les Russies.

Le Roi ne doute point qu'il ne sache faire valoir comme de raison les considérations personnelles à la Czarine, qui l'ont porté à lui donner ce titre que Sa Majesté avait jugé devoir éluder de donner à ses prédécesseurs; et Sa Majesté lui fait remettre, pour son information particulière sur cette détermination de sa part, un extrait de l'Instruction qu'elle avoit fait remettre au marquis de La Chétardie sur le même sujet, l'intention de Sa Majesté étant que le sieur Dalion s'y conforme pour faire suffisamment entendre aux ministres de la Czarine que, conformément à ce qui a été déclaré en diverses occasions de la part de la cour de Russie, il ne pourra d'ailleurs résulter de cette condescendance de Sa Majesté à traiter d'Impératrice la Czarine aucun changement dans le cérémonial ou les honneurs et distinctions établis par un ancien usage entre les couronnes de la chrétienté.

Le sieur Dalion est instruit des usages qui se pratiquent à cette cour pour l'admission des ministres étrangers aux premières audiences. Il s'y conformera sans aucune difficulté pour la production et remise de ses lettres de créance; et, lorsqu'il en produira la copie aux ministres de la Czarine, il leur fera connoître que le Roi, en adoptant cette nouvelle formule, n'a pu que former ses lettres pour l'Impératrice de Russie sur le modèle de celles qu'il écrit à l'Empereur des Romains, auquel Sa Majesté donne ce seul titre dans ses lettres, quoique dans les traités elle admette suivant l'usage les autres titres que l'Empereur s'attribue, tant en cette qualité qu'à raison des États et seigneuries dont il jouit ou sur lesquels il conserve des prétentions.

Le sieur Dalion, étant instruit des sentiments de Sa Majesté pour la Czarine et pour le duc de Holstein son successeur, saura bien s'en expliquer clairement et y conformer ses discours dans ses premières audiences; et il pourra même assurer cette princesse que Sa Majesté regrette infiniment d'avoir employé auprès d'elle un ministre qui a rempli aussi mal ses intentions dans des conjonctures où elle estimoit qu'il étoit de l'intérêt commun de Leurs Majestés de s'entendre et de se concerter sur tout ce qui pouvoit être de convenance pour l'une ou pour l'autre et qui pouvoit établir entre elles une union inaltérable.

La face des affaires du Nord est bien changée depuis que le sieur Dalion est repassé de Russie en France. Il y avoit alors lieu de juger que le roi de Danemark étoit sur le point de rompre avec la Suède, sous prétexte que l'assurance de la couronne de Suède à la branche cadette de la maison de Holstein, en même temps que la branche aînée de cette maison étoit appelée au trône de Russie, donnoit aux Danois de justes sujets d'appréhender les suites de cet accroissement de puissance d'une maison qui possédoit une partie du duché de Holstein et pouvoit revendiquer le duché de Sleswick, dont la possession avoit été assurée à la couronne de Danemark par les traités qui avoient rétabli la paix du Nord en 1720. La Czarine, à la réquisition des Suédois, leur avoit envoyé un corps de troupes pour concourir à défendre les frontières de Suède et leur avoit offert ses vaisseaux et des secours d'argent pour les mettre en état de poursuivre cette guerre avec avantage. Il y avoit lieu de présumer que la Czarine ne souhaitoit que de voir cette rupture éclater, dans l'espérance de pouvoir, de manière ou d'autre, s'en prévaloir pour les intérêts de la maison de Holstein. Mais ces secours qu'elle a offerts si généreusement aux Suédois n'ont servi qu'à accélérer la conclusion de l'accommodement entre les cours de Copenhague et de Stockholm, le roi de Danemark ayant bien senti qu'il risqueroit trop de rompre avec les Suédois lorsqu'ils se trouveroient secondés par la Russie; et, d'autre part, ceux qui ont le plus de part dans l'administration des affaires en Suède, ayant jugé qu'ils devoient préférer le repos de ce royaume, et de pouvoir rétablir pendant la paix les forces épuisées de ses provinces, à l'affaiblissement du Danemark et à l'accroissement de la puissance et de la considération de la couronne de Russie, qui pourroit dans la suite en abuser au préjudice de la liberté et des intérêts les plus essentiels de la Suède. La Czarine a su dissimuler le peu d'égards qu'ils ont eu aux représentations de ses ministres pendant le cours de cette négociation, qui a été conduite depuis son commencement jusqu'nenuà sa fin sans sa participation, nonobstant l'obligation récente que le royaume de Suède lui avoit de l'avoir secouru si à propos et si puissamment et la considération qu'elle s'attendoit que le Sénat de Stockholm auroit pour les avantages d'une maison qui, étant destinée à remplir un jour les trônes de Russie et de Suède, peut être regardée comme devant les réunir dans les mêmes intérêts et les mêmes vues, pour les avantages mutuels de l'une et de l'autre. C'est dans ces circonstances que le prince successeur de Suède a, de l'agrément de la Czarine, jugé devoir rechercher de toute préférence la princesse sœur aînée du roi de Prusse[1]; et, la célébration qui vient d'être faite de leur mariage ne pouvant que consolider de plus en plus les dis-

---

1. Louise-Ulrique, sœur de Frédéric II. Elle fut la mère de Gustave III.

positions qui leur assurent, après le roi de Suède, la succession à cette couronne, il ne reste plus qu'à désirer qu'il puisse en résulter une triple alliance entre la Russie, la Suède et le roi de Prusse pour l'affermissement de la paix du Nord[1]. Le roi de Prusse a paru en concevoir le premier l'idée. Il a été fait en conséquence quelques démarches de sa part pour en lier la négociation. Mais, la proposition formelle n'en ayant point encore été faite d'aucune part, les ordres que le Roi a envoyés à ses ministres à Stockholm, à Berlin et en Russie de s'employer pour en faciliter et accélérer la conclusion, n'ont jusqu'à présent pu produire aucun effet sensible. C'est à la réquisition du roi de Prusse que ces ordres leur ont été donnés. Ce prince, touché de l'état d'infortune où les succès de la guerre ont sensiblement réduit l'Empereur, avoit enfin résolu de faire, de concert avec le Roi, quelque tentative pour forcer la reine de Hongrie à rendre la paix à l'Allemagne. Mais il témoignoit qu'il ne seroit pas de sa prudence de risquer de s'engager dans une nouvelle guerre, s'il n'étoit assuré contre toute inquiétude de se trouver en même temps attaqué soit par la Suède ou par la Russie; et c'est principalement cette considération qui lui faisoit souhaiter de pouvoir conclure une alliance avec ces deux couronnes, et qui faisoit principalement désirer au Roi que l'on pût promptement surmonter tout obstacle pour parvenir à cette conclusion. Sa Majesté comptoit même qu'elle pourroit y entrer comme partie principale, ou par forme d'accession, si les parties contractantes l'estimoient convenable pour donner d'autant plus de poids à leur union; et, comme il est vraisemblable que le roi de Prusse, continuant de se conduire sur les mêmes principes, va redoubler ses soins pour lier et avan-

---

[1]. Le traité d'alliance russo-suédois fut conclu en mai 1745, entre Bestoujef et Zeiderkreitz, ministre de Suède. Dès le mois de janvier, Frédéric II avait écrit à sa sœur, la princesse royale de Suède, pour la prier de s'employer à la conclusion d'une alliance défensive entre cette couronne et la Prusse : il demandait la garantie de la Silésie et le secours éventuel de six à huit mille Suédois. Mais les ministres russes firent traîner cette association en longueur. SOLOVIEF, *Istoria Rossii*, t. XXI, pp. 76 et suiv. — Quant à une alliance avec la Russie, Frédéric II échoua contre la méfiance obstinée d'Élisabeth et de Bestoujef; il ne put rien obtenir de plus que le traité du 16 mars 1746, qui, suivant son appréciation, n'était qu'un « assemblage de mots sans âme, qui promettent et ne roulent sur rien ». F. DE MARTENS, *Recueil des traités et conventions conclus par la Russie*, Traités avec l'Allemagne, Pétersbourg, 1880-1888, t. V.

cer cette négociation, ce doit être aussi un des principaux objets de l'attention du sieur Dalion, l'intention de Sa Majesté étant qu'il agisse dans le plus parfait concert et dans l'union la plus intime avec le ministre du roi de Prusse à la cour de Russie, pour perfectionner cette vue et procurer, s'il est possible, la conclusion d'une alliance aussi conforme aux engagements où Sa Majesté se trouve pour procurer à l'Empereur une juste satisfaction.

Ce n'est pas seulement du côté de la Russie et de la Suède que le roi de Prusse croit devoir prendre des précautions pour être en toute liberté de seconder les bonnes intentions du Roi en faveur de l'Empereur. Les traités que le roi de Pologne, électeur de Saxe[1], a conclus depuis quelques mois avec la cour de Vienne, d'une part, et avec la Czarine, d'autre part, lui font aussi appréhender qu'il ne se forme contre lui une triple alliance entre ces trois puissances, et qu'elle ne fournisse aux Polonois des prétextes et des moyens d'augmenter le pied des troupes de la Couronne[2] : ce qui mettroit le roi de Pologne en état de se rendre redoutable aux États de Prusse et de Brandebourg et d'avoir moins à craindre dans son électorat le ressentiment du roi de Prusse. Il paroît même, suivant quelques avis, que le roi de Pologne se propose de proposer cette augmentation de troupes aux Polonois dans la diète qu'il a convoquée et qui doit s'assembler dans peu de mois en Lithuanie. C'est pour veiller à ce qui s'y passera qui pourroit tendre à altérer et affoiblir les privilèges de la nation polonoise, que le Roi vient de nommer le comte de Saint-Séverin pour se rendre en qualité d'ambassadeur de sa part en Pologne avant l'ouverture de cette diète; et, comme il sera parfaitement instruit des intentions de Sa Majesté à cet égard, suivant le cours que les affaires pourront prendre pendant la durée de cette assemblée, le sieur Dalion ne peut entretenir

---

1. Auguste de Saxe et Pologne avait signé, le 19 septembre 1741, le traité de Francfort pour le démembrement de l'Autriche ; quand le roi de Prusse fit défection à Breslau, Auguste fit également sa paix séparée avec Marie-Thérèse, les 23 et 28 juillet 1742. Puis il signa un traité d'alliance avec elle à Varsovie, le 20 décembre 1743, en renouvellement du traité du 16 juillet 1733. Voyez l'Instruction au comte de Saint-Séverin, ambassadeur extraordinaire du Roi en Pologne, qui est de la même date que l'Instruction à d'Alion et également signée à Châlons-sur-Marne: L. FARGES, t. II, pp. 35 et suiv.
2. La couronne de Pologne. Voyez ci-dessus, p. 429, note 2.

avec cet ambassadeur une correspondance trop exacte pour en tirer les lumières qui pourront lui être nécessaires et y conformer ses discours lorsqu'il sera question de traiter les mêmes matières à la cour de Russie.

La correspondance qu'il entretiendra pareillement avec le marquis de Lanmary, ambassadeur du Roi en Suède, l'instruira pareillement de la situation des affaires dans ce royaume relativement aux objets qui pourront intéresser le bien du service de Sa Majesté; et elle s'attend qu'il ne sera pas moins attentif à cultiver cette correspondance qu'il l'a été pendant tout le temps qu'il s'est précédemment trouvé chargé des affaires de Sa Majesté à la cour de Russie.

Comme il a d'ailleurs des connoissances suffisantes sur les intérêts différents des puissances engagées dans la guerre dont l'Europe se trouve actuellement agitée, Sa Majesté juge d'autant plus superflu de lui en donner des notions particulières que les événements de la fin de cette campagne[1] y apporteront vraisemblablement de grands changements qui donneront lieu de l'instruire avec plus de précision des intentions de Sa Majesté sur les objets qui pourront intéresser la Czarine ou satisfaire sa curiosité.

Sa Majesté lui fait remettre les tables de chiffres dont il pourra se servir pour les articles de ses lettres qu'il pourroit être dangereux de confier en clair aux postes ordinaires ou à l'interception.

Le sieur Dalion est déjà instruit que la volonté de Sa Majesté est que tous les ministres qu'elle emploie dans les cours étrangères, lui rapportent à leur retour une relation exacte de tout ce qui sera arrivé de plus important dans les négociations qu'ils auront conduites, de l'état où ils auront laissé les cours et les pays où ils auront servi, des cérémonies qui s'y observent en toutes sortes de rencontres, du génie et des inclinations des princes et de leurs ministres : en un mot, tout ce qui peut

---

1. Voici les principaux événements militaires de cette fin de campagne : 16 septembre, prise de Prague par Frédéric II; septembre-novembre, campagne de Louis XV dans le Brisgau et prise de Fribourg; 22 novembre, rentrée de Charles VII à Munich et reconquête de la Bavière. — En Italie, victoire de Conti et de l'infant don Philippe à Coni, 30 septembre.

donner une connoissance exacte des pays où ils auront été employés et des personnes avec lesquelles ils auront négocié. Son intention est pareillement qu'en arrivant des pays où ils ont été envoyés ils remettent en originaux les instructions, chiffres et papiers de leur correspondance avec les ministres du Roi.

 Fait à Châlons-sur-Marne, le 1er août 1744.

                Louis.

 De Voyer d'Argenson.

MÉMOIRE SUR LE COMMERCE MARITIME ET LA NAVIGATION DES SUJETS DU ROI EN RUSSIE, POUR SERVIR D'INSTRUCTION A M. DALION, MINISTRE PLÉNIPOTENTIAIRE DE SA MAJESTÉ PRÈS LA CZARINE. — METZ[1], 26 AOUT 1744[2].

Les avantages connus que produit à l'Angleterre, à la Hollande et à d'autres nations le commerce qu'elles font en Russie des marchandises de France, et en France de celles de Russie, ne laissant aucun doute de ceux que la France et la Russie trouveroient à établir un commerce direct entre leurs sujets, il sera très agréable au Roi que M. Dalion fasse usage des moyens qu'il trouvera les plus convenables pour y parvenir; et, comme on ne peut se promettre aucun succès solide de tous ceux qu'on emploieroit si d'autres nations européennes jouissent en Russie à l'exclusion des sujets du Roi de privilèges qui leur donnent quelque supériorité dans le commerce, il se fera informer avec le plus d'exactitude qu'il sera possible de tous les traités que cette puissance peut avoir faits sur le commerce et la navigation, et des privilèges qu'elle a accordés particulièrement aux Anglois, aux Hollandois et aux villes de Lubeck, Bremen et

---

1. Le Roi était alors à Metz, pour repousser l'invasion autrichienne en Alsace, et l'on sait qu'il y tomba malade.
2. *A. E. Russie*, t. XLV, fol. 139.

Hambourg, afin de pouvoir faire rendre communs aux François ceux qui continuent d'avoir leur exécution.

Le sieur de Saint-Sauveur[1], que le Roi a nommé consul de la nation françoise à Pétersbourg, a ordre de communiquer à M. Dalion un mémoire qui l'instruira des idées que le feu Czar Pierre Ier avoit eues touchant cet établissement, des propositions qu'il avoit faites à ce sujet, des raisons qui ont empêché que ces projets ne fussent suivis, des moyens de renouer cette affaire et de la conduire à sa perfection, et même de ceux dont il peut faire usage pour soutenir et augmenter le commerce des François en Russie, au cas qu'on ne puisse réussir à l'établir par un traité particulier avec cette puissance. Il a aussi été recommandé à ce consul de lui donner tous les éclaircissements particuliers qu'il peut s'être procurés sur cette matière.

Le Roi désire que M. Dalion protège ceux des sujets de Sa Majesté qui aborderont dans les ports de Russie et qui s'y établiront pour commercer. Mais, s'il arrivoit que quelques-uns d'eux y tinssent une mauvaise conduite, l'intention de Sa Majesté est qu'il tâche de déterminer le ministère russien à consentir pour le bien public qu'il les fasse repasser en France.

Le Roi a fait plusieurs ordonnances et règlements pour établir et maintenir le bon ordre dans la navigation de ses sujets, et le consul est chargé d'examiner s'ils s'y conforment. Au cas que quelqu'un tombât en contravention, Sa Majesté désire que M. Dalion, sur le compte que lui en rendra ce consul, lui accorde toute la protection et les offices qui seront nécessaires pour soutenir l'exécution desdites ordonnances et règlements, particulièrement en ce qui regarde les contestations qui pourront survenir entre les capitaines et leurs équipages, dont la connoissance ne peut être ôtée au consul sans qu'il en résulte de grands inconvénients, des juges étrangers n'étant pas en état de faire exécuter des lois dont ils ne sont pas instruits.

Il est stipulé dans la plupart des traités de commerce qu'une nation ne pourra prendre à son service des matelots de l'autre ; et, en conséquence, lorsqu'il arrive que quelque matelot s'est engagé,

---

1. Voyez ci-dessous, pp. 481 et suiv.

il est rendu sur la réclamation du consul ou autre ministre de sa nation. M. Dalion fera chose agréable à Sa Majesté d'engager le ministère russien à faire observer un usage aussi conforme au droit naturel que propre à entretenir la bonne correspondance entre les deux couronnes.

Comme il peut survenir plusieurs affaires concernant le commerce et la navigation qu'il n'est pas possible de prévoir dans ce mémoire, Sa Majesté attend du zèle et de la prudence de M. Dalion qu'il prendra toujours le parti le plus convenable à l'honneur et aux intérêts de la France, et le plus avantageux pour ses sujets.

Fait à Metz, le 26 août 1744.

Signé : Maurepas [1].

ADDITION A L'INSTRUCTION POUR LE SIEUR DALION, MINISTRE PLÉNIPOTENTIAIRE DU ROI A LA COUR DE RUSSIE. — 12 SEPTEMBRE 1744 [2].

La résolution que le roi de Prusse vient de prendre de se déclarer ouvertement en faveur de l'Empereur et de conduire lui-même ses troupes en Bohême, comme auxiliaire de ce prince [3], apporte dans les affaires d'Allemagne un changement si considérable et fait une diversion si favorable pour la France dans la guerre où elle se trouve engagée contre le roi de la Grande-Bretagne et contre la reine de Hongrie, que c'est pour le Roi une nouvelle raison de presser le départ et le voyage du sieur Dalion pour accélérer autant qu'il sera praticable son arrivée auprès de la Czarine.

On peut regarder comme chose certaine que les cours de Vienne et de Londres, n'ayant d'autre ressource dans une pareille

---

1. Jean-Frédéric Phelypeaux de Pontchartrain, comte de Maurepas, avait succédé à Fleuriau d'Armenonville comme ministre de la marine. Il occupa ce poste jusqu'en 1749.
2. A. E. Russie, t. XLV, fol. 162.
3. Voyez ci-dessus, p. 450, note 1.

conjoncture que de recourir à des secours étrangers, ne tarderont pas à faire les derniers efforts auprès de la Czarine pour lui faire envisager qu'elle est intéressée à ne pas hésiter de son côté à se déclarer en faveur de la reine de Hongrie, et que les coups dont la cour de Vienne est menacée ne peuvent que réfléchir contre les intérêts les plus essentiels de la Russie. La déclaration du roi de Prusse en faveur de l'Empereur avoit été précédée de la conclusion d'un traité d'alliance signé à Francfort le 22 mai de la présente année, sous le nom d'*Union confédérale,* entre ces deux princes, l'électeur Palatin et le roi de Suède comme landgrave de Hesse-Cassel. L'objet de ce traité est d'obliger la reine de Hongrie de donner les mains au rétablissement de la paix en Allemagne par les moyens que la diète générale trouvera les plus convenables, en restituant préliminairement à l'Empereur ses États patrimoniaux de Bavière. Il a été rédigé en telle forme que tous ceux des électeurs, princes et États de l'Empire qui voudront concourir au même but pourront y entrer comme parties contractantes; et le roi de Prusse a déjà envoyé ses instructions à ses ministres à Moscou et à Stockholm, pour inviter formellement le prince désigné successeur de la couronne de Russie et le roi de Suède à accéder, l'un comme duc de Holstein et l'autre comme duc de Poméranie. Il n'y a pas lieu de douter que l'Empereur, qui en cette affaire agit entièrement de concert avec le roi de Prusse, n'ait envoyé en conformité ses ordres au baron de Neuhaus, son ambassadeur auprès de la Czarine. Ainsi le sieur Dalion ne pourra mieux faire, à son arrivée auprès de cette princesse, que de recevoir de cet ambassadeur et du baron de Mardefeld, ministre plénipotentiaire du roi de Prusse en Russie, les notions et informations qu'ils ne refuseront vraisemblablement pas de lui donner pour diriger sa conduite relativement à cet objet. Il paroît d'une extrême conséquence de ne le point séparer de ce qui peut résulter des opérations présentes du roi de Prusse en Bohême et en Moravie : en sorte que la Czarine et ses ministres puissent être persuadées qu'elles tendent au même but que l'Union confédérale, conformément à ce que ce prince l'a déclaré publiquement dans le manifeste qu'il a publié sur les motifs qui l'ont obligé de ne pas suspendre plus longtemps à faire agir ses armées comme auxiliaires de l'Empereur. Et, comme le baron de Mardefeld et le baron de Neuhaus n'auront pas manqué de diriger dans cet esprit leurs insinuations, leurs représentations et leurs démarches, le sieur Dalion ne pourra que s'unir à eux pour parler et agir entièrement de concert sur les mêmes principes : de manière que la Czarine et ses ministres puissent n'envisager l'entrée des armées prussiennes en Bohême que comme un moyen qui doit conduire les choses à un prompt rétablissement de la tranquillité dans l'Empire, aussitôt que la reine de Hongrie, sans se laisser plus longtemps amuser par les vaines espérances dont le roi de la Grande-Bretagne a su jusqu'à présent la flatter, voudra entrer dans de justes sentiments de paix et la conclure aux conditions qui seront estimées les plus raisonnables pour qu'elle soit solide et durable. Le Roi veut bien confier au sieur Dalion que Sa Majesté, sur l'invitation qui lui a été faite par les parties contractantes de l'Union confédérale de Francfort d'y accéder, y est entrée en conséquence comme partie contractante, et que, pour des raisons particulières, il a été jugé convenable de garder encore quelque temps dans le secret ce nouvel engagement que Sa Majesté a pris pour accélérer le rétablissement de la paix en Allemagne et la satisfaction de l'Empereur. Mais ce nouvel engagement de la part de Sa Majesté est si conforme à ce qu'elle a fait depuis le commencement de cette guerre en faveur de la maison de Bavière et aux sentiments d'amitié qu'elle conserve pour le Corps germanique, qu'on ne sera pas surpris, à la cour de Russie, que Sa Majesté, de concert avec le roi de Prusse, emploie de son côté les moyens estimés indispensables pour obliger la reine de Hongrie à entrer enfin dans les vues que les parties contractantes de l'Union confédérale se sont proposées pour le rétablissement et la tranquillité dans l'Empire. L'espérance qu'elles ont conçue que le roi de Pologne pourroit être aisément porté à entrer, comme électeur de Saxe, dans les mêmes vues, a engagé à lui réserver une place dans ce traité; et l'on saura dans peu s'il répondra à l'espérance des puissances contractantes, les ministres de l'Empereur et du roi de Prusse ayant tout nouvellement reçu les ordres de lui faire part pour cet effet les instances les plus pressantes. Le sieur Dalion apprendra vraisemblablement par les barons de Neuhaus et Mardefeld, à son arrivée à la cour de Russie, quel en aura été l'effet; et il réglera sa conduite à cet égard et à tous autres qui pourront regarder les intérêts communs du Roi, de l'Empereur et du roi de Prusse sur les connoissances que lui donneront ces deux ministres, tant de la disposition des esprits en cette cour que des moyens qu'ils jugeront devoir employer pour détourner et empêcher la Czarine de se laisser entraîner dans des vues contraires, par les suggestions et suppositions que les ministres des cours de Vienne et de la Grande-Bretagne ne cesseront d'employer pour faire envisager à cette princesse les opérations actuelles du roi de Prusse en Bohême et en Moravie comme pouvant avoir les plus dangereuses suites pour la tranquillité et la sûreté de la Russie.

Écrit à Metz, le 12 septembre 1744.

Louis.

De Voyer d'Argenson.

SUPPLÉMENT AUX INSTRUCTIONS DU ROI POUR LE SIEUR D'ALION ALLANT EN RUSSIE EN QUALITÉ DE MINISTRE PLÉNIPOTENTIAIRE DE SA MAJESTÉ. — 17 SEPTEMBRE 1744[1].

Dans la situation présente des affaires, il paroît essentiel de ménager le concours du ministère de la cour de Russie aux mesures concertées entre le Roi et ses alliés pour travailler au rétablissement de la paix en Allemagne : en sorte qu'on puisse s'assurer au moins que ce ministère ne se déclarera pas en faveur de la reine de Hongrie contre les alliés de la France.

Dans cette vue, Sa Majesté autorise le sieur Dalion à proposer au ministère de Russie de faire un traité d'alliance avec la

1. *A. E. Russie*, t. XLV, fol. 269.

France, et même un traité de commerce, le sieur Dalion s'en remettant à ce ministère sur les témoignages de la reconnoissance de Sa Majesté ; ou à proposer audit ministère une somme limitée qui lui seroit payée de mois en mois, aussi longtemps que la Czarine se refuseroit aux sollicitations des ennemis de la France pour fournir des secours à la reine de Hongrie ou contre les alliés du Roi. Comme la cour de Londres soutient son crédit en Russie par la force de l'argent, il est nécessaire d'user de la même voie pour prévenir les suites qui pourroient en résulter.

Des deux propositions à faire, il paroît convenable de commencer par la première comme ce qu'il y a de mieux et de plus fort, pour se réduire ensuite du plus au moins si l'on ne peut porter le ministère de la Czarine à une démarche aussi favorable que celle d'entrer dans une négociation pour un traité d'alliance.

Fait à Metz, le 17 septembre 1744.

LOUIS.

DE VOYER D'ARGENSON.

Dès son arrivée à Pétersbourg, d'Alion annonça, le 13 novembre 1744, à Bestoujef et Voronzof qu'il avait ordre de donner à la Tsarine le titre d'Impératrice.

La mission de d'Alion[1] n'était point aisée à remplir. Il trouvait, selon son expression, « la cour et la ville déchaînées contre la France ». L'audience qu'il eut d'Élisabeth put lui faire quelque illusion : quand il lui remit ses lettres de créance, qui portaient en suscription ce titre impérial tant désiré par elle, la Tsarine ne put dissimuler sa joie ; elle combla l'envoyé de présents et lui remit le cordon de Saint-André.

Malheureusement Élisabeth avait moins de volonté que jamais ; elle s'abandonnait complètement à ses ministres. Or le chancelier Bestoujef était toujours tout acquis à l'Autriche et à l'Angleterre ; le vice-chancelier Voronzof payait surtout de bonnes paroles. Comme

---

1. La correspondance remplit les volumes XLV à LI de la correspondance *Russie* aux Affaires étrangères de France. Je signalerai le manuscrit n° 19, F. IV, à la Bibliothèque impériale de Pétersbourg, que j'ai eu entre les mains. Il a pour titre : « Minutes originales de la correspondance de M. d'Alion, ministre de France à la cour de Russie, dans les années 1744 et 1745, écrites de sa propre main. » Il comprend aussi les lettres de d'Argenson à d'Alion. Il provient des archives de la Bastille dont une partie, après leur dispersion au 14 juillet 1789, fut achetée à vil prix par un attaché à l'ambassade de Russie, Pierre Dubrowski. — Voy. HECTOR DE LA FERRIÈRE, *Deux années de mission à Saint-Pétersbourg*, 1877, p. 246.

la correspondance de d'Alion était perlustrée[1] par les agents de Bestoujef avec autant de soin que celle de La Chétardie, Voronzof se montrait fort réservé, crainte d'indiscrétions nouvelles.

D'Argenson essaya de faciliter sa tâche à d'Alion. Il rédigeait pour Le Dran[2] la note suivante :

« Je voudrois que le Roi écrivît de sa propre main une lettre d'agacerie à l'Impératrice des Russies, où Sa Majesté lui témoigneroit le gré qu'elle lui sait d'entreprendre la médiation et de vouloir travailler à une chose si utile, sur laquelle le Roi établiroit ses sentiments de générosité et de justice, disant que plus elle aura de succès cette campagne, plus elle sera modérée dans les conditions de la paix. On dit que cette agacerie personnelle faite à une femme susceptible de sentiment et déjà bien prévenue pour la personne du Roi feroit merveille dans la présente circonstance. »

La lettre fut écrite (16 avril 1745)[3]. Elle fut remise le 1ᵉʳ juin par d'Alion à Bestoujef ; celui-ci se borna à des chicanes sur l'absence de l'épithète *impériale* dans le corps de la lettre ; elle ne fut transmise par lui à l'Impératrice que le 1ᵉʳ août et ne reçut pas de réponse.

Dans l'intervalle, l'Impératrice-Reine avait usé de bien autres « agaceries » pour se rapprocher d'Élisabeth. Voulant effacer l'impression qu'avait faite sur celle-ci l'incident de Botta et les premières hauteurs de la cour de Vienne, elle l'avait informé, le 10 août 1744, que l'ex-ambassadeur subissait une dure captivité dans la forteresse

---

1. Par exemple, dans une lettre du 4 janvier adressée à Conti, d'Alion traçait le portrait d'Élisabeth : « ... Elle ferait sans difficulté le bonheur des mêmes peuples qui ont fait tant de vœux pour son élévation au trône et mériterait toute l'admiration des étrangers si elle savait concilier son goût pour les plaisirs avec les devoirs de la souveraineté. Elle aime beaucoup sa nation et la craint encore davantage. Il semble qu'elle appréhende tout ce qui pourrait déranger ses amusements. » Ailleurs, il accuse l'Impératrice de méconnaître la tradition de Pierre le Grand en laissant prendre au clergé trop d'influence : elle ne le fait que pour couvrir quelques circonstances de sa vie privée ; mais le pays retourne à la barbarie, car le clergé ne peut reprendre le dessus qu'à l'aide de l'ignorance et de la superstition. D'Alion parlait aussi avec quelque irrévérence de Bestoujef, que le grand-duc aurait traité de « grand coquin » et « d'homme sans honneur » ; de Voronzof, « qui n'est pas un génie supérieur », et que son inexpérience a transformé en instrument des projets de Bestoujef. Or, cette lettre a été si bien *perlustrée* que voici les annotations qu'y ajoute Bestoujef : « Ces absurdités et autres semblables lui préparent infailliblement la Sibérie ; mais, comme elles redoublent par moment et que son intimité de plus en plus grande avec Mardefeldt (l'ambassadeur de Prusse) peut nous donner quelque lumière sur les menées prussiennes, mon humble avis est de lui laisser, quelque temps encore, toute facilité de répandre son venin. » SOLOVIEF, *Istoria Rossii*, t. XXII, pp. 126 et suiv.

Une autre lettre de d'Alion, où il parle de son projet de renverser Bestoujef, est perlustrée d'abord par celui-ci ; il la remet à Voronzof, qui y met ses observations, et Bestoujef y ajoute les siennes. SOLOVIEF, *Istoria Rossii*, t. XXII, p. 127.

2. L'employé bien connu des Affaires étrangères, dont notre Dépôt des archives renferme tant de Mémoires.

3. Voir le texte de cette lettre, ainsi que la note à Le Dran, dans E. ZÉVORT, *le Marquis d'Argenson*, pp. 175 et suiv.

de Grætz. Puis, moins fière que Louis XV, qui n'avait pu se décider à envoyer Saint-Séverin en ambassadeur extraordinaire, elle expédiait en cette même qualité le comte de Rosenberg, chargé de faire amende honorable et de déclarer que sa maîtresse « considérait le délit de Botta comme scandaleux et digne de malédiction ».

Depuis la mort du prince Kantémir, la Russie n'était plus représentée à Paris que par un ministre plénipotentiaire, M. Gross[1], « Allemand de nation, écrit d'Alion, Autrichien et véritablement espion de la cour de Vienne ».

On se montrait à Versailles fort inquiet du rapprochement des deux cours ; mais d'Alion[2], qui ne manquait pas de pénétration, écrivait, en rendant compte de l'effet produit par la victoire de Fontenoy :

« Cette nouvelle, Monseigneur, paroît consterner beaucoup les ministres des puissances alliées ; mais, en même temps, elle leur fait redoubler leurs sollicitations auprès du grand-chancelier et du vice-chancelier pour engager l'Impératrice à accéder au traité de Varsovie[3], et il est bien à craindre qu'ils ne réussissent, l'argent faisant tout faire au chancelier Bestoujef ; les louis d'or opposés aux guinées pourroient peut-être nous tranquilliser là-dessus ; mais je pense qu'il vaut mieux les épargner à Sa Majesté. Je lui réponds déjà que, pour cette année, sans qu'il lui en coûte un sol, il ne sortira pas un soldat de la Russie, et quand une fois l'hiver sera venu, outre que, d'ici à ce temps, les choses peuvent changer considérablement, nous aurons du temps devant nous pour nous retourner le mieux qu'il sera possible et selon que les circonstances le demanderont. Des apparences favorables de la part des Turcs[4] suffiroient pour intimider cette cour et la rendre traitable. »

D'Alion a pour instruction de demander d'abord l'alliance de la Russie[5]. On se rabat ensuite sur une « bonne neutralité ». Mais Bestoujef se montre impénétrable : « Il ne fut pas possible de le faire parler sur les dispositions de l'Impératrice à accéder ou à ne pas accéder au traité de Varsovie. » Voronzof ne s'explique pas non plus

---

1. Le 9 avril 1745, l'Impératrice avait accrédité auprès de la cour de France, à titre de ministre, André Léontiévitch Gross, secrétaire du prince Kantémir. Il résida chez nous jusqu'à la rupture complète. Le 17 février 1749, il envoya de la Haye au marquis de Puysieulx ses lettres de rappel. Il mourut en 1765.
2. D'Alion à d'Argenson, 1er juin 1745. — La bataille de Fontenoy, 11 mai 1745.
3. Signé entre l'Autriche, l'Angleterre, la Hollande, la Saxe, en janvier 1745.
4. On sait que notre ambassadeur auprès de la Porte, M. de Castellane, agissait énergiquement en ce sens. En 1745, la Turquie nous proposa une alliance formelle, avec garantie de son territoire, nous promettant, à ce prix, de masser des troupes sur la frontière d'Ukraine, de garantir la Pologne et d'entraîner la Suède. Louis XV et d'Argenson, tout philosophe que fût celui-ci, refusèrent : on voulait bien faire agir les Turcs, mais on répugnait à une alliance formelle avec les infidèles. La Porte, par le rénégat Bonneval, fit la même proposition à la Prusse ; Frédéric II ne daigna pas lui répondre.
5. D'Argenson à d'Alion, du camp de Tournai, 16 juin 1745.

et se borne à dire au Français, tout à la fin de l'entretien : « Ne nous faites pas de mal, et nous ne vous en ferons pas. » Une réflexion console d'Alion : « Enfin, Monseigneur, jusqu'au moment présent, les autres ministres étrangers ne sont pas plus avancés que moi. Il y a même cette différence, c'est qu'ils prodiguent l'argent et que j'épargne celui de Sa Majesté. Tout le monde veut faire quelque chose à cette cour, et personne n'y fait rien et n'y fera vraisemblablement rien. »

Ce n'est pas qu'on négligeât absolument les moyens pécuniaires, témoin la lettre suivante de d'Argenson à d'Alion :

LE MARQUIS D'ARGENSON A M. D'ALION

Fontainebleau, 15 octobre 1745[1].

Sa Majesté a approuvé le présent de mille ducats que vous avez jugé devoir faire à la chancelière et l'engagement que vous avez pris de lui renouveler pour ses étrennes le même présent s'il ne sort point de troupes de Russie avant ce terme. Cette dame joue à coup sûr, puisqu'elle ne peut qu'espérer de gagner sans aucun risque de sa part. Mais, comme il n'y a pas d'apparence que son crédit personnel puisse influer en rien sur une résolution d'une si grande importance que celle de la guerre ou de la paix contre le roi de Prusse, Sa Majesté vous défend expressément d'aller plus loin sur de pareils présents pour la chancelière ou toute autre personne qui ne se trouveroit point partie principale à l'administration des affaires et à la confiance de l'Impératrice de Russie... Quoi qu'il en soit, je vais m'arranger avec M. de Monmartel pour vous faire rembourser les mille ducats avec les précautions nécessaires pour en assurer le secret.

Pour les 40 000 livres restant dues à Lestocq, on est prêt à les payer, et vous devez chercher l'occasion de le lui dire, l'assurant qu'il ne doit avoir aucune inquiétude, ni sur la chose ni sur le secret, qui a été observé si religieusement que ce n'est pas sans peine que je suis parvenu à m'en faire informer.

Ces présents à « la chancelière » n'empêchaient pas les relations d'être fort tendues entre le chancelier et le ministre de France. Voici ce qu'écrivait d'Alion à d'Argenson, en l'informant des préparatifs militaires de la Russie et de la formation d'une armée avec Keith comme général en chef, de Brilly, Stoffeln et Lapoukhine comme lieutenants :

M. D'ALION AU MARQUIS D'ARGENSON

Pétersbourg, 2 novembre 1745.

Malgré tout cela, le baron de Mardefeldt et moi n'avons pas encore jugé qu'il fût nécessaire de tenter le chancelier par des offres d'argent. Nous sommes l'un et l'autre aussi persuadés qu'auparavant que l'on ne veut

---

1. D'Alion à d'Argenson, 15 juin 1745.

qu'intimider. Le baron de Mardefeldt m'assure qu'il en écrit dans ce sens à son maître et qu'il lui conseille fort de ne pas songer seulement à envoyer un seul soldat de plus en Prusse[1]...

Hier M. le chancelier me fit prier par son secrétaire de passer chez lui dans l'après-midi, et m'y étant rendu, il me lut une notice en françois, fort courte, portant que, sur le rapport fait à l'Impératrice que, le 22 [11] octobre, j'aurois déclaré qu'en cas de rupture entre les cours de Berlin et de Dresde Sa Majesté étoit dans la résolution de soutenir le roi de Prusse de toutes ses forces, l'Impératrice avoit ordonné à son chancelier de me déclarer à son tour que, comme elle ne menaçoit personne, elle ne vouloit point être menacée; que, le Roi étant parfaitement libre de secourir ses alliés en la manière que bon lui sembleroit, elle étoit également la maîtresse de témoigner aux siens sa bonne volonté. Après avoir lu deux fois cette note et fait connoître à quel point et avec combien de fondement son contenu me surprenoit, je répondis à M. le comte de Bestucheff : en premier lieu, que ce que je lui avois dit, le 22 [11] octobre, des dispositions de Sa Majesté à soutenir le roi de Prusse de toutes ses forces portoit sur le général et non pas précisément sur le cas particulier d'une rupture entre la Prusse et la Saxe ; en second lieu, que le but de mon discours n'avoit point été de menacer une aussi grande princesse et que les termes dont je m'étois servi n'avoient dénoté rien de tel ; en troisième lieu, que le Roi, au contraire, désiroit passionnément d'entretenir avec elle la plus parfaite intelligence. Je le priai en même temps et le requis d'informer l'Impératrice de ma réponse et de détruire les idées que le rapport en question lui avoit données. Vous voyez par cet échantillon, Monseigneur, combien il faut que je sois circonspect ici, et l'ardeur du chancelier à aigrir sa souveraine contre la France.

Enfin, le 22 mai 1746, les deux Impératrices renouvelèrent le traité d'alliance offensive et défensive conclu en 1726[2]. 1° Elles s'engageaient à se secourir mutuellement de 20 000 hommes d'infanterie et de 10 000 cavaliers ; 2° on exceptait du *casus fœderis* une attaque de la Russie par la Perse, et les guerres de l'Autriche en Italie ou en Espagne (à ces exceptions près, les troupes russes étaient donc disponibles partout, même contre la France); 3° on inviterait les électeurs de Saxe et de Hanovre à se joindre à l'alliance; 4° les deux puissances s'entendraient, en cas de besoin, pour une action commune contre la Turquie ; 5° de même, en cas de besoin, contre la Prusse. Des traités de subsides avec la Grande-Bretagne et la Hollande, en juillet et décembre 1747, complétèrent ces dispositions : ils rendirent les troupes russes disponibles pour la défense des Pays-Bas.

Bien qu'un article du traité austro-russe semblât exclure du *casus fœderis* la guerre actuelle, bien que la Russie en s'alliant à l'Autriche n'eût pas déclaré la guerre à la France, et qu'en ce cas le droit public

---

1. C'est-à-dire que Frédéric II n'a pas besoin de retirer un seul soldat de son armée de Bohême pour défendre la province de Prusse, autrement dit la frontière prussienne-russe.
2. Voyez ci-dessus, p. 261.

du XVIIIe siècle autorisât le maintien des rapports diplomatiques entre deux puissances qui n'étaient en guerre qu'indirectement, le cabinet de Versailles ne se méprit point sur la portée de cet acte.

D'Alion fut rappelé en décembre 1747 ; le 10 janvier 1748, Bestoujef refusa de le faire admettre à l'audience de l'Impératrice : d'Alion remit donc les papiers à M. de Saint-Sauveur, consul à Pétersbourg, et la France n'eut plus en Russie ni ambassadeur ni ministre plénipotentiaire.

XXV

M. DE SAINT-SAUVEUR

CONSUL — CHARGÉ DES AFFAIRES

FIN 1747 AU 16 JUIN 1748

M. de Saint-Sauveur, consul de France, aimable et de relations faciles, avait été chargé, même avant le départ et à l'insu de M. d'Alion, de sonder Bestoujef. On espérait qu'il pourrait tirer quelque parti de l'amitié que le chancelier semblait avoir pour lui.

M. de Saint-Sauveur ne reçut pas d'Instruction, mais deux lettres de Brulart de Sillery, marquis de Puysieulx, nommé, en janvier 1747, ministre des affaires étrangères, et une lettre du comte de Maurepas, ministre de la marine, qui l'avait recommandé à son collègue des affaires étrangères.

LE MARQUIS DE PUYSIEULX A M. DE SAINT-SAUVEUR, CONSUL DE FRANCE
A PÉTERSBOURG

Fontainebleau, 14 novembre 1747[1].

Je sais, Monsieur, que vous n'êtes pas désagréable à M. le comte de Bestucheff. Cette raison et les témoignages de M. le comte de Maurepas m'ont déterminé à vous charger des affaires du Roi à la cour où vous êtes, jusqu'à ce que Sa Majesté juge à propos de remplacer M. Dalion. Vous vous

---

1. *A. E. Russie*, t. L, fol. 405.

acquitterez sans ostentation et secrètement des ordres que M. le comte de Maurepas vous donnera. Vous n'écrirez qu'à lui et vous éviterez surtout de paroître chargé d'aucune affaire. Vous tiendrez constamment cette conduite et particulièrement pendant le temps que le sieur Dalion sera à Pétersbourg.

Les accès que vous avez déjà auprès de M. le comte de Bestucheff vous faciliteront les moyens de l'approcher sans éclat, et c'est précisément ce que nous voulons. Je ne doute pas que vous ne vous rendiez digne de la confiance de M. le comte de Maurepas et de la mienne. S'il est nécessaire que je vous donne dans la suite une lettre pour vous accréditer auprès de M. le comte de Bestucheff, cela ne fera aucune difficulté.

LE COMTE DE MAUREPAS A M. DE SAINT-SAUVEUR, CONSUL DE FRANCE A PÉTERSBOURG

Fontainebleau, 14 novembre 1747[1].

Les sentiments d'estime et de considération que M. le comte de Bestucheff vous a témoignés en différentes occasions, Monsieur, me donnant lieu de croire qu'il aura plus de confiance en vous qu'en M. Dalion et qu'il s'ouvrira même plus volontiers avec vous sur tout ce qui peut avoir rapport à la cour de France et contribuer à maintenir la bonne intelligence qui règne depuis si longtemps entre les deux couronnes, je me suis chargé de concert avec M. le marquis de Puyzieulx de vous autoriser par cette dépêche particulière, qui pourra vous tenir lieu de lettre de créance auprès de M. le chancelier de Russie, à l'effet d'entrer en conférence et de vous expliquer avec ce ministre sur les avis, qui se sont répandus de tous côtés, de la prochaine marche d'un corps de 30.000 Russes pour entrer à la solde et au service des ennemis du Roi.

Sa Majesté ne peut croire, après les espérances qui lui ont été données par M. Gross[2], que l'Impératrice se soit déterminée à unir ses troupes avec celles de ses ennemis, surtout dans des circonstances où toute l'Europe est informée de la sincérité de ses démarches pour parvenir à une pacification générale, autant qu'elles peuvent compatir à l'honneur de sa couronne et à ce qu'elle doit à ses alliés.

Vous ferez donc chose agréable au Roi de tâcher de découvrir si ces avis ont quelque fondement et de vous expliquer sur cela avec M. de Bestucheff, de façon que Sa Majesté puisse être exactement assurée des véritables intentions de ce ministre et savoir à quoi s'en tenir avec la cour de Russie sur un objet aussi important.

Je crois inutile de vous observer qu'une marque aussi honorable pour vous de la confiance de Sa Majesté exige que vous vous conduisiez avec toute la prudence et la dextérité possibles; que vous fassiez tous vos efforts pour détourner le succès de la négociation depuis si longtemps entamée par les ministres des cours de Londres, de Vienne et de la Haye pour obtenir de l'Impératrice de Russie le secours de ces 30 000 hommes; et que vous évi-

1. A. E. Russie, t. L, fol. 404.
2. Voyez ci-dessus, pp. 475-476.

tiez que M. Dalion puisse avoir aucune connaissance de la mission particulière dont le Roi a bien voulu vous charger.

Vous aurez soin de me rendre compte exactement du résultat de l'entrevue que vous aurez eue en conséquence avec M. de Bestucheff et de me faire part de tout ce que vous estimerez d'ailleurs pouvoir concourir à la réussite de l'objet que je vous ai expliqué ci-dessus et contribuer à cimenter l'union et l'amitié que le Roi a toujours désiré de conserver avec l'Impératrice.

LE MARQUIS DE PUYSIEULX A M. DE SAINT-SAUVEUR. — VERSAILLES, 25 DÉCEMBRE 1747[1].

Je suis persuadé, Monsieur, que vous vous serez conformé ponctuellement à ce que je vous ai écrit le 14 du mois dernier. Dans cette confiance, je compte que, quand même quelque raison que je ne puis prévoir auroit engagé M. Dalion à suspendre durant quelque temps son départ pour Pétersbourg pour repasser en France, vous n'aurez pas manqué d'informer M. le comte de Maurepas de ce qui se sera passé à cette cour que vous aurez jugé pouvoir intéresser le service du Roi ; et, comme j'ai cessé depuis quelques semaines d'écrire à M. Dalion, je crois qu'il peut être à propos que je vous expose ce qui, dans les circonstances présentes, mérite le plus votre attention.

Je ne doute point que vous n'ayez été extrêmement attentif à démêler le vrai d'avec ce qui n'en a que l'apparence sur un point aussi important que le projet annoncé de toutes parts de la marche d'un corps de 30 000 Russes pour se porter soit sur le Rhin, soit dans les Pays-Bas, au secours des alliés. On veut nous faire entendre que le départ de ces troupes, pour traverser la Pologne, la Silésie autrichienne, la Moravie et la Bohême, est très prochain, et cependant nous ne voyons point que l'engagement formel en ait été pris par un traité signé de la part de l'Impératrice de Russie. Au milieu des divers avis que nos ennemis affectent de répandre au sujet de ce corps de troupes comme devant être à

---

1. *A. E. Russie*, t. L, fol. 469.

titre d'auxiliaires à leur solde, nous sommes portés à croire qu'ils consultent beaucoup plus le désir qu'ils ont de l'obtenir et l'intérêt qu'ils ont de faire croire à leurs peuples, de même qu'à plusieurs princes et États en Allemagne, qu'ils peuvent y compter, que les difficultés que doit avoir éprouvées la négociation qu'ils ont liée à Pétersbourg pour l'obtenir. Nous pensons ici qu'un ministre aussi éclairé que M. le chancelier Bestucheff aura pesé mûrement leurs propositions et leurs offres, sans perdre de vue, pour le présent et pour l'avenir, les intérêts essentiels de la Russie et ce qui peut convenir à la dignité et à la gloire de cet Empire. Nous sommes persuadés qu'instruit comme il l'est de ce dont il s'agit présentement dans la guerre que la France soutient conjointement avec l'Espagne contre les cours de Vienne et de Londres, il voit clairement qu'il ne dépend que de ces deux cours de rendre la paix à l'Europe, et il n'échappera pas à ses lumières que leur vue, dans l'usage qu'ils se proposent de faire d'un corps de troupes russes, est vraisemblablement de se mettre en état d'apporter de nouveaux retardements au rétablissement de la tranquillité générale. Dans cette situation, ce qu'il importeroit aujourd'hui le plus au Roi, par rapport à la négociation que nos ennemis paroissent suivre avec tant d'ardeur à Pétersbourg, seroit d'avoir, autant qu'il seroit possible, de justes notions sur les dispositions plus ou moins favorables que M. le chancelier Bestucheff a marquées à condescendre aux propositions qu'ils ont faites pour obtenir ce secours de l'Impératrice de Russie. Je conçois que, n'étant point accrédité pour traiter d'affaires politiques, vous ne pouvez, dans les entretiens que celles du commerce vous donnent occasion d'avoir quelquefois avec ce ministre, toucher que légèrement des matières aussi délicates. Mais, comme il doit savoir présentement que c'est principalement sur vos relations que nous jugerons de ce que nous devons attendre des déterminations de la cour où vous êtes, il est naturel que vous vous serviez de la confiance qu'il ne peut douter que nous avons en vous, pour lui témoigner ce que vous savez du désir que le Roi auroit qu'il ne se trouvât plus d'obstacles à l'établissement d'une étroite correspondance entre Sa Majesté et l'Impératrice de Russie, et à l'affermissement de l'amitié dont Leurs Majestés se sont renouvelé, en toutes occasions, les assurances les plus formelles.

Si des incidents imprévus et qu'il faut ensevelir dans le silence, si une conduite quelquefois peu régulière de la part de nos ministres[1] que l'éloignement ne nous permettoit pas de guider, ont paru apporter quelque refroidissement entre les deux cours, le fond des sentiments de Sa Majesté n'en a point été altéré. Mais il est fâcheux que cela ait fait tomber les négociations qui avoient été commencées pour resserrer par une alliance et par un traité de commerce l'union entre la France et la Russie. Je me flatte que, sans être connu de M. le chevalier de Bestucheff, il aura peut-être assez bonne opinion de moi pour être persuadé que je ne souhaiterois rien davantage que de me servir de la place que le Roi m'a confiée pour former entre Leurs Majestés et les deux nations les liaisons les plus étroites. La confiance dont Sa Majesté m'honore m'a mis à portée de connoître que je ne pourrois rien faire qui lui fût plus agréable. La haute opinion que j'ai conçue de l'habileté et des vues supérieures de ce ministre me feroit regarder cet événement comme ce qu'il y auroit de plus flatteur pour mon ministère.

Vous êtes très capable de faire avec une prudente dextérité ces sortes d'insinuations et de les accompagner des réflexions les plus propres à faire une juste impression. C'est à vous à choisir le temps et les instants. Vous sentirez du reste que ces insinuations seroient très déplacées si M. le chancelier de Bestucheff avoit pris des engagements et des liens avec les ennemis de la France qui fussent indissolubles. Les cours de Vienne et de Londres publient qu'ils sont tels, mais de pareils oracles nous sont suspects, et je crois au contraire que ce ministre a trop d'élévation et de pénétration pour prendre des chaînes qu'il peut faire porter aux autres. Je doute encore de la marche des Russes; mais je vous avoue que je regretterois infiniment que de pareils contre-temps ne me permettent pas de suivre ce que nous aurions pu faire de bon et d'utile pour la satisfaction de l'Impératrice de Russie et pour la gloire de son règne dans tout ce qu'elle peut attendre de l'amitié de Sa Majesté.

---

1. Allusion à l'affaire de La Chétardie.

Toutes les démarches de M. de Saint-Sauveur furent inutiles et le Roi le rappela quelques mois après. Il prit son audience de congé le 16 juin 1748.

Le Roi resta ainsi sans aucun représentant auprès de la Czarine.

Cependant d'Alion avait vu juste. La Russie, consciente de tout ce que lui manquait encore pour une grande guerre européenne, satisfaite de se voir recherchée ou redoutée par les deux partis, ne se pressait pas d'agir efficacement. Ce fut en 1748 seulement, après nos victoires de Fontenoy, de Raucoux, de Lawfeld, quand la prise de Maëstricht allait clore la campagne des Pays-Bas et terminer la guerre, qu'un corps de 30 000 Russes, sous le commandement du prince Repnine, traversa l'Allemagne et arriva jusqu'au Rhin, peu de temps avant la conclusion de la paix d'Aix-la-Chapelle. Elle fut signée le 17 juin 1748, le lendemain du jour où Saint-Sauveur quittait Pétersbourg. Malgré les efforts de l'Angleterre, Frédéric II et la France firent exclure la Russie du protocole de la paix, alléguant qu'elle était « puissance mercenaire » et non puissance belligérante. L'armée de Repnine[1] reprit le chemin de la Russie sans avoir tiré un coup de fusil. C'était cependant pour la seconde fois qu'une armée russe avait pris sur le Rhin, en face des armées françaises, une position menaçante.

Comme le départ de d'Alion ne fut pas donné comme une mesure définitive, la cour de Russie n'avait pas cru devoir, même après le rappel de M. de Saint-Sauveur, rappeler M. Gross, son chargé d'affaires à Paris. Il eut à subir de vifs reproches du ministre des affaires étrangères Puysieulx : « Il n'est point convenable, disait celui-ci, à un grand État comme la Russie de donner ses soldats à d'autres États pour de l'argent. Il eût été plus digne de déclarer franchement la guerre à la France. » On fut mécontent à Pétersbourg de ces remontrances ; et, par rescrit du 20 (9) décembre 1748, l'Impératrice enjoignit à M. Gross de demander ses passeports : « Nous avons vu, par plusieurs de vos relations, que le marquis de Puysieulx considère le rappel de d'Alion comme étant, à certains égards, un acte de représailles contre l'envoi que nous avons fait de 30 000 hommes aux puissances maritimes. En outre, il a fait entendre que le Roi son maître n'est pas disposé à nous envoyer personne en remplacement de d'Alion. Enfin, à l'occasion du susdit envoi de nos troupes, il vous a tenu des discours désagréables et préjudiciables à notre dignité. Comme la malveillance invétérée du gouvernement français envers notre Empire nous est

---

1. Le prince Vassili Nikititch Repnine avait reçu l'ordre, pendant les négociations, de se retirer en arrière, les Français promettant, en échange, de retirer du Brabant 35 000 hommes. Il n'eut pas le temps d'exécuter ces instructions : il mourut (fin juillet 1748), et eut pour successeur le général Lieven qui dirigea la retraite.

assez connue, comme les menées et excitations, préparées de longue main dans diverses cours, et même auprès de la Porte ottomane, paraissent, à cause de l'influence que des guerres injustes et impies ont acquise à la France dans le monde, obtenir un certain succès, nous n'avons pas trouvé de meilleur moyen, pour affaiblir cette funeste influence, que d'aider indirectement, mais efficacement, contre cet État nos fidèles et naturels alliés, afin, par ce moyen, de rétablir la paix si désirée en Europe... Comme, après le rétablissement de cette paix, il n'y a toujours pas de ministre français à notre cour, que le Roi envoie bien de nouveaux ambassadeurs aux autres cours, mais qu'on n'a même pas l'air de penser à nous, nous avons jugé bon de vous ordonner de quitter votre poste avec toutes les affaires de chancellerie qui en relèvent et, dans le plus bref délai possible, de vous retirer à la Haye, en donnant pour prétexte que vous avez obtenu de nous un congé pour arranger certaines affaires domestiques dans votre pays[1]. »

Ainsi fut consommée, et cela même après la signature de la paix d'Aix-la-Chapelle, la rupture des relations diplomatiques entre les deux cours. C'est la dernière qui ait eu lieu entre la France de l'ancien régime et la Russie. Même sous Catherine II, au plus fort des affaires polonaises, turques et suédoises, les deux cours conservèrent toujours l'une auprès de l'autre un représentant.

---

1. Solovief, *Istoria Rossii*, t. XXI, pp. 260 et suiv.

TABLE DES CHAPITRES

INTRODUCTION

On peut distinguer cinq périodes dans les relations de la France avec la Russie, v.

Première période, jusqu'a 1654. — La Russie est pour nous sans importance, vii.

Deuxième période, de 1654 a 1726. — Notre système du Nord et la *Barrière de l'Est*, x. — Ce qu'était pour nous la Suède, xi. — Ce qu'était pour nous la Turquie, xiv. — Ce qu'était pour nous la Pologne, xxi. — Perturbations apportées dans notre système du Nord par la grandeur naissante de la Russie, xxv. — Guerres du Tsar Alexis contre la Pologne et la Suède, xxv. — Entreprises de la Russie contre la Turquie, xxvii. — Conquêtes de Pierre le Grand, xxix. — Traité d'Amsterdam (1717), xxxiii. — Traité austro-russe de 1726, xxxv.

Troisième période, de 1726 a 1756. — Guerre de la succession de Pologne et guerre d'Orient (1733-1739), xxxvii. — La révolution de 1741 et le traité d'Abo, (1743), xxxix. — Disgrâce de La Chétardie (1744), xl. — Rôle de la Russie dans la guerre de la succession d'Autriche, xli.

Quatrième période, de 1756 a 1774. — Modifications dans la politique française, xli. — Le *renversement des alliances* (1756), xlii. — Griefs de la Russie contre la Prusse, xlii. — Rapprochement entre la France et la Russie, xliii. — Rôle de la Russie pendant la guerre de Sept ans, xliv. — Méfiances persistantes du gouvernement français, xlv. — Catherine II et les relations entre les deux pays, xlviii. — Ses entreprises contre les alliés de la France, xlix.

Cinquième période, de 1774 à 1789. — Rapprochement de la France et de la Russie sous Louis XVI, lii. — Caractère nouveau de leurs relations, liv. — Projet d'alliance, lvi. — Effet produit par la Révolution française, lvii.

Abréviations, lix.

I

LES RELATIONS DE LA FRANCE AVEC LA RUSSIE JUSQU'AUX TRAITÉS DE WESTPHALIE.

I. Origines de la diplomatie russe. — Elle procède de la diplomatie byzantine, 2. — On compte des Grecs parmi les premiers agents des Tsars de Moscou, 3. —

Organisation du *Possolskii Prikaz* (bureau des ambassadeurs), 4. — Usages dans la réception des ambassadeurs étrangers, 5. — Quels étaient les agents envoyés à l'étranger par le Tsar : le *possol*, le *posslannik*, le *gonèts*, 6. — Difficultés que soulèvent à l'étranger les envoyés moscovites, 7. — Réforme des usages diplomatiques par Pierre le Grand, 8.

II. Premières relations de la France avec la Russie. — Notre pays est entré un des derniers en relations avec la Moscovie, 10. — Les guerres de religion en France : appréciation de la Saint-Barthélemy par Ivan le Terrible, 10. — Marchands et militaires français en Russie, 10. — Le *Discours* de Danzay, 11. — La *Relation* de Jehan Sauvage, 11. — L'*Estat de l'Empire de Russie* de Jacques Margeret, 12. — Le *Discours sommaire* de Pierre de la Ville, 13.

III. Le premier ambassadeur français en Russie, François de Carle (1586). — Feodor Ivanovitch envoie Pierre Ragon à Henri III, 13. — Mission de François de Carle, 13. — Lettre de Feodor Ivanovitch à Henri III, 14. — Traité de commerce entre le Tsar et des marchands parisiens, 1587, 15.

IV. Relations a l'époque de Henri IV. — Y a-t-il eu une mission La Neuville? 16. — Lettres de Henri IV à Feodor Ivanovitch, 17. — La Russie et le *Grand projet* attribué à Henri IV, 17.

V. La mission russe de 1615. — Renaissance de la Russie à l'avènement des Romanof, 18. — Mission d'Ivan Kondyref en France, 19. — Lettre de Louis XIII au Tsar Michel, 19.

VI. État des relations commerciales entre les deux pays. — Extrait des *Navigations* de Purchas, 20. — Privilèges accordés aux Anglais, 21. — Mémoire présenté à Richelieu par des marchands français, 22.

VII. Mission de Deshayes Courmenin. — Réception qui lui est faite à Pskof, à Novgorod et à Moscou, 24. — Conférence du 12 novembre 1629, sur le traité de commerce, 26. — Lettre du Tsar Michel à Louis XIII sur le commerce, 27. — Pourquoi ces négociations n'eurent pas de résultat, 31. — Fin tragique de Deshayes Courmenin, 32.

VIII. La prétendue ambassade de Charles de Talleyrand. — Récit d'Oléarius, 33. — Objections de Voltaire, 34. — Discussion par Louis Paris, 34. — Un document concluant : lettre de Louis XIII au Tsar Michel, 35.

IX. Missions du capitaine Bonnefoy, 36.

II

M. DESMINIÈRES, PREMIER ENVOYÉ DE FRANCE EN RUSSIE APRÈS 1648,
1657-1658.

Notice. (On n'a pas l'Instruction.) — La Russie représentée au congrès de Westphalie, 39. — Le Tsar Alexis se dispose à entrer en lutte avec la Pologne, 39. — Sa lettre du 29 novembre 1653 à Louis XIV, où il expose ses griefs contre la Pologne, 40. — Elle est apportée par Constantin Matchékhine, 43. — Conduite singulière de la mission russe à Paris, 44. — Lettre de Louis XIV au Tsar, offrant sa médiation entre la Russie et la Pologne, 45. — La Russie en guerre avec la Suède, 46. — Nouvelles lettres de Louis XIV, offrant sa médiation entre la Russie et la Suède, 46. — Envoi de M. Desminières, 48. — Comment il est reçu en Russie, 48. — Nouvelle offre de médiation du Roi, 50. — La pacification du Nord, 50.

III

LE MARQUIS DE BÉTHUNE, ENVOYÉ EXTRAORDINAIRE, 1680.

NOTICE. (On n'a pas l'Instruction.) — État de la Russie après la paix de Kardis, 53 — Mission de Pierre Potemkine en France (1668), 54. — Conférences avec les commissaires du Roi pour un traité de commerce, 56. — Texte du projet de traité, 56. — Visite des *Six-Corps* de Paris à l'ambassadeur moscovite, 58. — Impressions de Pierre Potemkine sur la France, 59. — Lettre de Louis XIV à Alexis sur le commerce, 60. — Création de la Compagnie du Nord par Colbert, 61. — Alexis envoie André Vinius à Louis XIV, 62. — Texte de sa lettre au Roi, 62. — Réponse de Louis XIV, 64. — Mort d'Alexis, 65. — Louis XIV se propose d'offrir sa médiation dans le congrès entre les plénipotentiaires russes et polonais, 65. — Envoi du marquis de Béthune, 66. — Récit de Béthune sur sa réception à Moscou, 67. — Deuxième mission de Pierre Potemkine en France, 70. — Lettre de Louis XIV au Tsar Feodor sur le commerce, 72. — La Russie fait la paix avec la Pologne et la Turquie, 73. — Lettre d'un résident français à Moscou : la Russie ne se soucie plus du traité de commerce, 74.

IV

M. DE LA PICQUETIÈRE, PROJET DE MISSION, 1683.

NOTICE PRÉLIMINAIRE. — Révolutions à Moscou : rôle de la tsarévna Sophie, 75. — Projet d'une mission confiée à M. de la Picquetière, 76.

INSTRUCTION A M. DE LA PICQUETIÈRE (1683). — Le Roi de France, mécontent de la Suède, veut s'associer contre elle au Brandebourg et au Danemark, 76. — Il voudrait entraîner la Russie dans cette alliance, 77. — Les instructions à M. de la Picquetière sont donc conformes à celles qui ont été données à notre ambassadeur en Danemark, 77. — L'envoyé prendra pour prétexte l'établissement de relations commerciales, 78. — Incertitude causée par les révolutions survenues à Moscou, 79. — Instructions relatives aux présents, au chiffre et au cérémonial, 80.

NOTICE COMPLÉMENTAIRE. — La mission de la Picquetière n'a pas eu lieu, 81. — Lettre des jeunes Tsars au Roi et mission d'Almazof en France, 81. — Réponse de Louis XIV, 82. — La tsarévna Sophie veut entraîner Louis XIV dans une ligue contre les Turcs, 83. — Mission de Dolgorouki et Mychetski en France, 84. — Ils sont assez mal reçus, 85. — Leurs conférences avec Colbert de Croissy à Saint-Denis, 86. — Louis XIV est très mécontent de leur attitude, 87. — Les jésuites d'Avril et Beauvollier en Russie, 88. — Le Roi ne peut obtenir pour eux le passage par la Russie, 89. — Irritation des Moscovites contre la France, 90.

V

M. BALUZE, ENVOYÉ EXTRAORDINAIRE, PREMIÈRE MISSION, 1702-1704.

NOTICE PRÉLIMINAIRE. — Gouvernement personnel de Pierre le Grand, 91. — Postnikof est son agent à Paris, 92. — La cour de France encouragée à envoyer un agent en Moscovie, 93. — Envoi de M. Baluze, 94.

INSTRUCTION A M. BALUZE (1702). — Dispositions favorables que l'on prête à Pierre le Grand, 95. — On voudrait qu'il fît la paix avec la Suède, attaquât l'Empereur et prêtât de l'argent au Roi, 97. — M. Baluze aura surtout à s'assurer de ses bonnes dispositions, 98.

NOTICE COMPLÉMENTAIRE. — Extraits de la correspondance de M. Baluze, 99. — Renseignements sur Pierre le Grand, ses ministres, ses réformes, sa puissance militaire, 100. — M. Baluze est très bien reçu par le Tsar, mais n'arrive pas à une conclusion, 102. — Le Roi ordonne à M. Baluze de rentrer en Pologne, 104.

VI

M. BALUZE, ENVOYÉ EXTRAORDINAIRE, DEUXIÈME MISSION, 1710-1711.

NOTICE PRÉLIMINAIRE. — Développement parallèle de la guerre de la succession d'Espagne et de la guerre du Nord, 109. — Vaisseaux russes capturés par des corsaires français, 109. — Mission de Matvéef en France (1705-1706) pour les réclamer, 110. — Ses conférences avec M. d'Iberville, 111. — Impressions de Matvéef sur la France, 112. — Sa mission n'a pas de résultats, 113. — La diplomatie française se demande si elle ne pourrait pas substituer, dans son système d'alliances, la Russie à la Suède vaincue, 114. — Mémoires de M. de Torcy sur la politique (1710), 115. — Résolution de confier une deuxième mission à M. Baluze, 119. — M. de Torcy en avise M. Skroff, résident du Tsar à Paris, 120.

INSTRUCTION A M. BALUZE (1710). — Le roi de Suède a témoigné désirer la médiation du Roi, 121. — Utilité, pour les affaires du Roi, de réconcilier les belligérants du Nord, 122. — Il est nécessaire, quel que soit le succès de cette médiation, de savoir quels engagements le Tsar voudrait prendre avec le Roi, 123. — Les coalisés se sont montrés intraitables aux conférences de Gertruydendenberg, 123. — Le Tsar peut beaucoup pour rabattre l'orgueil des Anglais et des Hollandais, 124. — Il peut protéger les Hongrois contre l'oppression autrichienne, 125. — M. Baluze doit inspirer au Tsar l'idée d'assurer le trône de Hongrie, ou à l'électeur de Bavière, ou à son fils le tsarévitch Alexis, 126.

NOTICE COMPLÉMENTAIRE. — Arrivée de M. Baluze à Moscou : il trouve le Tsar engagé dans une guerre contre les Turcs, 127. — Audience qu'il reçoit du Tsar : celui-ci envoie à Louis XIV Grigori Volkof, 128. — Pierre le Grand sur le Pruth, 129. — Ses griefs contre la politique française à Constantinople, 129. — Fin de la guerre de la succession d'Espagne, 130.

VII

M. LAVIE, CHARGÉ D'UNE MISSION, PUIS CONSUL, 1715-1721.

NOTICE PRÉLIMINAIRE. — Mission projetée de M. de Lévisson ou Léviston, 131. — Cette mission est confiée à M. Lavie, 132.

INSTRUCTION DE 1714. — Le but est surtout de se renseigner sur les conditions du commerce en Russie, 132. — Et aussi sur la politique, l'armée, la marine, la cour du Tsar, 134.

NOTICE COMPLÉMENTAIRE. — Mission projetée de M. Thug, négociant à Dunkerque, 134. — Jeunes gentilshommes russes envoyés en France, 135. — Mauvaise conduite de M. Lavie, 135.

VIII

LE MARQUIS DE CHATEAUNEUF, AMBASSADEUR EN HOLLANDE,
CHARGÉ DES NÉGOCIATIONS AVEC PIERRE LE GRAND A LA HAYE, 1717.

NOTICE PRÉLIMINAIRE. — Pierre le Grand a besoin d'une grande alliance européenne, 137. — Son voyage en Hollande : il entre en relations avec les négociateurs français de la Triple alliance, 138.

INSTRUCTION A M. DE CHATEAUNEUF (1717). — Le Roi continue à se préoccuper des affaires du Nord, 138. — Les belligérants paraissent disposés à traiter, 139. — M. de Châteauneuf exprimera au Tsar les sentiments d'estime que le Roi a pour lui, 140. — Il expliquera aux ministres russes que les engagements du Roi avec la Suède ne contiennent rien qui doive rendre suspecte sa médiation, 141. — Il devra s'assurer des véritables intentions du Tsar, sans faire prendre au Roi aucun engagement, 142. — Il agira de concert avec le ministre du roi de Prusse en Hollande, 143. — Il évitera de donner aucun ombrage au roi d'Angleterre ni à la Hollande, 143. — Au besoin, il se bornera à de simples assurances des sentiments du Roi pour le Tsar, 146.

NOTICE COMPLÉMENTAIRE. — Les documents complémentaires de cette Instruction insistent sur la nécessité de subordonner les négociations avec la Russie au maintien des stipulations de la Haye, et de chercher à gagner du temps, 146. — Le Tsar s'impatiente et manifeste l'intention d'aller à Paris, 154. — Rapports que lui fait Conon Zotof, son agent à Paris, 156.

IX

M. DE LIBOY, CHARGÉ DE LA RÉCEPTION DE PIERRE LE GRAND, 1717.

NOTICE PRÉLIMINAIRE. — M. de Liboy, chargé d'aller recevoir le Tsar, 157.

INSTRUCTION A M. DE LIBOY, 1717. — Le Tsar a exprimé le désir de garder l'*incognito*, 158. — Moyens de concilier avec ce désir l'intention qu'aurait le Roi de rendre au Tsar les honneurs qui lui sont dus, 159. — On devra s'accommoder en tout « à ses manières », 161. — Mesures prises pour lui assurer partout une escorte d'honneur, 163. — M. de Liboy aura une autorité absolue sur tous ceux que le Roi aura destinés au service du Tsar, 164. — Pièces annexes : circulaires aux divers officiers du Roi, 165. — Instructions particulières données par le Régent, 166.

X

LE MARÉCHAL DE TESSÉ, CHARGÉ DE LA NÉGOCIATION A PARIS, 1717.

NOTICE PRÉLIMINAIRE. — Le voyage du Tsar à Paris, 169. — Ce qu'était le maréchal de Tessé, 170.

MÉMOIRE SECRET POUR LE MARÉCHAL DE TESSÉ (1717). — Exposé des engagements du Roi avec diverses puissances de l'Europe, 170. — Avec la Suède : traité du 3 avril 1715, 171. — Avec le roi de Pologne : traité du 20 août 1714, 173. — Avec le roi de Prusse : traité du 14 septembre 1716, 174. — Avec l'Angleterre et la Hollande : traité du 4 janvier 1717, 175. — Relations du Tsar avec le roi de Prusse : l'entrevue de Havelberg, 176. — Propositions du Tsar à la France, 177. — Intentions du Roi : il tient à se réserver la médiation du Nord, afin d'empêcher que le Tsar ne s'adresse à l'Autriche, 178. — M. de Tessé s'efforcera de pénétrer les intentions du Tsar, mais il évitera de prendre aucun engagement, 179. — Réserve qu'imposent au Roi le traité de la Haye et la garantie des grands traités européens, 180. — Explications à donner pour les subsides payés à la Suède, 181. — Question des subsides demandés par le Tsar, 182. — Question des garanties pour les acquisitions de la Prusse, 182, et de la Russie, 183. — Question du traité de commerce, 183. — S'efforcer d'obtenir du Tsar communication de ses engagements avec l'Angleterre, 184. — Arranger le traité franco-suédois avant de le lui communiquer, 185.

Notice complémentaire. — Conférences de M. de Tessé avec les ministres russes, 186. — En réalité, on ne cherche qu'à gagner du temps, 187. — Le Tsar arrache au Régent la promesse que les négociations continueront en Hollande, 188.

XI

LE MARQUIS DE CHATEAUNEUF, AMBASSADEUR EN HOLLANDE,
NÉGOCIATEUR DU TRAITÉ D'AMSTERDAM AVEC LA RUSSIE, 1717.

Notice. — Signature du traité d'Amsterdam, 189. — Appréciations sur ce traité, 190.

Instruction a M. de Chateauneuf (1717). — Historique des négociations précédentes, 190. — Questions de protocole, 191. — Pourquoi on ne peut faire mention dans le traité avec la Russie du traité avec la Prusse, 193. — S'efforcer de pénétrer la destination de la flotte de l'amiral Norris, 193. — Faire comprendre aux Hollandais l'utilité de l'accession de la Prusse à la Triple alliance, 194. — Incident de l'arrestation de Gyllenborg et Gœrtz, 194.

XII

M. DE CAMPREDON, MINISTRE DU ROI EN SUÈDE,
SE RENDANT EN QUALITÉ DE PLÉNIPOTENTIAIRE DU ROI AUPRÈS DU TSAR
POUR EXERCER LA MÉDIATION DANS LA PAIX DU NORD, 1717.

Notice préliminaire. — Le Tsar est représenté à Paris par le baron de Schleinitz, 197. — Pierre le Grand se compromet dans les intrigues de Gœrtz et d'Albéroni, 198. — Reproches amicaux qu'en fait Dubois à Schleinitz, 199. — Le Tsar réclame la médiation de la France, 200. — Sur cette lettre du Tsar, observations de Dubois, 202. — Précis des propositions faites dans les conférences entre le baron de Sparre et le baron de Schleinitz, 204. — Observations de Dubois sur le mémoire remis par Schleinitz, 205. — Résolution de charger M. de Campredon de représenter le Roi comme médiateur, 206.

Instruction a M. de Campredon (1717). — Pourquoi le Roi a cru devoir accueillir la demande de médiation, 208. — Difficultés qui se rencontrent dans la prétention du Tsar à garder toutes ses conquêtes, 210. — Le médiateur s'inspirera surtout de l'intérêt de la Suède, 213. — Rassurer la cour de Suède sur les intentions du Roi, 214. — Obtenir de l'Angleterre qu'elle appuie la Suède de sa flotte et de ses subsides, 215. — Campredon autorisé à agir, soit comme ministre du Roi, soit comme ayant commission du roi de Suède, 216. — Projet d'une alliance avec la Russie, 217. — N'en pas faire la proposition expresse sans un ordre précis, 217. — S'efforcer de faire admettre dans l'alliance le roi d'Angleterre, 218. — Empêcher que l'Empereur ne soit admis à la médiation, 221. —

Notice complémentaire. — La médiation de la France acceptée par la Suède, 223. — Mémoire de Campredon sur la paix du Nord, lu au Sénat de Suède, 227. — Campredon part pour Pétersbourg avec les pouvoirs et les instructions du roi de Suède, 230. — Excellent accueil fait par le Tsar à Campredon, 231. — Pierre le Grand refuse de réduire ses demandes de territoires, 231. — L'épuisement de la Suède l'oblige à subir la paix de Nystad, 232.

XIII

M. DE CAMPREDON, MINISTRE PLÉNIPOTENTIAIRE EN RUSSIE, 1721-1726.

Notice préliminaire. — Il est question de nommer M. de Verton ministre plénipotentiaire à Pétersbourg; on se décide pour M. de Campredon, 233.

Instruction a M. de Campredon (1721). — La première partie de cette Instruction se rattache aux négociations de Nystad qui sont déjà terminées, 233. — La seconde partie se rapporte au projet d'alliance, 240. — Comment il faut agir dans le cas où le Tsar consentirait à l'accession du roi d'Angleterre à l'alliance, et dans celui où il s'y refuserait, 241. — Dans le dernier cas, le Roi réserverait les engagements résultant des traités de la Haye et de Londres, 241. — Campredon s'efforcera de vaincre cette résistance du Tsar : emploi de l'argent parmi ses conseillers, 242. — Au reste, l'alliance est subordonnée à la conclusion définitive de la paix du Nord, 244. — Attitude à prendre en présence d'une demande de subsides, 246. — Question du traité de commerce, 246.

Notice complémentaire. — Le Tsar ne perd pas de vue le projet d'alliance ; mémoire qu'il fait présenter au Régent par le baron de Schleinitz, 247. — Arrivée de Campredon à Cronstadt et à Pétersbourg, 250. — Mission du prince Dolgorouki en France, 250. — La question de l'alliance et la question du mariage, 251. — Lettres de Dubois, du 1er août 1723, 253. — Le duc de Bourbon succède au duc d'Orléans, 254. — Mission de Boris Kourakine en France, 254. — Services rendus à Pierre le Grand dans le conflit russo-turc de 1724, 255. — Reconnaissance qu'il en témoigne, 255. — Catherine Ire succède à son mari, 256. — Nouvelles instances de la Russie en vue de l'alliance et du mariage, 257. — Négligence et hauteur du duc de Bourbon, 257. — Son attitude hostile à l'égard de la Russie dans les affaires de Holstein et d'Orient, 258. — Lettre du Roi à M. de Campredon, 7 février 1726, 258. — Départ de M. de Campredon : l'alliance austro-russe; signature du traité de Vienne, 261.

XIV

M. MAGNAN, CHARGÉ D'AFFAIRES, 1726-1733.

Notice. (Pas d'Instruction proprement dite.) — Chute du duc de Bourbon et arrivée de Fleury aux affaires; la guerre empêchée; missions d'Alexandre Golovkine,

Alexandre Kourakine, Ernest Münich, 263. — M. Magnan chargé des affaires, 264. — Antécédents de M. Magnan, 264. — Son rôle est de pure observation : révolutions dont il est le spectateur en Russie, 267. — Sa correspondance avec M. de Chauvelin, 268. — Caractère tout allemand de la cour et de la politique sous Anna Ivanovna, 269. — Mort du roi Auguste; guerre de la succession de Pologne; la Russie se déclare contre notre candidat; rappel de M. Magnan, 270.

XV

M. DE VILLARDEAU, CONSUL, CHARGÉ DES AFFAIRES, 1733.

Notice. (Pas d'Instruction proprement dite.) — Les Russes chassent le roi Stanislas de Varsovie, 274. — Rappel de M. de Villardeau, 274. — Siège de Dantzick; dévouement de Plélo; la petite armée française est faite prisonnière, 275.

XVI

BERNARDONI (L'ABBÉ LANGLOIS), CHARGÉ D'UNE MISSION SECRÈTE, 1734.

Notice. (Pas d'Instruction proprement dite.) — Arrivée de Heil à Paris; mission de Bernardoni, 277. — Bernardoni prend le nom de Müller : Bernardoni ou Müller n'est autre que l'abbé Langlois, 278. — Documents relatifs à sa mission, 279. — Le « projet de Mecklembourg », 280. — Les deux *journées* de Bernardoni; relation de la *première journée*, c'est-à-dire de son voyage jusqu'à Pétersbourg, 284. — Sa *deuxième journée* : séjour à Pétersbourg : négociations avec Ostermann et Biren, 287. — Arrivée de M. Fonton de Lestang, 295. — Échec définitif de la mission Bernardoni : lettres de Heil, 297. — Comment M. de Chauvelin rend compte de cette mission à M. de Villeneuve, ambassadeur de France à Constantinople, 298.

XVII

M. FONTON DE LESTANG, ENVOYÉ EN MISSION A PÉTERSBOURG POUR RÉGLER LE RAPATRIEMENT DE NOS TROUPES FAITES PRISONNIÈRES A DANTZICK PAR L'ARMÉE RUSSE, 1734-1735.

Notice. (Pas d'Instruction proprement dite.) — Violation de la capitulation accordée à nos troupes, 301. — Déclaration de la Tsarine à ce sujet, 301. — Relation du brigadier Lamotte de La Peirouse sur la capitulation et sur le traitement des troupes prisonnières, 303. — Récit de lady Rondeau sur la réception de nos officiers à la cour, 307. — Ordre de la Tsarine concernant les soldats internés à Koporié, 307. — Mission donnée à M. Fonton de Lestang, 308. — Il réussit en ce qui concerne le rapatriement des troupes, mais non pour le projet d'alliance, ni pour la mise en liberté de M. de Monti, 309. — Papiers relatifs à sa mission, 310. — Sa correspondance avec M. de Chauvelin, 311. — Intervention de la Russie dans la guerre de la succession de Pologne : marche du corps de Lascy, 325. — La guerre en Orient, 326.

XVIII

LE COMTE DE LALLY-TOLLENDAL, CHARGÉ D'UNE MISSION SECRÈTE, 1737-1738.

Notice. (Pas d'Instruction proprement dite.) — Interruption de tous rapports diplomatiques entre la France et la Russie : Lally demande à être envoyé en mission secrète, 327. — Il est arrêté à Riga, puis parvient à Pétersbourg, 328. — Sa correspondance avec le cardinal de Fleury : ses entretiens avec Lascy, Ostermann, Biren, 329. — Biren devient trop pressant : départ précipité de Lally, 330. — Ses lettres et ses rapports à M. Amelot et au cardinal de Fleury, 331. — Résultats de sa mission, 332.

XIX

LE MARQUIS DE LA CHÉTARDIE, AMBASSADEUR EXTRAORDINAIRE, PREMIÈRE MISSION, 1739-1742.

Notice préliminaire. — Le comte de Vaulgrenant, d'abord désigné pour remplir cette mission, la décline, 339. — La Chétardie est désigné : ses antécédents diplomatiques, 339. — Lettre de Fleury le recommandant au comte Ostermann, 340.

Instruction du 1er juillet 1739. — Retour sur les événements qui ont amené la rupture diplomatique, 341. — Questions de cérémonial : conduite à tenir à l'égard de l'Impératrice, du duc de Courlande, de la princesse Élisabeth, de la princesse de Mecklembourg, 343. — Nécessité de rompre l'union des cours de Russie et d'Autriche ; explications à donner sur nos rapports avec la Suède, 345. — Se renseigner sur la situation des partis en Russie, sur celle des finances et des forces militaires, 347. — De la médiation du Roi dans la guerre d'Orient, 348. — Étudier la possibilité d'amender le tarif de 1724 et de rétablir sur un meilleur pied les relations commerciales avec la Russie, 349. — Étudier la possibilité d'une alliance entre le Roi et la Tsarine, 350. — Ce qu'on peut attendre du duc de Courlande, du comte Ostermann, 351. — Conduite à tenir avec les représentants de l'Empereur, de la Suède, du Danemark, de la Prusse, de l'Angleterre, de la Hollande, 353. — Questions posées par M. de La Chétardie sur certains points de cette Instruction, et éclaircissements donnés par le ministère, 354.

Notice complémentaire. — Correspondance du marquis de La Chétardie avec M. Amelot, 359. — Médiation du marquis de Villeneuve en Orient et paix de Belgrade, 361. — Attitude de la cour et de la société russes à l'égard de l'ambassadeur de France, 362. — Mort d'Anna Ivanovna : régence de Biren, 363. — Biren renversé : régence d'Anna Léopoldovna, 364. — Révolution de 1741 : avènement d'Élisabeth, 367. — Rôle du marquis de La Chétardie dans cette révolution : dispositions bienveillantes d'Élisabeth envers la France ; mais la guerre de Suède empêche l'alliance de se fonder ; la cour de Versailles persiste à soutenir la Suède, 368. — Instruction du 15 janvier 1742 au marquis de La Chétardie, 369. — La Chétardie, obligé d'appuyer les revendications des Suédois, perd tout son crédit à Pétersbourg, 375. — Il entre en lutte avec le vice-chancelier Bestoujef ; il demande son rappel ; son départ, 376. — Le ministère veut le renvoyer à Pétersbourg : Instruction du 23 décembre 1742, tendant à empêcher la Russie d'accéder à la paix de Breslau, 377.

XX

M. D'ALION, MINISTRE PLÉNIPOTENTIAIRE, PREMIÈRE MISSION, 1742-1743.

Notice préliminaire. — Antécédents de M. d'Alion : son rôle à Constantinople, sa mise en disponibilité, ses demandes d'emploi, 383. — Nommé secrétaire à l'ambassade de Russie, il remplace le marquis de La Chétardie, avec le titre de ministre plénipotentiaire, 384.

Instruction du 21 juin 1742. — Il entrera immédiatement en fonctions, 385. — Le Roi disposé à offrir sa médiation entre la Russie et la Suède, 387. — Pourquoi la « chose est devenue extrêmement délicate », 387.

Notice complémentaire. — Correspondance de M. d'Alion avec M. Amelot : informations données par celui-ci sur l'attitude de la Prusse et de l'Angleterre dans la guerre de la succession d'Autriche, 389. — Médiation pour les affaires de Suède, 390. — Méfiances de la Russie, dépêches interceptées, 391. — Affaires de Pologne, 392. — Situation militaire en Bohême; conférences du maréchal Belle-Isle avec le feld-maréchal Kœnigsseg, 393. — Efforts de M. de Castellane auprès de la Porte, 398. — Les Anglais excitent la Russie contre la France et cherchent à faire interdire nos produits, 400. — Défaite des Suédois et paix d'Abo : les héritiers des couronnes de Russie et de Suède se trouvent être deux princes de la maison de Holstein, 402. — Affaire du marquis de Botta; on pense à renvoyer La Chétardie en Russie, 403.

XXI

M. DE MESLIÈRES : PROJET DE MISSION SECRÈTE, 1743.

Notice préliminaire. — Ce qu'était M. de Meslières; il doit s'informer s'il y a opportunité à renvoyer en Russie le marquis de La Chétardie; la mission n'a pas lieu, 405.

Instruction du 20 juillet 1743. — Pourquoi M. de La Chétardie a quitté Pétersbourg, 405. — S'informer auprès de M. de Brümmer des véritables dispositions de l'Impératrice à l'égard du marquis, 406. — Inconvénients qu'il y aurait à revêtir celui-ci du caractère d'ambassadeur : savoir si l'Impératrice y tient absolument, 407.

XXII

LE MARQUIS DE LA CHÉTARDIE, DEUXIÈME MISSION, 1743-1744.

Instruction du 22 septembre 1743. — Pourquoi le Roi a jugé utile à son service de renvoyer le marquis à la cour de Russie, 409. — Situation que crée la réconciliation de la Russie avec la Suède et la désignation de deux princes holsteinois comme héritiers de ces deux couronnes, 410. — Question du titre impérial à donner à la Tsarine, 412. — Mesures à prendre pour affaiblir l'influence anglaise en Russie, 413. — Présenter le Roi comme le meilleur garant de la paix d'Abo et de l'ordre de succession établi en Russie et en Suède, 416. — Précautions à prendre sur la question d'une alliance entre la France et la Russie, 417. — Voir si on y pourrait faire comprendre le roi de Prusse, 418. — Rouvrir les négociations pour un traité de commerce, 419. — Le principal obstacle étant l'Angleterre, signaler à la Tsarine les menées britanniques contre l'ordre de succession établi en Suède, 420. — Le marquis de La Chétardie jugera s'il y a lieu de garder M. d'Alion à Pétersbourg ou de le renvoyer en France, 422. — Addition à l'Instruction : question du titre impérial et du cérémonial, 423.

NOTICE COMPLÉMENTAIRE. — La Chétardie décidé à ne pas déployer de caractère diplomatique, 426. — Il arrive à Pétersbourg pour l'anniversaire de la révolution de 1741 : il est bien reçu de l'Impératrice; sa querelle avec d'Alion; il « joue avec le feu » et conspire le renversement de Bestoujef, 427. — Lestocq est son principal intermédiaire auprès de l'Impératrice, 428. — Bestoujef se défend : les *perlustrations*, 430. — Ces perlustrations révèlent les menées de La Chétardie, son complot contre le gouvernement, sa campagne de corruption dans l'entourage de l'Impératrice, l'irrévérence de ses propos sur le compte d'Élisabeth, 432. — Bestoujef place ces perlustrations sous les yeux de la Tsarine, 438. — La Chétardie expulsé de Russie, 439. — Il est disgracié par le Roi : ses dernières années et sa mort, 440.

XXIII

LE COMTE DE SAINT-SÉVERIN, AMBASSADEUR EN POLOGNE,
PROJET DE MISSION EN RUSSIE, 1744.

NOTICE. — Le Roi cherche à se réconcilier avec la Russie; choix qu'il fait de M. de Saint-Séverin pour une mission en Russie; antécédents diplomatiques de celui-ci, 441. — La mission n'a pas lieu, 442.

INSTRUCTION DU 29 NOVEMBRE 1744. — Pourquoi le Roi a entendu confier cette mission à M. de Saint-Séverin, 442. — Situation des affaires en Allemagne et en Russie, 443. — Il faut gagner la Tsarine en favorisant les intérêts de son neveu et héritier, le duc de Holstein, 444. — Exposé d'un plan d'agrandissement pour les États de celui-ci, 445. — Cette mission exige beaucoup de discrétion et d'habileté, 448. — Comment on pourra employer M. d'Alion, 449. — Entente cordiale à garder avec M. de Mardefeldt, 450.

DOCUMENTS COMPLÉMENTAIRES. — Polonais qui se sont mal conduits avec M. de Saint-Séverin, 450. — Diète de Grodno, 451. — Inutile de laisser un chargé d'affaires à Varsovie, 452. — Difficultés qu'aurait pu rencontrer M. d'Alion à Pétersbourg, 452. — Le but réel de la mission de M. de Saint-Séverin doit rester secret, 453. — Dispositions où doit se trouver le chancelier Bestoujef, 454. — Saint-Séverin trop souffrant pour remplir sa mission, 455.

XXIV

M. D'ALION, MINISTRE PLÉNIPOTENTIAIRE, DEUXIÈME MISSION, 1744-1747.

NOTICE PRÉLIMINAIRE. — M. d'Alion reçoit l'ordre de retourner en Russie, 457.

INSTRUCTION DU 1er AOUT 1744. — Observations sur la mésaventure arrivée à M. de La Chétardie, 458. — Pourquoi le Roi a consenti à renvoyer M. d'Alion en

Russie, 469. — Conduite à tenir à l'égard du grand-duc héritier, 463. — Nouvelle situation des affaires du Nord, 463. — Idée d'une triple alliance entre la Russie, la Suède et la Prusse, 465. — Correspondance à établir avec l'ambassadeur du Roi en Suède, 467.

Notice et documents complémentaires. — Mémoire du 26 août 1744 sur le commerce, 468. — Addition à l'Instruction, 12 septembre 1744; conduite de la France à l'égard de l'Union de Francfort, 472. — Supplément aux instructions, 17 septembre 1744 : vue sur le traité d'alliance et le traité de commerce avec la Russie, 473. — Difficultés que trouve M. d'Alion, à son arrivée en Russie, 474. — Chicanes du chancelier Bestoujef à propos du titre impérial de la Tsarine, 475. — D'Alion garantit au Roi que cette année « il ne sortira pas un soldat de la Russie », 476. — Dépenses secrètes en faveur de certains personnages, 477. — Traité austro-russe de 1746, 478. — Rappel de M. d'Alion, 479.

XXV

M. DE SAINT-SAUVEUR, CONSUL, CHARGÉ DES AFFAIRES, 1747-1748.

Notice. (Pas d'Instruction proprement dite.) — Recommandations du marquis de Puysieulx à M. de Saint-Sauveur, 481. — Lettre du comte de Maurepas au même; il devra cacher à M. d'Alion la partie politique de sa mission, 482. — Marche de l'armée russe en Allemagne, 483. — Les Russes sur le Rhin : paix d'Aix-la-Chapelle, 486. — Rupture complète des relations diplomatiques, 487.

www.ingramcontent.com/pod-product-compliance
Lightning Source LLC
Chambersburg PA
CBHW070828230426
43667CB00011B/1723